제4판

가족법강의

신영호 · 김상훈 · 정구태

세창출판사

제4판 머리말

제3판이 출간된 후 5년이라는 시간이 지났다. 그 사이 민법전은 여러 차례 개정되었으며, 가족법에 해당하는 친족 · 상속편 또한 세 차례 개정되었다. 친족편에서는 2021년 1월 26일자의 민법개정(법률 제17905호, 2021년 1월 26일 시행)에 따라 친권자의 징계권 규정이 삭제되었다. 종래 친권자의 징계권 규정은 아동학대 가해자인 친권자의 항변사유로 이용되는 등 아동학대를 정당화하는 데 악용될 소지가 있었는데, 이를 방지하고 아동의 권리와 인권을 보호하기 위하여 징계권 규정을 삭제하였다.

상속편에서는 2022년 12월 13일자의 민법개정(법률 제19069호, 2022년 12월 13일 시행)에 따라 상속개시 당시 미성년자인 상속인의 법정대리인이 상속을 단순승인을 하였더라도 이와 관계없이 미성년자인 상속인이 성년이 된 후 한정승인을 할 수 있는 특별절차가 마련되었다. 이는 미성년자 상속인의 자기결정권 및 재산권을 보호하기 위한 것이다. 2022년 12월 27일자의 민법개정(법률 제19098호, 2023년 6월 28일 시행)은 나이는 '만 나이'로 계산하고 연수(年數)로 표시함을 명확히 규정한 것이다. 즉, 제158조(나이의 계산과 표시)가 "나이는 출생일을 산입하여 만(滿) 나이로 계산하고, 연수(年數)로 표시한다. 다만, 1세에 이르지 아니한 경우에는 월수(月數)로 표시할 수 있다."고 개정됨에 따라 제807조(18세)와 제1061조(17세)에서 각각 '만'이라는 용어가 삭제되었고, '연령'이라는 용어도 '나이'로 수정되었다.

뿐만 아니라 친족편에서 미성년 자녀를 둔 성전환자의 성별정정에 관한 대법원 2022. 11.24.자 2020스616 전원합의체 결정, 민법 제809조 제1항의 근친혼 금지 규정에 위반한 혼인을 일률적으로 무효로 규정하는 민법 제815조 제2호가 헌법에 위반된다고 판단(헌법불합치)한 헌법재판소 2022.10.27. 선고 2018헌바115 결정, 친생추정의 적용대상 및 예외범위에 관한 대법원 2019.10.23. 선고 2016므2510 전원합의체 판결, 친생자관계존부확인의 소의 원고적격에 관한 대법원 2020.6.18. 선고 2015므8351 전원합의체 판결, 조부모의 손자녀 입양에 관한 대법원 2021.12.23.자 2018스5 전원합의체 결정, 상속편에서 공동상속인들 사이에 협의가 이루어지지 않는 경우 제사주재자를 결정하는 방법에 관한 대법원

2023.5.11. 선고 2018다248626 전원합의체 판결, 배우자의 동거·간호와 기여분에 관한 대법원 2019.11.21.자 2014스44, 45 전원합의체 결정, 미성년 상속인의 채무상속과 특별한정승인에 관한 대법원 2020.11.19. 선고 2019다232918 전원합의체 판결, 피상속인의 배우자와 자녀 중 자녀 전부가 상속을 포기한 경우 상속인 결정에 관한 대법원 2023.3.23.자 2020그42 전원합의체 결정 등 선례가 될 판례가 다수 축적되었다.

제4판에서는 개정 민법은 물론 2023년 7월 14일까지 선고된 주요 판례까지 두루 망라하여 소개하였다. 다만, 강의교재로서의 역할에 충실하고자 판례의 타당성에 대한 저자들의 평가는 반드시 필요한 부분을 제외하고는 가급적 자제하였다.

제4판을 발간하면서 제3판부터 공저자로 참여한 김상훈 변호사(법무법인 트리니티 대표변호사) 외에 정구태 교수(조선대)가 추가로 공저자로 참여하게 되었다. 제4판은 두 제자의 공동작업의 산물이다.

강의교재로서의 적절성을 유지하기 위하여 노력하였음에도 불구하고 계획보다 다소 분량이 늘어나게 되었다. 출판비용의 증가와 출판시장의 급격한 축소라는 어려움을 무릅쓰고 제4판의 출간을 독려하고 격려해 준 세창출판사 이방원 사장과 임길남 상무께 감사의 인사를 올린다.

2023년 7월

신영호·김상훈·정구태

머리말

법학전문대학원 설치 · 운영에 관한 법률 제1조에 의하면 법학전문대학원에서의 법학교육은 우수한 법조인을 양성하기 위한 것이다. 여기 말하는 우수한 법조인이라 함은 "풍부한 교양, 인간 및 사회에 대한 깊은 이해와 자유 · 평등 · 정의를 지향하는 가치관을 바탕으로 건전한 직업윤리관과 복잡다기한 법적 분쟁을 전문적 · 효율적으로 해결할 수 있는 지식 및 능력을 갖춘 법조인"(같은 법 §2)을 말한다. 그리고 그와 같은 법조인을 그간의 시험에 의한 선발방식에서 교육을 통한 양성방식으로 전환하고, 다양한 지식과 경험을 가진 사람을 입학시켜(같은 법 §26①), 그와 같이 다양한 학문적 배경을 가진 사람에게 전문적인 법률이론과 실무에 관한 교육을 실시하여 국민의 다양한 기대와 요청에 부응할 수 있는 법률서비스를 제공하기 위한 법학교육제도이다.

법학교육제도의 개혁은 교육내용과 교육방식의 변화를 초래한다. 법학전문대학원에서의 법학교육은, 그간의 강단(講壇)법학 내지 수험법학의 범주에서 벗어나 실무지향적 교육내용과 방식의 강화를 요청하고 있다. 추상적인 이론강의에서 사례위주의 강의로 바꿀 것을 요구하고 있다. 이러한 요청에 맞는 새로운 교재개발이 시급한 상황이다. 우리가 모델로 삼은 법학전문대학원체계가 미국의 Law School체계와 유사하더라도 미국식의 교재를 전범(典範)으로 삼을 수는 없다. 근본적으로 법체계가 상이하기 때문이다.

한두 번의 시험적 성격(?)의 강의를 통해 교수와 학생 모두 새로운 교육방법에 익숙해지고 그에 맞는 교재형식과 내용을 찾기 위하여 많은 고민과 시행착오를 겪었다고 본다. 법학전문대학원이라는 새로운 법학교육시스템을 구축하면서 일단 시작해 놓고, 그 후속조치 예컨대 변호사시험, 법조일원화 방안 등은 추후 논의를 통해 결정하기로 한 것처럼, 법학교육의 현장에서도 일단 강의는 시작하고 강의에 필요한 교재개발은 뒤로 미룰 수밖에 없는 상황에서는 불가피한 일이었는지도 모른다. 이 교재 또한 그러한 시행착오의 산물이라 할 수 있다. 앞으로도 근본적인 수정 · 보완이 계속되어야 할 미완의 교재일 수밖에 없다.

이제 변호사시험법이 제정되고 시험과목과 시험요령 등이 구체화되었다. 가족법은 민사법 시험과목의 일부에 속한다. 민사법시험과목 중 민법의 재산법, 상법, 민사소송법에 비하여 그 비중ㅂ 적은 편에 속한다. 변호사시험합격이 현안인 입장에서는 다소 소홀히 공부할 우려도 있을 것이다. 그러나 논술형 시험에서는 개별적이고 단편적인 법률지식을 묻고 답하는 방식을 지양하고 다원적 성격의 종합문제를 지향할 것이기에 가족법을 소홀히 공부하는 우를 범해서는 안 될 것이다.

지금까지의 교과서 · 체계서 · 개설서 · 주석서 성격의 교재로는 새로운 법학교육방법의 수요를 충족시키기는 매우 어렵다. 물론 이 교재도 전통적인 서술체계라 할 수 있는 민법전의 편제를 따르고 있으며, 기초이론의 소개는 종래의 교과서에 의존하고 있다. 그러면서도 학설의 대립이 있는 경우 각각의 입론의 출처는 밝히지 않았으며, 그에 대한 결론도 가급적 유보하고자 하였다. 학생들 스스로 관련 문헌을 찾고 자기 입장을 세워보도록 하기 위해서이다.

법학전문대학원에서는 학부 수준을 뛰어 넘는 수업을 요구하고 있다. 이 교재가 새로운 시대의 그러한 요구에 부합한다고 말할 수는 없다. 학부에서 가족법을 전혀 공부하지 않은 학생들을 염두에 두어야 하는 현실을 감안할 때, 무작정 처음부터 고도의 심층적인 의론의 장(場)으로 몰아갈 수 없어 어중간한 입장을 취하게 된 결과이다. 한글을 전용하고 필요한 경우 한자를 괄호 속에 병기한 까닭도 그래서이다.

이 교재는 저자가 그간 학부에서 사용하던 강의안에 기초하고 있다. 이 강의안은 저자의 스승이신 故 凡鳥 李熙鳳 선생님과 衿山 崔達坤 선생님께서 가르쳐 주신 것을 주워 담은 것에 불과하다. 한국가족법의 초석을 다지기 위해 애쓰셨던 두 분 선생님의 마음을 다시 한번 생각해 본다. 또한 동료인 金明淑 교수의 조언, 제자인 金相勳, 朴姝映, 鄭求兌 박사의 도움에 힘입은 바 크다. 특히 鄭求兌 박사는 교열과 교정에 애를 많이 썼다. 이 자리를 빌려 고마운 마음을 전한다.

법학전문대학원의 출범으로 법학교재의 출판시장은 급격히 축소되고 있다. 이러한 어려움에도 불구하고 출판을 맡아 준 세창출판사 李邦源 사장과 林吉男 상무의 후의에 감사할 따름이다.

2010년 8월
申 榮 鎬

일러두기

이 교재는 1학기가 15주로 운용되고 있는 현실을 감안하여 민법 제4편 친족, 제5편 상속을 15주 강의(가족법총론/친족관계/약혼 · 혼인의 성립/혼인의 효과/혼인의 해소/친생자/양자/친권 · 후견 · 친족회 · 부양/상속법총칙/상속인/상속재산/상속분/상속재산분할 · 상속의 승인과 포기 · 재산의 분리 · 상속인부존재/유언/유류분)로 계획하여 되었다. 이 교재를 활용할 경우 유의할 점은 다음과 같다.

이 교재를 활용할 경우 유의할 점은 다음과 같다.

1. 이 교재는 가족법을 처음 공부하는 학생을 염두에 두고 집필되었다. 주별 강의계획에 따라 제시되고 있는 예습과제를 통한 사전학습이 필수적이다.

2. 교재에 언급된 판례의 사실관계, 쟁점, 판결요지에 관하여 보다 상세한 것은 강의시간에 제시될 것이다. 사회적 의의가 크고, 보다 심층적인 분석과 정리가 필요한 판례에 대하여는 쟁점을 사례화하여 학생들에게 질문하는 방식으로 학습을 유도하고자 하였다. 강의에서는 문답식으로 그 질문을 풀어나가게 될 것이다.

3. 심화학습과제는 사회변동에 따라 제기되고 있고 또한 제기될 수 있는 새로운 문제로서 학생들에게는 다소 어렵다. 그러나 그에 대한 관심과 해결책의 모색은 훌륭한 법률가로 성장하려는 학생들의 입장에서도 매우 중요하다고 본다. 특히 한국사회의 변화는 유례를 찾기 어려울 만큼 빠르며, 그에 따른 가족법상의 새로운 과제는 늘 등장할 것이고, 장래 이를 해결해야 하는 것은 학생들의 몫이라 할 수 있다.

〈범 례〉

1. 본문 중 조문만을 표기한 것은 민법전의 조문을 가리킨다.
2. 법령의 약어는 다음과 같다.

헌	헌법
국적	국적법
법원	법원조직법
민소	민사소송법
비송	비송사건절차법
가소	가사소송법
가소규	가사소송규칙
민집	민사집행법
등록법	가족관계의 등록 등에 관한 법률
등록규칙	가족관계의 등록 등에 관한 규칙
등록예규	가족관계등록예규
호	구 호적법
호시	구 호적법시행규칙
후등	후견등기에 관한 법률

차 례

제1편 가족법 총설

제2편 친 족

제3편 상 속

제 1 편

가족법 총설

예습과제

Q1 가족법과 재산법과의 관계는?

Q2 가사분쟁의 해결절차는 어떻게 진행되는가?

Ⅰ. 가족법의 의의와 성질

1. 가족법의 의의

(1) 비교법적인 관점에서 볼 때, 가족생활관계에 관한 사법규범을 민법전이라는 단일법전에 포함시키고 있는 예는 보편적이라고 하기는 어렵다. 판례법주의를 취하는 영미법계에서는 개별입법을 통하여 가족관계를 규율하고자 하며, 사회주의법에서는 민법과는 별개의 독립된 분야로 다루고 있다. 민법전을 가지고 있는 프랑스 · 독일 등의 대륙법계에 속하는 국가에서만 볼 수 있는 예이다. 또한 근대 이전 시기에는 어느 나라나 가족법이 민법의 일부였던 것은 아니다.

우리나라를 비롯하여 근래 일본법의 영향을 받은 나라에서는 민법 중 친족법과 상속법 양쪽을 아울러서 가족법으로 일컫는 경향을 보이고 있다. 이는 다분히 연혁적인 이유에서 비롯한다. 일본의 메이지(明治)민법은 가(家)의 계승 곧 가독(家督)상속을 상속법의 핵심 규율 대상으로 파악하고 재산상속은 그에 부수되는 것으로 이해하고 있었다. 상속법도 가(家)제도의 유지에 이바지하는 법으로서 친족법과 통일적인 연관 속에서만 그 존재의의를 가질 수 있는 분야였다. 이러한 상황에서는 친족법과 상속법을 합하여 가족법으로 부르는 것은 오히려 자연스러웠고, 가족법이라는 말보다 신분법이라는 용어가 더 선호되었다. 가제도 · 가독상속제도가 폐지된 이후에도 이 용어법이 관용되고 있는 것이다. 조선민사령에 의하여 일본민법과 일본민법학의 직접적인 영향을 받아온 우리나라에서도 그 사정은 마찬가지였다. 1958년 민법이 친족편에서 호주와 가족을, 상속편에서 호주상속을 전면에 위치시킴에 따라, 자연스럽게 가족법(신분법)이 친족법과 상속법을 망라하는 용어로 받아들여졌다. 공무원임용시험령이 2002년 1월 개정(2004년 1월 1일 시행)되기까지는 민법의 시험범위를 정하면서 "민법(신분법 제외)"라고 규정하여 신분법이라는 용어는 최근까지도 법령상의 용어이기도 하였다.

(2) 1990년 민법 개정을 통하여 호주상속이 호주승계로 바뀌고 상속편에서 친족편으로 규정 위치가 변경되면서 "상속법은 재산법이다"라는 주장이 등장하게 된다(곽윤직, 『상속법』, 박영사, 1997, 49면 이하 참조). 호주제도와 호주승계제도를 폐지한 2005년 개정된 민법체제에서는 상속법의 재산법성은 더욱 강조된다. 그러나 이 입장도 민법이 재산법과 가족법(친족법)으로 구분된다고 보는 점에서는 다르지 않다. 또한 현행 상속법은 배우자와 일정범위의 혈족을 상속인으로 하는 법정상속만을 인정하고 있다고 지적한다(위의 책, 21면). 이러한 점에서는 상속법과 친족법과의 연관성을 긍정하는 셈이다. 이러한 주장에 따른다면, 엄밀한 의미에서의 가족법은 친족법만을 가리키게 된다.

이에 따르면 가족법(친족법)은 재산법과는 다른 특성을 지니며, 그로 인해 민법총칙편의 여러 원칙이나 규정은 친족편에는 적용되지 않는 것으로 보게 된다(위의 책, 57면). 재산법에 적용되는 「의사」이론은 가족법(친족법)에는 통용될 수 없다는 관점이다. 사실 지금까지의 가족법학은 재산법과 가족법의 구분을 어떻게 설명할 것인가에 토대를 두고 전개되어 왔다고 할 수 있다. 「가족법」이라는 교과목을 정하고 그 학습내용을 정할 때에도, 양자의 관계를 어떻게 설정하는가에 따라 그 결과는 달라지게 된다. 이 강의는 민법 제4편 친족과 제5편을 합하여 가족법으로 포섭하여 진행된다. 상속법이 재산법적 성질을 가지고 있는 점은 부인할 수 없지만, 그렇다고 하여 친족법적 요소를 전혀 고려할 필요가 없을 정도는 결코 아니기 때문이다. 또한 가사분쟁의 처리절차를 정하고 있는 가사소송법이 상속관계사건 중 비송사건을 그 밖의 친족관계사건과 더불어 가정법원의 전속관할로 규정하고 있다는 점도, 상속법을 가족법에 포함시켜 다루어야 할 절차법적 이유가 된다고 할 수 있다.

(3) 따라서 형식적 의의에서의 가족법은 민법 제4편 친족, 제5편 상속을 가리킨다.

제4편 친족은 제1장 총칙, 제2장 가족의 범위와 자의 성과 본, 제3장 혼인, 제4장 부모와 자녀, 제5장 후견, 제6장 친족회(삭제), 제7장 부양의 7개 장으로, 제5편 상속은 제1장 상속, 제2장 유언, 제3장 유류분의 3개 장으로 구성되어 있다.

친족편은 친족관계, 가족관계, 혼인관계, 친자관계의 4종의 신분관계를 전제로 하나 이 네 가지 신분관계가 같은 비중을 갖는다고 볼 수는 없다. 1958년 제정민법은 가족관계를 그 중심적 · 지도적 지위에 위치시키고 있었다. 가족관계가 핵심이고 혼인법 · 친자법은 그에 예속되는 것으로 파악하여, 근대시민사회의 가족법이라고 보기는 어려웠다. 제4편의 표제를 「가족」이라 하지 않고 「친족」이라 한 것도 그러한 전근대성의 표현이었다. 2005년 개정된 현행법은 가제도 · 호주제도를 폐지하고, 그 자리에 가족의 범위와 자녀의 성과 본에 관한 규정만을 두고 있다. 이처럼 가족관계가 친족법의 규제대상의 일부로 남아 있으나, 이는 실체적인 의미가 없는 명목상의 것에 불과하다. 가족관계가 핵심이고 혼인법 · 친자법이 그에 예속되고 있었던 한국가족법의 특색은 찾기 어렵게 되었다.

형식적으로 제1장 총칙은 친족편만의 총칙이나 여기에서 규율하는 친족관계는 가족법의 총칙일 뿐만 아니라 법일반의 총칙에 해당한다. 다른 법률에서 친족관계에 관한 특별규정을 따로 두고 있는 경우를 제외하고는 여기에서 정하는 친족관계에 관한 규정이 적용되기 때문이다. 다만, 친족의 범위를 정하는 제777조는 여전히 일정 범위의 집단이 친족적 공동생활을 유지하고 있음을 전제로 하고 있어 전근대적이다. 또한 현행규정은 가제도적 동족단체[구(舊)관습상의 유복친(有服親)의 범위]를 반영하고 있었던 규정을 양성평등의 논리에 따라 실질적으로 그 범위를 확대한 것이다. 이러한 점에서 친족의 범위에 관한 1990년의 민법 개정은 시대의 흐름에 역행하는 것이었다.

상속편 제1장 상속은 체계상으로는 법정상속, 제2장은 유언상속에 해당한다. 제3장에서 규정하는 유류분제도는 본래 유언의 자유 · 재산처분의 자유와 법정상속 · 혈족상속주의의 대립 속에 등장한 타협의 산물이다. 판덱텐 체계의 논리적 특성에 비추어 볼 때 상속편에 따로 총칙을 두고 있지 아니한 것은 모순이라 할 수 있다. 1958년 제정민법이 상속편을 제1장 호주상속, 제2장 재산상속, 제3장 유언으로 구분하고 각각의 총칙을 따로 두고 있었기 때문에 빚어진 결과이다. 제1장 상속의 제1절 총칙은 실제상 상속법의 총칙에 해당한다.

(4) 실질적 의의에서의 가족법은 명칭 여하를 불문하고 가족관계를 규율하는 규범 전체를 말한다. 즉 법의 존재양식, 발현형식이라는 의미의 가족법의 법원(法源)을 뜻한다.

성문법원으로서는 민법 제4편과 제5편 및 그 부속법령을 들 수 있고, 부속법률 중에는 특히, 신분관계의 생리적 보건법이라 할 수 있는 「가족관계의 등록 등에 관한 법률」(다음부터는 '등록법'이라 한다)과 신분관계의 병리적 치료법인 「가사소송법」이 중요하다. 최근에는 가족의 생활보장과 지원에 관한 사회보장법을 비롯하여 가족에 관한 문제를 규율하는 법이 증가하고 있다. 「국민기초생활보장법」, 「아동복지법」, 「노인복지법」, 「가정폭력방지 및 피해자보호 등에 관한 법률」 등이 그 예이다. 가족법을 공부할 때에도 이들 법률에 관심을 가져야 한다. 민법 제4편과 제5편에 관한 최근의 개정에서도 가족관계 내부의 약자에 대한 사적 보호와 관련된 사항이 늘어가고 있다. 가족법이 사회보장법으로서의 역할을 담당해야 함을 방증하는 사실이라 할 수 있다.

불문법원으로서는 관습법, 판례법, 조리가 있으나 가족법에서는 특히 관습법이 중요하다. 1958년 제정민법 시행일 전에 개시된 상속에 관하여는 여전히 구법의 규정, 즉 조선민사령 제11조에 근거하여 정립된 관습상속법이 적용되기 때문이다(1958년 제정민법 부칙 §25①). 또한 성문가족법에 명문의 규정이 없는 분야에서는 관습가족법의 내용이 그대로 적용되는 경우가 많다. 입법의 불비가 많기에 조리 또한 매우 중요한 법원으로 되며, 가족질서를 유지함에는 도덕, 습속과 같은 규범도 중요한 역할을 수행한다.

- 「가정의례에 관한 법률」에 따라 제정된 가정의례준칙(1973.5.17. 대통령령 제6680호) 제13조는 사망자의 배우자와 직계비속이 상제가 되고 주상은 장자가 되나 장자가 없는 경우에는 장손이 된다고 규정한 바 있다. 처(妻)가 먼저 사망한 경우에는 그 부(夫)가 망실의 제사를 통제하는 제주가 되는 것이 관습법이라 할 경우 이 관습법의 효력은 인정될 수 있는가?(대법원 1983.6.14. 선고 80다3231 판결)
- 상속이 개시된 6 · 25 사변 무렵으로부터 20년이 경과한 후 상속회복청구의 소가 제기된 경우 이 소는 적법한가?(대법원 2003.7.24. 선고 2001다48781 전원합의체 판결)
- A 종중은 종중규약으로 회원의 자격을 후손 중의 성년자로 규정하고 있다. A 종중의 구성원으로서 성년인 여성 B가 이를 근거로 종원으로서의 자격을 주장할 경우 A 종중은 "종원의 자격을 성년 남자로만 제한하고 여성에게는 종원의 자격을 부여하지 않는 것이 관습법"임을 내세워 B의 주장을 거부할 수 있는가?(대법원 2005.7.21. 선고 2002다1178 전원합의체 판결)

---

(5) 가족은 인간의 가장 기본적인 생활단위로서 어떤 사회, 어느 시대나 존재해 왔다. 그러나 그 구조 · 기능 등은 한결같지 않았고, 대체로 다른 집단과의 관련 속에 축소화의 과정을 걸어 왔다. 이와 같이 사회에 존재하는 제도로서의 가족을 말할 때에는, 가족의 존재도 가족 그 자체의 내적 규율보다는 각각 저마다의 구체적 사회에서 가족을 포섭하는 상위집단 예컨대 국가, 씨족, 종족 등의 규범적 통제하에 존립되어 왔고, 가족의 존재 · 기능을 규율하는 규범도 법보다는 습속, 도덕, 윤리 등 다른 규범들이 큰 작용을 해 왔다. 근대국가에서는 국가법에 의한 규제가 현저함이 그 특색이다. 그리고 그 기초로서 혼인가족 · 소가족 · 핵가족을 이념형으로 하고 있다.

• 현행민법전이 지향하는 가족의 정형 · 이념형은 무엇인가?

현행민법전이 규정하고 있는 가족(§779)은 실제의 가족생활과는 거리가 있고 다소 관념적이다. 이를 현행법이 이념형으로 삼고 있는 표준적인 가족으로 보아서는 안 된다. 호주제도가 폐지됨에 따라 민법전이 상정하고 있는 표준적인 모델은 부부와 미성년자녀로 구성되는 가족이다. 부부는 동거하며 서로 부양하고 협조하여야 하는 의무를 지며(§826① 본문), 미성년자녀는 부모의 친권에 따르고 친권자인 부모는 자녀를 보호하고 교양할 권리의무를 가지는(§913) 관계를 기초로 하고 있다. 오늘날 이러한 표준적인 가족모델은 여러 측면에서 다양한 도전에 직면하고 있다. 앞으로 우리가 추구하여야 할 가족의 새로운 이상형은 어떠해야 하는지, 경솔한 이혼에 따른 가족의 해체를 방지하고 가족의 강화로 나가야 할 것인지, 혈연관념에서 벗어난 가족관계의 성립을 긍정할 것인지, 혈연상속의 관념을 더욱 완화할 필요는 없는지 등의 여러 과제를 검토해야 한다.

2. 가족법의 성질

한국 가족법은 개인의 존엄과 양성평등이라는 헌법상의 원칙에도 불구하고 오랫동안 호주(가)제도, 호주상속 · 호주승계관계를 규율해 왔다. 이제 이들 구시대적인 가족생활관계는 가족법의 규율대상에서 제외되고 가족구성원 간의 평등, 가족 내의 약자 보호와 같은 세계 공통의 흐름을 따르고 있다. 그러나 각국의 가족법 특히 친족법을 조감해 볼 때, 여전히 그 사회의 사회적 습속과 윤리 · 종교 등이 큰 영향을 미치고 있고, 이 점은 한국 가족법의 경우도 마찬가지이다.

재산관계를 규율하는 재산법에 비하여 가족법 특히 친족법은 다음과 같은 특질을 지닌다.

(1) 비합리성 · 초타산성

가장 기본적인 가족관계는 부부와 그들 사이의 자녀로 형성된다. 이처럼 가족을 형성하는 계기는 당사자의 의사와 혈연이다. 당사자의 의사에 기초하는 혼인이나 입양을 계약으로 이해하더라도 재산거래에 관한 계약과는 본질적으로 다르다. 물론 혼인이나 입양에 타산적 · 대가적 고려가 전혀 없다고 할 수는 없을지라도, 어디까지나 당해 가족관계를 형성하고자 하는 본인의 본질적 의사가 존중되고 보호되어야 한다. 즉, 가족법상의 법률행위에서는 재산법상의 행위에서와 같은 타산성 · 합리성을 찾기 어려우며, 재산법에서와 같이 상대방 보호, 거래의 안전을 고려해야 할 요청도 크지 않다.

(2) 강행법규성 · 비자치성

혼인을 할 것인지 또는 누구와 혼인할 것인지는 전적으로 각 개인에게 맡겨져 있다. 이처럼 가족법의 세계에서도 사적 자치의 원칙은 관철된다. 그러나 법률상의 유효한 혼인으로 인정받기 위해서는 법률이 정한 요건을 준수해야 하고 신고를 필요로 한다. 혼인이 성립한 후에는 당사자의 의사와는 관계없이 법률이 정한 혼인의 효과에 따라야 한다. 이처럼 당사자의 자유의사에 근거하여 형성되는 가족관계이지만, 그 내용은 이미 사회의 습속이나 법률에 의하여 정형화되어 있고, 재산법에서와 같은 자유로운 선택의 여지는 없다. 물론 재산법 중 물권법에서는 물권법정주의와 공시의 원칙이 지배하나, 그 외의 영역에서는 사적 자치 내지 계약자유의 원칙에 따라 당사자의 의사가 원칙적으로 법률(특히 임의규정)에 우선한다.

(3) 보수성 · 습속성

재산법은 사회경제적 사정의 변화에 민감하게 반영하며 합리성이 지배하는 법영역이다. 특히 거래법은 세계통일법을 말할 정도로 진보성 · 통유성이 강하다. 이에 비하여 가족법은 혈연이나 감정의 지배를 받는 관계를 규율하므로 상대적으로 비합리적인 규정을 두기 마련이고, 그 대부분은 과거의 습속에 연원을 두고 있다. 가족법은 습속의 응고물이라는 주장은 이를 잘 말해 준다.

3. 재산법과 가족법과의 관계

(1) 독자성설

양자는 전혀 다른 원리에 입각하고 있다는 견해로 전통적인 입장이다. 이 견해는 가족법의 특수성을 의사의 성질에서 찾는다. 즉 재산법은 재화의 생산 · 재생산을 위한 활동을 규제대상으로 하며 그 의사는 「의사적 · 형성적 · 타산적 · 선택적」이다. 따라서 재산법은 이성적 · 합리적 · Gesellschaft적 결합관계를 규율하며, 개체적 · 비정형적 · 임의법적 특질을 지닌다. 이에 비하여 가족법에서의 의사는 「본성적 · 자생적 · 초타산적 · 비선택적」이다. 따라서 가족법은 감정적 · 비합리적 · Gemeinschaft적 결합관계를 규율하며, 통체적 · 정형적 · 강행법적 특질을 지닌다.

독자성설은 이처럼 양자를 완전대립관계로 파악하나, ① 그렇다면 왜 현행법제가 재산법과 가족법을 하나의 민법전에 포섭하고 있는가를 설명할 수 없고, ② 이에 의하면 개인의 자유 · 독립이 집단의 그늘 속에 가려지게 된다는 지적을 받는다.

이 입장은 민법전 = 재산법 + 가족법(친족상속법)

= (민법총칙 + 물권법 + 채권법) + 가족법(친족상속법)

으로 보고, 민법총칙을 재산법의 통칙으로 이해한다.

(2) 통 합 설

양자는 본질적으로 같은 원리에 입각하고 있다는 주장이다. 근대사회로의 이행에 따라 가(家)제도가 폐지되면, 가족법도 재산법과 마찬가지로 상품교환사회인 근대시민사회의 법원리에 기초하게 된다. 즉, 가족법이 민법의 체계 속에 포함되게 된 계기(moment)는 근대적 사적 소유 및 그 주체적 측면인 법주체성 —근대적 법인격이며, 근대적 가족법도 재산법에서와 마찬가지로 주체적 개인을 출발점으로 한다. 그리고 주체적 개인의 자유의사에 기초한 시민계약으로서의 혼인이 성립되고, 미성년의 자녀와 부모 사이의 보호 · 교양의 양육관계가 성립한다. 친족관계는 가족관계에 부수되는 문제에 불과하므로, 가족법도 개인과 개인과의 권리의무관계에 속한다(개인법)는 견해이다.

통합설에 대하여는 무엇이 재산법과 가족법을 분류하는 기준인지가 불명확하고, 친자 사이의 부양의무와 같은 강제적 권리의무의 발생을 사적 자치의 원칙으로 어떻게 설명할 것인지가 명백하지 않다는 비판이 제기된다. 이러한 비판에 대하여는, 일정한 가족관계의 존재는 그러한 관계에 있는 사람 사이에 그 사람의 의사와 관계없이 예컨대, 부양의 일정한 권리의무관계를 발생시키고 이 점에서는 「사적 자치」, 「계약의 자유」의 원칙은 타당하지 않으며, 가족법은 일부일처제 · 친권 · 부양의무와 같은 기본적인 사회질서에 관련되므로 강행법규성을 지닌다고 설명한다.

이 입장은 가족법을 친족법에만 국한시키고, 상속법을 포함시키지 않는다.

(3) 사적 보호설

가족법과 재산법의 차이는 주장하되, 가족법의 핵심을 사적 보호법이라고 보는 입장이다. 근대민법은 모든 사람에게 독립 · 평등의 속성을 강제적으로 부여하고 그 바탕 위에서 자유로운 경쟁이 이루어질 것을 예상하고 있는데, 재산법의 세계는 이를 이상적으로 실현시키고 있다. 즉 재산법이 염두에 두고 있는 세계는 재산을 소유하는 독립되고 평등한 개인이 정치의 개입을 받지 않고 사적 자치의 원칙에 기하여 자유로운 경제활동을 하는 세계이다. 그런데 자유로운 경제활동에 참가하기 위해서는 합리적인 행동을 할 수 있는 일정한 지적 능력 곧 행위능력을 필요로 한다. 행위능력을 갖추지 못한 사람은 독자적으로 자유로운 경제활동에 참가할 수 없게 된다. 현존하는 모든 사람을 그러하도록 뒷받침하는 장치가 가족법이라는 주장이다. 가족법은 불완전한 사람의 불완전성을 보완하는 데 이바지하며 민법의 종합적 체계 내에서 재산법을 보완하는 무대 뒤의 장치로서, 무대 위의 장치인 재산법의 기초를 구성한다는 견해이다. 재산법과 가족법을 민법의 전체 구조 속에서 종합적으로 보고, 가족법을 근대적 상품교환법인 재산법의 보완으로서 자리잡게 하였다는 점에서 지지된 바 있다.

그러나 이 설은 전면적으로 「사적 보호」를 강화 · 고정시키게 되어, 「공적 보호법」과 어떻게 조화되어야 할 것인가에 관하여 문제가 있고, 가족에 대하여 어떠한 사회과학적 역사인식을 하고 논리전개를 하고 있는지가 명백하지 않다는 지적을 받는다.

이 견해도 사적 보호법으로서의 특성은 친족법에 국한하는 것으로 본다.

재산법과 가족법과의 관계를 어떻게 이해하는가에 따라 민법총칙의 통칙성을 달리 보게 된다. 판덱텐 체계의 논리로는 민법총칙은 당연히 가족법에도 적용되어야 한다. 그러나 재산법과 가족법을 이원적으로 파악하는 전통적 견해는 민법총칙의 규정이 가족법에는 적용되지 않는다는 입장을 취한다. 또한 이 논쟁은 가족법상의 법률행위 이른바 신분행위의 특성에 관한 논의로 이어진다. 이에 관하여는 후술한다.

II. 한국가족법의 연혁

1. 개 관

한국가족법은 성문가족법이 마련되기까지 두 번에 걸친 커다란 전환점을 맞이하였다. 첫번째는 고려말 조선초에 이루어진 종법제의 계수이고, 다른 하나는 일제에 의한 조선민사령의 강행이다.

한국 고대의 가족제도는 정착농경생활을 해 왔던 사회의 보편적인 현상이라 할 수 있는 가부장적 대가족제도였다고 논해진다. 농경 중심의 가족생활에는 강력한 가장권에 의한 통솔이 필요하고 그와 같은 생활양식이 가장 적합하였던 것으로 이해되기 때문이다. 이와 같은 전통적 입장에 대하여는 적어도 중앙집권형태의 고대국가가 형성된 삼국시대 이후에는 강력한 가장권의 지배를 받는 대가족제도는 미약하였다는 비판적 견해가 유력하다. 그 이유는, 고려나 조선 초에 작성된 호적의 기록을 분석해 볼 때 오랫동안 솔서혼속(率壻婚俗)이 유지되어 왔고, 고려시대까지는 불교가 일상생활에까지 영향을 미쳤으며 정치 · 사상 · 문화적인 측면과는 달리 유교이념에 바탕을 둔 가족규범의 직접적인 영향은 미약하였기 때문이다. 삼국사기나 삼국유사와 같은 우리의 사서나 중국의 사서에 기록된 당시의 사회상과 습속, 고려사에서 찾을 수 있는 개별적인 입법을 통해 어느 정도 이때 당시의 가족법의 윤곽이 파악된다. 좁은 의미에서의 한국 고유의 가족법시대였다고 할 수 있다.

2. 종법제의 계수와 그 정착

고려말 정권의 전면에 나선 신진사대부 세력은 종법제에 바탕을 둔 개별가족법을 제정하고 가례(家禮)의 시행을 강력히 추진하게 되며, 유교이념에 바탕을 둔 조선을 건국한 이후에는 그 의지가 더욱 강화되었다.

고려말 조선초에 계수된 종법제는 중국 주대(周代)에 완성된 부계, 부권, 부치적 가족제도로서, 한국에 계수된 종법은 그 당시의 중국(明朝)에 관용되던 종법이 아니라 한대(漢代) 이후 정비되어 당률 등 성문법전과 가례에 집약된 그 이전시기의 본래의 고전적 원리로서, 법계수에 있어 특이한 예에 속한다(原形繼受). 종법의 원리에 기초한 가족규범을 경국대전을 비롯한 법전에 수록하고, 가례를 일상생활화하기 위한 노력을 경주한 결과, 조선 중엽에 이르게 되면 국속(國俗)이 일변하였다는 말과 같이 종법의 정착이 가시화된다. 그러나 그 과정에서는 고유법적 습속과의 저촉도 있었고 반친영(半親迎)과 같은 절충적인 입법이 행해지기도 하였다. 당위와 현실과의 타협 · 조화라고 할 수 있다. 한편 종법의 상징이라 할 수 있는 제사상속법과는 달리 재산상속법은 한국 고유의 자녀공동상속법리가 성문화되기도 하였다. 가족법의 지역성 · 시대성 · 습속성을 일깨워 주기에 충분한 사실이다. 이에 관하여는 상속편에서 언급한다.

조선 중엽 이후 종법제의 정착으로 한국사회에서도 종족단체의 강고화, 철저한 계급화가 등장한다. 대체로 기본법률생활단위는 종족 → 가족 → 개인이라는 축소화의 원칙에 따라 정해졌음에도 불구하고, 한국의 경우는 종족 → 가족 → 종족으로 진행되는 다소 시대역행적인 양상을 보여주었다. 때문에 종법제를 토대로 한 가족법의 정착에 따라, 가족단체 위에 군림하는 종족단체의 통제하에 놓여진 부계적 대가족제도가 형성되는 독특한 모습을 지니게 된 것이다. 한국가족법의 가장 큰 특색이라 할 만하다.

여자보다는 남자를, 중자보다는 장자를 중시하는 종법의 원리는 재산상속에도 영향을 미치게 된다. 성문법전에는 자녀에 의한 공동상속을 재산상속의 기본원리로 삼았음에도 실제의 상속관행은 점차 장자 중심으로 변한 것이 이를 말해 준다.

3. 구민법시대

조선 후기로 들어와 조선사회도 많은 변화를 맞이하게 된다. 기독교의 전래에 따라 서구법사상이 계수되기 시작하고, 한국법제사에서 근대법 시대의 여명을 연 갑오개혁을 통하여 가족법분야에서도 몇 가지 개혁조치가 취해지기도 하였다. 근대화의 일환으로 구한말에는 근대적인 민법전을 제정하기 위한 시도가 있었으나, 일제에 의한 식민지 지배가 시작되면서 미완으로 끝나게 된다.

일제는 1910년 8월 29일자의 긴급칙령 「조선에 시행할 법령에 관한 건」(이는 1911년 3월 29일 법률 제30호 「조선에 시행할 법령에 관한 법률」로 전환됨)과 제령 제1호 「조선의 법령의 효력에 관한 건」을 통하여 식민통치를 위한 법제를 구축하기 시작한다. 이들 법령에 의하여, 일제하의 조선의 법률은 조선총독의 명령 형식으로 규정하며(이를 '제령'이라 함), 일본법률 중 조선에 시행을 필요로 하는 것은 칙령으로 지정하고, 조선총독부를 설치하는 때에 조선에서 그 효력을 상실할 제국(帝國)법령(통감부법령)과 한국법령은 당분간 조선총독이 발령한 명령으로 그 효력을 가진다고 선언되었다. 이러한 법적 기초에 근거하여 1912년 3월 18일 제령 제7호로 「조선민사령」이 제정되고 동년 4월 1일부터 시행에 들어간다.

조선민사령 제1조는 민사에 관하여 조선민사령이나 그 밖의 법령에 특별한 규정이 있는 경우를 제외하고는 당시의 일본민법을 비롯한 민사관계법을 의용한다고 규정하였다. 다만, 제1조의 법률 중 능력, 친족 및 상속에 관한 규정은 조선인에게는 이를 적용하지 않고, 이들 사항은 관습에 의한다는 예외규정(§11)을 두어 재산법분야와는 달리 가족법분야는 관습법에 따라 규율하게 된다.

강점을 꿈꾸어 온 일제는 강점의 일반적인 수순에 따라 1908년부터 관습조사사업에 착수하여 1912년에는 조선총독부 명의로 「관습조사보고서」를 간행하여 조선민사령 제11조의 시행을 뒷받침하였다. 친족 · 상속에 관한 관습조사항목에서도 짐작되는 바와 같이 그 과정에서는 일본가족법에 의한 왜곡이 가해질 수밖에 없었고, 이러한 왜곡은 변변한 검토도 없이 한국가족법으로 자리잡게 되었다. 위의 관습조사보고서 외에도 친족 · 상속에 관한 관습규범을 정립 내지 선언한 자료는 매우 다양하고 그 내용 또한 복잡하였다.

조선민사령 제11조는 3차에 걸쳐 개정되었다. 그 목적과 취지는 일본민법상의 친족 · 상속편 규정의 의용의 폭을 넓혀 가고자 한 개정, 곧 한국가족법의 일본

가족법화에 있었다.

• 일제말기 창씨개명을 뒷받침한 법령은 무엇이었나?

1945년 8월 15일 일제로부터의 해방과 더불어 한반도는 북위 38도선을 경계로 남측 지역에는 미군정이 실시되고(1945년 9월 7일 태평양미국육군총사령부포고 제1호), 북측지역에는 소련군의 주둔하에 북조선인민정권이 수립되어 민족분단·분단법시대가 개시된다. 재조선미국육군사령부군정청은 1945년 10월 9일 법령 제11호를 통하여 차별대우법률의 폐지를 선언하고, 1945년 11월 2일 법령 제21호는 1945년 8월 9일 시행 중이던 법률적 효력을 지닌 규칙, 명령, 고시 그 밖의 문서로서 그간 폐지된 것을 제외하고는 조선군정부의 특수명령으로 폐지할 때까지 효력이 존속됨을 규정하였다. 이어 1946년 10월 23일 법령 제122호로 「조선성명복구령」을 제정하여 일본통치시대의 법령에 근거한 창씨제도에 따라 조선성명을 일본식 씨명으로 변경한 호적부기재는 처음부터 무효인 것으로 선언하고, 본령에 배치되는 모든 법령, 훈령 및 통첩은 그 창초일부터 무효로 하였다. 이에 따라 1939년 11월 10일 제령 제19호로 개정된 조선민사령 제11조 제1항 단서에 의하여 의용되던 「씨에 관한 규정」, 동 제3항을 비롯하여 해방 당시 시행 중이던 다수의 법령, 훈령, 통첩 등이 폐지되었다. 한편 1949년 3월 6일 대법원은 서양자제도(조선민사령 §11① 단서에 의하여 의용되던 서양자에 관한 규정 및 §11의2②과 ③)를 공서양속에 반한다는 이유를 내세워 무효로 판결하였다.

4. 현행민법전의 성립과 가족법

1948년 7월 17일 헌법이 제정되면서 이에 따른 기본법률의 제정작업이 진행되지만, 일거에 완수될 수는 없는 일이었다. 때문에 제헌헌법 제100조에 현행법령은 이 헌법에 저촉되지 않는 한 효력을 가진다는 잠정적인 조치가 규정되고, 그에 따라 조선민사령은 현행민법전이 제정·시행되기까지도 계속 효력을 유지하게 된다.

법전편찬위원회가 민법전의 기초에 착수한 것은 1948년 12월 15일부터이나 6·25전쟁 등으로 지지부진하였다. 1958년 2월 22일 법률 제471호로 공포된 민법전은 1960년 1월 1일부터 시행된다. 민법전 제정과정에서의 가장 큰 쟁점은 어떠한 입장에서 가족법의 성문화를 달성해야 할 것인가에 있었다. 큰 틀에서 제시된 가족법제정의 세 가지 기저(基底)는 ① 가족의 해방, ② 양성평등의 구현, ③ 자녀의 보호였으나, 주장된 입법방침은 ① 헌법정신존중론(급진적 개혁론)(여성계, 일부 가족법학자, 정일형의원 수정안), ② 점진적 개혁론(입법실무자, 가족법학자), ③ 관습존중론(유림, 실무가, 정부의 원안)으로 대별되었고, 그 대립은 매우 심하였다. 민법전은 결국 점진적 개혁론에 따라 성문화되었다. 따라서 성문가족법은 가족제도적 요소와 개인주의적 요소가 혼성된 다원적 성격을 지니게 되었고, 이 점이 한국가족법의 가장 큰 특색으로 된 것이다. 가족제도적 특색으로는 가제도의 존치, 단체적 규제의 강고성, 남계우위의 절대성을 지적할 수 있다. 성문화 당시의 사정으로 보아 급진적 개혁론은 현실과 맞지 않고, 가족제도적 요소가 반영되어야 할 현실적 필요성도 어느 정도 시인되는 면이 있었다고 본다. 그러나 20세기 후반의 최신 성문가족법에 속하면서도 그 근대화 · 합리화라는 숙제를 안고 성문가족법시대는 출범된 것이다.

5. 가족법의 개정

1960년 1월 1일부터 시행된 현행민법전은 1962년 12월 29일 법정분가제도를 신설하는 내용의 제1차 개정(법률 제1237호) 이후, 나이는 '만 나이'로 계산하고 연수(年數)로 표시함을 명확히 규정한 2022년 12월 27일자 개정민법(법률 제19098호)에 이르기까지 30차례 가까이 개정되어 왔다. 민법 개정사는 가족법개정사라 하여도 과언이 아니다.

이제까지의 가족법 개정은 크게 두 가지 요인에 의하여 진행되었다. 첫째는 성문화과정에서 전통적인 가족제도를 여전히 유지해야 할 순풍미속으로 인식한 데 따른 개정요인이다. 1962년, 1977년, 1990년, 2005년의 개정은 이에 해당한다. 둘째는 친족 · 상속편의 규정 중 일부에 대하여 헌법재판소가 위헌 내지 헌법불합치 결정을 통하여 개정을 촉구한 데 따른 개정이다. 헌법재판소는 그간 "호주제도, 부성추종주의, 동성동본불혼주의, 친생부인의 제소기간, 상속회복청구권의 제척기간, 법정단순승인"에 관한 규정에 대하여 위헌 내지 헌법불합치결정을 선고하였다. 이에 따른 입법개선의무는 2002년과 2005년의 개정을 통하여 이행되었다. 모든 국민은 인간으로서의 존엄과 가치, 행복을 추구할 권리를 가지며, 혼인과 가족생활은 개인의 존엄과 양성의 평등을 기초로 성립되고 유지되어야 한다는 헌법상의 원칙을 수용한 결과이며, 도시화 · 산업화 · 개인화된 가족생활의 변화를 입법에 반영한 것이라 할 수 있다. 그러나 지나치게 형식논리에 치우치고, 세밀한 검토 없이 개정이 이루어진 부분도 적지 않다. 위 두 가지 요인 외에도 다른 법률의 개정에 따라 관련 규정이 개정되기도 하였는데, 그 중 1997년의 국적법 개정과 2007년의 「가족관계의 등록 등에 관한 법률」의 제정은 실질적 변화를 가져다 준 예에 속한다.

한편 근래에는 가족의 강화 · 가족 내의 약자보호라는 관점에서 가족법의 개정이 이루어지고 있다. 협의이혼절차를 개선하기 위한 2007년 12월 21일자의 개정, 양육비부담조서 작성에 관한 2009년 5월 8일자의 개정이 이에 해당한다. 또한 2011년 3월 7일자의 민법 개정(법률 제10429호)은 성년나이를 만 20세에서 19세로 낮추고, 고령사회로의 이행에 따라 그 필요성이 제기된 성년후견제도를 도입하기 위한 것으로, 민법의 기본구조에 변경을 가져온 개정이라 할 수 있다. 2011년 5월 19일자의 민법 개정(법률 제10645호)은 이른바 「최진실법」이라 불리는 개정으로, 이혼 후 친권행사자로 지정되었던 부모의 일방이 사망하거나 친권을 상실하는 등 친권을 행사할 수 없는 경우에, 미성년후견이 개시되는 것이 아니라 생존하는 부모가 당연히 친권자가 되는 것으로 운용되는 구조를 개편하여, 가정법원이 생존하는 부모의 친권자로서의 적격성을 심사하여 미성년후견개시의 가능성을 부여하는 등 미성년자의 복리를 증진시키기 위한 개정이다. 2012년 2월 10일자의 민법 개정(법률 제11300호)은 미성년자를 입양할 때에는 가정법원의 허가를 거치도록 하고, 미성년자에 대한 파양은 재판으로만 할 수 있게 하는 등 일반입양제도의 개선을 꾀하며, 친양자가 될 수 있는 사람의 나이를 15세 미만에서 미성년(19세 미만)으로 완화하였다. 양자제도와 관련해서는 2011년 8월 4일자로 「입양촉진 및 절차에 관한 특례법」을 「입양특례법」으로 전면개정하는 변화가 있었다. 종래 민법상의 일반입양에 비하여 입양요건을 강화하고 효과에 대한 특례를 인정하던 입장에서 친양자와 같은 구조로 변경하기 위한 개정이었다. 또한 2014년 10월 15일자의 민법 개정(법률 제12777호, 2015년 10월 16일 시행)에 따라 친권자의 동의를 갈음하는 재판(§922의2), 친권의 일시정지와 일부제한(§924, §924의2, §927의2) 등에 관한 규정이 신설되었다.

2016년 12월 2일자의 민법개정(법률 제14278호, 2017년 6월 3일 시행)에 따라 조부모의 손자녀에 대한 면접교섭권이 인정되었다. 또한 「민법」 제844조 제2항 중 혼인관계종료의 날부터 300일 이내에 출생한 자녀는 혼인 중 포태한 것으로 추정하는 부분에 대한 2015년 4월 30일자의 헌법재판소의 헌법불합치결정(2013헌마623) 취지를 반영하여, 혼인관계가 종료된 날부터 300일 이내에 출생한 자녀의 경우에도 친생부인의 소가 아니라 친생부인 허가심판으로 어머니 또는 어머니의 전(前) 남편이 친생추정을 배제하거나, 생부가 자녀에 대한 인지허가를 신청할 수 있게 하기 위한 2017년 10월 31일자의 민법개정(법률 제14965호, 2018년 2월 1일 시행)과 이를 뒷받침하기 위한 같은 날짜의 가사소송법개정(법률 제14961호, 2018년 2월 1일 시행)이 있었다.

2021년 1월 26일자의 민법개정(법률 제17905호, 2021년 1월 26일 시행)에 따라 친권자의 징계권 규정이 삭제되었다. 종래 친권자의 징계권 규정은 아동학대 가해자인 친권자의 유로 이용되는 등 아동학대를 정당화하는 데 악용될 소지가 있었는데, 이를 방지하고 아동의 권리와 인권을 보호하기 위하여 징계권 규정을 삭제하였다.

2022년 12월 13일자의 민법개정(법률 제19069호, 2022년 12월 13일 시행)은 상속개시 당시 미성년자인 상속인의 법정대리인이 상속을 단순승인을 하였더라도 이와 관계없이 미성년자인 상속인이 성년이 된 후 한정승인을 할 수 있는 특별절차를 마련함으로써 미성년자 상속인의 자기결정권 및 재산권을 보호하기 위한 것이다.

마지막으로 2022년 12월 27일자의 민법개정(법률 제19098호, 2023년 6월 28일 시행)은 나이는 '만 나이'로 계산하고 연수(年數)로 표시함을 명확히 규정한 것이다. 즉, 제158조(나이의 계산과 표시)가 "나이는 출생일을 산입하여 만(滿) 나이로 계산하고, 연수(年數)로 표시한다. 다만, 1세에 이르지 아니한 경우에는 월수(月數)로 표시할 수 있다."고 개정됨에 따라 제807조(18세)와 제1061조(17세)에서 각각 '만'이라는 용어가 삭제되었고, '연령'이라는 용어도 '나이'로 수정되었다.

- 헌법재판소가 가족법 분야에서 위헌 또는 헌법불합치결정을 내리면서 그 논거로 제시한 것은 무엇인가? (각각의 결정을 평석 · 정리할 것)

Ⅲ. 가족법상의 권리와 법률행위

사권(私權) 분류의 4분설에 의하면, 사권은 그 내용에 따라 재산권, 인격권, 가족권, 사원권으로 구분된다. 민법이 재산법과 가족법으로 구성되어 있으므로 가족법상의 권리를 가족권이라 할 수 있다. 따라서 상속법을 재산법에 속하는 것으로 이해하는 입장에서는 상속권은 재산권으로 보게 된다. 가족법의 특수성을 강조하는 전통적인 입장에서는 가족권이라는 용어보다는 신분권이라는 용어를 사용하고, 여기에는 상속권도 포함되는 것으로 설명한다. 이러한 설명방법에 따라 여기에서도 신분권, 신분행위라는 용어를 사용하기로 한다.

1. 신 분 권

신분이라 함은 가족법상 각자에게 부여된 법적 지위를 말한다. 신분사회에서의 양반, 상민, 노비와 같은 사회계급으로서의 지위를 가리키는 말이 아니다. 따라서 신분권이라 함은 부부, 친자, 그 밖의 친족적 가족관계에 따른 생활상의 이익을 내용으로 하는 권리이며, 각자의 지위에 부여된 직분을 의미한다. 곧 권리와 의무가 합쳐진 포괄적 · 상호적 성질의 것이다.

재산권과 비교할 때 대체로 신분권은 일신전속성이 강하고, 양도성이나 상속성이 인정되지 않으며, 원칙적으로 타인에 의한 대행을 허용하지 않는다. 즉 대리에 친하지 않다. 또한 권리행사의 의무성이 강하여 권리행사의 남용은 엄격하게 규제되며, 신분권의 포기는 원칙적으로 허용되지 않는다. 그 내용의 실현에서도 의무자가 자유의사에 의하지 않는 한 진정한 목적을 달성할 수 없고, 따라서 직접강제에 적합하지 않는 경우가 대부분이다. 아울러 신분권은 일반적으로 배타적 성질을 지니고 그 침해에 대하여는 방해배제나 손해배상의 청구가 인정된다.

2. 신분행위

(1) 신분행위의 종류와 신분행위능력

신분행위란 신분상의 법률효과 즉 신분관계의 형성, 변경, 해소를 발생시키는 법률행위이다. 세 가지로 대별되며 거기에 요구되는 판단능력의 정도는 다르다.

1) **형성적 신분행위**(신분으로의 행위)

직접적으로 신분관계의 창설 · 변경 · 폐지를 목적으로 하는 법률행위로서 가장 순수한 기본적 신분행위이다. 혼인, 협의이혼, 임의인지, 입양, 협의파양 등과 같이 본인이 자기의 신분관계를 형성하는 행위가 이에 해당한다. 이 경우에는 높은 정도의 식별능력은 필요하지 않다. 이들 신분행위의 경우에는 법률효과의 선택의 여지가 없고 효과는 법정되어 있기 때문이다. 따라서 판단할 수 있는 사람은 행위할 수 있다(의사능력 = 행위능력). 민법총칙에 규정된 행위능력에 관한 규정은 이들 신분행위에는 적용되지 않는다.

2) **지배적 신분행위**(신분으로부터의 행위)

특정신분에 기해서 타인의 신상에 신분적 지배를 미치는 행위를 말한다. 지배권으로서의 성질을 가지고 있는가에 대한 의문도 있지만 친권이나 후견권을 행사하는 경우, 미성년자나 피성년후견인의 혼인에 대한 부모 등의 동의 등이 이에 속한다. 이 경우에는 의사능력만 가지고는 안 되고 행위능력을 필요로 한다. 행위의 상대방을 보호하고 그 사람의 신상 · 인격에 직접적인 영향을 미치기 때문이다.

3) **부수적 신분행위**(신분을 위한 행위)

신분상의 변동에 부수된 행위로 다음과 같이 나누어질 수 있다.

① 자기의 형성적 신분행위에 부수해서 행해지는 경우: 이는 다시 순수한 신분행위(혼인이나 인지시 자녀의 성과 본에 관한 협의 또는 협의이혼시 자녀의 양육과 친권에 관한 협의)와 재산적 행위(혼인성립에 부수하는 부부재산계약의 체결)로 구분된다. 전자의 경우에는 주된 신분행위에 따라 의사능력만 가지고도 충분한 것으로 해석하나, 후자의 경우에는 견해가 나뉜다. 다수설은 의사능력만으로 족하다고 본다. 주된 신분행위가 의사능력으로 충분하므로 종된 행위에 그 이상의 능력을 요구할 수 없기 때문이다.

② 자기의 형성적 신분행위에 의하지 않고 발생한 신분상의 변동을 위하여 행해지는 경우: 예컨대 피상속인의 사망이라는 신분적 사실을 계기로 행하여지는 상속의 한정승인, 포기행위가 이에 해당한다. 이 경우에는 합리적인 계산능력 즉

행위능력이 필요하다.

(2) 신분행위의 요식성

낙성계약이 타당한 분야에서는 법률행위의 요식성의 요청은 크지 않다. 그러나 신분행위 특히 형성적 신분행위에 대하여는 그 성질상 일정한 방식을 따라야 할 것이 요구된다. 일정한 신분관계를 창설할 것인가 아니면 폐지할 것인가는 당사자뿐만 아니라 제3자에게도 중대한 이해관계를 맺고 있기 때문이다. 신분관계는 하나의 사회질서이며 배타적 성질을 지니기에 일반에게 공시되어야 할 필요가 있다. 여기에서의 일정한 방식이라 함은 등록법에 따른 신고를 뜻한다. 신고가 있고 그것이 수리되어야 비로소 해당 신분행위는 효력을 발생하게 된다. 그러나 요식성을 고수하려는 것도 문제는 있다. 따라서 사실혼의 보호에서와 같이 때로는 그 완화가 인정되고 있다.

(3) 신분행위에서의 의사, 신고 및 생활사실과의 관계

신분행위 중에서도 신고를 요하는 것에 대하여, 그 유효성을 판단함에 있어 위 세 가지 요인을 어떻게 다루어야 하는가는 중요한 문제이다. 특히, 일정한 신분관계의 창설(혼인, 입양 등)이나 해소(이혼, 파양 등)를 위한 형성적 신분행위에서 그러하다. 이와 관련해서는 견해가 나뉜다.

1) 실질적(실체적) 의사설

여기서는 신분행위의 의사를 2분한다. 신분행위가 유효하게 성립하기 위해서는 두 가지 의사, 즉 효과의사(실체적 의사)(신분관계를 설정하기 위한 의사)와 표시의사(신고의사)(신분행위의 형식인 신고를 위한 의사)가 존재해야 하며, 그 중 어느 하나라도 결여되면 해당 신분행위는 무효라고 보는 견해이다. 이 견해는 신분행위를 통하여 형성하고자 하는 신분관계는 이미 사회습속상 일정한 유형이 정해져 있고, 그에 들어맞는 것만이 유효하다고 본다. 따라서 신분행위에는 재산행위에서와 같이 일정한 법률효과의 발생을 의욕하는 의사가 요구되지 않는다. 신분행위의 효과의사는 신분적 생활사실과 서로 관련하여 일체적으로 존재하며(사실의 선행성), 사실 있는 곳에 반드시 의사 있고, 의사 있는 곳에 반드시 사실 있다는 것이다.

이 설은 의사의 존중과 사실의 존중을 그 배경으로 한다. 신분행위는 행위자의 본질적 의사를 중시하는 특질을 지니며, 또 그 내용 자체가 습속적이며 정형적인 것이기 때문이다. 따라서 신고되어 있는 경우에도 그 실체적 의사가 결여되어 있으면 무효이고, 또 실체적 의사가 있고 현실의 신고가 있는 때에도, 그것이 본인의 의사에 의하지 아니한 신고이면 무효로 된다. 신고의사가 결여되었기 때문이다.

2) 형식적 의사설

가족법상의 신분행위에 진의 아닌 의사표시(§107), 통정허위표시(§108)의 법리를 그대로 적용시켜서는 안 된다는 이유로 실체적 의사설에 반대한다. 이 설의 핵심은 신분행위의 의사라 함은 신고에 향해진 표시의사(신고의사)이며, 실체적 의사라는 개념은 배척되어야 한다는 점이다. 이에 의하면 실체적 의사설은 신분행위의 요식성과 모순된다고 한다. 실체적 의사설은 신분행위를 실질적으로 이해하는 결과, 사인의 의사에 의하여 신고의 효력이 좌우되고, 금반언의 법리에도 어긋나기 때문이다. 정책론적으로도 신분행위의 표시(신고)에 대하여 책임을 지게 하고, 가장행위를 유효하게 함으로써 탈법행위를 방지할 수 있으며, 신분행위의 안정을 유지하여 제3자의 보호를 도모할 수 있다고 한다.

따라서 이 설에 의하면 특정목적을 위한 신분행위는 물론이고 가장신분행위도 유효한 것으로 보게 된다.

3) 법률의사설(법률적 정형설)

신분행위의 의사를 사회습속과 사실로부터 분리하고자 하는 견해이다. 신분행위를 통하여 형성하고자 하는 신분관계가 정형화되어 있음은 부정할 수 없으나, 그것은 사회습속상의 정형이 아니라 민법상의 정형으로 보아야 하고, 따라서 민법상의 정형에 향해진 효과의사를 신분행위의 의사로 보아야 한다는 주장이다.

참고판례 실체적 의사설에 입각하여 가장혼인은 무효라고 판단한 대법원 1980.1.29. 선고 79므62, 63 판결; 대법원 1985.9.10. 선고 85도1481 판결; 대법원 1996.11.22. 선고 96도2049 판결; 대법원 2010.6.10. 선고 2010므574 판결

참고판례 형식적 의사설에 입각하여 가장이혼은 유효하다고 판단한 대법원 1975.

8.19. 선고 75도1712 판결; 대법원 1976.9.14. 선고 76도107 판결; 대법원 1981.7.28. 선고 80므77 판결; 대법원 1993.6.11. 선고 93므171 판결

위의 참고판례를 통해서도 알 수 있는 바와 같이 판례의 입장은 고정되어 있지 않다. 일반적 경향은 ① 창설적 신분행위 중 혼인에 대하여는 실체적 의사설을 따른다. 혼인의 사회적 정형성은 일단 확립되어 있기 때문이다. ② 해소적 신분행위 중 이혼에 대하여는 형식적 의사설을 따른다. 해소 후의 생활관계가 복잡하기 때문이다.

- 2009년 6월 말기암환자였던 영화배우 J녀는 K남의 청혼을 받고 7월 초 요양차 미국으로 떠났고 같은 달 26일 미국 라스베이거스에서 결혼식을 올렸다. 8월 초 귀국한 두 사람은 임종 4일 전인 8월 28일 미국에서 발급받은 결혼증명서를 첨부하여 혼인신고를 마쳤고 J녀는 9월 1일 사망하였다. K남은 결혼에 앞서 J녀의 재산과 관련된 모든 권리를 J녀의 부모에게 위임하였다. J · K의 혼인은 유효한가? K남의 위임은 유효한가?

Ⅳ. 신분관계의 공시

1. 신분등록제도

개인의 신분관계가 어떠한가는 당사자 본인뿐만 아니라 그 사람과 법적 교섭을 갖는 제3자에게도 중요한 이해관계를 갖는다. 신분관계는 그것을 요건으로 하여 각종 법적 효과를 발생하게 하기 때문이다. 또한 신분관계는 속성상 배타적 · 독점적 성질을 띠나 가시적이지는 않다. 때문에 이를 공부(公簿)에 기록하는 것이 필요하다. 어느 사회나 신분관계를 법이 정한 절차에 따라 일정한 공적 장부나 그 밖의 수단을 통하여 공시 · 공증하는 제도를 두고 있다.

이러한 목적과 사명을 지닌 신분등록제도에는 두 가지 편제방식이 있다. 하나는 등록을 필요로 하는 사건별로 편제하는 것이고, 다른 하나는 각 개인마다 출생과 동시에 등록부를 작성하고 사망까지 발생한 그 사람의 중요한 신분사항을 계속 등록하게 하는 인적 편제방식이다. 전자는 주로 유럽의 신분등록제도에서

취하는 방식으로, 신분등록을 개인단위로 하여 출생 · 혼인 · 사망을 그것이 발생한 토지에서 별개로 등록하며, 이들 등록 상호간에는 아무 연락이 없다. 이처럼 등록부가 분산되어 있기 때문에 어느 한 개인의 신분사항을 한꺼번에 파악하기는 어렵다. 때문에 가족대장, 가족등록부, 가족수첩 등의 보완제도가 병행되기도 한다. 인적 편제방식은 다시 그 등록단위를 개인으로 하는가(개인별등록방식) 아니면 가족을 단위로 하는가(가족별등록방식)로 구분된다. 연혁적인 이유로 중국 · 일본 · 한국 등은 인적 편제방식 · 가족등록방식을 취해 왔다. 호적제도가 그것이다.

호적제도는 중앙집권형태의 고대국가가 형성된 때부터 시정(施政)을 위해서는 필수적인 호구조사를 실시할 목적으로 창안되었다. 이처럼 전근대사회에서의 호적제도는 개인의 신분관계를 등록 · 공시하기 위한 목적이 아니라, 국가가 필요로 하는 조세 징수와 요역 부과를 위한 기초자료로서 호구수를 조사 · 파악하고 사회적 신분을 확인 · 명시하며 인민의 유이(流移)를 방지하기 위한 것이었다. 다만 인구의 동태를 파악하기 위하여 호적에 개인의 출생에서부터 사망에 이르기까지의 신분관계의 변동사항이 기재되므로 그 기재를 통하여 혼인, 세계(世系), 가족관계 내지 친족관계 등이 간접적으로나마 공시되었다. 건양(建陽) 원년(1896년) 9월 1일 칙령(勅令) 제61호인 「호구조사규칙(戶口調査規則)」과 동년 9월 8일 내부령(內部令) 제8호인 「호구조사세칙(戶口調査細則)」에 의하여 호적제도의 근대화는 약간의 진전을 보게 된다. 그러나 이것은 그 이전의 호적제도와 마찬가지로 "전국적 호수와 인구를 상세히 편적하여 인민으로 하여금 국가에서 보호하는 이익을 균점케 함"을 목적으로 하고 있었다.

호적이 신분공시제도로서의 모습을 갖추게 된 것은 융희(隆熙) 3년(1909년) 3월 4일 법률 제8호인 「민적법(民籍法)」과 동년 3월 20일 내부훈령 제39호인 「민적법집행심득(民籍法執行心得)」에서부터이다. 이에 의하여 호적제도가 가(家)와 가(家)에서의 신분관계를 공증하는 문서에 의한 등기제도로 탈바꿈하게 된 것이다. 민적제도는 1922년 12월 7일에 「조선민사령(朝鮮民事令)」의 개정(제령 제13호)을 통하여 동 제11조의2부터 제11조의11까지 호적에 관한 조항이 신설되고, 제11조의11에 근거하여 1922년 12월 8일 「조선호적령(朝鮮戶籍令)」(총독부령 제154호)이 제정(1923년 7월 1일 시행)됨으로써 폐지되었다. 조선호적령은 1914년에 개정된 일본 호적법을 거의 그대로 모방한 것이었다.

제헌헌법 제100조에 따라 조선호적령은 계속 시행되었으며, 1960년 1월 1일

법률 제535호로 호적법이 제정되고 현행 민법전과 함께 시행되기에 이른다. 현행 민법시대의 호적은 호주를 기준으로 하여 가별(家別)로 편제하는 가족별 등록방식을 취하여(호 §8, §15) 개인의 신분관계를 통일적 · 조직적으로 파악할 수 있는 장점을 지니고 있었다. 반면에 호주제도 · 가제도를 존속시키는 온상이라는 비판을 받아왔다. 호적은 국민 개개인의 신분관계를 등록하여 이를 공시 · 공증한다는 기본적 사명 외에도 국적의 공시 · 증명의 자료 및 인구동태통계의 기초자료로 사용되고 주민등록표의 정확성을 담보하는 기능을 가지고 있었다.

2008년 1월 1일부터 호주제도를 폐지하는 개정민법의 시행과 더불어 기존의 호적법을 대체하는 가족관계등록법이 시행됨으로써 새로운 형태의 신분등록제도인 가족관계등록부(다음부터는 '등록부'라 한다)제도가 자리잡게 되었다. 한편 2013년 7월 1일 성년후견제도의 시행과 더불어 이에 관한 사항은 등록부가 아니라 후견등기부에 의해 공시된다. 신분등록제도가 이원화된 것이다.

2. 등록부의 작성과 등록사항별 증명서

(1) 등록부의 작성

1) 등록부의 의의와 특징

등록부라 함은 전산정보처리조직에 의하여 입력 · 처리된 가족관계등록사항에 관한 전산정보자료를 등록기준지에 따라 개인별로 구분하여 작성한 것을 말한다(등록법 §9①). 종전의 호적과 달리 등록부는 개인별로 구분 · 작성되며 전산정보처리조직에 의하여 본인의 등록부 기록사항을 입력하는 방식으로 만들어진다. 이처럼 등록부는 전산상의 개념으로서 일정한 가족관계등록사항을 확실하게 기록 · 보관할 수 있는 전자적 정보저장매체에 저장된 전산정보의 집합을 가리킨다. 전자문서의 일종이라 할 수 있다.

개인별로 작성되는 등록부는 그 원부 개념을 상정하고 있지 아니하다. 종전의 전산호적시스템 하에서도 호적을 보조기억장치(자기디스크 · 자기테이프 그 밖에 이와 유사한 방법에 의하여 일정한 호적사항을 확실하게 기록 · 보관할 수 있는 정보매체를 포함한다)에 기록하여 작성하였으나(호 §124의3①), 전산상의 호적원부 개념을 두고 그 원부에 따른 등본을 발급하는 형태로 개인의 신분관계를 공시 · 공증해 왔다.

2) 등록부의 기록과 기록사항

등록부의 기록이라 함은 등록사무처리자인 시 · 읍 · 면의 장이 법과 규칙이 정한 사항을 전산정보처리조직(정보시스템)에 의하여 등록부에 기록하는 것을 말한다(등록규칙 §2ⅰ). 즉, 신고, 통보, 신청 등 법이 정한 사유에 근거하여 국민의 신분에 관한 공적 문서인 등록부에 법정된 사항을 정보시스템에 입력하는 가족관계등록공무원의 행위를 말한다.

등록부 기록사항이라 함은 사람의 신분관계를 공시 · 공증하기 위하여 등록부에 기록할 수 있는 사항을 말한다. 등록부에는 ① 등록기준지, ② 성명 · 본 · 성별 · 출생연월일 및 주민등록번호, ③ 출생 · 혼인 · 사망 등 가족관계의 발생 및 변동에 관한 사항, ④ 그 밖에 가족관계에 관한 사항으로서 대법원규칙으로 정하는 사항을 기록하여야 한다(등록법 §9②). 이처럼 본인의 등록부에는 본인의 가족관계 등 등록사항(기본신분정보사항과 신분변동사항)만이 기록될 뿐이다. 그 밖의 관련자에 대한 가족관계 등 등록사항은 가족간의 연결정보로 필요한 부분만을 추출하여 법규가 정하는 전산양식에 따라 증명서로 발급된다.

등록부의 기록사항은 가족관계등록부사항, 특정등록사항, 일반등록사항으로 구분된다(등록규칙 §2ⅲ~ⅴ 참조).

3) 기록의 효력

호적제도 하에서도 호적기재의 효력에 대하여 학설과 판례는 추정력을 인정하여 왔다. 즉, 호적은 사람의 신분관계를 증명하는 공문서로서 호적부의 기재는 법률상 그 기재가 적법하게 되었고, 또한 그 기재사항은 진실에 부합되는 것이라는 추정을 받으나, 그 기재에 반하는 증거를 통해 그 추정을 번복할 수 있다고 보았다. 이러한 입장은 등록부제도 하에서도 그대로 유지된다고 보아야 할 것이다. 따라서 등록부에 기록된 사항은 그 기록이 적법하게 되었고 또한 진실에 부합한 것으로 추정되나, 그 기록내용에 반하는 증거 또는 그 기록을 무효로 하는 사실의 확인에 의하여 그 추정은 번복된다. 그러나 반증에 의하여 등록부 기록의 사실상 추정력이 번복되는 경우에도, 가족관계등록공무원이 임의로 그 기록을 정정할 수 없다. 위법하거나 사실과 부합하지 않는 등록부의 기록을 바로잡기 위해서는 등록부정정절차를 거쳐야 한다.

4) 기록의 수단과 문자

시 · 읍 · 면의 장은 등록사무를 전산정보처리조직에 의하여 처리하여야 하므로(등록법 §11①, 등록규칙 §17①), 기록사항을 등록부에 기록할 때에는 전자적 정보저장매체인 보조기억장치에 단말기를 통해 자료를 입력하는 방법으로 한다.

공공기관의 공문서는 어문규범에 맞추어 한글로 작성하여야 하므로(국어기본법 §14), 등록부상의 기록도 한글로 표기되어야 한다. 이를 위해 등록부의 기록은 한글과 아라비아 숫자로 한다(등록규칙 §63②). 그러나 특정등록사항란의 성명란은 한자로 표기할 수 없는 경우를 제외하고는 '김철수(金哲秀)'와 같이 한글과 한자를 병기한다. 본란은 한자로 표기할 수 없는 경우를 제외하고는 한자로 기록한다. 등록부에 기록할 때에는 약자나 부호를 사용하지 못한다. 다만 한자는 일부 약자의 사용이 허용되고 있다(등록규칙 §37②).

(2) 등록부 기록사유

기록사유라 함은 등록부에 사람의 신분관계를 기록하기 위한 일정한 기록원인을 말한다. 기록의 원인은 신고, 통보, 신청, 증서의 등본, 항해일지의 등본 또는 재판서에 의한 경우(등록법 §16)와 직권에 의한 경우(등록법 §18, §33)로 구분된다.

신고는 등록부 기록사유 중에서 가장 기본적이고 원칙적인 것으로 이에는 보고적 신고와 창설적 신고가 있다.

(3) 등록자료의 이용과 증명서의 교부

1) 등록자료의 이용과 개인정보의 보호

개인의 신분관계를 등록하여 이를 공시 · 공증한다는 신분등록제도의 기본취지를 감안한다면 등록부의 일반공개는 불가피하다. 그러나 이로 인한 프라이버시의 침해는 방지되어야 한다. 또한 가족관계등록에 관한 개인의 신분에 관한 전산정보는 다른 행정전산정보보다 기록된 내용이 광범위하고 구체적이기 때문에, 가족관계등록 전산정보자료에 대한 접근은 다른 행정정보와는 달리 기본적으로 개인은 물론, 국가기관일지라도 제한되어야 할 필요성이 크다. 국가기관이나 공공기관이 행정 편의를 이유로 가족관계등록 전산정보자료를 이용하고자 하는 경우에 그 이용절차를 엄격하게 규정하여, 대량의 가족관계등록정보 이용을 통한 무분별한 가족관계등록정보의 오 · 남용을 방지할 수 있어야 한다(등록법 §13, 등록규칙 §26 참조).

2) 증명서의 종류와 기록사항

전산처리되는 등록부에는 가족관계등록법규가 정한 개인의 신분관계에 관한 모든 사항이 기록되어 관리된다. 따라서 이를 그대로 열람하게 하거나 증명서로 발급하게 하는 것은 필요 이상의 개인신분정보를 공개하는 것으로, 사생활 비밀에 대한 침해가 발생할 수 있다. 물론 등록부에는 원부 개념이 없기 때문에 그 자체가 증명서로 발급되지는 아니한다(등록부와 증명서의 이원화). 또한 개인의 신분관계를 공시 · 공증하기 위하여 발급하는 증명서의 발급도 필요사항만을 기재하는 방식을 취하고, 등록부의 기록사항에 관하여 발급할 수 있는 증명서를 가족관계증명서, 기본증명서, 혼인관계증명서, 입양관계증명서, 친양자 입양관계증명서로 특정하고(등록법 §15①), 기록사항에 따라 일반증명서와 상세증명서로 구분하여 발급하며(상세증명서 기재사항 중 신청인이 대법원규칙으로 정하는 바에 따라 선택한 사항만을 기재한 특정증명서도 발급되나〈등록법 §15④〉 미시행 중임), 그 교부에도 제한을 가하고 있다(등록법 §14).

(가) 가족관계증명서

본인과 가족의 신분사항을 증명하기 위한 증명서로서, 여기에는 등록기준지란과 특정등록사항란만이 있는 것이 원칙이다. 가족관계증명서 일반증명서에는 본인을 기준으로 부모(입양의 경우 양부모를 부모로 기록하나, 단독입양한 양부가 친생모와 혼인관계에 있는 때에는 양부와 친생모를, 단독입양한 양모가 친생부와 혼인관계에 있는 때에는 양모와 친생부를 각각 부모로 기록함), 배우자, 생존한 현재의 혼인 중의 자녀가 기록되며, 이들의 특정등록사항(성명, 성별, 본, 출생연월일, 주민등록번호)만이 표시된다(등록법 §15② i). 상세증명서에는 모든 자녀의 특정등록사항이 기록된다(등록법 §15③ i).

(나) 기본증명서

등록부의 기본이 되는 증명서로서, 기본증명서 일반증명서에는 본인의 등록기준지와 특정등록사항이 기록되고, 본인에 관한 기본적인 등록사항인 출생, 사망, 국적상실이 기록된다(등록법 §15② ii). 상세증명서에는 국적취득 및 회복 등에 관한 사항이 추가된다(등록법 §15③ ii).

(다) 혼인관계증명서

혼인과 관련된 신분관계의 변동사항을 증명하는 것으로서, 혼인관계증명서 일반증명서에는 본인의 등록기준지와 본인 및 배우자의 특정등록사항 그리고 현재의 혼인에 관한 사항이 기록된다(등록법 §15②iii). 상세증명서에는 혼인과 이혼에 관한 사항이 기록된다(등록법 §15③iii).

(라) 입양관계증명서

입양과 관련된 신분변동사항을 증명하는 것으로서, 입양관계증명서 일반증명서에는 본인의 등록기준지와 본인, 친생부모, 양부모, 양자의 각 특정등록사항과 현재의 입양에 관한 사항이 기록된다(등록법 §15②iv). 상세증명서에는 입양 및 파양에 관한 사항이 기록된다(등록법 §15③iv).

(마) 친양자 입양관계증명서

친양자 입양관계증명서 일반증명서에는 본인의 등록기준지와 본인, 친생부모, 양부모, 친양자녀의 각 특정등록사항과 현재의 친양자 입양에 관한 일반등록사항이 기록된다(등록법 §15②v). 상세증명서에는 친양자 입양 및 파양에 관한 사항이 기록된다(등록법 §15③iv).

3) 증명서의 교부

개인의 신상에 관한 민감한 사항을 담고 있는 개인신분정보는 보다 높은 단계의 정보보호가 요청되므로, 등록법에서는 증명서의 발급신청자격 및 대상 등에서 보다 엄격한 제한을 가하고 있다. 등록부 자체의 열람은 인정되지 않는다. 등록부는 원본 형태가 아니라 전산데이터의 형식으로 관리되며 전산적으로 관리되고 있는 정보를 증명서의 형태로 공개할 수 있을 뿐이기 때문이다.

본인 또는 배우자, 직계혈족은 수수료를 납부하고 등록사항별 증명서의 교부를 청구할 수 있다. 대리인이 청구하는 경우에는 본인 등의 위임을 받아야 한다. 다만, 일정한 경우에는 본인 등의 위임 없이 증명서의 교부를 신청할 수 있다(등록법 §14①, 등록규칙 §19②, 등록예규 제359호 §2⑤).

시(구)·읍·면의 장이 신청서를 접수한 때에는 지체 없이 전산정보처리조직에 입력하여야 하나, 교부청구가 등록부에 기록된 사람에 대한 사생활의 비밀을 침해하는 등 부당한 목적에 의한 것이 분명하다고 인정되는 때에는 증명서의 교부를 거부할 수 있다(등록법 §14④, 등록예규 제359호 §2⑥). 이때 부당한 목적의 청구라 함은 혼인 외의 출생자라는 사실이나 이혼경력 등과 같이 일반적으로 타인에게 알리고 싶지 않다고 생각되는 사항을 정당한 사유 없이 단지 호기심으로 알고자 하거나, 그 등록부에 기록된 신분사항을 범죄에 이용하기 위해 청구하는 경우 등을 말한다. 부당한 목적인지 여부는 신청인란과 청구사유란의 기재 및 소명자료의 내용으로 판단한다. 신청인란의 기재를 하지 않거나, 청구사유를 기재하여야 할 사람이 청구사유를 기재하지 않은 경우 또는 신청인이나 청구사유를 허위로 기재한 경우에는 일단 부당한 목적이 있는 것으로 볼 수 있다(등록예규 제359호 §6).

친양자 입양제도의 취지에 따라 친양자 입양관계증명서의 교부에 대해서는 다른 증명서의 경우보다 더 엄격한 제한을 가하여 친양자의 복리를 우선시하고 있다. 친양자 입양관계증명서는 일정한 경우에 한하여 교부를 청구할 수 있다(등록법 §14②, 등록규칙 §23③, 등록예규 제359호 §3①).

3. 등록부의 정정

(1) 의　의

등록부의 정정이라 함은 등록부의 기록이 진실에 반하거나 부적법한 경우에, 그 등록부의 기록을 사실에 부합하고 적법한 것으로 시정하는 법적 절차를 말한다. 즉, 등록부의 정정은 등록부의 기록이 법률상 허용될 수 없는 것이거나 그 기록에 착오나 누락이 있는 경우에, 이를 진정한 신분관계와 일치되도록 바로잡는 절차를 가리킨다.

신분공시제도의 사명은 개인의 신분에 관한 사항을 정확하게 증명 · 공증하는 데 있으므로, 등록부가 이러한 사명을 제대로 수행하기 위해서는 개인의 신분관계가 빠짐없이 기록되고 그것이 진정한 신분관계와 일치되어야 한다. 그런데 개인의 신분관계는 등록부에 기록되어야 비로소 발생하거나 변동되는 것은 아니다. 등록부에 기록되기 전에 출생이나 사망과 같은 일정한 사실의 발생, 신분행위의 신고와 그 수리 또는 형성판결의 확정에 의하여 발생 · 변경 또는 소멸하기도 한다. 등록부에의 기록이라 함은 이와 같이 이미 형성되어 있는 신분관계를 그대로 반영하는 것에 불과하며, 이미 존재하고 있는 신분관계를 있는 그대로 공증할 수 있도록 신분관계의 내용을 실상 그대로 현출할 수 있어야 한다. 따라서 출생 · 혼인 · 사망 등 가족관계의 발생 및 변동에 관한 어떠한 사항이 가족관계등록부에 기재되었더라도 진실에 부합하지 않음이 분명한 경우에는 그 기재내용을 수정함으로써 가족관계등록부가 진정한 가족관계의 발생 및 변동사항을 공시하도록 하여야 한다(대법원 2023.7.14.자 2023스17 결정).

(2) 정정대상과 정정사유

1) 정정대상

등록부정정은 등록부의 기록을 정정하는 것이므로, 그 전제로서 정정대상이 되는 등록부의 기록이 있어야 한다. 정정의 대상으로 되는 등록부의 기록은 현재의 등록부상의 기록이든 폐쇄된 등록부의 기록이든 가리지 않는다. 또한 가족관계등록부사항란 · 특정등록사항란 및 일반등록사항란의 기록 모두가 정정대상으로 된다. 한번 정정된 등록부의 기록도 정정사유가 있으면 다시 정정대상으로 된다.

2) 정정사유

정정사유는 등록부의 기록이 법률상 허가될 수 없거나 그 기록에 착오나 누락이 있는 경우를 말한다(등록법 §18, §104). 등록법 제18조에서는 '등록부의 기록이 무효'인 경우에 직권정정을 허용하고, 제104조에서는 '등록부의 기록이 법률상 허가될 수 없는' 경우에 이해관계인의 신청에 의한 정정을 허용하고 있으나, 위 사유는 동일한 것으로 해석된다. 신분행위 또는 신고의 유 · 무효는 발생할 수 있으나 등록부의 기록 자체의 유 · 무효는 있을 수 없고, 직권정정제도의 취지에 비추어 '법률상 허가될 수 없는' 등록부의 기록에 대하여도 직권정정이 가능한 것으로 보아야 하기 때문이다.

등록법 제105조에서는 '신고로 인하여 효력이 발생하는 경우에 관하여 등록부에 기록하였으나 그 행위가 무효임이 명백한 때'에는 신고인 또는 신고 사건의 본인이 정정신청할 수 있다고 규정한다. 그러나 이는 등록부의 기록이 법률상 허가될 수 없는 경우의 한 예에 관한 절차적인 특칙이다. 또한 등록법 제107조에서는 '확정판결로 인하여 등록부를 정정하여야 할 때'에 관한 사항을 규정하고 있으나, 이는 기록의 정정을 명하는 확정판결이 있는 경우가 아니라, 등록부에 기재된 신분행위와 관련하여 확정판결이 있고 그에 따라 등록부의 기록을 정정할 사유가 있는 경우에, 허가주의를 배제하고 제소자에게 정정신청의무를 부과하는 특칙이다. 즉, 별도의 정정사유에 속하는 것은 아니다.

정정사유는 정정대상인 등록부의 기록이 기록된 처음부터 존재하는 것이어야 한다. 기록 당시에 정정사유가 없으면 이는 기록 당시의 진정한 신분관계와 부합하는 것을 의미하므로 정정대상이 되지 못한다. 예컨대 이혼의 취소는 소급효가 있으므로 이혼취소의 재판이 확정되면, 등록부상의 이혼기록은 기록 당시부터 정정사유가 존재하는 것으로 된다. 반면에 혼인취소는 소급효가 없으므로 등록부상의 혼인기록은 정정사유로 되지 못하고 신고사유로 된다.

기록 당시에는 적법하고 진실하던 것이 그 후의 사정이 변경됨에 따라 그에 맞게 수정하는 경우는 이를 '경정'이라 부르며 정정과는 구별된다.

- 신청인 A는 1951년생으로 호적상 여성으로 등재되어 있으나, 성장기부터 남성적 기질과 외관을 뚜렷이 보이고 남자 옷을 입어야 마음이 편해지는 등 일상생활에서 여성에 대한 불일치감과 남성으로의 귀속감으로 혼란을 겪어 왔다. 마침내 41세 때인 1992년 7월 모 대학병원에서 성전환증의 진단하에 남성으로의 성전환수술을 받고 남성의 신체와 외관을 갖추게 되었을 뿐 아니라 정신과적 검사 결과 남성으로서의 성적 정체감이 확고한 것으로 판단되었다. A는 법률상 혼인한 경력이 없고 여성으로서 자녀를 출산한 경험도 없으며 성전환수술 후 비로소 그의 처지를 이해하는 여성을 만나 현재까지 동거하고 있지만 남성으로서의 생식기능은 존재하지 않는다. A의 남성으로의 호적정정 및 개명허가신청은 인정될 수 있는가?(대법원 2006.6.22.자 2004스42 전원합의체 결정)
- 성전환자가 혼인 중에 있는 경우에도 성별정정은 인정될 수 있는가?(대법원 2011.9.2.자 2009스117 전원합의체 결정)
- 성전환자에게 미성년 자녀가 있는 경우에도 성별정정은 인정될 수 있는가?(대법원 2022.11.24.자 2020스616 전원합의체 결정)
- 등록부상의 출생연월일 · 사망일시의 정정은 가능한가?(대법원 2012.4.13.자 2011스160 결정)

Ⅴ. 가사분쟁의 처리

1. 가사분쟁의 특수성과 가정법원

가정이나 가족 내의 인간관계는 애정과 혈연에 기초하고 있기 때문에 재산법상의 그것과는 다른 특수성을 지닌다. 따라서 가사분쟁은 재산관계사건에서와 같이 합리적, 타산적으로 처리될 수 없다. 가사사건의 특수성으로는 다음과 같은 점을 들 수 있다.

① 가족은 사회의 구성단위이고, 가사사건은 가족질서뿐만 아니라 사회 전체의 질서에 중대한 영향을 미치기 때문에, 그 원활한 처리는 개인의 이익은 물론 국가와 사회의 이익과도 합치되고, 가사사건의 처리에서 국가의 후견적 역할이 요청된다.

② 가정에 관한 문제는 가정 내에서 도의, 인정에 의한 해결이 이상적이고, 그것이 불가능한 경우에 한하여 국가가 법에 따라 해결하는 것이 적당한 경우가 많다.

③ 가사사건은 비합리성을 특징으로 하기 때문에 법률적 권리의무관계로서의 해결이 타당하지 않은 경우가 많다. 즉 비송적 성격이 강하다.

그리하여 이들 특수관계만을 취급하는 법원의 존재가 필요하고 통상의 민사소송과 다른 처리방법이 요구된다는 주장에 따라, 1963년 가사심판법이 제정되고 가정법원이 설치되었다. 또한 1990년의 민법 개정으로 가족법이 대폭 개정되고 이에 관한 사건처리절차를 새로 규정해야 할 필요성이 대두되자, 종래의 인사소송법과 가사심판법을 폐지하고 이를 대체하는 가사소송법이 제정되어 오늘에 이르고 있다.

2. 가사사건의 종류

가사소송법은 가사사건을 가사소송사건과 가사비송사건으로 나누고, 성질에 따라 다시 이를 세분하여 규정하고 있다.

(1) 가사소송

1) 가류사건

진실한 신분관계와 공시되어 있는 신분관계와의 불일치를 해소하기 위한 방편으로 인정되는 것들로서 확인소송에 해당한다. 확정판결에는 대세적 효력이 있다(가소 §21①). 직권주의에 의한 심리가 타당하고 당사자에 의한 임의처분이 불가한 사건이다. 따라서 이들 사건에 대하여는 조정에 의한 해결은 허용되지 않는다. 조정이나 재판상 화해가 성립하더라도 효력이 발생하지 않는다(대법원 1999.

10.8. 선고 98므1698 판결).

2) 나류사건

사실상혼인관계존부확인의 소를 제외하고는 모두 신분관계의 형성을 목적으로 하는 소송이다. 공익적 배려와 후견적 입장에서 직권심리가 행해질 필요가 있는 사건들이다. 그 확정판결에는 대세적 효력이 있다(가소 §21①). 조정전치주의에 따라야 하나, 재판상 이혼과 재판상 파양을 제외하고는 소송물을 당사자가 처분할 수 없는 사건이므로 조정이 성립하여도 확정판결이 필요하다.

3) 다류사건

신분관계의 해소를 목적으로 하는 청구와 관련 있는 재산적 청구사건으로서 약혼해제, 사실혼관계부당파기, 혼인의 무효 · 취소, 이혼의 무효 · 취소, 이혼, 입양 · 파양의 무효 · 취소, 파양을 원인으로 하는 손해배상청구(제3자에 대한 청구를 포함한다)와 원상회복의 청구 및 재산분할청구권 보전을 위한 사해행위취소와 원상회복의 청구에 관한 사건이다. 제839조의3에 따른 재산분할청구권 보전을 위한 사해행위(詐害行爲) 취소 및 원상회복의 청구사건과 제1014조에 의한 피인지자 등의 상속분가액지급청구사건도 다류 소송사건(가소규 §2)이다. 이들 사건은 본래 민사소송사건에 해당하나 실제의 필요상 가정법원의 전속관할로 한 것이다. 순수한 재산상 청구이므로 직권주의를 적용하지 않고 일반 민사소송절차에 따르는 것을 원칙으로 한다. 소송물을 임의로 처분할 수 있으므로 조정 대상이다.

(2) 가사비송

1) 라류사건

원칙적으로 비대심적 사건으로 상대방의 존재가 전제되어 있지 않고 법원의 후견적 허가나 감독처분을 요하는 사건이다. 순수한 의미의 비송사건에 속하고 조정의 대상이 되지 않는다.

2) 마류사건

상대방의 존재를 전제로 하는 대심적 분쟁의 성격을 띠나, 법률관계의 존부판단에 의한 일도양단식(一刀兩斷式) 판단보다는 법원의 후견적 입장에서의 재량이 필요한 사건이다. 소송과 비송의 중간적 성격의 사건들이다. 조정의 대상이다.

3. 가사소송

(1) 관　할

종래의 부(夫)·부모 중심에서, 피고의 보통재판적 소재지의 가정법원관할을 원칙으로 하고 있다(가소 §13①).

(2) 절　차

다류사건은 본래 민사소송사건에 해당하므로 민사소송절차에 따라 재판하게 된다. 그러나 가·나류사건은 법원의 후견적 개입과 합목적적 사건처리가 필요하므로 당사자의 임의처분에 맡길 수 없기에 변론주의를 제한하고(가소 §12), 직권주의를 채택하고 있다(가소 §17).

(3) 소송의 병합

수개의 가사소송사건 또는 가사소송사건과 가사비송사건의 청구의 원인이 동일한 사실관계에 기초하거나, 1개의 청구의 당부가 다른 청구의 당부의 전제가 되는 때에는 이를 1개의 소로 제기할 수 있다(가소 §14①). 또한 같은 신분관계상의 분쟁을 원인으로 하는 관련성이 있는 소송 또는 쟁송이 여러 법원에 계속 중에 있을 때에는 직권으로도 병합할 수 있다(위 ③). 그러나 가사사건에 관한 소송에서 민사사건에 속하는 청구를 병합하는 것은 허용되지 않는다(대법원 2006.1.13. 선고 2004므1378 판결).

(4) 당사자의 변경과 소송승계

필요적 공동소송인의 추가, 피고의 경정의 경우 민사소송에서는 제1심 변론종결시까지 가능한 데 비하여, 가사소송의 경우는 사실심의 변론종결시까지 할 수 있다(가소 §15①). 피고를 경정한 때에는 신분에 관한 사항에 한하여는 경정시가 아니라 제소시에 경정된 피고와의 사이에 소가 제기된 것으로 본다(위 ②).

소송물의 양도·상속이 가능할 경우에는 소송승계가 가능하나, 그렇지 않으면 사망에 의하여 소송은 종결되는 것이 원칙이다. 그런데 가사소송에서는 원고

(제소권자)가 법정되어 있고, 그 원고의 제소가 모든 이해관계인의 이익을 위한 일이 되기도 한다. 따라서 가류 또는 나류 가사소송사건의 원고가 사망 그 밖의 사유(소송능력을 상실한 경우를 제외한다)로 소송절차를 속행할 수 없게 된 때에는 다른 제소권자는 소송절차를 승계할 수 있다(가소 §16).

(5) 기판력의 확장과 재소의 금지

신분관계의 확인의 소에서 원고승소의 확정판결에 대세효를 인정함은 무방하나, 패소의 경우는 문제이다. 이를 고려하여 가류 또는 나류 가사소송사건에서 원고승소판결이 확정된 경우만 대세효를 부여하고 패소의 경우에는 이를 인정하지 않고 있다. 아울러 원고패소판결이 확정된 때에는 다른 제소권자는 사실심의 변론종결 전에 참가할 수 없었음에 대하여 정당한 사유가 없는 한 다시 소를 제기할 수 없게 하여, 소송참가할 수 있었던 제소권자의 소제기를 제한하고 있다(가소 §21).

4. 가사비송

(1) 소송사건의 비송화와 라류 · 마류사건절차의 구별

가사사건은 단순한 재산상의 이해관계에 대한 분쟁이 아니라 감정적, 윤리적 분쟁에 기한 사건이며, 관계 당사자의 복지와 관련된 사건이다. 따라서 재판을 할 때에도 법원은 후견적 입장에서 재량권을 가지고 개입하여, 당사자의 의사를 존중하고 가정의 평화를 유지하며, 신분관계의 안정을 도모하고, 당사자 이외의 이해관계인의 이익을 보호하여야 한다.

라류사건은 전형적인 비송사건이나 마류사건은 대심적 분쟁사건이기에, 마류사건에는 상대방지정청구(가소규 §91) 및 상대방의 반대청구(가소규 §92) 인정, 재산상 청구에 관한 비송인 경우의 당사자주의 도입(위 §93②), 절차비용부담액의 민사소송법에 따른 확정(위 §95) 등이 인정되고 있다.

(2) 이해관계인의 참가

심판청구에 관하여 이해관계 있는 사람은 재판장의 허가를 받아 절차에 참가할 수 있고, 재판장은 상당하다고 인정하는 경우에는 심판청구에 관하여 이해관계 있는 사람을 절차에 참가하게 할 수 있다(가소 §37). 당사자 이외의 제3자가 절차에 참가하여야 원만한 사건 해결이 가능한 경우가 많음을 고려한 것이다.

(3) 심판에 대한 불복과 심판의 효력

권리의 존부를 다투는 것이 소송임에 반하여 심판은 그러한 확정을 전제로 하여 실정법상의 권리관계의 내용을 구체적으로 형성하는 것을 말한다. 따라서 불복할 경우에는 항고하여야 한다. 그러나 가사비송은 후견적 성질상 법원의 재량적 결정에 대하여 불복을 제한하여야 할 경우가 많다. 그래서 규칙이 정하는 경우에 한하여 즉시항고만을 할 수 있게 하고 있다(가소 §43①).

심판은 이를 받을 사람이 고지받음으로써 효력을 발생하고(가소 §40 본문), 물건의 인도, 등기 그 밖의 의무의 이행을 명하는 심판은 집행권원이 된다(가소 §41).

(4) 가집행의 선고

재산상의 청구 또는 유아의 인도에 관한 심판으로서 즉시항고의 대상이 되는 심판에는 담보를 제공하게 하지 않고 가집행할 수 있음을 명하여야 하며, 판결로 유아의 인도를 명하는 경우도 같다(가소 §42①③). 가정법원은 직권 또는 당사자의 신청에 의하여 이행의 목적인 재산에 상당한 금액을 담보로 제공하고 가집행을 면제받을 수 있음을 명할 수 있다(위 ②).

5. 가사조정

조정은 조정위원의 조언을 얻어 당사자가 호양(互讓)하는 정신에 입각하여 자주적으로 분쟁을 해결하는 방법이다. 단순한 화해의 알선이 아니라 가장 합리적으로 분쟁을 해결할 수 있는 방안을 강구하여 당사자의 의사합치를 권고하는 절차로서 재판에 유사하다.

나류 · 다류 가사소송사건과 마류 가사비송사건에 대하여 가정법원에 소를 제기하거나 심판을 청구하고자 하는 사람은 먼저 조정을 신청하여야 한다. 이들 사건에 대하여 조정을 신청하지 않고 소를 제기하거나 심판을 청구한 때에는 그 사건은 조정에 회부되게 된다. 다만, 공시송달에 의하지 않고는 당사자의 일방 또는 쌍방을 소환할 수 없거나 조정에 회부하더라도 조정이 성립될 수 없다고 인정되는 사건은 그러하지 않다(가소 §50). 가사조정의 대상은 가사사건으로 국한되나, 분쟁의 일시적 해결을 위해 필요한 때에는 당사자의 신청으로 조정의 목적이 된 청구와 관련 있는 민사사건의 청구를 병합하여 조정을 진행할 수 있다(가소 §57).

가사조정사건은 조정장 1인과 2인 이상의 조정위원으로 구성된 조정위원회에서 처리한다. 다만 상당한 이유가 있을 때에는 당사자가 반대의 의사를 명백하게 표시하지 않으면 조정담당판사가 단독으로 조정할 수 있다(가소 §52). 조정장 · 조정담당판사는 판사가 담당한다. 조정위원은 학식과 덕망이 있는 사람으로 매년 미리 가정법원장이 위촉한 사람 또는 당사자가 합의에 의하여 선정한 사람 중 각 사건마다 조정장이 지정한다(가소 §53).

조정위원회가 조정을 함에는 당사자와 조정으로 인하여 영향을 받게 되는 모든 이해관계인의 이익을 고려하고, 분쟁의 평화적 · 종국적 해결을 이룩할 수 있는 방안을 마련하여 당사자를 설득하여야 한다. 친권자의 지정과 변경, 양육방법의 결정 등 미성년자인 자녀의 이해와 직접 관련되는 사항을 조정함에는 미성년자인 자녀의 복지를 우선적으로 고려하여야 한다(가소 §58).

조정은 당사자 사이에 합의된 사항을 조서에 기재함으로써 성립한다. 조정 또는 조정에 갈음하는 결정은 재판상 화해와 동일한 효력이 있다. 다만 당사자가 임의로 처분할 수 없는 사항에 대하여는 그러하지 않다(가소 §59, 대법원 1999. 10.8. 선고 98므1698 판결; 대법원 2007.7.26. 선고 2006므2757, 2764 판결).

6. 이행의 확보

(1) 이행의 사전확보

1) 사전처분

부양료지급청구시 재판 전이라도 당장의 생계를 위한 금전지급이 필요한 것처럼 가사사건의 경우에는 가압류 · 가처분의 범위를 초과하는 임시처분을 해야 할 급박한 경우가 많다. 때문에 가사사건의 소의 제기, 심판청구 또는 조정의 신청이 있는 경우에 가정법원 · 조정위원회 또는 조정담당판사는 사건의 해결을 위하여 특히 필요하다고 인정한 때에는 직권 또는 당사자의 신청에 의하여 상대방 기타 관계인에 대하여 현상을 변경하거나 물건을 처분하는 행위의 금지를 명할 수 있고, 사건에 관련된 재산의 보존을 위한 처분, 관계인의 감호와 양육을 위한 처분 등 적당하다고 인정되는 처분을 할 수 있다. 급박한 경우에는 재판장 또는 조정장은 단독으로 이러한 처분을 할 수 있다(가소 §62 ①③). 사전처분에는 집행력이 부여되지 않으나 이에 위반하면 과태료의 제재를 받게 되므로, 처분을 하면서 이에 대하여 고지하여야 한다(위 ②).

2) 가압류 · 가처분

본안사건이 가사소송사건 또는 마류 가사비송사건인 경우에는 가압류 또는 가처분을 할 수 있다. 이때의 재판은 담보제공 없이 할 수 있다(가소 §63①②).

3) 재산명시와 재산조회

재산상의 청구와 관련 있는 가사사건의 경우 상대방의 비협조, 재산의 은닉 등으로 그 이행의 확보가 곤란하게 될 가능성이 높다. 특히 부양료나 양육비의 경우에는 이행확보가 절실함에 비추어 액수도 대부분 소규모이기 때문에 특례를 인정해야 할 필요가 크다. 이러한 점을 고려하여 마류 가사비송사건인 재산분할, 부양료 및 미성년 자녀의 양육비 청구사건을 위하여 특히 필요하다고 인정하는 때에는 재산명시명령이 내려질 수 있고, 당사자 명의의 재산을 조회할 수 있게 하고 있다(가소 §48의2, §48의3).

재산명시명령을 받은 사람이 정당한 사유 없이 재산목록의 제출을 거부하거나 거짓의 재산목록을 재출한 때, 재산조회를 받은 기관 · 단체의 장이 정당한 사유없이 거짓 자료를 제출하거나 자료제출을 거부한 때에는 1천만원 이하의 과태료에 처해진다(§67의2, §67의3).

(2) 이행강제

1) 양육비직접지급명령과 담보제공명령

자녀양육비의 확보는 자녀의 안정적인 성장을 위하여 필수적인 요건이라 할 수 있다. 그리고 그 액수가 비교적 소액임에도 불구하고 통상적인 집행절차는 복잡하고 실효성을 떨어뜨리고 있다. 이를 고려하여 보다 강력한 양육비의 확보를 위하여 양육비심판에서 양육비직접지급명령제도(가소 §63의2)와 담보제공명령제도(가소 §63의3)를 두고 있다.

2) 이행명령

가사사건에서의 이행의무의 강제는 강제집행보다는 간접강제의 방법을 취하는 경우가 많다. 이때 그 제재에 앞서 이행상태를 조사하고 이행을 명하며, 불응시 제재가 따른다는 경고절차가 이행명령제도이다. 가정법원은 판결·심판·조정조서·조정에 갈음하는 결정 또는 제836조의2 제5항에 따른 양육비부담조서에 의하여 금전의 지급 등 재산상의 의무, 유아의 인도의무 또는 자녀와의 면접교섭 허용의무를 이행하여야 할 사람이 정당한 이유 없이 그 의무를 이행하지 아니할 때에는 당사자의 신청에 의하여 일정한 기간 내에 그 의무를 이행할 것을 명할 수 있다. 이행명령을 함에는 특별한 사정이 없는 한 미리 당사자를 심문하고 그 의무 이행을 권고하여야 하며, 과태료나 감치에 처해질 수 있음을 고지하여야 한다(가소 §64). 이행명령에는 특별한 사정이 없는 한(자녀와의 면접교섭의 경우 그 시기에 관하여 판결 등에서 통상 정기적인 면접교섭으로 하고 있어 이행명령에 따른 의무의 이행기간이 이미 설정되어 있다고 볼 수 있으므로 그러한 경우 이행명령에서 또다시 의무 이행의 기간을 설정할 필요성은 그다지 크지 않다) 의무이행의 기간을 정하여야 한다(대법원 2017.11.20.자 2017으519 결정).

3) 과 태 료

당사자 또는 관계인이 정당한 이유 없이 혈액형 등의 수검명령(가소 §29), 양육비직접지급명령(가소 §63의2①)과 담보제공명령(가소 §63의3①②) 또는 이행명령(가소 §64)이나 사전처분(가소 §62)에 위반한 때에는 가정법원·조정위원회 또는 조정담당판사는 직권 또는 권리자의 신청에 따라 결정으로 1천만원 이하의 과태료에 처할 수 있다(가소 §67①).

4) 감 치

분할금지급방식의 강제집행의 실효성, 유아인도명령집행의 비인도주의성을 극복하기 위한 특수한 간접강제의 방법이다. 다만, 이는 실질적인 채무불이행죄로서 의무자의 인격을 침해할 소지가 있다. 금전의 정기적 지급을 명령받은 사람이 정당한 이유 없이 3기 이상 그 의무를 이행하지 아니한 때, 유아의 인도를 명령받은 사람이 과태료의 제재를 받고도 30일 이내에 정당한 이유 없이 그 의무를 이행하지 아니한 때, 양육비의 일시금 지급명령을 받은 사람이 30일 이내에 정당한 사유 없이 그 의무를 이행하지 아니한 때에는 가정법원은 권리자의 신청에 따라 결정으로 30일의 범위 내에서 그 의무이행이 있을 때까지 의무자를 감치에 처할 수 있다(가소 §68①). 혈액형 등의 수검명령을 받은 사람이 과태료의 제재를 받고도 정당한 이유 없이 다시 수검명령을 위반한 때에도 같다(가소 §67②).

(3) 금전의 임치

가사분쟁은 해결되더라도 당사자 사이에 악화된 감정이 지속되는 경우가 많다. 그러한 상황에서 금전지급의무를 이행하기 위한 접촉은 새로운 분쟁의 빌미를 제공하기도 한다. 특히 정기금지급인 경우에는 더욱 그러하다. 이에 판결 · 심판 · 조정조서 또는 조정에 갈음하는 결정에 의하여 금전을 지급할 의무있는 사람은 권리자를 위하여 가정법원에 그 금전을 임치할 것을 신청할 수 있도록 하고 있다. 가정법원은 금전의 임치신청이 의무의 이행에 적합하다고 인정할 때에는 이를 허가하여야 한다. 이 허가에 대하여는 불복하지 못한다. 가정법원의 허가가 있고 그 금전을 임치한 때에는 임치된 금액의 범위 안에서 의무자의 의무가 이행된 것으로 본다(가소 §65).

■ 심화학습

- 현대가족의 변화(다양화 · 개인주의화 · 고령화 · 국제화 · 유동화)에 따른 가족법의 과제로는 무엇이 있는가?
- 민법총칙의 법률행위에 관한 규정은 신분행위에도 적용되는가?
- 성전환자의 성별 정정(대법원 2006.6.22.자. 2004스42)과 친자관계부존재확인판결 확정시의 등록부 정정절차는?
- 미성년자녀가 있는 부부 사이의 이혼 분쟁의 해결절차는?
- 가정폭력에 대한 가정법원의 역할은?

제 2 편

친　족

제1장
친족의 의의와 범위

예습과제

Q1 법률상 친족제도가 필요한 이유는 무엇인가?

Q2 유복친(有服親)제도는 무엇인가?

Ⅰ. 친족의 의의와 종류 및 범위

1. 친족의 의의

인간은 과거부터 자연적인 애정이나 혼인 또는 입양 등으로 인하여 특정인 사이에 타인과 다른 친족적 공동생활을 해왔다. 법률은 이러한 사람들 사이의 관계를 파악하여 여러 가지의 법률효과를 부여하고 있다. 이와 같은 일정범위의 사람들을 친족이라 일컫는다. 물론 친족을 생물학상의 개념으로 볼 때에는 그 범위를 한정할 수 없다. 그렇지만 친족을 법률적으로 이해할 경우에는 언제나 일정한 범위가 있게 된다. 또 그 범위를 한정할 경우의 가장 중요한 기준은 실제의 친족적 공동생활관계에서 찾아야 한다.

어떠한 범위에 있는 사람들 사이에 친족적 공동생활이 행해져 왔는가는 시대나 사회에 따라 각양각색이었다. 예컨대 사생자(私生子)를 제외하는가 하면, 노예나 노비 등을 포함시키기도 하였다. 대체로 시대를 거슬러 올라갈수록 그 범위가 넓었다. 그러나 근대자본주의의 발달에 따라 생활관계가 개인화되면서 친족은 그 집단성을 잃게 되어 단지 관념적 · 잠재적인 것으로 되고, 친족으로서의 법적 효과를 받는 사람들의 범위도 축소되어 왔다. 이러한 성향에도 불구하고, 일정한 사람 사이에 특별한 법률적 효과를 인정해야 할 의의와 필요성은 아직도 존재한다. 지금도 상속권, 부양의무, 근친혼금지 등 여러 경우에서 친족의 의의와 범위를 법정해야 할 필요성이 있다.

'친족'이라는 법률용어가 한국의 성문법제에 등장하게 된 것은 조선민사령(1912년) 제11조에서부터이고, 그 이전 즉 형법대전(1905년)에 이르기까지는 '친속'이라는 용어가 사용되었다. 형법대전 제62조는 친속(親屬)을 본종(本宗)과 이성(異姓)의 유복(有服)과 단문친(袒免親)으로 정의한 바 있다. '친속'이라는 용어는 중국의 종법적 가족제도를 계수하면서부터 사용되었고, 특히 〈대명률〉이 보통법으로 적용되면서부터이다(經國大典 刑典 用律條: 用大明律). 종법제도는 남자를 높이고 여자를 낮추며 친속을 종족과 외인(外姻)의 둘로 구분한다. 때문에 경국대전 예전 오복조도 친족을 '본종', '외친', '처친' 및 '부족'의 네 종류로 나누고 남계본위로 규정하였던 것이다.

한국법제상 최초로 친족의 종류와 그 정의를 밝히고, 요건을 통일적으로 정한 것은 현행민법전인데, 여기에서의 친족제도는 바로 이를 기초로 한 것이다. 이처럼 관습 내지 제도상으로 애매하였던 친족개념을 법률상의 기술개념으로서 정립한 것은 큰 의의를 지닌다고 하겠으나, 이를 단순한 입법기술상의 편의를 고려한 것만으로 보아서는 안 된다. 친족개념을 법정화한 것은, 습속상의 친족의식을 바탕으로 일정한 범위의 사람을 한정하여 그들에게 친족이라는 신분을 부여하고, 일정한 법률효과를 발생케 하며, 국가법을 통하여 그것을 강제하려는 의미가 있기 때문이다. 여기에서 우리는 사회관습상의 친족과 법률상의 그것을 구별하여야 할 필요를 느끼게 된다. 그러나 양자를 구별하여야 한다고 하여 양자가 아무런 관계가 없다고 단절시켜야 한다는 말은 아니다.

습속이나 일반 국민의 친족의식 및 법감정과 무관하게 일정범위에 있는 사람을 친족으로 법정화할 수는 없는 일이고, 설사 법정화한다고 하여 그 실효성을 기대할 수는 없다. 친족의 개념과 그 범위는 하나의 역사적 · 문화적 소산으로서 법률상 규정되어야 한다. 이러한 점에서 볼 때 친족에 관하여 인위적인 개편을 행한 1990년 개정 민법의 태도는 유감이라 하지 않을 수 없다.

2. 종 류

민법은 친족관계의 발생 연원에 근거하여 친족을 배우자, 혈족 및 인척으로 나누고 있다(§767).

(1) 배 우 자

배우자를 친족 속에 넣는 것은, 혼인을 입양계약시하던 가족제도적 관념의 반영이다. 비교법적으로 볼 때 배우자를 친족으로 규정하는 법제는 한국과 일본뿐이다. 배우자는 성질상 친족 이전의 존재이며 혈족관계나 인척관계의 발생 기초이다.

친족으로서의 배우자는 법률상의 혼인관계에 있는 사람만을 말한다. 따라서 특별법이나 판례 · 학설이 사실상의 배우자를 법률상의 배우자와 같게 취급하는 경우가 있더라도, 친족으로서의 신분상의 지위를 부여한 것은 아니다. 민법상 배우자도 친족의 하나인 점에서는 혈족이나 인척과 다름이 없으나, 친계나 촌수를 따질 수 없는 가장 가까운 친족이며, 혈족이나 인척관계와는 다른 원리에 따르게 된다.

(2) 혈 족

1958년 제정민법은 혈족을 부계혈족 중 남계혈족만으로 정의한 바 있다. 이는 구관습상 혈족이라 하면 부계혈족인 본종만을 가리키는 것으로 한정하던 즉, 혈족은 적어도 자기와 성과 본을 같이하는 사람이어야 한다는 관례를 답습한 것이다. 그리하여 혈족녀의 직계비속이 조문(구 §771)상으로는 인척으로 되나 성질상 인척으로 될 수 없었기에, 이에 관한 해석상의 문제가 대두되기도 하였고, 판례(대법원 1980.9.9. 선고 80도1335 판결)도 자매의 직계비속에 대하여는 생질(甥姪)이나 이질(姨姪)의 입장에서 보면 혈족관계에 있으며, 고종(姑從)사촌은 혈족관계에 있으나 이종(姨從)사촌은 혈족관계에 있지 않다고 판단하여 왔다. 또한 구관습상 외친 내지 외척에 해당하는 외조부모나 외숙과 같은 모계혈족에 대하여도 이를 혈족으로 보아야 할 것인가 아니면 혈족의 배우자의 혈족이라는 인척으로 보아야 할 것인가가 문제되기도 하였다.

1990년 개정민법은 “자기의 직계존속과 직계비속을 직계혈족이라 하고, 자기의 형제자매와 형제자매의 직계비속, 직계존속의 형제자매 및 그 형제자매의 직계비속을 방계혈족"(§768)이라고 규정하여 혈족에 대한 정의를 변경하였다. 오랜 역사적 전통으로 이어져 왔던 부계혈족주의를 수정하여 부모양계혈족주의로 전환시킨 것이다.

혈족은 자연혈족과 법정혈족 둘로 구분된다.

1) 자연혈족

사실상 및 법률상의 혈연이 연결되어 있는 사람을 말한다. 예컨대 친자, 형제자매, 숙질 등이 이에 속한다. 민법은 직계 · 방계, 부계친 · 모계친, 적출혈족 · 비적출혈족을 묻지 않는다. 자연혈족 중에서도 부계와 모계를 동등하게 보지 않는 법제가 과거 오랫동안 지배해 왔으나, 현행법은 일반 추세처럼 동등화하고 있다. 다만 여기에서의 혈연개념은 단순히 생물학적 · 생리적 관계가 아니라, 오히려 그에 기초한 법률상의 개념인 점에 유의해야 한다. 즉 혼인 외의 자녀와 부와의 관계는 사실상의 혈연관계는 존재하나, 부가 인지하지 않으면 혈족으로서의 친족관계는 인정되지 않는다.

2) 법정혈족

법률에 의하여 혈연관계가 의제된 사람을 말한다. 준혈족 · 인위혈족이라고도 한다. 종래에는 계모자관계와 적모서자관계도 법정혈족으로 인정해 왔으나, 현행법은 양친자관계만을 법정혈족관계로 규정하고, 계친자관계(종래 친족이 아니었던 계부자관계를 포함한다)와 적모서자관계를 1촌의 인척관계로 전환시켰다. 뿐만 아니라 1990년 개정 민법 부칙 제4조는 기존의 관계도 시행일(1991년 1월 1일)부터 소멸한다고 하여, 계모자관계와 적모서자관계에서 법정혈족관계를 계속 유지하고자 할 경우에는 새로이 입양관계를 성립시켜야 한다. 다만 상속이 신법시행일 이전에 개시된 경우에는 구법의 규정이 적용되므로(민법 부칙 §12 ①), 계모자 · 적모서자 사이의 상속권은 그대로 인정된다.

• 계모자관계를 법정친자관계에서 제외하면서도 제1000조 제1항 제1호 제1순위의 상속인을 종전과 같이 '피상속인의 직계비속'으로 한 것은 부진정입법부작위로서 전처소생자녀의 재산권(상속권), 행복추구권, 평등권을 침해한 것인가?(헌법재판소

2009.11.26. 선고 2007헌마1424 결정)

(3) 인 척

원칙적으로 배우자의 일방과 타방 배우자의 혈족, 즉 혈족의 배우자와 배우자의 혈족이 인척이다. 대부분의 입법례는, 배우자의 혈족의 배우자를 인척관계로 보지 않는다. 그러나 민법은 이를 인척관계로 규정한다. 즉 제769조는 인척의 계원으로서 ① 혈족의 배우자, ② 배우자의 혈족, ③ 배우자의 혈족의 배우자를 규정하고 있다.

혈족의 배우자는 구관습상 본종의 처 예컨대 숙모, 형수 등을 말하나, 현행법이 혈족에 대하여 부계와 모계를 동일하게 취급함에 따라 그 의미가 변경되고 범위도 확대되었다. 배우자의 혈족은 구관습상의 처족과 부족(夫族) 예컨대 장인·장모, 처남, 시부모, 시숙 등을 가리켰으나, 역시 그 의미와 범위가 달라지게 되었다. 배우자의 혈족의 배우자는 구관습상의 처족의 처 및 부(夫), 부족(夫族) 의 처 및 부(夫)를 말한다. 처의 형제의 처 또는 처의 자매의 부(夫), 부(夫)의 형제의 처, 부(夫)의 자매의 부(夫) 등이 이에 속한다.

1958년 제정민법은 인척의 계원으로서 이 이외에, 구관습상의 인아(姻婭)간을 가리키던 혈족의 배우자의 혈족, 즉 사돈(査頓)관계를 포함시킨 바 있으나, 현행법은 인척으로서의 촌수 계산이 곤란하다는 이유를 들어 삭제하였다.

3. 친계와 촌수

(1) 친 계

친계라 함은 혈통의 연결관계, 혈연상의 계열을 말한다. 인척은 배우자를 매개로 하므로 직접적인 혈통의 연결은 없고, 배우자와 그 혈족과의 친계를 기준으로 한다. 역사적으로 볼 때 혈연의 연결계통을 따짐에 있어서는 여계에서 남계로, 모계에서 부계로, 남성 중심에서 양성평등으로 발전되어 왔다.

1) 남계친과 여계친

남자만을 통하여 혈통이 연결되고, 그 사이에 여자가 포함되더라도 이를 혈통의 연락자로서의 자격을 인정하지 않은 친족관계를 남계친이라 하고, 그 반대의 경우를 여계친이라 한다. 연혁적으로 남계친을 중시하고 여계친을 경시해 왔으나, 현행법상 양자의 권리의무는 평등하다.

2) 부계친과 모계친

父 측을 통하여 혈통이 연결되는 친족관계 즉 구관습상의 본종(父黨)을 부계친이라 하며, 모측을 통하여 혈통이 연결되는 혈족(母黨, 外親)이 모계친이다. 예컨대 동부이모(同父異母)의 형제자매는 부계친이나 동모이부(同母異父)의 형제자매는 모계친에 속한다. 종법제하에 있어서는 부당(父黨)과 모당(母黨)의 구별이 매우 엄격하였고, 부계친을 친계의 근간으로 삼아 왔다. 즉, 구관습상의 종친은 부계친이자 남계친에 속하는 친족관계를 가리키는 것이었고, 외친이 친족관계에서 차지하는 지위는 종속적인 것에 지나지 않았다.

부계친과 남계친, 모계친과 여계친은 서로 연계되며 중복되기도 하나 구별되기도 한다. 예컨대 부(父)의 자매(고모)의 자(고종사촌)는 부계친에 속하나 남계친은 아니다.

3) 직계친과 방계친

혈통이 상하로 직접 연결되는 친족관계를 직계친이라 하며, 자기와 동원의 공동조상에 의하여 연결되는 친족관계를 방계친이라 한다. 이는 다시 직계혈족과 방계혈족 및 직계인척과 방계인척으로 개념상 구분될 수 있으나, 현행법은 전자에 대해서만 직접 규정하고(§768), 후자에 대해서는 규정하지 않고 있다.

(2) 촌 수

촌수라 함은 친족관계의 원근을 말하는 척도이다. 한국법에서는 예부터 대나무(竹) 또는 손가락의 마디라는 뜻을 지닌 촌(寸)이라는 용어를 사용하여 친족관계의 원근을 표시해 왔다. 현행법상 친등(親等)이라는 용어도 사용되고 있으나(§1000②), 이는 중국법이나 일본법에서의 용례이다.

촌수계산법에 관한 입법주의에는 한국법식 · 로마법식과 교회법식의 대립이 있어 왔다. 현재는 대부분 전자를 따르고 있다. 이 입법주의는 세대수만을 기초로 하기 때문에 세수친등제라고도 한다. 이 이외에 중국 고법에 연원을 두는 계급친등제(列記主義)가 있는데, 이는 혈연의 원근에 의할 뿐만 아니라 신분의 존비(尊

卑), 정의(情誼)의 후박(厚薄), 친계의 형태 등을 고려하여 계산하는 남계 · 부계 · 부권주의에 입각한 입법주의다. 예컨대 부(夫)는 처의 일친등이나 처는 부(夫)의 이친등이며, 적자는 일친등이고 서자는 이친등이라는 식으로 계산하는 방식이다. 일본 고법은 이 방식을 계수하였으나, 한국법은 상복제에서만 이를 고려하였다.

1) 한국법식 · 로마법식

친족 간의 세대수를 기초로 하여 따진다. 즉 직계친의 경우는 친자관계의 수효를 계산하여 촌수로 정하고(§770①), 방계친의 경우는 방계친의 각 당사자로부터 공동시조에 이르는 세대수를 계산하여 통산한 것을 촌수로 한다(위②). 예컨대 부모와 자녀 사이는 세대수가 1이므로 1촌, 조부모와 손자녀 사이는 세대수가 2이므로 2촌이며, 형제자매는 부모를 공동시조로 하므로 2촌, 숙질간은 조부모를 공동시조로 하므로 3촌이며, 나머지도 이에 준한다.

2) 교회법식

1917년의 교회법전에서는 게르만식으로 일컬어지는 Vetterschaftssystem에 따라 계산하여 직계친의 경우는 위와 동일한 방식에 의하나, 방계친의 경우는 공동시조에 이르는 세대수를 따로 계산하여 그중 많은 세대수를 가지고 양자의 촌수로 정하였다(§96). 예컨대 어느 입법주의에 의하나 부모 · 자녀 사이는 1촌으로 되는데, 형제자매 사이는 로마법식에 의하면 2촌으로 계산되나 교회법식에 따르면 1촌으로 계산되며, 숙질간도 로마법식에 의하면 3촌으로 계산되고 교회법식에 의할 때에는 2촌으로 계산되었다. 이는 교회가 견지하려고 하는 바였던 친족적 혼인장애의 범위를 넓게 정하기 위해서였다. 1983년 교회법전에서는 이를 로마법식으로 변경하였다(§108, §109 참조).

민법은 로마법식과 동일한 내용으로 제770조에 혈족의 촌수계산에 관하여 규정하고, 인척에 관하여는 제771조로 규정한다. 배우자 서로 간에는 촌수가 없기 때문에 배우자의 혈족에 대하여는 배우자의 그 혈족에 대한 촌수에 따르고, 혈족의 배우자에 대하여는 그 혈족에 대한 촌수에 따르게 한 것이다. 인척의 또 하나의 계원인 배우자의 혈족의 배우자에 대하여는 규정하지 않고 있으나, 이는 배우자의 혈족의 촌수에 따르는 것으로 된다. 요컨대 인척의 촌수는 배우자의 지위를 서로 바꾸어서 그 배우자의 촌수로 촌수를 정하면 된다. 양친족에 대하여는 양자녀와 양부모 및 그 혈족, 인척 사이의 친계와 촌수는 입양한 때로부터 혼인 중의 자녀와 동일한 것으로 보아 계산하고(§772①), 양자녀의 배우자, 직계비속과 그 배우자는 양자녀의 친계를 기준으로 하여 촌수를 정한다(동②). 입양의 친족적 효과에 기초한 것이다. 친양자입양의 경우와는 달리 양자녀는 생가와의 혈족관계가 소멸되지 않으므로, 동성동본인 자연혈족을 입양한 경우에는 자연혈족으로서의 촌수와 법정혈족으로서의 촌수가 중첩되기도 한다.

4. 친족의 범위

친족은 관념상으로는 혈연과 혼인의 연결을 매개로 하여 무한히 확대될 수 있다. 이와 같이 무한히 확대되는 모든 사람에게 친족이라는 법률상의 신분을 인정하고, 일정한 법률효과를 부여할 수는 없는 일이다. 때문에 어떤 시대, 어느 사회나 친족으로서의 법적 효과가 인정되는 사람의 범위를 한정해 왔다.

법률상의 친족적 효과가 미치는 사람의 범위를 규정하는 입법주의에는 총괄적 한정주의와 개별적 한정주의의 두 가지가 있다. 전자는 친족의 범위를 일률적으로 규정하는 방식을 가리키며, 후자는 친족적 법률효과가 문제되는 각기의 법률관계의 성질에 비추어 목적론적 관점에서 개별적으로 규정하는 태도이다. 대부분의 입법례는 개별적 한정주의 방식을 취하나, 한국민법(§777)과 일본민법(§725)만이 총괄적 한정주의를 따르고 있다. 총괄적 한정주의는 그 배후에 친족적 공동단체 특히 동족단체의 존재를 전제로 한다.

친족의 범위에 관하여 1958년 제정민법 제777조는 구관습상의 유복친의 범위를 토대로 그 범위를 규정한 바 있다. 1990년 개정된 현행법은 이를 8촌 이내의 혈족, 4촌 이내의 인척, 배우자로 조정한 것이다. 제777조는 친족의 범위에 관하여 민법이나 다른 법률에 별도의 규정을 두고 있지 않는 한 그대로 준용된다. 다만, 민법에서 제777조를 그대로 준용하고 있는 경우는 ① 재판상 파양청구권자의 범위에 관한 제906조 제1항, ② 친권상실청구권자의 범위에 관한 제924조, ③ 친권자의 대리권 및 재산관리권상실선고 청구권자의 범위에 관한 제925조, ④ 친권에 대한 실권회복선고 청구권자의 범위에 관한 제926조, ⑤ 후견인변경청구권자의 범위에 관한 제940조, ⑥ 피후견인의 재산상태조사 및 후견사무에 관한 처분청구권자의 범위에 관한 제954조, ⑦ 부양의무자의 범위에 관한 제974조, ⑨ 상속인부존재의 경우 재산관리인선임청구권자의 범위에 관한 제1053조뿐이다.

친족의 범위를 추상적으로 확정하는 현행법의 태도에 대하여는 그 무용성을 지적하는 견해가 일반적이다. 친족관계의 존재를 요건으로 하여 발생하는 법적 효과에 대하여는, 각기의 법률관계마다 개별적·구체적으로 다시 그 범위를 규정하고 있기 때문이다. 위에서 본 바와 같이 민법상으로도 제777조에서 정하고 있는 친족의 범위가 그대로 적용되는 법률관계는 많지 않다. 더욱이 8촌 이내의 직계혈족 등 동시존재의 가능성도 없는 사람을 법률상의 효과가 인정되는 친족의 범위 속에 포함시키고 있는 것은 현실과도 맞지 않는다. 법률상의 친족의 범위를 규정할 경우 제1차적 기준은 실제적인 친족적 공동생활관계가 유지되고 있느냐의 여부에 있음을 감안한다면 더더욱 그러하다. 입법론으로서 제777조를 삭제하자는 주장(통설)이 설득력을 갖는 이유이다.

유복친은 구례(舊禮)상의 오복제를 말한다. 오복(五服)은 참최(斬衰), 재최(齊衰), 대공(大功), 소공(小功), 시마(緦麻)를 말한다. ① 참최복은 거친 삼베로 짓고 아랫단을 꿰매지 않은 상복으로서 부(父)·부(夫)·부(夫)의 부(父)와 승중손(承重孫)이 조부, 증조부, 고조부의 상에 입으며, 복상(服喪)기간은 3년으로 가장 무거운 복이다. ② 재최복은 거친 생마포로 짓고 아랫단을 꿰맨 상복으로서 복상기간은 3년, 장기(杖期), 부장기(不杖期), 3개월의 4등급으로 구분된다. ③ 대공복은 굵은 베로 지은 상복으로서 복상기간은 9개월이다. ④ 소공복은 가는 베로 지은 상복으로서, 복상기간은 5개월이다. ⑤ 시마복은 올이 가늘고 올 새가 성긴 베로 만든 상복으로서, 복상기간은 3개월이다. 삼국시대 이래 중국으로부터 상복제가 계수되어 시행되었으나, 오복에 따라 복상하여야 하는 친족의 구체적 범위는 중국법과도 다르고 시대에 따라 상이하였다. 유복친을 기준으로 하여 친족의 범위를 정한 것은 형법대전(§62)에서부터이다.

1990년 개정된 제777조는 친족의 범위에 관하여 완전한 양성평등화를 실현하였으나, 현실의 친족적 공동생활이나 국민 일반의 법의식·법감정과는 전혀 무관하다. 아울러 친족의 범위를 확정할 경우 가장 기본적인 요소인 혈족의 개념이 부모양계주의로 바뀜에 따라, 8촌 이내의 혈족이나 4촌 이내의 인척을 어떻게 확정할 것인가라는 해석상의 문제가 제기되고 있다. 특히 방계혈족 중 모계혈족의 외연을 어디까지 확대할 것인가라는 난제가 등장한 것이다. 물론 현행 민법이 개별 조문에서 친족에 관하여 사용하고 있는 용례인 직계혈족, 직계존속, 직계비속, 3촌 이내의 방계혈족, 4촌 이내의 방계혈족, 8촌 이내의 방계혈족, 8촌 이내의 인척, 4촌 이내의 친족 등의 해석에서도 부모양계혈족주의에 따른 문제는 제기된다. 일부 견해는 부(父)의 외가인 진(陳)외가와는 척의(戚義)를 따졌지만, 모의 외가와는 소원(疏遠)했던 구관습을 고려하고 모계혈족의 지나친 외연확장을 방지하기 위하여, 모계혈족의 '모계'를 '자기의 모'에 한정하고 동시에 모계혈족의 '혈족'도 부계혈족에 한정하여 '모의 부계혈족'만으로 해석해야 할 것이라거나 또는 모계혈족은 모계의 부계혈족만을 의미하며 부족인족(夫族姻族)은 부계와 모계를 모두 포함하나 처족인족은 처의 부계혈족만을 포함하는 것으로 해석해야 한다고 하지만, 그래도 1958년 제정민법보다 친족의 범위가 확대되는 것은 피할 수 없다.

II. 친족관계의 변동

1. 발 생

(1) 혈족관계

자연혈족관계는 친자의 혈연을 기초로 한다. 따라서 누구를 부모로 하여 포태되고 출생되었는가에 의하여 확정된다. 즉 자녀는 출생에 의하여 부모와 그 혈족과의 사이에 혈족관계가 발생한다. 이 경우 법률상의 혼인관계에 있는 모로부터 출생하고 일정한 요건을 갖출 경우에는 그 부(夫)의 자녀로 추정되나(§844), 그렇지 아니할 경우에는 혼인 외의 자녀로서 모와 그 친족 사이의 혈족관계만이 발생한다. 모와 자녀 사이의 혈족관계는 출산에 의하여 확정되기 때문이다(대법원 1967.10.4. 선고 67다1791 판결). 이에 비하여 부(父)와 그 혈족과의 혈족관계는 당연히 성립되지는 않는다. 부(父)의 인지가 있어야 출생시에 소급하여 법률상의 부자관계가 발생하고(§855①), 그 혈족 사이의 혈족관계가 이어진다.

현행법상 법정혈족관계로는 양친족관계만이 인정되므로, 법정혈족은 입양의 성립에 의하여 발생한다. 이때 양자녀와 양부모 사이에는 입양성립일부터 친자관계가 발생하고, 양자와 양부모의 혈족 사이에는 자연혈족과 마찬가지의 혈족관계가 발생한다(§772①). 그러나 양부모가 공동입양을 한 경우가 아니라, 입양성립 후 양부 또는 양모가 혼인한 경우에는 양자와 그 배우자 사이에는 혈족관계가 발생하지 않는다. 또 부부공동입양 후 양부모의 일방이 사망하고 생존의 양부나 양모가 재혼한 경우에도, 그 배우자와 양자녀 사이에는 혈족관계가 발생하지 않는다. 아울러 양자의 배우자와 양부모 및 그 혈족 사이는 인척관계에 지나지 않는다. 제772조 제2항은 양부모와 양자녀의 직계비속과의 사이에도 혈족관계가 발생하는 것으로 규정한다. 입양성립 후 양자녀가 자녀를 출산한 경우는 당연하나, 입양성립 전에 출생한 양자녀의 자녀와 양부모 및 그 혈족 사이에도 혈족관계가 발생하는지는 명백하지 않다. 법문상으로는 입양성립시부터 법정혈족관계가 성립된다고 볼 수밖에 없다. 양부모와 양자녀의 생부모 및 그 혈족 사이에는 친족관계가 발생하지 않는다. 반면에 입양이 성립하더라도 양자녀가 입양성립 전에 갖고 있었던 본래의 혈족과의 관계는 소멸하지 않는다.

이와는 달리, 2005년 민법 개정에 의해 신설된 친양자제도 하에서 친양자의 입양 전의 친족관계는 친양자 입양이 확정된 때에 종료한다(§908의3②). 다만 이 경우에도 부부의 일방이 배우자의 친생자를 입양하는 경우 배우자 및 그 친족과 친양자간의 친족관계는 존속한다(위 단서).

(2) 인척 및 배우자관계

인척이나 배우자관계는 혼인에 의하여 성립한다. 혼인은 법률상의 혼인만을 말한다. 인척관계는 혼인 이외에 입양에 의하여서도 발생될 수 있다. 양자의 배우자와 양부모 및 그 혈족 사이, 양자녀와 양부모의 인척 사이는 인척관계로 보아야 하기 때문이다.

2. 소 멸

(1) 혈족관계

자연혈족관계는 당사자 일방의 사망에 의하여 소멸한다. 유의해야 할 점은, 사망에 의하여 소멸되는 혈족관계는 사망한 사람과 직접 연결되었던 사람과의 친족관계이지 사망한 사람을 매개로 해서 성립된 친족관계는 소멸하지 않는다는 것이다. 예컨대 부(父)가 사망하여도 자녀와 부의 혈족 사이의 친족관계는 소멸하지 않는다. 또한 사망한 사람의 신분은 소멸되지만, 사망한 사람이 사망할 순간까지 어떤 신분을 가지고 있었다는 사실은 변경되지 않는다. 혼인 외의 자녀에 대한 인지가 취소되면(§861), 인지에 의하여 발생되었던 부계혈족관계 및 그 밖의 친족관계도 소멸한다.

법정혈족관계도 당사자 일방의 사망에 의하여 소멸되고, 소멸되는 친족관계는 자연혈족의 경우와 마찬가지이다. 법정혈족관계는 당사자 일방의 사망 이외에도 입양의 취소나 파양에 의하여 소멸한다(§776). 이 경우 소멸되는 친족관계는 양자녀와 양부모 및 그 혈족과의 법정혈족관계뿐만 아니라 양자녀의 직계비속과 양부모 및 그 혈족과의 법정혈족관계도 소멸한다. 종전의 판례는 생부모의 이혼의 경우와는 달리 양부모가 이혼하여 양모가 양부의 가를 떠났을 경우에는 양부관계는 존속되지만 양모관계는 소멸한다고 해석해 왔으나(대법원 1979.9.11. 선고 79므35, 36 판결), 대법원 2001.5.24. 선고 2000므1493 전원합의체 판결에 의하여 양모관계도 소멸하지 않는 것으로 되었다.

(2) 인척 및 배우자관계

배우자관계는 당사자 일방의 사망, 혼인의 취소 또는 이혼에 의하여 소멸한다. 인척관계도 혼인의 취소나 이혼에 의하여 소멸한다(§775①). 배우자 일방이 사망한 경우 사망배우자와 생존배우자의 혈족과의 인척관계는 당연히 소멸하지만, 생존배우자와 사망배우자의 혈족과의 인척관계는 생존배우자가 재혼하여야만 소멸한다(동 ②).

입양의 성립에 의하여 성립되었던 인척관계는 파양에 의하여 법정혈족관계가 소멸되면 아울러 소멸한다.

Ⅲ. 친족관계의 효과

친족관계에는 광의로는 친자관계와 배우자관계도 포함되나, 협의로는 이 두 관계는 제외된다. 친자관계와 배우자관계는 현실적인 관계이기 때문이다. 따라서 친족관계의 효과를 논할 때에도, 이 두 관계는 따로 취급하기 마련이다.

오늘날의 친족관계는 비현실적인 또 관념적인 관계에 지나지 않는다. 때문에 일정한 사람 사이에 친족관계가 있음을 요건으로 하여 부여되는 법률효과를 가급적 축소시켜 나가고 있는 것이 일반적 경향이다. 친족관계에 부여되는 법률효과가 강하게 작용되지 않도록 주의하여야 한다. 그러나 아직도 민법상으로는 친족관계를 요건으로 하여 각종 동의권, 청구권, 부양의무, 상속권 등을 인정하고 있다. 아울러 이러한 효과가 부여되는 친족의 범위는 각각의 경우마다 목적론적 관점에서 달리 정하고 있다. 근친에 국한시켜 일정한 권리의무의 발생을 인정하고자 하나, 혼인관계나 부양관계에서는 예외이다. 혼인관계에서는 생물학적 · 유전학적인 면을 고려해야 하고, 부양관계에서는 친족상조의 미풍을 유지시켜 나갈 필요가 있기 때문이다. 친족으로서의 법률상 효과가 미치는 사람의 총괄규정인 제777조가 그대로 적용되는 경우는 앞에 열거한 바와 같다. 개별적인 경우는 관계되는 부분에서 설명한다.

■ 심화학습

- 8촌 이내의 혈족의 범위는(습속에 의한 축소해석은 가능한가)?

제2장
가족의 범위와 자녀의 성과 본

예습과제

Q1 가족을 어떻게 정의할 것인가?

Q2 성과 본은 어떠한 의미를 지니는가?

Ⅰ. 가족의 의의와 범위

1. 가족제도의 의의

일반적으로 가족제도라 함은, 가족의 결합상태에 반영되는 생활양식을 말한다. 인간은 본질적으로 타인과의 교섭 없이는 생존해 나갈 수 없는 존재이다. 이때 그 제1차적인 교섭 대상은 부부나 친자 또는 근친의 혈족이다. 이들과의 교섭 속에 인간으로서의 생존은 시작된다고 할 수 있다. 이와 같은 생활양식 자체가 바로 가족제도이고, 이러한 의미의 가족제도는 어떠한 사회나 어떤 시기에도 존재하기 마련이다.

그러나 법률적으로는 부부 및 친자와 그것을 둘러싸고 있는 친족적 집단이 분해되지 않고, 다시 말해 다수의 부부와 친자 및 가까운 친족의 일부를 포함하는 집단이 '가' 또는 '가족'이라는 집단으로서 존재하는 제도를 말한다. 즉 법률상의 '가'·'가족'제도라 함은, 한 사람의 권력자에 의하여 통일·대표되는 가족단체 또는 '가'로서 사회적 구성요소의 단위가 되어 있는 제도를 말한다. 이는 세대를 넘는 추상적 존재로서, 실제로 공동생활을 영위하는 집단을 뜻하는 세대와는 구별된다.

인류의 역사를 통해 볼 때, 사회의 생산력이 미약할 뿐만 아니라 중앙집권형의 고대국가가 형성되기 이전에는, 씨족이나 종족과 같은 혈족단체가 기본생활단위였고, 이들 단체에 사법적인 권한뿐만 아니라 공법적인 권한과 임무가 부여되기도 하였다. 이러한 공법적 권한과 임무는 국가권력이 신장됨에 따라 점차 박탈되고, 사법적인 권한과 임무만이 남게 된다. 물론 이때에도 하나의 생활양식으로서의 가족의 존재는 인정될 수 있더라도, 그것은 혈족단체에 흡수되어 독자적인 지위는 부여될 수 없었다. 시대의 진전에 따라 씨족은 종족으로, 종족은 가족으로 분화되기에 이르러서야 비로소 가족이 국가사회의 기본구성단위로 자리잡게 되었던 것이다.

근대사회로의 진전이 이루어지기 이전에는 가족단체 자체가 생산과 분배 및 소비를 총괄하는 하나의 독립된 경제단위이기도 하였다. 곧 가족단체가 일종의 자급자족단체였다고 할 수 있다. 자급자족단체로서의 효율을 기하기 위해서는, 다수의 가족이 한 사람의 권력자 밑에 결집되어야 할 필요가 있고, 그 물적 기반인 가산(家産)도 통일적인 관리에 놓여져야 할 뿐만 아니라 가족단체 밖으로의 유출이나 분산은 허용될 수 없다. 요컨대 이러한 상황하에서의 가족제도의 특징으로는 ① 집단의 지배자인 가장은 가장권이라는 강대한 권력을 가지고, 가족을 통제 · 지배하며, ② 반면에 가족은 가장의 보호를 받고, 가의 물질적 기초인 가산은 가에 귀속되고 가장이 이를 관리한다는 점을 들 수 있다.

근대사회로 이행되면서 위와 같은 특징을 지닌 가족제도는 붕괴되기에 이른다. 근대사회에서 가족제도가 붕괴될 수밖에 없었던 원인으로는 여러 가지가 제시되고 있지만, 주된 요인은 경제구조의 변화와 개인 존엄의 강조, 두 가지라고 할 수 있다. 전술한 바와 같이, 친족적 집단이 자급자족의 경제를 영위할 때나 그 집단이 생산의 주체인 경우(주로 농업가족)에는 가족제도가 가장 적합한 구조였다. 그러나 자본주의 경제가 확립됨에 따라 농업가족의 구성원이 도시의 공장으로 진출할 수 있게 되고, 그에 따라 개인으로서의 독립적 지위는 향상되었다. 가구성원의 가족제도 내에서의 지위의 독립은 상대적으로 가장의 통제권한의 약화를 초래하고, 이에 이르러서는 가족제도의 실질적 존립근거는 와해되었다고 할 수 있다. 이러한 변화와 아울러 근세의 자아의 존엄과 개인의 자유를 강조하는 사조는 가족제도의 해체를 촉진하는 역할을 담당하였다.

근대사회에서는 친족관계가 부부와 미성년의 자녀만으로 형성되고, 이를 둘러싸고 있는 친족은 관념적으로는 집단의식이 강할지라도, 현실에서의 집단성은 거의 찾기 어렵다. 이는 근대법이 더 이상 가족제도를 규율해야 할 필요성이 없어졌다는 것을 뜻하고, 법제도로서 사회적 구성요소의 단위이자 법인격을 지닌 '가'(家團)는 소멸될 수밖에 없었음을 의미한다. 그러나 위와 같은 변천은 일반적인 성향이지, 사회에 따라 같은 길을 같은 속도로 걸어온 것은 아니다.

한국 고대의 가족제도가 어떠한 특징을 지니고 있었는가에 대하여는 견해의 대립도 있으나, 중국으로부터 종법을 계수한 이후에는 부계적 대가족제도가 확립되었다고 본다. 종법의 원리에 바탕을 둔 가족제도의 특색으로는 이원성을 지적할 수 있다. 즉 일방으로는 남계적장혈족단체의 종족제도를 확립하고 조상에 대한 봉사(奉祀)를 주된 존립·활동목적으로 요구한 반면, 다른 한편으로는 실질적 공동생활에 착안하여 가족을 경제적 활동의 기본단위로 삼은 데 따른 특색이다. 가(家)는 가장과 가구성원으로 구성되는 공동생활단체였고, 가장이 대외적으로 가를 대표하여 공법상 및 사법상의 책임자 또는 대표자일지라도, 가 내부에서는 가구성원을 통일하는 권한은 약하였고 단지 존장의 신분으로 비유(卑幼)의 가구성원에 대하여 존장권을 행사하였다. 가장권과 존장권의 병립이라는 특색을 지닌 가족제도였다고 할 수 있다. 뿐만 아니라 가장권이나 존장권은 족장·종장권의 통제하에서만 가구성원에 대한 권한행사가 가능하였다. 친족·상속에 관하여는 한국 고유의 관습에 의한다고 하면서 의제된 일제하의 가족제도, 즉 호주제도는 이러한 특색을 전혀 고려하지 않고, 그 당시의 일본 민법상의 가제도(家督制度)의 원리에 의해 변모된 모습으로 자리잡게 된다. 가장이나 존장으로서의 지위가 족장의 통제 아래 놓여 있었다는 사실을 무시하고, 호주의 지위를 가구성원에게 거의 무제약의 권한을 행사할 수 있었던 것으로 규정하였던 것이다. 1958년 민법상의 가족제도, 곧 호주제도는 일제하의 그것보다는 상당히 약화되기는 하였으나, 여전히 호주에게 가구성원에 대한 지배자적 지위를 부여하는 것으로 자리잡게 되었다.

1990년의 민법 개정에 의해 가족제도는 형식적·상징적 존재에 불과한 것으로 바뀌게 된다. 그렇더라도 그 상징성은 많은 경우 큰 영향을 미쳤다. 법제도로서의 가족제도를 그대로 유지함은 시대에 뒤질 뿐만 아니라, 개인의 존엄과 자유를 신장하는 데도 장애가 되고, 필연적으로 가족법상 남녀불평등을 초래하여 사회의 민주화에도 역작용을 한다는 주장은 가족법의 성문화과정에서부터 이어져 왔고, 2005.2.3. 헌법재판소의 헌법불합치 결정과 뒤이은 2005년의 민법 개정에 의하여 호주제도는 폐지된다.

2. 가족의 의의와 범위

가(家)라는 말의 본래 의미는 가옥(집)을 뜻한다. 또 동일 가옥에서 공동생활하는 사람을 '일가(一家)'라고도 하며, 친족을 가리키는 말로도 사용된다. 이러한 뜻을 지닌 가라는 용어는 오늘날의 일상생활에서도 그대로 사용되고 있다. 마찬가지로 일상생활에서의 가족이라 함은 생계를 같이하는 친족을 가리킨다. 물론 이러한 정의도 추상적인 것으로서 구체적 · 현실적인 개념은 아니다.

호주제도 · 가제도를 폐지하면서 민법에 가족에 관한 규정을 둘 것인가에 대하여는 의견의 대립이 있었다. 실체법상의 효과가 전혀 없는 가족의 개념을 유지해야 할 필요가 없다는 주장이 강하였으나, 호주제도의 폐지에 따른 가족의 해체를 우려하는 일부 국민의 정서를 감안하여 상징적 의미의 가족에 관한 규정을 두게 된 것이다. 현행법상 가족이라 함은 ① 배우자, 직계혈족 및 형제자매, ② 생계를 같이하는 직계혈족의 배우자, 배우자의 직계혈족 및 배우자의 형제자매를 가리킨다(§779). 가족에 대한 국민의 법의식과 하나의 생활단위로서의 가족을 염두에 둔 규정이다.

친족의 범위에 관한 제777조와는 달리, 가족의 범위에 관한 제779조는 민법이나 다른 법률에 다른 규정이 없는 한 준용된다고 규정하고 있지 않다. 따라서 다른 법령에서 규정하는 가족의 범위와도 관련이 없고, 다른 법률에서 가족으로 규정하고 있는 경우일지라도 민법상의 가족의 범위는 그 기준으로 되지 않는다.

가족의 범위에 관한 제779조를 기초로 할 때, 민법상 가족으로서의 신분을 취득하기 위해 필요한 요건은 혼인과 혈연이다. 다만 인척관계에 해당하는 가족인 경우에는 생계, 곧 동거가 그 요건으로 된다.

3. 가족신분의 효과

2005년 개정 전 민법은 가의 재산과 관련된 가족의 권리에 대하여, 가족이 자기의 명의로 취득한 재산은 그 특유재산으로 하며, 가족의 누구에게 속한 것인지분명하지 아니한 재산은 가족의 공유로 추정한다고 규정하고 있었다(§796). 직계혈족과 형제자매는 생계를 같이하지 않아도 가족으로서의 신분을 취득하게 되고, 부모와 자녀의 범위를 벗어나는 직계혈족과 형제자매의 경우는 생계를 같이하지 않는 것이 일반적이므로, 가족재산관계에 관한 규정의 필요성은 크지 않다. 그러나 인척으로서의 가족인 경우에는 생계를 같이하여야 가족으로서의 신분을 유지하므로 그 필요성은 크다. 한편 형제자매는 생계를 같이하는 것과 무관하게 민법상 가족으로서의 신분을 가지나, 생계를 같이하지 않는 한 부양의무는 없다. 가족으로서의 부양의무나 상속권 등은 개별 규정에 달리 정해진다.

가족 신분에 부여되는 실체법상의 효과는 후견감독인 결격사유에 관한 사항이 유일하다(§940의5).

II. 자녀의 성과 본

1. 원 칙(부계혈통주의)

성(姓)은 혈통의 계통을 표시하는 표지이다. 한국은 오랫동안 부계주의를 취해 왔으므로, 성은 곧 부계혈통을 표시하는 표지였다. 따라서 원칙적으로는 성을 같이하는 사람은 같은 부계혈족자라고 할 수 있다. 그런데 사성(賜姓), 창성(創姓) 등으로 점차 동일한 성을 사용하는 사람들이 많아지게 되자, 혈연을 정확하게 표시하기 위하여 본(本)을 아울러 사용하게 되었다. 요컨대, 민법 및 가족관계등록법상 본이라 함은 원래 소속시조발상지명을 표시하여 혈족계통을 나타내는 제도로 임의로 창설할 수 있는 것은 아니다(대법원 1984.3.31.자 84스8, 9 결정). 본은 본관(本貫), 관향(貫鄕), 관적(貫籍), 족본(族本)이라고도 한다. 현행법상 혈족계통을 정확하게 표시하기 위해서는 성과 본을 함께 사용하여야 하며, 동성동본자는 원칙적으로 같은 부계혈족자, 즉 동족이다. 그러나 동성동본이지만 동족이 아닌 사람이 있고, 동족이나 이본(異本)인 사람도 있다. 예컨대 남양홍씨의 사홍(士洪)과 당홍(唐洪)과 같이 동성동본이지만 이족(異族)인 경우도 있고, 강릉김씨와 광산김씨(이들은 시조는 달리하지만 모두 김알지의 후손이다)와 같은 동성이본인 동족도 있고, 안동김씨와 안동권씨(이들은 원래 동성동본이었으나, 사성에 의하여 하나가 개성된 것이다)와 같은 이성동본인 동족도 있다.

일본민법 하에서의 씨(氏)는 가(호적)의 명칭으로 성과는 그 의미가 다르다. 물론 가까운 혈연자가 가의 구성원으로 되므로 대체로 일치되기는 한다. 그러나 한국법제상 본래의 씨제도는 같은 혈연을 가진 자들이 각지에 분산하여 거주하게 되면서 분산된 각 일파를 표시하기 위한 것이었다. 즉 씨는 성의 분파이고 분화된 혈통의 지연을 표시하는 표지이다.

성과 본이 혈족계통의 표지라는 말은 한번 정해진 성과 본은 임의로 변경할 수 없음을 의미한다. 이를 성불변의 원칙이라 하며, 성불변의 원칙은 혼인법에서는 부부별성(各姓使用)의 원칙으로 나타난다. 현행민법은 혼인의 효과에서 이에 관한 명문의 규정을 두고 있지 않으나, 성의 변경을 인정하지 않는 한국 고래의 관습법이자 특색을 당연한 것으로 받아들여 규정하지 않은 것으로 보고 있다(통설). 이성양자의 성과 본이 양친의 성과 본을 따르는가의 여부에 대하여는 학설이 대립한다. 실무에는 이 경우에도 성불변의 원칙을 따른다.

과거에도 성불변의 원칙에 대한 예외가 전혀 없었던 것은 아니다. 즉 조선시대의 보통법이었던 『大明律』〈戶律〉 立嫡子違法條는 "其遺棄小兒 年三歲以下 雖異姓仍聽收養 卽從其姓"이라 규정하여 수양자녀의 성이 양부의 성으로 바뀔 수 있음을 인정한 바 있다. 〈民事慣習回答彙集〉도 3세 이하의 기아를 수양할 때 수양부의 성을 따른다고 하였으나(같은 책, 86면), 일제는 수양 자체를 부인하여 이러한 예외 또한 인정하지 않았다.

2. 예 외

2005년 민법 개정 전에는 부성주의의 예외로서 입부혼의 경우와 부(父)가 외국인인 경우에 한하여 자녀는 모의 성과 본을 따를 수 있었다. 후자는 부모양계혈통주의를 취한 1997년의 국적법 개정에 따라 신설된 것으로, 외국인 부와 한국인 모 사이에 출생한 자녀도 한국국적을 취득할 수 있게 됨에 따라, 모의 성과 본을 따를 수 있고 모의 호적에 입적할 수 있게 하기 위한 조치였다. 호주제도의 폐지에 따라 입부혼제도는 폐지되고, 입부혼제도의 폐지에 의하여 자녀가 모의 성과 본을 따를 수 있는 예외도 허용되지 않게 되는 점을 반영하여, 부모가 혼인신고시 모의 성과 본을 따르기로 협의한 경우에는 모의 성과 본을 따르게 하여 부성주의의 예외를 인정하고 있다(§781① 단서).

3. 자녀의 성과 본

(1) 혼인 중의 출생자

혼인 중의 출생자는 부(父)의 성과 본을 따른다(§781① 본문). 다만, 혼인신고시 모의 성과 본을 따르기로 하는 협의서를 제출한 경우에는 모의 성과 본을 따른다(위 단서). 혼인신고시 모의 성과 본을 따르기로 하는 협의는 그 협의 이후 협의 당사자 사이에서 태어나는 모든 자녀에 대하여 효력이 있다(등록예규 제312호 §3②). 혼인신고 이후에는 협의서를 제출할 수 없고, 협의서를 제출한 경우, 혼인신고의 수리 이후에는 혼인 당사자들의 합의로 그 협의 내용을 철회할 수 없다.

혼인 당사자가 혼인신고시 그들 사이의 여러 자녀의 성과 본에 대하여 각 자녀마다 따르게 될 성과 본을 다르게 협의(첫째 자녀는 모의 성과 본으로, 둘째 자녀는 부의 성과 본으로 협의한 경우 등)하여 협의서를 제출한 경우에는 그 협의서는 반려된다.

(2) 혼인 외의 출생자

혼인 외의 출생자도 부(父)의 성과 본을 알 수 있는 때에는 부의 성과 본을 따를 수 있으나(등록규칙 §56), 부를 알 수 없는 때에는 모의 성과 본을 따른다(§781③). 모의 성과 본을 따랐던 혼인 외의 출생자가 부에 의해 인지된 경우에는 부의 성과 본을 따르게 된다. 다만, 인지신고시 부모의 협의에 의하여 종전의 성과 본을 계속 사용하기로 하는 협의서를 제출한 경우에는 종전의 성과 본을 그대로 사용할 수 있다(위 ⑤ 본문). 인지된 자녀의 성과 본에 관하여 부모가 협의할 수 없거나 협의가 이루어지지 아니한 경우에는, 자녀는 법원의 허가를 받아 종전의 성과 본을 계속 사용할 수 있다(위 단서).

(3) 부(父)가 외국인인 경우

혼인 중 출생자의 부가 외국인이고 모가 대한민국 국민인 경우, 그 자녀는 모의 성과 본을 따를 수 있다(§781②). 이에 따라 출생신고 당시 신고의무자가 적법한 절차에 따라 출생자의 성과 본을 모의 성과 본으로 결정하여 신고하였다면, 그 이후에는 그 자녀가 친양자로 입양되거나 성과 본 변경절차에 의하지 않는 한 이를 변경할 수 없다. 외국인 부가 귀화 등을 원인으로 대한민국 국적을 취득한 사실 또는 그 후 성과 본을 창설한 사실에 의해서도 영향을 받지 않는다. 다만, 이 경우에 자녀의 성을 결정하는 것은 부 또는 모가 친권자의 입장에서 친권을 행사하는 행위이며, 친권은 민법에 따라 행사하여야 하는 것이므로, 만약 부모 중 일방이 타방의 의사에 반하여 그 자녀의 성을 결정하여 출생신고를 하였다면, 관할 가정법원의 허가를 받아 이를 정정할 수 있다. 모의 성과 본을 따르는 결정의 효력은 모의 성과 본을 따라 출생신고된 해당 자녀에만 한정된다(예규 제312호 §11 ②~④).

혼인 외 출생자의 부가 외국인이고 모가 대한민국 국민인 경우, 그 자녀는 모의 성과 본을 따른다(위 ①). 외국인인 부가 한국인인 혼인 외의 자녀를 인지한 경우에 그 자녀의 성과 본에 관하여는 위 혼인 외의 출생자가 인지된 경우와 동일하게 취급된다(위 §12).

(4) 부모를 알 수 없는 경우

부를 알 수 없는 자녀는 모의 성과 본을 따른다(§781③). 여기서 부를 알 수 없는 자녀라 함은 모가 부라고 인정할 사람을 알 수 없는 자녀를 말하므로, 혼인 외의 자녀라도 부의 성과 본을 알 수 있는 경우에는 부의 성과 본을 따르나, 그 자녀가 인지되기 전에는 자녀의 등록부 부란(父欄)에 부의 성명을 기록할 수 없다(등록규칙 제56조, 등록예규 제102호). 부모를 알 수 없는 자녀는 법원의 허가를 얻어 성과 본을 창설한다. 성과 본을 창설한 후 부 또는 모를 알게 된 때에는 부 또는 모의 성과 본을 따를 수 있다(§781④).

(5) 친양자 입양의 경우

친양자 입양은 부부공동입양이 원칙이고, 친양자는 부부의 혼인 중의 자녀로서의 지위를 갖게 되므로 혼인 중의 출생자의 경우와 동일한 방법으로 친양자의 성과 본이 정해진다. 즉, 친양자는 양부의 성과 본을 따르나, 친양자 입양을 한 부부가 혼인신고시에 자녀의 성과 본을 모의 성과 본으로 따르기로 협의한 후 친양자 입양을 하는 경우, 친양자는 모의 성과 본을 따른다.

(6) 성과 본의 변경

성불변의 원칙의 예외로 현행민법은 성과 본의 변경을 허용하고 있다. 즉 자녀의 복리를 위하여 자녀의 성과 본을 변경할 필요가 있을 때에는 부, 모 또는 자녀의 청구에 의하여 법원의 허가를 받아 이를 변경할 수 있다(§781⑥). 가정법원은 자녀의 성과 본의 변경허가청구를 심리함에 있어 부, 모 및 자녀가 15세 이상인 때에는 그 자녀의 의견을 들을 수 있다. 이성양자(異姓養子)에 대한 성과 본 변경청구에 대하여는 긍정적으로 검토한다. 그러나 부나 모의 성이 아닌 다른 성으로의 변경신청에 대해서는 부정적이다.

민법은 성과 본 변경허가기준으로 자녀의 복리만을 규정하고 있다. 자녀의 주관적 · 개인적인 선호의 정도를 넘어 자녀의 복리를 위하여 성 · 본의 변경이 필요하다고 판단되고, 범죄를 기도 또는 은폐하거나 법령에 따른 각종 제한을 회피하려는 불순한 의도나 목적이 개입되어 있는 등 성 · 본 변경권의 남용으로 볼 수 있는 경우가 아니라면 원칙적으로 성 · 본 변경은 허가된다. 성과 본의 변경허가기준인 자녀의 복리를 위하여 변경할 필요가 있는 때에 해당하는지의 여부는 다음과 같이 심리하여 결정하게 된다(대법원 2022. 3. 31.자 2021스3 결정).

① 가정법원은 청구인의 주장에 구애되지 않고 직권으로 탐지한 자료에 따라 '성 · 본 변경이 청구된 자녀의 복리에 적합한지'를 최우선적으로 고려하여 후견적 입장에서 재량권의 범위에서 그 허가 여부를 판단하여야 한다. ② 자녀의 나이와 성숙도를 감안하여 자녀 또는 친권자 · 양육자의 의사를 고려한다. ③ 자녀의 성 · 본 변경이 이루어지지 아니할 경우에 내부적으로 가족 사이의 정서적 통합에 방해가 되고 대외적으로 가족 구성원에 관련된 편견이나 오해 등으로 학교생활이나 사회생활에서 겪게 되는 불이익의 정도를 심리한다. ④ 성 · 본 변경이 이루어질 경우에 초래되는 정체성의 혼란이나 자녀와 성 · 본을 함께하고 있는 친부나 형제자매 등과의 유대관계의 단절 및 부양의 중단 등으로 인하여 겪게 되는 불이익의 정도를 심리한 다음, 자녀의 입장에서 위 두 가지 불이익의 정도를 비교형량하여 자녀의 행복과 이익에 도움이 되는 쪽으로 판단하여야 한다. ⑤ 성 · 본 변경으로 인하여 학교생활이나 사회생활에 있어서의 불편 내지 혼란, 타인에게 불필요한 호기심이나 의구심 등을 일으키게 하여 사건본인의 정체성 유지에 영향을 미칠 개연성 등의 불이익 등도 함께 고려하여 허가 여부를 신중하게 판단하여야 한다. ⑥ 성 · 본 변경을 청구하는 부, 모 중 일방이 단지 이를 희망한다는 사정은

주관적 · 개인적인 선호의 정도에 불과하며 이에 대하여 타방이 동의를 하였더라도 그 사정만으로는 성 · 본 변경허가의 요건을 충족하였다고 보기 어렵다. ⑦ 특히 미성년 자녀를 둔 부부가 이혼한 후 부 또는 모가 자의 성 · 본 변경허가를 청구하는 경우, 성 · 본 변경허가 청구에 이르게 된 경위에 관하여 설령 청구인이 표면적으로는 자녀의 복리를 내세우더라도 비양육친이 미성년 자녀에 대해 당연히 지급하여야 할 양육비의 지급 여부나 그 액수 혹은 비양육친과 미성년 자녀가 상호 간 지닌 면접교섭권 행사에 관련한 조건이 연계된 것은 아닌지, 양육비의 지급이나 면접교섭권의 행사를 둘러싼 갈등 상황에서 이를 해결하기 위해 마련된 법적 절차를 거치지 않고 상대방을 사실상 압박하기 위함이 주요한 동기는 아닌지, 자녀의 성과 본을 변경함으로써 비양육친과 미성년 자녀의 관계 자체를 차단하려는 의도가 엿보이는지, 이혼 당사자가 스스로 극복하여야 하는 이혼에 따른 심리적 갈등, 전 배우자에 대한 보복적 감정 기타 이혼의 후유증에서 벗어나기 위한 수단으로 여겨지는 등 미성년 자녀가 아닌 청구인의 관점이나 이해관계가 주로 반영된 측면은 없는지, 나아가 이혼 이후의 후속 분쟁에서의 유불리를 고려한 것은 아닌지 역시 살펴보아야 한다.

자녀의 성과 본을 변경하고자 하는 사람은 자녀의 성과 본을 변경하는 내용의 가정법원의 성과 본 변경허가심판서 및 그 확정증명서를 첨부하여 성과 본 변경신고를 하여야 한다. 재판을 청구한 당사자는 신고서에 변경 전의 성과 본, 변경한 성과 본, 재판확정일 등을 기재하여 재판확정일로부터 1개월 이내에 성과 본 변경신고를 하여야 한다(등록법 §100).

한편, 판례는 제781조 제6항에 따라 자녀의 복리를 위하여 자녀의 성과 본을 변경할 필요가 있어 자녀의 성과 본이 모의 성과 본으로 변경되었을 경우, 성년인 그 자녀는 모가 속한 종중의 공동선조와 성과 본을 같이하는 후손으로서 당연히 종중의 구성원이 된다고 한다(대법원 2022.5.26. 선고 2017다260940 판결).

• 甲남은 乙녀와 혼인하여 자녀 A(남) · B(여)를 두었다. 이혼하면서 A는 甲이, B는 乙이 각각 양육하던 중 乙은 丙과 재혼하였으며 乙 · 丙 · B 3인 가족이 함께 생활하고 B가 18세가 되던 해에 丙은 B를 입양하였다. 이혼 후 甲은 B와 별다른 교류를 하지 않고 양육비도 지원한 사실이 없다. 성년에 달한 B가 주민등록을 같이하고 있는 양부 丙과 성과 본이 달라 불편하다는 이유로 성과 본의 변경을 청구한 데 대하여 甲이

강력히 반대하고 있을 때, 성과 본의 변경은 인정될 수 있는가?(대법원 2009.12.11. 자 2009스23 결정)

(7) 성과 본의 정정

등록부에 기록된 성과 본이 사실과 다른 경우에는 정정절차에 따라 그 기록을 정정할 수 있다. 이처럼 성과 본의 정정은 제781조에 따라 성과 본이 변경되는 경우와는 다르다. 그런데 이와는 달리, 한자로 된 성을 한글로 기록하면서 한글맞춤법상의 두음법칙의 적용으로 본래의 음가(音價)와 달리 표기된 경우, 예컨대 '류'가 '유'로, '리'가 '이'로 표기되어 있는 경우 이를 정정할 수 있는지의 여부가 문제되어 왔다. 등록예규 제37호에 의하면, 한자로 된 성을 한글로 가족관계등록부에 기록할 때에는 한글맞춤법에 따라 표기하나, 일상생활에서 한자 성을 본래의 음가로 발음 및 표기하여 사용하는 등 성의 한글 표기에 두음법칙의 적용의 예외를 인정할 합리적 사유가 있는 경우에는 그러하지 않다는 예외가 인정되고 있다. 이러한 예규의 취지에 따라 기존의 가족관계등록부에 기록된 성의 한글 표기에 두음법칙의 적용의 예외를 인정할 만한 합리적인 사유가 있는 경우에는 정정이 인정되고 있다(등록예규 제257호).

두음법칙이 적용되는 경우가 아닌 때에는 정정이 허용되지 않는다. 예컨대 성 '박'을 한글인 '밝'으로 정정을 요구하는 등록부의 정정허가신청은, 정정사유나 개명사유의 어디에도 해당되지 않으므로 등록부의 정정은 받아들여지지 않는다(등록예규 제258호).

- 甲은 현재 가족관계등록부의 성명란에 성(姓)이 '김(金)'으로 기재되어 있지만 주민등록표에는 '금(金)'으로 기재되어 있고, 여권과 자동차운전면허증에도 각각 '금'으로 기재되어 있는데, 甲의 어머니가 사망한 후 甲이 상속재산에 대하여 상속등기신청을 하였으나, 관할 등기소에서 신청서와 가족관계증명서상 상속인의 성명이 다르다는 이유로 위 신청을 각하하자 법원에 가족관계등록부상 성(姓)의 정정을 구하였다. 성(姓)의 정정은 인정될 수 있는가?(대법원 2020.1.9.자 2018스40 결정)

4. 자녀의 이름

(1) 명 명(命名)

이름(名)은 개인의 동일성을 표시하기 위한 명칭으로 성과 함께 사용된다. 이름도 출생신고시에 부 또는 모의 일방적 명명에 의하여 정해지며, 가정법원의 개명허가에 의한 정정이 행해지지 않는 한 변경되지 않는 것이 원칙이다. 이름에는 한글과 통상 사용되는 한자를 사용하여야 하며, 통상 사용되는 한자의 범위는 대법원규칙으로 정한다(등록법 §44③, 등록규칙 §37①②). 습속상 항렬을 따라 작명하기도 한다.

누가 명명권자로 되는가에 대하여는 규정하는 바가 없다. 자녀의 성 결정을 부 또는 모가 친권자의 입장에서 친권을 행사하는 행위로 보는 것이 실무의 입장이므로, 자녀에 대한 명명 또한 친권의 행사로 보게 된다.

이름을 정하지 아니한 출생신고서도 수리되나, 원칙적으로 출생신고서에는 자녀의 이름이 기재되어야 하므로(등록법 §44② i), 출생신고의 신고의무자가 명명권을 갖는다고 보아야 할 것이다. 즉 부모가 혼인 중에는 부모가, 혼인 외의 자녀인 경우에는 모가 명명권을 갖는다(등록법 §46①②). 다만, 생부는 인지신고에 갈음하여 혼인 외의 출생자에 대한 출생신고를 할 수 있으므로(등록법 §57) 이 경우에는 생부도 명명권을 행사할 수 있다. 그런데 이들이 신고를 할 수 없는 경우에는 ① 동거하는 친족, ② 분만에 관여한 의사, 조산사 또는 그 밖의 사람이 순위에 따라 신고하여야 한다(등록법 §46③). 따라서 이들도 일단 명명권을 갖는다고 보아야 할 것이다. 기아인 경우에는 시, 읍, 면의 장이 명명권을 행사한다(등록법 §52③).

(2) 개 명

개명이라 함은 가족관계등록부에 기록된 이름을 법원의 허가를 받아 새로운 이름으로 변경하는 것을 말한다. 이름은 그 사람의 동일성을 나타내는 표상이며 고유성과 단일성을 그 속성으로 하기 때문에 동일한 사람이 복수의 이름을 사용할 수 없다. 또한 임의로 자신의 이름을 변경하여 사용할 수 있다면, 개개인의 동일성 식별이 불가능할 뿐만 아니라 기존의 이름에 터잡아 형성된 사회생활의 질서가 무너질 가능성도 있다. 이러한 혼란을 방지하기 위하여 개명에 대하여 가정법원의 허가를 받도록 하고 있는 것이다.

개명을 허가할 만한 상당한 이유가 인정되고, 범죄를 기도 또는 은폐하거나 법령에 따른 각종 제한을 회피하려는 불순한 의도나 목적이 개입되어 있는 등 개명신청권의 남용으로 볼 수 있는 경우가 아니라면, 원칙적으로 개명은 허가된다.

개명허가를 받은 사람(사건 본인)이 가정법원의 허가를 받은 후 그 결정등본을 받은 날로부터 1개월 이내에 신고하여야 한다(등록법 §99①). 개명허가를 받은 사람이 의사능력이 없는 때에는 법정대리인 또는 후견인이 신고의무자가 되고, 의사능력 있는 미성년자 또는 피성년후견인은 스스로 신고할 수 있다. 신고서에는 변경 전의 이름, 변경한 이름, 허가연월일을 기재하여야 하고(동 ②), 허가서 등본을 첨부하여야 한다(동 ③).

- 법원으로부터 파산선고를 받았으나 면책결정을 받은 사람이 자기의 이름이 흔하고 개성이 없어 뒤떨어진 느낌을 주며, 이름에 사용되는 한자가 통상적이지 않아 이름을 한자로만 적을 경우 바르게 읽히지 않을 우려가 크고, 컴퓨터를 사용한 문서작성에서 어려움을 준다는 이유로 개명을 신청할 경우, 개명을 허가할 상당한 이유가 있다고 볼 수 있는가?(대법원 2009.10.16.자 2009스90 결정)

■ 심화학습

- 성명의 개인성과 사회성은 어떠한가?(성 · 본의 변경 및 개명의 허가기준과 관련하여)

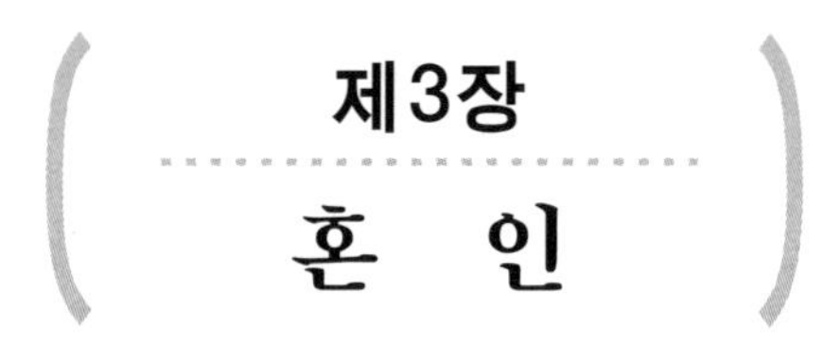

Ⅰ. 혼인제도의 역사

인간이 동물로서의 종족보존의 본능에 기초하여 남녀 간의 성적 결합관계를 형성해 온 것은 인류사와 더불어서이다. 그러한 관계를 규범적으로 규율하기 위하여 혼인제도가 생겨났고 그것은 시대와 사회에 따라 변화되어 왔다.

L. H. Morgan 등에 의하면 남녀의 결합관계는 역사적으로 원시잡교(Promiscuity), 군혼(group marriage), 일부다처(polygamy), 일처다부(polyandry) 형식을 거쳐 일부일처혼(monogamy)으로 진화되었다고 한다. 일부다처혼은 정착농경생활을 영위하였던 사회에서는 보편적인 혼인형식으로 받아들여졌고, 현재에도 일부 국가가 이를 공인하고 있다. 근대사회로의 발전과 여성의 사회적 지위 향상에 따라 대부분의 국가는 엄격한 일부일처제를 채택하고 있다.

- 다음은 2010.1.8. MBC에서 방영된 "아마존의 눈물" '마지막 원시의 땅'에 소개된 '조에족'의 혼인습속에 관한 해설이다. 이들의 혼인형태는?

"조에족 최고의 사냥꾼, 모닌은 아내가 셋이다. 원하면 몇 번이고 결혼이 가능하기 때문이다. 게다가 이 중 둘째와 셋째 부인은 서로 자매지간이다. 이러한 복혼문화는 여자에게도 예외는 아니다. 모닌의 여동생 투싸 역시 남편이 둘이다. 지금의 아들도 둘째 남편과의 사이에서 가졌다. 하지만 아이는 핏줄에 관계없이 두 남편에 의해 길러진다. 배우자의 형제를 아내로 맞이하거나 혈연관계에 상관없이 자녀를 공동 양육하는 것은 누군가 죽었을 때, 남은 자가 죽은 형제와 부모를 대신해 이들을 보살필 수 있기 때문이라고 한다."

혼인형태는 ① 어떠한 사람의 의사가 혼인성립의 요소를 이루는가, ② 어떠한 범위에서 배우자를 택하는가에 따라 여러 가지로 구분된다. 혼인성립의 요소

로서의 의사를 기준으로 하면 약탈혼과 같이 부(夫)인 남자의 의사만으로 성립하거나 처인 여자의 부형(父兄)의 의사와 부(夫)의 의사로 성립하는 교환혼, 노역혼, 매매혼, 증여혼이 있었고, 여성의 지위향상에 따라 근대에는 남녀 자신의 의사만으로 혼인이 성립하는 것으로, 즉 혼인을 민사계약의 일종으로 이해하고 있다. 통혼 범위를 기준으로 하여 구분하면, 배우자의 선택을 특정 범위(계급이나 종교) 내로 한정하는 내혼제(endogamy)와 일정 범위 내에서의 배우자 선택을 금지하는 외혼제(exogamy)로 나뉜다.

혼인의 방식과 관련해서는 사실혼주의와 요식혼주의가 있다. 요식혼주의는 다시 법률혼주의와 의식혼주의로 구분되며, 의식혼에는 종교혼과 습속적 의식혼이 있다. 혼인 의식은 개인적으로는 환희의 표현이고 액을 물리치고 복을 비는(掃厄招福)의 기도이며 사회적으로는 새로운 권리관계의 확인 내지 공시이다. 의식혼주의의 가장 정비된 형태로는 교회혼을 들 수 있다. 트리엔트의 제24회 종교회의에서는 혼인은 하나의 비적(sacrament)으로 교회에서 맺어진 혼인만이 유효하며 이 교리를 의심하는 사람은 파문토록 하였다. 이에 따라 중세 유럽에서는 혼인법규를 교회가 제정하고, 혼인에 관한 소송을 교회가 전단하는 종교혼주의가 지배하였다. 혼인이 종교적 통제로부터 해방되어 근대적 법률혼으로 전환되게 되는 계기는 1789년의 프랑스혁명에 의하여 만들어졌다. 1791년 프랑스 혁명헌법 제2장 제7조는 법률은 혼인을 민사계약에 지나지 않는 것으로 규정하였다. 즉 혼인은 근대시민사회의 이념에 기초하여 체결되는 자유·평등한 의사주체 간의 계약에 속하고 혼인계약의 자유, 혼인관계에서의 부부의 평등, 부부 상호간의 인격의 배타적·독적점·전인격적 결합이 근대적 혼인의 특징으로 된 것이다.

史書에 기록된 한국 고대사회에서의 혼인의 특색으로는 夫餘의 兄死妻嫂婚, 東沃沮의 預婦制, 挹婁의 婚姻豫約制, 渤海의 略取婚 등을 들 수 있으나 후대에까지 지속된 혼인습속으로는 高句麗의 솔서혼(率壻婚)이 있다. 이는 혼약이 되면 여가의 몸체 뒤에 서옥을 짓고, 정해진 혼인일에 어두워져서 사위가 여가를 찾아가 무릎 꿇고 청혼을 한 다음, 여자의 부형이 승낙하면 서옥(婿屋)에 들어가 혼인생활을 시작하여, 자식을 낳아 장성하면 비로소 처자를 데리고 자기 집으로 돌아오는 혼인형태이다. 이 혼속을 男歸女家, 壻留婦家라고도 한다.

종법제를 계수하게 된 결과, 혼인의 목적은 철저하게 가를 위한 것으로 조상봉사를 위한 가계유지책, 가경제의 유지책에 있었고, 이로써 일부다처제, 외혼제

(同姓不娶), 가취제(嫁娶制)가 확립되게 된다. 가취제의 도입에는 솔서혼속과의 저촉으로 상당한 진통이 있었다. 절충책으로 조선 중기에 이르러 반친영제(半親迎制)가 행해지게 ㄹ된다. 혼인절차의 모범은 六禮(① 納采, ② 問名, ③ 納吉, ④ 納徵 또는 納幣, ⑤ 請期, ⑥ 親迎)이나 家禮의 四禮(① 議婚, ② 納采, ③ 納幣, ④ 親迎)를 따랐다. 납채, 즉 사주단자가 교환되면 약혼(정혼)이 성립하고 혼서를 받고 타인과 혼인하면 이이(離異)케 하고 주혼자를 처벌하였다.

근대화에 힘입어 조혼을 금지하기 위한 입법(고종 31년〈1894〉 6월 28일 "조혼을 금하는 건", 융희 원년〈1907〉 8월 14일 "조혼금지에 관한 건")이나 여자의 재혼을 허용하는 입법(고종 31년〈1894〉 6월 28일 "과녀의 재가를 그 자유에 맡기는 건") 등 혼인제도를 개혁하기 위한 입법도 있었으나, 조선민사령 제11조의 2차 개정(1922년 12월 7일 제령 제12호)에 의하여 일본민법상의 혼인제도 일부가 도입된다(혼인나이, 신고혼주의, 재판상 이혼).

1958년 제정민법상의 혼인은 가제도에 종속하는 측면이 강하였다. 가계계승에 이바지하기 위한 입부혼의 존재가 이를 대변한다. 또한 혼인이 개인의 자유의사에 근거한 계약이라기보다는 가와 가의 결합이라는 인식이 남아 있어, 혼인 당사자가 성년에 달하였더라도 남자 만 27세, 여자 만 23세 미만인 사람의 혼인에는 부모의 동의를 얻도록 한 바 있다. 또한 부부의 지위의 평등과는 거리가 먼 규정들도 산재해 있었다. 이러한 전근대적 요소는 1977년과 1990년의 가족법 개정에 의하여 대부분 제거되고, 혼인법 개정의 최대 장애였던 동성동본불혼주의는 2005년의 가족법 개정을 통하여 호주제도와 함께 역사의 뒤편으로 사라지게 되었다.

2007년 12월 21일자의 민법 개정을 통하여 혼인적령이 남녀 모두 18세로 통일되고, 2012년 2월 10일자의 민법 개정에 의해 중혼취소청구권자의 범위에 직계비속이 추가되고 부부계약취소권제도가 폐지되는 일련의 변화가 있었다.

II. 약 혼

1. 의 의

장차의 혼인을 약속하는 당사자간의 신분법적 합의로 혼인예약 또는 혼약이라고도 한다. 약혼은 사실혼, 정혼, 허혼과는 구별되는 개념이다. 사실혼은 이미 사실상의 혼인이 성립되어 있는 관계이고 약혼은 단순히 장래의 혼인을 약속하는데 불과하다(대법원 1998.12.8. 선고 98므961 판결). 또한 습속상의 정혼은 양가의 주혼자가 당사자로 되며 허혼(許婚)은 친(親)이 정한 것이기 때문이다.

초기의 판례에서는 사실혼을 혼인예약이라는 용어로 표현하고 있다. 이는 사실혼 보호의 근거를 혼인예약론에서 찾은 결과이다.

약혼은 구약, 교회법, 로마법 등 오랜 법률에서도 나타나며, 과거의 법에서는 약혼이 혼인과 거의 동일하게 다루어지는 경우도 있었다. 그러나 근대법에서의 약혼은 일종의 신분관계를 발생시킬 정도의 구속력은 인정하지 않는다. 약혼의 이행인 혼인은 당사자의 진의가 수반되어야 하기 때문이다.

2. 성립요건

(1) 의사의 합치

장래 혼인을 하고자 하는, 즉 확정적으로 부부가 되고자 하는 의사의 합치가 있어야 한다. 여기에는 조건이나 기한을 붙일 수 있으나 그것이 사회질서에 반하지 아니 하여야 한다.

약혼식의 거행, 약혼반지나 예물의 교환 등이 있어야 하는 것은 아니다. 약혼 성립에 법률상 일정한 방식을 필요로 하지 않는다. 약혼은 형성적 신분행위에 속하므로 의사능력을 갖춘 사람은 유효한 약혼을 할 수 있다.

(2) 약혼나이

약혼나이는 남녀 공히 18세이다(§801). 약혼나이 미달자의 약혼은 혼인의 경우에 준하여 취소할 수 있다고 보아야 한다. 혼례식 거행당시 혼인나이 미달의 미성년자라 하더라도 혼인나이 미달자란 사실만으로써 그 혼인예약이 무효라 할 수 없고 혼인나이에 도달한 때에 혼인할 의무를 부담한 것으로 보아야 한다(대구고등법원 1966.7.13. 선고 66르72, 73 판결).

18세에 달한 미성년자와 피성년후견인의 약혼은 부모 등의 동의가 필요하다(§801, §802, §808).

• 부모 등의 동의 없는 약혼은 취소할 수 있는가?

(3) 혼인장애사유 등 불능사유의 존재

혼인장애사유와 관련하여 시간의 경과에 의하여 장애사유로 되지 않는 경우에는 유효한 약혼으로 보나, 시간의 경과에 의하여 치유될 수 없는 혼인장애는 동시에 약혼장애로 해석하는 것이 일반적이다. 예컨대 무효혼범위에 속하는 근친자간의 약혼은 무효이다.

배우자 있는 사람과의 약혼은 구체적인 사정에 따라 약혼으로서의 유효성이 긍정될 수 있다. 특별한 이유 없이 지금의 배우자를 축출한 뒤 혼인하고자 하는 약혼은 무효일 것이나, 이미 혼인관계가 파탄되어 사실상 이혼상태에 있고 이혼절차를 밟은 후에 혼인하겠다는 합의는 약혼으로서 인정될 것이다.

3. 효 력

법리상으로는 약혼의사의 합치에 의하여 약혼이라는 계약이 성립하고, 그에 따른 채무가 발생하게 된다. 약혼에 따른 채무는 서로 신뢰를 가지고 교제하며 부부공동체를 성립시키고자 노력할 의무라 할 수 있다. 다분히 도덕적 성격의 의무이다. 이에 약혼은 혼인체결을 강제할 수 없다고 규정한 것이다(§803). 약혼이 혼인을 체결하여야 할 예약이지만 동시에 혼인은 더더욱 자유의사로써 성립되어야 하기 때문이다. 따라서 의무불이행자에 대하여는 약혼을 해제하고 손해배상을 청구할 수 있을 뿐이다.

• 혼인체결을 강제할 수 없는 약혼은 계약인가?
• 위약금 약정이 있는 약혼은 유효한가?

당사자간에 친족적 효과는 발생하지 않는다. 따라서 그들 사이에 자녀가 출생하였더라도 혼인 외의 자녀가 된다. 그러나 약혼 당사자로서의 지위는 약혼상의 권리로서 보호를 받는다. 따라서 약혼의 부당파기의 경우 약혼 당사자뿐만 아니라 그 부모가 부당파기에 가담하였을 때에는 그 부모를 상대로 공동불법행위 또는 제3자에 의한 채권침해에 따른 손해배상을 청구할 수 있다(대법원 1975.1.14.

선고 74므11 판결).

4. 해 제

(1) 해제사유

약혼 당사자 일방에게 다음과 같은 사유가 있는 때에는 상대방은 약혼을 해제할 수 있다(§804).

① 약혼 후 자격정지 이상의 형의 선고를 받은 때

② 약혼 후 금치산 또는 한정치산의 선고를 받은 때

③ 성병, 불치의 정신병 기타 불치의 악질이 있는 때 : 저시력증은 약혼해제를 정당화할 만한 불치의 악질에 해당한다고 볼 수 없다(서울가정법원 2005.9.1. 선고 2004드합7422 판결).

④ 약혼 후 타인과 약혼 또는 혼인을 한 때

⑤ 약혼 후 타인과 간음한 때

⑥ 약혼 후 1년 이상 그 생사가 불명한 때

⑦ 정당한 이유 없이 혼인을 거절하거나 그 시기를 지연하는 때

⑧ 기타 중대한 사유가 있는 때

• 원고와 피고는 맞선을 보고 결혼을 약속하고 혼인 준비를 해 오던 중 피고는 원고가 학력과 경력을 속였다는 사실을 알고 원고에게 파혼을 선언하였다. 이에 원고는 피고의 약혼해제가 부당함을 이유로 손해배상과 위자료 지급을 청구하고, 피고는 반소로 약혼해제로 입은 정신상의 고통에 따른 손해배상을 청구하였을 때의 법률관계는?(대법원 1995.12.8. 선고 94므1676, 1683 판결)

약혼의 해제는 상대방에 대한 의사표시로 한다. 약혼은 혼인의 강제이행을 청구할 수 없으므로, 약혼해제의 정당한 사유가 없어도 상대방의 동의 없이 일방적인 의사표시로 약혼을 해제할 수 있다. 다만 이 경우에는 상대방에 대하여 손해배상책임을 지게 된다(§806). 의사표시는 반드시 명시적인 필요는 없다. 상대방에 대하여 의사표시를 할 수 없는 때에는 그 해제의 원인이 있음을 안 때에 해제된 것으로 본다(§805).

(2) 해제의 효과

1) 손해배상의 청구

약혼을 해제한 때에는 당사자 일방은 과실 있는 상대방에 대하여 이로 인한 손해배상을 청구할 수 있다(§806①). 과실은 정당한 사유 없이 약혼을 해제한 것을 가리킨다. 따라서 약혼을 해제한 동기나 방법 등이 선량한 풍속 그 밖의 사회질서에 반하는 등 현저한 부당성이 있어야 한다. 조정이 선행된다.

- 약혼자간의 손해배상책임의 법적 성질과 제3자의 손해배상책임의 법적 성질은?(대구고등법원 1978.6.16. 선고 77르49, 50 판결).

손해배상에는 재산상의 손해 외에도 정신상 고통에 대한 손해가 포함된다(§806②). 재산상의 손해는 혼인을 예상하여 행한 처분으로부터 생긴 손해(혼인준비과정에서 들어간 비용과 교부된 금품)로서 손해와 혼인의 예상 사이에는 상당인과관계가 있어야 한다. 예컨대 약혼식 비용, 약혼축하선물, 혼인을 위한 조사 · 준비비용, 약혼자가 종래의 직장 또는 그 밖의 지위를 포기한 데 따른 손해 등이다. 그러나 혼인생활에 사용하기 위하여 자신의 비용으로 가재도구를 구입한 경우에는 그에 대한 소유권은 이를 준비한 당사자에게 있으므로 그 구입비용 상당액의 손해배상청구는 인정되지 않는다(대법원 2003.11.14. 선고 2000므1257, 1264 판결). 교제 중의 영화관람이나 식사비 등도 제외된다.

정신상의 고통에 대한 손해배상청구권 즉 위자료청구권은 양도 또는 상속할 수 없다(§806③). 다만, 당사자간에 그 배상에 관한 계약이 성립되거나 소를 제기한 후에는 가능하다(위 단서).

약혼해제에 대한 과실이 약혼 당사자 쌍방에게 있는 경우에는 과실상계의 규정을 준용하여 배상액을 정해야 할 것이다.

가사소송법은 손해배상과 더불어 원상회복을 규정하고 있다. 원상회복이라 하여 약혼성립 이전상태로의 복귀를 청구하는 것은 불가능하다. 따라서 약혼성립의 증표나 수단으로 상대방에게 교부한 금품이나 상대방의 점유하에 있는 자기 소유 물건의 반환을 청구할 수 있는 것에 불과하다. 원상회복은 당사자 사이에서만 문제된다.

2) 약혼예물의 반환

약혼예물의 법적 성질에 대하여 다수설과 판례는 해제조건부 증여설의 입장이다. 혼인이 성립하지 않았다면 주지 않았을 것, 곧 혼인불성립을 해제조건으로 하는 증여라는 것이다.

약혼이 합의해제된 경우에는 합의에 약혼예물반환에 관한 사항이 포함되어 있을 것이므로 합의된 내용에 따라 상호 반환하면 된다. 합의해제가 아닌 경우에는 혼인의 불성립이라는 해제조건의 성취로 증여는 효력을 잃게 되고 이미 교부된 약혼예물은 원상회복으로서 부당이득반환법리에 따라 반환되어야 한다. 판례는 약혼해제에 관하여 과실 있는 유책자는 그가 제공한 약혼예물반환청구권이 없다고 한다(대법원 1976.12.28. 선고 76므41, 42 판결). 그러나 과실 있는 유책자는 상대방에게 손해배상책임을 부담하므로, 판례와 같이 유책자의 약혼예물반환청구권을 부정하게 되면 이중문책의 문제가 발생할 수 있다.

쌍방에게 과실이 있는 경우에는 과실상계의 법리에 따라 반환범위를 정해야 할 것이다. 당사자 일방이 사망함으로써 약혼이 해제된 경우의 약혼예물반환청구권에 대하여는 긍정설과 부정설이 대립한다.

일단 혼인이 성립하면 혼인불성립이라는 해제조건은 성취불능으로 증여의 효력은 확정되고 예물 등의 반환문제는 발생하지 않게 된다(대법원 1994.12.27. 선고 94므895 판결). 그러나 혼인(사실혼 포함)성립 후 극히 짧은 기간 내에 해소된 경우에는 혼인불성립에 준하는 것으로 보아 약혼예물반환청구권을 긍정함이 타당하다.

- 혼인이 성립하였으나 혼인 당초부터 혼인을 계속할 의사가 없고 그로 인하여 혼인이 파탄되어 이혼한 경우에도 약혼예물의 반환청구는 인정되는가?(대법원 1996.5.14. 선고 96다5506 판결)
- 사실혼관계가 불과 1개월 만에 파탄된 경우, 혼인생활에 사용하기 위하여 결혼 전후에 가재도구 등을 구입한 경우 그 구입비용 상당액을 손해배상으로 청구할 수 있는가?(대법원 2003.11.14. 선고 2000므1257, 1264 판결)

Ⅲ. 혼인의 성립

예습과제

Q1 혼인성립에 국가가 간섭하는 이유는 무엇인가?

Q2 혼인성립의 필수요건은 무엇인가?

잡교형태의 혼인관계가 존재하였다는 주장도 있으나, 어느 사회나 시대를 불문하고 남녀간의 본능에 따른 결합관계 그 자체를 제도로서 내지는 규범적 측면에서의 혼인으로 인정해 오지는 않았다. 사회제도의 일환으로서 해당 사회에서 정당화되고 동시에 국가의 법질서에 부합하는 남녀의 결합관계만이 혼인으로서 승인되었고 법에 따른 보호가 부여되었다. 혼인에 의하여 사회생활의 기본단위인 가족이 형성되므로, 국가의 입장에서도 혼인을 남녀의 자유의사에 방임할 수만은 없다. 혼인으로서 법에 의한 보호가 부여될 수 있는 남녀간의 결합관계와 그렇지 아니한 관계를 명백히 구별해야 두어야 할 필요가 있게 된다. 이에 따라 국가의 보호를 받기 위한 남녀간의 결합관계 그 자체의 법정기준을 정하고, 그 기준을 구비하였는가를 확인하고 혼인의 성립시기를 명백히 하며 제3자에게 공시하기 위한 절차를 두고 있다. 일반적으로 전자를 혼인의 실질적 요건이라 하고, 후자를 형식적 요건이라 한다. 현행법상 혼인은 요식행위이므로 혼인에 관한 당사자의 합의와 혼인신고가 혼인성립의 필수요건이고, 그 밖의 요건은 유효요건에 해당한다. 유효요건에 해당하는 사항을 혼인장애사유라고도 한다.

1. 실질적 요건

혼인의 실질적 요건은 혼인의 계약적 성질, 사회윤리, 생물학적 · 유전학적 이유, 경제적 이유에 기초하여 정해진다.

(1) 혼인의사의 합치

당사자 간에 혼인의 합의가 없는 때에는 무효이므로(§815 i), 혼인이 유효하게 성립하기 위해서는 양 당사자의 혼인에 대한 합의(혼인의사의 합치)가 있어야 한다. 여기서 말하는 혼인의사에 대하여는 앞에서 살펴본 바와 같이 실질적 의사설 · 형식적 의사설 · 법률의사설에 따른 정의의 차이가 있다. 통설적 견해는 실질적 의사설에 따라 혼인의사라 함은 일남일녀 간에 사회통념상의 정형적 신분관계로서의 부부관계를 설정하고자 하는 의사를 말한다고 한다. 판례의 경향도 이를 따른다. 이러한 정의에 따른다면 동성(同性) 간의 결합관계는 법률상의 혼인으로 인정될 수 없고 사실혼의 성립도 부정된다.

- 남성으로 동성(同性)인 甲과 乙의 혼인신고에 대하여 관할 구청장이 신고불수리 통지를 하자, 甲과 乙이 불복신청을 하였다. 甲과 乙의 신청은 인용될 수 있는가?(서울서부지방법원 2016.5.25.자 2014호파1842 결정)

부부관계를 형성할 의사 없이 혼인법상의 효과 일부만 적용되기를 바라면서 행한 혼인신고(가장혼인신고)는 무효로 된다. 해외이주의 목적으로 위장결혼을 하고 그 혼인신고를 한 경우(대법원 1985.9.10. 선고 85도1481 판결)나 부부관계를 설정할 의사 없이 중국 내 조선족 여자들의 국내취업을 위한 입국 목적으로 형식상 혼인신고를 한 경우(대법원 1996.11.22. 선고 96도2049 판결)에는 혼인무효일 뿐만 아니라, 형법상의 공정증서원본불실기재죄로 처벌된다. 당사자 일방에게만 참다운 부부관계의 설정을 바라는 효과의사가 있고 상대방에게는 그러한 의사가 결여된 경우 당사자 사이에 혼인신고 자체에 관하여 의사의 합치가 있었다고 하더라도 그 혼인은 당사자 간에 혼인의 합의가 없는 것이어서 무효이다(대법원 2010.6.10. 선고 2010므574 판결)

혼인의사는 무조건 · 무기한이어야 한다. 정형적인 신분관계로서의 부부관계를 설정하는 의사이어야 하기 때문이다.

혼인의사는 신고서작성시에 존재하여야 하며, 신고시에도 존재해야 한다. 따라서 신고 전에는 언제든지 철회 가능하다. 철회 후 행해진 혼인신고는 무효이다(대법원 1983.12.27. 선고 83므28 판결).

• 혼인신고수리불가신고제도란 무엇인가?(등록예규 제519호 참고)

당사자 일방이 임의로 한 혼인신고는 무효이다. 즉 일방이 타방과 합의없이 그의 인장을 위조하여 혼인신고서를 작성하고 두 사람이 혼인한 것처럼 신고한 혼인의 효력은 당사자 사이에 혼인의 합의가 없는 때에 해당되어 무효이다(대법원 1983.9.27. 선고 83므22 판결). 그러나 사실혼관계에 있는 당사자의 일방이 모르는 사이에 혼인신고가 이루어진 후 쌍방 당사자가 그 혼인에 만족하고 부부생활을 계속한 경우에는 그 혼인은 유효로 된다(대법원 1965.12.28. 선고 65므61 판결). 협의이혼한 후 배우자 일방이 일방적으로 혼인신고를 하였더라도 그 사실을 알고 혼인생활을 계속한 경우에도, 상대방에게 혼인할 의사가 있었거나 무효인 혼인을 추인한 것으로 보게 된다(대법원 1995.11.21. 선고 95므731 판결). 반면에 일방적인 혼인신고 후 혼인의 실체 없이 몇 차례의 육체관계로 자녀를 출산하였다 하더라도 무효인 혼인을 추인한 것으로 되지는 않으며(대법원 1993.9.14. 선고 93므430 판결), 단순한 추인의 의사표시에 의하여 유효로 되지 않는다(대법원 1991.12.27. 선고 91므30 판결).

한편 사실혼의 경우와 같이 사실상 혼인의사가 있음에도 신고를 게을리 하고 있는 경우 일방에 의한 혼인신고는 당사자 사이에 관계를 해소하기로 합의하였거나 혼인의사를 철회하지 않은 이상 유효하다(대법원 1980.4.22. 선고 79므77 판결; 대법원 1984.10.10. 선고 84므71 판결; 대법원 2000.4.11. 선고 99므1329 판결).

신고서 작성시에는 의사능력을 갖추었으나 신고서제출시에는 의식을 상실한 경우에도 혼인의사는 계속된다고 보아야 한다. 그러나 의사무능력상태에서 행한 혼인신고는 설사 후견인의 동의를 얻었다 하더라도 무효이다. 의사능력 있는 피성년후견인이 부모나 성년후견인의 동의를 얻어 혼인신고를 할 경우에는 신고서에 신고사건의 성질과 효과를 이해할 능력이 있음을 증명할 수 있는 진단서를 첨부하여야 한다(등록법 §27②).

(2) 혼인적령

혼인적령이라 함은 혼인을 하기 위해 도달해 있어야 할 것으로 정해진 최저기준나이를 말한다. 육체적으로나 정신적으로 미성숙한 사람의 혼인은 허용될 수 없기 때문이다. 혼인나이는 자기 행위에 대하여 분별할 수 있을 정도의 나이를 뜻하나, 성적 성숙기를 의미하기도 한다. 각기의 역사적 · 사회적 사정에 따라 다를 수밖에 없다. 입법주의로는 남녀동연령제와 남녀차등연령제가 있다. 한국 민법은 차등연령주의에 따라 남자 18세, 여자 16세로 규정해 왔으나, 양성차별에 해당한다는 지적에 따라 2007년 민법 개정을 통하여 동연령주의로 전환하고 남녀 모두 18세에 달하면 혼인할 수 있도록 하였다(§808).

혼인적령위반혼의 신고는 수리되지 않으나 잘못 수리된 경우에는 취소할 수 있는 혼인으로 된다(§816 i).

(3) 부모 등의 동의

혼인적령에 달한 미성년자가 혼인할 때에는 부모의 동의를 얻어야 한다. 부모 중 일방이 동의권을 행사할 수 없는 때에는 다른 일방의 동의를 얻어야 하고, 부모가 모두 동의권을 행사할 수 없는 때에는 미성년후견인의 동의를 얻어야 한다. 피성년후견인이 혼인할 때에는 부모나 성년후견인의 동의를 얻어야 한다(§808). 미성년자와 의사능력을 회복한 피성년후견인의 경솔한 혼인 결정으로부터의 보호를 목적으로 한다. 가제도에 의한 구속과는 무관하다. 부모의 혼인동의권을 친권의 일부로 볼 것인가 아니면 친권과는 다른 법률상의 보호권으로 볼 것인가에 대하여는 견해가 나뉘나, 동의권의 행사는 혼인당사자의 진정한 이익에 주안을 두어야 한다.

법률상의 보호권으로 이해한다면, 부모가 이혼한 경우에도 부모 모두 동의권을 갖는다. 혼인을 할 양자녀에게 양부모와 친생부모가 다 있을 때에는 양부모의 동의만으로도 족하다(등록예규 제143호). 양부모가 모두 사망한 때에는 친생부모의 동의가 필요한가 아니면 미성년후견인의 동의가 필요한가에 대하여는 견해의 대립이 있다. 일반입양의 경우 입양 후에도 친생부모와의 친족관계가 유지되고, 부모의 동의권이 부모라는 자격에서 주어지므로 친생부모의 동의가 필요하다고 해석된다. 그러나 친권을 상실한 부모에게까지 동의권을 인정할 필요는 없다고 본다.

동의를 필요로 하는 혼인신고인 경우에는 혼인신고서 양식 기타사항란에 동의권자가 동의의 취지와 주소 · 성명을 기재하고 서명 또는 날인하거나 혼인신고서에 혼인동의서를 첨부하고, 친족회가 동의를 하는 경우에는 친족회의 결의록을 첨부하여야 한다(등록법 §32①).

부모 등의 동의가 없는 신고는 수리가 거부되나 잘못 수리되면 혼인은 유효하게 성립하고 취소혼에 해당된다(§816 i). 부당한 동의권불행사에 대한 구제조항이 없기에 권리남용론으로 해결할 수밖에 없다.

(4) 근 친 혼

일정한 근친자 간의 혼인을 금지함은 일반적이다(incest taboo). 열성유전자를 가진 자녀가 태어날 가능성이 높다는 생물학적 · 유전학적 이유 외에도 윤리적 · 사회적 이유에 기인하나, 그 구체적 범위는 입법례에 따라 상이하다. 대체로 혼인 자유의 확대라는 측면에서 그 범위를 좁게 정하고 있다.

한국은 종법제에서 유래하는 동성동본불혼주의를 오랫동안 유지해 왔을 뿐만 아니라, 넓은 범위의 인척간의 혼인도 금지하고 있었다(2005년 개정 전 민법 §809). 동성동본 금혼규정에 대한 헌법불합치 결정(헌법재판소 1997.7.16. 선고 95헌가6 등 결정)을 반영한 2005년의 민법 개정에 따라 근친혼 금지범위는 대폭 축소되나, 여전히 한국적 윤리가 더해져 다른 입법례에 비하여 금혼범위는 매우 넓은 편이다. 근친혼 금지규정에 위반된 혼인은 무효혼 또는 취소혼으로 된다.

1) 8촌 이내의 혈족(친양자 입양 전의 혈족 포함) 사이(§809①)

혈족에는 자연혈족과 법정혈족 양자가 다 포함된다. 법률상으로는 친양자 입양에 의하여 친양자와 친양자의 입양 전 친족관계는 종료되나, 생리적인 혈족관계까지 소멸되는 것은 아니기 때문에 금혼범위에 포함시킨 것이다. 8촌 이내의 혈족에는 모계혈족도 포함된다. 모계혈족에 대하여는 4촌까지를 친족으로 인정하고 그 범위 내에서의 혼인을 금지하였던 과거의 습속보다 금혼범위가 확대되었다. 헌법재판소는 제809조 제1항이 혼인의 자유를 침해하지 않는다고 판단하였다(헌법재판소 2022.10.27. 선고 2018헌바115 결정). 그 요지는 다음과 같다. ① 이 사건 금혼조항은 근친혼으로 인하여 가까운 혈족 사이의 상호 관계 및 역할 지위와 관련하여 발생할 수 있는 혼란을 방지하고 가족제도의 기능을 유지하기 위한 것이므로 그 입법목적이 정당하다. ② 또한 8촌 이내의 혈족 사이의 법률상의 혼인을 금지한 것은 근친혼의 발생을 억제하는 데 기여하므로 입법목적 달성에 적합한 수단에 해당한다. 이는 우리 사회에서 통용되는 친족의 범위 및 양성평등에 기초한 가족관계 형성에 관한 인식과 합의에 기초하여 근친의 범위를 한정한 것이므로 그 합리성이 인정된다. ③ 이 사건 금혼조항이 정한 법률혼이 금지되는 혈족의 범위는 외국의 입법례에 비하여 상대적으로 넓은 것은 사실이지만, 역사 종교 문화적 배경이나 생활양식의 차이로 인하여 상이한 가족 관념을 가지고 있는 국가 사이의 단순 비교가 의미를 가지기 어렵다. 그리고 근친 사이의 법률상 혼인을 금지하는 외에 입법목적 달성을 위한 다른 수단이 있다고 보기도 어려우므로 이 사건 금혼조항이 침해의 최소성에 반한다고 할 수 없다.

2) 6촌 이내의 혈족의 배우자, 배우자의 6촌 이내의 혈족, 배우자의 4촌 이내의 혈족의 배우자인 인척이거나 이러한 인척이었던 자 사이(§809②)

· 6촌 이내의 혈족의 배우자: 형제의 처, 자매의 부(夫), 고모의 부(夫), 조카의 배우자 등

- 처가 사망한 후 제809조 제2항에 따라 처의 자매와는 혼인할 수 없다 (가족관계등록선례 제201502-6호).

· 배우자의 6촌 이내의 혈족: 배우자의 부모 · 조부모 · 형제자매 등

- 남편 사망으로 혼인 해소된 배우자(여자)가 재혼함에 있어 사망한 전남편의 형과는 제809조 제2항에 따라 혼인을 할 수 없는 남편의 혈족이 되므로, 이러한 자와 혼인신고에 의한 가족관계등록부 기록은 제816조 제1호의 적용을 받아 혼인취소사유에 해당된다(등록예규 제151호).
- 한국인 여자가 일본인 남자와 이혼한 후 이혼한 전남편의 동생과 재혼한 경우에도, 국제사법 제36조 제1항에 따르면 혼인의 성립요건은 각 당사자에 관하여 그 본국법에 의하여 이를 정하므로, 한국인 여자는 제816조 제1호의 적용을 받아 혼인취소사유가 된다(등록예규 제151호).

· 배우자의 4촌 이내의 혈족의 배우자: 배우자의 백숙부 · 형제의 처, 배우자의 고모 · 이모 · 자매의 부(夫)

사회윤리적 견지에서 인척의 계원에 따라 달리 정한 것이다.

3) 6촌 이내의 양부모계의 혈족이었던 자와 4촌 이내의 양부모계의 인척이었던 자 사이(§809③)

입양의 취소 또는 파양에 의하여 입양관계가 종료되는 경우에는 입양관계가 존속 중인 경우보다 그 금혼 범위를 축소한 것이다.

(5) 중 혼

배우자 있는 사람은 다시 혼인하지 못한다(§810). 일부일처제에 따른 당연한 결과이다. 중혼이라 함은 법률상의 혼인이 이중으로 성립하는 것을 말한다. 따라서 법률혼과 사실혼의 이중은 중혼이 아니다.

중혼이 발생할 경우는 드물다. 다만, ① 부주의로 중혼에 해당하는 혼인신고가 수리된 경우, ② 혼인신고를 하였으나 이중 가족관계등록부에 기록된 경우(대법원 1986.6.24. 선고 86므9 판결; 대법원 1991.12.10. 선고 91므344 판결), ③ 협의이혼 후 재혼하였으나 그 이혼이 무효(대법원 1964.4.21. 선고 63다770 판결)이거나 취소(대법원 1984.3.27. 선고 84므9 판결)된 경우, ④ 이혼판결이 재심에 의해 취소되기 전에 새로이 이루어진 혼인(대법원 1991.5.28 선고 89므211 판결; 대법원 1994.10.11. 선고 94므932 판결 등), ⑤ 실종선고를 받은 자의 배우자가 악의로 재혼한 뒤 그 실종선고가 취소된 경우, ⑥ 국외에서 혼인거행지법에 따라 혼인신고를 하고 다시 국내에서 다른 사람과 혼인신고한 경우(대법원 1991.12.10. 선고 91므535 판결) 등에 중혼이 발생하게 된다.

중혼은 법률상 무효가 아니라 취소할 수 있는 데 지나지 않는다. 따라서 취소되기 전까지는 재판상 이혼원인이 있는 경우 중혼의 일방 당사자는 다른 일방을 상대로 이혼청구를 할 수도 있다(대법원 1991.12.10. 선고 91므344 판결).

- A는 B와 혼인한 후 사이가 원만하지 못하여 사실상 이혼상태에 있었다. 그런 상태에서 A는 위 혼인사실을 숨긴 채 C와 결혼식을 올리고 동거에 들어갔으며 그 사이에 2남 2녀를 출산하였다. A는 중혼에 대한 C의 항의를 받고 새로운 호적을 만든 후 C와의 혼인신고를 하였다. B는 A와 사실상 이혼상태에 들어간 후 A가 사망할 때까지 A와 아무런 연락이 없었으며, C는 A와의 혼인관계를 유지하면서 자녀를 양육하는 등 처로서의 할 일을 다하여 왔다. 한편 D는 A의 이복동생으로서 A와 C의 혼인과 혼인신고 사실 및 A와 B와의 혼인파탄 경위 등을 잘 알고 있으면서도 A와 C의 혼인에 대하여 별다른 이의를 제기하지 않았다. A의 친척들 모두 A와 C의 혼인을 인정하고 아

무도 그에 대하여 이의를 제기하지 않고 있다. A · B가 사망한 후 D의 중혼취소주장은 인정될 수 있는가?(대법원 1993.8.24. 선고 92므907 판결)

참고판례 대법원 1991.12.10. 선고 91므535 판결; 대법원 1991.5.28. 선고 89므211 판결.

2005년 개정 전 민법에는 여자의 재혼금지기간을 혼인장애사유의 하나로 규정하고 있었다(§811). 이에 대하여는 여자의 재혼의 자유를 침해하며 부성(父性)추정이 경합하더라도 부자관계의 판별에 관한 과학기술의 발달로 규정의 실익이 없다는 비판에 따라 폐지되었다. 이로써 제845조에 의한 부(父)를 정하는 소의 제기 가능성은 높아졌다고 할 수 있다.

2. 형식적 요건

(1) 혼인신고

혼인은 가족관계등록법에 정한 바에 의하여 신고함으로써 그 효력이 생긴다(§812①). 법문이 "효력이 생긴다"로 되어 있어 혼인신고를 혼인의 효력발생요건으로 해석하기도 한다. 즉 혼인의사의 합치에 의하여 혼인은 성립하고, 신고에 의하여 혼인으로서의 효력을 발생한다는 주장이다. 이에 의하면 혼인신고도 보고적 신고에 해당한다. 사실혼 보호의 필요성에서 주장된 견해이나 혼인성립시기를 확정하기가 곤란하여 친생추정을 어렵게 하며, 혼인성립 후 신고까지는 어떠한 성질을 갖는가에 대한 설명을 할 수 없다. 다수설은 혼인신고를 성립요건으로 해석한다. 따라서 신고 전이면 혼인이 없고, 신고만이 혼인을 성립시킨다. 결국 민법상 혼인을 한다 함은 혼인신고를 한다는 뜻이 된다.

신고함으로써라는 뜻은, 신고의 수리 있음으로 혼인이 성립한다는 의미이다. 따라서 등록부에 기록을 필요로 한다는 뜻이 아니다. 가족관계등록공무원이나 재외공관의 장이 수리함으로써 완료되는 것이다. 수리에 따른 등록부에의 기록은 혼인관계의 공시, 증거보전을 위한 방편이다. 수리 후 어떠한 사정으로 등록부에 기록되지 않더라도 혼인은 성립한다.

혼인신고는 당사자 쌍방과 성년자인 증인 2인이 연서한 서면으로 하여야 한다(§812②). 정해진 신고기간은 없고 신고장소도 제한이 없다. 신고 사건 본인의 등록기준지, 주소지 또는 현재지에서 할 수 있다. 외국에서의 혼인신고는 그 외국에 주재하는 대사, 공사 또는 영사에게 할 수 있다(§814①).

혼인 당사자의 생존 중 작성하여 우송한 신고서는 당사자 일방이 사망 후 도달하여도 유효하고 사망시 신고한 것으로 보게 된다(등록법 §41).

가족관계등록공무원에게는 형식적 심사권한만 부여되어 있다(§813). 즉 제807조 내지 제810조 및 제812조 제2항 그 밖의 법령에 위반하는가의 여부만을 심사할 수 있을 뿐이다. 다만, 사망자와의 혼인신고는 허용될 수 없기 때문에 혼인당사자의 생존 여부는 심사권한에 포함된다(대법원 1991.8.13.자 91스6 결정).

(2) 조정 · 재판에 의한 혼인신고

민법이 신고혼주의를 채택하고 있음에도 가사소송법은 사실상혼인관계존재확인의 소를 통하여 일방적인 혼인신고를 가능하게 하고 있다. 사실혼을 법률혼으로 강제하기 위한 절차이다.

사실상의 혼인관계존재확인청구시 조정이 행해지는데, 조정이 성립되고 그것이 조서에 기재되면 재판상 화해와 동일한 효력이 발생하며, 조정성립일로부터 1개월 이내에 조정조서를 첨부하여 혼인신고를 하여야 한다. 조정불성립으로 재판에 의해 확정되면 재판확정일로부터 1개월 이내에 재판서의 등본 및 확정증명서를 첨부하여 신고하여야 한다(등록법 §72). 학설은 조정의 성립 또는 재판의 확정으로 혼인은 성립하고 그에 따른 신고는 보고적 신고로 이해하나, 판례는 창설적 신고로 본다(대법원 1973.1.16. 선고 72므26 판결; 대법원 1991.8.13.자 91스6 결정).

혼인신고는 양 당사자가 생존한 경우에 할 수 있으므로 사실혼관계에 있던 사람이 사망한 후 사실혼관계존재확인의 판결이 확정되더라도 그 판결에 기한 혼인신고는 할 수 없다(대법원 1991.8.13.자 91스6 결정). 혼인신고를 목적으로 하는 것이 아니라, 현재적 또는 잠재적 법적 분쟁을 일거에 해결하는 유효적절한 수단이 될 수 있으면, 사실혼관계에 있던 당사자 일방이 사망하였더라도, 그 사실혼관계존부확인청구에는 확인의 이익이 인정되고, 이러한 경우에는 검사를 상대방으로 하여 사실혼관계존부확인 청구를 할 수 있다(대법원 1995.3.28. 선고 94므1447 판결).

Ⅳ. 혼인의 무효와 취소

1. 의 의

혼인의 성립요건에 하자가 있어 완전히 유효한 혼인으로 성립되지 않는 경우이다. 유효하게 성립된 혼인이 성립 후의 사유로 해소되는 이혼과 다르다.

2. 혼인의 무효

(1) 원 인

1) 당사자간에 혼인의 합의가 없는 때(§815 i)

'당사자 간에 혼인의 합의가 없는 때'란 당사자 사이에 사회관념상 부부라고 인정되는 정신적 · 육체적 결합을 생기게 할 의사의 합치가 없는 경우를 의미한다. 혼인무효 사건은 가류 가사소송사건으로서 자백에 관한 민사소송법의 규정이 적용되지 않고 법원이 직권으로 사실조사 및 필요한 증거조사를 하여야 하는바(가소 §12, §17), 일방 배우자가 상대방 배우자를 상대로 혼인신고 당시에 진정한 혼인의사가 없었다는 사유를 주장하면서 혼인무효 확인의 소를 제기하는 경우, 가정법원으로서는 직권조사를 통해 혼인의사의 부존재가 합리적 · 객관적 근거에 의하여 뒷받침되는지 판단하여야 한다.

민법은 혼인성립 이전의 단계에서 성립 요건의 흠결로 혼인이 유효하게 성립하지 않은 혼인무효(§815)와 혼인이 성립한 후 발생한 사유로 혼인이 해소되는 이혼(§840)을 구분하여 규정하고 있다. 또한 혼인무효는 이혼의 경우에 비하여 가족관계등록부의 처리 방식이 다르고, 이혼과 달리 혼인무효의 소가 제기되지 않은 상태에서도 유족급여나 상속과 관련된 소송에서 선결문제로 주장할 수 있어 유리한 효과가 부여된다. 따라서 가정법원은 혼인에 이르게 된 동기나 경위 등 여러 사정을 살펴서 당사자들이 처음부터 혼인신고라는 부부로서의 외관만을 만들어 내려고 한 것인지, 아니면 혼인 이후에 혼인을 유지할 의사가 없어지거나 혼인관계의 지속을 포기하게 된 것인지에 대해서 구체적으로 심리 · 판단해야 하고, 상대방 배우자가 혼인을 유지하기 위한 노력을 게을리하였다거나 혼인관계 종료를 의도하는 언행을 하였다는 사정만으로 혼인신고 당시에 혼인의사가 없었다고 단정할 것은 아니다.

- 우리나라 국민이 외국인 배우자에 대하여 혼인의 의사가 없다는 이유로 혼인무효 소송을 제기한 경우, 가정법원은 위 법리에 더하여 통상 외국인 배우자가 자신의 본국에서 그 국가 법령이 정하는 혼인의 성립절차를 마친 후 그에 기하여 우리나라 민법에 따른 혼인신고를 하고, 우리나라 출입국관리법령에 따라 결혼동거 목적의 사증을 발급받아 입국하는 절차를 거쳐 비로소 혼인생활에 이르게 된다는 점, 언어장벽 및 문화와 관습의 차이 등으로 혼인생활의 양상이 다를 가능성이 있는 점을 고려하여 외국인 배우자의 혼인의사 유무를 세심하게 판단할 필요가 있다고 한 사례(대법원 2021.12.10. 선고 2019므11584, 11591 판결).
- 대한민국 국민이 베트남 배우자와 혼인을 할 때에는 대한민국에서 혼인신고를 할 뿐만 아니라 베트남에서 혼인 관련 법령이 정하는 바에 따라 혼인신고 등의 절차를 마치고 혼인증서를 교부받은 후 베트남 배우자가 출입국관리법령에 따라 결혼동거 목적의 사증을 발급받아 대한민국에 입국하여 혼인생활을 하게 되는 경우가 많은데, 이와 같이 대한민국 국민이 베트남 배우자와 혼인을 하기 위해서는 양국 법령에 정해진 여러 절차를 거쳐야 하고 언어 장벽이나 문화와 관습의 차이 등으로 혼인생활의 양상이 다를 가능성이 있기 때문에, 이러한 사정도 감안하여 당사자 사이에 혼인의 합의가 없는지 여부를 세심하게 판단할 필요가 있다고 한 사례(대법원 2022.1.27. 선고 2017므1224 판결).

---

2) 혼인이 제809조 제1항의 규정에 위반한 때(§815 ii)

민법은 8촌 이내의 혈족(친양자의 입양 전의 혈족을 포함한다) 사이에서는 혼인하지 못하도록 규정하면서(§809①), 이 규정에 위반한 혼인은 무효로 규정하였다(§815 ii). 그러나 헌법재판소는 이 무효조항은 헌법에 위반된다고 하여 헌법불합치 결정을 선고하였다(헌법재판소 2022.10.27. 선고 2018헌바115 결정). 그 요지는 다음과 같다. ① 현재 우리나라에는 서로 8촌 이내의 혈족에 해당하는지 여부를 명확하게 확인할 수 있는 신분공시제도가 없으므로 혼인 당사자가 서로 8촌 이내의 혈족임을 우연한 사정에 의하여 사후적으로 확인하게 되는 경우도 있을 수 있다. 그럼에도 현행 가사소송법에 의하면 아무런 예외 없이 일방당사자나 법정대리인 또는 4촌 이내의 친족이 언제든지 혼인무효의 소를 제기할 수 있는데, 이는 당사자나 그 자녀들에게 지나치게 가혹한 결과를 초래할 수 있다. ② 이 사건 무효조항의 입법목적은 근친혼이 가까운 혈족 사이의 신분관계 등에 현저한 혼란을 초래하고 가족제도의 기능을 심각하게 훼손하는 경우에 한정하여 무효로 하더라도 충분히 달성 가능하다. ③ 결국 이 사건 무효조항은 근친혼의 구체적 양상을 살피지 아니한 채 8촌 이내 혈족 사이의 혼인을 일률적 획일적으로 혼인무효사유로 규정하고 혼인관계의 형성과 유지를 신뢰한 당사자나 그 자녀의 법적 지위를 보호하기 위한 예외조항을 두고 있지 않으므로, 입법목적 달성에 필요한 범위를 넘는 과도한 제한으로서 침해의 최소성을 충족하지 못한다.

3) **당사자간에 직계인척관계가 있거나 있었던 때**(§815iii)

4) **당사자간에 양부모계의 직계혈족관계 또는 직계인척관계가 있었던 때**(§815iv)

(2) 혼인무효의 성질

혼인무효가 당연무효인가 형성무효인가에 관하여는 학설이 대립한다. 주로 소송법학에서는 혼인무효사유가 있어도 혼인무효확인의 소가 제기되어 혼인무효 판결이 확정되기까지는 유효이고 판결에 의하여 소급적으로 무효가 된다고 주장한다. 그 논거로서는 ① 가사소송법이 혼인취소의 소와 함께 혼인무효의 소를 가사소송사건으로 규정(전자는 나류, 후자는 가류)하고 그 기판력은 제3자에게도 효력이 있음을 규정하여 형성무효의 취지를 전제로 하고 있으며, ② 신고가 있는 이상 대세적 효력이 있는 판결에 의하여 획일적으로 그 효력이 부인될 때까지는 이를 존중하여 일률적으로 유효한 것으로 보아야 하고, 그렇지 않으면 하나의 혼인이 사건에 따라 유효로도 되고 무효로도 취급될 가능성이 발생하기 때문이라는 점을 들고 있다.

당연무효설은 민법이 혼인의 취소는 소에 의하도록 하고 혼인무효에 관하여는 그러한 규정을 두고 있지 않다는 점을 근거로 한다. 즉 혼인무효는 당연무효로서 혼인무효사유가 있는 경우 혼인무효확인의 소를 제기할 수도 있고, 그러한 소가 제기되지 아니한 상태에서도 이해관계인은 다른 소송에서 선결문제로 혼인무효를 주장할 수도 있다는 것이다. 다수설과 판례의 입장이다.

(3) 혼인무효의 소

따라서 무효인 혼인이 등록부에 기록되어 있는 경우 혼인무효판결이 확정되기 전에도 이해관계인은 다른 소송에서 혼인무효를 주장하여 그것을 당해 소송에서의 주장 근거로 할 수 있고, 일정범위의 사람들은 당해 혼인 자체가 무효라는 사실을 주장하여 혼인무효의 확인을 청구할 수 있다. 이 경우의 청구권자는 당사자 및 그 법정대리인 또는 4촌 이내의 친족이다(가소 §23). 부부의 일방이 소를 제기할 때에는 배우자를 상대방으로 하고, 제3자가 소를 제기할 때에는 부부를 상대방으로 하고 부부 중 일방이 사망한 때에는 그 생존자를 상대방으로 한다. 상대방으로 될 사람이 사망한 경우에는 검사를 상대방으로 한다(동 §24). 무효혼 당사자 일방이 사망하여 혼인관계가 해소된 경우와 마찬가지로 협의이혼으로 혼인관계가 해소된 경우에도 혼인무효확인의 소를 제기할 수 있다(대법원 1978.7.11. 선고 78므7 판결).

- 甲의 친모 乙이 丙과 혼인하여 혼인신고를 마치고 甲을 출생하고 동거하다가 가출하여 타인과 혼인신고까지 마치고 동거하고 있던 중, 甲의 부(父) 丙이 丁과 동거하여 오다가 사망하자, 甲이 乙과 공동상속하게 될 유산 처분 등의 곤란을 회피하고자 허위로 乙의 사망신고를 하고 나서 다시 丙과 丁의 혼인신고를 한 뒤 망부(亡父) 丙의 사망신고를 하였다. 丁이 유산처분을 반대함에 따라 甲이 丁을 공동상속인 지위에서 제거하기 위하여 丁을 상대로 혼인무효의 심판청구를 제기한 경우 이 청구는 용인될 수 있는가?(대법원 1987.4.28. 선고 86므130 판결)

---

(4) 혼인무효의 효과

소급적으로 부부관계가 없었던 것으로 된다. 따라서 그들 사이의 출생자는 혼인 외의 자녀가 된다. 부(父)에 의한 출생신고가 되었다면 인지신고로서의 효력이 인정된다(등록법 §57, 대법원 1971.11.15. 선고 71다1983 판결). 가정법원이 혼인무효의 청구를 인용하는 경우에 부(夫)와 부자관계가 존속되는 미성년자인 자녀가 있는 때에는 부모에게 미성년인 자녀의 친권자로 지정될 사람, 미성년인 자녀에 대한 양육과 면접교섭권에 관하여 미리 협의하도록 권고하여야 한다(가소 §25 ②). 협의할 수 없거나 협의가 이루어지지 않은 경우에는 직권으로 정할 수 있다고 보아야 한다.

부부임을 기초로 한 권리변동도 무효로 된다. 따라서 배우자 일방이 사망한 후 혼인무효로 되면 생존한 배우자는 배우자 상속권을 상실하게 된다. 그러나 소급효의 법리를 엄격하게 적용할 수는 없다. 부부 사이의 협력이나 부양 등을 부당이득법리로만 해결할 수 없고, 무효이더라도 한번 성립한 부부관계는 사실혼이 발생되어 있었던 것으로 해석하여야 할 것이나.

혼인이 무효로 된 경우에 당사자 일방은 과실 있는 상대방에 대하여 이로 인한 손해배상을 청구할 수 있다(§825, §806).

3. 혼인의 취소

(1) 취소의 원인

혼인취소의 원인은 두 가지 유형이다. 하나는 공익적 관점에서의 혼인취소사유로서 제807조부터 제810조(§809 위반의 무효혼에 해당하는 경우는 제외)에 규정된 혼인장애사유가 있는 경우이다. 다른 하나는 사익적 관점에서의 혼인취소사유로서 혼인 당시 당사자 일방에게 혼인생활을 계속할 수 없는 악질 그 밖의 중대한 사유가 있음을 알지 못한 때와 사기 또는 강박으로 인하여 혼인의 의사표시를 한 때이다. 전자의 경우에는 혼인 당사자 외에 친족이나 검사에게도 취소권이 인정된다.

특별한 사정이 없는 한 임신가능 여부는 제816조 제2호의 부부생활을 계속할 수 없는 악질 기타 중대한 사유에 해당한다고 볼 수 없다. 그리고 '혼인을 계속하기 어려운 중대한 사유'에 관한 제840조 제6호의 이혼사유와는 다른 문언내용 등에 비추어 제816조 제2호의 '부부생활을 계속할 수 없는 중대한 사유'는 엄격히 제한하여 해석함으로써 그 인정에 신중을 기하여야 한다(대법원 2015.2.26. 선고 2014므4734, 4741 판결).

당사자가 상대방에게 자신의 학력, 혼인경력, 출산경력 등을 속이고 혼인한 경우, 민법이 혼인의 무효사유와 취소사유를 구별하고 있는 점, 혼인은 무효 또는 취소가 되더라도 원상회복이 불가능하고 특히 무효의 경우 소급효가 인정되는 점에 비추어 혼인의 무효와 취소를 엄격히 제한하여야 하므로, 위 혼인이 그 의사표시의 하자가 중대하고 명백하여 무효라고는 할 수 없고, 다만 제816조 제3호에 의하여 이를 취소할 수 있다(서울가정법원 2006.8.31. 선고 2005드합2103 판결).

제816조 제3호가 규정하는 '사기'에는 혼인의 당사자 일방 또는 제3자가 적극

적으로 허위의 사실을 고지한 경우뿐만 아니라 소극적으로 고지를 하지 않거나 침묵한 경우도 포함된다. 그러나 불고지 또는 침묵의 경우에는 법령, 계약, 관습 또는 조리상 사전에 사정을 고지할 의무가 인정되어야 위법한 기망행위로 볼 수 있다. 따라서 혼인의 당사자 일방 또는 제3자가 출산의 경력을 고지하지 아니한 경우에 그것이 상대방의 혼인의 의사결정에 영향을 미칠 수 있었을 것이라는 사정만을 들어 일률적으로 고지의무를 인정하고 제3호 혼인취소사유에 해당한다고 하여서는 아니 되고, 출산의 경력이나 경위가 알려질 경우 당사자의 명예 또는 사생활 비밀의 본질적 부분이 침해될 우려가 있는지, 사회통념상 당사자나 제3자에게 그에 대한 고지를 기대할 수 있는지와 이를 고지하지 아니한 것이 신의성실 의무에 비추어 비난받을 정도라고 할 수 있는지까지 심리한 다음, 그러한 사정들을 종합적으로 고려하여 신중하게 고지의무의 인정 여부와 위반 여부를 판단함으로써 당사자 일방의 명예 또는 사생활 비밀의 보장과 상대방 당사자의 혼인 의사결정의 자유 사이에 균형과 조화를 도모하여야 한다(대법원 2016.2.18. 선고 2015므654,661 판결).

(2) 취소권자와 취소권의 소멸

1) 적령미달혼

취소권자는 당사자 또는 법정대리인이다(§817 전단). 취소권의 행사기간에 관하여는 규정을 두고 있지 않으나, 제819조를 유추하여 혼인신고시 부모 등의 동의를 얻은 경우에는 혼인적령에 달한 때 또는 20세에 달하거나 혼인 중 포태한 때에는 취소할 수 없다고 보아야 할 것이다.

2) 부모 등의 동의 없는 때

이 경우의 취소권자도 당사자 또는 법정대리인이다(§817 전단). 당사자가 20세에 달한 후 또는 금치산선고의 취소 후 3개월이 경과하거나 혼인 중 포태한 때에는 그 취소를 청구하지 못한다(§819).

3) 무효로 되는 경우를 제외한 근친혼

취소권자는 당사자, 그 직계존속 또는 4촌 이내의 방계혈족이다(§817 후단). 당사자간에 혼인 중 포태한 때에는 그 취소를 청구하지 못한다(§819).

4) 중 혼

취소권자는 중혼자와 그 배우자(전 · 후혼의 배우자), 직계혈족, 4촌 이내의 방계혈족 또는 검사이다(§818). 제소기간에 제한이 없으므로 언제든지 취소할 수 있으나, 권리남용으로 제한되는 경우도 있다. 중혼자의 사망으로 중혼관계가 해소되었더라도 전혼배우자는 생존하는 중혼 당사자의 일방을 상대로 취소청구를 할 수 있다(대법원 1986.6.24. 선고 86므9 판결; 대법원 1991.12.10. 선고 91므535 판결). 그러나 중혼자의 전혼배우자의 사망에 의하여 전혼관계가 해소된 뒤에는 취소할 수 없다고 보아야 할 것이다. 전혼 배우자의 사망에 의해 그 이후의 위법상태가 소멸되었고, 후혼관계의 안정이 고려되어야 하기 때문이다. 또한 후혼이 이혼에 의하여 해소된 경우에도 취소를 인정해야 할 실익은 없다. 혼인취소의 경우에도 재산분할청구권은 인정되기 때문이다.

- 중혼취소에 실질적으로 가장 지대한 이해관계를 가지고 있는 직계비속을 취소청구권자로 규정하지 아니한 개정 전 제818조는 헌법에 위배되는가?(헌법재판소 2010.7.29. 선고 2009헌가8 결정)

5) 악질 그 밖의 중대한 사유가 있음을 알지 못한 때

취소권자는 피해당사자이다. 취소권자가 그 사유 있음을 안 날로부터 6개월을 경과한 때에는 그 취소를 청구하지 못한다(§822).

6) 사기 · 강박에 의한 경우

취소권자는 피해당사자이다. 취소권자가 그 사기를 안 날 또는 강박을 면한 날로부터 3개월을 경과한 때에는 그 취소를 청구하지 못한다(§823).

사기 · 강박자는 배우자가 아닌 제3자도 될 수 있다. 다만, 당사자의 친척이나 중매인의 경우는 지나친 사기 · 강박의 경우에만 취소할 수 있다고 보아야 할 것이다. 왜냐하면 혼인 성립을 위하여 불리한 사실을 감추거나 약간의 허풍과 과장이 있을 수 있기 때문이다.

- 동기의 착오에 의한 혼인은 취소할 수 있는가?

(3) 취소의 방법

혼인의 취소는 가정법원에 청구하여야 한다. 혼인취소의 소는 나류 가사소송 사건이므로 조정전치주의가 적용된다. 그러나 혼인취소는 당사자가 임의로 처분할 수 없는 사항에 속하므로 조정이 성립하여 조정조서가 작성되더라도 이에 기한 신고는 할 수 없고, 판결에 의해서만 신고할 수 있다(등록예규 제170호). 혼인취소의 소는 형성의 소이므로 다른 소의 전제로서 주장될 수 없다. 취소의 판결이 확정될 때까지는 유효한 혼인으로 취급되고 취소판결의 확정에 의하여 비로소 장래를 향하여 혼인관계가 소멸하기 때문이다. 판결의 효력은 제3자에게도 획일적으로 미친다(가소 §21①).

의사결정에 당사자 일방 또는 제3자의 사기 또는 강박 등의 위법행위가 개입되어 그로 인해서 혼인을 하게 된 경우에 당사자가 혼인관계를 해소하고 그로부터 이탈하기 위해서 어떠한 방식을 취할 것인가는 오로지 당사자의 선택에 달려 있다. 즉 혼인취소나 재판상 이혼을 통해 혼인관계를 해소할 수 있고 협의이혼한 경우에도 사기 · 강박을 이유로 한 손해배상을 청구할 수 있다(대법원 1977.1.25. 선고 76다2223 판결).

(4) 취소의 효과

혼인취소에는 소급효가 없다(§824). 따라서 취소의 판결이 확정된 때로부터 장래를 향해서 혼인관계가 해소된다. 배우자 일방이 사망한 후에 혼인이 취소되었을 경우에는 사망한 때에 혼인이 소멸한 것으로 볼 것인가에 대하여는 견해가 대립한다. 판례는 소급효를 인정하지 않는다(대법원 1996.12.23. 선고 95다48308 판결).

자녀의 친생추정은 상실되지 않고 취소시 포태하고 있는 때에도 친생추정이 적용된다. 혼인에 의하여 발생하였던 인척관계는 소멸한다(§775①).

손해배상(§825) 이외에 양육자지정, 면접교섭권(§824의2, 가소 §2① 마류 iii), 친권자지정(§909⑤, 가소 §2① 마류 v), 재산분할청구(가소 §2① 마류 iv), 친권자지정 등의 권고(가소 §25) 등은 이혼의 경우와 동일하다. 장래를 향하여 혼인관계가 해소되는 점에서는 이혼의 효과와 같기 때문이다.

■ 심화학습

- 약혼예물 · 혼수의 법적 성질과 그 반환 여부는?
- 제806조와 가족법상의 손해배상책임에 대하여 논하시오.
- 혼인 외의 남녀관계에 대한 법적 취급은?
- 同性婚(same-sex marriage)은 인정될 수 있는가? 남성에서 여성으로 성전환한 사람이 남성과 혼인할 수 있는가?
- 동거의사의 결여(臨終婚)나 동거불능(사형수나 무기수와의 혼인)의 경우에도 혼인의사의 존재는 긍정될 수 있는가?
- 무효인 혼인에 대한 추인은?

Ⅴ. 혼인의 효과

예습과제

Q1 부부라는 지위에서 발생하는 권리의무에는 어떠한 것들이 있는가?

Q2 법정부부재산제의 개선과제는 무엇인가?

1. 서 설

지금은 부부가 평등하다는 전제하에 혼인의 효과가 논의되나, 이렇게 됨에는 많은 세월이 걸렸다. 민법은 혼인의 효과를 일반적 효과와 재산적 효과로 나누어 규정하고 있으나 정합적이지는 못하다. 일반적 효과에 부부간의 가사대리권과 같은 재산법적 성격의 것을 포함시키고 있기 때문이다. 일상가사대리권을 부부로서의 법적 지위에 따르는 효과로 이해하면, 혼인의 효과는 부부의 지위에 관한 효과와 재산상의 효과로 구분할 수 있다. 부부의 지위에 관한 효과에는 부부간의 동거 · 부양 · 협조의무(§826), 성적 성실의무(이를 인격적 효과라고도 한다), 친족관계의 발생, 성년의제(§826의2), 자녀의 혼인 중의 자녀로서의 신분전환(준정), 상속권(재산상의 효과에서 설명하기도 한다) 등이 있다. 부부간의 가사대리권(§827)은 재산적 효과로 규정하고 있는 일상가사채무의 연대책임(§832)과 연관되어 있기 때문에 여기에서는 재산적 효과에 포함시켜 논하기로 한다. 재산상 효과에는 부부재산제(§829~§831), 일상가사채무의 연대책임, 생활비용(§833) 등이 있다. 다른 법제에서는 부부의 호칭에 관한 사항을 인격적 효과 또는 부부의 지위에 관한 효과에서 논하나, 한국법은 성불변의 원칙을 당연시하여 별도의 규정을 두고 있지 않다.

2. 부부의 지위에 관한 효과

(1) 친족관계의 발생

혼인에 의하여 부부는 배우자라는 친족으로서의 지위를 취득하며, 배우자 일방과 상대방의 혈족 또는 그 배우자와 인척이라는 친족관계가 발생한다. 부부 중 일방이 사망하면 타방은 배우자라는 지위에 근거하여 상속권을 취득하며, 제3자의 불법행위에 의하여 부부 중 일방이 사망하였을 때에는 타방은 위자료청구권을 취득하게 된다.

(2) 동거 · 부양 · 협조의 의무

부부가 동거하며 서로 부양하고 협조해야 함은 상식적으로도 당연하다. 부부간의 동거 · 부양 · 협조의무는 혼인제도의 본질에서 나오는 당연한 요구이기도 하다. 또한 부부간의 동거 · 부양 · 협조의무는 정상적이고 원만한 부부관계의 유지를 위한 광범위한 협력의무를 구체적으로 표현한 것으로서 서로 독립된 별개의 의무가 아니라 불가분의 관계에 있다.

1) 동거의무

통상 동거라 함은 같은 집에서 살며 생활을 함께 함을 말한다. 그러나 단순한 장소적인 의미만을 가지고 파악할 수는 없다. 맞벌이 부부로서 직장이 멀리 떨어져 있어 부득이 별거하는 경우나 혼인 후 부부 중 일방이 외국으로 유학을 떠나는 경우를 두고 동거의무의 불이행이라고 할 수는 없기 때문이다. 정당한 이유로 일시적으로 동거하지 않은 경우에는 서로 인용해야 한다(§826① 단서). 단순히 부양능력이 없다는 이유만으로는 동거청구를 거절할 수 없으나, 입원가료 중이거나 동거하기 어려운 학대행동을 거듭하는 경우 등의 동거청구는 권리남용으로 허용될 수 없다. 혼인파탄 중 또는 이혼절차 중의 동거청구의 경우에는 동거청구를 거절할 수 있는 것으로 해석하여야 할 것이다. 왜냐하면 동거청구권의 보호는 앞으로의 원만한 혼인생활의 보상을 위하여 인정되는 것이기 때문이다.

이처럼 부부간의 동거의무에 대하여는 원만한 부부생활의 유지 향상이라는 목적적 관점에서 탄력적으로 해석해야 한다. 부부가 장소적으로 떨어져 있더라도 혼인생활이 유지된다면 동거는 성립하는 것으로 확대해석할 필요가 있다. 가치관과 인생관이 다양화되고 있는 현실을 감안할 때 물리적 · 육체적 결합보다도 정신적 결합을 더욱 중시하는 결혼도 용인될 수 있어야 할 것이다. 동거의무를 형식적으로 판단해서는 안 된다고 본다. 부부관계, 가정 사정, 별거하게 된 경위 등을 종합적으로 고려하여 당해 부부의 동거의무의 유무와 그 내용을 판단해야 할 것이다.

혼인은 부부의 정신적 · 육체적 · 경제적 결합이고 동거의무는 혼인제도 자체의 본질상의 요구이므로 당사자 사이의 합의로 정한 무기한의 별거는 무효로 해석하는 것이 일반적이다. 그러나 입법례에 따라서는 별거혼을 인정하기도 하고, 동거의무를 명시하지 않기도 한다. 그렇다면 서로 인용해야 할 정당한 이유 있는 일시적 별거가 아니라 신념이나 주의로서 동거를 배제하는 합의가 포함된 결혼(별거결혼)이나 동거의 가능성이 없는 상대방과의 결혼은 무효인가? 기간을 정한 별거에 대한 합의가 있는 결혼은 유효인가?

부부의 동거장소는 부부의 협의에 따라 정해진다(§826②). 1990년 민법 개정 전에는 습속상의 가취제(嫁娶制)를 반영하여 부부의 동거장소는 부(夫)의 주소나 거소였다. 현행법은 이러한 가취제의 원칙을 수정한 것이다. 동거장소에 관하여 부부 사이에 협의가 이루어지지 않은 경우에는 당사자의 청구에 의하여 가정법원이 이를 정하게 된다(동 단서).

동거장소에 관한 다툼 외에도 정당한 이유 없이 동거를 거절하는 경우의 동거청구는 마류 가사비송사건으로 조정전치주의의 적용 대상이다. 조정에 의하여 해결이 안되면 심판으로 넘어간다. 동거에 관한 심판은 동거의무의 존재를 전제로 하여 동거장소, 동거의무의 구체적인 내용을 정하는 형성처분에 속한다. 가정법원은 이혼 의사의 유무나 강약, 혼인파탄의 정도, 동거를 명할 경우의 이행 가능성, 부부와 자녀의 공동생활에 관한 일체의 사정을 고려하여 동거해야 할 장소, 시기, 동거의 구체적 모습 등을 결정하게 된다.

동거에 관한 가정법원의 처분에 대하여 의무자가 불응하더라도 직접강제는 허용될 수 없고 간접강제도 인정되지 않는다. 동거의무는 성질상 간접강제에도 적합하지 않기 때문이다. 재판을 통하여 소구할 수 있다는 점에서 자연채무와는 다르나 법적 구속력은 약하다. 다만 동거를 명하는 심판에도 불구하고 계속 별거할 경우에는 '악의의 유기'에 해당되어 재판상 이혼을 청구할 수 있을 것이다. 또한 부부의 일방이 정단한 이유 없이 동거청구를 거부하면서 상대방에게 부양을 청구하는 것은 허용되지 않는다(대법원 1991.12.10. 선고 91므245 판결). 그러한 점에서는 법적 의의가 있다.

- A와 B는 1남 1녀를 둔 법률상의 부부이나 서로 사이가 좋지 않아 B가 부부싸움을 한 후 A 및 자녀와 함께 거주하던 집에서 나왔다. 그 후 B는 몇 차례 집에 들르기도 하였으나 현재는 부모의 집에서 거주하고 있다. B는 A를 상대로 B와 A의 이혼, A의 B에 대한 위자료의 지급, 자녀의 친권행사자 및 양육자로 B를 지정하여 줄 것 등을 구하는 이혼심판 등 소송을 제기하였고, 이에 대응하여 A는 B를 상대로 자녀의 양육비를 포함한 부양료로 월 1,500만 원씩을 지급할 것을 구하는 반소를 제기하였다. 이에 대하여 법원은 B의 본소청구를 모두 기각하는 한편, B에 대하여 A에게 A와 B 사이의 혼인이 해소될 때까지 월 5백만 원씩을 매월 말일에 지급할 것을 명하는 내용의 A의 반소청구를 일부 인용하는 판결을 선고하였고 이 제1심판결은 그대로 확정되었다.
  A는 B가 이 판결에도 불구하고 부부로서의 동거의무를 위반하고 있음을 이유로 A와 B 사이의 동거에 관하여 적당한 처분을 내려 줄 것을 구하는 동거심판청구를 하였다. 위 심판절차에서 동거에 관한 조정이 성립되었다. B가 이를 이행하지 아니할 경우 A는 조정상의 동거의무 내지 협력의무 불이행으로 인한 정신적 손해의 배상을 청구할 수 있는가?(대법원 2009.7.23. 선고 2009다32454 판결)

---

2) **부양의무**

부부로서의 공동관계를 재산적 측면에서 규정한 의무이다. 즉 상대방에게 자기와 동일한 수준의 생활을 보장해 주어야 할 의무 이른바 생활유지적 부양의무이다. 그 실현은 주로 부부재산계약이나 생활비용분담을 통해서 이루어진다. 제826조 제1항이 정하는 부양의무와 제833조가 정하는 생활비용의 분담의무와의 관계에 대하여는 양자는 실질적으로 동일한 사항을 정하고 있는 것으로 이해한다. 즉 제826조 제1항은 부부간의 부양 · 협조의무의 근거를, 제833조는 위 부양 · 협조의무 이행의 구체적인 기준을 제시한 조항이다. 가사소송법도 제2조 제1항 제2호의 가사비송사건 중 마류 1호로 '제826조 및 제833조에 따른 부부의 동거 · 부양 · 협조 또는 생활비용의 부담에 관한 처분'을 두어 위 제826조에 따른 처분과 제833조에 따른 처분을 같은 심판사항으로 규정하고 있다. 따라서 제833조에 의한 생활비용청구가 제826조와는 무관한 별개의 청구원인에 기한 청구라고 볼 수는 없다. 따라서 이 부양의무의 범주에는 미성숙자녀에 대한 부양의무가 포함된다(대법원 2017.8.25.자 2017스5 결정). 부양의무의 정도는 상호의 직업, 자산 등 구체적인 사정에 따라 결정되어야 한다. 물론 논리적으로는 부부간의 부양의무는 혼인의 일반적 효력에 속하고, 생활비용의 분담의무는 법정부부재산제의 한 내용으로서 부부재산계약이 없는 경우의 부부공동생활비용의 분담에 관한 규정이므로 양자는 그 기능과 목적이 다르다.

정당한 이유 없이 상대방이 부양을 거절할 때에는 부양청구심판을 청구할 수 있다(가소 §2① 마류 i). 부양의무위반이 악의의 유기로 판단될 때에는 이혼청구사유가 된다.

- 부부 사이의 과거의 부양료 청구는 인정되는가?(대법원 2008.6.12.자 2005스50 결정) **참고판례** 대법원 1994.5.13.자 92스21 전원합의체 결정
- 혼인이 사실상 파탄되어 부부가 별거하면서 서로 이혼소송을 제기하는 경우, 이혼을 명한 판결의 확정 등으로 법률상 혼인관계가 완전히 해소될 때까지 부부간 부양의무는 소멸하지 않는가?(대법원 2023.3.24.자 2022스771 결정)

---

3) 협조의무

부부로서의 공동관계를 인격적 측면에서 규정한 의무이다. 혼인생활은 하나의 분업이므로 협조의무는 부부관계를 원만하게 유지하기 위한 불가결의 요소이다. 전통적으로 부(夫)는 공동생활의 재정적 기초를 마련하고 처는 가사를 돌보고 자녀를 보육하는 것을 부부 각자의 직분으로 생각해 왔으나, 협조의 구체적 내용과 모습은 부부에 따라 다를 수밖에 없다. 법규정상으로는 상대방의 협조의무의 이행을 가정법원에 청구할 수 있다. 그러나 심판으로 상대방의 협조의무의 이행으로서 식사 준비나 세탁과 같은 특정행위를 청구하는 것은 현실적이지 않다. 그러한 상황이라면 부부관계는 이미 파탄되어 있다고 해야 할 것이다. 협조의무는 이념적 색채가 강한 의무라 할 수 있다. 다만 협조의 거부가 계속된다면 '혼인을 계속하기 어려운 중대한 사유'에 해당되어 재판상 이혼을 청구할 수 있을 것이다. 이러한 점에서는 법적 의미가 있다.

문제는 부(夫)의 사실상의 권력의 그늘 속에 전업주부의 협조가 무시되기 쉬운 데 있다. 때문에 부부공동생활 중에 취득한 재산은 공유로 하여야 한다는 논리(이른바 내조의 공)가 나오며, 혼인관계해소시에는 재산분할이나 상속 또는 기여분 제도에 의하여 협조분이 평가되어야 한다(이혼시의 재산분할청구권, 배우자상속권의 근거).

(3) 성적 성실의무

넓은 뜻에서 협조의무에는 성적 성실의무가 포함되어 있다. 민법에는 성적 성실의무를 명문으로 직접 규정하지 않으나, 부정행위(不貞行爲)를 이혼원인의 하나로 규정하여 이를 간접적으로 규정하고 있다. 성적 성실의무는 도덕적으로도 당연한 혼인의 효과라 할 수 있다. 법적 효과로서도 성적 성실의무위반이 이혼원인으로 될 뿐만 아니라, 배우자는 부정행위의 상대방에 대하여 위자료를 청구할 수 있다. 부정행위의 상대방은 타방 배우자의 부 또는 처로서의 권리 즉 성적 성실의무의 이행을 청구할 수 있는 권리를 침해한 것이 된다. 다만, 배우자가 자유의사로 성적 성실의무를 위반한 경우에 부정행위의 상대방에게 불법행위책임을 부담하게 함은 외도한 배우자의 책임을 제3자에게 전가하는 것은 아닌지 의문이다.

- 부부가 아직 이혼하지 아니하였지만 실질적으로 부부공동생활이 파탄되어 회복할 수 없을 정도의 상태에 이른 경우, 제3자가 부부의 일방과 한 성적인 행위는 배우자에 대하여 불법행위를 구성하는가? 이러한 법률관계는 재판상 이혼청구가 계속 중에 있다거나 재판상 이혼이 청구되지 않은 상태라고 하더라도 마찬가지인가?(대법원 2014.11.20. 선고 2011므2997 전원합의체 판결)

(4) 성년의제

미성년자가 혼인을 한 때에는 성년자로 본다(§826의2). 그 근거는 다음과 같은 두 가지 점을 들 수 있다. 첫째는 결혼하여 독립된 가정을 꾸리게 된 것은 정신적으로 성숙되어 성년자와 동일시할 만하고, 미성년자가 혼인할 때에 부모의 동의를 얻도록 한 것은 정신적 성숙을 보증하였음을 의미한다. 둘째는 혼인생활의 독립성을 보장하기 위해서이다. 결혼하였음에도 불구하고 계속 미성년으로 남게 되면 가정생활에 필요한 계약을 체결할 때에도 법정대리인의 동의가 있어야 한다.

성년의제는 행위능력에 관한 의제로서 그 효과는 사법상의 생활영역에 한정된다. 친권과 미성년후견은 종료되고 후견인 · 유언의 증인 · 유언집행자 등 개별적으로 성년자일 것을 요건으로 하고 있는 규정에서도 성년자로 취급된다. 그러나 육체적으로도 성년자로 보는 것은 아니므로, 생물학상 미성년자임을 고려하여 제정된 법률과의 관계에서는 여전히 미성년자로 취급된다.

미성년자의 혼인이 해소된 경우 성년의제의 효과는 종료되는가? 성년의제의 근거를 무엇으로 보느냐에 따라 학설은 대립한다. 다수설은 성년의제가 계속되는 것으로 해석한다.

3. 부부간의 재산관계

혼인의 결과로서 부부 사이의 재산관계에 대하여도 일반적인 관계와는 다른 효과가 주어지며, 일반원칙도 수정된다. 부부 사의의 재산문제로는 자녀양육을 포함한 생활비용의 분담, 일상적인 가사의 처리, 재산의 귀속과 관리 등이 있다. 이러한 문제들이 어떻게 취급되는가는 부부 사이는 물론 제3자와의 관계에서도 이해관계가 크다.

민법은 이러한 부부의 재산관계를 부부가 계약으로 정할 수 있다고 하는 한편(부부재산계약), 부부의 이러한 계약이 없거나 불완전한 경우에는 법정된 재산제(법정재산제)로 보충하고 있다(§829①). 그런데 부부재산계약제도는 서구에서 발달된 제도로서 우리에게 친숙하지 않으며 여러 제약이 가해져 거의 이용되지 않고 있는 실정이다. 서구에서도 그 이용도는 높지 아니한 편이다.

부부재산계약제도의 이용이 극히 저조한 까닭에 부부 사이의 재산관계에 대하여는 대부분 법정부부재산제가 적용되고 있다. 법정부부재산제를 어떠한 입장에서 규율하여야 부부간의 실질적 평등이 실현될 수 있는가의 여부가 좌우된다.

법정부부재산관계는 여성의 사회적 지위의 변천과 경제사정의 변화에 따라 여러 가지 추이를 보여 왔다. 한국은 오랫동안 관리공통제를 취해 왔고 현행법은 별산제의 원리를 채택하고 있다. 비교법적으로 볼 때, 대부분의 법제가 혼인 중에는 별산제의 원리를 따르나 혼인해소시에는 실질에 맞게 청산하는 절차를 두고 있으며, 그 형태는 매우 다양하다. 독일의 잉여공동제(Zugewinngemeinschaft), 프랑스의 소득에 제한된 공동제(communauté réduite aux acquêrs), 스웨덴의 소득참여제, 네덜란드의 일반공동제 등이 그 대표적인 예이다.

(1) 부부재산계약

1) 의 의

부부간의 재산관계를 규율할 목적으로 혼인하고자 하는 당사자간에 체결되는 계약(§829)을 말한다. 영미법상의 Marriage Settlement에 해당한다.

민법은 제830조 이하에서 법정재산제를 규율하고 있으므로 부부는 반드시 계약을 체결하여야 할 의무는 없다. 그러나 당사자가 이 법정재산제를 불편하다고 생각할 때 이를 체결할 수 있으나, 전술한 바와 같이 한국에서는 거의 이용되지 않는 제도이다.

체결은 반드시 혼인성립 전 즉 혼인신고 전에 하여야 한다. 혼인을 목전에 둔 당사자가 부부재산계약을 체결할 필요를 느끼더라도 주저하게 될 가능성은 많다. 이용을 제약하는 이유 중의 하나이다. 오히려 혼인 중에 부부재산계약을 체결할 필요성이 큰 경우도 많다.

체결을 위해 필요한 능력의 정도에 관해서는 견해가 대립한다. 혼인체결능력 즉 의사능력이 있으면 족하다는 견해와 부부재산계약도 재산법상의 계약에 해당하므로 행위능력이 요구된다는 견해가 그것이다. 행위능력이 필요하다는 입장은 미성년자가 부모 등의 동의를 얻어 혼인할 경우이다. 부모의 혼인에 관한 동의가 있다면 따로 부부재산계약체결에 관한 동의가 요구된다고 볼 필요는 없다고 본다.

부부재산계약이 체결되었음을 제3자에게 대항하기 위해서는 혼인성립시에 등기하여야 한다(§829④). 등기에 의하여 부부재산계약의 존재와 내용을 명백히 함으로써 거래의 안전을 도모하고 부부 중 일방이 사망한 경우 상속인 간의 분쟁을 예방하기 위해서이다. 부부재산약정의 등기는 부(夫)가 될 자의 주소지를 관할하는 지방법원, 그 지원 또는 등기소에 약정자 쌍방이 신청하여야 한다(비송 §68, §70 본문). 부부재산계약은 서면에 의하지 않더라도 무방하나, 등기를 신청할 때에는 약정서를 첨부하여야 한다(부부재산약정등기규칙 제3조 제1호). 부부재산약정등기부도 부동산등기와 마찬가지로 전산정보처리조직에 의하여 편성되어 법원행정처 중앙관리소에 보관 · 관리된다.

부부재산계약은 혼인성립 전에 체결되어야 하나 효력은 혼인성립 후에 발생한다. 혼인이 종료되면 그때부터 효력을 잃는다. 혼인에 종된 계약으로서 타인에 의한 대리는 허용되지 않고 원칙적으로 조건과 기한을 붙일 수 없다.

2) 내 용

어떠한 내용의 계약도 무방하다. 그러나 계약의 일반적 제약원리인 제2조(신의성실)나 제103조(반사회질서의 법률행위), 제104조(불공정한 법률행위)에 위반되어서는 안 된다. 따라서 혼인제도의 본질적 요구에 반하는 내용이 포함된 계약은 무효로 된다. 부부재산계약에 부부 사이의 재산에 관한 사항과 무관한 내용이 포함되는 사례도 있으나, 그에 대한 계약으로서의 구속력은 인정되지 않는다. 입법론으로서는 부부재산제의 일정유형 중에서 당사자가 선택할 수 있도록 하는 방안이 제안되고 있다.

3) 변 경

부부재산계약이 체결되면 사기나 강박에 의하여 취소되거나 혼인관계의 소멸로 자동 종료되는 경우를 제외하고는 혼인 중 변경할 수 없는 것이 원칙이다(§829②). 그 이유는 혼인 중의 변경을 허용하면 계약 조항을 신뢰하여 거래한 제3자에게 불이익을 줄 우려가 있고 부부 중 일방 특히 부(夫)에 의한 일방적 변경 가능성이 있기 때문이다. 그러나 정당한 사유가 있는 때에는 가정법원의 허가를 얻어 변경할 수 있다(위 단서). 예컨대 부부재산계약으로 자기 소유의 재산관리를 상대방에게 위임하고 있는 경우 재산관리를 맡은 배우자의 부적당한 관리로 인하여 그 재산을 위태하게 한 때에는 다른 일방은 자기가 관리할 것을 가정법원에 청구할 수 있고, 그 재산이 부부의 공유인 때에는 그 분할을 청구할 수 있다(§829③). 재산관리자의 변경 또는 공유물 분할을 위한 처분은 마류 가사비송사건으로 조정이 선행된다. 가정법원이 이 청구를 인용하여 재산관리권을 이전하게 하거나 분할을 하게 하면 그 부분에 대한 부부재산계약은 변경되는 것이다. 또한 부부재산계약으로 미리 관리자의 변경이나 공유재산의 분할에 대하여 약정하는 것도 가능하다. 부부재산계약이 변경된 때에도 등기하여야 부부의 승계인 또는 제3자에게 대항할 수 있다(§829⑤).

(2) 법정재산제

1) 부부재산의 귀속과 관리

부부의 일방이 혼인 전부터 가진 고유재산과 혼인 중 자기명의로 취득한 재산은 각자의 특유재산에 속하며(§830①), 부부는 그 특유재산을 각자 관리, 사용, 수익한다(§831). 이른바 별산제이다. 부부의 누구에게 속한 것인지가 분명하지 아니한 재산은 부부의 공유로 추정된다(§830②). 이를 문자 그대로 적용할 경우에는 전업주부의 가사노동이 재산의 귀속에 반영될 가능성은 크지 않다. 혼인 중 취득하게 되는 재산 대부분이 부(夫) 명의로 취득되는 것이 현실이고, 그 재산은 명의자의 특유재산으로 되기 때문이다. 이와 같은 불합리는 재산분할청구권과 배우자 상속권을 통하여 어느 정도 조정되고 있으나, 보다 직접적으로 부부재산의 귀속이라는 측면에서 해결되어야 한다는 해석론이 주장되고 있다.

그 하나가 공유제적 해석론(종류별 귀속설)이다. 이 견해는 부부재산을 ① 명실 공히 부부 각자의 소유로 되는 재산(고유재산, 혼인 중 부부의 일방이 상속한 재산이나 제3자로부터 증여받은 재산, 일방의 전용품 등), ② 명실 공히 부부의 공유에 속하는 재산(공동생활에 필요한 가재와 가구 등), ③ 명의상으로는 부부 일방의 소유이지만 실질적으로는 부부의 공유에 속하는 재산으로 구분한다. 이는 대외적으로는 명의자의 특유재산으로 취급되나 내부적으로는 공유로 된다. 따라서 혼인 중 자기 명의로 취득한 재산은 단순히 명의뿐만 아니라 대가와 실질에서도 자기 소유인 것을 증명하지 못하면 특유재산으로 되지 않는다. 따라서 대외적으로 추정을 받는 데 불과하게 되며, 다른 일방의 반증으로 이 추정은 번복된다고 한다.

다른 견해는 부부 일방의 명의라 하여도 당사자 쌍방의 협력을 통하여 이룩한 재산은 제830조 제2항의 적용을 받는 부부의 공유재산에 속하며, 법률의 규정에 의한 물권변동에 해당되는 것으로 보자는 입장이다. 현재적 공유제론이라 할 수 있다.

판례는 부부의 일방이 혼인 중에 자기명의로 취득한 재산은 그 명의자의 특유재산으로 추정되나 실질적으로 다른 일방 또는 쌍방이 그 재산의 대가를 부담하여 취득한 것이 증명된 때에는 특유재산의 추정은 번복되어 다른 일방의 소유이거나 쌍방의 공유라고 보아야 할 것이나, 상대방의 협력이 있었다거나 혼인생활에 있어 내조의 공이 있었다는 것만으로는 위 추정을 번복할 수 있는 사유가 되지 못한다는 입장이다(대법원 2007.4.26. 선고 2006다79704 판결; 대법원 2007.8.28.자

2006스3, 4 결정).

2) 공동생활비용의 부담

부부의 공동생활에 필요한 비용은 특별한 약정이 없으면 부부가 공동으로 부담한다(§833). 1990년 개정 전 민법은 처의 무능력과 처의 재산도 부(夫)의 관리하에 있음을 전제로 하여 특별한 약정이 없으면 부(夫)가 부담한다고 규정하였다. 이를 부부평등의 원칙에 따라 개정한 것이다. 부부 사이의 부양 · 협조의무를 비용의 부담이라는 관점에서 정한 규정이기도 하다. 비용의 부담이라 하여 금전급부에 한정되는 것은 아니다. 부부 중 일방이 생활비를 부담하고 타방이 가사를 책임지는 것도 부담의 한 방법이다. 부담에 대한 협의가 이루어지지 않거나 협의할 수 없는 때에는 가정법원의 조정 · 심판에 의하여 정해진다(가소 §2① 마류 i). 생활비용의 지급을 명하는 심판은 집행권원이 된다(가소 §41).

공동생활비용이라 함은 부부가 가정을 꾸려나가는 데 필요한 일체의 비용, 즉 부부와 미성숙자녀의 가정생활상에 필요한 모든 비용을 말한다. 가정생활은 재산, 수입, 사회적 지위에 걸맞는 통상의 생활을 뜻한다. 구체적으로 보면 의식주비용, 자녀출산비, 의료비, 자녀양육비, 오락 · 문화비, 교육비 등이다. 미성숙자녀는 미성년자녀보다 더 어린 자녀를 가리키나, 성년자녀라 할지라도 독립생계유지능력이 없는 때에는 미성숙자녀에 포함시켜야 한다.

공동생활비용의 부담의무는 동거 · 부양 · 협조의무와 마찬가지로 부부관계가 원만할 때에는 문제되지 않는다. 부부관계가 파탄되어 별거하고 있는 때에도 각자가 경제적으로 독립하여 상대방의 도움 없이 생활할 수 있는 경우에는 문제되지 않는다. 일방이 자기의 자력이나 근로에 의하여 생활을 유지할 수 없는 경우라야 그 이행의 문제가 대두되기 마련이다. 그런데 별거로 인하여 부부의 공동생활 자체가 존재하지 않게 되므로 공동생활비용의 부담은 문제될 여지가 없는 것처럼 보이기도 한다. 그러나 일단 법적인 혼인관계가 형성되고 그것이 법적으로 계속되는 한, 혼인의 법적 효과 또한 계속되며 법률상의 의무로서의 부양의무도 존속하는 것으로 보아야 할 것이다. 별거 중에도 동거하고 있는 때와 같은 정도의 생활비용의 부담의무가 있는 것으로 해석된다(통설). 다만 일방에 대한 부담청구를 인정하는 것은 경우에 따라 불공평한 결과를 가져오기도 한다. 대법원 1991. 12.10. 선고 91므245 판결에서와 같이, 정당한 이유 없이 동거를 거부하고 자신의 협조의무를 다하지 않은 경우에는 생활비용의 부담청구가 인정되지 않는다고 보아야 할 것이다. 별거가 생활비용의 부담을 청구하는 사람의 귀책사유에 기한 경우 곧 유책자로부터의 청구도 인정되지 않는다고 본다. 그러나 자녀에 대한 양육비 · 교육비는 지급하여야 한다. 자녀양육에 관한 공동생활비용의 부담의무는 부모의 별거 · 유책성 유무와는 관계없이 존속하기 때문이다.

부부 사이의 과거의 부양료청구에 대한 판례의 입장을 따른다면 과거의 생활비용의 청구도 부정될 것이나, 재고할 필요가 있다.

3) 일상가사채무에 대한 연대책임과 일상가사대리권

부부의 일방이 일상의 가사에 관하여 제3자와 법률행위를 한 때에는 다른 일방도 이로 인한 채무에 대하여 연대책임을 진다(§832 본문). 그러나 이미 제3자에게 다른 일방의 책임 없음을 명시한 때에는 그러하지 않다(위 단서). 혼인생활이 부부 공동에 의하여 이루어지며 그에 수반되는 채무도 공동의 책임으로 해야 할 것이라는 점을 고려하고, 상대방도 일상가사에 관한 거래에 대해서는 부부 쌍방을 상대방으로 생각하여 거래하는 것이 통상이므로 제3자의 이러한 신뢰를 보호하기 위하여 둔 규정이다.

일상의 가사라 함은 미성숙자녀를 포함한 부부공동생활을 유지하기 위하여 통상 처리됨을 필요로 하는 사항을 말한다. 구체적 범위는 해당 부부의 직업, 사회적 지위, 자산, 수입, 거래 내용에 따라 정해진다. 그러나 보통 이 범위에 들어가는 것으로는 쌀 · 연탄 · 의복 등 일용품의 구입, 보건 · 의료 · 교육 · 교제 · 오락으로 인한 채무이고 어음의 발행, 은행대출 등은 제외된다. 다만 금전차용행위가 부부공동체의 유지에 필수적인 주거공간을 마련하기 위한 것인 때에는 일상가사에 속한다(대법원 1997.11.28. 선고 97다31229 판결; 대법원 1999.3.9. 선고 98다46877 판결).

일상가사에 관하여 부부는 서로 대리권이 있음(§827①)을 전제로 하여 일상가사채무에 대한 부부의 연대책임이 인정되는 것으로 이해하는 것이 일반적이다. 일상가사대리권은 게르만법상의 열쇠의 권능(Schlüsselgewalt)에서 유래한다. 즉 부(夫)가 부부공동체의 대표자로서 재산을 관리하고 처를 감독 · 지휘하며 일상의 가사를 담당하는 무산의 처에게 가사를 처리할 권한을 부여할 필요에서 비롯한다. 처의 무책주의 · 무자력을 전제로 한다.

일상가사대리권을 법정대리가 아니라 대표로 보는 견해도 있다. 가족공동체는 법인이 아니나 일상가사로 인하여 발생한 채무에 대해서 부부가 연대책임을 지는 점을 고려할 때 일종의 대표로 보자는 견해이나. 법정대리로 보더라도 현명주의는 엄격하게 요구되지 않는다고 한다.

일상가사에 관한 법률행위의 효과는 누구의 명의로 행해지든 부부 쌍방에게 귀속되고 그 법률행위로부터 발생한 채무에 대해서 연대책임을 지며 발생한 권리도 공동으로 취득하게 된다. 일상가사대리권은 제한될 수 있으나, 그 제한을 가지고 선의의 제3자에게 대항하지 못한다(§827②).

부부 중 일방의 일상가사의 범위를 넘는 법률행위에 대해서 표현대리의 성립을 긍정할 수 있는가? 통설과 판례는 일상가사대리권을 기본대리권으로 하여 권한을 넘은 표현대리의 성립을 긍정하나, 표현대리로 인정된 사례는 드물다.

일반적인 해결책으로는 일상가사의 범위 내의 것에 대하여는 연대책임을 지며, 주관적 · 구체적 범위(부부측에서 본 당해 가족공동체의 구체적 · 개별적 일상가사의 범위)를 넘고 객관적 · 추상적 범위(거래의 상대방으로부터 본 사회통념에 기초한 일반적 · 추상적인 일상가사의 범위) 내의 것에 대하여는 제126조의 표현대리의 성립을 인정할 수 있을 것이나, 객관적 · 추상적 범위도 넘는 것은 무권대리로 처리하자는 것이다. 그러나 이 경우에도 대리권수여라는 특별한 사정이 있을 때에는 일반대리이론을 적용하여 표현대리성립이 긍정될 수 있다(대법원 1981.6.23. 선고 80다609 판결; 대법원 1995.12.22. 선고 94다45098 판결).

부부 사이에 특별한 사정(예; 의식불명 상태로 장기간 입원하고 있는 경우)이 있을 때에는 비상의 가사처리권이 있는 것으로 보고, 객관적 일상가사대리권의 범위를 확대해서 표현대리의 원리를 적용해야 한다는 설이 있다. 어떠한 경우가 비상인지를 확정하기가 곤란하다. 일상가사의 의미를 신축적으로 해석하는 방안이 모색되어야 할 필요가 있다. 판례의 입장도 부정적이다(대법원 2000.12.8. 선고 99다37856 판결).

VI. 사실혼의 보호

예습과제

Q1 사실혼을 보호할 필요가 있는가?

1. 서 설

사실혼이란 부부로서의 사회적 실체가 존재함에도 불구하고 혼인신고를 하지 않아 법률적으로는 부부로서의 신분관계가 없는 것을 말한다. 혼인신고를 혼인의 성립요건으로 하고 있는 이상 부부로서의 실체가 있음에도 신고하지 않은 경우가 발생할 수밖에 없다. 혼인신고에 대하여 효력요건설을 취할 때에는 사실혼은 혼인에 속한다.

부부로서의 실체라 함은 첩관계나 일시적 사통, 동거(cohabitation)와는 다르다. 과거에는 결혼식을 거행하고 혼인생활을 시작하였음에도 사실상 · 제도상의 이유로 혼인신고를 하지 않는 경우가 많았다. 현재에는 그와 같은 외부적인 요인에서보다는 의식적으로 혼인신고를 기피하는 경우가 늘어가고 있다. 전자를 전통적 사실혼, 후자를 현대적 사실혼이라고도 한다.

사실혼의 발생은 혼인장애사유가 넓은 곳에서는 더욱 많이 발생한다. 이러한 점에서 사실혼은 보호되어야 한다. 그러나 현행법제가 법률혼주의를 취하는 한 그 전면적인 보호는 불가능하다. 판례는 초기에 사실혼을 '혼인예약'으로 표현하였으나, 최근에는 '준혼관계'로 이해하고 있다. 따라서 부당파기의 경우 예약불이행에 기한 채무불이행책임뿐만 아니라 불법행위에 기한 손해배상책임도 인정한다.

2. 사실혼의 성립

부부로서의 합의(혼인의사의 합치)와 그 실현으로서의 생활공동체가 필요하다.

사실혼의 성립에서 문제가 되는 것은 ① 공연성이 필요한가, ② 혼인장애가 사실혼장애로 되는가에 관한 것이다.

(1) 공 연 성

생활공동체는 곧 공연성을 뜻하므로 별도의 공연성을 필요로 하지 않는다. 생활공동체가 아직 형성되기 전이 문제이나, 이때에는 사실혼과 사통과의 구별이 모호하지만, 결국 실질적으로 보호할 가치있는 관계인가 아닌가가 판단의 기준이 된다.

(2) 혼인장애

학설은 나뉜다. 제1설은 혼인장애는 사실혼장애가 될 수 없다고 본다. 왜냐하면 혼인에서도 신고가 수리되면 취소혼은 성립되기 때문이다. 제2설은 혼인장애는 사실혼장애가 된다고 해석한다. 왜냐하면 혼인에서도 혼인장애가 있으면 혼인신고는 수리되지 않기 때문이다. 이에 따르면 혼인장애 있는 사실혼은 사실혼으로서의 보호를 받을 수 없어 제3자에게 불측의 손해를 입힌다. 여기에서 통설은 사유에 따라 상대적으로 판단한다. 시간의 경과로 자동 치유되는 혼인장애(적령, 부모 등의 동의)는 사실혼 성립을 방해하지 않으나 중혼과 근친혼에 대해서는 논란의 여지가 있다.

- 甲은 乙과 결혼식을 올리고 혼인신고를 마쳤으나 乙이 집을 나가 행방불명되자 丙과 동거하며 사실상의 혼인관계를 유지하고 있던 중 丙은 A보험회사와 부부운전자한정운전 특별약관부 자동차보험계약을 체결하였다. 이 보험계약의 특별약관에는 기명보험자의 배우자는 법률상의 배우자 또는 사실혼관계에 있는 배우자를 말한다고 규정되어 있다. 피보험자동차를 운행하던 중 교통사고를 일으킨 甲이 A보험회사에 위 약관에 따른 보험금지급을 요구한 데 대하여, A보험회사는 甲이 중혼적 사실혼 관계에 있는 배우자임을 내세워 보험금지급을 거절할 수 있는가?(대법원 2009.12.24. 선고 2009다64161 판결)
- 甲은 법률상 혼인관계에 있는 배우자 乙과 40년 가까이 별거하고 그 기간 동안 丙과 사실상의 혼인관계를 유지해 왔다. 별거기간 동안 甲은 乙에 대하여 어떠한 경제적 도움이나 부양도 주지 않았고, 乙도 甲과 丙 사이에 아이를 낳고 동거하는 것에 대해 이의를 제기하지 않았을 뿐더러, 甲으로부터 그 어떠한 경제적 도움도 제공받지 않고 독립적으로 생활해 왔다. 다만 호적상 이혼신고까지 하는 것은 원치 않아서 호적상 혼인관계를 정리하지 않고 그대로 두었을 뿐이었다. 공무원에서 퇴직한 후 甲은

乙과의 이혼신고 및 丙과의 혼인신고를 하였다. 甲이 사망한 경우 乙·丙 중 누가 공무원연금법상의 유족연금의 수급권자에 해당하는가?(서울행정법원 2007.10.24. 선고 2007구합18246 판결)

- 甲과 乙은 혼인한 부부였다. 甲이 공무원으로 재직하던 중 乙이 사망하자 甲의 처제 丙이 조카들을 돌보고 살림을 도와주다가 甲과 丙은 부부관계를 맺고 동거에 들어갔다. 이후 甲은 부부동반 모임에 병과 함께 참석하고 주위 사람들에게 丙을 甲의 부인으로 소개하는 등 부부로서의 실체를 갖추고 있었다. 甲이 사망하였을 때 丙은 공무원연금법상의 유족연금 수급권자로 될 수 있는가?(대법원 2010.11.25. 선고 2010두14091)

3. 효 과

주로 혼인의 효과 중 어떠한 것이 준용되는가에 관한 문제이다.

생활공동체의 존재를 전제로 하는 것과 제3자에게 영향을 미치지 않는 효과는 준용된다. 그러나 혼인신고를 전제로 획일적으로 인정되는 효과나 제3자에게 영향을 미치는 것은 준용되지 않는다. 따라서 구체적으로 보면 혼인의 효과 중 재산적 효과와 동거·부양·협조의무는 사실혼에 준용되며 성년의제, 인척관계, 친생추정, 배우자상속권 등은 준용되지 않는다.

그 밖에 특별법 특히 사회보장법제에서는 사실상의 배우자를 법률상의 배우자로 취급하는 규정을 두어 보호하고 있다. 또한 주택임대차보호법은 사실혼 배우자의 거주권을 보호하기 위한 특례를 규정한다.

4. 사실상혼인관계존재확인청구

사실혼관계에 있으면서도 당사자 중 일방이 혼인신고에 협력하지 않은 경우에는, 사실상혼인관계존재확인의 판결을 통하여 일방적으로 혼인신고를 할 수 있다. 즉 사실상혼인관계존재확인의 재판이 확정된 경우에는 소를 제기한 사람은 재판의 확정일로부터 1개월 이내에 재판서의 등본 및 확정증명서를 첨부하여 혼인신고를 하여야 한다(등록법 §72). 사실상혼인관계존부확인의 소는 나류 가사소송사건으로 조정이 선행되고, 조정조서가 작성되면 조정을 신청한 사람이 그 조정조서등본과 송달증명서를 첨부하여 신고하여야 한다.

혼인신고는 원칙적으로 양 당사자가 생존한 경우에 할 수 있으므로, 사실혼 관계에 있던 사람이 사망한 후에 사실상혼인관계존재확인의 판결이 확정된 경우에는 그 판결에 기한 혼인신고는 할 수 없다(대법원 1991.8.13.자 91스6 결정). 또한 등록법 제72조는 이 신고를 보고적 신고의 형태로 규정하고 학설도 보고적 신고로 해석하나 판례는 창설적 신고로 보고 있다(대법원 1973.1.16. 선고 72므25 판결). 따라서 원고가 확정판결에 따라 혼인신고를 하기 전에 피고가 제3자와 혼인신고를 하면 원고의 판결에 근거한 혼인신고는 중혼에 해당되어 수리될 수 없다.

사실혼관계에 있던 당사자 일방이 사망한 후 과거의 것을 검사를 상대로 확인청구를 할 수 있는가? 학설과 판례는 확인의 이익이 있으면 가능하다고 본다(대법원 1995.3.28. 선고 94므1447 판결).

5. 해 소

생활공동체의 해소를 말한다. 사별에 의한 경우와 이별에 의한 경우가 있다. 일방의 사망에 의하여 사실혼이 해소된 경우에는 생존한 사실상의 배우자의 거주권을 보호해야 할 과제가 있다. 사실혼 배우자에게는 상속권이 인정되지 않기 때문이다. 특별연고자로서 재산분여청구를 할 수 있을 뿐이다. 또한 사실혼관계가 일방 당사자의 사망으로 인하여 종료된 경우에는 그 상대방에게 재산분할청구권이 인정되지 않는다(대법원 2006.3.24. 선고 2005두15595 판결).

사실혼은 법률혼과는 달리 생존 중 언제든지 합의 또는 일방적인 파기에 의하여 해소될 수 있다(대법원 1977.3.22. 선고 75므28 판결). 이때 핵심문제로 되는 것은 정당한 사유가 없는 일방적 해소에 의한 파기자의 책임이다. 이때 파기자의 책임은 채무불이행에 기한 손해배상인가 불법행위에 기한 손해배상인가? 판례는 양자의 병존을 인정하고 있다(대법원 1963.11.7. 선고 63다587 판결). 손해배상의 범위에는 위자료도 포함된다(대법원 1989.2.14. 선고 88므146 판결). 위자료의 액수산정은 유책행위에 이르게 된 경위와 정도, 파탄의 원인과 책임, 당사자의 나이 · 직업 · 가족상황과 재산상태 등 여러 가지 사정을 참작하여 경험칙에 반하지 않는 범위 내에서 법원이 직권으로 정한다(대법원 1998.8.21. 선고 97므544, 551 판결). 그러나 사실혼 관계당사자 이외의 제3자가 사실혼 파기에 가담한 경우에는 그 제3자에게는 불법행위로 인한 손해배상 책임만이 있을 뿐 채무불이행으로 인한 손해배상의 책임을 물을 수는 없다(대법원 1970.4.28. 선고 69므37 판결).

부부재산의 청산의 의미를 갖는 재산분할에 관한 규정은 부부의 생활공동체라는 실질에 비추어 인정되는 것이므로, 사실혼관계의 해소의 경우에도 준용 또는 유추적용된다(대법원 1995.3.28. 선고 94므1584 판결). 그러나 중혼적 사실혼이 해소된 경우, 법률상 배우자 있는 사람은 그 법률혼 관계가 사실상 이혼상태라는 등의 특별한 사정이 없는 한 사실혼 관계에 있는 상대방에게 그와의 사실혼 해소를 이유로 재산분할을 청구할 수 없다(대법원 1995.7.3.자 94스30 결정). 상대방 또한 중혼적 사실혼 배우자를 상대로 재산분할을 청구할 수 없다(대법원 1996.9.20. 선고 96므530 판결).

사실혼 해소를 원인으로 한 재산분할에서 분할의 대상이 되는 재산과 액수는 사실혼이 해소된 날을 기준으로 하여 정하여야 한다. 한편 재산분할 제도는 혼인관계 해소 시 부부가 혼인 중 공동으로 형성한 재산을 청산 · 분배하는 것을 주된 목적으로 하는 것으로서, 부부 쌍방의 협력으로 이룩한 적극재산 및 그 형성에 수반하여 부담한 채무 등을 분할하여 각자에게 귀속될 몫을 정하기 위한 것이므로(대법원 2013.6.20. 선고 2010므4071, 4088 전원합의체 판결), 사실혼 해소 이후 재산분할 청구사건의 사실심 변론종결 시까지 사이에 혼인 중 공동의 노력으로 형성 · 유지한 부동산 등에 발생한 외부적 · 후발적 사정으로서, 그로 인한 이익이나 손해를 일방에게 귀속시키는 것이 부부 공동재산의 공평한 청산 · 분배라고 하는 재산분할 제도의 목적에 현저히 부합하지 않는 결과를 가져오는 등의 특별한 사정이 있는 경우에는 이를 분할대상 재산의 가액 산정에 참작할 수 있다(대법원 2023.7.13. 선고 2017므11856, 11863 판결).

- 사실혼관계의 당사자 중 일방이 갑자기 의식을 잃고 쓰러져 병원에 입원하였고 끝내 의식을 회복하지 못한 채 사망하였다. 타방 당사자는 그가 사망하기 전에 사실혼관계의 해소를 주장하였다고 하면서 사실혼 해소에 따른 재산분할을 청구할 경우 이 청구는 인용될 수 있는가?(대법원 2009.2.9.자 2008스105 결정)
- 원고와 피고의 분할대상 재산인 아파트 가액이 사실혼이 해소된 날보다 원심 변론종결일 무렵 상승한 사안에서 원심 변론종결일에 가장 근접한 시기의 실거래가를 기준으로 아파트 가액을 산정한 사례(대법원 2023.7.13. 선고 2017므11856, 11863 판결)

사실혼이 해소된 경우 자녀의 양육에 관하여는 제837조가 유추적용되어야 할 것이나, 판례는 부정한다(대법원 1979.5.8. 선고 79므3 판결). 면접교섭권에 관한 제837조의2도 유추적용된다고 보아야 할 것이다.

■ 심화학습

- 중혼적 사실혼은 법적 보호를 받을 수 없는 관계인가?
- 사실혼관계가 일방 당사자의 사망으로 인하여 종료된 경우에 생존한 상대방에게 상속권도 인정되지 않고 재산분할청구권도 인정되지 않은 것은 사실혼 보호라는 관점에서 문제가 있는 것은 아닌가?
- 남녀의 결합관계의 태양에 따른 법적 보호 방안을 체계화하면?

Ⅶ. 혼인의 해소

예습과제

Q1 협의이혼의 장단점은 무엇인가?

Q2 유책주의와 파탄주의라 함은?

Q3 이혼의 효과를 개관하시오.

1. 총 설

혼인의 해소라 함은 유효하게 성립한 혼인이 그 후에 생긴 새로운 사유에 의해서 부부관계가 장래를 향하여 소멸하는 것을 말한다. 혼인성립시의 하자를 이유로 그 관계가 소멸되는 무효·취소의 경우와 다르다. 혼인해소의 원인으로는 부부 일방의 사망 또는 실종선고, 이혼이 있다.

(1) 사망에 의한 해소

1) 의 의

부부의 일방이 사망하거나 또는 실종선고(부재선고에 관한 특별조치법에 의한 부재선고, 인정사망을 포함한다)를 받으면 혼인관계는 해소된다. 민법이 규정하지 않으나 이치상 당연하다. 해소시기는 사망시(실종기간만료시)이다. 사망시기는 보통 사망진단서나 사체검안서에 의하나(등록법 §84), 특별한 경우에는 관공서의 사망통보에 의한다(등록법 §87, §88).

2) 사망해소의 효과

부부공동생활관계를 전제로 하여 인정되는 부부 사이의 법률관계는 당연히 소멸한다. 따라서 동거 · 부양 · 협조의무, 성적 성실의무, 생활비용부담의무, 일상가사에 관한 채무의 연대책임, 부부재산계약, 부부계약취소권은 모두 장래를 향하여 소멸한다. 이 점에서는 이혼의 효과와 같다. 그러나 부부 사이 이외에서 생긴 법률관계는 당연히 소멸하는 것은 아니다. 즉 인척관계는 당연히 소멸하지 않고(이 점에서는 이혼의 효과와 다르다), 일정 범위의 인척 또는 인척이었던 자와 혼인할 수 없다. 아울러 자녀와의 관계나 상속관계도 변경되지 않는다.

• 실종선고가 취소되면 실종선고에 의하여 해소되었던 혼인관계는 부활하는가?

---

(2) 이혼 총설

1) 이혼제도 일반

이혼이라 함은 부부의 생존 중 혼인공동생활을 목적으로 하는 결합관계를 해소하는 것을 말한다. 이혼은 비정상적인 병리현상으로, 가정과 자녀의 생활에 큰 영향을 미친다. 왜냐하면 혼인은 남녀의 종생의 공동생활을 목적으로 하기 때문이다. 그러나 대부분의 사회에서 이 병리현상은 광범위하게 발생되어 왔고, 그 사회의 습속, 도덕, 종교, 정치의 모습에 따라 여러 가지의 이혼제도를 인정해 왔다. 또 어느 면 이혼제도의 변천은 바로 그 사회의 변혁을 저울질하는 척도로서 표현되고 있다.

유럽에서는 오랫동안 크리스트교의 영향으로 법률상의 이혼은 인정되지 않았다. 크리스트교는 일부일처의 혼인을 비적(sacrament), 즉 "하나님이 짝지워 주신 것을 사람이 나누지 못할지니라"(마태 19장 6절)는 사상에 입각하여 혼인비해소주의를 확립하고, 고대사회의 가부장제적 혼인관에서 오는 부(夫)의 전권이혼제도를 근본적으로 폐지하였다. 이 입장은 처를 보호한다는 인도주의적 요구에 호응하는 것이어서 크리스트교 세력의 확장과 더불어 10세기 경에는 유럽 제국에서 법제화된다. 이러한 교회의 비해소에의 노력에도 불구하고 혼인생활의 이상적 상태를 모든 사람에게 기대하기란 어려운 일이었다. 그래서 교회는 ① 혼인의 무효선언제, ② 별거제, ③ 미완성혼제에 의하여 임기응변해 왔다. 그러나 이러한 노력에도 불구하고 실제는 별거제에 의하여 간통 등이 빈발하고 풍기가 문란해졌다. 비해소주의의 폐단에 따라 16세기를 기점으로 비해소주의는 교회 내외에서 엄격한 비판과 수정을 요구받는다. 내부적으로는 종교개혁운동에 의하여, 외부적으로는 자연법사상과 개인주의적 혼인사상에 의하여 혼인환속운동이 일어나고, 그 결실은 프랑스대혁명을 통해서 이루어졌다.

근대 초에는 일정한 원인이 있는 경우에만 이혼을 인정하는 한정적 법정이혼원인주의가 채택되었다. 여기서 인정되는 이혼원인은 일방의 비행, 의무위반과 같은 비난받을 행위에 한하는 소위 유책주의의 이혼원인이었다. 또 여기서의 이혼은 유책자에 대한 제재로서의 성격을 지녔다. 따라서 유책자에게는 이혼청구권이 인정되지 않았다. 그 뒤 이혼이 제재가 아니라 혼인으로부터의 해방이라는 생각이 자각되면서, 이혼원인은 점차 완화·확대된다. 혼인파탄이 반드시 당사자의 유책행위에 의해서만 발생되는 것은 아니기 때문이다. 유책주의는 퇴조하고 파탄주의가 등장하게 된 것이다.

파탄주의도 처음에는 이혼원인을 …이라고 열거하는 입법방식이었으나 점차 이혼원인을 일반화·추상화(이를 추상적 또는 상대적 이혼원인주의라 한다)하여, "부부 사이에 혼인생활을 계속할 수 없을 정도로 혼인관계가 심각한 파탄에 빠진 경우에는 부부는 누구나 이혼의 소를 제기할 수 있다"(1907년 스위스민법 제142조 제1항)는 형식을 취하게 되었다. 이 입법 형식을 각국이 채용해 나가고 있으며, 더 나아가 추상적 이혼원인을 규정하는 대신 일정기간의 별거를 곧 혼인파탄으로 보고 이혼으로 연결하는 입법경향도 있다. 요컨대, 비록 사회에 따라 약간의 차이는 있으나, 현재의 이혼법은 혼인파탄이 있으면 혼인이란 구속에서 개인을 해방시키고자 하는 경향이다. 이러한 일반적 파탄주의에 따른 불합리는 가혹조항을 두어서 조정을 꾀하고 있다.

2) 한국의 이혼제도

天定配匹, 糟糠之妻不下堂이라는 말은 있지만, 한국을 비롯한 동양사회에서 이혼을 금지하는 종교적 영향은 없었다. 동양사회에서의 이혼은 부(夫)에 의한 기처제였다. 부(婦)에게는 三從之道가 요청되었기에, 원칙적으로 처에 의한 이혼청구는 인정되지 않았다. 그러나 서민층에서는 부득이한 경우 事情罷義(和離, 協議離婚)가 인정되었고 의절 또는 이이(離弛)와 같은 강제이혼도 행해졌다.

기처(棄妻)사유는 七出로서 無子, 淫佚, 不事舅姑, 口舌, 竊盜, 妬忌, 惡疾이었다. 이에 대한 제한은 三不去, 즉 與共更三年喪, 前貧賤後富貴, 有所娶無所歸이었다. 1905년의 형법대전에서는 五出四不去(七出에서 無子와 嫉妬가 삭제되고, 三不去에 有子가 추가됨)로 개정되나(형법대전 제578조), 그 후 형법대전의 개정에 의하여 삭제된다.

1921년의 조선민사령 제11조의 개정에 의하여 일본민법상의 재판상 이혼제도가 1922년부터 도입되어 비로소 처의 이혼청구권이 인정된다. 1922년의 조선민사령 제11조의 개정으로 1923년부터 일본민법상의 협의이혼제도가 도입된 이래, 한국의 이혼법은 협의이혼과 재판이혼 두 가지 제도를 두는 입법례에 속하게 된다.

2. 협의이혼

(1) 서 설

부부 쌍방의 이혼의사의 합치에 의하여 이혼을 인정하는 제도이다. 여기서는 그 원인은 문제되지 않는다. 극단적인 파탄주의라 할 수 있다. 이 제도를 인정하면 장단점이 있다. 장점으로는 ① 자유의사를 보다 존중할 수 있고, ② 외부에 내놓을 수 없는 이혼원인이 있을 때 가정 내에서 해결할 수 있기 때문에 배우자 쌍방이나 가정의 프라이버시가 존중되며, ③ 체면을 존중하는 사회에서는 적절한 제도라는 점을 들 수 있다. 이에 비하여 ① 일시적인 불화 등에 의해 경솔하게 이혼하기 쉽고, ② 여자의 사회적 지위가 보장되지 아니한 곳에서는 부(夫)의 강압이 작용될 여지가 크며, ③ 혼인질서의 혼란을 초래할 가능성이 높다는 단점이 지적된다.

협의이혼제도는 비록 모든 법제가 다 취해온 것은 아니지만 그 나름대로의 연혁은 있다. 대체로 협의이혼의 성행은 ① 자유혼인 · 자유이혼을 인정하는 혁명기(프랑스혁명기와 소련혁명기)에, ② 남성에 대한 여성의 해방이라는 각도에서 이루어졌다. 지금의 주류는 오히려 재판이혼만을 인정하는 방향이다. 협의이혼을 인정하는 법제에서도 ① 경솔한 이혼의 빈발을 막고, ② 강자, 즉 남성의 횡포를 방지하고, ③ 자녀를 어떻게 보호하느냐는 문제를 해결하기 위한 방안을 찾고 있다. 그 구체적인 대책으로는 ① 별거제를 병행시키거나, ② 신고절차를 까다롭게 하고, ③ 혼인 후 일정기간이 경과될 것을 요구하거나 미성년자녀(유아)가 없는 것을 조건으로 내걸기도 한다. 현행법은 ①과 ③은 채택하지 않으나 ②를 취하고 있다. 즉 ① 당사자의 이혼합의 → ② 가정법원의 이혼의사확인 → ③ 이혼신고의 수순을 밟도록 하고 있다.

(2) 성 립

1) 실질적 성립요건

(가) 당사자 사이에 이혼의사의 합치가 있을 것

이혼의사란 무엇을 말하는가에 대하여는 실질적 의사설과 형식적 의사설이 대립한다. 현재의 판례의 입장은 형식적 의사설에 따라 가장이혼도 효력이 있다고 본다. 즉 협의이혼에서 이혼의사는 법률상 부부관계를 해소하려는 의사를 말하므로, 일시적으로나마 법률상 부부관계를 해소하려는 당사자간의 합의하에 협의이혼신고가 된 이상, 협의이혼에 다른 목적이 있더라도 양자간에 이혼의사가 없다고는 말할 수 없고, 따라서 이와 같은 협의이혼은 무효로 되지 않는다. 강제집행의 회피(대법원 1975.8.19. 선고 75도1712 판결), 국외이민(대법원 1981.7.28. 선고 80므77 판결), 노임청구(대법원 1993.6.11. 선고 93므171 판결), 미국 영주권 취득(서울가정법원 2004.4.22. 선고 2003드합6149 판결) 등 어떤 다른 목적을 위한 방편으로 일시적으로 한 협의이혼신고도 유효하다. 협의상 이혼이 가장이혼으로서 무효로 인정되려면 누구나 납득할 만한 특별한 사정이 인정되어야 하고, 그렇지 않으면 이혼당사자 간에 일시적으로나마 법률상 적법한 이혼을 할 의사가 있었다고 보는 것이 이혼신고의 법률상 및 사실상의 중대성에 비추어 상당하기 때문이다(대법원 1997.1.24. 선고 95도448 판결).

이혼의사는 이혼신고서를 작성할 때에는 물론 수리시에도 있어야 한다. 중혼의 경우도 혼인취소의 방법이 아니라 협의이혼을 통하여 중혼관계를 해소할 수 있다(등록예규 제169호).

(나) 피성년후견인은 부모 또는 후견인의 동의를 얻을 것(§835)

피성년후견인이 적법한 동의 없이 협의이혼한 경우의 효력에 대하여는 규정이 없다. 혼인성립에 준하여 취소사유로 해석되기도 하나, 협의이혼의사확인절차와 협의이혼의 무효나 취소에 관한 규정은 제한적·열거적 규정임을 감안할 때 유효로 보아야 할 것이다.

2) 형식적 성립요건

협의이혼은 가정법원의 확인을 받아 가족관계등록법이 정한 바에 따라 신고함으로써 그 효력이 생긴다(§836①). 이혼신고는 당사자 쌍방과 증인 2인이 연서한 서면으로 하여야 하나(위 ②), 신고서에 가정법원의 이혼의사확인서 등본을 첨부한 경우에는 증인 2인의 연서가 있는 것으로 본다(등록법 §76).

(가) 협의이혼의사확인

가) 협의이혼의사확인신청서의 작성

협의이혼을 하려는 사람은 등록기준지 또는 주소지를 관할하는 가정법원의 확인을 받아 신고하여야 하므로(등록법 §75① 본문), 협의이혼을 하려는 부부는 각자의 등록기준지 또는 주소지 관할 가정법원에 함께 출석하여 협의이혼의사확인신청서를 제출하여야 한다. 부부의 주소가 다르거나 등록기준지와 주소가 다른 경우에는, 그 중 편리한 곳에 부부가 함께 출석하여 협의이혼의사확인신청서를 제출하면 된다. 다만 부부 중 한쪽이 재외국민이거나 수감자로서 출석하기 어려운 경우에는 다른 쪽이 출석하여 단독으로 신청서를 제출할 수 있다(등록규칙 §73② 전단, 등록예규 제341호 §2①). 변호사 또는 대리인에 의한 신청은 할 수 없다.

나) 첨부서류

협의이혼의사확인신청서에는 부부 양쪽의 가족관계증명서와 혼인관계증명서 각 1통을 첨부하여야 한다(등록규칙 §73④ 제1문). 미성년인 자녀(포태 중인 자녀를 포함하나, 이혼에 관한 안내를 받은 날부터 민법 §836의2② 또는 ③에서 정한 기간 이내에 성년에 도달하는 자녀는 제외한다) 곧 양육하여야 할 자녀가 있는 경우 당사자는 그 자녀의 양육과 친권자결정에 관한 협의서 1통과 그 사본 2통 또는 가정법원의 심판정본 및 확정증명서 3통을 제출하여야 한다(§836의2 ④, 등록규칙 §73④ 제2문). 부부가 함께 출석하여 신청하고 이혼에 관한 안내를 받은 경우에는, 협의서는 확인기일 1개월 전까지 제출할 수 있고, 심판정본 및 확정증명서는 확인기일까지 제출할 수 있다(등록예규 제341호 §2③). 미제출 또는 제출 지연시에는 협의이혼의사확인이 지연되거나 확인받을 수 없다.

다) 안내와 상담권고

협의상 이혼을 하려는 부부는 관할 가정법원이 제공하는 이혼에 관한 안내를 받아야 하고, 가정법원은 필요한 경우 당사자에게 상담에 관하여 전문적인 지식과 경험을 갖춘 상담위원의 상담을 받을 것을 권고할 수 있다(§836조2 ①, 가소규 §12의2, 등록규칙 §73①). 특히 미성년인 자녀가 있는 경우에는 가정법원은 양육과 친권자결정에 관하여 상담위원의 상담을 받도록 권고하여야 한다. 또한 협의이혼하려는 부부에게 미성년인 자녀가 있는 경우에는 협의이혼의사확인신청서에 그 자녀의 양육과 친권자결정에 관한 협의서를 첨부하여야 하므로 가정법원은 미성년인 자녀의 양육과 친권자결정에 관하여 상담위원의 상담을 받은 후 협의서를 작성할 것을 권고한다. 즉 법원사무관 등 또는 가사조사관은 이혼절차, 이혼의 결과(재산분할, 친권, 양육권, 양육비, 면접교섭권 등), 이혼이 자녀에게 미치는 영향 등을 이혼을 하려는 부부에게 안내하여야 하고, 상담위원의 상담을 받을 것을 권고할 수 있다. 아울러 양육 및 친권자결정에 관한 협의가 원활하지 않아 협의서를 확인기일 1개월 전까지 제출할 수 없을 것이 예상되는 경우에는, 지체 없이 가정법원에 심판을 청구할 것을 안내하여야 한다(등록예규 제341호 §4).

2012년 11월 1일부터 시행되고 있는 재판예규 제1400호 「가사재판 · 가사조정 및 협의이혼의사확인 절차에서의 자녀양육안내 실시에 관한 지침」에 의하면, 가정법원이 실시하는 협의이혼에 관한 안내의 하나로서 자녀양육안내를 실시하여야 한다(위 예규 §4). 자녀양육안내에는 ① 부모의 이혼과 지속적 갈등이 성장과정에 있는 자녀에게 미치는 영향, ② 이혼 과정 및 이혼 이후 자녀의 정서적인 안정과 심리적 · 물리적 보호의 중요성 및 이를 위한 고려사항, ③ 이혼 이후 자녀양육에서 부모의 역할 분담과 구체적인 행동지침이 포함되어야 하며, 양육과 친권자결정에 관한 협의사항(친권자 및 양육자의 지정 또는 변경, 양육비 및 면접교섭 등 양육에 관한 사항, 이혼 후의 양육협력관계 구축을 통한 자녀의 복리 증진에 관한 사항)에 대해서도 안내할 수 있다(위 예규 §5).

이혼에 관한 안내를 받아야만 협의이혼의사확인기일이 지정되므로(등록예규 제341호 §5), 법원사무관 등은 당사자 등에게 자녀양육안내를 받지 않을 경우 숙려기간이 진행되지 않아 협의이혼의사확인기일이 지정되지 않는다는 사실을 알려주어야 하고, 협의이혼의사확인신청을 한 다음날부터 3개월 안에 자녀양육안내를 받지 않을 경우에는 협의이혼의사확인신청이 취하되는 것으로 처리된다는 사실을 안내하여야 한다(위의 예규 §9③).

부부 중 양쪽 또는 한쪽이 이혼의사확인신청을 한 다음날부터 3개월 안에 이혼에 관한 안내를 받지 아니한 때에는 확인신청을 취하한 것으로 본다(등록규칙 §77③).

라) 확인기일의 지정과 이혼숙려기간의 경과

가정법원에 이혼의사의 확인을 신청한 당사자에게 가정법원으로부터 안내를 받은 날부터 ㉠ 양육하여야 할 자녀(임신 중인 자녀를 포함한다)가 있는 경우에는 3개월, ㉡ 성년 도달 전 1개월 후 3개월 이내 사이의 미성년인 자녀가 있는 경우에는 성년이 된 날, ㉢ 성년 도달 전 1개월 이내의 미성년인 자녀가 있는 경우에는 1개월, ㉣ 자녀가 없거나 성년인 자녀만 있는 경우에는 1개월이 경과한 이후로 확인기일이 지정되어 이혼의사의 확인을 받게 된다(§836의2②, 등록예규 제341호 §1②). 그러나 가정폭력으로 인하여 당사자 일방에게 참을 수 없는 고통이 예상되는 등 신속히 이혼을 하여야 할 급박한 사정이 있는 경우에는 위 기간을 단축 또는 면제할 수 있다(§836의2③, 등록예규 제341호 §6).

미성년 자녀가 있는 사건의 확인기일을 지정할 경우에는 자녀양육안내 참석확인서가 접수된 날부터 숙려기간은 기산된다(재판예규 제1400호 §12).

마) 이혼의사의 확인과 조서의 작성

이혼의사확인신청이 있는 때에는, 가정법원은 부부 쌍방이 이혼에 관한 안내를 받은 날부터 제836조의2 제2항 또는 제3항에서 정한 기간이 지난 후에, 부부 양쪽을 출석시켜 그 진술을 듣고 이혼의사의 유무를 확인하여야 한다(등록규칙 §74① 전문). 가정법원이 이혼의사를 확인하는 때에, 부부 사이에 미성년자인 자녀가 있는지 여부와 미성년인 자녀가 있는 경우 그 자녀에 대한 양육과 친권자결정에 관한 협의서 또는 가정법원의 심판정본 및 확정증명서를 확인하여야 한다(동항 후문). 당사자 쌍방이 출석하여 진술을 한 경우에는 반드시 진술조서를 작성하여야 하며, 그 조서에는 이혼당사자 확인, 협의이혼의사의 존부 확인, 당사자 사이에 미성년자인 자녀가 있는지 여부와 그 자녀에 대한 양육과 친권자결정에 관한 협의서 또는 가정법원의 심판정본 및 확정증명서의 제출 여부, 판사의 보정명령요지와 보정 여부, 기일지정 등을 각각 기재한다. 서면으로 보정을 명한 경우에는 그 사본의 첨부로 보정명령요지의 기재를 갈음할 수 있다. 당사자 일방 또는 쌍방이 출석하지 아니한 경우에도 그 출석하지 아니한 사실을 기재한 기일조서를 작성하여야 한다(등록예규 제341호 §9).

바) 확인서의 교부

가정법원은 부부 쌍방의 이혼의사 및 미성년인 자녀가 있는 경우 그 자녀의 양육과 친권자결정에 관한 협의 또는 가정법원의 심판이 있는지의 여부가 확인되면 확인서를 작성하여야 한다. 다만, 그 협의가 자녀의 복리에 반하는 경우에는 가정법원은 그 자녀의 의사 · 나이와 부모의 재산상황, 그 밖의 사정을 참작하여 보정을 명할 수 있고, 보정에 응하지 않는 경우 확인서를 작성하지 않는다(등록규칙 §78①).

가정법원의 서기관 · 사무관 · 주사 또는 주사보는 확인서가 작성되면 지체 없이 이혼신고서에 확인서 등본을 첨부하여 부부 쌍방에게 교부하거나 송달하여야 한다. 다만, 당사자 중 일방이 재외국민이어서 협의이혼의사확인을 촉탁하거나 재외공관의 장에게 협의이혼의사확인을 신청한 경우에는, 재외공관의 장에게 확인서 등본을 송부하고, 재외공관의 장은 이를 당사자에게 교부 또는 송달하여야 한다(위 ④).

사) 협의이혼의사확인의 촉탁

부부 중 한쪽이 재외국민이거나 수감자로서 출석하기 어려워 다른 쪽이 출석하여 신청한 경우에는, 관할 재외공관이나 교도소(구치소)의 장에게 협의이혼의사확인을 촉탁하여 그 회보서의 기재로써 그 당사자의 출석 · 진술을 갈음할 수 있다. 재외공관장에게 촉탁하는 때에는, 외교통상부 영사과에 관할 재외공관의 정확한 명칭과 소재지를 확인한 다음, 외교통상부를 거치지 않고 바로 관할 재외공관장에게 송부한다(등록예규 제341호 §14②). 이 촉탁서가 송부되어 오면 가정법원은, 부부 중 한쪽인 재외국민 또는 수감자가 이혼에 관한 안내를 받은 날부터 제836조의2 제2항 또는 제3항에서 정한 기간이 지난 후에, 신청한 사람을 출석시켜 이혼의사의 유무를 확인하여야 한다(등록규칙 §74②).

아) 재외공관에 협의이혼의사확인신청서가 제출된 경우

부부 쌍방이 재외국민인 경우에는 두 사람이 함께 그 거주지를 관할하는 재외공관의 장(그 지역을 관할하는 재외공관이 없는 때에는 인접지역 관할 재외공관의 장)에게 협의이혼의사확인을 신청할 수 있다(등록규칙 §75①). 부부 중 한쪽이 재외국민인 경우 또는 부부 쌍방이 재외국민이나 서로 다른 국가에 거주하고 있는 경우에는, 재외국민인 당사자는 그 거주지를 관할하는 재외공관의 장(그 지역을 관할하는 재외공관이 없는 때에는 인접지역 관할 재외공관의 장)에게 협의이혼의사확인신청을 할 수 있다(위 ②③).

재외공관장이 당사자 쌍방이나 한쪽으로부터 협의이혼의사확인신청을 받은 때에는, 당사자 쌍방 또는 일방을 출석시켜 이혼에 관한 안내서면을 교부한 후 이혼의사의 유무와 미성년인 자녀가 있는지 여부를 확인하고, 미성년인 자녀가 있는 경우에는 그 자녀에 대한 양육과 친권자결정에 관한 협의서 1통 또는 가정법원의 심판정본 및 확정증명서 3통을 제출받아 확인하고 그 요지를 기재한 진술요지서를 작성한다. 재외공관장은 진술요지서와 이혼신고서, 협의서 또는 심판정본 및 확정증명서의 내용이 일치하는지 확인한 후, 진술요지서를 신청서에 첨부하여 직인으로 간인한 후 신청서 및 첨부서류를 서울가정법원으로 송부한다(등록규칙 §75④, 등록예규 제341호 §17①②).

서울가정법원은 신청서나 첨부서류가 미비한 경우 또는 협의서가 자녀의 복리에 반하는 경우 보정을 명하여 재외공관으로 반송한다(등록예규 제341호 §18④). 서울가정법원이 이혼의사를 확인할 때에는, 당사자 쌍방 모두 안내를 받은 날부터 제836조의2 제2항 또는 제3항에서 정한 기간이 지난 후 확인하여야 한다(등록규칙 §76④, 등록예규 제341호 §18⑤).

자) 협의이혼의사확인신청의 취하

이혼의사확인신청인은 관할 가정법원으로부터 등록규칙 제74조에 따른 확인을 받기 전까지 신청을 취하할 수 있다. 부부 쌍방 또는 한쪽이 제74조 제1항에 따른 관할 가정법원의 출석통지를 받고도 2회에 걸쳐 출석하지 아니한 때에는 확인신청을 취하한 것으로 본다(등록규칙 §77).

(나) 협의이혼신고절차

이혼의사확인신청은 당사자의 등록기준지 또는 주소지의 가정법원의 관할에 속하나, 협의이혼신고는 주소지 또는 현재지에서도 할 수 있다. 또한 가정법원의 확인서가 첨부된 협의이혼신고서는 부부 중 일방이 제출할 수 있다(등록규칙 §79).

협의이혼신고는 협의상 이혼을 하고자 하는 사람이 가정법원으로부터 확인서등본을 교부 또는 송달받은 날부터 3개월 이내에 그 등본을 첨부하여 행하여야 하며, 3개월이 경과한 때에는 그 가정법원의 확인은 효력을 상실한다(등록법 §75 ②③).

(다) 이혼의사의 철회

가정법원의 협의이혼의사확인은 협의이혼신고를 하기 위한 절차적 요건이다. 가정법원의 확인으로 이혼의 효력이 발생하는 것은 아니다(대법원 1987.1.20. 선고 86므86 판결). 따라서 가정법원으로부터 협의이혼의사확인을 받은 당사자는 그 신고 전까지 철회할 수 있다. 또한 당사자 쌍방의 이혼의사는 이혼신고시에도 존재하여야 하기 때문에, 협의이혼의사철회서면이 접수된 후 협의이혼신고가 제출된 경우에는 그 이혼신고서를 수리해서는 안 된다(대법원 1994.2.8. 선고 93도2869 판결). 이혼신고서와 이혼의사철회서면의 접수시각이 같은 경우에는 이혼의사철회서면이 먼저 접수된 것으로 처리한다(등록등록예규 제341호 §27⑤).

이혼의사를 철회한 경우에는 이혼의사확인의 효력이 소멸되므로, 그 철회의사를 철회하더라도 이혼신고를 수리할 수 없다. 다시 이혼의사확인을 받아야 한다(위 §26③).

(라) 협의이혼의 무효 · 취소

민법에는 협의이혼무효에 관한 규정이 없으나, 성질상 협의이혼신고가 수리되었지만 이혼의사의 합치가 없는 때에는 무효이다. 판례의 입장은 가장이혼도 유효한 것으로 판단하므로, 협의이혼이 무효로 되는 것은, 협의이혼신고 전에 협의이혼의사가 철회된 후 수리된 협의이혼신고의 경우나 확인서를 위조하여 이혼신고한 경우 등이다. 이론상으로는 의사무능력자의 협의이혼도 무효이나, 협의이혼의사확인절차를 감안할 때 발생할 가능성은 없다. 가사소송법은 협의이혼무효의 소를 가류 가사소송사건으로 분류하고 있다. 따라서 당사자, 법정대리인 또는 4촌 이내의 친족은 협의이혼무효의 소를 제기할 수 있다(가소 §23). 협의이혼무효의 판결이 확정된 때에는 소를 제기한 사람은 판결확정일로부터 1개월 이내에 판결의 등본 및 그 확정증명서를 첨부하여 등록부의 정정을 신청하여야 한다(등록법 §107).

배우자나 제3자의 사기나 강박에 의하여 이혼의 의사표시를 한 사람은 가정법원에 그 취소를 청구할 수 있다(§838, §823). 가정법원에 의한 협의이혼의사확인을 거쳤더라도 사기 · 강박을 이유로 한 이혼취소청구는 가능하다(대법원 1987.1.20. 선고 86므86 판결). 당사자가 사기를 안 날 또는 강박을 면한 날로부터 3개월을 경과한 때에는 이혼취소청구권은 소멸한다(§839, §823). 협의이혼취소의 소는 나류 가사소송사건이므로 조정이 선행한다. 그러나 조정이 성립하더라도 본인이 임의로 처분할 수 없는 사항이므로, 조정조서를 첨부하여 협의이혼취소신고를 할 수는 없다(등록예규 제170호). 따라서 조정은 당사자가 소를 취하하여 이혼의 효력을 유지하게 한다는 등의 간접적 · 우회적인 것이어야 한다. 이혼취소의 효과는 소급하므로 이혼취소의 재판이 확정되면 소를 제기한 사람은 판결확정일로부터 1개월 이내에 판결의 등본 및 그 확정증명서를 첨부하여 등록부의 정정을 신청하여야 한다(등록법 §107, 등록예규 제254호).

(3) 사실상의 이혼

사실혼에 대비하면, 사실상의 이혼이라 함은 부부 사이에 이혼에 관한 합의가 있고 부부공공생활의 실체가 존재하지 않으나 이혼신고가 없는 경우를 말한다. 별거상태가 장기간 계속되고 있는 경우, 이혼에 합의가 있는 경우, 재산분할까지 마친 상태에서 이혼신고만이 결여된 경우 등 혼인관계가 파탄되어 있는 상황은 다양하다. 그 중 사실상의 이혼은 재산분할을 포함하여 이혼에 수반하는 문제가 실질적으로도 처리 · 완료되었으나 이혼신고만이 결여된 경우로 한정된다. 따라서 이혼에 관한 합의 없이 별거하거나 유기에 의하여 부부관계가 단절된 경우는 이에 포함되지 않는다.

사실상의 이혼을 위와 같이 이해한다면, 혼인의 효과 중 부부공공생활을 전제로 하여 인정되는 효과 즉 동거 · 부양 · 협조의무, 성적 성실의무, 부부재산관계는 소멸한다고 보아야 할 것이다. 그러나 가족관계등록부에는 아무 변동이 없기 때문에 그에 기초한 혼인관계는 그대로 유지된다. 따라서 재혼할 수 없고 친족관계에도 변동이 없다. 사실상 이혼한 배우자에게도 상속권이 인정된다. 사실상 이혼 후에 출생한 자녀에 대해서도 친생추정이 미치나, 사실상의 이혼 후 300일이 지나 출생한 자녀에 대하여는 친생추정이 미치지 않는 것으로 해석해야 할 것이다.

3. 재판상이혼

(1) 의 의

법률상 정해진 원인에 의해서 소송적 방법을 통해서 혼인이 해소되는 경우를 말한다. 즉 배우자 일방이 상대방의 동의 없이 이혼하고자 하는 경우에는 법원에 이혼의 소를 제기하고 민법상의 법정원인이 있는 경우에 한해서 판결로써 이혼이 선언된다. 재판상 이혼은 나류 가사소송사건으로 조정전치주의에 따른다.

앞에서 살펴본 바와 같이 이혼원인에 관한 입법주의는 유책주의에서 파탄주의로 바뀌고 있다. 한국 민법은 제840조에서 6가지의 이혼원인을 정하고 있다. 일반적으로 제1호부터 제5호의 사유를 절대적 · 구체적 이혼원인으로, 제6호를 상대적 · 추상적 이혼원인으로 구분하나, 그 상호관계에 대하여는 학설과 판례가 대립한다.

학설은 제1호부터 제5호의 사유는 제6호의 "혼인을 계속하기 어려운 중대한 사유"를 예시한 것으로 해석한다(예시설). 예시설은 다시 독립예시설과 단순예시설로 나뉜다. 전자는 제1호부터 제5호는 제6호의 전형적인 예시이므로 제1호부터 제5호의 사유가 있으면 그 자체로서 혼인을 계속하기 어려운 중대한 사유에 해당하므로 다시 제6호에 해당되는가를 살펴볼 필요가 없고, 제1호부터 제5호에 직접 해당하지 않는 사유라도 혼인을 계속하기 어려운 중대한 사유가 있으면 제6호에 규정하는 상대적 이혼원인이 있는 것으로 판단할 수 있다는 입장이다. 후자는 제1호부터 제5호의 사유는 제6호의 단순한 예시에 불과하므로 그로 인한 혼인의 실질적 파탄 여부(이혼의 허용 여부)는 다시 제6호에 비추어 보아야 한다는 견해이다. 제6호를 파탄주의에 따른 이혼사유로 보는 입장이다.

이에 관하여 판례는 독립설의 입장이다(대법원 1963.1.31. 선고 62다812 판결; 대법원 2000.9.5. 선고 99므1886 판결). 제6호를 유책주의의 입장에서 이해하는 것이다.

(2) 원 인

1) 부정행위

부정행위라 함은 부부 사이의 성적 성실의무에 충실하지 아니한 행위를 말한다. 간통보다는 넓은 개념으로 이해한다. 따라서 부정한 행위인지의 여부는 각 구체적 사안에 따라 그 정도와 상황을 참작하여 평가하여야 한다. 고령이고 중풍으로 정교능력이 없어 실제로 정교를 갖지는 못하였다 하더라도 배우자 아닌 자와 동거한 행위는 배우자로서의 성적 성실의무에 충실치 못한 것으로서 부정행위에 해당한다(대법원 1992.11.10. 선고 92므68 판결).

부정행위가 이혼원인으로 되기 위해서는 객관적 · 외형적으로 성적 성실의무 위반의 혼인의 순결에 반하는 사실이 있어야 하고 또 그것이 내심의 자유의사에 기한 것이어야 한다(대법원 1976.12.14. 선고 76므10 판결). 따라서 강간을 당한 경우나 심신상실 상태에서 당한 경우는 부정행위에 해당하지 않는다. 그러나 과음 등 자기의 과실로 무의식 상태를 자초하여 저지른 경우는 부정행위에 해당한다. 부정행위에 해당하는 성적 관계가 부부 일방의 자유의사에 기하여 이루어진 이상 부(夫)가 처 이외의 여성을 강간 · 강제추행한 것도 부정행위에 해당하며, 생활고로 성매매를 한 것도 부정행위로 된다. 그러나 처가 부정행위를 하게 된 데 대하여 부(夫)에게 책임이 있는 경우 부(夫)의 이혼청구는 인정되지 않는다(대법원 1987.9.29. 선고 87므22 판결).

- 혼인 후 부부 일방이 동성애에 빠진 경우도 부정행위에 해당하는가?

재판상 이혼사유인 배우자에 부정한 행위가 있었을 때라 함은 혼인한 부부 중 일방이 부정한 행위를 한 때를 말하므로, 혼인 전 약혼단계에서 부정한 행위를 한 때에는 이혼사유에 해당하지 않는다(대법원 1991.9.13. 선고 91므85, 92 판결).

부정행위를 원인으로 한 이혼청구권은 다른 일방이 사전동의나 사후용서를 한 때 또는 이를 안 날로부터 6개월, 그 사유 있은 날로부터 2년을 경과하면 소멸한다(§841). 사전동의라 함은 자진해서 부정행위를 교사, 종용하거나 방조한 경우를 말한다. 사전의 예견은 이에 해당되지 않는다. 사후용서는 문책하지 않겠다는 감정의 표시이다.

제841조가 정한 제척기간은 부정행위를 원인으로 한 이혼청구권의 소멸에 관한 규정으로서 이는 부권침해를 원인으로 하여 그 정신상 고통에 대한 위자료를 청구하고 있는 경우에는 적용되지 않는다(대법원 1985.6.25. 선고 83므18 판결).

2) 악의의 유기

여기서 말하는 악의는 사회적으로 비난받을 만한 윤리적 요소가 포함된 개념으로 통상의 악의와는 달리 고의와 같은 뜻이다. 유기라 함은 정당한 이유 없이 서로 동거 · 부양 · 협조하여야 할 부부로서의 의무를 포기하고 다른 한쪽을 버린 경우를 말한다(대법원 1998.4.10. 선고 96므1434 판결). 즉 고의로 상대방의 의사에 반하여 부부공동생활을 폐지하는 것을 가리킨다. 따라서 유기가 성립하기 위해서는 유기의사 즉 배우자의 일방이 타방과 부부생활에 상응하는 공동생활을 거부하는 의사가 있어야 하고, 유기는 상당기간 계속되어야 한다. 유기의사가 없는 동거의 중지는 유기에 해당하지 않는다. 혼인관계의 파탄에 대하여 주된 책임을 져야 할 사람에게 상대방이 생활비를 지급하지 않더라도 이는 악의의 유기에 해당하지 않는다. 자신의 협력의무를 스스로 저버리고 있으면 상대방에게 부양료의 지급을 청구할 수 없기 때문이다. 따라서 가정불화가 심화되어 처 및 자녀들의 냉대가 극심하여지자 가장으로서 이를 피하여 자제케 하고 그 뜻을 꺾기 위하여 일시 집을 나와 별거하고 가정불화가 심히 악화된 기간 이래 생활비를 지급하지 아니한 것뿐이고 달리 부부생활을 폐지하기 위하여 가출한 것이 아니라면 악의의 유기에 해당하지 않는다(대법원 1986.6.24. 선고 85므6 판결).

배우자가 악의로 다른 일방을 유기하는 것이 이혼청구 당시까지 존속되고 있는 경우에는 기간 경과에 의하여 이혼청구권이 소멸할 여지는 없다(대법원 1998.4.10. 선고 96므1434 판결).

3) 심히 부당한 대우

배우자 또는 그 직계존속으로부터 심히 부당한 대우를 받았을 때(제3호) 또는 자기의 직계존속이 배우자로부터 심히 부당한 대우를 받았을 때(제4호)이다. 판례는 심히 부당한 대우를 "혼인관계의 지속을 강요하는 것이 참으로 가혹하다고 여겨질 정도의 폭행, 학대, 모욕을 받았을 경우"로 풀이한다(대법원 1981.10.13. 선고 80므9 판결; 대법원 1999.2.12. 선고 97므612 판결). 심히 부당한 대우를 받았는지의 여부는 사회통념과 당사자의 신분, 지위를 고려하여 개별적, 구체적으로 판단해야 한다.

부부 이외의 직계존속과의 관계가 어떠한가를 문제삼아 이혼원인으로 정한 것은 배우자가 직계존속을 모시고 생활을 함께 하고 있다는 사실을 염두에 둔 것이다. 제3호와 제4호의 이혼사유는 다분히 가족제도적 유물로서 표현도 부적당하다. 입법론으로서는 제3호와 제4호를 삭제하고 제6호 포괄적 원인으로 돌리는 것이 타당하다고 한다. 그러나 일설은 제3호는 무정량, 무조건적인 효의 강제에서 해방의 자유를, 제4호는 노부모부양소홀과 노인학대에 대한 조치로서의 실천적 의의도 있다고 주장한다.

4) 3년 이상의 생사불명

생사불명의 원인 · 이유, 과실의 유무, 책임의 소재를 묻지 않는다. 3년의 기간은 최후의 소식이 있었던 때로부터 기산된다. 가출하여 소식이 없는 때에는 악의의 유기가 문제되므로, 실제 3년 이상의 생사불명을 이유로 이혼청구를 하는 예는 드물다. 소송은 공시송달과 궐석재판으로 진행된다.

생사불명기간이 실종선고기간을 넘는 경우에는 실종선고를 통해서도 혼인은 해소된다. 상속이 개시되고, 취소에 의하여 혼인이 부활될 가능성이 있다는 점에서 이혼과 다르다.

5) 혼인을 계속하기 어려운 중대한 사유

포괄적 · 상대적 · 추상적 이혼원인이다. 혼인을 계속하기 어려운 중대한 사유에 대하여 판례는 "부부간의 애정과 신뢰가 바탕이 되어야 할 혼인의 본질에 상응하는 부부공동생활관계가 회복할 수 없을 정도로 파탄되고, 그 혼인생활의 계속을 강제하는 것이 일방배우자에게 참을 수 없는 고통이 되는 경우를 말하며, 이를 판단함에는 그 파탄의 정도, 혼인계속의사의 유무, 파탄의 원인에 관한 당사자의 책임유무, 혼인생활의 기간, 자녀의 유무, 당사자의 나이, 이혼 후의 생활보장 그 밖의 혼인관계의 제반사정을 두루 고려하여야 한다"(대법원 1987.7.21. 선고 87므24 판결; 대법원 1991.7.9. 선고 90므1067 판결)는 입장을 취한다.

이혼원인을 고정하면, 배우자간의 특수한 사정이나 혼인에 관한 변화를 반영하기 어려우므로, 법관에게 재량의 여지를 넓히고 사회통념으로 보아 장래 그 부부관계를 유지하는 것이 당사자에게 도저히 감당할 수 없을 정도에 달했다고 인정되는 경우에는 이혼이 허용된다는 취지이다. 법문상으로는 전형적인 파탄주의 형식이라 할 수 있다.

혼인을 계속하기 어려운 중대한 사유로 인정된 경우는 여러 유형으로 구분된다. 하나는 부정행위, 악의의 유기나 심히 부당한 대우에 해당할 만한 유책주의 이혼원인이지만 구체적으로 열거되지 아니한 것, 예컨대 배우자의 중대한 범죄행위(대법원 1974.10.22. 선고 74므1 판결), 선의의 중혼, 자녀에 대한 학대 등이다. 다른 하나는 부부 사이에 혼인계속의사가 실질적으로 결여되어 있고 혼인공동생활을 회복할 수 없다고 객관적으로 판단될 수 있는 상태에 이른 경우이다. 도박(대법원 1991.11.26. 선고 91므559 판결), 낭비벽, 알코올중독, 과도한 신앙생활(대법원 1989.9.12. 선고 89므51 판결; 대법원 1996.11.15. 선고 96므851 판결) 등 부부 일방에게 책임이 있는 경우나 난치의 정신병(대법원 1995.5.26. 선고 95므90 판결), 성적 결함, 성격불일치 등 어느 일방의 책임으로 돌릴 수 없는 경우이다. 어느 경우나 이혼이 인정되고 있다.

- 처가 뚜렷한 합리적인 이유 없이 남편과의 성행위를 거부하고 결혼생활 동안 거의 매일 외간 남자와 전화통화를 하였으며 그로 인하여 남편과 별거하게 된 경우도 혼인을 계속하기 어려운 중대한 사유에 해당하는가?(대법원 2002.3.29. 선고 2002므74 판결)
- 결혼 후 처의 성관계 거부로 부부관계가 원만하지 않았으나 부(夫)도 처와의 관계개선을 위한 노력이나 시도를 하지 않았다. 부(夫)의 혼인파탄을 이유로 한 이혼청구는 인정될 수 있는가?(대법원 2009.12.24. 선고 2009므2413 판결; 대법원 2010.7. 15. 선고 2010므1140 판결)

제6호가 파탄주의를 상징하는 이혼원인에 해당하면서도 유책주의적 해석을 벗어날 수 없게 하는 법적 장애는 제척기간을 정하고 있는 제842조의 존재이다. 혼인을 계속하기 어려운 중대한 사유가 있음을 이유로 한 이혼청구권은 다른 일방이 이를 안 날로부터 6개월, 그 사유가 있은 날로부터 2년을 경과하면 소멸한다. 제6호가 파탄주의에 입각한 이혼원인이라면 이 규정은 불필요하다. 혼인파탄상태가 계속되는 한 언제든지 이혼의 소를 제기할 수 있으므로(상태권), 이혼청구권이 제척기간의 경과로 소멸되지는 않기 때문이다. 즉 혼인을 계속하기 어려운 중대한 사유가 이혼청구 당시까지 계속하고 있는 경우에는 이혼청구권의 제척기간에 관한 제842조가 적용되지 않는다(대법원 1987.12.22. 선고 86므90 판결). 부부관계가 파탄에서 원만한 상태로 회복된 후 6개월 또는 2년이 지났는데 새삼 이혼을 청구하는 경우는 있을 수 없다. 이 규정은 앞에서 언급한 유책주의적 이혼원인에 해당하지만 민법에 열거되어 있지 않아 제6호를 근거로 이혼을 청구할 경우에만 적용될 수 있을 뿐이다.

(3) 유책배우자의 이혼청구

혼인파탄의 주된 책임이 이혼청구의 상대방에게 있거나 부부 쌍방에게 있는 경우에는 제6호에 근거한 이혼청구는 가능하다(대법원 2010.7.15. 선고 2010므1140 판결). 문제는 혼인파탄의 주된 책임이 있는 사람에게도 이혼청구권을 인정할 것인가이다. 유책배우자의 이혼청구를 인정하지 않는 소극적 파탄주의의 예도 있으나, 파탄주의의 논리에 충실한다면 유책배우자의 이혼청구도 긍정되어야 한다(적극적 파탄주의). 유책주의와 유책배우자의 이혼청구는 논리적으로는 충돌한다.

학설은 소극설과 적극설로 대립한다. 유책배우자의 이혼청구는 배척되어야 한다는 소극설은 그 근거로서 혼인의 도의성과 사회통념, 축출이혼의 가능성, 무책배우자의 보호, 신의성실 내지 권리남용금지의 원칙을 들고 있다. 다만, 예외적인 특수한 사정이 있는 경우에는 유책배우자의 이혼청구도 인정될 수 있다는 제한적 소극설의 입장을 취한다. 예외를 인정해야 할 구체적인 사유가 무엇인가에 대하여는 약간의 의견 차이가 있다. 혼인파탄이 있으면 당사자의 유책성 여하와는 관계없이 이혼청구는 긍정되어야 한다는 무제한의 적극설은 주장되지 않는다. 파탄주의에 철저하려면 유책배우자의 이혼청구도 인정해야 할 것이나, 이혼청구권의 행사가 혼인의 윤리성에 의거하는 신의칙 또는 사회질서에 반하는 경우에는 권리남용으로 제한된다는 제한적 적극설을 취한다.

과거의 판례는 소극설에 따라 유책배우자의 이혼청구를 배제해 왔으나, 현재의 판례는 예외를 인정하고 있다. 그 선례로는 대법원 1987.4.14. 선고 86므28 판결을 들 수 있다.

> "혼인의 파탄을 자초한 자에게 재판상 이혼청구권을 인정하는 것은 혼인제도가 요구하고 있는 도덕성에 근본적으로 배치되고 배우자 일방의 의사에 의한 이혼 내지는 축출이혼을 시인하는 부당한 결과가 되므로 혼인의 파탄에도 불구하고 이혼을 희망하지 않고 있는 상대배우자의 의사에 반하여서는 이혼을 할 수 없도록 하려는 것일 뿐, 상대배우자에게도 그 혼인을 계속할 의사가 없음이 객관적으로 명백한 경우에까지 파탄된 혼인의 계속을 강제하려는 취지는 아니라 할 것이므로, 상대배우자도 이혼의 반소를 제기하고 있는 경우 혹은 오로지 오기나 보복적 감정에서 표면

> 적으로는 이혼에 불응하고 있기는 하나 실제에 있어서는 혼인의 계속과는 도저히 양립할 수 없는 행위를 하는 등 그 이혼의 의사가 객관적으로 명백한 경우에는 비록 혼인의 파탄에 관하여 전적인 책임이 있는 배우자의 이혼청구라 할지라도 이를 인용함이 상당하다 할 것이고, 그러한 경우에까지 이혼을 거부하여 혼인의 계속을 강제하는 것은 쌍방이 더 이상 계속할 의사가 없는 혼인관계가 형식상 지속되고 있음을 빌미로 하여 유책배우자를 사적으로 보복하는 것을 도와주는 것에 지나지 않아 이를 시인할 수 없다."

다만, 이러한 예외가 인정되어 유책배우자의 이혼청구가 인용된 예는 매우 드물었다. 그러나 대법원은 2015년 전원합의체 판결은 유책배우자의 이혼청구가 원칙적으로 인정될 수 없다는 종래의 판례 입장을 유지하면서도, 예외적으로 유책배우자의 이혼청구를 허용할 수 있는 경우를 종전보다 확대하여 인정하면서 그 판단기준을 제시하였다(대법원 2015.9.15. 선고 2013므568 전원합의체 판결). 즉 ① 상대방 배우자도 혼인을 계속할 의사가 없어 일방의 의사에 따른 이혼 내지 축출이혼의 염려가 없는 경우, ② 이혼을 청구하는 배우자의 유책성을 상쇄할 정도로 상대방 배우자 및 자녀에 대한 보호와 배려가 이루어진 경우, ③ 세월의 경과에 따라 혼인파탄 당시 현저하였던 유책배우자의 유책성과 상대방 배우자가 받은 정신적 고통이 점차 약화되어 쌍방의 책임의 경중을 엄밀히 따지는 것이 더 이상 무의미할 정도가 된 경우 등과 같이 혼인생활의 파탄에 대한 유책성이 이혼청구를 배척해야 할 정도로 남아 있지 아니한 특별한 사정이 있는 경우에는 예외적으로 유책배우자의 이혼청구를 허용할 수 있다고 본다. 또 이를 판단할 때에는, 유책배우자 책임의 태양 · 정도, 상대방 배우자의 혼인계속의사 및 유책배우자에 대한 감정, 당사자의 나이, 혼인생활의 기간과 혼인 후의 구체적인 생활관계, 별거기간, 부부간의 별거 후에 형성된 생활관계, 혼인생활의 파탄 후 여러 사정의 변경 여부, 이혼이 인정될 경우의 상대방 배우자의 정신적 · 사회적 · 경제적 상태와 생활보장의 정도, 미성년 자녀의 양육 · 교육 · 복지의 상황, 그 밖의 혼인관계의 여러 사정을 두루 고려하여야 한다는 입장이다.

나아가 판례는 상대방 배우자의 혼인계속의사의 구체적 판단기준 및 판단방법에 관하여 다음과 같이 판단하였다(대법원 2022.6.16. 선고 2021므14258 판결). ① 혼인계속의사를 판단할 때 상대방 배우자가 주관적으로 표명하는 의사를 기준으로 할 것이 아니라, 부부는 법률상 혼인이 유지되도록 협력할 의무를 부담하므로, 혼인생활 및 소송 중 나타난 언행 및 태도를 종합하여 그 상대방 배우자가 악화된 혼인관계를 회복하여 원만한 공동생활을 영위하려는 노력을 기울임으로써 혼인 유지에 협조할 의무를 이행할 의사가 있는지 객관적으로 판단하여야 한다. ② 혼인관계가 파탄되었는지 및 그 파탄에 대한 쌍방의 책임은 현재 이혼소송의 사실심 변론종결시를 기준으로 판단하여야 한다. 과거 일방 배우자가 이혼소송을 제기하였다가 유책배우자라는 이유로 기각판결이 확정되었더라도, 그 후로 상대방 배우자 또한 혼인관계의 회복과 양립하기 어려운 언행이나 비난을 계속하고, 쌍방간 별거가 고착화되었으며, 이미 혼인관계가 와해되어 회복될 가능성이 없음에도 협의이혼도 불가능한 상태에 이른 경우에는 과거의 유책성이 희석되었다고 볼 수 있다. ③ 유책배우자의 이혼청구를 예외적으로 인정하기 위해서는 상대방 배우자 및 자녀에 대한 보호와 배려가 이루어졌어야 하므로, 이혼에 불응하는 상대방 배우자가 혼인의 계속과 양립하기 어려워 보이는 언행을 하더라도 그 이혼거절의사가 이혼 후 자신 및 미성년 자녀의 정신적 · 사회적 · 경제적 상태와 생활보장에 대한 우려에서 기인한 것으로 볼 여지가 있는 때에는 혼인계속의사가 없다고 섣불리 단정하여서는 안 된다. ④ 자녀가 미성년자인 경우에는 혼인의 유지가 자녀의 복리에 긍정적 영향을 미칠 측면과, 파탄된 혼인관계를 유지함으로써 자녀의 복리에 부정적 영향을 미칠 측면에 관하여 모두 심리 · 판단하여야 한다.

(4) 절 차

먼저 가정법원에 조정을 신청해야 한다(가소 §2① 나류, iv §50①). 조정의 신청 없이 바로 소를 제기한 경우, 가정법원은 조정에 회부하여야 한다(가소 §50②). 다만 제5호와 같이 공시송달과 결석판결절차를 밟아야 하거나, 조정에 회부되더라도 조정이 성립될 수 없다고 인정될 때는 예외이다(위 단서).

조정을 통해서 당사자간에 이혼의사가 성립되어 조서에 기재되면 확정판결과 동일한 효력이 발생한다(가소 §59). 이를 조정이혼이라 한다. 조정에 의한 이혼이 성립하면 조정을 신청한 사람은 조정이 성립되거나 조정에 갈음하는 결정(이른바 강제조정결정 내지 화해권고결정)이 확정된 날부터 1개월 이내에 조정조서 등본과 송달증명서를 첨부하여 이혼신고를 하여야 한다(등록법 §78, §58, 등록예규 제309호 및 제171호). 조정이혼은 조정에 의해 합의가 성립되는 점에서 협의이혼과 유사하나 합의가 수동적 · 간접적이고 신고도 보고적이라는 점에서 다르다.

당사자간에 조정이 성립하지 아니한 경우 그 조정신청시에 소가 제기된 것으로 보고(민사조정법 §36①), 직권으로 조정에 회부된 사건은 다시 소송절차로 복귀한다. 재판상 이혼은 판결의 선고로서 효력이 생기며, 이혼판결이 확정되면 혼인이 해소되고 그 효력은 제3자에게도 미친다(가소 §21①). 가정법원은 이혼청구가 용인될 경우 자녀의 친권자로 지정될 사람과 양육과 면접교섭권에 관하여 미리 협의하도록 권고하여야 한다(가소 §25①).

재판에 의해 이혼판결이 확정되면 소를 제기한 사람은 재판의 확정일로부터 1개월 이내에 재판의 등본 및 확정증명서를 첨부하여 이혼신고를 하여야 한다(등록법 §73, §58). 보고적 신고이다.

이혼청구권은 일신전속권에 속하므로 이혼소송 계속 중 당사자 일방이 사망하면 그 소송은 당연히 종료하고 그 상속인이 수계할 수 없다. 또한 검사가 이를 수계할 수 있다는 규정도 없다. 따라서 이혼소송과 병합되어 있던 재산분할청구는 함께 종료된다(대법원 1994.10.28. 선고 94므246, 253 판결). 그러나 위자료청구는 상속인에 의한 수계가 가능하다(대법원 1993.5.27. 선고 92므143 판결). 또한 소송절차를 종료하지 않고 판결을 선고한 경우 그 판결은 당연무효는 아니고 상소나 재심에서 그 취소를 청구할 수 있는 것으로 된다(대법원 1995.5.23. 선고 94다2844 전원합의체 판결). 이혼소송의 재심소송에서 재심피고인 당사자가 사망한 경우에는, 그 상속인에 의한 수계는 인정되지 않으나, 검사가 그 소송절차를 수계한다(대법원 1992.5.26. 선고 90므1135 판결).

- 성년후견인이 의사무능력 상태에 있는 피성년후견인을 대리하여 그 배우자를 상대로 재판상 이혼을 청구할 수 있는가?(대법원 2010.4.29. 선고 2009므639 판결)

---

4. 이혼의 효과

이혼의 효과는 기본적으로 혼인 효과의 해소이다. 실제에서는 자녀양육과 재산분할의 문제가 쟁점으로 등장한다.

(1) 일반적 효과

이혼에 의하여 부부관계는 소멸한다. 동거 · 부양 · 협조의무, 성적 성실의무,

부부재산관계 등 혼인으로 부부 사이에 생긴 모든 권리의무는 소멸한다. 입법례에 따라서는 이혼 후의 부양의무를 인정하기도 한다. 이혼으로 배우자 관계가 소멸하므로 재혼이 가능하게 된다. 또한 혼인에 의하여 형성되었던 인척관계도 소멸하나, 혼인장애는 남는다(§809②).

(2) 자녀에 대한 효과

1) 양육문제

이혼은 부부관계의 해소를 가져올 뿐 자녀와의 신분관계와는 무관하다. 그러나 미성년자녀는 부모가 혼인 중에는 부모와 생활을 함께 하며 보살핌을 받을 수 있으나, 부모가 이혼하게 되면 부모 중 어느 일방과 생활을 하게 된다. 부모에 의한 자녀의 공동양육은 어렵게 될 수밖에 없다.

- 재판상 이혼하는 부모 모두를 자녀의 공동양육자로 지정하는 것이 가능한 경우는 언제인가?(대법원 2020.5.14. 선고 2018므15534 판결)

자녀의 양육에 필요한 사항은 당사자의 협의에 의해 정해진다(§837①). 협의에는 양육자의 결정, 양육비용의 부담, 면접교섭권의 행사 여부 및 그 방법에 관한 사항이 포함되어야 한다(동 ②).

협의이혼의 경우에는 가정법원으로부터 협의이혼의사확인을 받기 위해서는 자녀양육에 관한 협의서가 제출되어야 하고(§836의2④), 협의서에는 양육비부담에 관한 내용이 포함되어야 하므로, 가정법원은 당사자가 협의한 양육비부담에 관한 내용을 확인하는 양육비부담조서를 작성하여야 한다. 이 양육비부담조서에는 집행권원으로서의 효력이 인정된다(위 ⑤, 가소 §41).

자녀 양육에 관한 당사자의 협의가 자녀의 복리에 반하는 경우에는 가정법원은 보정을 명하거나 보정에 응하지 아니할 경우 직권으로 그 자녀의 의사(意思)·나이와 부모의 재산상황, 그 밖의 사정을 참작하여 양육에 필요한 사항을 정한다(§837③). 양육에 관한 사항의 협의가 이루어지지 않거나 협의할 수 없는 때에는 가정법원은 직권으로 또는 당사자의 청구에 따라 이에 관하여 결정한다. 가정법원이 자녀양육에 관한 결정을 할 때에도 자녀의 의사(意思)·나이와 부모의 재산상황, 그 밖의 사정을 참작하여야 한다(동 ④). 여기서 가정법원이 직권으로 양육에 관한 사항을 결정할 수 있는 때는 재판상 이혼의 경우이다. 협의이혼의 경우 자녀양육에 관한 협의서가 작성되지 않으면 가정법원은 이혼의사확인을 거부할 수 있을 뿐, 이혼의사확인절차에서 직권으로 양육에 관한 심판을 할 수는 없기 때문이다.

법원이 제837조 제4항에 따라 미성년 자녀의 양육자를 정할 때에는, 미성년 자녀의 성별과 나이, 그에 대한 부모의 애정과 양육 의사의 유무는 물론, 양육에 필요한 경제적 능력의 유무, 부와 모가 제공하려는 양육방식의 내용과 합리성·적합성 및 상호 간의 조화 가능성, 부 또는 모와 미성년 자녀 사이의 친밀도, 미성년 자녀의 의사 등의 모든 요소를 종합적으로 고려하여, 미성년 자녀의 성장과 복지에 가장 도움이 되고 적합한 방향으로 판단하여야 한다(대법원 2012.4.13. 선고 2011므4719 판결).

별거 이후 재판상 이혼에 이르기까지 상당 기간 부모의 일방이 미성년 자녀, 특히 유아를 평온하게 양육하여 온 경우, 이러한 현재의 양육 상태에 변경을 가하여 상대방을 친권자 및 양육자로 지정하는 것이 정당화되기 위해서는 현재의 양육 상태가 미성년 자녀의 건전한 성장과 복지에 도움이 되지 아니하고 오히려 방해가 되고, 상대방을 친권자 및 양육자로 지정하는 것이 현재의 양육 상태를 유지하는 경우보다 미성년 자녀의 건전한 성장과 복지에 더 도움이 된다는 점이 명백하여야 한다.

재판을 통해 비양육친이 양육자로 지정된다고 하더라도 미성년 자녀가 현실적으로 비양육친에게 인도되지 않는 한 양육자 지정만으로는, 설령 자녀 인도 청구를 하여 인용된다고 할지라도 강제집행이 사실상 불가능하다. 미성년 자녀가 유아인 경우 '유아인도를 명하는 재판의 집행절차(재판예규 제917-2호)'는 유체동산인도청구권의 집행절차에 준하여 집행관이 강제집행할 수 있으나, 유아가 의사능력이 있는 경우에 그 유아 자신이 인도를 거부하는 때에는 집행을 할 수 없다고 규정하고 있다.

위와 같이 양육자 지정 이후에도 미성년 자녀를 인도받지 못한 채 현재의 양육 상태가 유지된다면 양육친은 상대방에게 양육비 청구를 할 수 없게 되어, 결국 비양육친은 미성년 자녀를 양육하지 않으면서도 양육비를 지급할 의무가 없어지므로 경제적으로는 아무런 부담을 갖지 않게 되는 반면, 양육친은 양육에 관한 경제적 부담을 전부 부담하게 된다. 이러한 상황은 자의 건전한 성장과 복지에 도움이 되지 않는다.

따라서 비양육친이 자신을 양육자로 지정하여 달라는 청구를 하는 경우, 법원은 양육자 지정 후 사건본인의 인도가 실제로 이행될 수 있는지, 그 이행 가능성이 낮음에도 비양육친을 양육자로 지정함으로써 비양육친이 경제적 이익을 누리거나 양육친에게 경제적 고통을 주는 결과가 발생할 우려가 없는지 등에 대해 신중하게 판단할 필요가 있다.

- 수년간 별거해 온 甲과 乙의 이혼에 있어, 별거 이후 甲(父)이 양육해 온 9세 남짓의 여아인 丙에 대한 현재의 양육상태를 변경하여 乙(母)을 친권행사자 및 양육자로 지정한 원심에 대하여, 단지 어린 여아의 양육에는 어머니가 아버지보다 더 적합할 것이라는 일반적 고려만으로는 위와 같은 양육상태 변경의 정당성을 인정하기에 충분하지 아니하다는 이유로 원심판결을 파기한 사례(대법원 2010.5.13. 선고 2009므1458, 1465 판결)
- 원고가 피고에 대하여 이혼을 청구하고 이혼 후 자녀의 친권자 및 양육자로 자신을 지정하여 줄 것과 양육비의 지급을 구한 사건에서, 양육자가 양육비를 청구할 경우에는 상대방이 분담해야 할 양육비만을 결정하는 것이 타당하고 양육비의 구체적인 방법을 정하더라도 판결 주문 자체로서 집행에 의문이 없을 정도로 명확하게 특정해야 함을 이유로, 자녀의 친권자 및 양육자로 지정된 원고에게도 구체적인 액수의 양육비 부담의무를 명하고 양육비 관리를 위하여 별도의 예금계좌 개설 등을 명한 원심판결을 파기한 사례(대법원 2020.5.14. 선고 2019므15302 판결)
- 대한민국 국민과 혼인을 한 후 입국하여 체류자격을 취득하고 거주하다가 한국어를 습득하기 충분하지 않은 기간에 이혼에 이르게 된 외국인이 당사자인 경우, 미성년 자녀의 양육에 있어 한국어 소통능력이 부족한 외국인보다는 대한민국 국민인 상대방에게 양육되는 것이 더 적합할 것이라는 추상적이고 막연한 판단으로 해당 외국인 배우자가 미성년 자녀의 양육자로 지정되기에 부적합하다고 평가하는 것은 옳지 않다고 한 사례(대법원 2021. 9. 30. 선고 2021므12320, 12337 판결)

양육에 관한 처분에는 양육자의 지정, 양육기간, 양육비용의 분담, 양육권의 방해배제로서의 유아인도 등이 포함된다. 당사자의 청구에 의하여 가정법원이 자녀의 양육에 관한 심판을 할 때에는 조정이 선행된다. 자녀가 15세 이상인 때에는, 가정법원은 심판에 앞서 그 자녀의 의견을 들어야 한다. 다만, 자녀의 의견을 들을 수 없거나 자녀의 의견을 듣는 것이 오히려 자녀의 복지를 해할 만한 특별한 사정이 있다고 인정되는 때에는 그러하지 않다(가소규 §100).

가정법원은 제3자(친권자로 지정된 부 또는 모의 부모나 형제자매 등)로 하여금 양육하게 할 수도 있고 자녀를 나누어 양육하게 할 수도 있다. 양육기간은 성년에 달할 때까지이나, 15세까지는 모를, 그 이후는 부를 양육자로 하는 것처럼 기간을 나누어 양육자를 정할 수도 있다. 양육에 필요한 비용은 자녀의 부모에 대한 부양청구로서도 할 수 있으나, 양육자로 정해진 부 또는 모가 양육에 관한 처분으로서 그 분담을 청구할 수도 있다. 양육자가 제3자인 경우에는 부모 쌍방에 대해서 청구할 수 있다. 과거의 양육비용의 청구도 긍정된다(대법원 1994.5.13.자 92스21 전원합의체 결정). 가정법원이 부모의 친권 중 양육권만을 제한하여 미성년후견인으로 하여금 자녀에 대한 양육권을 행사하도록 결정한 경우, 제837조를 유추적용하여 미성년후견인이 비양육친을 상대로 양육비심판을 청구할 수 있다(대법원 2021.5.27.자 2019스621 결정).

자녀 양육에 관한 사항은 친권의 일부이다. 따라서 자녀 양육에 관한 처분이 있으면 그에 관한 사항을 제외한 나머지에 대해서만 친권의 효력이 미친다. 즉, 양육자와 친권자가 달리 정해진 경우(대법원 2012.4.13. 선고 2011므4719 판결: 이혼 후 부모와 자녀의 관계에서 친권과 양육권이 항상 같은 사람에게 돌아가야 하는 것은 아니며, 이혼 후 자에 대한 양육권이 부모 중 어느 일방에, 친권이 다른 일방에 또는 부모에 공동으로 귀속되는 것으로 정할 수 있다), 양육자가 수행하는 자녀의 양육·교육에 필요한 거소지정, 부당하게 자녀를 억류하는 자에 대한 인도청구 내지 방해배제청구가 친권자의 거소지정권 내지 유아인도청구권을 침해하는 것은 아니다(대법원 1985.2.26. 선고 84므86 판결). 다만, 혼인동의권과 같이 부모로서의 권리의무가 아닌 친권의 내용 중 양육 이외의 사항 즉 자녀에 대한 법정대리권이나 법률행위동의권은 친권자로 지정된 자만이 행사할 수 있다.

가정법원은 자녀의 복리를 위하여 필요하다고 인정하는 경우에는 부·모·자녀 및 검사의 청구 또는 직권으로 당사자의 협의나 가정법원이 정한 자녀의 양육에 관한 사항을 변경하거나 다른 적당한 처분을 할 수 있다(동 제5항). 변경은 당초의 결정 후에 특별한 사정변경이 있는 경우뿐만 아니라 당초의 협의나 결정이 제837조 제3항이 정한 제반 사정에 비추어 부당하다고 인정되는 경우에도 가능하다(대법원 1991.6.25. 선고 90므699 판결; 대법원 2006.4.17.자 2005스18, 19 결정). 이혼 당사자가 자의 양육에 관한 사항을 협의에 의하여 재판상 화해로 정하였더라도 필요한 경우 가정법원은 당사자의 청구에 의하여 그 사항을 변경할 수 있다(대법원 1998.7.10.자 98스17, 18 결정). 자녀의 양육에 관한 협의나 가정법원의 결정 · 처분은 양육 이외의 사항의 부모의 권리의무에 변경을 가져오지 않는다(§837⑥).

사실혼 해소의 경우에도 이혼 후 자녀 양육에 관한 규정이 유추적용되어야 할 것이나, 판례는 사실혼(남녀관계) 해소의 경우 생모가 그 자녀의 생부를 상대로 양육자 지정이나 양육에 관한 사항을 정하여 달라는 청구는 할 수 없다고 본다(대법원 1979.5.8. 선고 79므3 판결). 법률상의 근거가 없음을 이유로 내세운다.

- 이혼한 부부 사이에 자녀의 양육자인 일방이 상대방에 대하여 가지는 양육비채권을 상대방의 양육자에 대한 위자료 및 재산분할청구권과 상계할 수 있는가?(대법원 2006.7.4. 선고 2006므751 판결)
- 비양육친이 종전에 정해진 양육비의 분담이 과다하게 되었다고 주장하며 감액을 청구하는 경우, 법원은 자녀들의 성장에도 불구하고 양육비의 감액이 필요할 정도로 청구인의 소득과 재산이 실질적으로 감소하였는지 심리 · 판단하여야 하는가?(대법원 2022.9.29.자 2022스646 결정)
- 양육자로 지정된 양육친이 비양육친을 상대로 제기한 양육비 청구 사건에서 제1심 가정법원이 자녀가 성년에 이르기 전날을 종기로 삼아 장래양육비의 분담을 정한 경우, 항고심법원이 양육에 관한 사항을 심리한 결과 일정 시점 이후에는 양육자로 지정된 자가 자녀를 양육하지 않고 있는 사실이 확인된다면, 이를 반영하여 장래양육비의 지급을 명하는 기간을 다시 정하여야 하는가?(대법원 2022.11.10.자 2021스766 결정)

---

2) **면접교섭권**

이혼에 의하여 부모와 자녀의 공동생활관계는 유지될 수 없으므로, 부모 중 어느 일방(또는 쌍방)과 따로 떨어져 살게 된다. 양육친과 자녀 사이의 안정된 친자관계를 방해하며 비양육친과 자녀와의 심리적 갈등을 낳을 수 있다는 비판적 견해도 있으나, 대체로 이혼 후에도 자녀를 직접 양육하지 않은 부모와의 관계가 계속 유지됨은 자녀의 정서적 안정과 올바른 성장에 유익하다고 본다. 이에 근거하여 마련된 것이 부모와 자녀 사이의 면접교섭권제도이다. 따라서 면접교섭권의 목적은 자녀의 복리증진에 있고 미성년자녀와의 관계에서만 인정된다.

면접교섭권이라 함은 이혼 후 자녀를 직접 보호 · 양육하고 있지 않은 부 또는 모와 그 자녀가 직접 만나거나(면접), 서신교환 · 연락 · 접촉하는 권리를 말한다. 면접교섭권은 1990년 민법 개정에 의하여 명문화되었으나, 실무에서는 “자녀

양육에 관한 사항"의 한 내용으로 이를 파악하여 인정해 왔다(서울고등법원 1987. 2.23. 선고 86르313 판결). 1990년 개정민법은 면접교섭권을 부모의 권리로 규정하여 면접교섭권을 부모의 기본권 · 고유권, 즉 자연법상의 권리가 양육에 관한 권리로서 실정법화한 것으로 절대권, 일신전속권, 영속적 권리로서의 성질을 가지나 자녀의 복리를 이유로 제한 또는 박탈될 수 있는 권리로 이해하도록 하였다. 2005년 민법 개정에 의하여 면접교섭권은 부모의 권리의무이자 자녀의 권리로 된다. UN이 정한 아동의 권리에 관한 조약상의 요구를 반영한 것이다.

부모의 권리로서의 면접교섭권은 양육권의 구체적 실현이라 할 수 있다. 그러한 한에서는 면접교섭권을 정한 제837조의2는 제837조의 특별규정이라 할 수 있다. 따라서 부모의 권리로서의 면접교섭권의 행사방법과 범위는 일차적으로 부모의 협의에 의하고 협의가 이루어지지 않거나 협의할 수 없는 때에는 가정법원이 직권 또는 당사자의 청구에 따라 이에 관하여 결정한다. 협의이혼의 경우에는 자녀의 양육에 관한 협의서에 면접교섭권의 행사 여부와 그 방법이 포함되어야 하고, 그것이 자녀의 복리에 반하는 경우에는 가정법원은 보정을 명하거나 직권으로 정할 수 있고, 자녀의 복리를 위하여 필요하다고 인정하는 경우에는 변경할 수도 있다. 또한 자녀의 복리를 이유로 면접교섭권을 제한 · 배제 · 변경할 수 있다(§837의2③). 전면적인 배제도 가능한 것으로 해석되나 부모의 고유권인 점을 고려할 때 신중해야 할 것이다. 면접교섭권의 제한은 특정시기의 특정기간에 한하여 특정장소에서 자녀와 동거, 면회, 방문, 전화, 편지 교환 등을 허용하는 내용으로 되며, 양육친에 대하여 상대방의 면접교섭을 방해해서는 안 된다는 방해금지명령이 부가되기도 한다.

자녀의 면접교섭권은 자녀는 비양육친과의 면접교섭을 원하나 비양육친이 이에 응하지 아니할 경우에 행사될 수 있을 것이다. 이 경우 자녀가 비양육친과 면접교섭에 관하여 협의를 할 수 있는가는 의문이다. 면접교섭권은 부모와 미성년자녀 사이에서만 인정되고, 일신전속적 권리이기 때문이다.

- 비양육친이 '아이를 낳아 주고 이혼해 주면 돈을 주겠다'는 대리모약정에 따라 자(子)를 임신하고 출산한 경우, 비양육친의 면접교섭권을 전면적으로 배제하기로 하는 당사자간의 합의는 유효한가?(서울가정법원 2009.4.10.자 2009브16 결정)

가정법원이 면접교섭에 관한 처분과 변경, 제한과 배제를 심판함에 있어 자녀가 13세 이상인 때에는 미리 그 자녀의 의견을 들어야 한다. 다만, 자녀의 의견을 들을 수 없거나 자녀의 의견을 듣는 것이 오히려 자녀의 복지를 해할만한 특별한 사정이 있다고 인정되는 때에는 그러하지 않다(가소규 §100).

자녀가 비양육친의 면접교섭을 거부하는 경우도 있으나, 면접교섭허용의무를 지는 양육친의 이행거부에 부딪치는 경우가 많다. 가정법원의 면접교섭허용결정을 방해하거나 거부하는 경우에는 그 구제방법이 필요하다. 왜냐하면 이는 강제이행에 적합하지 않기 때문이다. 가정법원은 자녀와의 면접교섭허용의무를 이행하여야 할 사람이 정당한 이유 없이 그 의무를 이행하지 아니할 때에는 당사자의 신청에 의하여 일정한 기간 내에 그 의무를 이행할 것을 명할 수 있다(가소 §64①). 이행명령에 응하지 않으면 1천만원 이하의 과태료에 처해진다(동 §67①).

입법례에 따라서는 부모 이외에 조부모, 형제자매 그 밖의 친족의 면접교섭권을 인정하기도 한다(1995년 러시아연방 가족법전 §67①). 왜냐하면 이들 사이의 면접교섭도 자녀의 정상적인 성장에 유익할 수 있기 때문이다. 예컨대 자녀를 직접 양육하지 않은 부모의 일방이 사망하거나 자녀를 직접 양육하지 않은 부모 일방이 중환자실 입원, 군복무, 교도소 수감, 외국거주 등 불가피한 사정으로 면접교섭권을 행사할 수 없는 경우에는, 자녀가 오로지 친가나 외가 중 한쪽 집안과 교류하게 되어 양쪽 집안 간의 균형 있는 유대를 상실할 우려가 있고, 이는 자녀의 심리적 안정과 건전한 성장에 부정적인 영향을 미칠 수도 있다. 이를 고려하여 2016년 개정 민법은 자녀를 직접 양육하지 않은 부모 일방의 직계존속은 그 부모 일방이 사망하였거나 질병, 외국거주, 그 밖에 불가피한 사정으로 자녀를 면접교섭할 수 없는 경우 가정법원에 자녀와의 면접교섭을 청구할 수 있게 한 것이다(§837의2② 제1문). 이 경우 가정법원은 자녀의 의사, 면접교섭을 청구한 사람과 자녀와의 관계, 청구의 동기, 그 밖의 사정을 참작하여야 한다(§837의2② 제2문).

하급심 사례에서는 형제 사이의 면접교섭권을 인정하기도 한다(수원지법 2013.6.28.자 2013브33 결정). 민법상 명문으로 형제에 대한 면접교섭권을 인정하고 있지는 않으나, 형제에 대한 면접교섭권은 헌법상 행복추구권 또는 헌법 제36조 제1항에서 규정한 개인의 존엄을 기반으로 하는 가족생활에서 도출되는 헌법상의 권리라는 점을 근거로 든다. 이러한 논리라면 이모, 고모, 백숙부 등 자녀의 근친자의 면접교섭권도 긍정될 수 있을 것이다.

자녀의 비양육친에 대한 면접교섭권이 인정되는 것에 비추어 손자녀의 조부모에 대한 면접교섭권도 긍정되어야 할 것이다.

자녀의 양육, 면섭교섭에 관한 제837조와 제837조의2의 규정은 혼인취소 및 인지의 경우에도 준용된다(§824의2, §864의2). 혼인 중의 부부가 이혼하지 않은 상태에서 별거하는 경우에도, 자녀를 양육하지 않는 부부 일방에게 자녀에 대한 면접교섭권은 인정된다(서울가정법원 1994.7.20.자 94브45 결정). 근거로는 제826조와 제837조의2의 유추적용을 들고 있다.

(3) 재산분할청구권

1) 의 의

이혼에 의해 부부재산관계는 종료되고 공유재산은 언제든지 분할할 수 있게 된다. 그러나 이외에도 혼인 중 부부의 협력에 의해 취득된 재산의 청산과 이혼 후 생활이 어려운 일방의 보호·구제라는 문제가 대두된다. 따라서 "협의상 이혼한 자의 일방은 다른 일방에 대하여 재산분할을 청구할 수 있다"(§839의2①)고 규정하고 이를 재판이혼에 준용하고 있다(§843). 이는 성질상 혼인취소의 경우에도 준용되며(가소 §2① 마류 iv), 사실혼해소의 경우에도 유추적용된다(대법원 1995.3.28. 선고 94므1447 판결). 그러나 중혼적 사실혼 관계의 해소의 경우에는 법률혼 관계가 사실상 이혼상태라는 특별한 사정이 없는 한 재산분할청구는 인정되지 않는다(대법원 1995.7.3.자 94스30 결정).

입법론으로서 재산분할청구제도가 도입되어야 한다는 주장은 민법제정시에도 있었으나 1990년 민법 개정에 의하여 비로소 입법화되었다. 부부의 협력을 통하여 이룩한 실질적 공유재산도 많은 경우 부(夫)의 명의로 취득되고 별산제의 법리에 따라 부의 특유재산으로 취급됨은 부부재산관계의 실질에 반한다. 부부 일방의 사망이나 이혼 등 혼인관계해소시 부부 사이에 실질적 불평등이 발생하지 않기 위한 배려가 필요하다. 이러한 점에서 재산분할청구제도는 부부의 실질적 평등의 실현에 크게 기여하고 있다고 할 만하다. 2007년 민법 개정에 의하여 재산분할청구권의 보전을 위한 사해행위취소제도가 신설되고(§839조3), 2009년에는 재산분할청구의 실효성을 확보하기 위한 방안으로 재산명시 및 재산조회제도가 도입되었다(가소 §48의2 및 §48의3).

2) 법적 성질

재산분할청구권의 법적 성질을 둘러싼 논의는 다양하게 전개되었으나, 통설 · 판례는 부부의 재산관계의 실질적 청산(청산적 성질)과 이혼 후의 부양(부양적 성질)을 내용으로 하며, 이혼에 의한 위자료는 포함되지 않는다는 입장이다. 다만 판례는 재산분할제도는 부부가 혼인 중에 취득한 실질적인 공동재산을 청산 · 분배하는 것을 주된 목적으로 하며, 부양적 요소를 보충적인 것으로 이해하려는 경향을 보인다(대법원 1993.5.11.자 93스6 결정).

청산적 성질이란 혼인 중 부부간의 협력의 성과를 이혼하면서 그 실질에 따라 청산하는 것으로 잠재적 · 실질적 공유지분의 반환(현재화)을 의미한다. 즉 실질적으로는 부부의 협력에 의한 재산이 형식적으로는 일방 명의로 취득, 축적되어 있는 것(형식과 실질의 상위)을 청산하는 것을 말한다. 따라서 청산은 혼인 후 이혼까지 부부의 협력에 의하여 증가된 재산을 대상으로 하나, 재산의 증가가 없는 경우에도 상대방 특유재산의 유지, 보존에 대한 협력이나 영업에 종사 · 협력한 것도 고려되어야 한다.

부양적 성질이란 부부재산관계의 청산 결과를 고려하여도 당사자 일방이 이혼 후 생활에 곤궁한 경우, 그 사람을 타방이 부양하여야 함을 말한다. 근거는 무엇인가? 약자보호의 법리, 혼인의 사후적 효과, 친족부양, 손해배상 등 여러 이유가 제시되고 있다. 통설적 견해는 부부 일방이 부양을 필요로 하는 상태에 있는 경우에는 혼인관계가 해소되더라도 부양의무는 소멸하지 않으므로 이를 재산분할에서 참작하여야 한다는 입장이다.

위자료와의 관계에 대하여는 양자를 별개로 이해한다(한정설, 분별설). 왜냐하면 재산분할청구에는 위자료에서와 같은 제재적, 손해배상적 성질이 포함되어 있지 않고, 양자의 시효, 소송물이 다르기 때문이다. 또한 재산분할청구권은 유책배우자에게도 인정(대법원 1993.5.11. 선고 93스6 판결)되는 반면에 제3자는 청구할 수 없다는 점에서도 위자료청구권과 다르다. 그러나 당사자간 재산분할에 관한 협의를 하면서 위자료를 배상하기 위한 급부로서의 성질까지 포함시키는 것은 무방하다(대법원 2001.5.8. 선고 2000다58804 판결).

재산분할청구는 소송적 성질도 지니나 비송으로 취급되며, 조정전치주의에 따른다. 혼인이 해소되어 이미 구체적으로 발생한 재산분할청구권은 일반재산권으로서의 성질을 지니므로 포기할 수 있을 것이나, 혼인이 해소되기 전의 포기는 허용되지 않는다. 왜냐하면 이혼으로 인한 재산분할청구권은 이혼이 성립한 때에 법적 효과로서 비로소 발생하는 것이기 때문이다. 그리고 이혼으로 인한 재산분할청구권은 협의 또는 심판에 따라 구체적 내용이 형성되기까지는 범위 및 내용이 불명확·불확정하기 때문에 구체적으로 권리가 발생하였다고 할 수 없으므로, 협의 또는 심판에 따라 구체화되지 않은 재산분할청구권을 혼인이 해소되기 전에 미리 포기하는 것은 성질상 허용되지 않는다. 따라서 아직 이혼하지 않은 당사자가 장차 협의상 이혼할 것을 합의하는 과정에서 이를 전제로 재산분할청구권을 포기하는 서면을 작성한 경우, 부부 쌍방의 협력으로 형성된 공동재산 전부를 청산·분배하려는 의도로 재산분할의 대상이 되는 재산액, 이에 대한 쌍방의 기여도와 재산분할 방법 등에 관하여 협의한 결과 부부 일방이 재산분할청구권을 포기하기에 이르렀다는 등의 사정이 없는 한 성질상 허용되지 않은 '재산분할청구권의 사전포기'에 불과할 뿐이므로 쉽사리 '재산분할에 관한 협의'로서의 '포기약정'이라고 보아서는 아니 된다(대법원 2016.1.25.자 2015스451 결정).

재산분할청구권은 이혼을 한 당사자의 일방이 다른 일방에 대하여 재산분할을 청구할 수 있는 권리로서 청구인의 재산에 영향을 미치지만, 순전한 재산법적 행위와 같이 볼 수는 없다. 오히려 이혼을 한 경우 당사자는 배우자, 자녀 등과의 관계 등을 종합적으로 고려하여 재산분할청구권 행사 여부를 결정하게 되고, 법원은 청산적 요소뿐만 아니라 이혼 후의 부양적 요소 등도 고려하여 재산을 분할하게 된다. 또한 재산분할청구권은 협의 또는 심판에 의하여 구체적 내용이 형성되기까지는 그 범위 및 내용이 불명확·불확정하기 때문에 구체적으로 권리가 발생하였다고 할 수 없어 채무자의 책임재산에 해당한다고 보기 어렵고, 이를 포기하는 행위 또한 채권자취소권의 대상이 될 수 없다(대법원 2013.10.11. 선고 2013다7936 판결).

채권자의 입장에서는 채무자의 재산분할청구권 불행사가 그의 기대를 저버리는 측면이 있다고 하더라도 채무자의 재산을 현재의 상태보다 악화시키지 아니한다. 이러한 사정을 종합하면, 이혼으로 인한 재산분할청구권은 그 행사 여부가 청구인의 인격적 이익을 위하여 그의 자유로운 의사결정에 전적으로 맡겨진 권리로서 행사상의 일신전속성을 가지므로, 채권자대위권의 목적이 될 수 없다(대법원 2022.7.28.자 2022스613 결정).

위 법리에 비추어 살펴보면, 이혼 당시 협의 또는 심판에 의하여 구체화되지 아니한 재산분할청구권은 파산재단에 속하지 아니하므로, 채무자가 협의이혼 하면서 이를 행사하지 않고 사실상 포기하는 등 채권자에게 불이익하게 처분하였더라도 특별한 사정이 없는 한 채무자회생법에서 정한 면책불허가 사유에 해당한다고 볼 수 없다(대법원 2023.7.14.자 2023마5758 결정).

3) 분할방법

이혼한 사람의 일방은 다른 일방에 대하여 재산분할을 청구할 수 있고 그 액수와 방법은 일차적으로 당사자의 협의 또는 조정에 의해 정해진다. 협의가 되지 않거나 협의할 수 없는 때에는 당사자의 청구에 의하여 가정법원이 심판으로 정한다. 이때 법원으로서는 당사자의 주장에 구애되지 않고 재산분할의 대상이 무엇인지 직권으로 사실조사를 하여 포함시키거나 제외시킬 수 있다. 따라서 당사자가 소송 중에 일부 재산에 관한 분할방법에 관한 합의를 하였다고 하더라도, 법원으로서는 당사자가 합의한 대로 분할을 하여야 하는 것은 아니다(대법원 2013.7.12. 선고 2011므1116, 1123 판결).

그러나 재산분할심판은 재산분할에 관하여 당사자 사이에 협의가 되지 않거나 협의할 수 없는 때에 한하여 하는 것이므로, 쌍방 당사자가 일부 재산에 관하여 분할방법에 관한 합의를 하였고, 그것이 그 일부 재산과 나머지 재산을 적정하게 분할하는 데 지장을 가져오는 것이 아니라면 법원으로서는 이를 최대한 존중하여 재산분할을 명하는 것이 타당하다. 그 경우 법원이 아무런 합리적인 이유를 제시하지 아니한 채 그 합의에 반하는 방법으로 재산분할을 하는 것은, 재산분할사건이 가사비송사건이고 그에 관하여 법원의 후견적 입장이 강조된다는 측면을 고려하더라도 정당화되기 어렵다(대법원 2021.6.10. 선고 2021므10898 판결). 또한 청구취지를 초과하는 재산분할을 명할 수는 없다(가소규§93②).

협의이혼하는 경우에는 미리 재산분할에 관한 협의를 하기도 한다. 이 협의는 협의이혼의 성립을 조건으로 하므로, 협의이혼을 하지 않게 되거나 재판상 이혼을 한 경우에는 조건의 불성취로 효력이 발생하지 않는다(대법원 1995.10.12. 선고 95다23156 판결). 협의이혼이 이루어진 후 약정대로 이행하지 아니할 경우에는 재산분할청구가 아니라 일반민사사건으로서 약정의 이행을 청구하여야 한다. 채무불이행을 이유로 재산분할협의를 해제하고 재산분할청구를 할 수도 있다(대법원 1993.12.28. 선고 93므409 판결).

재산분할에 관하여 당사자가 협의하는 경우 그 액수와 방법에는 아무 제한이 없다. 금전분할 · 현물분할, 일시금 · 정기금, 직접불 · 간접불을 불문한다. 현물분할의 경우에는 일방 명의의 재산을 타방에게 이선하는 증여의 형태를 취하기도 한다. 이러한 취지의 재산분할계약이 서면으로 작성되지 아니한 경우도 제555조에 의한 해제는 허용되지 않는다. 사기나 강박을 이유로 한 취소는 가능하다.

4) 기준시 · 대상 · 비율

당사자의 청구에 의하여 가정법원이 재산분할심판을 할 때에는 "당사자 쌍방의 협력으로 이룩한 재산의 액수 기타 사정을 참작하여 분할의 액수와 방법"을 정해야 한다. 청산의 대상으로 되는 재산의 범위와 가액산정의 기준시기를 어떠한 시점으로 해야 하는지가 먼저 검토되어야 한다. 판례는 협의이혼에 따른 재산분할에서는 협의이혼이 성립한 날(이혼신고일)을 기준으로 하고(대법원 2006.9.14. 선고 2005다74900 판결), 재판상 이혼에 따른 재산분할에서는 이혼소송의 사실심 변론종결일을 기준으로 하고 있다(대법원 2000.5.2.자 2000스13 결정; 대법원 2010.4.15. 선고 2009므4297 판결). 다만 혼인관계가 파탄된 이후 사실심 변론종결일 사이에 생긴 재산관계의 변동이 부부 중 일방에 의한 후발적 사정에 의한 것으로서 혼인 중 공동으로 형성한 재산관계와 무관하다는 등 특별한 사정이 있는 경우 그 변동된 재산은 재산분할 대상에서 제외하여야 하나, 부부의 일방이 혼인관계 파탄 이후에 취득한 재산이라도 그것이 혼인관계 파탄 이전에 쌍방의 협력에 의하여 형성된 유형 · 무형의 자원에 기한 것이라면 재산분할의 대상이 된다(대법원 2019.10.31. 선고 2019므12549, 12556 판결).

- 혼인관계가 파탄난 후 아파트 분양잔금을 지급한 경우, 그 아파트도 재산분할 대상이 되는가?(대법원 2019.10.31. 선고 2019므12549, 12556 판결)

분할대상으로 되는지의 여부에 관하여 다툼의 여지가 있는 재산에 관하여 살펴보기로 한다.

① 특유재산 등: 특유재산은 원칙적으로 분할의 대상으로 되지 않으나, 특유재산일지라도 다른 일방이 적극적으로 그 특유재산의 유지에 협력하여 그 감소를 방지하였거나 그 증식에 협력하였다고 인정되는 경우에는 분할의 대상으로 된다

(대법원 1998.2.13. 선고 97므1486, 1493 판결). 다른 사람 명의로 명의신탁된 재산도 실질적으로 부부 중 일방의 소유에 속하는 한 재산분할의 대상이 된다(대법원 1993.6.11. 선고 92므1054, 1061 판결).

부부의 일방이 실질적으로 혼자서 지배하고 있는 주식회사(이른바 '1인 회사')라고 하더라도 그 회사 소유의 재산을 바로 그 개인의 재산으로 평가하여 재산분할의 대상에 포함시킬 수는 없다(대법원 2011.3.10. 선고 2010므4699, 4705, 4712 판결).

제3자 명의로 명의신탁된 재산도 분할대상으로 되며, 제3자와 합유하고 있는 재산도 분할대상으로 된다. 다만 합유 지분은 처분이나 분할이 제한되므로 그 지분의 가액을 산정하여 분할의 대상으로 하거나 다른 재산의 분할에 참작하여야 한다(대법원 2009.11.12. 선고 2009므2840, 2857 판결).

② 퇴직급여: 계속적 고용관계의 종료를 요건으로 하여 퇴직자에게 지급하는 급부로서 퇴직금 또는 퇴직연금을 말한다. 그 법적 성질은 사회보장적 급여로서의 성격, 임금의 후불적 성격과 성실한 근무에 대한 공로보상적 성격을 지닌다(대법원 1995.9.29. 선고 95누7529 판결, 대법원 1995.10.12. 선고 94다36186 판결 등 참조). 퇴직급여채권을 취득하기 위해서는 일정기간 근무할 것이 요구되고, 여기에 상대방 배우자의 협력에 의한 기여가 인정된다면 그 퇴직급여 역시 부부 쌍방의 협력으로 이룩한 재산으로서 재산분할의 대상이 될 수 있다.

종래의 판례는 이와 관련하여 부부 일방이 이혼 당시 이미 퇴직하여 수령한 퇴직금은 재산분할의 대상이 되나(대법원 1995.3.28. 선고 94므1584 판결), 이혼 당시 아직 퇴직하지 아니한 채 직장에 근무하고 있는 경우에는 그의 퇴직일과 수령할 퇴직금이 확정되었다는 등의 특별한 사정이 없는 한 그가 장차 퇴직금을 받을 개연성이 있다는 사정만으로 그 장래의 퇴직금을 청산의 대상이 되는 재산에 포함시킬 수는 없고, 장래 퇴직금을 받을 개연성이 있다는 사정은 "기타 사정"으로 참작하면 충분하다는 입장을 취해 왔다(대법원 1995.5.23. 선고 94므1713, 1720 판결, 대법원 1998.6.12. 선고 98므213 판결 등). 향후 수령할 퇴직연금 또한 마찬가지였다(대법원 1997.3.14. 선고 96므1533, 1540 판결).

퇴직급여채권은 퇴직이라는 급여의 사유가 발생함으로써 현실화되므로(대법원 1992.9.14. 선고 92다17754 판결, 대법원 2014.4.24. 선고 2013두26552 판결 등 참조), 이혼 시점에서는 어느 정도의 불확실성이나 변동가능성을 지닐 수밖에 없는 점을 고려한 것이다. 그러나 그렇다고 하여 퇴직급여채권을 재산분할의 대상에서 제외하고 단지 장래의 수령가능성을 재산분할의 액수와 방법을 정하는 데 필요한 기타 사정으로만 참작하는 것은 재산분할제도의 취지에 맞지 않고, 당사자 사이의 실질적 공평에도 반하여 부당하므로, 비록 이혼 당시 부부 일방이 아직 재직 중이어서 실제 퇴직급여를 수령하지 않았더라도 이혼소송의 사실심 변론종결 시에 이미 잠재적으로 존재하여 경제적 가치의 현실적 평가가 가능한 재산인 퇴직급여채권은 재산분할의 대상에 포함시킬 수 있으며, 구체적으로는 이혼소송의 사실심 변론종결 시를 기준으로 그 시점에서 퇴직할 경우 수령할 수 있을 것으로 예상되는 퇴직급여 상당액의 채권이 그 대상이 된다(대법원 2014.7.16. 선고 2013므2250 전원합의체 판결).

공무원 퇴직연금도 사회보장적 급여로서의 성격과 임금의 후불적 성격을 지니므로, 이혼소송의 사실심 변론종결 당시에 부부 중 일방이 공무원 퇴직연금을 실제로 수령하고 있는 경우에는, 재산분할제도의 취지에 비추어 허용될 수 없는 경우가 아니라면, 이미 발생한 공무원 퇴직연금수급권도 재산분할의 대상에 포함될 수 있고, 정기금지급방식의 재산분할도 가능하며, 이 경우 분할권리자가 분할의무자에 대하여 가지게 되는 정기금채권 또한 제3자에게 양도되거나 분할권리자의 상속인에게 상속될 수 없다. 또한 합리적인 근거 없이 분할대상 재산별로 분할비율을 달리 정하는 것은 허용되지 않으나, 공무원 퇴직연금수급권에 대하여 위와 같이 정기금 방식으로 재산분할을 할 경우에는 연금수급권자인 배우자의 여명을 알 수 없어 가액을 특정할 수 없는 등의 특성이 있으므로, 재산분할에서 고려되는 제반 사정에 비추어 공무원 퇴직연금수급권에 대한 기여도와 다른 일반재산에 대한 기여도를 종합적으로 고려하여 전체 재산에 대한 하나의 분할비율을 정하는 것이 형평에 부합하지 않은 경우에는 공무원 퇴직연금수급권과 다른 일반재산을 구분하여 개별적으로 분할비율을 정하는 것이 타당하고, 그 결과 실제로 분할비율이 달리 정하여지더라도 이는 분할비율을 달리 정할 수 있는 합리적 근거가 있는 경우에 해당한다. 이때 공무원 퇴직연금의 분할비율은 전체 재직기간 중 실질적 혼인기간이 차지하는 비율, 당사자의 직업 및 업무내용, 가사 내지 육아 부담의 분배 등 상대방 배우자가 실제로 협력 내지 기여한 정도 그 밖의 제반 사정을 종합적으로 고려하여 정하여야 한다(대법원 2014.7.16. 선고 2012므2888 전원합의체 판결).

한편 1998년 12월 31일 개정된 국민연금법(법률 제5623호, 1999년 1월 1일 시행)에 따라 분할연금제도가 도입되며(§57의2, 현 §64), 2016년 1월 1일부터는 공무원연금과 사립학교교직원연금에도 확대되었다. 분할연금이라 함은 배우자의 가입기간 중(공무원·사립학교교직원으로 재직기간 중) 혼인기간이 5년 이상인 사람이 배우자와 이혼하고 배우자였던 사람이 노령연금수급권자(퇴직연금 또는 조기퇴직연금수급권자)가 60세(65세)가 되었을 경우 배우자였던 사람의 노령연금액(퇴직연금액 또는 조기퇴직연금액) 중 혼인기간에 해당하는 연금액을 균등하게 나눈 금액을 받을 수 있는 것을 말한다. 분할연금액은 민법에 따라 연금분할에 관하여 따로 정해진 경우에는 그에 따른다(§64의2①). 헌법재판소는 부부 사이에 실질적인 혼인관계가 존재하였는지를 묻지 않고, 5년 이상 법률상의 혼인관계가 존속되었음을 요건으로 하여 분할연금수급권을 부여하고 있는 국민연금법 제64조 제1항은 헌법에 합치되지 않고, 2018년 6월 30일까지 개선입법을 하도록 결정하였다(헌법재판소 2016.12.29. 선고 2015헌마182 결정). 이에 따라 2017년 12월 19일 개정된 국민연금법(법률 제15267호, 2018년 6월 20일 시행)은 별거, 가출 등의 사유로 인하여 실질적인 혼인관계가 존재하지 않았던 기간은 혼인기간산정에서 제외하고(§64①), 구체적인 혼인기간의 인정기준과 방법 등을 대통령령으로 정하도록 하였다(§64④). 공무원연금과 사립학교 교직원 연금에도 유추적용된다고 보아야 할 것이다.

③ 무형의 재산 : 장래의 수입증가를 가져올 수 있게 하는 잠재적 재산, 즉 재산적 평가가 가능한 전문의(서울가정법원 1991.6.13. 선고 91드1220 판결)·변호사·박사학위(대법원 1998.6.12. 선고 98므213 판결) 취득 사실도 "기타의 사정"으로 참작하게 된다.

④ 채무 : 부부 일방이 혼인 중 제3자에게 부담한 채무는 일상가사에 관한 것으로 부부 쌍방이 연대책임을 져야 하는 것 이외에는 원칙으로 개인채무로서 청산의 대상으로 되지 않는다. 그러나 공동재산의 형성에 수반하여 부담한 채무인 경우에는 청산대상이 된다(대법원 1993.5.25. 선고 92므501 판결; 대법원 2010.4.15. 선고 2009므4297 판결). 혼인생활 중 쌍방의 협력으로 취득한 부동산에 관하여 부부의 일방이 부담하는 임대차보증금반환채무도 특별한 사정이 없는 한, 혼인 중 재산의 형성에 수반한 채무로서 재산분할의 대상이 된다(대법원 2011.3.10. 선고 2010므4699, 4705, 4712 판결).

부부가 이혼할 때 쌍방의 소극재산 총액이 적극재산 총액을 초과하여 재산분할을 한 결과가 결국 채무의 분담을 정하는 것이 되는 경우에도 당연히 재산분할청구가 배척되어야 하는 것은 아니다. 이러한 경우에도 채무의 성질, 채권자와의 관계, 물적 담보의 존부 등 일체의 사정을 참작하여 이를 분담하게 하는 것이 적합하다고 인정되면 구체적인 분담의 방법 등을 정하여 재산분할청구를 받아들일 수 있다. 다만 재산분할청구사건에서는 부양적 요소도 함께 고려하여야 하므로, 재산분할에 의하여 채무를 분담하게 되면 그로써 채무초과 상태가 되거나 기존의 채무초과 상태가 더욱 악화되는 것과 같은 경우에는 채무부담의 경위, 용처, 채무의 내용과 금액, 혼인생활의 과정, 당사자의 경제적 활동능력과 장래의 전망 등 제반 사정을 종합적으로 고려하여 채무를 분담하게 할지의 여부 및 분담의 방법 등을 정할 것이고, 적극재산을 분할할 때처럼 재산형성에 대한 기여도 등을 중심으로 일률적인 비율을 정하여 당연히 분할 귀속되게 하여야 하는 것은 아니다(대법원 2013.6.20. 선고 2010므4071, 4088 전원합의체 판결의 다수의견).

분할대상이 되는 재산이 확정되면 그에 대한 청구권자의 협력의 정도 곧 기여도를 평가하여 분할액수를 산정하게 된다(기여도설). 개별산정방식과 개괄산정방식이 있다. 어느 방식을 취하든 가정법원은 재산분할을 함에 있어 방법이나 비율 또는 액수는 당사자 쌍방의 협력으로 이룩한 재산의 액수 그 밖의 사정을 참작하여 정하면 되고, 그 밖의 사정 중 중요한 것은 명시하여야 할 것이나 그 모두를 개별적 · 구체적으로 일일이 특정하여 설시하여야 하는 것은 아니다(대법원 1993.5.25. 선고 92므501 판결).

재산분할액 산정의 기초가 되는 재산의 가액산정의 방법은 반드시 시가감정에 의하여야 하는 것은 아니고(대법원 1994.10.25. 선고 94므734 판결), 객관성과 합리성이 있는 자료에 의하여 평가하면 된다(대법원 2002.8.28.자 2002스36 결정).

재산분할비율은 개별재산에 대한 기여도가 아니라, 기여도 그 밖의 모든 사정을 고려하여 전체로서의 형성된 재산에 대하여 상대방 배우자로부터 분할받을 수 있는 비율을 말한다. 따라서 적극재산과 소극재산을 구별하여 분담비율을 달리 정한다거나, 분할대상 재산들을 개별적으로 구분하여 분할비율을 달리 정함으로써 분할할 적극재산의 가액을 임의로 조정하는 것은 허용되지 않는다(대법원 2002.9.4. 선고 2001므718 판결). 분할비율과 관련해서는 평등비율설이 입법론으로 주장되고 있다.

- 부부의 일방이 제3자와 합유하고 있는 재산도 재산분할의 대상에 포함시킬 수 있는가? 포함시킬 수 있다면 그 분할방법은 어떠한가?(대법원 2009.11.12. 선고 2009므2840, 2857 판결)

5) 양도 · 상속

판례는 재산분할청구권을 당사자의 협의나 가정법원의 심판에 의하여 그 구체적 내용이 형성되기까지는 구체적 권리로 보지 않는다(대법원 1999.4.9. 선고 98다58016 판결). 즉 이혼이라는 사실에 의하여 추상적인 재산분할청구권이 발생하고 당사자의 협의나 가정법원의 심판에 의하여 구체적인 권리로 된다는 입장이다. 이에 따르면, 당사자가 이혼이 성립하기 전에 이혼소송과 병합하여 재산분할의 청구를 한 경우에, 아직 발생하지 않았고 구체적 내용이 형성되지 아니한 재산분할청구권을 미리 양도하는 것은 성질상 허용되지 않으며, 법원이 이혼과 동시에 재산분할로서 금전의 지급을 명하는 판결이 확정된 이후부터 채권 양도의 대상이 될 수 있다(대법원 2017.9.21. 선고 2015다61286 판결).

재판상의 이혼청구권은 부부의 일신전속의 권리이므로 이혼소송 계속 중 배우자의 일방이 사망한 때에는 이혼소송은 종료되고 이혼소송과 병합된 재산분할청구 또한 이혼소송의 종료와 동시에 종료된다(대법원 1994.10.28. 선고 94므246 판결). 그러나 이혼 후 재산분할의 심판계속 중에 청구인이 사망한 경우 부양적 성질의 것은 상속되지 않으나 청산적 성질의 것은 상속된다고 보아야 할 것이다.

6) 소 멸

재산분할청구권은 이혼한 날부터 2년을 경과하면 소멸한다(§839의2③). 위 기간은 제척기간이고, 나아가 재판 외에서 권리를 행사하는 것으로 족한 기간이 아니라 그 기간 내에 재산분할심판 청구를 하여야 하는 출소기간이다(대법원 2022.6.30.자 2020스561 결정).

판례는 재산분할재판에서 분할대상인지 여부가 전혀 심리된 바 없는 재산이 재판확정 후 추가로 발견된 경우에는 이에 대하여 추가로 재산분할청구를 할 수 있다고 하면서도, 추가 재산분할청구 역시 이혼한 날부터 2년 이내라는 제척기간을 준수하여야 한다고 하는데(대법원 2018.6.22.자 2018스18 결정), 그 타당성은 의문이다. 반면, 청구인 지위에서 대상 재산에 대해 적극적으로 재산분할을 청구하는 것이 아니라, 이미 제기된 재산분할청구 사건의 상대방 지위에서 분할대상 재산을 주장하는 경우에는 제척기간이 적용되지 않는다고 한다(대법원 2022.11.10.자 2021스766 결정).

- 이혼판결 확정 후 청구인이 별도로 제기한 재산분할심판 청구 사건에서, '청구인의 특정 재산이 분할대상 재산에 추가되어야 한다'는 상대방의 주장에 대해, 이혼 후 2년의 제척기간이 경과되었다는 이유로 위 주장을 배척한 원심 판단에 재산분할청구권의 제척기간에 관한 법리를 오해한 잘못이 있다고 보아 원심을 파기·환송한 사례(대법원 2022.11.10.자 2021스766 결정).

7) 재산분할청구권 보전을 위한 사해행위취소권

이혼소송이 계속된 상태에서 재산분할청구권을 보전하기 위한 채권자취소권의 행사가 가능한가에 대하여는 긍정적인 견해가 다수였다. 개연성론에 근거하여 피보전채권의 적격을 확대한 판례의 입장을 수용한 결과이다. 그러나 재산분할청구권이 구체적으로 확정되기 전에 재산분할청구권을 피보전권리로 하는 사해행위취소권이 인정되는지의 여부에 대하여는 논란의 여지가 있었다. 재산분할청구권은 이혼이 성립하여야 행사할 수 있는 권리(추상적 재산분할청구권)로서 당사자가 이를 행사하여야 구체적인 재산분할관계가 형성되고 그에 따라 재산분할채권이 성립한다. 이혼 전에는 장래 재산분할청구권이 발생할 수도 있는 아직 현실화되지 아니한 추상적·미확정적 권리에 불과하다. 혼인 중의 재산분할청구권을 인정하지 않음에도 불구하고 제839조의3은 재산분할청구권을 보전하기 위한 사해행위취소권을 규정한다.

부부의 일방이 다른 일방의 재산분할청구권 행사를 해함을 알면서도 재산권을 목적으로 하는 법률행위를 한 때에는 다른 일방은 제406조 제1항을 준용하여 그 취소 및 원상회복을 가정법원에 청구할 수 있다. 채권자취소소송은 민사사건이나 재산분할청구심판과 병합·심리할 필요성을 고려하여 가정법원의 관할로 한 것이다. 재산 명의자가 아닌 배우자의 부부재산에 대한 잠재적 권리를 보호하고 재산분할을 청구할 수 있는 부부 일방의 실질적 보호를 목적으로 하나 그 요건, 효과, 실효성 등에서 여러 문제점이 지적되고 있다.

(4) 손해배상청구권

재판이혼이 성립하면 과실있는 상대방에 대하여 재산상 · 정신상의 손해배상을 청구할 수 있다(§843, §806). 이러한 유책주의는 상대방보호에 소홀하기 쉽다. 그래서 많은 입법례가 이혼 후 부양을 인정한다.

강간 또는 간통의 경우 제3자도 타방 배우자에 대하여 불법행위책임을 지며, 제840조 제3호 · 제4호의 경우는 제3자의 불법행위책임이 성립할 수 있다(통설 · 판례).

■ 심화학습

- 협의이혼의사확인의 실체법상의 효력은?
- 이혼원인과 소송물이론
- 혼인파탄에 따른 이혼소송에서 사정판결(事情判決)은 가능한가?
- 이혼시 재산분할협의는 채권자대위권(대법원 1999.4.9. 선고 98다58016 판결) 또는 채권자취소권(대법원 2000.9.29. 선고 2000다25569 판결; 대법원 2005.1.28. 선고 2004다58963 판결)의 대상으로 되는가?
- 제839조의3(재산분할청구권 보전을 위한 사해행위취소권)의 문제점은 무엇인가?
- 재산분할의 방법으로 부부 일방 소유명의의 부동산을 상대방에게 이전한 경우 양도소득세가 부과되는가? 재산분할로 상속세 인적 공제액을 넘는 재산을 취득한 경우 증여세가 부과되는가?(헌법재판소 1997.10.30. 96헌바14)

제4장 부모와 자녀

Ⅰ. 민법상 친자관계의 의의

예습과제

Q1 생물학상 친자관계와 법률상 친자관계는 일치하는가? 법률상 친자의 종류는?

씨족사회에서나 가족제도 하에서는 친자관계가 친족법의 독자적인 규율대상으로 될 여지는 거의 없었다. 이런 의미에서 친자법은 비교적 근대의 산물이라 할 수 있다. 친자법의 발달과정은 그 규범목적을 어디에 두는가에 따라 「가를 위한 친자법」 → 「친을 위한 친자법」 → 「자를 위한 친자법」이라는 표현으로 요약되고 있다.

민법상 친자관계는 부모와 자녀 사이의 법률관계를 의미한다. 민법이 규율하는 친자관계에는 출생, 즉 자연적인 혈연을 기초로 성립하는 친생친자관계(친생자)와 생리상의 혈연관계가 존재하지 않지만 법률이 그러한 관계가 있는 것으로 의제하는 법정친자관계(양자)가 있다. 1990년 민법 개정 전에는 계모자 · 적모서자관계가 법정친자로 인정되기도 하였다.

민법은 친생자관계를 부모가 혼인관계에 있는지에 따라 혼인 중의 출생자와 혼인 외의 출생자로 구분하여 달리 규율하며, 혼인 중에 임신된 자녀에 대하여 친생자추정에 관한 규정을 두고 친생자추정은 친생부인의 소에 의하여서만 부인할 수 있도록 하고 있다. 혼인은 가족을 형성하는 남녀의 결합이고 친자관계를 형성하는 주된 방법이므로, 아내가 출산한 자녀를 남편의 자녀로 취급하는 것은 당연한 것으로 여겨져 왔고, 자녀의 법적 지위의 안정성과 가정의 평화라는 관점에서 정당화되고 있다.

친자관계는 부자관계와 모자관계로 구분된다. 모자관계는 자연적인 혈연에 의하여 정해지므로 가족관계등록부의 기록이나 법원의 친생자관계존재확인판결이 있어야만 확정되는 신분관계는 아니다(대법원 1992.2.25. 선고 91다34103 판결; 대법원 1992.7.10. 선고 92누3199 판결). 즉, 모자관계는 기아와 같은 특수한 경우를 제외하고는 임신과 분만이라는 자연적 사실에 의하여 확정되므로, 어머니의 인지나 출생신고를 기다리지 않고 출생으로 당연히 법률상의 친족관계가 발생한다(대법원 1967.10.4. 선고 67다1791 판결). 반면에 부자관계는 모자관계와는 달리 혈연관계가 외형적으로 명백하게 드러나지 않기 때문에 아내가 남편과 혼인 중에 자녀를 임신, 출산한 경우에는 그 자녀는 일단 아내의 남편과 부자관계가 성립하는 것으로 한다. 어머니가 자녀를 임신할 당시 혼인 중에 있지 않은 경우에는 생부의 인지에 의하여 부자관계가 성립한다.

한편, 인공생식기술이 발달함에 따라 인공수정에 의하여 출생한 자녀의 친자관계를 둘러싼 문제를 해결할 필요가 있게 되었다.

II. 친 생 자

예습과제

Q1 친생추정제도가 필요한 이유는?

Q2 혼인 외의 자녀의 법적 지위는?

Q3 현행법상 친자관계를 다투는 소송에는 어떠한 것들이 있는가?

1. 혼인 중의 출생자

(1) 의 의

혼인 중의 출생자는 혼인관계가 있는 부모 사이에서 임신되어 출생한 자녀를 말한다. 구법시대에는 이를 적출자로 호칭하였다. 적출자(적자) · 비적출자(첩자 · 서자)의 구별은 국가가 혼인제도를 유지하기 위하여 의지적으로 정한 것이었다.

현행민법이 용어를 바꾼 것은 단순히 호칭상의 문제를 넘어 그러한 관념에서 벗어나 비적출자에 대한 차별을 철폐하고자 한 실천적 의지를 보인 것이라고 할 만하다.

혼인 중의 자녀로 인정하기 위한 요건에 관한 입법례로는 출생주의와 임신주의 두 가지가 있다. 제844조 제1항은 임신주의에 따라 "아내가 혼인 중 임신"이라고 규정하고 있다.

혼인 외의 출생자라도 그 부모가 혼인한 때에는 그때로부터 혼인 중의 출생자로 본다(§855②). 이를 혼인에 의한 준정이라 한다. 인지되지 않은 혼인 외의 출생자가 부모가 혼인한 후 인지되거나(인지준정, 등록법 §57), 부모의 혼인이 해소된 후에 인지된 경우에도 준정이 되고, 사망한 혼인 외의 출생자도 준정이 될 수 있다.

혼인 중의 출생자는 친생추정의 요건과 관련하여 아내의 남편의 친생자로 추정을 받는 자녀와 친생추정을 받지 않은 자녀로 나뉜다. 친생추정을 받는 때에는 부부 중 일방이 친생부인의 소를 제기하여 확정판결을 받지 않는 한 부자관계를 부인하지 못한다.

(2) 친생추정

1) 의 의

모자관계와는 달리 부자관계는 수정사실에 의하여 확정되는 신분관계이다. 최근의 법의학의 발달은 부자관계의 존부를 어느 정도 확실하게 증명할 수 있을 정도이나, 누구든지 의심할 여지가 없을 정도로 단정할 단계까지 이르렀다고 보기는 어렵다. 아울러 부자관계를 확정하기 위해서는 반드시 그와 같은 친자감정절차를 거쳐야 한다고도 할 수 없는 일이다. 그래서 부자관계를 확정함에는 이러한 사실 외에도 다른 사실 예컨대, 임신기간 내에 존재하였던 동거의 사실 등으로부터 추측·인정하는 방법을 택하게 된다. 그렇지 않으면 부자관계는 빨리 확정될 수 없고 부자관계의 존부에 대하여 다툼이 발생하여 혼란이 야기되기 때문이다. 이러한 뜻에서 민법은 일정한 사실에 부성추정을 인정하는 규정을 두고 있다.

민법은 아내가 혼인 중에 임신한 자녀는 남편의 자녀로 추정한다고 규정한다(§844①). 아내가 혼인 중에 임신하여 출산한 자녀는 남편의 자녀일 고도의 개연성이 있음을 토대로 가정의 평화와 자녀의 지위를 조속히 안정시키기 위한 것이다. 그러나 친생추정을 받는 자녀가 실은 남편의 자녀가 아니고 아내가 다른 남자와의 성적 교섭을 통하여 낳은 자녀일 수 있고, 남편의 자녀라는 점에 대하여 다툼이 있는 경우에는 가정의 평화나 자녀의 복리를 기대하기 어렵다. 이에 민법은 친생추정을 받는 자녀에 대하여는 오직 요건이 엄격한 친생부인의 소만에 의하여 그 친생을 부인할 수 있도록 하면서, 친생자 추정이 미치는 범위를 형식적 · 획일적으로 판단하지 않고 제한적으로 해석 · 적용하고 있다.

2) 요 건

(가) 임신시기의 추정

민법은 혼인 중 임신과 관련하여 혼인성립의 날로부터 200일 후 또는 혼인관계 종료의 날로부터 300일 이내에 출생한 자녀는 혼인 중에 임신한 것으로 추정한다고 규정하여 임신시기를 추정하고 있다(§844②,③). 이 기간은 임신기간의 통계에서 나온 최단기와 최장기이다. 태아와 산모의 건강 · 영양상태의 개선, 의료기술의 향상을 고려할 때 최단기 200일은 너무 길다는 지적도 있다.

그런데 제844조의 부성추정의 임신주의를 문리대로만 적용할 때에는 두 가지 방향에서 문제점이 있다. 혼인 전에 임신하고 혼인 후 200일 내에 출생한 자녀는 혼인 중의 자녀로 되지 않는 문제와 형식적으로는 혼인 중 임신되었으나 사실상 임신기간 내에 부부의 동거사실이 없는 경우에도 혼인 중의 자녀로 되는 문제가 그것이다. 그래서 민법이론은 한편으로는 혼인 중의 자녀개념을 확장하고, 타방으로는 부성추정이 미치는 범위를 축소함으로써 이 문제를 해결하고자 하고 있다.

(나) 친생추정의 확장

제844조를 엄격하게 적용하면 혼인한 부부 사이에 출생한 자녀일지라도 ① 사실혼 중 임신하여 혼인성립 후 200일 내에 출생한 자녀, ② 혼인 외 · 사실혼 외에 임신하여 혼인성립 후 200일 내에 출생한 자녀, ③ 사실혼 중 또는 혼인 외 · 사실혼 외에 임신하여 혼인해소 후에 출생한 자녀, ④ 혼인 중 임신하여 혼인성립 후 200일 내에 출생한 자녀, ⑤ 혼인 중 임신하여 혼인해소 후 300일 후에 출생한 자녀는 부성추정을 받을 수 없고 친자관계부존재확인의 소의 대상으로 된다.

판례는 한국의 구관습에 따르면 혼인신고를 하지 아니한 채 내연관계로서 동거생활 중 아내가 포태한 자녀의 출생일자가 그 부모의 혼인신고일 뒤에 있고 그 사이의 기간이 200일이 못될지라도 이러한 자녀는 출생과 동시에 당연히 그 부모의 혼인 중의 자녀로서의 신분을 취득한다고 보고 있다(대법원 1963.6.13. 선고 63

다228 판결). 제844조를 이와 같이 확장해석한다면 혼인신고 전에 동거 또는 사실혼관계에 있던 부부의 혼인성립일부터 200일 이내에 출생한 자녀는 혼인 중의 자녀로 추정된다. 즉 제844조 제2항이 규정하는 "혼인성립의 날"은 원칙적으로 혼인신고일을 말하나, 혼인신고 전에 사실혼관계가 선행하여 그 출생이 사실혼성립의 날로부터 200일 후인 경우에는 친생자의 추정을 받는다고 해석하게 된다.

(다) 친생추정의 제한

친생추정 규정은 부부가 정상적인 혼인생활을 영위하고 있는 경우를 전제로 가정의 평화를 위하여 마련된 것이어서 그 전제사실을 갖추지 않은 경우까지 적용하여 요건이 엄격한 친생부인의 소로써 부인할 수 있도록 하는 것은 제도의 취지에 반하여 진실한 혈연관계에 어긋나는 부자관계를 성립하게 하는 등 부당한 결과를 가져올 수 있다. 그리하여 판례는 형식적으로는 제844조의 적용을 받는 자녀라도, 그 임신시기에 부부 사이에 성적 교섭이 없음이 외관상 명백한 경우에는 친생추정을 하지 않는다(외관설: 대법원 1983.7.12. 선고 82므59 전원합의체 판결 등). 가령 처가 가출하여 부(夫)와 별거한 지 약 2년 2개월 후에 자를 출산하였다면 이에는 제844조의 추정이 미치지 아니하여, 부(夫)는 친생부인의 소에 의하지 않고 친자관계부존재확인소송을 제기할 수 있다고 한다.

반면, 판례는 남편의 생식불능, 부자 사이의 혈액형이나 유전자의 배치 등 혈연진실주의에 입각한 사유는 친생추정이 미치지 않는 사유에 해당하지 않는다고 한다. 즉, 처가 혼인 중에 포태한 이상 그 부부의 한쪽이 장기간에 걸쳐 해외에 나가 있거나, 사실상의 이혼으로 부부가 별거하고 있는 경우 등 동거의 결여로 처가 부(夫)의 자를 포태할 수 없는 것이 외관상 명백한 사정이 있는 경우에만 그 추정이 미치지 않을 뿐이고, 이러한 예외적인 사유가 없는 한 누구라도 그 자가 부(夫)의 친생자가 아님을 주장할 수 없다고 한다. 그리하여 판례는 혈연관계가 없다는 점을 친생추정이 미치지 않는 전제사실로 보는 것은 원고적격과 제소기간의 제한을 두고 있는 친생부인의 소의 존재를 무의미하게 만드는 것으로 현행 민법의 해석상 받아들이기 어렵다고 한다(대법원 2021.9.9. 선고 2021므13293 판결).

3) 효 과

친생추정은 다른 반증을 허용하지 않는 강한 추정이므로, 이와 같은 추정을 받고 있는 상태에서는 위 추정과 달리 다른 남자의 친생자라고 주장하여 인지청구를 할 수 없고(대법원 1992.7.24. 선고 91므566 판결), 친생자로 추정되는 자녀에 대하여 친생자임을 부인하려면 친생부인의 소에 의하여야 한다. 친생자관계 부존재확인의 소에 의할 수는 없다(대법원 1985.1.29. 선고 84므109 판결). 다만, 판례는 호적상의 부모의 혼인 중의 자로 등재되어 있는 자라 하더라도 그의 생부모가 호적상의 부모와 다른 사실이 객관적으로 명백한 경우에는 그 친생추정이 미치지 아니하므로, 그와 같은 경우에는 곧바로 생부모를 상대로 인지청구를 할 수 있다고 한다(대법원 2000.1.28. 선고 99므1817 판결).

한편, 친생추정을 받는 자녀에 관하여 친생자관계 부존재확인의 소가 제기된 경우에 이는 부적법하나, 만약 법원이 그 잘못을 간과하고 그 청구를 인용하는 판결을 선고하여 확정된 경우에는 그 확정판결은 제3자에게도 효력이 있으므로(가소 §21①), 누구도 친생추정의 효력을 주장할 수 없고, 다른 남자의 친생자라고 주장하여 인지를 청구할 수 있다(대법원 1992.7.24. 선고 91므566 판결).

4) 친생부인허가와 인지허가에 따른 친생추정의 배제

혼인관계가 종료된 날부터 300일 이내에 출생한 자녀가 생물학적으로 부(夫)의 자녀가 아니더라도, 어머니가 자녀에 대하여 출생신고를 하면 가족관계등록 공무원은 실질적 심사권이 없으므로 부(夫)를 자녀의 아버지로 등록할 수밖에 없다. 그리하여 친생추정 규정으로 이혼 후에도 자녀를 생부의 자녀로 출생신고할 수 없게 된 어머니가 친생추정을 면하고자 자녀의 생년월일을 허위로 기재하여 혼인 외의 자녀로 출생신고를 하고, 추후에 등록부상의 출생연원일의 정정허가를 신청하는 일도 발생하게 된다(대법원 2012.4.13.자 2011스160 결정).

제844조 제3항의 "혼인관계종료의 날로부터 300일 내에 출생한 자" 부분에 대한 헌법재판소의 헌법불합치 결정(헌법재판소 2015.4.30. 선고 2013헌마623 결정)에 따라 이루어진 개정민법은 위와 같은 사정을 고려하여 친생부인허가나 인지허가를 통하여 혈연에 부합하는 부자관계를 형성할 수 있는 길을 마련하였다.

친생부인의 허가나 인지허가의 대상이 되기 위해서는 혼인관계가 종료된 날부터 300일 이내에 출생한 자녀가 혼인 중의 자녀로 출생신고가 되지 아니한 경우이어야 한다(§854의2①, §855의2①). 이는 혼인관계종료의 날부터 300일 이내에 출생하였지만 전 남편의 자녀가 아니어서 혼인 외의 출생자녀로 혼인신고를 하고자 하는 어머니의 의사에 반하여 전 남편의 자녀로 출생신고를 하도록 강요하게 됨은 어머니의 행복추구권을 침해한다는 위의 헌법불합치 결정의 취지를 반영한 것이다. 또한 이미 전 남편의 자녀로 출생신고가 된 경우까지 생부의 인지허가청구를 인정하게 되면 자녀의 법적 지위가 불안정하게 되고 가정의 평화를 해치게 됨을 고려한 것이다. 혼인관계가 종료된 날부터 300일 이내에 출생한 자녀는 혼인 중의 출생자로 추정되고(§844①,③), 추정부가 그 자녀와의 법률상 친자관계를 유지하기 위하여 출생신고를 한 때에는 친생부인의 소를 통하여 그 추정을 번복해야 한다.

친생부인허가 청구권자는 어머니 또는 어머니의 전 남편이고(§854의2① 본문), 인지허가 청구권자는 생부(生父)이다(§855의2① 본문).

친생부인허가와 인지허가는 라류 가사비송사건으로, 자녀 주소지 가정법원의 관할에 속한다(가소§44①3의2). 가정법원은 혈액채취에 의한 혈액형 검사, 유전인자의 검사 등 과학적 방법에 따른 검사결과 또는 장기간의 별거 등 그 밖의 사정을 고려하여 허가 여부를 정한다(§854의2②, §855의2②). 가정법원이 심판을 하는 경우에는 어머니의 전 배우자(그에게 성년후견인이 있는 경우에는 그 성년후견인)에게 의견을 진술할 기회를 줄 수 있다(가소§45의8①).

가정법원으로부터 친생부인허가를 받거나, 인지허가를 받은 생부가 인지신고로서의 효력이 있는 친생자출생신고(가등§57①)를 하는 경우에는 친생추정은 배제된다(§854의2③, §855의2③). 친생부인허가에 따라 친생추정이 배제되면 어머니는 그 자녀를 혼인 외의 자녀로 출생신고를 할 수 있고 생부에 의한 인지 또는 인지신고로서의 효력이 있는 친생자로서의 출생신고도 가능해진다. 이와는 달리 인지허가심판만으로는 친생추정의 효력이 배제되지 않는다. 인지허가를 받은 생부가 인지신고를 해야 친생추정 배제의 효력이 발생한다. 따라서 인지허가심판이 있은 후 어머니가 그 자녀를 혼인 외의 자녀로 출생신고를 하고 생부가 인지신고를 하여야 친생추정 배제의 효력이 발생하게 되는데, 출생신고가 되어 있지 않으면 그 자녀의 가족관계등록부가 없어 생부의 인지신고는 불가능하다. 인지허가를 받은 생부는 자녀가 출생신고 전이면 인지신고로서의 효력이 인정되는 친생자출생신고를 하여 이를 갈음할 수밖에 없다. 인지허가심판에 따른 인지가 이루어지기 전까지는 자녀는 여전히 어머니의 전 남편의 친생자로 추정되므로, 이 기간 동안 전남편이 출생신고를 하여 인지허가의 효력을 다투게 될 여지도 있다.

혼인관계가 종료된 날부터 300일 이내에 출생한 자녀의 법적 지위는 어머니가 생부와 얼마나 빨리 재혼하는가, 어머니 또는 생부가 추정부보다 먼저 친생부인허가나 인지허가를 받게 되는가 아니면 추정부가 어머니나 생부보다 먼저 출생신고를 하느냐에 따라 달라지는 구조라고 할 수 있다.

친생부인허가나 인지허가에 따른 친생추정배제제도는 이미 친생부인의 소나 친생관계존부확인의 소에 따른 확정판결이 있는 경우를 제외하고 소급효가 인정된다(개정민법부칙§2).

(3) 친생부인의 소

1) 소의 제기

제844조에 의하여 혼인 중의 자녀로 추정된 자녀가 부부의 자녀가 아닌 경우에는 친생부인의 소에 의해서만 이를 다툴 수 있다. 친생부인의 소에는 조정전치주의가 적용된다. 그러나 이는 당사자가 임의로 처분할 수 있는 사항에 해당하지 않으므로 조정이 성립되더라도 이로써 친생부인의 효력이 발생하지 않는다(가소§59② 단서)(대법원 1968.2.27. 선고 67므34 판결).

2) 소의 당사자

(가) 원고적격

친생부인의 소는 부부의 일방이 제기할 수 있다(§846). 친생추정을 받는 자녀가 실은 남편의 자녀가 아니고 아내가 다른 남자와의 성적 교섭을 통하여 낳은 자녀일 수가 있다. 이와 같은 경우에도 부부가 침묵을 지키는 한 그 가정의 평화를 위하여 타인이 관여할 바가 아니라는 것이다. 자녀 본인과 그의 생부는 원고 적격이 없다. 또한 친생부인의 소를 제기할 수 있는 아내는 자녀의 생모에 한정되고 추정부의 재혼한 아내는 포함되지 않는다(대법원 2014.12.11. 선고 2013므4591 판결).

제소권자가 피성년후견인자인 때에는 그의 성년후견인이 성년후견감독인의 동의를 받아 친생부인의 소를 제기할 수 있다. 성년후견감독인이 없거나 동의할 수 없을 때에는 가정법원에 그 동의를 갈음하는 허가를 청구할 수 있다. 성년후견인이 친생부인의 소를 제기하지 않은 경우에는 피성년후견인은 성년후견종료의 심판이 있은 날부터 2년 내에 친생부인의 소를 제기할 수 있다(§848). 유언으로 부인의 의사를 표시한 때에는 유언집행자는 친생부인의 소를 제기하여야 한다(§850). 남편이 자녀 출생 전에 사망하거나 남편 또는 아내가 제847조 제1항에서 정한 기간 내에 사망한 때에는 남편 또는 아내의 직계존속이나 직계비속에 한하여 그 사망을 안 날부터 2년 내에 친생부인의 소를 제기할 수 있다(§851).

(나) 피고적격

친생부인의 소는 남편 또는 아내가 다른 일방 또는 자녀를 상대로 제기할 수 있다. 상대방이 될 사람이 모두 사망한 때에는 그 사망을 안 날부터 검사를 상대로 하여 친생부인의 소를 제기할 수 있다(§847②). 자녀가 사망한 후에도 그 직계비속이 있는 때에는 남편은 그 어머니를 상대로, 어머니가 없으면 검사를 상대로 하여 부인의 소를 제기할 수 있다(§849).

3) 제소기간

친생부인의 소는 그 사유가 있음을 안 날부터 2년 내에 제기하여야 한다(§847①). 신분질서는 본래 안정을 필요로 한다. 친자관계가 장기간 불확정한 상태로 방치되면 기본적으로 부모의 양육하에 성장하고 교육받을 수밖에 없는 자녀의 지위가 불안하게 된다. 이에 친생부인권을 보장하는 한편 친생부인의 소에 일정한 제척기간을 둔 것이다. 그 사유가 있음을 안 날이란 자녀와 법률상의 아버지 사이에 혈연관계가 없다는 사실을 안 날을 의미한다.

종래 친생부인의 소의 제소기간과 그 기산점은 "그 출생을 안 날로부터 1년 내"라고 규정되어 있었다. 이에 대하여 헌법재판소는 제척기간과 그 기산점이 제소권자에게 매우 불리하고 현저히 짧은 것이어서, 결과적으로 입법재량의 범위를 넘어서 제소권자가 가정생활과 신분관계에서 누려야 할 인격권, 행복추구권 및 개인의 존엄과 양성의 평등에 기초한 혼인과 가족생활에 관한 기본권을 침해한다(헌법재판소 1997.3.27. 선고 95헌가14, 96헌가7 결정)는 점을 내세워 헌법불합치결정을 하였다. 현행법의 내용은 그에 따라 개정된 것이다.

친생부인의 소의 상대방이 될 사람이 모두 사망한 때에는 그 사망을 안 날로부터 2년 이내에 검사를 상대로 친생부인의 소를 제기할 수 있다(§847②).

• 민법이 절대적 제소기간을 두지 아니한 이유는 무엇인가?

---

4) 친생부인권의 소멸

자녀의 출생 후에 친생자임을 승인한 사람은 다시 친생부인의 소를 제기하지 못한다(§852). 출생신고를 하였다는 것만으로는 친생자임을 승인한 것으로 되지 않는다(등록법 §47 참조). 그 승인이 사기 또는 강박으로 이루어진 때에는 이를 취소할 수 있다(§854).

5) 부인판결의 효력

친생부인판결에 의하여 친생자추정은 소멸하고, 그 효과는 형성적이다. 친생부인의 확정판결은 제3자에게도 효력이 있고(가소 §21), 이를 근거로 등록부정정이 행해진다. 친생부인에 의하여 자녀는 아내의 혼인 외의 출생자로 된다.

(4) 아버지를 정하는 소

재혼한 여자가 해산한 경우에 친생추정이 중복되어 그 자녀의 아버지를 정할 수 없는 때에는 가정법원이 당사자의 청구에 의하여 이를 정한다(§845). 자녀가 출생한 날이 후혼성립의 날로부터 200일 후이고 전혼 종료의 날로부터 300일 이내인 경우가 그 예이다.

아버지를 정하는 소는 자녀, 어머니, 어머니의 남편 또는 어머니의 전 남편이 제기할 수 있고, 아버지를 정하는 소의 상대방은 ① 자녀가 제기하는 경우에는 어머니, 어머니의 남편 및 그 전 남편, ② 어머니가 제기하는 경우에는 그 남편 및 전 남편, ③ 어머니의 남편이 제기하는 경우에는 어머니 및 그 전 남편이고, 전 남편이 제기하는 경우에는 어머니 및 그 남편을 상대방으로 한다. 상대방이 될 사람 중에 사망한 사람이 있을 때에는 생존자를 상대방으로 하고, 생존자가 없을 때에는 검사를 상대방으로 하여 소를 제기할 수 있다(가소 §27). 자녀는 원고적격을 가지나 피고적격은 없다.

아버지를 정하는 소는 조정전치주의가 적용된다(가소 §2① 나류, §50). 당사자에 의한 임의처분이 허용되지 않으므로, 조정은 당사자의 주변 환경의 조정에 집중된다.

아내가 중혼인 경우이며 자녀의 아버지를 정할 수 없는 경우에도 위 규정을 유추적용해야 할 것이다.

2. 혼인 외의 출생자

(1) 의 의

혼인하지 않은 남녀 사이에 출생한 자녀를 혼인 외의 출생자라고 한다. 단순한 정교관계, 부첩관계 등으로부터 출생한 자녀는 물론 부모가 사실혼관계에 있는 경우도 마찬가지이다. 혼인 외의 출생자는 사생자 또는 첩자, 서자로 호칭되어 왔고 그 법적 지위는 각국의 습속, 종교에 따라 상이하나 대체로 냉대되어 왔다. 오늘날에는 친자관계를 혼인의 효과와 결부시키지 않기 때문에 혼인 중의 자녀와의 차별은 철폐되고 있다.

혼인 중의 출생자 중 친생부인의 판결 또는 친생자관계부존재확인의 판결에 의하여 그 친생자가 아님이 확정된 자녀는 혼인 외의 출생자이고, 부모의 혼인이 무효인 때에는 출생자는 혼인 외의 출생자로 본다(§855① 후문). 그러나 혼인의 취소로 인하여 혼인관계가 해소된 경우에는 그 자녀는 혼인 외의 출생자가 아니다(§824).

(2) 혼인 외 출생자의 법적 지위

모자관계는 기아와 같은 특수한 경우를 제외하고는 어머니의 인지나 출생신고를 필요로 하지 않은 신분관계이다. 그러나 부자관계는 생부와 혈연관계가 있다고 하더라도 생부의 인지에 의하여 성립하고, 생부에 의하여 인지를 받지 못한 혼인 외의 출생자는 법적으로 아버지가 없는 상태가 된다. 어머니와의 사이에서만 친자관계가 생기고, 어머니의 혈족과의 사이에서만 친족 · 부양 · 상속관계가 생길 뿐이다.

(3) 인 지

1) 의 의

인지라 함은 혼인 외 출생자와 그 아버지 또는 어머니 사이에 법률상의 친자관계를 형성하는 것을 말한다. 인지에는 임의인지와 강제(재판상)인지가 있다. 임의인지는 아버지 또는 어머니가 할 수 있으나(§855①), 그 의미는 다르다. 모자관계는 기아와 같은 특수한 경우에만 인지를 필요로 하며 생모에 의한 인지는 모자관계의 확인을 뜻한다. 그러나 아버지에 의한 인지는 생부가 혼인 외 출생자와의 사이에 법적 부자관계를 성립시킬 것을 목적으로 하는 의사표시이다(주관주의, 의사주의). 이에 대하여 생부의 인지는 자연적 혈연에 의한 부자관계의 존재에 대한 관념의 통지로서 부자관계의 추정 내지 확정방법에 불과하다고 보는 견해도 있다(객관주의, 혈연주의).

2) 임의인지

(가) 요 건

가) 인 지 자

혼인 외의 출생자의 생부와 생모가 인지권자이다. 생부가 인지를 할 때에는 혼인 외의 출생자가 자기의 혈연자인가를 판단하고, 인지가 무엇을 의미하는지를 이해할 수 있는 이른바 인지능력이 있어야 한다. 따라서 의사능력 있는 미성년자나 피한정후견인이나 피특정후견인은 아무런 제한 없이 인지할 수 있으나, 생부가 피성년후견인인 때에는 후견인의 동의를 얻어 인지할 수 있다(§856).

인지에 관하여 생모나 혼인 외의 출생자의 동의를 요하지 않는다.

나) 인지의 상대방(피인지자)

다른 사람과 사이에 법적 친자관계에 있지 않은 이상 혼인 외의 출생자는 미성년자이거나 성년자이거나 관계없이 인지할 수 있다. 자녀가 사망한 후에도 그 직계비속이 있는 때에는 이를 인지할 수 있고(§857), 임신 중에 있는 자녀에 대하여도 인지할 수 있다(§858).

그러나 타인의 혼인 중의 출생자로 출생신고되거나 타인이 인지한 혼인 외 출생자는 인지할 수 없다. 즉, 타인의 친생자로 추정되는 자녀는 친생부인의 소에 의하여 친생부인이 되지 않는 한 인지할 수 없고, 친생추정이 미치지 않는 자녀이더라도 친생자관계부존재확인의 소에 의하여 등록부의 기록을 정정하지 않으면 인지할 수 없다. 또한 타인이 인지한 자녀는 인지무효 또는 인지에 대한 이의의 소에 의하여 등록부의 기록이 정정된 후에 비로소 인지할 수 있다.

(나) 인지방식

임의인지는 인지권자가 신고함으로써 그 효력이 발생한다(§859①). 유언으로도 인지를 할 수 있고 이 경우에는 유언집행자가 신고하여야 한다(§859②). 이 신고는 보고적 신고에 해당하며 인지의 효력은 유언의 효력발생시에 발생한다. 등록법에 따른 인지신고 없이 서면이나 말로 그 생모에게 인지의 의사를 표시하더라도 인지의 효력은 발생하지 않는다.

(다) 출생신고에 의한 인지

혼인 외 출생자의 출생신고는 어머니가 하여야 하나(등록법 §46②), 부가 혼인 외의 자녀에 대하여 친생자출생의 신고를 한 때에는 그 신고는 인지의 효력이 있다(등록법 §57① 본문). 다만, 모가 특정됨에도 불구하고 부가 출생신고를 함에 있어 모의 소재불명 또는 모가 정당한 사유 없이 출생신고에 필요한 서류 제출에 협조하지 아니하는 등의 장애가 있는 경우에는 부의 등록기준지 또는 주소지를 관할하는 가정법원의 확인을 받아 신고를 할 수 있다(등록법 §57① 단서). 모의 성명 · 등록기준지 및 주민등록번호의 전부 또는 일부를 알 수 없어 모를 특정할 수 없는 경우 또는 모가 공적 서류 · 증명서 · 장부 등에 의하여 특정될 수 없는 경우에는 부의 등록기준지 또는 주소지를 관할하는 가정법원의 확인을 받아 제1항에 따른 신고를 할 수 있다(등록법 §57②).

그러나 헌법재판소는 '혼인 중 여자와 남편 아닌 남자 사이에서 출생한 자녀에 대한 생부의 출생신고'를 허용하는 규정을 두지 아니한 등록법(2007.5.17. 법률 제8435호로 제정된 것) 제46조 제2항, 등록법(2021.3.16. 법률 제17928호로 개정된 것) 제57조 제1항, 제2항은 모두 헌법에 합치되지 아니하고, 위 법률조항들은 2025.5.31.을 시한으로 입법자가 개정할 때까지 계속 적용된다는 헌법불합치 결정을 선고하였다(헌법재판소 2023.3.23. 선고 2021헌마975 결정).

• 등록법 제46조 제2항은 혼인 외 출생자의 출생신고는 모가 하여야 한다고 규정하여 생부에 의한 출생신고를 허용하지 아니하고, 제57조 제1항은 본문에서 부가 혼인 외의 자녀에 대하여 인지의 효력이 있는 친생자출생의 신고를 할 수 있도록 하면서도, 같은 항 단서와 제57조 제2항에 따라 가정법원의 확인을 받아 친생자출생의 신고를 할 수 있는 범위를 좁게 규정하여, 모가 혼인 관계에 있을 경우에 모의 혼인 외 자녀는 남편의 친생자로 추정되므로 그 혼인 외 자녀를 양육하고 있는 생부는 자신의 혼인 외 자녀에 대한 출생신고를 하기 어렵게 규정되어 있다. 생부인 청구인들(①)은 각자 자신의 혼인 외 출생자인 청구인들(②)에 대한 출생신고를 하려고 하였으나, 위 조항들로 인하여 곧바로 출생신고를 할 수 없었다. 이에 청구인들은 등록법 제46조 제2항과 제57조 제1항 단서, 제2항이 혼인 외 출생자인 청구인들(②)의 즉시 출생등록될 권리, 생부인 청구인들(①)의 양육권, 가족생활의 자유, 평등권 등을 침해한다고 주장하며 2021.8.17. 이 사건 헌법소원심판을 청구하였다. 헌법재판소 2023.3.23. 선고 2021헌마975 결정은 생부인 청구인들(①)의 청구는 기각하였으나(합헌),

혼인 외 출생자인 청구인들(②)의 청구는 인용하였다(헌법불합치).

(라) 임의인지의 효력을 다투는 방법

가) 인지의 무효

가사소송법은 인지의 무효의 소에 대한 규정을 두고 있으나, 민법은 그에 관한 규정이 없다. 학설은 인지의 무효 사유로 성립과정상의 하자 즉 ① 인지자가 의사능력을 결하였거나, ② 인지자의 의사에 의하지 않고 인지신고가 된 경우, ③ 피성년후견인이 성년후견인의 동의 없이 인지한 경우 및 ④ 친생자 아닌 자녀에 대한 인지신고 등 인지가 사실에 반하는 경우를 들고 있다. 판례도 친생자가 아닌 자녀에 대하여 한 인지신고는 당연무효이며, 이런 인지는 무효를 확정하기 위한 판결 그 밖의 절차에 의하지 않고도, 또 누구라도 그 무효를 주장할 수 있고(대법원 1992.10.23. 선고 92다29399 판결), 인지자의 의사에 의하지 않고 인지신고가 된 경우에는 그 인지가 사실에 부합하는지 여부에 관계없이 무효를 주장할 수 있다고 한다(대법원 1999.10.8. 선고 98므1698 판결). 그러나 인지의 무효 여부는 친생자 관계의 존부가 그 쟁점이 되어야 하고, 인지자의 의사에 의하여 신고가 이루어졌는지 아니면 타인이 임의로 하였는지는 본질적인 문제가 아니라는 점에서 비판의 여지가 있다.

당사자, 법정대리인 또는 4촌 이내의 친족은 언제든지 인지무효의 소를 제기할 수 있다(가소 §28, §23). 이는 여기에 해당하는 신분을 가진 사람은 당사자적격이 있고, 특별한 사정이 없는 한 그와 같은 소를 제기할 소송상의 이익을 가지며, 별도의 이해관계를 가질 것을 필요로 하지 않는다(대법원 1981.10.13. 선고 80므60 전원합의체 판결; 대법원 1991.5.28. 선고 90므347 판결)는 의미이므로, 다른 사람도 확인의 이익이 있는 한 인지무효의 소를 제기할 수 있다.

민법에 규정이 없는 인지무효의 소를 절차법인 가사소송법에서 규정하고 있음은 입법론적으로 문제가 있으므로 폐지하자는 견해도 있다. 또한 인지자 스스로 자기의 자녀가 아님을 알면서 인지한 경우에는 인지무효의 소를 제기할 수 없다고 제한적으로 해석할 여지가 있다고 보기도 한다. 판례는 친생자가 아닌 자녀에 대하여 한 인지신고는 당연무효이나, 그러한 인지라도 그 신고 당시 당사자 사이에 입양의 명백한 의사가 있고 입양의 그 밖의 성립요건이 모두 구비된 경우라면 입양의 효력이 있는 것으로 해석할 수 있다고 본다(대법원 1992.10.23. 선고 92다

29399 판결).

- 생부가 혼인 외의 자녀를 인지하지 않으므로 생부의 인장을 위조하여 생모가 한 출생신고도 인지신고로서의 효력이 있는가?(대법원 1984.9.25. 선고 84므73 판결). 생부의 승낙을 얻어 출생신고를 한 경우는?(대구고등법원 1988.10.5. 선고 88르437, 88르444 판결)
- 생부는 위 출생신고와 관련하여 인지무효확인소송을 제기할 수 있는가?(대법원 1999.10.8. 선고 98므1698 판결)
- 생부에 의한 인지무효확인의 확정심판이 있는 때에도 인지청구의 소를 제기할 수 있는가?

나) 인지에 대한 이의의 소

자녀 그 밖의 이해관계인은 인지의 신고가 있음을 안 날로부터 1년 내에 인지에 대한 이의(인지자와 피인자 사이에 친생자관계가 존재하지 않는다)의 소를 제기할 수 있다(§862). 아버지 또는 어머니가 사망한 때에는 그 사망을 안 날로부터 2년 내에 검사를 상대로 인지에 대한 이의의 소를 제기할 수 있다(§864). 인지자는 인지에 대한 이의의 소를 제기할 수 없다. 이해관계인은 진실에 반하는 인지가 존재하기 때문에 법률상 불이익을 받을 수 있는 사람을 의미한다.

인지에 대한 이의의 소는 나류 소송사건이므로 조정전치주의가 적용된다(§50). 그러나 당사자가 임의로 처분할 수 있는 소송물이 아니므로 조정은 주변 환경을 비롯한 인간관계의 조정을 중심으로 진행되는 간접적 · 우회적일 수밖에 없다.

인지에 대한 이의의 소는 인지무효의 소와 임의인지의 경우에 인지의 무효를 주장하는 점에서는 본질적으로 같다. 따라서 이 소송도 확인의 소에 속한다. 다만, 인지자는 인지에 대한 이의의 소를 제기할 수 없고, 제척기간이 적용되며, 조정전치주의가 적용된다는 점이 다르다.

다) 인지의 취소

인지를 한 사람은 일단 인지한 이상 인지를 취소할 수 없다. 그러나 인지가 사기 · 강박 또는 중대한 착오로 인하여 행하여진 때에는, 사기나 착오를 안 날 또는 강박을 면한 날로부터 6개월 내에 가정법원에 그 취소를 청구할 수 있다(§861). 형성의 소로 취소의 효과는 소급한다. 조정전치주의가 적용되나 상대방(피인지자)이 인지취소의 청구를 인낙하는 것은 허용되지 않고 취소권자(인지자)가 그 취소권을 포기하는 것은 무방하다.

취소의 대상은 혈연관계가 있는 진정한 자기의 자녀이다. 따라서 한 번 인지한 자기의 자녀를 다시 취소한다는 것은 의문이고 실익도 없다. 취소되더라도 강제인지가 가능하기 때문이다.

3) 인지청구의 소(강제인지, 재판상 인지)

(가) 의 의

이상에서 본 바와 같이 혼인 외의 자녀의 부자관계는 부모의 혼인, 부에 의한 출생신고, 임의인지에 따라 성립된다. 아버지 또는 어머니가 임의로 인지하지 않는 경우에는 인지청구의 소를 제기하여 친자관계를 성립시킬 수 있다(§863). 인지청구를 인용하는 판결에 의하여 법률상의 친자관계가 창설되므로, 인지청구의 소는 형성의 소이다. 인지의 의사표시를 할 것을 청구하는 이행의 소가 아니다. 다만 어머니에 대한 인지청구는 모자관계를 확인하는 의미가 있을 뿐이다.

(나) 소의 제기

의사능력 · 소송능력이 있는 자녀와 그 직계비속 또는 그 법정대리인은 아버지 또는 어머니를 상대로 인지청구의 소를 제기할 수 있다(§863). 인지청구의 소에 관하여 제척기간은 적용되지 않으나, 아버지 또는 어머니가 사망한 때에는 그 사망을 안 날로부터 2년 내에 검사를 상대로 인지청구의 소를 제기하여야 한다(§864).

- 아버지 또는 어머니가 사망한 경우 인지청구의 소의 제척기간은 의사능력이 있는 미성년자가 사망사실을 안 때부터 기산해야 하는가 아니면 소송능력이 있는 미성년자가 이를 안 때부터 기산해야 하는가?
- 2005년 개정 전 민법은 제소기간을 "그 사망을 안 날로부터 1년 내"로 규정하고 있었다. 2005년 개정 민법 부칙 제2조는 종전의 규정에 의하여 생긴 효력에 영향을 미치지 않는다고 규정하고 있다. 아버지가 2003.12.15. 사망하고 혼인 외의 자녀가 2005.11.2. 검사를 상대로 청구한 인지청구의 소는 이 부칙 규정에 따라 부적법한 것으로 각하되었다. 위헌성은 없는가?(헌법재판소 2009.12.29. 선고 2007헌바54 결정)

타인의 혼인 중 출생자로 등록부에 기록되어 있는 경우에 제844조의 친생추정을 받는 자녀는 친생부인의 소에 의하여 그 친생추정을 깨뜨리지 않고서는 다

른 사람을 상대로 인지청구를 할 수 없다. 그러나 그의 생부모가 등록부상의 부모와 다른 것이 객관적으로 명백한 경우에는 친생추정이 미치지 않으므로 이때에는 곧바로 생부모를 상대로 인지청구를 할 수 있고(대법원 2000.1.28. 선고 99므1817 판결), 부부의 한 쪽이 장기간에 걸쳐 해외에 나가 있거나 사실상의 이혼으로 부부가 별거하고 있는 경우 등 동거의 결여로 처가 부의 자녀를 포태할 수 없는 외관상 명백한 사정이 있는 경우도 마찬가지이다. 타인으로부터 인지된 경우에 그 인지가 당연무효인 경우에도 인지청구의 소를 제기하여 그 선결문제로서 인지의 무효를 주장할 수 있다(대법원 1992.10.23. 선고 92다29399 판결). 판례는 생부의 인지 없이 생모에 의해 임의로 생부의 친생자로 출생신고되었다는 것을 이유로 한 인지무효확인의 확정판결이 있는 경우에도 인지청구의 소를 제기할 수 있는 것으로 보나(대법원 1999.10.8. 선고 98므1698 판결), 인지무효의 확정판결이 있다는 것은 친생자관계가 부존재한다는 의미 이외에 다른 의미로 받아들여질 수 있는지에 관하여 의문을 제기하고, 인지무효를 인용하는 확정판결이 있는 경우에 인지청구의 소를 제기할 수 있다는 것은 부당하다는 견해도 있다.

인지청구의 소는 아버지 또는 어머니의 보통재판적 소재지 가정법원의 전속관할에 속하고(가소 §26②), 조정전치주의가 적용된다(가소 §2① 나류, §50).

• 인지청구의 소에서 재판상 화해는 가능한가?

가정법원은 인지청구를 심리할 때에 그 청구가 인용될 때를 대비하여 부모에게 미성년인 자녀의 친권자로 지정될 사람, 미성년인 자녀에 대한 양육과 면접교섭권에 관하여 미리 협의하도록 권고하여야 한다(가소 §28, §25①).

인지청구를 인용하는 판결은 제3자에게 효력이 있고(가소 §21), 인지를 인용하는 판결의 효력은 재심의 방법으로 다툴 수 있을 뿐, 인지에 대한 이의의 소로 인지판결의 효력을 다툴 수 없다(대법원 1981.6.23. 선고 80므109 판결).

(다) 인지청구권의 포기

인지청구권의 포기는 혼인 외 출생자 또는 그 생모가 경제적 대가를 지급받는 대신 생부에 대한 인지청구를 하지 않기로 합의하는 경우에 발생한다.

인지청구권의 포기는 무효이나 포기 약정 후의 인지청구권의 행사가 신의성실의 원칙에 반할 경우에는 권리남용이 된다는 견해(권리남용설)도 있으나, 통설 · 판례는 무효설을 취한다.

인지청구권은 본인의 일신전속적인 신분관계상의 권리로서 포기할 수 없고, 포기하였다 하더라도 그 효력이 발생할 수 없으므로(대법원 1982.3.9. 선고 81므10 판결; 대법원 1987.1.20. 선고 85므70 판결), 인지청구를 포기한 후의 인지청구가 금반언의 원칙에 반한다거나 권리남용에 해당한다고도 할 수 없다(대법원 1999.10.8. 선고 98므1698 판결). 따라서 혼인 외의 자녀가 친생자관계의 부존재를 확인하는 대가로 금원 등을 지급받으면서 추가적인 금전적 청구를 포기하기로 합의하였다 하더라도 이러한 합의는 당사자가 임의로 처분할 수 없는 사항에 관한 처분을 전제로 한 것이므로, 이에 반하여 인지청구를 하고 그 확정판결에 따라 상속분상당가액지급청구를 하더라도 신의칙 위반으로 보기 어렵다(대법원 2007.7.26. 선고 2006므2757, 2764 판결).

(라) 친자관계의 증명

가) 인지소송과 직권증거조사

인지소송은 아버지와 자녀와의 간에 사실상의 친자관계의 존재를 확정하고 법률상의 친자관계를 창설함을 목적으로 하는 소송으로서 친족, 상속법상 중대한 영향을 미치는 인륜의 근본에 관한 것이고 공익에도 관련되는 중요한 의미를 지닌다. 때문에 이 소송에서는 당사자의 처분권주의를 제한하고 직권주의를 취하며 당사자의 증명이 충분하지 못할 때에는 가능한 한 직권으로 사실조사 및 필요한 증거조사를 하여야 한다(대법원 1985.11.26. 선고 85므8 판결).

나) 친자관계를 증명하는 방법

부자관계의 증명에 대하여는 법관의 자유심증에 일임하고 있다. 증명할 요건사실은 원고와 피고간에 자연혈연적 부자관계가 존재한다는 사실이나, 이를 직접 증명하기란 곤란하다. 따라서 혈연상의 친자관계라는 주요사실의 존재를 증명함에는 ① 원고의 어머니가 원고를 임신하는 것이 가능한 시기에 피고와 정교관계가 있었을 것, ② 그 기간 중에 원고의 어머니가 다른 남자와 정교관계가 있었던 사실이 인정되지 않을 것, ③ 원고와 피고간에 인류학적 검사나 혈액형검사 또는 유전인자검사를 한 결과 친자관계를 배제하거나 긍정하는 요소가 있는지 여부, ④ 피고가 아버지일 것이라는 것을 추측하는 데 유리한 언동이 있었을 것 등의 간접사실을 통하여 경험칙에 의한 사실상의 추정에 의하여 주요사실을 추인하는 간접증명의 방법에 의할 수밖에 없다. 여기에서 혈액형검사나 유전인자검사 등 과학적 증명방법이 그 전제로 하는 사실이 모두 진실임이 증명되고 그 추론의 방법이 과학적으로 정당하여 오류의 가능성이 전무하거나 무시할 정도로 극소한 것으로 인정되는 경우라면 그와 같은 증명방법은 가장 유력한 간접증명의 방법이 된다(대법원 2002.6.14. 선고 2001므1537 판결).

피고의 부정의 항변, 즉 ① 악평의 항변과 ② 다수관계자의 항변은 피고가 입증해야 한다.

- 甲과 乙은 1996.9.부터 乙의 집에서 동거를 시작하여, 1997.4.경부터는 거처를 옮겨 사실혼관계에 있던 중, 1997.9.30. 甲이 교통사고로 사망하였고, 1997.12.5. 乙은 丙을 분만하였다. 이에 丙은 검사를 상대로 인지청구의 소를 제기하였다. 丙의 인지청구의 소와 관련하여 친자감정을 의뢰한바, A병원은 일반적으로 통용되는 상염색체 유전자 감정방법에 따라 감정한 결과 丙과 甲 사이의 친생자관계를 인정할 수 없다고 한 반면, B기관은 이 사건에서 처음 채택한 방법인 X성염색체의 STR을 이용한 감정방법에 따라 丙은 甲의 친생자라고 감정하였다. 丙의 인지청구는 인용될 수 있는가?(대법원 2002.6.14. 선고 2001므1537 판결)

다) 혈액형 등의 수검명령

법원은 직권으로 필요한 사실 및 증거조사를 하여야 하고, 소송에서 최소한 혈액형검사절차를 거칠 필요가 있다. 가정법원은 당사자 또는 관계인 사이의 혈족관계의 존부를 확정할 필요가 있는 경우에 다른 증거조사에 의하여 심증을 얻지 못한 때에는, 검사를 받을 사람의 건강과 인격의 존엄을 해치지 않는 범위 안에서, 당사자 또는 관계인에게 혈액채취에 의한 혈액형의 검사 등 유전인자의 검사, 그 밖에 상당하다고 인정되는 방법에 의한 검사를 받을 것을 명할 수 있다(가소 §29①). 당사자 또는 관계인이 정당한 이유 없이 이 명령에 위반한 때에는 1000만 원 이하의 과태료에 처할 수 있고, 과태료의 제재를 받은 후에도 수검명령에 위반한 때에는 가정법원은 결정으로 30일의 범위 내에서 그 의무이행이 있을 때까지 위반자를 감치에 처할 수 있다(가소 §67①, ②). 혈액형 등의 수검명령을 내릴 때에는 가사소송법 제67조의 제재를 고지하여야 한다(가소 §29②).

인지소송에서 유전자감정의 권유 또는 수검명령 등 친생자관계의 인정에 필요한 사항에 관한 심리를 다하지 않고 원고의 인지청구를 인용한 것은 채증법칙에 위반하여 사실을 오인하였거나, 친생자관계의 인정에 필요한 사항에 관한 심리를 다하지 아니한 것으로 된다(대법원 2005.6.10. 선고 2005므365 판결).

4) 인지의 효과

(가) 소 급 효

인지는 그 자녀의 출생시에 소급하여 그 효력이 생긴다. 그러나 제3자가 이미 취득한 권리를 해하지 못한다(§860). 임의인지의 경우에는 인지신고가 수리되거나 유언자가 사망한 때에, 강제인지의 경우에는 인지판결이 확정된 때에 친자관계가 성립하고, 친자관계의 성립의 효력은 출생시에 소급한다. 피인지자의 성과 본에도 변경이 발생하게 된다.

(나) 친권과 양육책임

인지 전에는 어머니가 친권자이지만, 생부의 인지에 의하여 생부도 어머니와 함께 미성년 자녀의 친권자가 된다(§909①). 이때 부모의 협의로 친권자를 정하고, 협의할 수 없거나 협의가 이루어지지 않을 경우에 가정법원은 직권으로 또는 당사자의 청구에 따라 친권자를 지정하여야 한다(§909④). 그러나 임의인지의 경우에 가정법원이 직권으로 친권자를 정할 기회는 없다. 인지청구의 소의 경우에는 가정법원이 직권으로 친권자를 정한다(§909⑤). 미성년 자녀가 인지된 경우 그 자녀의 양육책임과 면접교섭권에 관하여는 제837조와 제837조의2의 규정을 준용한다(§864의2).

인지의 효력은 출생시에 소급하고, 부모의 자녀양육의무는 특별한 사정이 없는 한 자녀의 출생과 동시에 발생한다. 따라서 부모 중 어느 일방이 자녀를 양육하게 된 경우에, 양육하는 일방은 상대방에 대하여 현재 및 장래에 있어서의 양육비 중 적정 금액의 분담을 청구할 수 있음은 물론이고, 과거의 양육비에 대하여도 상대방이 분담함이 상당하다고 인정되는 경우에는 그 비용의 상환을 청구할 수 있다(대법원 1994.5.13.자 92스21 전원합의체 결정).

- 혼인 외의 자녀가 인지된 경우 그 생부와 생모 사이에서 자녀에 대한 양육비의 지급을 청구할 권리는 당사자의 협의 또는 가정법원의 심판에 의하여 구체적인 청구권의 내용과 범위가 확정되기 전에도 소멸시효가 진행되는가?(대법원 2011.7.29.자 2008스67 결정; 대법원 2011.8.16.자 2010스85 결정)

(다) 소급효의 제한과 상속

상속개시 후에 인지신고가 행해지거나 인지재판이 확정된 경우에도 인지의 효력은 출생시에 소급하므로, 피인지자는 당연히 상속인으로 된다. 그러나 그 전에 다른 공동상속인이 상속재산을 분할 내지 처분하였을 경우 인지의 소급효를 제한하는 제860조 단서에 따라 사후의 피인지자는 다른 공동상속인이 한 상속재산의 분할 그 밖의 처분의 효력을 부인하지 못하게 된다. 제1014조는 그와 같은 경우에 피인지자가 다른 공동상속인에게 그의 상속분에 상당하는 가액의 지급을 청구할 수 있도록 하여 상속재산의 새로운 분할에 갈음하는 권리를 인정함으로써 피인지자의 이익과 기존의 권리관계를 합리적으로 조정하고 있다.

여기서 피인지자보다 후순위 상속인(피상속인의 직계존속, 형제자매 등)이 취득한 상속권이 제860조 단서의 제3자의 취득한 권리에 해당되는지가 문제된다. 학설 중에는 거래의 안전을 위하여 제1014조를 유추적용하여야 한다는 견해도 있다. 판례는 인지의 소급효를 막을 수 있는 권리를 지닌 제3자를 제한하고 있다. 즉, 후순위 상속인을 공동상속인보다 보호하는 것은 불합리하므로, 후순위 상속인의 상속권은 제3자의 취득한 권리에 포함시켜 해석할 수 없다고 본다(대법원 1974.2.26. 선고 72다1739 판결).

또한 후순위상속인이 적법한 상속인이라고 신뢰하고 이해관계를 맺은 제3자가 제860조 단서의 제3자에 해당되는지에 관하여도, 표현상속인에게 변제를 한 채무자는 제860조 단서의 권리를 취득한 자로 보지 않는다(대법원 1993.3.12. 선고 92다48512 판결). 다만 표현상속인에 대한 채무자의 변제가 채권의 준점유자에 대한 변제로서 적법한 경우에는(대법원 1995.1.24. 선고 93다32200 판결; 대법원 1995.3.17. 선고 93다32996 판결), 피인지자는 표현상속인을 상대로 부당이득반환청구를 할 수 있을 뿐이라고 본다(대법원 1993.3.12. 선고 92다48512 판결).

3. 친생자관계존부확인의 소

(1) 의 의

친생자관계존부확인의 소는 부모와 자녀 사이에 법률상 친생자관계의 존부를 확인하는 소이다. 친생자관계존부확인의 소는, 친생자관계의 발생이나 소멸을 목적으로 하는 형성의 소와는 달리, 이미 존재하는 기존의 법률관계의 존부를 확인하는 소이다.

아버지를 정하는 소(§845), 친생부인의 소(§846, §848, §850, §851), 인지이의의 소(§862), 인지청구의 소(§863)를 제기할 수 있는 사람은 다른 사유를 원인으로 하여(보충성) 친생자관계존부의 확인의 소를 제기할 수 있다(§865①).

친생자관계존부확인의 소는 가류 가사소송사건으로서 성질상 당사자가 임의로 처분할 수 없는 사항에 속한다. 따라서 이에 관하여 조정이나 재판상 화해가 성립되더라도 효력이 발생하지 않는다(대법원 1999.10.8. 선고 98므1698 판결).

(2) 요 건

친생자관계존부확인의 소의 소송물은 친자관계 그 자체이고, 그 청구원인은 부(父)를 정하는 소, 친생부인의 소, 인지이의의 소, 인지청구의 소와는 다른 사유이어야 한다(§865①).

① 혼인 외의 출생자가 아내와의 사이에 친생자로 출생신고되어 있는 경우, ② 제844조의 친생추정을 받지 않는 혼인 중의 출생자와의 친자관계 다툼(대법원 1983.7.12. 선고 82므59 전원합의체 판결), ③ 친생추정이 미치지 않는 혼인 중의 출생자와의 친자관계 다툼에 대하여는 친자관계부존재확인의 소를 제기할 수 있다. 아버지가 혼인 외의 자녀에 대하여 친생자 출생신고를 한 때에는 그 신고는 인지의 효력이 있으나, 그 신고가 인지신고가 아니라 출생신고인 이상 그와 같은 신고로 인한 친자관계의 외관을 배제하고자 하는 때에도 인지에 관련된 소송이 아니라 친생자관계부존재확인의 소를 제기하여야 한다(대법원 1993.7.27. 선고 91므306 판결).

반면에 ① 인지에 의한 친자관계가 존재하는 경우 그 인지의 유효를 주장하는 때, ② 혼인 외의 자녀와 어머니 사이의 친자관계에 대하여는 친자관계존재확인의 소를 제기할 수 있다. 그러나 부자관계는 아버지의 인지에 의하여서만 발생하는 것이므로, 아버지가 사망한 경우에는 그 사망을 안 날로부터 2년 이내에 검사를 상대로 인지청구의 소를 제기하여야 하고(§864), 생모가 혼인 외의 출생자를 상대로 혼인 외의 출생자와 사망한 아버지 사이의 친생자관계존재확인을 구하는 소는 허용될 수 없다(대법원 1997.2.14. 선고 96므738 판결; 대법원 2022.1.27. 선고 2018므11273 판결).

허위의 친생자출생신고가 예외적으로 입양신고로서의 전환이 인정되는 경우

파양에 의하여 그 양친자관계를 해소할 필요가 있는 등 특별한 사정이 없는 한 등록부 기록 자체를 말소하여 법률상 친자관계의 존재를 부인하게 하는 친생자관계부존재확인청구는 허용될 수 없고(대법원 2001.5.24. 선고 2000므1493 전원합의체 판결), 확인의 이익이 없으므로 부적법하다(대법원 1994.5.24. 선고 93므119 전원합의체 판결). 마찬가지로 친생자 출생신고가 입양의 효력을 갖는 경우 양친 부부 중 일방이 사망한 후 생존하는 다른 일방이 사망한 일방과 양자 사이의 양친자관계의 해소를 위한 재판상 파양에 갈음하는 친생자관계부존재확인의 소를 제기할 이익이 없다(대법원 2001.8.21. 선고 99므2230 판결). 그러나 입양의 효력이 인정되더라도 그 후 당사자간에 친생자관계부존재확인의 확정판결이 있는 경우에는 그 확정일 이후부터는 양친자관계의 존재를 주장할 수 없다(대법원 1993.2.23. 선고 92다51969 판결).

(3) 당 사 자

1) 제소권자와 확인의 이익

친생자관계존부확인의 소를 제기할 수 있는 사람(원고적격자)은 아버지를 정하는 소, 친생부인의 소, 인지에 대한 이의의 소, 인지청구의 소를 제기할 수 있는 사람이다(§865①). 즉 남편, 남편의 성년후견인, 남편의 유언집행자, 남편의 직계존속 및 직계비속, 어머니, 자녀, 자녀의 직계비속 또는 그 법정대리인, 이해관계인이다. 이해관계인이라 함은 진실에 반하는 친자관계의 존재로 인하여 불이익을 입는 사람, 그 부모 또는 자녀와 외견상 또는 진실의 친족관계가 있는 사람 및 그 자녀를 자기의 자녀로 인지하려는 사람을 말한다.

이 소의 원고로 되기 위해서는 자기의 신분상 지위에 관하여 당해 친자관계의 존부를 확정할 이익, 즉 당해 친자관계를 확정하는 것이 자기의 신분관계의 위험 내지 불안을 제거하기 위해 필요하고 적절해야 한다. 성씨관계를 바로잡기 위한 타인간의 친자관계부존재확인의 청구는 즉시 그 확인을 구함에 관하여 이익을 가졌다 할 수 없다(대법원 1976.7.27. 선고 76므3 판결).

이와 관련하여 제777조가 규정하는 친족은 그와 같은 친족관계를 가졌다는 사실만으로도 확인의 이익이 있는가에 관한 판례의 입장은 동요되어 왔다. 초기의 판례는 제3자가 당사자적격이 있기 위해서는 단순히 당사자와 친족관계에 있다는 것만으로는 부족하고 친자관계의 부존재로 인하여 특정한 권리를 가지게 되거나 특정한 의무를 면탈하게 되는 등의 이해관계가 있어야 한다는 입장을 취하였다(대법원 1966.7.26. 선고 66므11 판결). 후에는 제777조의 친족관계가 있다는 것만으로도 당연히 확인의 이익이 있다고 종래의 입장을 변경하였다(대법원 1981.10.13. 선고 80므60 전원합의체 판결 등). 그러나 판례는 구 인사소송법 등의 폐지와 가사소송법의 제정 · 시행, 호주제 폐지 등 가족제도의 변화, 신분관계 소송의 특수성, 가족관계 구성의 다양화와 그에 대한 당사자 의사의 존중, 법적 친생자관계의 성립이나 해소를 목적으로 하는 다른 소송절차와의 균형 등을 고려할 때, 제777조에서 정한 친족이라는 사실만으로 당연히 친생자관계존부확인의 소를 제기할 수 있다고 한 종전 대법원 판례는 더 이상 유지될 수 없게 되었다고 하여 다시 입장을 변경하였다(대법원 2020.6.18. 선고 2015므8351 전원합의체 판결).

- 독립유공자인 甲의 장녀인 乙의 자녀인 丙이 독립유공자의 유족으로 인정되자, 甲의 장남인 丁의 손자인 戊가 검사를 상대로 甲과 乙 사이에 친생자관계가 존재하지 않는다는 확인 등을 구한 사안에서, 戊가 甲과 친족관계에 있다는 사실만으로 제865조 제1항에서 정한 원고적격이 인정된다고 할 수 있는가?(대법원 2020.6.18. 선고 2015므8351 전원합의체 판결)

---

2) 상 대 방

친자관계 일방이 소를 제기할 때에는 다른 일방을 상대방으로 하고, 제3자가 소를 제기할 때에는 친생자관계존부의 확인이 필요한 당사자 쌍방을(부자간인 경우는 아버지 · 자녀를, 모자간인 경우는 어머니 · 자녀를) 상대방으로 하고(부모와 자녀가 아님), 그 일방이 사망(실종선고 포함)한 때에는 그 생존자를 상대방으로 하며, 상대방이 될 사람이 모두 사망한 때에는 검사를 상대방으로 한다(가소 §28, §24). 제3자가 친자 쌍방을 상대로 제기한 친생자관계부존재확인소송 계속 중 어느 한 편이 사망한 경우, 그 사망한 사람에 대한 소송은 종료된다(대법원 2018.5.15. 선고 2014므4963 판결).

(4) 제소기간

당사자가 생존하는 경우는 언제든지 소를 제기할 수 있다. 당사자 중 일방이 사망한 경우는 그 사망사실을 안 날로부터 2년 안에 검사를 상대로 소를 제기하여야 한다(§865②). 제3자가 소를 제기하는 경우 친생자관계존부확인의 대상이 되는 당사자 쌍방이 모두 사망한 경우에는 제865조 제2항을 유추적용하여 당사자 쌍방 모두가 사망한 사실을 안 날로부터 2년 내에 검사를 상대로 소를 제기할 수 있다(대법원 2004.2.12. 선고 2003므2503 판결).

(5) 판결의 효력

기판력은 제3자에 대해서도 미치고(가소 §21), 승소자는 등록부정정을 신청하여야 한다(등록법 §107).

4. 준 정

준정이라 함은 혼인 외의 자녀가 부모의 혼인에 의하여 혼인 중의 자녀로서 그 신분이 바뀌는 것을 말한다. 혼인 중의 자녀와 혼인 외의 자녀에 법적 지위를 달리하는 법제 하에서는 중요한 의의를 가지며, 혼인 외의 자녀에 대한 보호와 부모의 혼인 장려 · 촉진의 필요성에서 비롯된 제도이다.

혼인 외의 출생자는 그 부모가 혼인한 때에는 그때로부터 혼인 중의 출생자로 본다(§855②). 인지 후 부모가 혼인하거나(혼인에 의한 준정), 부모가 혼인한 후 인지하게 되면(혼인 중의 준정), 부모가 혼인한 때부터 혼인 외의 자녀는 혼인 중의 자녀로 된다. 부모의 혼인 전 또는 혼인 중에는 인지되지 않았으나 부모의 혼인이 취소 또는 해소 후에 인지가 된 경우(혼인해소 후의 준정) 또는 혼인 외의 자녀가 사망 후라도 그에게 직계비속이 있어 인지되고 그 부모가 혼인한 경우(자녀 사망 후의 준정)에도 준정으로 인정되어야 한다. 어느 경우나 혼인 외의 자녀가 혼인 중의 자녀의 신분을 취득하게 되는 시기는 부모가 혼인한 때이다.

5. 인공수정자

(1) 인공수정의 의의

인공수정이란 남녀간의 자연적 성행위에 의하지 않고, 인위적인 시술에 의하여 포태가 이루어진 것을 말한다. 인공수정에 의하여 태어난 자녀가 인공수정자이다. 불임부부의 가정파탄 · 생활안정의 방지책으로 이용되고 있으나, 종교적 관점에서는 비판의 소리가 높다. 특히 체외수정 · 대리모에 의한 자녀의 출산이 가능해짐에 따라 그 입법적 규제의 필요성이 커지고 있다.

인공수정은 크게 아내가 남편의 정자를 사용한 경우(AIH: Artificial Insemination with Husband's Semen)와 제3자의 정자를 사용한 경우(AID: Artificial Insemination with Donor's Semen)로 대별된다. 인공수정자의 아버지가 누구인지가 문제된다.

(2) 인공수정자의 법적 지위

1) 남편의 정자를 사용한 인공수정

이 경우에는 보통의 자녀와 동일하고 특별한 법적 문제는 발생하지 않는다. 즉 AIH에 의하여 출생한 자녀의 친자관계는 자연적인 성결합 대신에 인공적인 기술이 사용되었을 뿐이어서 통상의 자녀와 마찬가지로서 제844조에 의해 부(夫)의 친생자로 추정받는다(서울가정법원 2011.6.22. 선고 2009드합13538 판결). 다만, 혼인관계가 남편의 사망, 이혼 등으로 종료된 후에 냉동보존되었던 남편의 정액을 사용하여 인공수정을 할 수 있는지, 그로 인하여 출생한 자녀가 혼인 중의 출생자인지가 논의되고 있다.

2) 제3자의 정자를 사용한 인공수정

아내가 혼인 중 남편이 아닌 제3자의 정자를 제공받아 인공수정으로 자녀를 출산한 경우에도 남편이 인공수정에 동의하였다면, 친생추정 규정을 적용하여 남편이 인공수정으로 출생한 자녀의 아버지로 추정된다. 남편이 인공수정에 동의하였다가 나중에 이를 번복하고 친생부인의 소를 제기하는 것은 신의칙상 허용되지 않는다(대법원 2019.10.23. 선고 2016므2510 전원합의체 판결).

남편의 동의가 없는 경우에는 친생자추정이 미치는지에 따라 친생부인의 소를 제기하거나 친생자관계부존재확인의 소를 제기하여 친자관계를 부정하게 될 것이다.

(3) 정자제공자의 지위

정자를 제공한 제3자가 인공수정에 의하여 출생한 자녀를 인지하거나 정자를 제공한 제3자를 상대로 인지청구를 할 수 있는지는 의문이다. 학설은 부정적이다. 부자관계는 자녀의 복리를 본체로 하는 부자관계형성을 위한 것이고, 보통의 경우 부자관계의 연결을 찾기 힘들기 때문이다. 즉 정자제공자와의 부자관계증명이 곤란한 경우가 많고. 보수를 받고 정자를 제공한 경우가 대부분인데, 이런 경우까지 정자제공자를 부로 인정함은 도덕적으로도 문제가 될 뿐만 아니라 정자제공자 또한 다수의 수정자로부터 인지청구를 받게 되어 불이익하고 불합리하기에 그러하다. 따라서 독신녀의 AID의 경우 정자제공자와의 부자관계는 인정되지 않고 혼인 외의 모자관계가 발생할 뿐이다.

(4) 체외수정

배우자간의 체외수정은 처에게 AIH와 같으므로, 법률적으로는 큰 문제가 없다. 다만 체외수정상태에서 아버지가 사망하였을 경우에, 이 수정란을 태아로 보아서 상속권을 인정할 것인가가 문제될 수 있다.

처가 남편의 정자와 다른 여자의 난자를 체외수정한 수정란을 이식하여 출산한 경우에 그 처가 자녀의 모로 되는지가 문제될 수 있다.

(5) 대 리 모

1) 의 의

아내가 아닌 다른 여자에게 남편의 정자를 인공수정하여 출산하게 하거나 부부 또는 제3자의 체외수정란을 이식하여 출산한 경우는 그와 같은 계약의 유효성이 문제되고, 인공수정자의 아버지뿐만 아니라 어머니가 누구인지도 해결해야 한다.

2) 대리모계약의 유효성

대리모계약이 선량한 풍속 기타 사회질서에 반하는 법률행위(§103)에 해당하는가가 문제된다. 대리모계약이 무효라면, 대리모계약상의 권리의무는 발생하지 않는다. 대리모계약이 유효하다면, 대리모가 자녀의 인도를 거절할 경우에는 대리모를 상대로 자녀의 인도를 청구할 수도 있을 것이다. 하급심에서는 부부인 甲과 乙이 甲과 乙의 수정란을 대리모인 丙에게 착상시켜 丙이 丁을 낳았는데, 甲이 丁의 모(母)를 '乙'로 기재하여 출생신고를 하였으나, 가족관계등록공무원이 신고서에 기재한 모(母)의 성명(乙)과 출생증명서에 기재된 모(母)의 성명(丙)이 일치하지 않는다는 이유로 불수리처분을 한 사안에서, 출생신고서에 기재된 모(乙)의 인적사항과 출생증명서에 기재된 모(丙)의 인적사항이 일치하지 아니하므로 甲의 출생신고를 수리하지 아니한 처분은 적법하고, 이른바 '자궁(출산)대리모'는 우리

법령의 해석상 허용되지 아니하므로 이러한 대리모를 통한 출산을 내용으로 하는 계약은 선량한 풍속 기타 사회질서에 위반하는 것으로써 제103조에 따라 무효라고 한 사례가 있다(서울가정법원 2018. 5. 9.자 2018브15 결정).

3) 자녀의 법률상 지위

대리모계약의 유효성에 관한 논의와는 별도로 대리모가 출산한 자녀의 생모가 누구인지, 특히 부부 또는 제3자간의 체외수정에 의한 수정란을 이식받은 경우에 출산한 대리모를 생모로 볼 것인지가 쟁점으로 부각된 바 있다. 대리모가 혼인중에 있는 경우에는 그 남편의 친생자로 추정되는지 여부에 따라 친생부인의 소 또는 친자관계부존재확인의 소에 의하여 친자관계를 부정할 수 있을 것이다.

대리모계약이 유효한 경우에도 대리모와 계약을 체결한 상대방 부부와 자녀 사이의 친자관계를 친생자관계라고 할 것인지 양친자관계라고 할 것인지를 정하여야 할 필요가 있다.

■ 심화학습

- 혈연진실주의는 가정의 평화를 이유로 제한될 수 있는가?
- 어떠한 경우에 모의 인지가 필요한가? 기아는 어떠한 법적 취급을 받는가?
- 자연과학의 발달이 친자법에 미친 영향은?

Ⅲ. 양　자

예습과제

Q1 양자녀로 될 사람의 나이에 따라 가능한 입양의 유형을 구분하시오.

Q2 일반입양과 친양자 입양의 성립요건을 비교하시오.

Q3 부부공동입양에서 '공동성'의 구체적 의미는?

1. 양자제도 총설

양자제도는 어느 시기나 사회를 막론하고 존재해 왔다. 그 발전과정은 입양의 동기 · 목적이 무엇인가에 따라 대체로 '가를 위한 양자제도'에서 '친을 위한 양자제도'로, 다시 '자를 위한 양자제도'로 바뀌어 왔다고 설명된다. 일률적이지는 않지만 제1차 세계대전 이후 각국의 양자제도는 자녀의 복리를 목적으로 하고 입양의 성립에 국가의 관여를 강조하는 방향으로 발전되었다. 그리하여 현대 양자법은 입양제도를 양부모와 양자녀와의 친자관계창설을 사적 계약으로 보는 '계약형 양자'에서 자녀의 복지를 위하여 국가기관의 관여와 선언을 통해서 입양을 성립하게 하는 '선고(복지)형 양자'로, 양자녀의 친부모와의 관계가 단절되지 않는 '불완전양자'에서 친부모와의 관계가 단절되는 '완전양자'를 추구하고 있다.

조선시대에는 수양자와 시양자와 같은 예외적인 경우도 허용되었으나, 입양은 가계계승을 위한 것이었다. 구민법시대에는 수양자와 시양자에 관한 관습법조차 부정되어 가를 위한 양자제도로서의 성격은 더욱 강화되었다. 반면에 일제말기에는 이성양자를 허용하고 서양자제도를 도입하기 위한 조선민사령의 개정도 있었다.

- 조선민사령 제11조의2는 1940년 2월 11일 시행되었다. 1954년에 타인의 자녀를 입양의사를 가지고 친생자로서 출생신고를 한 경우 입양의 효력이 인정되는가?

1958년 민법은 점진적 개혁론에 따라 「자를 위한 양자제도」의 확립을 내세우면서도, 종래의 가를 위한 내지 친을 위한 양자제도의 성격을 그대로 유지시켰다. 1990년 민법 개정에 의하여 가를 위한 양자제도의 폐지, 입양에 대한 국가관여의 증대, 부부공동입양의 완성이 이루어지나, 여전히 계약형 · 불완전양자제도에 속하였다. 2005년 민법 개정을 통하여 친양자라는 선고(복지)형 · 완전양자제도가 도입됨에 따라, 비로소 현대적 양자법의 모습을 갖추게 된다. 다만 기존의 양자제도와의 병존을 허용하여 입양을 하고자 하는 사람은 일반입양과 친양자 입양 두 가지 중 어느 하나를 선택하여 이용할 수 있게 되었다. 2012년의 민법 개정에서는 일반입양의 경우에도 국가(법원)의 후견적 역할을 강화하고, 양자녀가 될 사람의 복리를 확보하기 위한 조치가 취해진다. 즉, 미성년자를 입양할 때에는 가정법원의 허가를 받도록 하고, 미성년자에 대한 파양은 재판으로만 할 수 있도록 하며, 부모의 소재를 알 수 없는 등의 경우에는 부모의 동의 없이도 입양이 가능하게 하는 등 입양제도를 개선하였다. 또한 대락입양을 하여야 할 양자녀의 나이를 15세에서 13세로, 친양자가 될 수 있는 나이를 15세 미만에서 미성년자로 완화하였다.

한편 보호자가 없거나 보호자로부터 이탈된 아동 또는 보호자가 아동을 학대하는 경우 등 그 보호자가 아동을 양육하기에 적당하지 않거나 양육할 능력이 없는 경우의 18세 미만의 요보호아동인 경우에는, 2011.8.4.「입양촉진 및 절차에 관한 특례법」을 전부 개정한 「입양특례법」(2012.8.5. 시행)에 의한 입양도 가능하다. 그간의 특례법상의 입양은 요보호아동의 국내외 입양을 촉진하고 양자녀로 되는 사람을 보호하기 위하여 민법상의 일반입양의 요건과 효과에 특례를 인정하는 것이었다. 현행 특례법은 아동의 출생일로부터 1주일이 지난 후에야 친생부모의 입양동의가 가능하도록 하는 숙려기간제도를 도입하고(특례법 §13①), 입양은 가정법원의 입양허가에 의하여 성립하는 것으로 하였다(특례법 §15). 입양의 효과도 민법상의 친양자와 같다(특례법 §14). 따라서 현행의 입양 유형은 민법상의 일반입양(미성년입양과 성년입양)과 친양자 입양, 특례법상의 친양자 입양으로 나뉜다.

- 외국인 부부인 甲과 乙이 아동복지법상 보호대상아동으로 모(母)가 입양에 동의하여 보장시설에 보호의뢰된 丙에 대하여 민법상 친양자 입양을 청구한 사안에서, 丙에 대하여는 입양에 관한 민법의 특별법인 입양특례법이 적용되어 그에 따른 입양 청구만이 가능한데, 甲과 乙이 입양특례법에서 정한 입양에 필요한 서류 등을 제출하지 않은 채 민법상 친양자 입양만을 청구하였다면, 위 입양은 허가될 수 있는가?(대법원 2022.5.31.자 2020스514 결정)

2. 일반양자

(1) 입양의 요건

입양은 입양의 실질적 요건이 구비되고, 등록법에 따라 신고를 함으로써 성립한다(§878).

1) 실질적 요건

(가) 당사자 사이의 입양의사의 합치

입양의사는 양친자로서의 신분적 생활관계를 형성할 의사를 말하고, 양친자관계에 따른 법률효과를 전부 발생시킬 의사가 있어야 한다. 따라서 고소사건으로 인한 처벌 등을 모면하게 할 목적으로 형식적으로만 입양한 것처럼 가장한 입양신고는 무효이다(대법원 1995.9.29. 선고 94므1553, 1560 판결; 대법원 2004.4.9. 선고 2003므2411 판결). 입양행위의 성질상 입양의사는 조건부 또는 기한부이어서는 안 된다.

입양 당사자는 양부모가 될 사람과 양자녀가 될 사람이나, 대락입양이나 부부공동입양의 경우는 대락권자나 부부가 당사자로 된다.

입양당사자의 입양의 의사표시가 유효하기 위해서는 의사능력을 필요로 한다. 민법은 13세를 기준으로 하여 입양능력을 갖춘 것으로 보고, 양자녀가 될 사람이 13세 이상의 미성년자인 경우에는 법정대리인의 동의를 받아 입양을 승낙할 수 있다고 규정한다(§869①). 양부모가 될 사람이 입양을 청약하고, 양자녀가 될 사람이 그에 대해 승낙함으로써 입양계약이 성립한다는 구조이다. 미성년자의 입양에 대해서는 가정법원의 허가가 필요하고, 13세 이상의 양자녀가 될 사람의 입양승낙에 대한 법정대리인의 동의는 입양허가의 절차적 요건에 해당한다.

(나) 양부모에 관한 요건

성년자이면 족하다(§866). 혼인한 미성년자가 양부모가 될 수 있는지에 대하여는 성년의제에 의하여 양부모가 될 수 있다는 견해와 양자제도의 취지에 비추어 이를 부정하는 견해로 나뉜다. 특례법상의 입양인 경우에는 별도의 양친 적격을 갖추어야 한다(특례법 §10). 이에 관하여는 후술한다.

(다) 양자녀에 관한 요건

소목(昭穆)을 지키지 않아도 무방하다(대법원 1991.5.28. 선고 90므347 판결). 따라서 형제항렬자나 손자항렬자도 무방하다. 다만, 손자로 맞아들이는 경우(양손입양)는 허용되지 않는다(대법원 1988.3.22. 선고 87므105 판결).

친손자녀를 양자녀로 입양하는 것은 어떠한가? 종래 하급심에서는 조부모인 甲 등이 손녀인 乙을 '친양자'로 입양하는 심판을 구한 사안에서, 甲 등이 乙을 친양자로 입양하면 조부모는 부모가 되고 乙의 친부는 乙과 남매지간이 되는 등 가족내부 질서와 친족관계에 중대한 혼란이 초래될 것이 분명하고, 친양자 입양이 이루어진다고 하더라도 乙이 성장함에 따라 자신의 가족관계를 둘러싼 진실을 어떠한 경위에서라도 알게 되면 심각한 혼란에 빠져 정체성의 위기를 겪게 될 우려가 높고, 당장은 乙이 갑 등을 부모로 알고 있다고 하더라도 조부모인 甲 등이 乙을 친양자로 입양하는 것은 일시적인 미봉책에 불과할 뿐 장기적인 관점에서 볼 때 乙의 진정한 복리에 부합한다고 단정하기도 어려우며, 乙의 친부가 친권자로 지정되어 있고, 甲 등이 乙을 친양자로 입양하지 않더라도 乙을 양육하는 데 특별한 장애나 어려움도 없어 보인다는 이유로 甲 등의 청구를 기각한 바 있다(부산가정법원 2017.4.24.자 2017느단1124 심판).

반면에 2021년 전원합의체 결정은, 존속을 제외하고는 혈족의 입양을 금지하고 있지 않으므로(§877), 조부모가 손자녀를 '일반양자'로 입양하여 부모 · 자녀 관계를 맺는 것이 입양의 의미와 본질에 부합하지 않거나 불가능하다고 볼 이유가 없다고 하였다(대법원 2021.12.23.자 2018스5 전원합의체 결정). 대법원은 사건본인의 친생모가 생존하고 있다고 해서 그 부모인 청구인들이 사건본인을 입양하는 것을 불허할 이유가 될 수 없고, 청구인들이 사건본인을 양육하는 데 지장이 없다는 이유로 양친자 관계를 맺으려는 의사를 부정할 수도 없다며, 조부모인 청구인들의 입양으로 가족 내부 질서와 친족관계의 혼란이 초래될 수 있더라도, 구체적 사정에 비춰 입양이 사건본인의 복리에 더 이익이 된다면 입양을 허가해야 한다고 하였다. 다만, 조부모가 자녀를 입양하는 경우에는 양부모가 될 사람과 자녀 사이에 이미 조손(祖孫)관계가 존재하고 있고, 입양 후에도 양부모가 여전히 자녀의 친생부 또는 친생모에 대하여 부모의 지위에 있다는 특수성이 있으므로, 이러한 사정이 자녀의 복리에 미칠 영향에 관하여 세심하게 살필 필요가 있다고 하였다. 이처럼 2021년 대법원 전원합의체는 "아이의 복리에 더 부합한다면 조부모가 손주를 자녀로 일반입양할 수 있다."는 첫 결정을 내놓으면서 심리 미진을 이유로 해당 사건을 파기이송하였으나, 파기이송심 재판부는 해당 사건을 심리한 끝에 이송 전 결정과 동일하게 조부모의 청구를 기각하였다(울산가정법원 2023.2.2.자 2022브1 심판). 전원합의체 결정에 따라 다시 심리한 결과 조부모의 입양허가 청구가 여전히 아동의 복리에 이익이 되지 않는다고 판단한 것이다.

입양은 혼인 중의 출생자와 같은 신분을 취득하게 하는 창설적 신분행위이므로 자신의 친생자녀라도 혼인 외의 출생자라면 양자로 입양하는 것도 인정할 필요가 있다. 그러나 혼인 중의 출생자에 대해서는 이러한 가족관계를 창설할 필요가 없으므로 이혼한 모가 전혼 중에 출생한 혼인 중의 자녀를 입양할 수는 없다(등록예규 제130호).

양자녀가 될 사람은 양부모가 될 사람의 존속 또는 연장자이어서는 안 된다(§877). 부부공동입양의 경우에는 양자녀가 될 사람은 부부 쌍방에 대하여 이 요건을 갖추어야 한다. 연장자가 아닌 한 동년배의 후생일자(後生日者)도 무방하다.

(라) 대락입양

양자녀가 될 사람이 13세 미만인 경우에는 법정대리인이 그를 갈음하여 입양의 승낙을 한다(§869②). 이를 대락입양이라 한다. 13세 미만인 사람은 입양능력이 없기 때문이다.

미성년자의 입양에 대해서는 가정법원의 허가가 필요하고, 법정대리인의 대락은 입양성립의 실체적 요건이자 입양허가의 절차적 요건이기도 하다. 다만, 법정대리인이 정당한 이유 없이 대락을 거부하는 경우, 친권자인 법정대리인이 3년 이상 자녀에 대한 부양의무를 이행하지 않거나 자녀를 학대 또는 유기(遺棄)하거나 그 밖에 자녀의 복리를 현저히 해친 경우, 법정대리인의 소재를 알 수 없는 등의 사유로 대락을 받을 수 없는 경우에는 법정대리인의 대락 없이도 입양이 허가될 수 있다(§869③, §870②). 법정대리인의 소재불명 등으로 동의를 받을 수 없는 경우 외에는 입양허가시 법정대리인을 심문하여야 한다(§869④).

법정대리인은 가정법원의 입양허가가 있기 전까지 대락을 철회할 수 있다(§869⑤)

대락은 일종의 대리이다(반대설 있음). 따라서 대락권 없는 사람이 한 대락입양은 무효이나(§883 ii), 일종의 무권대리로서 양자녀가 13세 이상이 된 후 추인할 수 있는 것으로 본다(대법원 1990.3.9. 선고 89므389 판결 참조).

(마) 부모 등의 동의

① 양자녀가 될 사람이 미성년인 경우에는 부모의 동의가 필요하다. 다만 양자녀가 될 사람이 13세 이상의 미성년자이어서 부모의 동의를 얻어 입양승낙을 한 경우이거나, 13세 미만이어서 법정대리인이 그를 갈음하여 입양을 승낙한 경우, 부모가 친권상실의 선고를 받은 경우 및 부모의 소재를 알 수 없는 등의 사유로 동의를 받을 수 없는 경우에는 그러하지 않다(§870①). 부모가 입양에 대한 동의를 거부하는 경우에도, 부모가 3년 이상 자녀에 대한 부양의무를 이행하지 않거나, 자녀를 학대 또는 유기(遺棄)하거나 그 밖에 자녀의 복리를 현저히 해친 경우

에는 가정법원은 부모가 동의를 거부하더라도 미성년자의 입양에 대한 입양을 허가할 수 있다. 이 경우 가정법원은 부모를 심문하여야 한다(§870②).

부모는 가정법원의 입양허가가 있기 전까지 입양에 대한 동의를 철회할 수 있다(§870③).

② 양자녀가 될 사람이 성년인 경우에도 부모의 동의를 받아야 한다. 다만, 부모의 소재를 알 수 없는 등의 사유로 동의를 받을 수 없는 경우에는 그러하지 않다(§871①). 가정법원은 부모가 정당한 이유 없이 동의를 거부하는 경우에 양부모가 될 사람이나 양자녀가 될 사람의 청구에 따라 부모의 동의를 갈음하는 심판을 할 수 있다. 이 경우 가정법원은 부모를 심문하여야 한다(§871②). 성년자의 신분행위에 부모의 동의를 요하는 유일한 경우이다.

성년자의 입양에 대해서도 부모의 동의를 얻도록 한 점에 비추어 볼 때, 입양동의권은 친권과는 다른 법률상의 보호권으로 부모의 지위에서 부여되는 권리로서의 성질을 지닌다. 가제도에 의한 구속과는 무관하다. 동의권의 행사는 양자녀의 복리에 주안을 두어야 한다. 입양동의권을 부모의 법률상의 보호권으로 보아야 한다면, 부모가 이혼한 경우에도 부모 모두 동의권을 갖는다. 양자녀가 될 사람에게 양부모와 친생부모가 다 있을 때에는 양부모의 동의만으로도 족하나, 양부모가 모두 사망한 때에는 친생부모의 동의가 필요하다고 보아야 할 것이다. 일반입양의 경우에는 입양 후에도 친생부모와의 친족관계가 유지되기 때문이다.

③ 배우자 있는 사람이 양자녀로 될 경우에는 다른 일방의 동의를 얻어야 한다(§874②). 따라서 일방만이 양자녀로 될 경우에는 타방의 동의를 얻을 뿐, 타방은 일방의 양부모와의 사이에 1촌의 인척관계로 될 뿐이다. 양자녀로 될 때 동의를 할 수 없는 사정이 있을 경우에 다른 일방의 동의 없이 양자녀가 될 수 있는지에 대하여는 견해가 나뉜다.

동의는 일정한 방식을 따라야 하는 것은 아니나, 미성년자 입양의 경우에는 가정법원에 대한 입양허가신청을 할 때에 동의한 사실 또는 그 동의가 없는 경우에는 동의가 면제되는 사정을 명확히 하여야 한다. 입양에 대한 동의가 필요한 경우에 입양신고를 할 때에는 입양신고서에 입양에 동의한 사실을 증명하는 서면을 첨부하여야 하나, 동의한 사람이 입양신고서의 동의자란에 성명과 주민등록번호를 기재하고 서명 또는 기명날인한 때에는 동의서를 첨부하지 않아도 무방하다(등록법 §32①).

부모 등의 동의가 없는 신고는 수리가 거부되나 잘못 수리되면 입양은 유효하게 성립하고 입양취소사유에 해당된다(§884① i).

(바) 미성년자입양에 대한 가정법원의 허가

미성년자를 입양하려는 사람은 가정법원의 허가를 받아야 한다(§867①). 당사자의 합의와 신고만으로 입양의 성립을 인정하는 일반입양방식을 그대로 유지할 경우에는, 아동학대의 버릇이 있는 사람 등도 쉽게 입양을 할 수 있고, 입양이 인신매매의 수단으로 악용되는 등 입양제도의 남용사례를 사전에 방지할 방법이 없다. 이를 방지하기 위하여 미성년자를 입양할 때에는 양부모가 될 사람으로 하여금 가정법원의 허가를 받도록 한 것이다. 따라서 양자녀가 될 사람의 복리를 해칠 우려가 없는 배우자의 직계비속을 입양하는 경우에는 가정법원의 허가를 면제해 줄 필요가 있다고 본다.

허가의 법적 성질은 가정법원이 후견적 입장에서 입양에 대하여 행하는 사전심사로써 국가에 의한 입양의 선언은 아니다. 따라서 허가를 받고도 신고를 하지 않으면 입양은 성립하지 않는다. 친양자 입양심판과 다른 점이다.

허가의 기준은 입양이 양자녀가 될 사람의 복리와 합치하는가의 여부에 있다. 입양의 실질적 요건을 갖추고 있는지의 여부도 심리되나, 요건위반이나 입양의사의 부존재로 밝혀질 경우에는 신청은 각하될 것이다. 입양의 실질적 요건을 구비한 경우에도 양자녀가 될 사람의 양육 상황, 입양의 동기나 목적, 양부모(養父母)의 양육능력 등을 종합적으로 심리하여, 입양에 의하여 양자녀가 될 사람의 복리가 침해되는 것으로 판단되면, 가정법원은 입양허가신청을 기각할 수 있다(§867②). 청구를 기각한 심판에 대해서는 청구인이 즉시항고할 수 있다(가소규 §27).

• 양부모가 될 부부가 입양에 대한 허가를 받은 후 입양신고 전에 부부 중 일방이 사망한 다른 일방은 다시 입양허가를 받아야 하는가?

(사) 피성년후견인의 입양

피성년후견인도 의사능력이 회복된 때에는 성년후견인의 동의를 받아 입양을 할 수 있고 양자녀로 될 수 있다(§873①). 이 경우에는 가정법원의 입양허가가 필요하다(§873②, §867). 가정법원은 성년후견인이 정당한 이유 없이 피성년후견인의 입양에 대한 동의를 거부하거나, 피성년후견인의 부모가 정당한 이유 없이 피성년후견인의 입양에 대한 동의를 거부하는 경우에는 그 동의가 없어도 입양을 허가할 수 있고, 이 경우 가정법원은 성년후견인 또는 부모를 심문하여야 한다(§873③).

(아) 부부의 공동입양

배우자 있는 사람이 입양을 할 때에는 배우자와 공동으로 하여야 한다(§874①). 입양을 할 때 배우자의 일방이 공동으로 할 수 없는 사정이 있을 경우에 다른 일방이 단독으로 입양을 할 수 있는지에 대하여는 견해가 나뉜다. 법률상 부부가 아닌 사람들이 공동으로 양부모가 되는 것은 허용될 수 없다(대법원 1995.1.24. 선고 93므1242 판결).

• 부부 일방이 피성년후견선고를 받은 경우 부부공동입양은 가능한가?

부부입양의 공동성에 의해 부부 일방이 자기만을 양부모로 하는 입양은 허용되지 않는다. 그러나 부부 일방이 타방의 자녀를 입양할 경우에는 공동입양에 해당하지 않는다. 왜냐하면 이는 일방의 입양에 대한 타방의 동의에 해당되고, 이 동의는 부 또는 모로서의 입양에 대한 동의와 부부공동의 자녀로 하는 데 대한 동의가 합체된 의미에서의 공동성을 갖춘 것으로 볼 수 있기 때문이다(공동입양설도 주장됨).

판례는 부부의 공동입양은 부부 각자에 대하여 별개의 입양행위가 존재하여 부부 각자와 양자녀 사이에 각각 양친자관계가 성립한다고 하여(대법원 1998.5.26. 선고 97므25 판결) 양친자관계를 양부자관계와 양모자관계로 나누어 그 효력을 검토한다. 이에 대하여는 부부가 입양하는 경우에는 부부 공동의 혼인 중 출생자로 인정할 필요가 있고 이와 같은 취지를 관철하기 위해서는 입양의 유효, 무효에 대하여도 부부 공통으로 판단하여야 한다는 주장이 있다.

• 부부공동입양의 효력이 없는 경우에 편면적 양부관계 또는 양모관계를 인정할 수 있는가?

한편, 부부공동입양의 효력이 발생한 경우 양부모가 이혼하였다고 하더라도,

양모를 양부와 다르게 취급하여 양모자관계만 소멸하였다고 볼 수는 없다(대법원 2001.5.24. 선고 2000므1493 전원합의체 판결).

2) 형식적 요건

(가) 입양의 신고

입양은 등록법에서 정한 바에 따라 신고하여야 한다(§878). 원칙적으로 입양 당사자인 양부모와 양자녀가 공동으로 신고하여야 한다. 양자녀가 13세 미만인 때에는 입양을 대락한 법정대리인이 신고하여야 한다. 입양에 동의가 필요한 경우에는 동의서 및 그에 갈음하는 심판서, 미성년자 입양의 경우에는 허가서 등본을 첨부하여야 한다(등록법 §62).

입양신고는 제866조, 제867조, 제869조부터 제871조까지, 제873조, 제874조, 제877조, 그 밖의 법령에 위반함이 없을 때에는 이를 수리하여야 한다(§881). 외국에 있는 본국민 사이의 입양은 그 외국에 주재하는 대사, 공사 또는 영사에게 신고할 수 있다(§882, §814).

(나) 입양신고를 갈음한 친생자출생신고의 효력

신분행위에서 신고라는 형식을 요구하는 실질적 이유는 당사자 사이에 신고에 대응하는 의사표시가 있었음을 확실히 하고 또 이를 외부에 공시하기 위한 것이다. 입양신고 역시 당사자의 입양에 관한 합의의 존재와 그 내용을 명백히 하여 실질적 요건을 갖추지 아니한 입양을 미리 막기 위한 것이다. 그리하여 종래 판례는 당사자 사이에 양친자관계를 창설하려는 명백한 의사가 있고 그 밖의 입양의 실질적 성립요건을 모두 구비하고 있는 경우에 입양신고를 갈음하여 친생자로서의 출생신고를 하였다면, 형식에 다소 잘못이 있더라도 무효행위 전환의 법리에 따라 입양의 효력을 인정함이 타당하다고 하였다. 허위의 친생자 출생신고라도 당사자 간에 법률상 친자관계를 설정하려는 의사표시가 명백하고, 양친자관계는 파양에 의하여 해소될 수 있다는 점을 제외하고는 법률적으로 친생자관계와 똑같은 내용을 가지고 있는 것이므로, 허위의 친생자 출생신고는 법률상 친자관계의 존재를 공시하는 신고로서 입양신고의 기능을 발휘한다고도 볼 수 있다는 것이다(대법원 1977.7.26. 선고 77다492 전원합의체 판결).

친생자 출생신고 당시 입양의 실질적 요건을 갖추지 못하여 입양신고로서의 효력이 생기지 않았더라도 그 후에 입양의 실질적 요건을 갖추게 된 경우에는 무효인 친생자 출생신고는 소급적으로 입양신고로서의 효력을 갖게 된다고 할 것이나, 당사자 간에 무효인 신고행위에 상응하는 신분관계가 실질적으로 형성되어 있지 아니한 경우에는 무효인 신분행위에 대한 추인의 의사표시만으로 그 무효행위의 효력을 인정할 수 없다. 그리하여 구 민법(1990.1.13. 법률 제4199호로 개정되기 전의 것) 제869조 소정의 입양승낙 없이 친생자로서의 출생신고 방법으로 입양된 15세 미만의 자가 입양의 승낙능력이 생긴 15세 이후에도 계속하여 자신을 입양한 상대방을 부모로 여기고 생활하는 등 입양의 실질적인 요건을 갖춘 경우에는 친생자로 신고된 자가 15세가 된 이후에 상대방이 한 입양에 갈음하는 출생신고를 묵시적으로 추인하였다고 보아 무효인 친생자 출생신고가 소급적으로 입양신고로서의 효력을 갖게 되는 것으로 볼 수 있지만, 이와 달리 감호 · 양육 등 양친자로서의 신분적 생활사실이 계속되지 아니하여 입양의 실질적인 요건을 갖추지 못한 경우에는 친생자로 신고된 자가 15세가 된 이후에 상대방이 한 입양에 갈음하는 출생신고를 묵시적으로 추인한 것으로 보기도 힘들 뿐만 아니라, 설령 묵시적으로 추인한 것으로 볼 수 있는 경우라고 하더라도 무효인 친생자 출생신고가 소급적으로 입양신고로서의 효력을 갖게 될 수는 없다(대법원 2020.5.14. 선고 2017므12484 판결).

그러나 2012년 2월 10일자의 민법 개정(법률 제11300호)으로 미성년자를 양자녀로 하는 입양신고에 가정법원의 입양허가가 필요한 현행법제에서는, 더 이상 입양의사를 가지고 한 친생자출생신고라도 입양신고로서의 효력이 인정될 수는 없을 것이다.

- 甲 출생 무렵(1980년) 甲의 생모로부터 甲을 입양시키거나 보육시설에 맡겨달라는 부탁을 받은 사람이 甲을 아이가 없었던 乙남과 丙녀 부부에게 맡기자, 乙남이 1980. 10. 21. 甲을 자신과 丙녀의 친생자로 출생신고를 하여 丙녀와 함께 양육하다가 丙녀와 이혼한 후(1985년)부터는 혼자서 양육하였고, 丙녀는 그 후 甲과 연락하거나 만나지 않았는데, 甲이 성년이 될 무렵(2000년경) 甲의 바람에 따라 甲의 할머니(乙남의 어머니)가 甲을 丙녀에게 데려다주면서 甲과 丙녀는 다시 왕래를 시작하였고, 그 후 丙녀가 사망할 때(2015년)까지 약 15년 동안 서로 연락을 주고받으며 왕래하였다. 丙녀 사망 후 丙녀의 동생 丁이 甲을 상대로 丙녀와 甲 사이의 친생자관계부존재확인을 구하였다면 丁의 청구는 인용될 수 있는가?(대법원 2020.5.14. 선고 2017므12484 판결)

---

(2) 입양의 무효와 취소

1) 입양의 무효

① 당사자간에 입양의 합의가 없는 때 예컨대 당사자가 의사무능력인 경우, 상대방에 관하여 착오가 있는 경우, 통모에 의한 가장입양, 심리유보에 의한 입양, 조건을 붙이거나 특정목적을 부가한 입양, 부지 중에 신고된 입양신고 등의 경우, ② 가정법원의 허가를 받지 아니한 미성년자에 대한 입양, ③ 가정법원의 허가를 받지 않고 피성년후견인이 입양을 하거나 양자녀가 된 경우, ④ 13세 미만인 사람이 양자녀가 될 때에 대락권자의 승낙을 받지 아니한 때, ⑤ 양자녀가 양부모의 존속이거나 연장자일 때 그 입양은 무효이다(§883). 가정법원의 허가 없이 입양신고가 수리된 경우는 신고인이 가정법원의 허가서를 위조한 때이므로 이를 무효로 한 것이다.

입양무효의 성질은 혼인의 무효와 마찬가지로 당연무효이다. 따라서 당사자와 제3자는 판결이 없더라도 다른 소송에서 그 입양이 무효라고 주장할 수 있고, 입양무효확인의 소를 제기할 수도 있다(가소 §2① 가류). 협의파양신고로 인하여 양친자관계가 해소된 이후에도 입양무효확인의 소를 제기할 법률상의 이익이 있다(대법원 1995.9.29. 선고 94므1553, 1560 판결).

입양무효의 소는 당사자, 법정대리인, 4촌 이내의 친족이 제기할 수 있다(가소 §31, §23). 당사자적격은 심판청구 당시에 있으면 족하고, 입양신고 당시에 신분관계가 없었다고 하여 제3자에 불과하다고 볼 수 없다(대법원 1985.12.10. 선고 85므28 판결). 당사자 일방이 소를 제기할 때에는 타방 당사자를 상대방으로 하고, 제3자가 소를 제기할 때에는 양부모와 양자녀 쌍방을, 양부모와 양자녀 중 일방이 사망한 때에는 그 생존자를 상대방으로 하고, 상대방이 될 사람이 사망한 때에는 검사를 상대방으로 한다(가소 §31, §24).

청구를 인용한 판결의 효력은 제3자에게도 미친다(가소 §21).

2) 입양의 취소

(가) 취소원인과 취소권자 및 취소권의 행사기간

① 미성년자가 입양을 하였을 때(§884① i , §866)에는 양부모, 양자녀와 그 법정대리인 또는 직계혈족이 취소를 청구할 수 있다(§885). 양부모가 성년에 달한 후에는 취소를 청구하지 못한다(§889).

② 13세 이상의 미성년자가 법정대리인의 동의를 받지 않고 입양승낙을 한 때(§884① i , §869①), 법정대리인이 입양에 대한 동의나 대락을 할 수 있었음에도 가정법원이 이를 알지 못하고 법정대리인의 동의나 대락 없이 입양을 허가한 때(§884① i , §869③ ii), 양자녀가 될 미성년자가 부모의 동의 면제의 경우가 아님에도 부모의 동의를 얻지 아니한 때(§884① i , §870①)에는 양자녀와 동의권자가 취소를 청구할 수 있다(§886 전단). 양자녀가 성년이 된 후 3개월이 지나거나 사망한 때(§891①), 그 사유 있음을 안 날부터 6개월, 그 사유가 있었던 날부터 1년이 지나면 취소를 청구하지 못한다(§894).

③ 양자녀가 될 성년자가 부모의 동의 면제의 경우가 아님에도 부모의 동의를 얻지 아니한 때(§884① i , §871①)에는 동의권자가 취소를 청구할 수 있다(§886 후단). 양자녀가 사망한 때(§891②), 그 사유 있음을 안 날부터 6개월, 그 사유가 있었던 날부터 1년이 지나면 취소를 청구하지 못한다(§894).

④ 피성년후견인이 후견인의 동의를 받지 않고 입양을 하거나 양자녀가 된 때(§884① i , §873①)에는 피성년후견인이나 성년후견인이 취소를 청구할 수 있다(§887, §873). 성년후견개시의 심판이 취소된 후 3개월이 지나거나(§893), 그 사유 있음을 안 날부터 6개월, 그 사유가 있었던 날부터 1년이 지나면 취소를 청구하지 못한다(§894).

⑤ 배우자 있는 사람이 입양을 할 때에 단독으로 입양하거나 다른 일방의 동의 없이 양자녀가 된 때(§884① i , §874)에는 배우자가 그 취소를 청구할 수 있다(§888). 그 사유 있음을 안 날부터 6개월, 그 사유가 있었던 날부터 1년이 지나면 취소를 청구하지 못한다(§894).

⑥ 입양 당시에 양부모와 양자녀 중의 어느 일방에게 악질이나 그 밖의 중대한 사유가 있음을 알지 못한 때(§884① ii)에는 양부모와 양자녀 중의 어느 일방이 취소를 청구할 수 있다. 그 사유 있음을 안 날로부터 6개월이 지나면 취소를 청구하지 못한다(§896).

⑦ 사기 또는 강박으로 인하여 입양의 의사표시를 한 때(§884① iii)에는 그 의사표시자는 취소를 청구할 수 있고, 사기를 안 날 또는 강박을 면한 날로부터 3개월이 지나면 취소를 청구하지 못한다(§897, §823).

(나) 입양취소의 청구

가사소송 나류 사건으로서 조정전치주의가 적용된다(가소 §50). 가정법원은 입양 취소 사유가 있다고 인정할 때에도 미성년자인 양자녀의 복리를 위하여 입양취소청구를 기각할 수 있다(§884②, §867②).

- 민법 시행일 전에 신고된 입양에 관하여 그 당시의 구법에 의하면 무효의 원인이 되는 사유가 있었으나, 신법의 규정에 의하면 그것이 취소의 원인이 되는 경우(사유로 되는 때), 그 취소기간의 기산점은?(대법원 1994.5.24. 선고 93므119 전원합의체 판결)

---

3) 입양의 무효와 취소의 효과

(가) 신분상의 효과

무효인 입양은 처음부터 효력이 없고, 취소된 입양의 효력은 입양성립일에 소급하지 않는다(§897, §824). 입양으로 인한 친족관계는 입양의 취소로 소멸한다(§776).

양자녀가 미성년자이면 입양이 취소되어도 친생부모의 친권이 당연 부활하지 않는다. 입양이 취소되면 친생부모 일방 또는 쌍방, 미성년자, 미성년자의 친족은 그 사실을 안 날부터 1개월, 입양이 취소된 날부터 6개월 내에 가정법원에 친생부모 일방 또는 쌍방을 친권자로 지정할 것을 청구할 수 있고, 이 기간 내에 친권자 지정의 청구가 없을 때에는 가정법원은 직권으로 또는 미성년자, 미성년자의 친족, 이해관계인, 검사, 지방자치단체의 장의 청구에 의하여 미성년후견인을 선임할 수 있다. 가정법원은 친권자 지정 청구나 후견인 선임 청구가 생존하는 부 또는 모, 친생부모 일방 또는 쌍방의 양육의사 및 양육능력, 청구 동기, 미성년자의 의사, 그 밖의 사정을 고려하여 미성년자의 복리를 위하여 적절하지 않다고 인정하면 청구를 기각할 수 있다. 이 경우 가정법원은 직권으로 미성년후견인을 선임하거나 생존하는 부 또는 모, 친생부모 일방 또는 쌍방을 친권자로 지정하여야 한다(§909의2②~④).

(나) 손해배상청구권

입양이 무효 또는 취소된 경우에는 당사자는 과실있는 상대방에 대하여 손해배상청구를 할 수 있으며, 그 청구권은 원칙적으로 양도 또는 승계할 수 없다(§897, §806).

4) 양친자관계존부확인의 소

판례는 가사소송규칙에 양친자관계존부확인의 소에 관한 규정을 두기 전에도 일반 소송법의 법리에 근거하여 양친자관계존부확인의 소를 인정한 바 있다. 즉 실정법상 소송유형이 규정되어 있는 경우에 한하여 신분관계존부확인에 관한 소송을 제기할 수 있는 것은 아니라는 점을 이유로, 소송유형이 따로 규정되어 있지 않더라도 법률관계인 신분관계의 존부를 즉시 확정할 이익이 있는 경우에는 일반 소송법의 법리에 따라 그 신분관계존부확인의 소송을 제기할 수 있고, 양부모와 양자녀 중 일방이 원고로 되어 양친자관계존재확인의 소를 제기하는 경우에는 친생자관계존부확인소송의 경우에 준하여 취급할 수 있다고 보았다(대법원 1993.7.16. 선고 92므372 판결).

양친자관계존부확인의 소는 가정법원이 가류 가사소송사건의 절차에 의하여 심리, 재판한다(가소 §2②, 가소규 §2).

(3) 입양의 효과

1) 법정혈족관계의 발생

양자녀와 양부모 및 그 혈족, 인척 사이의 친계와 촌수는 입양한 때로부터 혼인 중의 출생자와 동일한 것으로 본다. 양자녀의 배우자, 직계비속과 그 배우자는 양자녀의 친계를 기준으로 하여 촌수를 정한다(§772). 양자녀와 양부모 및 그 혈족 사이에는 서로 부양 · 상속관계가 생긴다. 미성년자인 양자녀의 친권자는 양부모이다(§909①).

2) 종래의 친족관계유지

양자녀의 종래의 친족관계와 친생부모와의 친자관계는 아무 변화가 일어나지 않는다. 따라서 양자녀는 친생부모의 재산에 대하여 상속권을 갖는다. 또한 양자녀가 직계비속 없이 사망한 경우 그가 미혼인 경우 제2순위 상속권자인 직계존속이, 그에게 배우자가 있는 경우 직계존속과 배우자가 동순위로 각 상속인이 되며, 이 경우 양자녀를 상속할 직계존속에는 양부모뿐 아니라 친부모도 포함된다(대법원 1995.1.20.자 94마535 결정 참조).

3) 이성양자의 성

이성양자의 경우, 입양에 의하여 양부모의 성과 본으로 변경되지는 않는다(반대설 있음). 그러나 양자녀의 복리를 위하여 양자녀의 성과 본을 변경할 필요가 있을 때에는 양부, 양모 또는 양자녀의 청구에 의하여 법원의 허가를 받아 이를 변경할 수 있다(§781⑥). 미성년입양의 경우에는 입양허가와 함께 청구될 필요가 있으나, 양자는 성질을 달리한다. 미성년입양허가와 함께 성과 본의 변경허가가 있은 경우에도, 입양신고 전에 입양을 철회하면 성과 본 변경의 허가는 효력을 잃는다고 보아야 할 것이다.

(4) 파 양

양친자관계 및 입양으로 인한 친족관계는 파양으로 종료한다. 입양 당사자의 사망만으로 입양으로 인한 친족관계가 종료되지 않는다. 입양에 의하여 양부모와의 관계뿐만 아니라 양부모의 친족과도 친족관계가 발생하기 때문이다.

파양에는 협의상 파양과 재판상 파양이 있다.

1) 협의상 파양

(가) 실질적 요건

양부모와 양자녀는 파양의사의 합치에 의하여 파양할 수 있다(§898 본문). 다만, 양자녀가 미성년자 또는 피성년후견인인 경우에는 그러하지 않다(§898 단서). 가정법원의 입양허가가 입양의 성립요건으로 규정되고, 미성년자와 피성년후견인인 양자녀의 복리를 고려하여 이들에 대하여는 협의파양을 인정하지 않는 것이다. 미성년자와 피성년후견인인 양자녀가 파양될 때에는, 파양절차에서 파양 후의 양육과 보호, 법정대리인의 결정 등이 함께 다루어져야 하고, 양친자관계의 파탄 여부, 그 원인, 회복가능성, 양자녀의 의사 등을 반영하여 파양 여부가 판단되어야 할 필요가 있음을 감안한 것이다. 반면에 양부모가 피성년후견인인 경우에는 성년후견인의 동의를 받아 파양을 협의할 수 있다(§902). 가장파양은 무효이다.

양친이 부부인 경우 협의상파양은 부부가 공동으로 하여야 한다. 다만, 양친 부부 중 일방이 사망하거나 또는 양부모가 이혼한 때에는 부부의 공동파양의 원칙이 적용될 여지가 없다(대법원 2001.8.21. 선고 99므2230 판결 참조).

(나) 형식적 요건

협의상 파양은 당사자가 등록법이 정한 바에 따라 신고함으로써 성립한다(§904, §878). 이는 창설적 신고이다. 파양의 신고가 있는 때에는, 그 파양이 제898조, 제902조의 규정 그 밖의 법령에 위반함이 없으면 이를 수리하여야 한다(§903).

(다) 협의상 파양의 무효와 취소

민법상 명문의 규정은 없으나 가사소송법은 파양무효의 소를 규정하고 있다(가소 §2① 가류). 협의상 파양의 무효와 취소에 관한 이론은 혼인 · 협의이혼 · 입양에서와 그 구조가 같다.

파양의 취소는 나류 가사소송사건이다. 사기, 강박으로 인한 파양취소권은 사기를 안 날 또는 강박을 면한 날로부터 3개월 이내에 행사하여야 한다(§904, §823). 협의상 파양의 취소의 효과는 소급한다.

2) 재판상 파양

(가) 의 의

재판상 파양은 법률에 정하여진 파양원인이 있는 경우에, 당사자의 일방이 타방을 상대로 파양을 청구하는 것이다. 민법은 재판상 파양원인에 관하여 상대적 또는 추상적 파양원인을 규정하고 있다.

(나) 파양원인

재판상 파양원인은 친자관계에 따른 공동생활의무에 위반하는 사유(유책주의)와 양친자관계를 계속하기 어려운 사유(목적주의)로 나눌 수 있다.

재판상 파양원인은 ① 양부모가 양자녀를 학대 또는 유기하거나 그 밖에 양자녀의 복리를 현저히 해친 경우, ② 양부모가 양자녀로부터 심히 부당한 대우를 받은 경우, ③ 양부모나 양자녀의 생사가 3년 이상 분명하지 아니한 경우, ④ 그 밖에 양친자관계를 계속하기 어려운 중대한 사유가 있는 경우이다(§905).

그 밖에 양친자관계를 계속하기 어려운 중대한 사유가 있는 때라 함은 양부모와 양자녀로서의 생활공동체를 유지 또는 회복하기 어려울 정도로 파탄된 사정이 있는 경우를 말하고, 그 파탄이 장래에도 회복될 가능성이 없을 것을 필요로 한다. 목적주의에 의한 상대적 파양원인이다. 따라서 당사자 사이의 어느 한 행위나 사실을 중시하기보다는 양친자관계를 전체적으로 살피고 여러 사정을 종합적으로 고려하여 판단하여야 한다.

• 유책당사자에게도 파양청구권은 인정되는가?

(다) 절 차

가) 당사자

소송당사자는 원칙적으로 양부모와 양자녀이다. 양자녀가 13세 미만인 때에는 입양의 대락권자가 소를 제기하여야 하고, 그 대락권자가 제소할 수 없을 때에는, 제777조에 따른 양자녀의 친족이나 이해관계인이 가정법원의 허가를 받아 파양을 청구할 수 있다(§906①). 일반적으로 신분관계소송에서 이해관계인이라 함은 해당 신분관계에 기초하여 특정한 권리를 취득하거나 의무를 면하게 되는 등의 직접적인 이해관계가 있는 자를 가리킨다. 그러나 여기서 이해관계인이라 함은 주로 아동보호전문기관을 염두에 둔 것이다. 양자녀가 양부모로부터 학대를 받을 경우 아동학대예방전문기관인 아동보호전문기관이 개입하게 되고, 파양이 필요하다고 판단할 때에는 파양청구를 할 수 있게 하려는 취지이다.

양자녀가 13세 이상의 미성년자인 경우에는 입양에 대한 동의를 한 부모의 동의를 받아 파양을 청구할 수 있다. 다만, 부모가 사망하거나 그 밖의 사유로 동의할 수 없는 경우에는 동의 없이 파양을 청구할 수 있다(§906②).

양부모나 양자녀가 피성년후견인인 경우에는, 그가 의사능력을 회복하고 있더라도 성년후견인의 동의를 받아 파양을 청구할 수 있다(§906③).

검사도 미성년자나 피성년후견인인 양자녀를 위하여 파양을 청구할 수 있다(§906④).

나) 파양청구권의 소멸

제905조의 파양원인 중 양부모나 양자녀의 생사가 3년 이상 분명하지 않는 경우는 언제든지 파양을 청구할 수 있으나, 그 외의 사유는 파양청구권자가 그 사유가 있음을 안 날로부터 6개월, 그 사유가 있었던 날로부터 3년이 지나면 파양을 청구하지 못한다(§907).

다) 재판상 파양청구의 재판

재판상 파양은 나류 가사소송사건이고, 조정전치주의가 적용된다(가소 §2①, §50).

재판상 파양은 조정의 성립 또는 재판의 확정으로 그 효력이 발생한다. 파양청구의 인용판결이 있을 때에는 소 제기자 또는 그 소의 상대방은 재판확정일로부터 1개월 이내에 그 취지를 신고하여야 한다(등록법 §66, §58). 이 신고는 보고적 신고이다.

3) 파양의 효과

파양에 의하여 입양으로 인한 친족관계는 소멸한다(§776). 그러나 양자녀가 미성년자이더라도 파양에 의하여 친생부모의 친권이 당연 부활하는 것은 아니며, 친생부모의 친권자로서의 적격 심사, 미성년후견인의 지정 등은 입양이 취소된 경우와 같다(§909의2②~④).

재판상 파양의 경우 당사자 일방은 과실 있는 상대방에 대하여 이로 인하여 발생한 손해의 배상을 청구할 수 있다(§908, §806, 가소 §2① 다류). 이 청구권은 원칙적으로 양도 또는 승계할 수 없다.

3. 친 양 자

(1) 의 의

1) 입법취지

양부모는 가급적 입양 사실을 외부에 알리기를 싫어하고 양자녀를 자기의 친생자로 보이려는 경향이 강하다. 입양신고에 갈음하여 허위의 친생자출생신고를 하는 것은 이 같은 실상을 반영한다. 종래 양자녀가 양부모의 성과 본을 따를 수 없거나, 양자녀라는 사실이 호적에 공시됨에 따라 친생자로서의 외양을 갖추기 위한 비밀입양이 성행하게 되었다. 이러한 입양 현실을 극복하고 입양을 보다 활성화하며, 국가기관이 후견적 역할을 수행토록 함으로써 양자녀의 복리실현에 이바지할 수 있는 입양제도의 필요성이 강하게 주장되어 왔다. 또한 재혼가정이 늘어남에 따라 재혼가정의 화합과 자녀의 복리를 위하여 배우자의 자녀를 입양할 필요성이 커짐에 따라, 이를 뒷받침할 법제도로서 친양자제도가 마련된 것이다.

종래 요보호아동을 대상으로 하는 「입양촉진 및 절차에 관한 특례법」에 따른 입양은 일반입양에 속하였다. 입양요건과 효과에 대한 민법상의 특례가 인정되었을 뿐이었다. 반면에 현행 특례법은 이를 친양자입양으로 전환하고(특례법 §11, §14, §15), 성립요건상의 특례를 규정하고 있다(특례법 §9, §10, §12, §13). 이제 친양자입양은 민법에 의한 경우와 특례법에 의한 경우 두 가지가 있게 되었다.

2) 친양자 입양의 특징

친양자 입양은 그 효과 면에서 볼 때 친양자의 입양 전의 친족관계가 종료되고(§908의3②), 부부의 혼인 중 출생자로 되며(§908의3①), 친양자가 양부모의 성과 본을 따르게 되는(§781①) 특징을 지닌다. 즉 완전양자이다.

또한 친양자 입양은 그 성립 면에서도 당사자 사이의 합의와 입양신고만으로 성립하는 사적인 계약이 아니라 가정법원으로부터 친양자 입양허가를 받아 성립하는 선고형(허가형) 양자제도(§908의2)라는 특징을 가진다.

3) 일반양자제도와의 관계

친양자제도는 일반양자제도의 존속을 전제로 하며, 친양자에 관한 특별한 규정이 있는 경우를 제외하고는 그 성질에 반하지 않은 범위 안에서 일반입양에 관한 규정이 준용된다(§908의8). 친양자 입양에 의하여 혼인 중의 출생자가 되고, 양부모가 친양자의 친권자가 되는 것은 부부공동입양에서와 같다. 일반입양에 의하여 입양된 사람을 친양자로 하려는 사람은 제908조의2 제1항 제1호 내지 제4호의 요건을 갖춘 경우에는 가정법원에 친양자 입양을 청구할 수 있다(2005.3. 31. 개정 민법 부칙 제5조).

(가) 특별규정에 의한 적용 배제

입양의 무효(§883), 입양의 취소(§884)에 관한 규정은 친양자 입양에 관하여 적용되지 않고(§908의4②), 친양자 입양의 취소에 관하여는 별도의 규정이 적용된다(§908의4①). 협의상 파양(§898), 재판상 파양(§905)의 규정 또한 친양자의 파양에 관하여 적용되지 않고(§908의5②), 친양자의 파양에 관한 별도의 규정이 있다(§908의5①).

(나) 친양자의 성질에 반하는 일반입양 규정의 배제

입양능력(§866), 13세 미만자의 입양승낙(§869), 입양의 동의(§870), 미성년자 입양의 동의(§871), 피성년후견인의 입양(§873), 부부의 공동입양(§874), 입양신고에 관한 규정(§878, §881, §882)은 친양자 입양에 적용되지 않는다. 그러나 존속을 양자녀로 하지 못한다는 규정(§877①)은 친양자에 준용된다고 보아야 한다.

(2) 성립요건

친양자관계가 성립하려면 다음과 같은 요건을 갖추어 친양자를 입양하려는 사람이 가정법원에 친양자 입양의 청구를 하여(§908의2①), 친양자 입양의 허가심판을 받아야 한다(가소 §2① 라류 7의3).

1) 3년 이상 혼인 중인 부부로서 공동으로 입양할 것(§908의2① i)

혼인 중이라 함은 법률혼만을 의미하고 사실혼은 이에 해당하지 않는다. 3년 이상 혼인 중인 부부라 함은 3년 이상 실질적인 혼인생활을 지속한 부부를 의미한다. 양자녀의 복리를 위하여 가정의 안정이 필요하고, 상당기간 부부가 혼인생활을 유지한 경우에는 그 가정이 비교적 안정된 것으로 본 것이다. 다만, 1년 이상 혼인 중인 부부의 일방이 그 배우자의 친생자를 친양자 입양하는 경우에는 그러하지 않다. 혼인지속기간은 청구시를 기준으로 하여 계산하나, 청구시에는 혼인지속기간이 경과되지 않았더라도 심판시에 이를 충족할 수 있는 경우에는 청구를 각하할 필요는 없다고 본다. 반면에 청구시에는 부부였으나 심판 전에 부부관계가 해소된 경우에는 요건을 갖추지 못한 것으로 보아 각하하여야 할 것이다.

공동입양이라는 것은 양부모가 되려는 부부가 친양자 입양신청을 가정법원에 공동으로 신청하여야 한다는 의미이다. 그러나 배우자의 전혼 중에 출생한 혼인 중의 자녀를 입양하고자 할 때에는 친생자 관계가 없는 배우자 일방이 단독으로 입양할 수 있다(등록예규 제130호).

한편, 헌법재판소는, 독신자의 양친 자격을 부인하는 제908조의2 제1항 제1호는 양자에게 보다 나은 양육환경을 제공함으로써 양자의 복리를 보다 확실하게 도모하고자 한다는 점에서 합헌이라고 보았다(헌법재판소 2013.9.26. 선고 2011헌가42 결정). 그러나 이 조항은 독신자의 친양자 입양권을 일률적으로 제한한다는 점에서 수단의 적절성이 인정될 수 없고, 독신자에게 그 안정성 면에서 친양자 입양에 비견될 수 없는 일반입양만 허용한다는 점에서 침해의 최소성에 반하며, 법률상 부부로 양친 자격을 제한함으로써 얻을 수 있는 공익은 그 실체가 모호한 반면, 이로 인하여 독신자는 물론 친양자가 되고자 하는 자녀의 가족형성의 자유가 본질적으로 제한된다는 점에서 법익의 균형성도 충족시키지 못하므로, 위 헌법재판소 결정은 타당하지 않다고 본다.

2) **친양자가 될 사람이 미성년자일 것**(§908의2① ii)

성년 · 미성년 판단의 기준시점은 가정법원에 친양자 입양을 청구할 때를 기준으로 판단한다(심판확정시설도 있음). 한편 특례법상의 양자녀가 되는 요보호아동은 18세 미만으로 ① 보호자로부터 이탈된 사람으로서 시 · 도지사 또는 시장 · 군수 · 구청장이 부양의무자를 확인할 수 없어 「국민기초생활보장법」에 의한 보장시설에 보호의뢰한 사람, ② 부모(부모가 사망 그 밖의 사유로 동의할 수 없는 경우에는 다른 직계존속) 또는 후견인이 입양을 동의하여 보장시설 또는 사회복지사업법에 따른 사회복지법인으로서 허가를 받은 입양기관에 보호의뢰한 사람, ③ 법원에 의하여 친권상실의 선고를 받은 사람의 자녀로서 시 · 도지사 또는 시장 · 군수 · 구청장이 보장시설에 보호의뢰한 사람, ④ 그 밖에 부양의무자를 알 수 없는 경우로서 시 · 도지사 또는 시장 · 군수 · 구청장이 보장시설에 보호의뢰한 사람이어야 한다(특례법 §9).

3) **친양자가 될 사람의 승낙**(§908의2① iv)

일반입양에서와 마찬가지로 친양자가 될 사람이 13세 이상인 경우에는 친양자 입양에서도 입양능력을 갖춘 것으로 본다. 따라서 친양자 입양을 하려는 사람의 입양청약에 대해 스스로 승낙할 수 있다. 입양을 승낙할 때에는 법정대리인의 동의를 받아야 한다. 다만 법정대리인이 정당한 이유 없이 동의를 거부하거나, 친권자인 법정대리인이 자신에게 책임이 있는 사유로 3년 이상 자녀에 대한 부양의무를 이행하지 않고 면접교섭을 하지 않거나, 자녀를 학대 또는 유기하거나 그 밖에 자녀의 복리를 현저히 해친 경우에는 가정법원은 동의권자의 동의 없이 친양자 입양청구를 인용할 수 있다. 이 경우 가정법원은 동의권자를 심문하여야 한다(§908의2②). 특례법상의 입양의 경우에도 양자녀가 될 사람이 13세 이상인 때에는 입양될 아동의 동의가 필요하다(특례법 §12④).

4) **친생부모의 동의**(§908의2①iii 본문)

친양자가 될 사람의 친생부모가 친양자 입양에 동의하여야 한다. 이는 친양자관계가 성립되면 입양 전의 친족관계는 종료되기 때문이다. 친권자나 양육자가 아니라고 하더라도 친생부모인 이상 동의가 있어야 하나, 혼인 외의 자녀에 대하여 생부의 인지가 없는 상태에서는 생모의 동의만으로 충분하고, 부모의 친권이

상실되거나 사망 그 밖의 사유로 동의할 수 없는 경우에는 친생부모의 동의는 필요하지 않다(§908의2①iii 단서). 그 밖의 사유로 동의할 수 없는 경우는 학대, 유기, 장기간의 행방불명, 의식불명 등을 말한다. 이러한 사유가 없더라도 친생부모가 정당한 이유 없이 동의를 거부하거나, 자신에게 책임이 있는 사유로 3년 이상 자녀에 대한 부양의무를 이행하지 않고 면접교섭을 하지 않거나, 자녀를 학대 또는 유기하거나 그 밖에 자녀의 복리를 현저히 해친 경우에는 가정법원은 부모의 동의 없이 친양자 입양청구를 인용할 수 있다. 이 경우 가정법원은 동의권자를 심문하여야 한다(§908의2②).

여기서 동의라 함은 친양자 입양의 성립을 인용한다는 의미로 그 법적 성질은 가정법원에 대한 관념의 통지에 속하며 상대방이 없는 단독행위이다. 신분행위에 해당하므로 동의를 함에는 의사능력이 있어야 하고 대리는 허용되지 않는다. 동의는 친양자 입양허가심판을 청구하기 위한 절차적 요건으로서 실체적 효과는 없다. 따라서 심판을 청구하는 때에 동의가 있어야 하나 심판시까지 동의가 있으면 족하다. 심판이 확정될 때까지 동의를 철회하는 것도 가능하다고 보아야 한다.

특례법상의 입양의 경우에도 친생부모의 동의가 필요한데, 친생부모가 친권상실의 선고를 받았거나 소재불명 등의 사유로 동의를 받을 수 없는 경우에는 후견인의 동의를 받아야 한다(특례법 §12①, ②). 동의는 서면으로 하여야 한다(특례법 §12⑥ 전단). 부모 또는 후견인이 입양에 동의하여 보장시설이나 입양기관에 보호의뢰한 때에는 이때의 동의로 갈음된다(특례법 §12③). 친생부모의 입양 동의는 아동의 출생일부터 1주일의 숙려기간이 지난 후에 이루어져야 하고, 입양동의의 대가로 금전 또는 재산상의 이익, 그 밖의 반대급부를 주고받거나 주고받을 것을 약속하여서는 아니 된다(특례법 §13①, ②). 친생부모는 가정법원의 입양허가가 있기 전에는 동의를 철회할 수 있다(특례법 §12⑤). 철회 또한 서면으로 하여야 한다(특례법 §12⑥ 전단).

• 친생부모의 백지동의도 유효한가?

---

5) **대락**(§908의2①v)

친양자가 될 사람이 13세 미만인 경우에는 입양능력이 없기 때문에 법정대리인이 그에 갈음하여 입양승낙을 해야 한다. 일반입양에서와 마찬가지로 친생부모가 법정대리인인 경우의 부모의 승낙은 친양자 입양에 대한 부모의 동의도 그에 포함되어 있는 것으로 보아야 한다(§870① i 참조).

6) 가정법원의 친양자 입양의 허가

친양자 입양의 청구에는 ① 친양자가 될 사람의 친생부모가 친양자 입양에 동의한 사실 또는 그 동의가 없는 경우에는 「민법」 제908조의2 제1항 제3호 단서에 해당된다는 것을 나타내는 사정, ② 친양자가 될 사람에 대하여 친권자로 지정된 사람 이외의 사람의 이름과 주소와 친양자가 될 사람의 부모의 후견인의 이름과 주소, ③ 친양자가 될 사람이 13세 미만인 경우 법정대리인의 입양승낙, ④ 「사회복지사업법」에 따른 사회복지법인의 입양알선에 의한 청구인 경우에는 해당 사회복지법인의 명칭 및 소재지와 친양자가 될 사람이 보호되고 있는 보장시설의 명칭 및 소재지 등을 명백히 하여야 한다(가소규 §62의2). 특례법상의 입양청구의 경우에는 ① 양자녀가 될 아동의 출생신고 증빙 서류, ② 양자녀 및 양친적격에 관한 서류, ③ 입양동의에 관한 서류 등을 갖추어 청구하여야 한다(특례법 §11①).

가정법원은 친양자 입양에 관한 심판을 하기 전에 양부모가 될 사람, 친양자가 될 사람의 친생부모, 친양자가 될 사람의 후견인, 친양자가 될 사람에 대하여 친권을 행사하는 사람으로서 부모 이외의 사람, 친양자가 될 사람의 부모의 후견인의 의견을 들어야 하고, 친양자가 될 사람의 친생부모의 사망 그 밖의 사유로 의견을 들을 수 없는 경우에는 최근친 직계존속(동순위가 수인일 때에는 연장자)의 의견을 들어야 한다(가소규 §62의3).

가정법원은 친양자가 될 사람의 복리를 위하여 친양자 입양에 필요한 요건을 갖춘 경우일지라도, 그 양육상황, 친양자 입양의 동기, 양부모의 양육능력, 그 밖의 사정을 고려하여 친양자 입양이 적당하지 않다고 인정되는 경우에는 친양자 입양청구를 기각할 수 있다(§908의2③). 그 밖의 사정에는 양부모가 될 사람의 혼인생활의 안정성, 경제력, 입양의 목적, 양부모로서의 적합성, 양친자 사이의 화합 가능성, 가정환경, 건강상태, 나이 차이 등이 고려요소로 포함되어야 할 것이다. 특례법상의 입양의 경우에도 양자녀가 될 사람의 복리를 위하여 양부모가 될 사람의 입양의 동기와 양육능력, 그 밖의 사정을 고려하여 입양청구를 기각할 수 있다(특례법 §11②)(대법원 2010.12.24.자 2010스151 결정).

(3) 친양자 입양의 효력

1) 혼인 중의 출생자

친양자는 부부의 혼인 중 출생자로 되며(§908의3①), 양부모의 성과 본을 따르게 된다(§781①). 양부모가 친양자의 친권자로 된다(§909①, 특례법 §14).

2) 입양 전 친족관계의 종료

친양자 입양에 대한 가정법원의 허가심판이 확정되면 입양 전 친족관계는 장래를 향하여 종료된다. 다만, 부부 일방이 그 배우자의 친생자를 단독으로 입양한 경우의 배우자 및 그 친족과 친생자 간의 친족관계는 그러하지 않다(§908의3②). 또한 친양자의 입양 전 혈족과의 근친혼금지규정의 효력은 계속 유지된다(§809①).

생부는 친양자 입양 후에도 인지할 수 있는가? 친양자가 성립한 후 종료되는 친족관계는 법률상의 친족관계이다. 인지 전의 생부는 법률상의 부(父)는 아니므로 법리상으로는 생부로서 인지할 수 있을 것이나, 생부의 인지는 불가능한 것으로 보아야 할 것이다. 또한 친생추정이 되는 자녀에 대해서도 친생부인권자는 친생부인을 할 수 없다.

3) 친양자 입양신고와 등록부의 재작성

가정법원의 친양자 입양허가심판이 확정되면 청구인은 확정일로부터 1개월 내에 그 등본을 첨부하여 친양자 입양신고를 하여야 한다(등록법 §67①)(특례법 §15). 이는 보고적 신고이다.

친양자 입양신고가 있는 경우 친양자의 등록부를 폐쇄하고 친양자에 대하여 등록부를 재작성하여야 한다. 친양자의 등록부의 부모란에는 양부모의 성명 등 특정등록사항을 기록하여야 하며, 친생부모란에 친생부모의 성명 등 특정등록사항을 기록하여야 한다. 그러나 친양자는 가족관계증명서에 양부모의 친생자로 기록되고, 친양자 입양사실은 친양자 입양관계증명서에만 나타난다.

친양자 입양관계증명서는 친양자가 성년이 된 경우, 혼인당사자가 제809조의 친족관계를 파악하기 위한 경우, 법원의 사실조회촉탁이 있거나 수사기관이 수사상 필요에 따라 문서로 신청하는 경우, 친양자 입양의 취소 또는 친양자 파양을 할 경우, 친양자의 복리를 위하여 필요함을 구체적으로 소명하여 신청하는 경우, 그 밖에 등록예규에 정해진 경우에 한하여 교부청구를 할 수 있다(등록법 §14②, 등록규칙 §23③, 등록예규 제359호 §3).

(4) 친양자 입양의 취소

친양자가 될 사람의 친생의 부 또는 모는 자신에게 책임이 없는 사유로 인하여 제908조의2 제1항 제3호 단서의 규정에 의한 동의를 할 수 없었던 경우에는 친양자 입양의 사실을 안 날부터 6개월 내에 가정법원에 친양자 입양의 취소를 청구할 수 있다(§908의4①)(특례법 §16①). 친양자 입양의 취소에는 조정전치주의가 적용된다(가소 §2① 나류, §50). 친생부나 모로부터 친양자 입양 취소청구를 받은 가정법원은 친양자의 복리를 위하여 그 양육상황, 친양자 입양의 동기, 양부모의 양육능력 그 밖의 사정을 고려하여 입양취소가 적당하지 않다고 인정되는 경우에는 입양취소청구를 기각할 수 있다(§908의6, §908의2②).

친양자 입양의 취소판결이 확정되면 친양자관계는 소멸하고 입양 전의 친족관계는 부활한다(§908의7①). 친양자는 원래의 성과 본을 회복한다. 다만, 미성년자인 경우 친생부모의 친권이 당연 부활하는 것은 아니며, 친생부모의 친권자로서의 적격 심사, 후견인 지정 등은 일반입양이 취소된 경우와 같다고 보아야 한다(§909의2②~④). 친양자 입양의 취소의 효력은 소급하지 않는다(§908의7②).

입양 전 혼인 외 출생자인 경우에는 친양자 입양의 취소로 다시 혼인 외 출생자가 되므로 인지가 가능하다. 이 때 생부가 사망한 경우 친양자 입양기간 동안에는 인지의 제소기간의 진행은 정지되고 입양취소판결이 확정된 뒤부터 다시 출소기간이 진행된다고 해석된다(§864).

(5) 친양자 입양의 파양

친양자 입양의 파양에는 협의상 파양은 허용되지 않고, 제908조의5 제1항에 정해진 사유가 있는 경우에 한하여 가정법원의 재판에 의하여 파양할 수 있을 뿐이다.

1) 친양자 입양의 파양사유

① 양부모가 친양자를 학대 또는 유기하거나 그 밖에 친양자의 복리를 현저히 해하는 때

친양자의 복리를 현저히 해하는가의 여부는 양부모의 친양자에 대한 태도, 양육능력과 환경, 경제적 상태, 파양 이후의 상황 등을 종합적으로 고려하여 판단하여야 한다. 그 사유가 양부모의 고의나 과실에 의할 것을 요하지 않으나, 친양자의 양육을 위태롭게 할 정도로 현저하여야 한다.

② 친양자의 양부모에 대한 패륜행위로 인하여 친양자관계를 유지시킬 수 없게 된 때

2) 청구권자

양부모, 친양자, 친생의 부 또는 모나 검사가 가정법원에 친양자 입양의 파양을 청구할 수 있다.

3) 재 판

친양자 입양의 파양에는 조정전치주의가 적용된다(가소 §2① 나류, §50). 파양재판의 경우에도 가정법원은 친양자의 양부모에 대한 패륜행위로 인하여 친양자관계를 유지시킬 수 없음을 이유로 친양자의 파양을 청구한 때에는(§908의5① ii) 친양자의 복리를 위하여 그 양육상황, 친양자 입양의 동기, 양부모의 양육능력 그 밖의 사정을 고려하여 친양자 파양이 적당하지 않다고 인정되는 경우에는 친양자의 파양청구를 기각할 수 있다(§908의6, §908의2②).

친양자 입양의 파양의 효력은 친양자 입양의 취소와 같다(§908의7).

특례법상의 입양의 파양도 친양자 입양의 파양의 경우와 동일하나, 파양재판시 파양이 청구된 아동이 13세 이상인 경우에는 입양아동의 의견을 존중해야 한다(특례법 §17).

■ 심화학습

- 무효인 대락입양에 대한 추인은 가능한가?
- 허위의 출생신고에 입양의 효력이 인정된 경우의 파양과 가족관계등록부 정정절차는?
- 친양자 입양에 대한 친생부모의 동의의 법적 성질과 사전동의는 유효한가?

Ⅳ. 친 권

예습과제

Q1 친권은 권리인가 의무인가?

Q2 누가 친권자로 되는가?

Q3 친권의 내용은?

1. 친권의 의의

부모는 미성년인 자녀의 친권자가 된다. 친권은 미성년인 자녀의 양육과 감호 및 재산관리를 적절히 함으로써 그의 복리를 확보하기 위한 부모의 권리이자 의무의 성격을 갖는 것으로서, 친권의 목적은 자녀의 복리보호에 있다(대법원 1993.3.4.자 93스3 결정).

친권은 자녀를 지배하는 권리이거나 부모의 개인적 이익을 위한 권리가 아니다. 자녀의 복리실현을 위하여 자녀를 보호하고 양육하는 것은 친권자의 권리인 동시에 국가와 사회에 대한 의무 내지 직분이며, 사회적 책무이다. 요컨대, 친권은 자연적 혈연에 기한 애정에 대한 신뢰를 기초로 미성년인 자녀를 보호하기 위하여 부모에게 인정된 권리의무의 총칭을 가리킨다. 친권의 권리로서의 성질은 이러한 의무 이행과 관련하여 국가를 포함한 타인으로부터 방해받지 않는다는 점에 있다. 즉 친권의 권리성은 타인을 배제하고 자녀를 보호·교양할 수 있다는 데 있다. 일부 학설은 부모의 의무를 자녀에 대한 사법상의 의무로 보기도 한다.

종래 친권은 가부장적 가족제도하에서의 가부장권의 일부였고, 아버지의 자녀에 대한 지배권으로 이해되었다. 독일민법에서의 친권에 관한 용어의 변경 [vaterliche Gewalt → elterliche Gewalt(1900) → elterliche Sorge(감호, 배려)]은 친권의 성격이 어떻게 바뀌어 왔는가를 잘 말해 준다. 한국민법도 유사한 과정을 거쳤다고 할 수 있다.

1958년 민법에 의하면 부모가 이혼하거나 부의 사망 후 모가 친가에 복적 또는 재혼한 때에는 모는 전혼 중에 출생한 자녀의 친권자가 되지 못하였고, 혼인 외의 출생자에 대하여는 친권을 행사할 사람이 없는 경우에 한하여 생모가 친권자가 될 수 있었다. 그 이후 1977년 민법 개정에 의하여 부모가 자녀에 대하여 공동으로 친권을 행사하게 되나, 부모의 의견불일치의 경우 여전히 부권(父權)이 우선하였다. 1990년 민법 개정에 의하여 부모의 의견이 일치하지 않는 경우 당사자의 청구에 의하여 가정법원이 이를 정하도록 하였고, 혼인 외의 자녀가 인지된 경우와 부모가 이혼한 경우 부모의 협의에 의하여 친권을 행사할 사람을 정하게 되었다. 2005년 민법 개정에서는 제912조를 신설하여 친권을 행사할 때에는 자녀의 복리를 우선적으로 고려하여야 한다는 친권행사의 기준을 정하고, 가정법원이 혼인의 취소, 재판상 이혼 또는 인지청구의 소의 경우에 직권으로 친권자를 정하도록 하였으며(§909⑤), 자녀의 복리를 위하여 필요하다고 인정되는 경우에는 자녀의 4촌 이내의 청구에 의하여 정하여진 친권자를 다른 일방으로 변경할 수 있도록 하였다(§909⑥). 또한, 2007년 민법 개정에 의하여 혼인 외의 자녀가 인지된 경우와 부모가 이혼하는 경우 협의에 의하여 친권자를 정할 수 없거나 협의가 이루어지지 않은 경우에 가정법원은 직권으로 또는 당사자의 청구에 따라 친권자를 지정하고, 부모의 협의가 자녀의 복리에 반하는 경우에는 가정법원은 보정을 명하거나 직권으로 친권자를 정하도록 하였다(§909④).

2008년 10월 한 유명 연예인의 자살사건을 계기로, 이혼하면서 친권자로 지정된 사람이 사망하면 생존친이 자동으로 친권자로 되는가에 대한 문제가 사회적 이슈로 부각되었다. 이러한 경우 실무(1991.5.1. 호적예규 제449-1호 §10)와 판례(대법원 1994.4.29. 선고 94다1302 판결 참조)는 생존친의 친권이 당연히 부활하는 것으로 해석해 왔다. 이러한 해석은 친권자는 친권보유자와 친권행사자로 구분된다는 점을 전제로 한다. 1990년 개정 친권법의 입장이었다. 2005년 개정 친권법은 이러한 구분을 따르지 않으나, 실무의 입장은 종래와 마찬가지였다(2008.6.18. 등록예규 제286호 §10). 미성년자녀에 대한 보호 공백을 메울 수 있는 장점도 있으나, 이혼시 친권자로 지정되지 않았던 생존친이 반드시 자녀의 친권자로서 적합하다고 보기 어려운 경우도 있고, 자녀의 복리에 반할 우려가 있기 때문에 이에 대한 비판의 목소리가 높았다. 이러한 비판을 수용하여 이른바 「최진실법」으로 불리는 친권법 개정이 2011년에 이루어진 것이다. 이 개정에서는 이혼의 경우뿐만 아니라 인지, 입양의 경우를 포함하여 친권의 공백이 발생할 수 있는 모든 경우를 대비하고 있다. 더불어 친권관계를 규율하는 최고의 이념이 자녀의 복리에 있음을 천명하였다. 또한 2014년 민법 개정에서 친권자의 동의를 갈음하는 재판(§922의2), 친권의 일시정지와 일부제한(§924, §924의2, §927의2) 등에 관한 규정이 신설되었다.

1989년 UN이 정한 「아동의 권리에 관한 협약」(1990.9.2. 발효)은 우리나라도 이에 가입하여, 1991.12.20.부터 적용되고 있다. 이 협약은 18세 미만의 아동을 대상으로 하나, 아동을 보호의 객체가 아니라 인권의 주체로 본다. 또한 아동에 관한 모든 활동에서 아동의 최선의 이익이 제1차적으로 고려되어야 하고, 국가는 부모의 권리와 의무를 고려하여 아동복지에 필요한 보호와 배려를 아동에게 보장할 것을 강조하고 있어(동 §3), 각국의 친자관계에 관한 입법과 해석에 영향을 미치고 있다. 2007년 민법 개정을 통하여 자녀를 면접교섭권의 주체로 인정하게 된 것(§837의2①)도 그러한 예의 하나이다.

2. 친 권 자

부모는 미성년자인 자녀의 친권자가 된다(§909① 제1문). 미성년자가 혼인을 한 때에는 성년으로 의제되므로 친권은 절대적으로 소멸하고(§826의2), 이혼한 경우에도 친권이 부활하지 않는다(반대설 있음).

(1) 혼인 중의 자녀

1) 공동행사의 원칙

부모가 혼인 중인 때에는 부모가 친권을 공동으로 행사한다(§909② 본문). 친권을 '공동으로 행사한다'는 것은 부모 공동의 의사로 친권을 행사하는 것을 말하고, 행위 자체가 부모 쌍방의 명의로 되어야 한다는 의미는 아니다. 따라서 친권행사에 대해서 타방이 동의하거나 사후에 추인하는 것도 가능하다. 이에 위반하여 부모의 일방이 다른 일방의 동의를 얻지 않고 단독명의로 자녀를 대리하거나 자녀의 법률행위에 동의한 때에는 무권대리행위가 되거나 자녀의 법률행위에 대한 동의의 효과가 생기지 않는다. 다만 부모의 일방이 공동명의로 자녀를 대리하거나 자녀의 법률행위에 동의한 때에는 다른 일방의 의사에 반하는 때에도 그 효력이 있다. 그러나 상대방이 악의인 때에는 법률행위의 효력이 생기지 않는다

(§920의2). 상대방의 악의에 대한 증명책임은 행위의 무효를 주장하는 자가 부담해야 한다. 거래의 안전을 보호하기 위한 제126조의 특칙이라고 할 것이나, 친권공동행사의 취지 및 미성년자의 보호에 반한다는 비판이 있다.

부모의 의견이 일치하지 않은 경우에는 당사자의 청구에 의하여 가정법원이 이를 정한다(§909② 단서, 가소 §2① 라류viii). 친권행사방법을 결정함에는 청구인이 아닌 친권자를 절차에 참가하게 하여야 한다(가소규 §64).

부모의 일방이 친권을 행사할 수 없는 때에는 다른 일방이 이를 행사한다(§909③). '친권을 행사할 수 없는 때'라 함은 사실상 행사할 수 없는 때(장기여행, 행방불명, 중병, 심신상실, 수감 등)와 법률상 행사할 수 없는 때(친권상실선고, 친권행사금지가처분, 성년후견선고, 한정후견선고, 법률행위의 대리권과 재산관리권의 상실선고, 법률행위의 대리권과 재산관리권의 사퇴 등) 양쪽을 다 포함한다. 한정후견선고의 경우에는 친권 중 신상보호권은 인정되나 재산관리권은 제한된다고 보아야 한다. 왜냐하면 피한정후견인은 원칙적으로 행위능력자이나, 동의유보의 범위 내에서는 자기재산에 대한 관리능력이 제한되므로, 그러한 범위에 속하는 자녀의 재산관리를 맡기는 것은 불합리하기 때문이다.

2) 부모 이혼의 경우

부모가 이혼하는 경우에는 협의이혼하는 경우와 재판상 이혼의 경우가 다르다. 협의이혼의 경우에는 부모의 협의로 친권자를 정하여야 하고, 협의할 수 없거나 협의가 이루어지지 않은 경우에는 가정법원이 직권으로 또는 당사자의 청구에 따라 친권자를 지정해야 한다. 다만, 부모의 협의가 자녀의 복리에 반하는 경우에 가정법원은 보정을 명하거나 직권으로 친권자를 정한다(§909④). 양육할 자녀를 둔 사람이 협의이혼의사확인신청을 하기 위해서는 제909조 제4항에 따른 친권자결정에 관한 협의서를 제출해야 하고(§836의2④), 친권자결정에 관한 협의서가 제출되지 않으면 가정법원은 이혼의사의 확인신청을 거부하게 된다. 제출된 협의서의 내용이 자녀의 복리에 반하면 보정을 명하게 되고, 당사자가 보정에 응하지 하거나 보정된 내용이 자녀의 복리에 반할 경우에는 가정법원이 직권으로 친권자를 정하게 된다.

• 협의이혼의 경우 부모가 친권자결정에 관한 협의를 할 수 없거나 협의가 이루어지지

않은 경우 가정법원이 직권으로 친권자를 지정할 수 있는가?

재판상 이혼의 경우에는 가정법원은 직권으로 친권자를 정한다(§909⑤). 가정법원은 재판상 이혼의 청구를 심리할 때에는 그 청구가 인용될 경우를 대비하여 부모에게 친권자로 지정될 자에 대하여 미리 협의하도록 권고하여야 한다(가소 §25①). 혼인취소의 경우도 마찬가지이다(가소 §2①마류 v).

자의 양육을 포함한 친권은 부모의 권리이자 의무로서 미성년인 자의 복지에 직접적인 영향을 미친다. 그러므로 부모가 이혼하는 경우에 부모 중에서 미성년인 자의 친권을 가지는 사람을 정함에 있어서는, 미성년인 자의 성별과 나이, 그에 대한 부모의 애정과 양육의사의 유무는 물론, 양육에 필요한 경제적 능력의 유무, 부 또는 모와 미성년인 자 사이의 친밀도, 미성년인 자의 의사 등의 모든 요소를 종합적으로 고려하여 미성년인 자의 성장과 복지에 가장 도움이 되고 적합한 방향으로 판단하여야 한다(대법원 2012.4.13. 선고 2011므4719 판결).

또한 친권자가 정하여졌더라도 자의 복리를 위하여 필요하다고 인정되는 경우 가정법원은 자의 4촌 이내 친족의 청구에 의하여 친권자를 변경할 수 있다(§909⑥). 그와 같이 자의 4촌 이내 친족이 가정법원에 친권자 변경을 청구하는 것은 미성년인 자의 복리를 위한 것이므로, 그러한 청구권을 포기하거나 제한하는 내용의 약정은 제103조의 선량한 풍속 기타 사회질서에 반하는 것이어서 사법상 효력을 인정할 수 없다(대법원 2019.11.28. 선고 2015다225776 판결).

이혼 후 단독 친권자로 정하여진 부모의 일방이 사망하고 다른 일방이 생존하고 있더라도, 생존하는 부 또는 모가 자동적으로 친권자가 되지 않는다. 생존하는 부 또는 모, 미성년자, 미성년자의 친족은 그 사실을 안 날부터 1개월, 사망한 날부터 6개월 내에 가정법원에 생존하는 부 또는 모를 친권자로 지정할 것을 청구할 수 있고(§909의2①), 이 기간 내에 친권자 지정의 청구가 없을 때에는 가정법원은 미성년자, 미성년자의 친족, 이해관계인, 검사, 지방자치단체의 장의 청구에 의하여 미성년후견인을 선임할 수 있다. 이 경우 생존하는 부 또는 모의 소재를 모르거나 그가 정당한 사유 없이 소환에 응하지 않은 경우를 제외하고, 그에게 의견을 진술할 기회를 주어야 한다(§909의2③).

친권자 지정 청구가 있는 경우에도 생존하는 부 또는 모의 양육의사 및 양육능력, 청구 동기, 미성년자의 의사, 그 밖의 사정을 고려하여 미성년자의 복리를 위하여 적절하지 않다고 인정하면 청구를 기각할 수 있다. 이 경우 가정법원은 직권으로 미성년후견인을 선임하여야 한다(§909의2④). 반면에 친권자 지정 청구 기간 내에 지정 청구가 없어 가정법원이 후견인을 선임할 경우, 생존하는 부 또는 모의 양육의사 및 양육능력, 청구 동기, 미성년자의 의사, 그 밖의 사정을 고려하여 미성년자의 복리를 위하여 적절하지 않다고 인정하면, 후견인 선임 청구를 기각하고 생존하는 부 또는 모를 친권자로 지정하여야 한다(§909의2④). 마찬가지로 미성년후견인이 선임된 경우라도 미성년후견인 선임 후 양육상황이나 양육능력의 변동, 미성년자의 의사, 그 밖의 사정을 고려하여 미성년자의 복리를 위하여 필요하면 생존하는 부 또는 모를 친권자로 지정할 수 있다(§909의2⑥).

가정법원에 의한 친권자 지정 또는 후견인 선임이 있기까지 미성년자의 법정대리인이 없는 상황이 발생하게 된다. 이러한 보호 공백은 임무대행자의 선임에 의하여 메꾸어진다. 즉 가정법원은 직권으로 또는 미성년자, 미성년자의 친족, 이해관계인, 검사, 지방자치단체의 장의 청구에 의하여 친권자가 지정되거나 미성년후견인이 선임될 때까지 그 임무를 대행할 사람을 선임할 수 있고, 이 경우 그 임무를 대행할 사람에 대하여는 제25조 및 제954조를 준용한다(§909의2⑤ i).

(2) 혼인 외의 출생자의 경우

혼인 외의 자녀가 인지되지 않은 때에는 생모가 단독으로 친권자가 된다. 혼인 외의 자녀가 인지된 경우에는 부모가 이혼한 경우와 마찬가지의 방법으로 친권자가 지정된다(§909④⑤, 가소 §28, 가소 §25①). 다만 임의인지의 경우에 가정법원이 직권으로 친권자를 지정할 여지는 없다. 인지와 함께 친권자가 정해진 때에는 인지신고서에 그 사실을 기재하고 그 내용을 증명하는 서면을 첨부해야 한다(등록법 §55).

부모의 혼인이 무효인 때에는 출생자는 혼인 외의 출생자가 되므로(§855①), 혼인무효의 청구를 심리하여 그 청구가 인용되는 경우에 부(夫)와 부자관계가 존속되는 미성년인 자녀가 있는 경우에도 친권자로 지정될 사람에 대하여 부모에게 미리 협의하도록 권고하여야 한다(가소 §25②).

인지 후 단독 친권자로 정하여진 사람이 사망하고 다른 일방이 생존하고 있는 경우의 친권자 지정 또는 후견인 선임, 임무대행자의 선임은 이혼의 경우와 마찬가지이다(§909의2①, ③~⑤).

(3) 양자녀의 친권자

양자의 경우에는 양부모가 친권자가 된다(§909① 제2문). 양부모가 혼인 중인 경우에는 양부모의 공동친권에 따르며, 양친이 미혼 등 독신인 경우에는 단독친권에 따르게 된다. 양자녀가 양부모의 공동친권에 따르게 될 경우는 혼인 중의 자녀에 대한 친권자에 관한 규정이 그대로 적용된다. 양부모가 이혼하거나 혼인이 무효 또는 취소되는 경우도 마찬가지이다. 양부모가 이혼하고 단독 친권자로 지정된 사람이 사망하고 다른 일방이 생존하고 있는 경우의 친권자 지정 또는 후견인 선임 등도 같다.

입양이 취소되거나, 재판상 파양이 이루어지거나 또는 양부모 모두가 사망하고 친생부모의 일방 또는 쌍방이 생존하고 있는 경우, 친생부모의 친권이 부활하는가의 문제는 이혼이나 인지의 경우 단독 친권자가 사망하고 다른 일방이 생존하고 있는 경우와 같은 상황이 발생한다. 왜냐하면 일반입양의 경우 입양에 의하여 양자와 친생부모와의 친자관계는 단절되지 않기 때문이다. 따라서 이 경우의 친권자 지정 또는 후견인 선임, 임무대행자의 선임은 이혼이나 인지의 경우에서와 같은 절차를 따른다(§909의2② 본문, ③~⑤ ii · iii, ⑥).

친양자 입양의 취소나 파양의 경우에도 입양 전의 친족관계가 부활하므로(§908의7①), 친양자의 친생부모의 친권이 부활되는가의 여부는 일반입양의 경우와 마찬가지이다. 따라서 제909조의2 제2항 본문이 적용된다. 그러나 친양자의 양부모의 사망에 의하여는 종전의 친족관계가 부활하지 않으므로, 양부모가 모두 사망한 경우에는 미성년후견이 개시된다(§909의2② 단서, §928).

부부 일방이 타방 배우자의 자녀를 일방입양 또는 친양자 입양을 하게 되면, 부부 중 일방은 양친이나 친생친으로 된다. 이러한 경우에는 양친의 친권 우선(§909① 제2문)을 인정할 수 없고, 혼인 중의 자녀에 대한 친권자 결정의 경우와 같게 취급해야 할 것이다. 또한 이혼, 입양의 취소나 재판상 파양의 경우도 제909조의2의 적용은 배제되는 것으로 보아, 친생친이 생존하고 있을 때에는 친생친이 자동으로 친권자가 된다고 보아야 할 것이다.

(4) 친권자의 변경

제909조 제4항과 제5항에 따라 부모 중 일방이 친권자로 정해진 경우에도, 가정법원은 자녀의 복리를 위하여 필요하다고 인정되면 자녀의 4촌 이내의 친족

의 청구에 의하여 친권자를 다른 일방으로 변경할 수 있다(§909⑥). 당사자의 협의에 의하여 친권자를 변경할 수는 없다.

변경된 친권자가 사망한 경우 종전의 친권자가 당연히 친권자로 되는 것이 자녀의 복리에 부합하는가의 여부는 이혼이나 인지의 경우 단독 친권자로 지정된 사람이 사망하였을 경우와 다르지 않다. 따라서 생존하는 부 또는 모가 친권자 지정 청구를 하고, 가정법원이 후견인을 선임하거나 임무대행자를 선임하게 되는 것도 또한 마찬가지이다(§909의2①, ③~⑥).

3. 친권의 내용

(1) 친권행사와 친권자지정의 기준

친권은 자녀의 양육과 재산에 대한 사항을 포괄하는 것이다. 친권의 효력으로서 자녀의 양육과 관련된 것은 자녀를 보호하고 교양할 권리의무 및 여기에서 파생되는 거소지정권, 자의 인도청구권 등이 있다. 자녀의 재산에 대한 것으로는 자녀의 재산관리권, 법정대리권, 동의권 등이 있다.

친권을 행사할 때에는 자녀의 복리를 우선적으로 고려하여야 한다(§912①). 자녀의 복리는 현대친자법의 중심이념이고, 친권행사와 관련해서만이 아니라, 부모와 자녀에 관한 많은 규제사항, 즉 이혼 후 면접교섭권의 제한이나 배제, 이혼 후 양육과 친권자에 관한 결정, 입양과 입양의 취소, 파양, 친양자 입양과 그 취소, 친양자 입양의 파양, 친권자의 이해상반행위, 미성년후견인의 선임이나 변경 등에서도 우선적으로 고려되어야 한다. 자녀의 친권자의 지정과 변경, 양육방법의 결정 등 미성년자인 자녀의 이해와 직접 관련되는 사항을 조정할 때에도, 미성년자인 자녀의 복지가 우선적으로 고려되어야 한다(가소 §58). 가정법원이 친권자를 지정할 경우 자녀의 복리를 우선적으로 고려하여야 하고, 이를 위해 관련 분야의 전문가나 사회복지기관으로부터 자문을 받을 수 있다(§912②).

(2) 자녀의 신분에 관한 권리의무

1) 보호교양의 권리의무

친권자는 자녀를 보호하고 교양할 권리의무가 있다(§913). 보호라 함은 신체 · 정신의 발달을 감독하고 이에 대한 위해나 불이익을 방위 · 보호하는 소극적 행위를 말하고, 교양이라 함은 신체 · 정신의 발육 · 완성을 꾀하는 적극적 행위를 가리킨다. 이처럼 자녀를 신체적 · 정신적으로 건강하게 양육하여야 할 권리와 의무는 친권의 본질적인 내용이다. 그러므로 부모는 친권을 포기하거나 사퇴할 수 없고, 부모의 친권행사가 자녀의 복리를 침해하는 경우에는 친권을 박탈할 수 있다.

자녀가 제3자에게 불법행위를 한 경우에 책임능력이 없을 때에는 친권자가 감독의무자로서 손해배상책임을 진다(§755①, §753). 이 책임은 미성년자에게 책임이 없음을 전제로 하여 이를 보충하는 책임으로서, 감독의무자 자신이 감독의무를 해태하지 않았음을 증명하지 못하면 책임을 면할 수 없다. 반면에 미성년자가 책임능력이 있어 그 스스로 불법행위책임을 지는 경우에도 그 손해가 당해 미성년자의 감독의무자의 의무위반과 상당인과관계가 있으면 감독의무자는 일반불법행위자로서 손해배상책임을 진다. 이 경우에 그러한 감독의무위반사실 및 손해발생과의 상당인과관계의 존재는 이를 주장하는 사람이 증명하여야 한다(대법원 1994.2.8. 선고 93다13605 판결).

- 미성년자의 친권자 및 양육자가 아닌 부모는 미성년자의 불법행위에 대하여 감독의무 위반으로 인한 손해배상책임을 지는가?(대법원 2022.4.14. 선고 2020다240021 판결)

친권자의 자녀 보호 · 교양에 관한 권리의무는 친권의 작용인 데 반해서, 보호 · 교양에 필요한 비용부담은 부모의 자녀에 대한 일종의 기본적 부양의무이므로 양자는 별개의 문제이다. 따라서 친권자가 아닌 부모라고 하더라도 자녀의 보호와 양육에 필요한 비용을 부담해야 한다. 이에 대해서는 부부의 공동생활에 필요한 비용부담은 부부가 공동으로 부담한다는 원칙(§833)이 적용되어, 당사자 사이에 특별한 약정이 없으면 부모가 공동으로 부담한다.

2) 거소지정권

자녀는 친권자가 지정한 장소에 거주하여야 한다(§914). 이는 자녀의 보호 · 교양을 위해 필수적으로 요구되는 권리인 동시에 보호 · 교양권에 부수되는 권리라고 할 수 있다. 친권자가 자녀를 보호 · 양육하는 목적을 넘어서 거소를 지정할 경우에는 친권남용이 될 수 있다. 자녀가 친권자의 거소지정에 불응하더라도 법은 아무 제재를 가하지 못한다. 따라서 사회통념상 불법하다고 인정될 수 없는 정도의 실력으로 강제할 수밖에 없다.

3) 자녀인도청구권

친권자는 자녀를 보호·교양할 권리의무를 이행하는 것과 관련하여 타인으로부터 방해받지 않을 권리(방해배제청구권)를 가지므로, 제3자가 자녀를 부당하게 데리고 있는 경우에는 자녀의 인도를 청구할 수 있다. 부모 사이의 분쟁과 관계없는 제3자가 자녀를 부당하게 억류하고 있는 경우에는 일반민사사건이다. 그러나 이혼, 혼인의 취소, 인지를 원인으로 한 자녀의 양육에 관한 처분과 그 변경, 면접교섭권의 제한 또는 배제, 친권자의 지정과 변경에 관한 사건은 가정법원이 관할하는 비송사건이며(가소 §2① 마류), 자녀의 양육에 관한 처분의 하나로 자녀의 인도를 구하는 심판이 청구될 수 있다(대법원 1986.3.11. 선고 86므2 판결). 이 경우 부모 중 일방이 다른 일방을 상대방으로 하여 청구하여야 하며, 자녀의 양육에 관한 처분과 그 변경 또는 친권자의 지정과 변경의 심판을 구함에 있어 부모 아닌 사람이 자녀를 양육하고 있는 경우에는 그 사람을 공동상대방으로 하여 자녀의 인도를 청구할 수 있다(가소규 §99②). 이 경우 조정전치주의가 적용된다(가소 §50). 그런데 미성년자라고 하더라도 민법상의 책임능력이 있는 정도의 나이에 달한 때에는, 독립한 인격의 주체로서 그 신체의 자유가 보장되어야 하므로 인도청구의 대상으로 삼을 수 없을 것이다. 인도청구의 대상으로 문제가 되는 것은 그와 같은 나이에 달하지 아니한 비교적 어린 나이의 미성년인 자녀(유아)에 한정된다.

유아인도를 명하는 재판(화해, 조정 등의 조서를 포함한다)이 있는 경우에 유체동산인도청구권의 집행절차(민집 §257)에 준하여 집행관이 이를 강제집행할 수 있다. 이 경우 집행관은 그 집행을 할 때에 일반동산의 경우와는 달리 수취할 때에 세심한 주의를 하여 인도에 어긋남이 없도록 하여야 한다. 다만 그 유아가 의사능력이 있는 경우에 그 유아 자신이 인도를 거부하는 때에는 집행을 할 수 없다(2003.9.17. 재판예규 제917-2호 유아인도를 명하는 재판의 집행절차). 유아인도의무자가 정당한 이유 없이 그 의무를 이행하지 아니할 경우에는 이행명령(가소 §64), 과태료의 부과(가소 §67①), 감치처분(가소 §68① ii)의 간접강제가 취해진다.

인도청구가 자녀의 복리에 반할 경우에는 친권의 남용이 될 수 있다(대법원 1979.7.10. 선고 79므5 판결). 친권자 및 양육자 변경·지정에 관한 본심판청구와 상대방의 유아인도 청구에 관한 반심판청구를 함께 심리한 다음 본심판청구를 인용하는 것이 타당하다고 판단하면 유아인도에 관한 반심판청구는 기각된다(대법원 2006.4.17.자 2005스18, 19 결정).

4) 친권의 대행 및 신분행위의 대리권과 동의권

(가) 자녀의 친권대행

친권자는 미성년의 자녀가 혼인 외의 자녀를 둔 경우 그 자녀에 대한 친권을 행사한다(§910).

(나) 신분행위의 대리권

민법은 법정대리인이 인지청구의 소의 제기(§863), 미성년자가 양친이 되는 입양에 대한 취소청구(§885), 동의 없는 미성년자의 입양에 대한 취소청구(§886), 13세 미만자의 대락입양(§869)이나 대락파양(§899), 파양소송의 제기(§906), 상속회복청구권(§999), 상속의 승인(§1019) 또는 포기(§1020) 등을 할 수 있다고 규정하고 있다. 가사소송법에 따라 혼인무효의 소(§23), 인지무효의 소(§28, §23), 입양무효 및 파양무효의 소(§31, §23) 등도 제기할 수 있다.

(다) 동 의 권

가족법상의 동의권은 일반적으로 친권자가 아닌 부모의 지위에서 인정되는 것이 많다. 예컨대 약혼이나 혼인에 관한 동의권(§801, §808), 입양에 관한 동의권(§871) 등이 그것이다.

(3) 자녀의 재산에 관한 권리의무

1) 재산관리권

친권자는 자녀가 자기의 명의로 취득한 특유재산을 관리한다(§916). 자녀의 특유재산이라 함은 자녀가 상속이나 유증으로 취득하였거나 자기의 노력으로 얻은 재산을 말한다. 미성년자의 특유재산 전부가 그 대상으로 되나 법정대리인이 처분을 허락한 재산이나 법정대리인으로부터 허락받은 영업과 관련된 재산 등 미성년자가 단독으로 관리할 수 있는 재산은 제외된다. 재산의 관리는 재산의 보존·이용·개량을 목적으로 하는 사실상·법률상 행위를 가리킨다. 따라서 처분행위는 원칙적으로 허용되지 않으나, 관리목적에 필요한 범위 내에서의 처분행위는 허용된다. 재산관리권을 행사함에는 자기의 재산에 관한 행위와 동일한 주의를 하여야 한다(§922). 부적당한 관리는 경우에 따라 대리권과 재산관리권의 상실 원인이 된다(§925).

무상으로 자녀에게 재산을 수여한 제3자가 친권자의 관리에 반대하는 의사를 표시한 때에는 친권자는 그 재산을 관리하지 못한다(§918①). 이 경우 제3자가 지정한 재산관리인이 재산을 관리하고, 제3자가 재산관리인을 지정하지 않으면, 법원은 재산의 수여를 받은 자녀 또는 제777조의 규정에 의한 친족의 청구에 의하여 관리인을 선임한다(§918②). 제3자가 지정한 관리인의 권한이 소멸하거나 관리인을 개임할 필요가 있는 경우에 제3자가 다시 관리인을 지정하지 아니한 때에도 같다(§918③).

법정대리인의 권한이 소멸한 때에는 그 자녀의 재산에 대한 관리의 계산을 하여야 한다(§923①). 여기서 '관리의 계산'이란 자녀의 재산을 관리하던 기간의 그 재산에 관한 수입과 지출을 명확히 결산하여 자녀에게 귀속되어야 할 재산과 그 액수를 확정하는 것을 말한다. 친권자의 위와 같은 재산 관리 권한이 소멸한 때에는 위임에 관한 제683조, 제684조가 유추적용되므로, 친권자는 자녀 또는 그 법정대리인에게 위와 같은 계산 결과를 보고하고, 자녀에게 귀속되어야 할 재산을 인도하거나 이전할 의무가 있다.

한편, 부모는 자녀를 공동으로 양육할 책임이 있고 양육에 소요되는 비용도 원칙적으로 공동으로 부담하여야 하는 점을 고려할 때, 친권자는 자녀의 특유재산을 자신의 이익을 위하여 임의로 사용할 수 없음은 물론 자녀의 통상적인 양육비용으로도 사용할 수도 없는 것이 원칙이나, 친권자가 자신의 자력으로는 자녀를 부양하거나 생활을 영위하기 곤란한 경우, 친권자의 자산, 수입, 생활수준, 가정상황 등에 비추어 볼 때 통상적인 범위를 넘는 현저한 양육비용이 필요한 경우 등과 같이 정당한 사유가 있는 경우에는 자녀의 특유재산을 그와 같은 목적으로 사용할 수 있다. 따라서 친권자는 자녀에 대한 재산 관리 권한에 기하여 자녀에게 지급되어야 할 돈을 자녀 대신 수령한 경우, 그 재산 관리 권한이 소멸하면 그 돈 중 재산 관리 권한 소멸 시까지 위와 같이 정당하게 지출한 부분을 공제한 나머지를 자녀 또는 그 법정대리인에게 반환할 의무가 있다. 이 경우 친권자가 자녀를 대신하여 수령한 돈을 정당하게 지출하였다는 점에 대한 증명책임은 친권자에게 있다. 친권자의 위와 같은 반환의무는 제923조 제1항의 계산의무 이행 여부를 불문하고 그 재산 관리 권한이 소멸한 때 발생한다. 이에 대응하는 자녀의 친권자에 대한 위와 같은 반환청구권은 재산적 권리로서 일신전속적인 권리라고 볼 수 없으므로, 자녀의 채권자가 그 반환청구권을 압류할 수 있다(대법원 2022.11.17. 선고 2018다294179 판결).

친권자가 그 자녀의 재산으로부터 수취한 과실은 그 양육비 또는 재산관리비용과 상계한 것으로 본다. 그러나 무상으로 자녀에게 재산을 수여한 제3자가 반대의 의사를 표시한 때에는 그 재산에 대하여는 그러하지 않다(§923②). 재산관리권의 소멸에 대해서는 위임종료에 관한 제691조 및 제692조가 준용된다(§919).

2) 친권자의 재산수익권

제923조 제2항의 규정을 근거로 친권자의 재산관리권에 수익권이 포함된다는 견해와 수익과 관리비용, 양육비용이 계산상 명백하여 수익의 잉여가 있을 때에는 반환하여야 한다는 견해가 대립한다.

3) 재산상 법률행위의 대리권

친권자는 법정대리인으로서 자녀의 재산에 관한 법률행위에 대하여 그 자녀를 대리한다(§911, §920). 여기서의 법률행위는 자녀가 소유하는 재산에 관한 법률행위뿐만 아니라 널리 자녀의 재산에 영향을 미치는 재산상의 법률행위(상속의 승인, 포기 등)를 말한다. 친권자의 대리행위는 법률에 특별한 규정이 없는 한 재산행위에 국한된다. 재산행위라도 친권자가 관리권을 갖지 않는 재산, 즉 자녀에게 처분을 허락한 재산(§6), 영업을 허락한 경우의 영업재산(§8) 등에 대해서는 친권자의 대리권이 인정되지 않는다.

친권자의 대리행위가 자녀의 행위를 목적으로 하는 채무를 부담하는 경우에는 자녀의 동의를 얻어야 한다(§920 단서). 동의 없이 친권자가 법률행위를 하면 무권대리가 된다. 상대방에게 자녀의 동의를 얻은 것으로 믿을 만한 정당한 이유가 있을 때에는 권한을 넘은 표현대리가 성립할 수 있는지에 대하여는 견해가 나뉜다. 일설은 제한능력자의 법정대리인에 대해서까지 제126조의 표현대리를 인정한다면 제한능력자를 보호하려는 민법의 취지에 반하므로 제126조의 표현대리를 인정해서는 안 된다고 주장하며, 다른 일설은 상대방에게 자녀의 동의를 얻은 것으로 믿을 만한 정당한 이유가 있을 때에는 제126조의 표현대리가 성립한다고 본다. 판례는 일반론으로서 법정대리의 경우에도 제126조 소정의 권한을 넘는 표현대리가 성립될 수 있다는 입장(대법원 1997.6.27. 선고 97다3828 판결)을 취한다.

친권자의 대리권에 대해서는 근로기준법상의 제한이 있다. 친권자는 근로계약을 대리할 수 없다(같은 법 §67①). 따라서 미성년자인 근로자는 친권자의 동의를 얻어 직접 근로계약을 체결해야 한다. 친권자는 근로계약이 미성년자에게 불리하다고 인정하는 경우에는 이를 해지할 수 있다(같은 법 §67②). 또한 미성년자는 독자적으로 임금을 청구할 수 있으므로(같은 법 §68), 친권자는 자녀를 대리하여 임금을 받을 수 없다.

친권자가 자신의 이익을 위하여 대리권을 남용한 경우 그 대리행위의 효력에는 원칙적으로 영향이 없으므로, 이로 인하여 자녀가 손해를 입을 수 있다. 따라서 이러한 경우에 제3자가 그 사정을 알거나 알 수 있었을 때에는 제107조 제1항 단서의 취지를 유추하여 대리행위의 효력을 부인하자는 견해가 있다.

4) 재산상 법률행위의 동의 및 허가권

미성년자는 의사능력이 있으면 친권자의 동의를 얻어 법률행위를 할 수 있다. 그러나 권리만을 얻거나 의무만을 면하는 행위는 단독으로 할 수 있다(§5①). 법정대리인의 동의 없이 미성년자가 재산상의 법률행위를 한 경우에 친권자는 이를 취소할 수 있고(§5②), 미성년자가 아직 법률행위를 하기 전에는 동의를 취소할 수 있다(§7). 친권자는 범위를 정하여 재산의 처분을 허락할 수 있고(§6), 미성년자가 아직 법률행위를 하기 전에는 허락을 취소할 수 있다(§7). 친권자는 미성년자에게 특정한 영업을 허락할 수 있고(§8①), 영업의 허락을 취소 또는 제한할 수 있으나, 이로써 선의의 제3자에게 대항하지 못한다(§8②).

한편 친권자의 동의가 필요함에도 불구하고 친권자가 정당한 이유 없이 이에 동의하지 않아 자녀의 생명, 신체 또는 재산에 중대한 손해가 발생할 위험이 있는 경우가 있을 수 있다. 예컨대 자녀에 대한 다른 치료에는 모두 동의하면서도 종교적 신념을 이유로 수혈만은 거부하여 자녀의 생명이나 신체의 건강에 위험이 초래될 수 있는 경우이다. 이러한 경우 친권자의 동의권을 전면적으로 제한하기보다는 해당 사안에 대해서만 법원의 재판으로 친권자의 동의를 갈음할 수 있게 할 필요가 있다. 이에 따라 친권자의 동의가 필요한 행위에 대하여 친권자가 정당한 이유 없이 동의하지 아니함으로써 자녀의 생명, 신체 또는 재산에 중대한 손해가 발생할 위험이 있는 경우에는 가정법원이 자녀, 자녀의 친족, 검사 또는 지방자치단체의 장의 청구에 의하여 친권자의 동의를 갈음하는 재판을 할 수 있게 한 것이다(§922의2).

친권자의 동의를 갈음하는 재판을 하기 위해서는 친권자의 동의가 필요한 행위에 대하여 친권자가 정당한 이유 없이 동의하지 아니함으로써 자녀의 생명, 신체 또는 재산에 중대한 손해가 발생할 위험이 있을 것을 그 요건으로 한다. 이때 '정당한 이유'가 있는지 여부는 법원이 자녀의 복리를 기준으로 판단하여야 할 것이다. 또한 자녀, 자녀의 친족, 검사 또는 지방자치단체의 장의 청구가 있어야 하며, 법원이 직권으로 재판할 수는 없다.

동의를 갈음하는 재판의 효과는 해당 사안에 대하여 친권자의 동의가 있는 것으로 간주하는 데 있다. 친권이 직접적으로 제한되지 않으며, 후견인을 선임할 필요도 없이 친권자의 동의가 필요한 조치를 할 수 있도록 보충적으로 부모의 동의를 대신하는 것에 불과하다.

5) 이해상반행위와 친권의 제한

(가) 의 의

법정대리인인 친권자와 그 자녀 사이 또는 그 친권을 따르는 수인의 자녀 사이에 서로 이해가 충돌하는 경우에는 친권자에게 친권의 공정한 행사를 기대하기 어렵다. 이를 고려하여 친권자의 대리권 및 동의권을 제한하여 법원이 선임한 특별대리인으로 하여금 이들 권리를 행사하게 함으로써 친권의 남용을 방지하고 미성년인 자녀의 이익을 보호하고자 하는 것이다.

(나) 특별대리인의 선임

법정대리인인 친권자와 그 자녀 사이에 이해가 상반되는 행위를 친권자가 행하는 경우에 친권자는 법원에 그 자녀의 특별대리인의 선임을 청구하여야 한다. 친권자가 그 친권에 따르는 수인의 자녀 사이에 이해상반되는 행위를 할 때에도 그 자녀 일방의 특별대리인의 선임을 청구하여야 한다(§921, 가소 §2① 라류). 친권자의 일방만이 이해가 상반되는 경우에는 타방친권자 단독대리설, 특별대리인 단독대리설, 친권자 일방과 특별대리인 공동대리설 등이 있다. 친권자 일방과 특별대리인 공동대리설이 타당하다고 본다. 수인의 자녀 사이의 이해상반행위인 경우에는 이해상반되는 자녀 일방을 위해서 특별대리인을 선임하면 족하나, 어떤 자녀를 위하여 선임해야 하는가는 해석상 불이익을 받는 자녀에 대해서 선임해야 할 것이다. 친권자와 미성년인 수인의 자녀 사이에 이해상반되는 행위를 하는 경우에는 미성년자 각자마다 특별대리인을 선임하여 그 각 특별대리인이 각 미성년자인 자녀를 대리하여 법률행위를 하여야 한다(대법원 2001.6.29. 선고 2001다28299 판결).

특별대리인은 이해가 상반되는 특정의 법률행위에 관하여 개별적으로 선임되어야 한다(대법원 1996.4.9. 선고 96다1139 판결).

(다) 이해상반행위의 범위

가) 판단기준

제921조는 친권의 남용을 방지하고 미성년인 자녀의 이익을 보호하려는 데 그 취지가 있으므로 친권자에게 불리하고 자녀에게 이익이 되는 행위는 이해상반행위가 아니다. 이해상반 여부의 구체적인 판단기준에 대해서는 견해가 대립한다.

판례에 의하면 제921조의 "이해상반행위"라 함은 행위의 객관적 성질상 친권자와 자녀 사이 또는 친권에 복종하는 수인의 자녀 사이에 이해의 대립이 생길 우려가 있는 행위를 가리키는 것으로서 친권자의 의도나 그 행위의 결과 실제로 이해의 대립이 생겼는가의 여부는 묻지 않는다(대법원 1993.4.13. 선고 92다54524 판결). 전적으로 그 행위 자체의 외형을 객관적으로 관찰하여 판단하여야 할 것이지 그 행위의 동기나 연유를 고려하여 판단하여야 할 것은 아니라는 입장이다(대법원 2002.1.11. 선고 2001다65960 판결). 이를 형식적 판단설(외형적 판단설, 객관적 판단설, 추상적 판단설)이라 한다. 이에 대하여 형식 여하를 불문하고 행위의 의도나 목적, 동기, 행위, 효과 등을 고려하여 광범위하게 이해상반행위를 인정하자는 견해와(실질적 판단설) 기본적으로 형식적 판단설의 입장에 서면서도 실질적 관계를 어느 정도 고려하여 이해상반여부를 판단하여야 한다는 견해(실질관계를 고려한 형식적 판단설, 실질관계 객관적 고려설)가 주장된다.

나) 구체적 사례

① 이해상반행위에 해당하는 경우 : 자녀의 재산관리에 관한 포괄적 위임을 받은 부(父)가 자신의 채무지급을 위하여 자녀를 대리하여 공동명의로 어음을 발행한 행위(대법원 1971.2.23. 선고 70다2916 판결), 친권자가 자기의 채무를 위하여 미성년자인 자녀의 부동산을 담보에 제공한 행위(대법원 1971.7.27. 선고 71다1113 판결), 친권자가 친권에 따르는 미성년인 자녀의 일방을 위하여 다른 미성년인 자녀 소유의 부동산에 저당권을 설정하는 행위(대법원 1976.3.9. 선고 75다2340 판

결), 친권자인 모가 자기의 연대보증채무의 담보로 자기와 자녀의 공유인 토지 중 자녀의 공유지분에 관하여 법정대리인 자격으로 근저당을 설정한 행위(대법원 2002.1.11. 선고 2001다65960 판결), 양모가 미성년의 양자를 상대로 한 소유권이전등기청구소송(대법원 1991.4.12. 선고 90다17491 판결), 친권자인 모가 공동상속인으로서 미성년자를 대리하여 상속재산분할협의를 하는 행위(대법원 1993.4.13. 선고 92다54524 판결; 대법원 2011.3.10. 선고 2007다17482 판결) 등이 있다.

② 이해상반행위에 해당하지 않는 경우 : 친권자인 모가 자기 오빠의 제3자에 대한 채무의 담보로 미성년자인 자녀의 부동산에 근저당권을 설정한 행위(대법원 1991.11.26. 선고 91다32466 판결), 친권자인 모가 자신이 대표이사로 있는 주식회사의 채무보증을 위하여 자신과 미성년인 자녀의 공유재산을 담보로 제공한 행위(대법원 1996.11.22. 선고 96다10270 판결), 친권자가 미성년자인 자녀의 소유부동산을 성년인 자녀에게 증여하는 행위(대법원 1981.10.13. 선고 81다649 판결), 성년인 자녀의 채무를 담보하기 위하여 미성년인 자녀를 대리하여 미성년자의 소유부동산에 근저당권을 설정한 행위(대법원 1976.3.9. 선고 75다2340 판결), 친권자가 자신의 재산상속을 포기함과 동시에 공동상속인인 미성년자들을 대리하여 성년인 자녀를 위하여 재산상속을 포기한 행위(대법원 1989.9.12. 선고 88다카28044 판결), 법정대리인인 친권자가 부동산을 미성년인 자녀에게 명의신탁하는 행위(대법원 1998.4.10. 선고 97나4005 판결) 등이 그 예이다.

(라) 이해상반행위의 효력

친권자가 이해상반되는 행위를 특별대리인에 의하여 행하지 않고 스스로 하는 경우에는 무권대리행위이므로 본인의 추인이 있거나(대법원 1993.4.13. 선고 92다54524 판결), 상대방으로부터 표현대리라는 주장 · 증명이 없는 한 본인에 대하여 아무런 효력도 미치지 않는다(대법원 1964.8.31. 선고 63다547 판결; 대법원 2011.3.10. 선고 2007다17482 판결).

미성년인 자녀가 이해상반되는 친권자의 동의를 얻어 스스로 한 법률행위는 동의를 얻지 않은 행위와 마찬가지이므로 취소할 수 있을 것이다. 다만 전 등기명의인이 미성년자이고 해당 부동산을 친권자에게 증여하는 행위가 이해상반행위일지라도 일단 친권자에게 이전등기가 경료된 이상, 증여계약서에 특별대리인이 선임되었다는 표시가 되어 있지 않았더라도 특별한 사정이 없는 한, 그 이전등기에 관하여 필요한 절차를 적법하게 거친 것으로 추정된다(대법원 2002.2.5. 선고

2001다72029 판결).

4. 친권의 소멸 · 제한과 회복

(1) 친권의 소멸

1) 절대적 소멸

자녀가 사망하거나(실종선고를 포함한다), 성년자가 된 때 또는 혼인한 때(§826의2)에는 친권은 절대적으로 소멸한다.

2) 상대적 소멸

친권자가 사망한 때(실종선고를 포함한다), 자녀가 다른 사람의 양자녀로 되었을 때(§909①), 부모가 이혼하거나 혼인이 무효 또는 취소된 후 부모 중 일방만이 친권자가 된 때(§909④⑤), 혼인 외의 자녀가 부(父)의 인지를 받아 부(父)가 친권자로 정해진 때(§909④), 친권자가 변경된 때(§909⑥), 입양이 취소되거나 파양된 때, 친권자가 친권을 행사할 수 없게 된 때(친권자가 성년후견 · 한정후견선고를 받은 때, 행방불명된 때 등), 친권자가 법률행위대리권 · 재산관리권을 사퇴하였을 때(§927①), 친권자가 친권상실의 선고를 받았을 때(§924) 친권은 상대적으로 소멸한다.

(2) 친권제한의 유연화 · 다양화

친권은 자녀의 복리를 우선적으로 고려하여 행사되어야 한다(§912①). 이에 반하여 친권이 행사될 때에 친권은 제한되어야 하나, 그동안에는 친권의 부적절한 행사로 자녀의 복리가 저해될 경우에도, 친권의 전면적 또는 부분적 박탈만이 인정되어 법원의 개입은 소극적일 수밖에 없었다. 친권의 박탈이 정당화될 수 있을 정도에 이르렀다고 판단되어야 비로소 법원이 적극적으로 친자관계에 개입하게 되는 구조였다. 사안에 따라 필요한 최소한도의 친권제한을 통하여 자녀의 복리를 도모하고, 다시 원만한 친자관계의 회복이나 가정양육을 기대할 수 없었다. 이러한 상황을 개선하기 위하여 친권제한의 유연화 · 다양화를 추구한 것이 2014년 친권법의 개정이다. 친권상실, 대리권 · 재산관리권의 상실선고제도 외에, 앞에서 살펴본 친권자의 동의를 갈음하는 재판제도와 더불어 친권의 일시정지 · 일부제한제도를 도입한 것이다.

이들 친권행사에 대한 공적 개입제도는 병렬적인 것이 아니라 친권제한의 필요성에 따라 상호 보충성이 인정된다(§925의2). 또한 법원에 의하여 친권제한조치가 취해지더라도 친권자의 부모로서의 권리의무는 변경되지 않는다(§925의3).

(3) 친권의 제한과 회복

1) 친권의 상실

(가) 의 의

부 또는 모가 친권을 남용하여 자녀의 복리를 현저히 해치거나 해칠 우려가 있는 경우에는 가정법원은 자녀, 자녀의 친족, 검사 또는 지방자치단체의 장의 청구에 의하여 그 친권의 상실을 선고할 수 있다(§924①). 2014년 민법개정으로 현저한 비행과 친권을 행사시킬 수 없는 중대한 사유라는 친권상실선고의 요건이 삭제되고, 청구권자로 자녀와 지방자치단체의 장이 추가되었다. 부모의 친권을 상실시키는 경우에는 후견이 개시되어 미성년후견인이 자녀의 보호와 교양을 맡게 되므로, 부모의 친권을 상실시키고 후견이 개시되는 것이 자녀의 복리를 위하여 보다 낫다고 인정되는 경우가 아니라면 섣불리 친권상실을 인정하여서는 안 된다(대법원 1993.3.4.자 93스3 결정).

(나) 요 건

부 또는 모가 친권을 남용하여 자녀의 복리를 현저히 해치거나 해칠 우려가 있는 경우이어야 한다(§924①).

가) 친권의 남용

친권의 남용은 친권자가 자녀에 대하여 심한 가혹행위를 하거나 자녀의 재산을 친권자가 처분하거나, 보호교양권이나 재산관리권을 행사할 필요가 있음에도 친권자가 이를 행사하지 않음으로써 자녀의 복리를 현저하게 해하는 것을 말한다. 신체적 · 정신적 학대, 필요한 의료행위에 대한 동의 거부, 자녀에 대한 취학거부 등이 이에 해당할 것이나, 친권남용에 관한 일률적 · 형식적 기준이 없으므로 자녀의 복리를 기준으로 하여 제반 사정을 고려하여 구체적 사정에 따라 판단하여야 할 것이다.

나) 자녀의 복리를 현저히 해치거나 해칠 우려

친권상실선고를 위해서는 부 또는 모가 친권을 남용한 결과 자녀의 복리를 현저히 해치거나 해칠 우려가 인정되어야 한다. 민법이 개정되기 전에는 친권남용을 친권상실의 하나의 독립된 요건으로 하고, 그 외에 현저한 비행이나 그 밖에 친권을 행사시킬 수 없는 중대한 사유를 요건으로 하였다. 그러나 개정 민법은 '현저한 비행'은 그 자체만으로는 자녀의 복리와 직접적인 관련이 있는 것이 아니라, 윤리적·도덕적 관점에서 친권상실 제도를 파악하는 것으로서 부모에 대한 징계적·응보적 의미를 담고 있음을 이유로 자녀의 복리를 강화하는 측면에서 이 요건을 삭제하였다. 그리고 '친권을 행사시킬 수 없는 중대한 사유'는 친권자의 고의나 과실 유무와 상관없이 객관적인 사정에 비추어 친권자에게 자녀의 적절한 보호와 교양을 기대할 수 없는 경우를 말하는데, 이 요건도 함께 삭제되었다. 이로써 자녀에 대한 부모의 잘못은 없지만 정신적 또는 신체적 장애 등으로 인하여 친권을 행사할 수 없어 결과적으로 자녀의 복리를 해치게 되는 경우는 친권상실을 선고할 수 없게 되는 흠결이 생겼다. 또한 친권의 남용으로 인정되더라도 자녀의 복리에 미치는 해악이 현저하지 않으면 친권상실을 선고할 수 없고 친권의 일부제한에 그칠 수밖에 없다. 반면에 아동복지법은 아동의 친권자가 그 친권을 남용하거나 현저한 비행이나 아동학대, 그 밖에 친권을 행사할 수 없는 중대한 사유가 있는 것을 발견한 경우 아동의 복지를 위하여 필요하다고 인정할 때에는 시·도지사, 시장·군수·구청장 또는 검사는 법원에 친권행사의 제한 또는 친권상실의 선고를 청구하여야 한다고 규정하여 친권상실 청구요건을 달리하고 있다(동법 §18①).

다) 친권상실의 청구

청구권자는 자녀, 자녀의 친족, 검사 또는 지방자치단체의 장이다(§924①). 친권상실선고 청구권은 공익적 성격을 가지므로 임의로 이를 포기할 수 없다. 상대방은 친권상실사유에 해당하는 행위를 한 친권자이다. 부모가 공동으로 친권을 행사하는 경우에도 친권상실 여부는 개별적으로 판단해야 한다. 친권상실의 심판청구에는 조정전치주의가 적용되나(가소 §2① 마류, §50), 당사자가 임의로 처분할 수 없는 사항이므로 조정에서는 친권상실사유를 치유하여 자녀의 복리를 도모하는 것에 그쳐야 한다.

친권상실선고를 청구하였는데, 법률행위의 대리권·재산관리권 상실의 사유만이 인정되는 경우에는 친권상실의 선고 대신 법률행위의 대리권·재산관리권 상실선고를 할 수 있으나, 반대의 경우는 허용될 수 없다.

(다) 친권상실의 보충성

친권상실선고는 친권의 일시정지, 일부제한, 대리권·재산관리권의 상실선고 또는 그 밖의 다른 조치에 의해서는 자녀의 복리를 충분히 보호할 수 없는 경우에만 할 수 있다(§925의2①). 친권상실선고제도는 다른 친권제한제도로는 자녀의 복리 실현이라는 목적을 달성할 수 없는 경우에 최후의 수단으로 활용되어야 한다는 취지이다.

(라) 친권상실의 효과

친권상실선고의 심판의 효력은 형성적이고, 이에 의하여 친권자의 친권은 소멸한다. 공동친권자 중 1인이 친권을 상실한 경우에는 나머지 1인이 단독 친권자가 되고(§909③), 부모 모두 친권을 상실한 경우에는 그 자녀를 위하여 미성년 후견인을 선임하게 된다(§928). 친권상실이 선고된 경우에도 부모의 자녀에 대한 그 밖의 권리와 의무에는 영향을 미치지 않으나(§925의3), 혼인동의권과 관련해서는 학설이 대립한다.

2) 친권의 일시정지

(가) 의 의

친권의 일시정지라 함은 친권상실과는 달리 친권자로서의 법적 지위 자체를 부정하는 것이 아니라 일정한 기간 동안 친권을 행사할 수 없게 하는 것을 말한다. 친권자의 친권행사를 전면적으로 배제할 수 있다는 점에서는 친권상실과 같으나 일정기간이 지나면 별도의 절차 없이 친권을 다시 행사할 수 있다는 점에서 다르다. 친권의 일시정지 제도는 친권상실제도가 가지고 있는 경직성 · 비탄력성 · 불확실성을 완화하기 위한 제도로 친권자의 친권을 박탈할 필요없이 일정한 기간 동안 친권을 행사할 수 없게 하는 것으로도 목적을 달성할 수 있는 경우에 활용될 수 있다. 친권의 일시정지는 친권자의 동의를 갈음하는 재판 또는 그 밖의 다른 조치에 의해서는 자녀의 복리를 충분히 보호할 수 없는 경우에만 할 수 있다(§925의2②). 제도의 취지상 친권의 일부에 대한 일시정지도 허용된다고 본다.

(나) 요건 및 기간

친권의 일시정지의 요건은 친권상실의 요건과 같다(§924①). 가정법원이 친권의 일시정지를 선고할 때에는 자녀의 상태, 양육상황, 그 밖의 사정을 고려하여 그 기간을 정하여야 한다. 이 경우 그 기간은 2년을 넘을 수 없다(§924②). 그리고 자녀의 복리를 위하여 기간을 연장할 필요가 있는 경우에는 자녀, 자녀의 친족, 검사, 지방자치단체의 장, 미성년후견인 또는 미성년후견감독인의 청구에 의하여

2년의 범위에서 그 기간을 한 차례만 연장할 수 있다(§924③).

(다) 효 과

친권의 일시정지가 선고되면 친권자는 법원이 정한 정지 기간 동안 친권을 행사하지 못한다. 공동친권자 중 1인에 대하여 친권의 일시정지가 선고될 경우에는 나머지 1인이 그 기간 동안 단독 친권자가 되고, 부모 모두에 대하여 친권의 일시정지가 선고될 경우에는 후견이 개시되는 것으로 보아야 할 것이다. 친권이 일시정지되더라도 부모의 자녀에 대한 그 밖의 권리와 의무에는 영향을 미치지 않는다(§925의3).

3) 친권의 일부 제한

(가) 의 의

자녀의 이익에 영향을 미치는 사안은 친권 전체보다는 특정한 권리행사가 문제되는 경우가 많다. 이때에는 친권을 포괄적으로 제한하게 되면 과도하고 불필요한 제한이 될 가능성이 있으므로 문제가 되는 개별적인 권리에 한정하여 제한하는 것이 바람직하다. 이러한 필요에 부응하기 위하여 도입한 것이 친권의 일부 제한제도이다. 친권행사제한제도는 2000년 1월 12일자 법률 제6151호로 전부 개정된 「아동복지법」 제18조에 의하여 도입되었으나 거의 활용되지 못하고 있다. 민법이 개정되기 전에는 친권의 일부제한에 해당하는 제도로서 대리권 · 재산관리권의 상실과 사퇴제도가 있었다. 그러나 자녀의 신상에 대한 친권행사가 자녀의 복리에 부적절할 경우에는 친권을 전부 상실시키는 방법 외에는 대처할 제도가 없는 상황을 해결하기 위해 도입된 것이 친권의 일부제한제도이다. 따라서 대리권 · 재산관리권의 상실제도(§925)와는 서로 보충적 관계에 있는 것이 아니라 선택적 관계에 있고, 사안에 따라 적절하게 활용할 수 있다(§925의2①). 그러나 친권의 일부제한도 친권자의 동의를 갈음하는 재판 또는 그 밖의 다른 조치에 의해서는 자녀의 복리를 충분히 보호할 수 없는 경우에만 할 수 있다(§925의2②).

(나) 요 건

친권의 일부 제한은 거소의 지정, 그 밖의 신상에 관한 결정 등 특정한 사항에 관하여 친권자가 친권을 행사하는 것이 곤란하거나 부적당한 사유가 있어 자녀의 복리를 해치거나 해칠 우려가 있을 것을 그 요건으로 한다(§924의2). 자녀, 자녀의 친족, 검사 또는 지방자치단체의 장의 청구가 있어야 하는 것은 친권상실이나 일시 정지와 마찬가지이다. 제한되어야 하는 특정한 사항을 명확하게 적시하여 청구할 필요가 있다.

(다) 효 과

가정법원은 청구권자의 청구에 의하여 구체적인 범위를 정하여 친권의 일부 제한을 선고할 수 있으므로, 친권자는 가정법원의 선고에 따라 제한된 친권의 일부를 행사할 수 없게 된다. 제한되지 아니한 사항에 대해서는 적법·유효하게 친권을 행사할 수 있다. 친권의 일부제한 선고에 따라 미성년후견임을 선임할 필요가 있는 경우에는, 대리권·재산관리권상실의 선고와 마찬가지로 가정법원이 직권으로 미성년후견인을 선임하는 것으로 보아야 할 것이다.

4) 법률행위대리권·재산관리권의 상실

(가) 의의 및 요건

친권의 일부 상실은 원칙적으로 가능하지 않으나, 예외적으로 법률행위의 대리권과 재산관리권의 상실을 허용한다. 친권자가 자녀를 양육하는 데에는 문제가 없으나 재산관리능력이 부족하여 자녀의 재산을 위태롭게 할 가능성이 있는 경우에 문제될 것이다. 법정대리인인 친권자가 부적당한 관리로 인하여 자녀의 재산을 위태롭게 한 때에는, 법원은 제777조의 규정에 의한 자녀의 친족 또는 검사의 청구에 의하여 그 법률행위의 대리권과 재산관리권의 상실을 선고할 수 있다(§925). 자녀의 신분에 관한 친권의 제한과는 달리 자녀에게는 청구권이 없다.

(나) 효 과

친권자는 법률행위의 대리권과 재산관리권을 상실한다. 그러나 친권자로서 자녀를 보호하고 교양하는 등 자녀의 신분에 관한 권리의무는 그대로 유지된다. 공동친권자 중 1인이 법률행위의 대리권 또는 재산관리권을 상실하면 신분상 행위에 대해서는 친권을 공동으로 행사하나 법률행위대리권·재산관리권은 다른 1인이 단독으로 행사하고, 단독 친권자가 그 법률행위의 대리권·관리권을 상실했을 때에는 이를 위하여 후견이 개시된다(§928).

5) 사전처분

친권자의 동의를 갈음하는 심판, 친권의 상실, 일시정지, 일시정지에 대한 기간 연장, 일부제한 및 법률행위 대리권과 재산관리권의 상실선고의 심판청구가 있는 경우에, 사전처분으로서 친권자의 친권, 법률행위대리권, 재산관리권의 전부 또는 일부의 행사를 정지할 수 있고, 이로 인하여 권한을 행사할 사람이 없게 된 때에는, 심판의 확정시까지 그 권한을 행사할 자를 동시에 지정하여야 하며, 그 권한대행자에 대하여는 미성년자의 재산 중에서 상당한 보수를 지급할 것을 명할 수 있다(가소 §62, 가소규 §102). 사전처분에 위반한 때에는 1천만원 이하의 과태료에 처할 수 있다(가소 §67①).

6) **친권의 상실·제한과 친권자의 지정**

인지, 이혼에 의하여 단독 친권자로 지정된 사람이, 친권을 상실하고 친생부모가 없으면 후견이 개시될 것이나, 친권자로 지정되지 않았던 친생부모가 생존하고 있다면 그 사람이 친권자로 되어야 한다. 그러나 이는 단독 친권자로 지정되었던 사람이 사망하였을 때 생존하는 부 또는 모가 당연히 친권자로 되는 것으로 볼 경우와 마찬가지로 자녀의 복리에 부합한다고만 보기 어렵다. 친권상실사유 외에도 친권의 일시정지, 일부제한, 대리권·재산관리권의 상실이나 사퇴의 경우도 유사하다. 따라서 단독 친권자로 정하여진 부모의 일방이 친권상실, 일시정지, 일부제한, 대리권·재산관리권의 상실 또는 사퇴한 경우 생존하는 부 또는 모, 미성년자, 미성년자의 친족은 그 사실을 안 날부터 1개월, 해당 사유가 발생한 날부터 6개월 내에 가정법원에 다른 일방을 친권자로 지정해 줄 것을 청구할 수 있고, 이 기간 내에 친권자 지정의 청구가 없을 때에는 가정법원은 직권으로 또는 미성년자, 미성년자의 친족, 이해관계인, 검사, 지방자치단체의 장의 청구에 의하여 미성년후견인을 선임할 수 있다. 다만, 친권의 일부가 제한되거나 대리권·재산권리권의 상실 또는 사퇴의 경우 새로 정하여진 친권자 또는 미성년후견인의 임무는 제한된 친권의 범위에 속하는 행위에 한정된다(§927의2① 단서). 친권자 지정청구나 미성년후견인 선임 청구가 미성년자의 복리를 위하여 적절하지 않다고 인정하면 가정법원은 친권자 지정 청구나 미성년후견인 선임 청구를 기각할 수 있고, 직권으로 미성년후견인을 선임하거나 다른 일방을 친권자로 지정하여야 한다. 친권자가 지정되거나 미성년후견인이 선임될 때까지 그 임무를 대행할 사람을 선임하게 되는 것도 단독 친권자의 사망의 경우와 같다(§927의2①, §909의2①, ③~⑤).

7) 실권의 회복

법원에 의한 친권상실 · 일시정지, 일부제한, 대리권 · 재산관리권의 상실 후 그 선고의 원인이 소멸되었을 때에는, 법원은 본인, 자녀, 자녀의 친족, 검사 또는 지방자치단체의 장의 청구에 의하여 실권의 회복을 선고할 수 있다(§926).

8) 법률행위의 대리권 · 재산관리권의 사퇴와 그 회복

친권은 직분이므로 형식적으로는 사퇴하는 것이 불합리하다. 따라서 친권의 일반적 포기는 허용되지 않는다. 그러나 강제하면 오히려 자녀의 복리에 반할 수 있다. 전면적 사퇴를 인정하는 입법례도 있으나, 민법은 친권의 일부사퇴만을 인정한다. 법정대리인인 친권자는 정당한 사유가 있는 때에는 법원의 허가를 얻어 그 법률행위의 대리권과 재산관리권을 사퇴할 수 있다(§927①). 이와 같은 사유가 소멸한 때에는 그 친권자는 법원의 허가를 얻어 사퇴한 권리를 회복할 수 있다(§927②).

9) 실권의 회복과 친권자 지정

단독 친권자가 된 부 또는 모, 양부모(친양자의 양부모 제외) 쌍방이 친권의 상실, 대리권 · 재산관리권의 상실 또는 사퇴, 친권을 행사할 수 없는 중대한 사유의 발생으로 친권자가 지정되거나 미성년후견인이 선임된 후, 단독 친권자이었던 부 또는 모, 양부모 일방 또는 쌍방에게 실권의 회복, 사퇴한 권리의 회복 또는 소재불명이던 부 또는 모가 발견되는 등 친권을 행사할 수 있게 된 경우에는, 가정법원은 그 부모 일방 또는 쌍방, 미성년자의 친족의 청구에 의하여 친권자를 새로 지정할 수 있다(§927의2②).

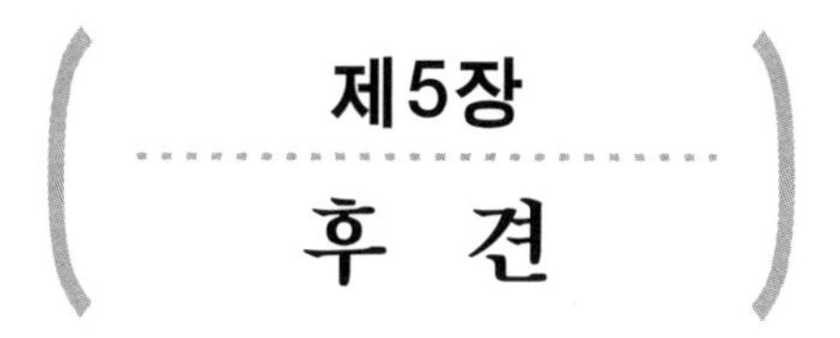

제5장 후 견

예습과제

Q1 친권과 미성년자후견과의 관계는?

Q2 제한능력자 보호를 위한 후견제도의 내용은?

Q3 성년후견제도의 이념은 무엇인가?

Ⅰ. 총 설

후견이란 친권자가 없거나 그 밖의 사유로 친권에 의한 보호를 받지 못하는 미성년자와 질병, 장애, 노령 그 밖의 사유로 인한 정신적 제약으로 사무를 처리할 능력이 지속적으로 결여되거나 부족한 사람 또는 일시적 후원이나 특정사무에 대한 후원이 필요한 사람을 보호하기 위하여 마련된 제도이다. 후견제도는 근대법의 소산이라 할 수 있다. 왜냐하면 전근대법에서는 가장이 가족단체를 통솔하고 가족을 보호·감독하였기 때문이다. 다만, 이때에도 가장이 유약하거나 가장의 사망에 의하여 가장권의 지배에서 벗어난 미성숙자나 부녀자를 위하여 후견이 필요하였으며, 가족 중의 최고 항렬의 연장자가 후견인의 역할을 담당하였으나 독자적인 친족법의 규율대상은 아니었다. 근대 초에도 후견은 미성년자에 대하여는 친권의 연장으로서, 처에 대하여는 부권(夫權)의 연장으로서 파악되었을 뿐 독자적인 법적 규율대상으로 된 것은 아니었다. 그러나 이후 후견제도는 친권자가 없는 미성년자를 위하여 그를 갈음하여 미성년자의 신상에 대한 보호와 재산을 관리하며(미성년후견), 정신적 판단능력의 장애로 무능력선고를 받은 사람을 보호하기 위한 제도(금치산·한정치산후견)로 자리잡게 되었다. 즉 후견제도는 무능력자를 보호·감독하며 그 재산을 관리하고 대리함을 목적으로 하는 제도였다.

「관습조사보고서」(1913)에 의하면, 한국의 구관습상으로는 후견인에 유사한 호후인(護後人)(개국 504〈1895〉년 4월 25일 법부령 제3호 「민형사소송규정」 제2조)이 친권자가 없는 미성년자와 정신병자인 호주를 보호하였다고 한다. 호후인은 부모의 유언에 의하여 지정되고, 유언에 의한 지정이 없는 때에는 백숙부 중 연장자가 호후인으로 되며, 이들도 없는 때에는 친족의 협의에 의하여 근친자 중 적임자를 선임하였고, 이와 같이 정해진 호후인에 대하여는 문장(門長)이 감독하였다고 한다. 1921년 12월 1일 조선민사령의 개정에 의하여 일본민법상의 후견제도가 의용되기 시작하면서 근대적인 후견제도가 시행된다. 2011년 개정 전 민법상의 후견제도는 구민법상의 그것을 거의 그대로 채택하였다. 다만, 준금치산자를 한정치산자로 변경하는 한편 준금치산자에게 두었던 보좌인을 후견인으로 통합하고, 후견감독기관이었던 후견감독인제도를 폐지하고 친족회의 참여를 필요한 경우로 한정하는 대신, 법원에 적극적인 감독기능을 부여하고자 하였다.

그러나 위와 같은 후견제도는 미성년자 등의 보호를 위한 충분한 제도라고 하기에는 부족한 점이 많았다. 미성년자후견에서는 미성년자의 보호·교양을 위한 후견인의 자질과 능력이 있는지를 검증하기가 곤란하고, 한정치산자·금치산자후견은 대상자가 재산이 없는 경우에는 별다른 의미가 없는 제도이기도 하였다. 특히 금치산자의 요양, 감호를 위하여 금치산제도가 이용될 가능성은 드물었고, 노인이나 장애인과 같이 다른 사람의 도움을 필요로 하는 사람이 기존의 후견제도를 이용할 가능성도 거의 없었다.

출산율의 저하와 평균수명의 연장에 따라 인구의 고령화가 심화됨에 따라, 행위무능력선고제도와 후견제도를 근본적으로 개편하여야 할 필요성이 공론화되기에 이른다. 이러한 요청에 부응하여 각국은 나름대로 이른바 성년후견제도를 구상하였으며, 한국도 2011년 3월 7일 민법 개정을 통하여 성년후견제도를 도입하고 2013년 7월 1일부터 시행에 들어가게 된 것이다. 이제 후견제도는 미성년후견과 성년후견 두 가지로 구분되고, 성년후견은 법정후견과 임의후견으로 나누어진다.

【참고사항: 성년후견제도의 도입에 따른 용어의 변경】

• 무능력자 → 제한능력자[미성년자(§5①본문), 피성년후견인(§10①), 동의유보의 피한정후견인(§13①,④본문)]

• 금치산 → 성년후견, 한정치산 → 한정후견. 강학상 성년후견이라 할 때에는 이 두 가지 외에 특정후견과 임의후견이 포함된다.

• 금치산자 → 피성년후견인[cf. 가정법원이 정한 범위 내의 취소할 수 없는 법률행위(§10②), 일용품 구입 등 일상생활에 필요하고 그 대가가 과도하지 아니한 법률행위(§10④)]

• 한정치산자 → 피한정후견인[cf. 동의유보 외의 법률행위와 일용품 구입 등 일상생활에 필요하고 그 대가가 과도하지 아니한 법률행위(§13④단서). 한정치산자의 행위능력은 미성년자와 동일한 것이 원칙이었으나, 피한정후견인은 행위능력자임을 전제로 함]

• 후견 → 미성년후견, 성년후견, 한정후견, 특정후견, 임의후견으로 구분되나, 강학상 후 4자를 성년후견으로 통칭하기도 한다.

• 후견인 → 법문에 따라서는 후견인으로 통칭하기도 하나(§937), 이에는 미성년후견인(§928), 성년후견인(§929), 한정후견인(§959의2), 특정후견인(§959의9①), 임의후견인(§959의14④)이 있음. 강학상 후 4자를 성년후견인이라고도 한다.

• 피후견인 → 법문에 따라서는 피후견인으로 통칭하기도 하나(§940), 이에는 피미성년후견인(가소§2①ⅱ가목22), 피성년후견인(§936④), 피한정후견인(§959의5②), 피특정후견인(§959의8), 피임의후견인(§937ⅱ)이 있음

• 후견감독인 → 법문에 따라서는 후견감독인으로 통칭하기도 하나(§940의5), 이에는 미성년후견감독인(§940의2), 성년후견감독인(§940의4), 한정후견감독인(§959의5①), 특정후견감독인(§959의10), 임의후견감독인(§959의15)이 있음

Ⅱ. 미성년후견

1. 후견의 개시

(1) 개 시

친권자가 없거나 친권자가 친권상실 또는 일시정지(§924), 일부제한(§924의2), 법률행위의 대리권과 재산관리권의 상실(§925) 또는 그 사퇴(§927①)로 친권의 전

부 또는 일부를 행사할 수 없을 때 후견이 개시된다(§928). 친권자가 없을 때라 함은 친권자가 사망하거나 친권자가 성년후견선고를 받은 경우, 친권자가 심신상실 · 행방불명 등의 사유로 사실상 친권을 행사할 수 없는 경우를 가리킨다. 친권자 일방만이 친권을 행사할 수 없고 다른 친권자인 부 또는 모가 있는 때에는 후견이 개시되지 않는다. 다만 혼인이 취소되거나 이혼 후 친권자로 지정된 부모의 일방이 사망한 후 생존하는 부 또는 모가 친권자로 지정되지 않거나(§909의2③ 제1문), 그 지정청구가 가정법원에 의해 기각된 경우(§909의2④ 제2문 전단)에도 미성년후견인이 선임되어 미성년후견이 개시된다. 인지된 혼인 외의 자녀의 친권자로 지정된 사람이 사망하거나 입양에 의하여 친권자로 된 사람이 입양의 취소나 파양 또는 양부모 모두의 사망으로 친권을 행사할 수 없게 된 경우도 마찬가지이다(§909의2③ 제1문, ④ 제2문 전단). 단독 친권자가 된 부 또는 모, 양부모(친양자의 양부모는 제외한다) 쌍방이 친권을 상실하거나 소재불명 등 친권을 행사할 수 없는 중대한 사유가 있는 경우에도 미성년후견이 개시될 수 있다(§927의2① i, iv).

친권자의 친권이 일부 제한되거나(§924의2) 법률행위의 대리권과 재산관리권이 상실되거나(§925) 사퇴한 경우(§927①)에는, 이 부분에 대해서만 미성년후견이 개시된다(§946). 공동친권자인 부모의 일방만이 친권 중 일부에 한정하여 행사할 수 없는 경우 다른 일방이 그 부분에 대하여 단독으로 친권을 행사하게 되고 미성년후견이 개시되지 않으나, 혼인의 취소나 이혼, 인지로 단독 친권자가 된 부 또는 모, 양부모(친양자의 양부모는 제외한다) 쌍방이 친권 중 일부에 한정하여 행사할 수 없는 경우에는 그 부분에 대한 미성년후견이 개시될 수 있다(§927의2① ii, iii).

• 친권자가 한정후견선고를 받은 경우에도 미성년후견이 개시되는가?

(2) 개시의 시기와 신고

미성년후견은 후견개시원인이 발생한 때부터 개시된다. 미성년후견이 개시되면 미성년후견인은 취임일로부터 1개월 이내에 미성년후견개시신고를 하여야 한다(등록법 §80). 친권자가 유언으로 미성년후견인을 지정한 경우에는 지정에 관한 유언서, 그 등본 또는 유언녹음을 기재한 서면을 신고서에 첨부하여야 하며, 미성년후견인선임의 재판이 있을 경우에는 재판의 등본을 신고서에 첨부하여야 한다(등록법 §82). 이 신고는 보고적 신고에 해당한다. 이처럼 미성년후견은 등록부에 의하여 공시되나, 성년후견은 후견등기부에 의하여 공시된다. 후견에 대한 공시가 이원화된 것이다.

2. 미성년후견인

(1) 후견인의 수

미성년후견인은 1인이다(§930①). 성년후견인과는 달리 자연인에 한한다.

(2) 후견인의 순위

지정후견인이 1순위, 선임후견인이 2순위이다.

1) 지정후견인

친권자가 유언으로 지정한 미성년후견인을 말한다. 그러나 법률행위의 대리권과 재산관리권이 없는 친권자는 그 지정을 할 수 없다(§931①). 지정의 효력은 유언의 효력발생시이다. 이혼 등으로 단독 친권자가 된 부 또는 모 및 양부모 모두가 사망한 경우 생존친 또는 친생부모가 당연히 친권자로 되는 것은 아니므로 이들도 유언으로 미성년후견인을 지정할 수 있다. 다만, 이 경우에도 가정법원은 미성년자의 복리를 위하여 필요하면 생존하는 부 또는 모, 미성년자의 청구에 의하여 후견을 종료하고 생존하는 부 또는 모를 친권자로 지정할 수 있다(§931②).

2) 선임후견인

제931조에 따라 지정된 미성년후견인이 없을 때, 지정된 미성년후견인이 사망, 결격, 그 밖의 사유로 없게 된 때에는, 가정법원은 직권으로 또는 미성년자, 친족, 이해관계인, 검사, 지방자치단체의 장의 청구에 의하여 미성년후견인을 선임한다(§932①). 이해관계인이라 함은 후견인의 재산관리에 법률상의 이해관계를 가지는 자로서 피후견인의 채권자 · 채무자 등을 말한다. 미성년자 자신도 의사능력이 있는 한 선임청구를 할 수 있다.

혼인 외의 자녀가 인지되거나 혼인이 취소되거나 부모가 이혼하여 친권자로 지정된 부모의 일방이 사망한 후 생존하는 부 또는 모에 대한 친권자 지정청구가 없을 때에는 가정법원은 직권으로 또는 미성년자, 미성년자의 친족, 이해관계인,

검사, 지방자치단체의 장의 청구에 의하여 미성년후견인을 선임할 수 있다(§909의2③ 제1문). 가정법원이 친권자 지정청구를 기각할 경우에는 직권으로 미성년후견인을 선임하며, 미성년후견인 지정 청구를 기각할 경우에는 미성년후견인을 선임하거나 생존하는 부 또는 모를 친권자로 지정하여야 한다(§909의2④ 제2문). 입양에 의하여 친권자로 된 사람이 입양의 취소나 파양 또는 양부모(친양자의 양부모는 제외한다) 모두가 사망한 경우도 마찬가지이다(§909의2③ 제1문, ④ 제2문). 혼인의 취소, 이혼 및 인지에 의하여 단독 친권자가 된 부 또는 모, 양부모(친양자의 양부모는 제외한다) 쌍방이 친권을 상실하거나 소재불명 등 친권을 행사할 수 없는 중대한 사유가 있는 경우에도 같다(§927의2① i ,iv). 위 경우 가정법원은 직권으로 또는 미성년자, 미성년자의 친족, 이해관계인, 검사, 지방자치단체의 장의 청구에 의하여 미성년후견인이 선임될 때까지 그 임무를 대행할 사람을 선임할 수 있고, 그 임무를 대행할 사람에 대하여는 제25조 및 제954조가 준용된다(§909의2⑤).

친권의 상실이나 일시 정지, 일부 제한의 선고나 법률행위의 대리권이나 재산관리권 상실의 선고를 하면서 미성년후견인을 선임할 필요가 있다고 판단할 경우에는 가정법원은 직권으로 미성년후견인을 선임하게 된다(§932②).

혼인의 취소나 이혼, 인지로 단독 친권자가 된 부 또는 모가 대리권 · 재산관리권을 상실 또는 사퇴하거나 양부모(친양자의 양부모는 제외한다) 쌍방이 대리권 · 재산관리권을 상실 또는 사퇴한 경우에도 가정법원은 미성년후견인을 선임할 수 있고, 이 경우 미성년후견인의 임무는 미성년자의 재산에 관한 행위에 한정된다(§927의2① ii ,iii).

가정법원이 미성년후견인을 선임함에는 후견인으로 될 사람의 의견을 들어야 하고(가소규 §65①), 미성년후견인을 선임한 때에는 미성년후견인에 대하여 피후견인의 요양, 감호와 그 재산의 관리 그 밖의 후견사무에 관하여 필요하다고 인정되는 사항을 지시할 수 있다(위 ③).

한편 시 · 도지사, 시장 · 군수 · 구청장, 아동복지전담기관의 장, 아동복지시설의 장 및 학교의 장은 친권자 또는 후견인이 없는 아동을 발견한 경우 그 복지를 위하여 필요하다고 인정할 때에는 법원에 후견인의 선임을 청구하여야 한다(아동복지법 §19①). 법원은 청구권자로 하여금 임시로 그 아동의 후견인 역할을 하게 할 수 있다(같은 법 §20② 제1문). 법원이 후견인을 선임하거나 임시 후견인을 정할 때에는 해당 아동의 의견을 존중하여야 한다(같은 법§19③, §20② 제2문). 아동복지시설에 입소 중인 보호대상아동에 대하여는 그 시설의 장이(같은 법 §19④), 국가 또는 지방자치단체가 설치 · 운영하는 보호시설에 있는 미성년자인 고아에 대하여는 그 보호시설의 장이 후견인이 되고(보호시설에 있는 미성년자의 후견직무에 관한 법률 §3①), 국가 또는 지방자치단체 외의 자가 설치 · 운영하는 보호시설에 있는 미성년자인 고아에 대하여는 보호시설의 소재지를 관할하는 시장 · 군수 · 구청장(자치구의 구청장을 말한다)이 후견인을 지정한다(같은 법 §3②). 시장 · 군수 · 구청장이 고아 아닌 사람에 대하여 후견인을 지정할 때에는 가정법원의 허가를 받아야 한다(같은 법 §3③).

(3) 후견인의 결격 · 사임 · 변경

1) 후견인의 결격사유

미성년자, 피성년후견인 · 피한정후견인 · 피특정후견인 · 피임의후견인, 회생절차개시결정 또는 파산선고를 받은 사람, 자격정지 이상의 형의 선고를 받고 그 형기(刑期) 중에 있는 사람, 법원에서 해임된 법정대리인, 법원에서 해임된 성년후견인, 한정후견인, 특정후견인, 임의후견인과 그 감독인, 행방이 불분명한 사람, 피후견인을 상대로 소송을 하였거나 하고 있는 사람 또는 그 배우자와 직계혈족(§937)은 미성년후견인이 되지 못한다(종래 외국인은 후견인이 될 수 없었으나 〈2007.12.10 등록예규 제184호〉, 이 예규는 폐지되었다〈2010.6.8 등록예규 제321호〉). 미성년후견인은 피미성년후견인의 신분 및 재산상의 보호를 해야 하므로 사무를 처리할 능력이 부족한 사람이나 이해상반되는 사람은 적당하지 않기 때문이다. 결격의 효과는 법률상 당연히 발생한다. 결격사유가 있는 사람을 미성년후견인으로 지정하거나 선임하여도 이는 무효로 된다. 미성년후견인으로 된 후 결격사유가 발생하면 그 지위를 잃게 된다. 미성년후견인의 결격에 관한 소는 일반민사소송사건이다.

2) 후견인의 사임

미성년후견인은 정당한 사유가 있는 경우에는 가정법원의 허가를 받아 사임할 수 있다(§939 제1문). 정당한 사유라 함은 고령, 질병, 피후견인과의 불화 등으로 후견임무를 수행할 수 없는 때를 가리킨다. 미성년후견인을 사임할 경우 그 미성년후견인은 사임청구와 동시에 가정법원에 새로운 미성년후견인의 선임을 청구하여야 한다(§939 제2문). 미성년후견인이 없는 상황의 발생을 가능한 한 방지하기 위한 취지이다.

3) 후견인의 변경

가정법원은 피미성년후견인의 복리를 위하여 미성년후견인을 변경할 필요가 있다고 인정하면 직권으로 또는 피미성년후견인, 친족, 미성년후견감독인, 검사, 지방자치단체의 장의 청구에 의하여 미성년후견인을 변경할 수 있다(§940). 미성년후견인의 변경은 피미성년후견인의 복리실현을 위하여 가장 적합한 사람을 미성년후견인으로 하려는 취지이므로, 미성년후견인의 부정이나 비행 등의 사유를 요건으로 하지 않는다. 가정법원이 미성년후견인을 변경할 때에는 그 변경이 청구된 미성년후견인을 절차에 참가하게 하여야 한다(가소규 §65②).

후견인의 결격 · 사임 · 변경은 미성년후견인과 성년후견인 모두에 공통된다. 이들 사유로 미성년후견인이 새로 선임되면 후임자는 취임일부터 1개월 이내에 그 취지를 신고하여야 한다(등록법 §81①). 미성년후견인을 변경하는 재판이 확정된 때에는 그 재판을 청구한 사람 또는 그 재판으로 미성년후견인으로 정하여진 사람이 그 내용을 신고하여야 한다(등록법 §81③, §79②).

(4) 후견인의 권리의무

후견인의 사무는 피후견인의 재산관리와 신상에 대한 보호 두 가지이다. 미성년후견인 · 성년후견인 모두 이 두 가지 사무를 수행할 의무를 지며, 친권자가 법률행위의 대리권과 재산관리권에 한정하여 친권을 행사할 수 없는 경우의 미성년후견인의 임무는 미성년자의 재산에 관한 행위에 한정된다(§946). 친권자가 없는 경우의 미성년후견인의 권리의무는 친권의 효력에 관한 것과 유사하다(§945 본문). 미성년자의 후견은 친권의 연장으로서의 속성을 지니기 때문이다. 다만, 친권은 친자간의 자연적 애정을 기초로 하나 후견은 그렇지 않으므로 대리권을 제한하고, 사무집행에 대한 간섭이 강화되어 있는 차이가 있다. 미성년후견인과 성년후견인 사이에는 개별적인 직무 내용이나 의무의 정도 차이가 있으나 취임시의 임무(§941~944), 보수청구 · 비용지급(§955, §955의2) 등은 공통되며, 후견인은 선량한 관리자의 주의로써 후견사무를 처리하여야 할 의무를 진다(§956, §681).

1) 후견인 취임시의 임무

(가) 재산의 조사와 그 목록작성

미성년후견인은 취임 후 지체 없이 피미성년후견인의 재산을 조사하여 2월 내에 그 목록을 작성하여야 한다. 그러나 정당한 사유가 있는 때에는 가정법원의 허가를 얻어 그 기간을 연장할 수 있다(§941①). 미성년후견감독인이 있는 경우에는 재산조사와 목록작성은 미성년후견감독인의 참여가 없으면 효력이 없다(§941②).

재산목록의 작성을 완료하기까지는 긴급한 필요가 있는 경우가 아니면 그 재산에 관한 권한을 행사하지 못한다. 그러나 이러한 대리권의 제한은 선의의 제3자에게 대항하지 못한다(§943). 이는 재산목록의 작성이 끝날 때까지 미성년후견인의 권한 행사를 제한하는 규정으로서 이에 위반한 미성년후견인의 행위는 무권대리행위에 해당한다. 여기서 긴급 필요한 경우라 함은 재산목록의 작성 전에 이를 하지 않으면 피미성년후견인의 신상 또는 재산에 관하여 후일 이를 회복하기 어려운 불이익을 가져오게 할 경우를 말한다(대법원 1997.11.28. 선고 97도1368 판결).

(나) 후견인의 채권 · 채무의 제시

미성년후견인과 피미성년후견인 사이에 채권채무의 관계가 있고 미성년후견감독인이 있는 경우에는, 미성년후견인은 재산목록의 작성을 완료하기 전에 그 내용을 미성년후견감독인에게 제시하여야 한다. 미성년후견인이 피미성년후견인에 대한 채권이 있음을 알고도 제시를 게을리한 때에는 채권을 포기한 것으로 본다(§942).

미성년후견인이 취임 후 피미성년후견인이 포괄적 재산을 취득한 경우에도 제941조부터 제943조의 규정이 준용된다(§944).

후견인 취임시의 임무에 관한 규정들은 성년후견인에게도 적용된다.

2) 피후견인의 신분에 관한 권한

(가) 보호 · 교양에 관한 사항

미성년후견인은 피미성년후견인의 보호 · 교양, 거소지정, 자녀의 인도청구권에 관하여는 친권자와 동일한 권리 · 의무를 갖는다. 그러나 친권자가 정한 교양방법 또는 거소를 변경하거나, 미성년자를 감화기관이나 교정기관에 위탁하거나 친권자가 허락한 영업을 취소 또는 제한하는 경우에는 미성년후견감독인이 있으면 그의 동의를 받아야 한다(§945).

양육비용은 부모 그 밖의 부양의무자의 부담이다.

(나) 신분행위의 대리권과 동의권

미성년후견인은 혼인적령미달자의 혼인의 취소(§817)와 13세 미만의 피후견인의 입양에 관한 대락(§869②)과 파양청구(§906), 친생자 입양에 대한 승낙(§908의2①ⅴ), 미성년자가 양친이 되는 입양에 대한 취소청구(§885), 동의권자의 동의를 얻지 않고 한 입양의 취소(§886), 상속회복청구권(§999), 상속의 승인과 포기(§1019, §1020) 등에 관하여 대리권이 있고, 법정대리인으로서 가사소송법상 신분관계의 소를 제기할 수 있다(가소 §23, §28, §31).

미성년자의 약혼(§801), 혼인(§808① 후단), 13세 이상의 미성년자의 입양승낙(§869①), 친양자입양승낙(§908의2①ⅳ)에 대한 동의권이 있다.

(다) 친권의 대행

미성년후견인은 미성년자를 갈음하여 미성년자의 자녀에 대한 친권을 행사한다. 그 친권행사에는 후견인의 임무에 관한 규정을 준용한다(§948). 따라서 미성년후견인이 직접 그 친권에 따르는 자녀의 미성년후견인이 되는 것과 같은 제한을 받는다.

3) 피후견인의 재산에 관한 권한

(가) 재산관리권과 대리권

미성년후견인은 미성년자의 법정대리인이 되고(§938①), 미성년자의 재산을 관리하고 그 재산에 관한 법률행위에 대하여 미성년자를 대리한다(§949①). 다만, 미성년자의 행위를 목적으로 하는 채무를 부담할 경우에는 본인의 동의를 얻어야 한다(§949②, §920 단서).

미성년자의 친권자가 법률행위의 대리권과 재산관리권에 한하여 친권을 행사할 수 없는 때에는, 미성년후견인의 임무는 미성년자의 재산상의 행위에 한정된다(§946). 미성년자의 신분상 행위에 관하여는 친권자가 계속해서 친권을 행사하게 된다.

제3자가 미성년후견인의 관리에 반대하는 의사를 표시하여 미성년자에게 무상수여한 재산에 관하여서는 재산관리권이 없다(§956, §918).

(나) 동 의 권

미성년후견인은 미성년자의 법률행위에 관하여 동의를 하거나(§5①본문), 재산의 처분을 허락하고(§6) 그 동의나 허락을 취소할 수 있다(§7).

(다) 대리권과 동의권의 제한

미성년후견인이 미성년자를 갈음하여 ① 영업에 관한 행위, ② 금전을 빌리는 행위, ③ 의무만을 부담하는 행위, ④ 부동산 또는 중요한 재산에 관한 권리의 득실변경을 목적으로 하는 행위, ⑤ 소송행위, ⑥ 상속의 승인, 한정승인 또는 포기 및 상속재산의 분할에 관한 협의를 하거나 미성년자의 그와 같은 행위에 동의할 때에는 미성년후견감독인이 있으면 그의 동의를 받아야 한다(§950①). 미성년후견감독인의 동의가 필요한 행위에 대하여 미성년후견감독인이 피미성년후견인의 이익이 침해될 우려가 있음에도 동의를 하지 않은 경우에는, 가정법원은 미성년후견인의 청구에 의하여 미성년후견감독인의 동의를 갈음하는 허가를 할 수 있다(§950②). 미성년후견감독인의 동의가 필요한 법률행위를 미성년후견인이 미성년후견감독인의 동의 없이 하였을 때에는, 피미성년후견인 또는 미성년후견감독인이 그 행위를 취소할 수 있다(§950③). 미성년후견인이 미성년후견감독인의 동의 없이 피미성년후견인의 행위에 동의를 한 경우도 취소할 수 있다고 보아야 할 것이다.

그러나 소송행위는 무효이고, 미성년후견감독인의 동의가 있으면 행위시에 소급하여 효력이 발생한다(대법원 2001.7.27. 선고 2001다5937 판결 참조). 미성년자 또는 미성년후견감독인의 취소권은 행사상의 일신전속권이므로 채권자대위권의 목적이 될 수 없다(대법원 1996.5.31. 선고 94다35985 판결 참조).

또한 미성년후견인이 후견감독인이 없는 상태에서 미성년자에 대한 제3자의 권리를 양수(讓受)한 경우에는 미성년자가 이를 취소할 수 있다(§951①). 후견감독인이 있는 경우에는 후견감독인의의 동의를 받아야 하고, 후견감독인의 동의가 없는 경우에는 미성년자 또는 후견감독인이 이를 취소할 수 있다(§951②). 이러한 행위는 미성년후견인과 미성년자 사이의 이익에 충돌을 가져올 우려가 있기 때문이다. 미성년자에 대한 제3자의 권리를 양수하는 경우뿐만 아니라 미성년자의 재산을 양수하는 경우도 마찬가지로 보아야 할 것이다.

상대방의 후견감독인에 대한 확답을 촉구할 권리(최고권)는 제한능력자의 상대방에 관한 규정이 준용된다(§952, §15). 미성년후견인이 미성년후견감독인의 동의가 필요한 경우에 이를 얻지 않고 대리행위를 한 경우에 상대방이 미성년후견감독인의 동의가 있다고 믿은 데에 정당한 사유가 있는 때에는 본인에게 그 효력이 미친다(대법원 1997.6.27. 선고 97다3828 판결 참조).

4) 이해상반행위

미성년후견인과 미성년자, 수인의 미성년자 사이의 이해상반행위에 대하여는 제921조가 준용되어 미성년후견인은 법원에 미성년자의 특별대리인의 선임을 청구하여야 한다. 그러나 미성년후견감독인이 있는 경우에는 그러하지 않다(§949의3).

5) 후견인의 보수청구권

후견사무는 공익적 · 사회복지적 성격이 강하므로 무상이 원칙이어야 한다. 그러나 후견사무의 집행에는 많은 부담이 수반되기 마련이다. 따라서 법원은 미성년후견인의 청구에 의하여 미성년자의 재산상태 그 밖의 사정을 참작하여 미성년자의 재산으로 보수를 수여할 수 있다(§955).

6) 지출금액의 예정과 사무비용

미성년후견인이 미성년자의 재산관리와 신분에 대한 보호를 하기 위해서는 후견이 종료될 때까지 매년 비용을 지출할 수밖에 없다. 이를 미성년후견인에게 일임한다면 미성년자가 불이익을 입을 우려도 있다. 따라서 미성년후견인은 취임하면서 미성년자의 생활, 교육 또는 요양, 간호 및 재산관리를 위하여 매년 사용할 금액을 예정할 필요가 있다(일민 §861① 참조). 그리고 미성년후견인이 후견사무를 수행하는 데 필요한 비용은 피미성년후견인의 재산 중에서 지출하게 된다(§955의2).

이해상반행위, 보수청구, 사무비용에 관한 규정은 미성년후견인과 성년후견인 모두에 적용된다.

3. 미성년후견감독기관

성년후견제도의 도입에 따라 종래 친족회에 의한 후견감독제도는 폐지되고 새로 후견감독인에 의한 후견감독제도가 도입되었다. 후견감독인은 필수기관이 아니라 필요한 경우에 둘 수 있는 임의기관이다. 후견감독인에게 보수가 지급되므로(§940의7, §955), 필수기관으로 할 경우 피후견인의 비용 부담을 고려하고, 전문화된 직업 후견인에 의한 후견사무집행의 정착을 예상하여 임의기관으로 하여도 가정법원에 의한 보조적 감독으로도 충분하다고 본 것이다. 후견감독인이 없는 경우에도 가정법원에 의한 감독은 가능하다(§954).

(1) 후견감독인의 지정과 선임

미성년후견인의 경우와 마찬가지로 지정후견감독인이 1순위, 선임후견감독인이 2순위이다.

미성년후견인을 지정할 수 있는 사람은 유언으로 미성년후견감독인을 지정할 수 있다(§940의2). 따라서 법률행위의 대리권과 재산관리권이 없는 친권자는 그에 대한 후견이 개시되더라도 미성년후견감독인을 지정할 수 없다. 친권자가 미성년후견인을 지정하지 않고 미성년후견감독인만을 지정할 수 있는가에 대해서는 부정적으로 보아야 할 것이다.

가정법원은 지정 미성년후견감독인이 없는 경우에 필요하다고 인정하면 직권으로 또는 미성년자, 친족, 미성년후견인, 검사, 지방자치단체의 장의 청구에 의하여 미성년후견감독인을 선임할 수 있다(§940의3①). 또한 미성년후견감독인이 사망, 결격, 그 밖의 사유로 없게 된 경우에는, 가정법원은 미성년후견감독인 선임청구권자의 청구에 의하여 미성년후견감독인을 선임한다. 미성년후견인 선임의 경우와는 달리 이해관계인은 청구권자가 아니다.

미성년후견감독인의 선임에 대하여 제936조 제3항과 제4항이 준용되므로, 미성년후견감독인이 선임된 경우에도 필요하다고 인정하면 가정법원은 추가로 미성년후견감독인을 선임할 수 있다. 가정법원이 미성년후견감독인을 선임할 때에는 미성년자의 의사를 존중하여야 하며, 그 밖에 미성년자의 건강, 생활관계, 재산상황, 미성년후견인이 될 사람의 직업과 경험, 미성년자와의 이해관계의 유무 등의 사정도 고려하여야 한다(§940의7, §936③, ④). 또한 미성년후견인은 1인의 자연인으로 한정되나, 미성년후견감독인으로 여러 명이 선임될 수 있고 법인도 미성년후견감독인이 될 수 있다(§940의7, §930②, ③).

제779조에 따른 미성년자의 가족(배우자, 직계혈족 및 형제자매, 생계를 같이하는 직계혈족의 배우자 · 배우자의 직계혈족 및 배우자의 형제자매)은 미성년후견감독인이 될 수 없다(§940의5). 이들이 후견감독인으로 지정되거나 선임되더라도 무효

이다. 후견인 결격사유는 또한 후견감독인 결격사유이다(§940의7, §937).

미성년후견감독인도 정당한 사유가 있는 경우에는 가정법원의 허가를 받아 사임할 수 있고, 사임청구와 동시에 가정법원에 새로운 미성년후견인의 선임을 청구하여야 한다(§940의7, §939).

가정법원은 피미성년후견인의 복리를 위하여 미성년후견감독인을 변경할 필요가 있다고 인정하면 직권으로 또는 피후견인, 친족, 후견감독인, 검사, 지방자치단체의 장의 청구에 의하여 미성년후견감독인을 변경할 수 있다(§940의7, §940).

(2) 후견감독인의 직무

미성년후견감독인은 미성년후견인의 사무를 감독하며, 미성년후견인이 없는 경우 지체 없이 가정법원에 미성년후견인의 선임을 청구하여야 한다(§940의6①). 미성년후견인이 없게 된 경우라 함은 미성년후견인이 사망, 결격, 사임 등 그 밖의 사유로 본인의 이익을 보호할 사람이 없게 된 경우를 말하고, 이러한 경우 미성년후견감독인은 지체 없이 미성년후견인의 선임을 청구하여야 하는 것이다. 미성년후견인의 사무를 감독하기 위한 권한으로서는 미성년후견인의 재산조사와 재산목록 작성에의 참여(§941②), 미성년후견인 · 미성년자 사이의 채권 · 채무에 관한 목록의 접수(§942①), 미성년후견인이 미성년자의 친권자가 정한 미성년자에 대한 교육방법 · 양육방법 또는 거소의 변경, 감화기관이나 교정기관에의 위탁, 허락한 영업을 취소하거나 제한에 대한 동의(§945), 미성년후견인의 대리권 · 동의권 행사에 대한 동의와 동의 없는 경우의 취소(§950①, ③), 미성년후견인의 피미성년후견인에 대한 제3자의 권리 양수에 대한 동의와 동의 없는 경우의 취소(§951②), 미성년후견인의 임무수행에 대한 보고와 재산목록제출의 요구(§953 전단), 피미성년후견인의 재산상황에 대한 조사(§953 후단), 후견사무종료 후의 관리계산에의 참여(§957②) 등 종래 친족회에 부여되었던 권한을 들 수 있다. 미성년후견인의 변경청구(§940)와 가정법원의 후견사무에 관한 처분의 청구(§954)도 이에 속한다.

또한 미성년후견감독인은 피미성년후견인의 신상이나 재산에 대하여 급박한 사정이 있는 경우 그의 보호를 위하여 필요한 행위 또는 처분을 할 수 있다(§940의6②). 미성년후견인이 질병 등의 이유로 후견사무를 수행하기 어렵고 본인 보호를 위하여 일정한 행위 또는 처분을 해야 할 긴급한 필요가 있는 경우에는, 미성년후견감독인은 미성년후견인을 갈음하여 대리권을 행사하거나 신상에 대한 보호를 위한 동의권을 행사할 수 있는 것이다. 이 경우 신체를 침해하는 의료행위의 직접적인 결과로 사망하거나 상당한 장애를 입을 위험이 있는 때 또는 피미성년후견인의 주거와 관련된 법률행위를 대리하는 경우에는 가정법원의 허가가 필요하다(§940의7, §947의2③~⑤).

미성년후견인과 피미성년후견인 사이에 이해가 상반되는 행위에 관하여는 미성년후견감독인이 피미성년후견인을 대리한다(§940의6③).

미성년후견감독인도 선량한 관리자의 주의로써 직무를 수행하여야 한다(§940의7, §681). 또한 미성년후견감독인의 사임이나 후견종료의 경우 제691조와 제692조가 준용된다(§940의7).

미성년후견감독인이 여러 명인 경우의 권한 행사에 대하여는 성년후견인이 여러 명인 경우에 관한 제949조의2가, 보수의 청구와 비용의 지출에 대해서는 제955조와 제955조의2가 각각 준용된다(§940의7).

(3) 가정법원의 감독

가정법원에 의한 후견감독사항은 미성년후견인의 선임(§932), 미성년후견인의 사임에 대한 허가(§939), 미성년후견인의 변경(§940), 미성년후견인의 재산목록 작성을 위한 기간연장의 허가(§941① 단서), 미성년후견감독인이 여러 명일 경우의 권한행사에 대한 결정(§949의2), 피미성년후견인의 재산상황조사, 재산관리 등 미성년후견인의 후견임무수행에 필요한 처분명령(§954), 미성년후견인에 대한 보수수여(§955), 후견사무종료시의 관리계산의 법정기간의 연장허가(§957① 단서) 등이다.

4. 후견의 종료

(1) 종료사유

1) 절대적 종료

후견의 필요성이 없어져 후견관계 그 자체가 소멸해버리는 것으로서 피미성년후견인의 사망, 혼인에 의한 성년의제 또는 성년도달, 미성년자의 친권자에 대한 성년후견선고 · 친권상실선고 또는 대리권 · 관리권상실선고의 취소 등으로 친권자의 친권행사가 가능해진 경우, 피미성년후견인의 인지 · 입양 등으로 친권자가 새로 생긴 경우에는 후견은 절대적으로 종료한다.

2) 상대적 종료

후견 그 자체는 종료하지 않은 경우이다. 즉, 미성년자에 대한 후견의 필요성은 계속되나 미성년후견인의 사망 · 실종선고 · 결격 · 사임 · 변경이 있는 경우이다.

후견종료의 사유는 이를 상대방에게 통지하거나 상대방이 이를 안 때가 아니면 이로써 상대방에게 대항하지 못한다(§959, §692).

(2) 종료 후의 청산

1) 관리의 계산

미성년후견인의 임무가 종료한 때에는 미성년후견인 또는 그 상속인은 1개월 내에 피미성년후견인의 재산에 관한 계산을 하여야 한다. 그러나 정당한 사유가 있는 때에는 가정법원의 허가를 얻어 그 기간을 연장할 수 있다(§957①). 관리계산이라 함은 후견사무의 집행과 관련된 모든 재산상의 수입과 지출을 명확히 하고 재산의 현재액을 계산하는 것을 말한다.

가정법원과 미성년후견감독인은 계산서의 제출을 요구할 수 있고, 의무자가 관리계산을 하지 않은 경우에는 가정법원이 직권으로 또는 일정한 자의 청구에 의하여 후견 종료에 따른 관리계산을 할 것을 명하는 처분을 내릴 수 있다(§954).

관리계산은 미성년후견감독인의 참여가 없으면 효력이 없다(§957②). 미성년후견인의 직무집행에 관한 부정방지를 위한 것이다.

2) 이자의 부가 및 손해배상

미성년후견인이 피미성년후견인에게 지급할 금액이나 피미성년후견인이 미성년후견인에게 지급할 금액에는 계산종료의 날로부터 이자를 부가하여야 한다(§958①). 미성년후견인이 자기를 위하여 피미성년후견인의 금전을 소비한 때에는, 그 소비한 날로부터 이자를 부가하고 피미성년후견인에게 손해가 있으면 이를 배상하여야 한다(§958②).

3) 후견종료 후의 긴급처리

후견종료의 경우에 급박한 사정이 있는 때에는 미성년후견인, 그 상속인이나 법정대리인은 피미성년후견인, 그 상속인이나 법정대리인이 그 후견사무를 처리할 수 있을 때까지 그 사무의 처리를 계속하여야 한다. 이 경우에는 후견의 존속과 동일한 효력이 있다(§959, §691).

4) 후견종료의 신고

미성년후견인은 후견종료의 신고를 등록법이 정한 바에 따라서 후견종료시로부터 1개월 이내에 하여야 한다. 다만, 미성년자의 성년 도달로 인하여 후견이 종료된 경우에는 그러하지 않다(등록법 §83).

Ⅲ. 성년후견

1. 의 의

금치산 · 한정치산제도를 개혁하고 보호의 필요가 있는 성년자의 인간의 존엄과 그의 의사와 능력을 최대한 존중할 수 있는 후견제도를 성년후견제도라 한다. 고령자를 포함하여 판단능력이 부족한 사람도 ① 자기결정을 존중받고, ② 잔존능력을 활용할 수 있으며, ③ 장애인도 장애가 없는 사람과 마찬가지로 가정과 지역에서 통상적인 생활을 해 나갈 수 있는 사회를 만들어야 한다(Normalization: 정상화)는 것이 성년후견제도의 기본이념이라 할 수 있다. 이는 세계적 조류이기도 하다.

근 거	보호의 범위	명 칭
법률(법정후견)	지속적 · 포괄적	성년후견
	지속적 · 한정적	한정후견
	일회적 · 특정적	특정후견
계약(임의후견)	계약 내용에 따름	후견계약

성년후견제도는 두 가지의 틀로 구성된다. 하나는 금치산 · 한정치산제도를 세 가지 새로운 유형의 성년후견제도로 대체한 것이고, 다른 하나는 공적 감독을 수반하는 임의대리제도(임의후견제도)를 신설한 것이다.

2. 성년후견

(1) 성년후견개시의 심판

성년후견은 가정법원의 성년후견개시심판에 따라 개시된다(§929). 질병, 장애, 노령 그 밖의 사유로 인한 정신적 제약으로 사무를 처리할 능력이 지속적으로 결여된 사람에 대하여 본인, 배우자, 4촌 이내의 친족, 미성년후견인, 미성년후견감독인, 한정후견인, 한정후견감독인, 특정후견인, 특정후견감독인, 검사 또는 지방자치단체의 장의 청구에 의하여 가정법원은 성년후견개시의 심판을 한다(§9①).

미성년후견인과 미성년후견감독인을 청구권자로 한 것은 성년을 앞둔 피미성년후견인에 대한 사전보호조치의 필요에서 성년후견개시심판을 청구할 수 있게 하기 위해서이다. 가정법원이 성년후견개시심판을 할 때에는 성년에 이르러야 하므로, 성년후견의 실질적 요건이 갖추어진 경우라도 가정법원은 피미성년후견인이 성년에 이를 때까지 그 선고를 늦추거나, 선고의 효력발생시기를 피미성년후견인의 성년에 이를 때로 정해야 할 필요가 있다. 장애가 있는 사람들의 복지를 도모하고자 하는 취지에서 지방자치단체의 장에게도 청구권을 부여하고 있다.

가정법원은 사건본인이 정신적 제약으로 사무처리능력이 지속적으로 결여되었다고 인정할 때에는 성년후견개시의 심판을 하게 되는데, 이는 필수적 심판에 해당한다. 다만, 성년후견심판을 청구하였지만, 사무처리능력의 지속적 결여에는 해당되지 않고 한정후견개시의 실질적 요건을 갖춘 것으로 판단될 때에는 청구취지의 변경 없이도 한정후견개시심판을 할 수 있다고 본다. 반대의 경우도 마찬가지이다. 반면 특정후견은 본인의 의사에 반하여 개시될 수 없으므로 청구취지를 변경하여야 할 것이다. 가정법원이 성년후견 개시의 심판을 할 경우에는 사건본인의 정신상태에 관하여 의사에게 감정을 시켜야 한다. 다만, 사건본인의 정신상태를 판단할 만한 다른 충분한 자료가 있는 때에는 그러하지 않다(가소 §45의3①).

가정법원은 성년후견개시의 심판을 함에 있어 본인의 의사를 고려하여야 하므로(§9②), 가정법원은 심판을 할 때에 사건본인의 진술을 들어야 한다. 다만, 의식불명 그 밖의 사유로 자신의 의사를 표명할 수 없는 경우에는 그러하지 않다(가소 §45의4① i). 진술을 들을 경우에는 그 사람을 직접 심문하여야 한다. 다만, 심문이 당사자의 건강을 해할 우려가 있거나 사건본인이 자신의 의사를 밝힐 수 없는 사정이 있는 때에는 그러하지 않다(가소 §45의4③).

한정후견 또는 특정후견개시의 심판을 받은 사람의 사무처리능력이 성년후견개시의 요건을 충족하는 경우에는, 가정법원은 청구권자의 청구에 의하여 성년후견개시의 심판을 하고, 종전의 한정후견 또는 특정후견의 종료 심판을 한다(§14의3①). 반대로 성년후견개시심판을 받은 사람의 사무처리능력이 한정후견개시의 요건에 해당될 정도로 회복된 경우에는, 가정법원은 청구권자의 청구에 의하여 한정후견개시의 심판을 하고, 종전의 성년후견의 종료 심판을 한다(§14의3②).

성년후견개시의 심판이 있게 되면 피성년후견인 본인은 유효한 법률행위를 단독으로 할 수 없고, 그의 법률행위는 취소할 수 있다(§10①). 다만 가정법원은 취소할 수 없는 피성년후견인의 행위의 범위를 정할 수 있고(§10②), 일용품의 구입 등 일상생활을 영위하는 데 필요한 행위로 그 대가가 과도하지 아니한 것은 성년후견인이 취소할 수 없다(§10④). 가정법원이 정한 취소할 수 없는 법률행위에 대하여는 다시 본인, 배우자, 4촌 이내의 친족, 성년후견인, 성년후견감독인, 검사 또는 지방자치단체의 장의 청구에 의하여 가정법원이 그 범위를 변경할 수 있다(§10③). 피성년후견인도 유지하고 있는 사무처리능력의 범위 내에서는 독자적인 법률행위를 할 수 있도록 하고, 일상생활을 정상적으로 유지해 나갈 수 있게 하기 위한 배려이다(잔존능력의 활용).

성년후견개시의 원인이 소멸된 경우에는 본인, 배우자, 4촌 이내의 친족, 성년후견인, 성년후견감독인, 검사 또는 지방자치단체의 장의 청구에 의하여 가정법원은 성년후견종료의 심판을 한다(§11).

(2) 성년후견인

1) 선 임

성년후견제도를 도입하기 전에는 금치산선고를 받은 사람에게 배우자가 있으면 배우자가, 배우자도 금치산 또는 한정치산의 선고를 받거나 배우자가 없는 때에는 금치산자의 직계혈족, 3촌 이내의 방계혈족이 법정후견인으로 되었고, 이들도 없거나 사망, 결격 그 밖의 사유로 법정후견인이 없게 된 때에는 가정법원이

후견인을 선임하였다(구 §934부터 §936 참조). 이에 대하여는 여러 문제점이 지적되어 왔다.

현행법에서는 가정법원의 성년후견개시심판이 있는 경우에는 그 심판을 받은 사람의 성년후견인을 두어야 하며(§929), 가정법원은 직권으로 성년후견인을 선임한다(§936①). 성년후견인이 사망, 결격, 그 밖의 사유로 없게 된 경우에도 가정법원은 직권으로 또는 피성년후견인, 친족, 이해관계인, 검사, 지방자치단체의 장의 청구에 의하여 성년후견인을 선임하고(§936②), 성년후견인이 선임된 경우에도 필요하다고 인정하면 가정법원은 직권으로 또는 성년후견인 선임 청구권자나 성년후견인의 청구에 의하여 추가로 성년후견인을 선임할 수 있다(§936③).

가정법원이 성년후견인을 선임할 때에는 피성년후견인의 의사를 존중하여야 하며, 그 밖에 피성년후견인의 건강, 생활관계, 재산상황, 성년후견인이 될 사람의 직업과 경험, 피성년후견인과의 이해관계의 유무(법인이 성년후견인이 될 때에는 사업의 종류와 내용, 법인이나 그 대표자와 피성년후견인 사이의 이해관계의 유무를 말한다) 등의 사정도 고려하여야 한다(§936④). 가정법원이 성년후견인의 선임을 심판할 때에는 사건본인의 진술을 들어야 한다. 다만, 의식불명 그 밖의 사유로 자신의 의사를 표명할 수 없는 경우에는 그러하지 않다(가소 §45의4①iii). 아울러 성년후견인이 될 자의 의견도 들어야 한다(가소 §45의4②).

성년후견인의 결격사유, 사임, 변경은 미성년후견인의 그것과 같다.

2) 수

미성년후견인은 1인으로 한정되나, 성년후견인은 피성년후견인의 신상과 재산에 관한 제반사정을 고려하여 여러 명을 둘 수 있다(§930②). 법인도 성년후견인으로 될 수 있다(§930③). 성년후견인이 여러 명인 경우 가정법원은 직권으로 공동으로 사무를 집행하거나 사무를 분장하여 그 권한을 행사하도록 정할 수 있고(§949의2①), 이를 변경 또는 취소할 수 있다(§949의2②). 여러 명의 성년후견인이 공동으로 권한을 행사해야 하는 경우, 어느 성년후견인이 피성년후견인의 이익이 침해될 염려가 있음에도 법률행위의 대리 등 필요한 권한행사에 협력하지 아니할 때에는, 가정법원은 피성년후견인, 성년후견인, 후견감독인 또는 이해관계인의 청구에 의하여 그 성년후견인의 의사표시를 갈음하는 재판을 청구할 수 있다(§949의2③).

3) 성년후견인의 임무와 권한

(가) 피성년후견인의 복리와 의사존중

성년후견인은 피성년후견인의 재산관리와 신상보호를 할 때에 여러 사정을 고려하여 그의 복리에 부합하는 방법으로 사무를 처리해야 한다. 특히 성년후견인은 피성년후견인의 복리에 반하지 않은 한 피성년후견인의 의사를 존중하여야 한다(§947).

(나) 재산관리권과 법정대리권

성년후견인은 피성년후견인의 재산을 관리하고 그 재산에 관한 법률행위에 대하여 피성년후견인을 대리한다(§949①). 성년후견인은 포괄적인 법정대리권을 가지나(§938①), 가정법원은 피성년후견인의 재산이나 신상에 관한 제반사정을 고려하여 법정대리권의 범위를 정할 수 있고(§938②) 사정의 변경에 따라 이를 변경할 수 있다(§938④).

피성년후견인의 행위를 목적으로 하는 채무를 부담하는 법률행위를 대리할 때에는 본인의 동의를 얻어야 한다(§949②, §920 단서). 이해상반행위의 경우에는 특별대리인을 선임하여야 하나, 성년후견감독인이 있는 경우에는 그가 피성년후견인을 대리하게 된다(§949의3). 또한 ① 영업에 관한 행위, ② 금전을 차용하는 행위, ③ 의무만을 부담하는 행위, ④ 부동산 또는 중요한 재산에 관한 권리의 득실변경을 목적으로 하는 행위, ⑤ 소송행위, ⑥ 상속의 승인, 한정승인 또는 포기 및 상속재산의 분할에 관한 협의를 대리하는 경우, 성년후견감독인이 있는 때에는 그의 동의를 얻어야 한다(§950①). 성년후견감독인의 동의를 필요로 하는 행위에 대하여 성년후견감독인이 피성년후견인의 이익이 침해될 염려가 있음에도 동의를 하지 않는 때에는, 가정법원은 성년후견인의 청구에 따라 성년후견감독인의 동의를 갈음하는 허가를 할 수 있다(§950②). 성년후견감독인의 동의가 필요한 법률행위를 성년후견인이 성년후견감독인의 동의 없이 하였을 때에는 피성년후견인 또는 성년후견감독인이 이를 취소할 수 있다(§950③). 상대방의 확답을 촉구할 권리(최고권)는 제한능력자의 상대방에 관한 규정이 준용된다(§952, §15).

한편 피성년후견인의 주거와 관련있는 법률행위를 대리할 때에는 가정법원의 허가도 얻어야 한다. 즉 성년후견인이 피성년후견인을 대리하여 피성년후견인이 거주하고 있는 건물 또는 그 대지에 대하여 매도, 임대, 전세권 설정, 저당권 설정, 임대차의 해지, 전세권의 소멸, 그 밖에 이에 준하는 행위를 하는 경우에는 가정법원의 허가를 받아야 하는 것이다(§947의2⑤). 성년후견감독인이 성년후견인을 대리하여 이들 법률행위를 하는 경우에도(§940의6③), 가정법원의 허가가 필요하다고 본다. 가정법원의 허가를 얻지 아니한 처분은 무효이다.

(다) 신상에 대한 보호

피성년후견인은 자신의 신상에 관하여 그의 상태가 허락하는 범위에서 단독으로 결정한다(§947의2①). 민법은 신상에 관한 사항에 대하여 구체적으로 명시하고 있지 않다. 치료와 의료에 관한 사항, 주거에 관한 사항, 타인과 소통 · 교유하거나 교육 · 훈련 · 여가에 관한 사항, 일상생활의 유지에 필수적인 활동에 관한 사항 등이 이에 포함될 것이다.

신상에 관한 결정은 본인만이 할 수 있고 대리에 친하지 않은 일신전속적 성질을 지닌다. 피성년후견인일지라도 본인 스스로 그에 관해 결정할 수 있는 때에는 그에게 맡기는 것이다. 피성년후견인이 그러한 결정을 할 수 없는 경우에 한하여 성년후견인에게 보충적 권한이 인정된다. 이 경우에도 가정법원은 성년후견인이 피성년후견인의 신상에 관하여 결정할 수 있는 권한의 범위를 정할 수 있고, 사정변경에 따라 이를 변경할 수 있다(§938③, ④). 가정법원으로부터 범위를 정하여 결정권을 부여받은 성년후견인은 그 범위 내에서 피성년후견인을 갈음하여 신상에 관한 결정을 할 수 있다. 이 경우 성년후견인이 피성년후견인을 치료 등의 목적으로 정신병원 그 밖의 다른 장소에 격리하기 위해서는 가정법원의 허가를 얻어야 한다(§947의2②).

피성년후견인의 신체를 침해하는 의료행위에 대하여 피성년후견인이 동의할 수 없는 경우 성년후견인이 그를 대신하여 동의할 수 있는데(§947의2③), 피성년후견인이 의료행위의 직접적인 결과로 사망하거나 상당한 장애를 입을 위험이 있을 때에는 가정법원의 허가를 얻어야 한다. 다만, 허가절차로 의료행위가 지체되어 피성년후견인의 생명에 위험을 초래하거나 심신상의 중대한 장애를 초래할 때에는 사후에 허가를 청구할 수 있다(§947의2④).

• 신상에 관한 의사결정능력과 재산에 관한 의사결정능력은 구분되는가?

취임시의 임무(§941~§944), 피성년후견인에 대한 제3자의 권리양수(§951), 보수(§955), 지출금액의 예정과 사무비용(§955의2)에 관한 사항은 미성년후견인의 경우에서와 같다.

4) 성년후견인의 변경

가정법원은 직권 또는 친족 등의 청구에 의하여 성년후견인을 변경할 수 있는데(§940), 그 변경의 요건은 '피성년후견인의 복리를 위하여 후견인을 변경할 필요가 있다고 인정되는 경우'이다. '피성년후견인의 복리를 위하여 후견인을 변경할 필요가 있다고 인정되는 경우'는 가정법원이 성년후견인의 임무수행을 전체적으로 살펴보았을 때 선량한 관리자로서의 주의의무를 게을리하여 후견인으로서 그 임무를 수행하는 데 적당하지 않은 사유가 있는 경우로서 그 부적당한 점으로 피후견인의 복리에 영향이 있는 경우이다. 또한 성년후견인의 임무에는 피성년후견인의 재산관리 임무뿐 아니라 신상보호 임무가 포함되어 있고, 신상보호 임무 역시 재산관리 임무 못지않게 피성년후견인의 복리를 위하여 중요한 의미를 가지기 때문에, 성년후견인 변경사유를 판단함에 있어서는 재산관리와 신상보호의 양 업무의 측면을 모두 고려하여야 한다.

- 甲이 뇌출혈 발병으로 거동이나 의사소통 등을 할 수 없게 되자, 甲의 큰형인 乙이 성년후견개시심판을 청구하여 甲에 대한 성년후견개시 및 乙을 성년후견인으로 선임하는 내용 등의 심판이 선고되어 확정되었는데, 위 심판절차에서 '乙이 성년후견인이 되는 것에 동의한다.'는 취지의 후견동의서를 제출하였던 甲의 자녀 丙이 위 심판 확정 직후 乙 등이 甲의 재산을 빼앗고 후견동의서를 위조하여 제출하는 등 불법을 저질렀다고 주장하면서 성년후견인 변경청구를 한 사안에서, 甲이 현재 뇌출혈로 거동이나 의사표시가 어려운 상태인 사정 등을 감안하면 신상보호 임무의 관점에서 丁 사단법인이 乙보다 더 적합한 성년후견인에 해당한다고 단정하기 어려움에도, 乙이 수행한 재산관리와 신상보호 임무를 모두 살펴보았을 때 임무를 수행하는 데 적당하지 않아 피후견인의 복리에 저해가 된다고 볼 만한 구체적 사정이 있는지, 기존의 성년후견인 선임을 유지한 채 다른 처분을 하는 것이 오히려 피성년후견인의 복리에 더 부합하는 것은 아닌지 등에 대하여 충분히 살펴보지 않은 채, 甲 명의의 재산 등을 둘러싸고 가족들 사이에 갈등이 계속되면 甲의 신상과 재산에 손해나 위험이 발생할 가능성이 높아진다는 등의 사유만을 내세워, 성년후견인 변경사유가 있고 丁 사단법인이 乙보다 더 성년후견인으로 적합하다고 보아 변경심판을 한 원심판단에는 성년후견인 변경에 대한 법리오해 등의 잘못이 있다고 한 사례(대법원 2021.2.4.자 2020스647 결정).

(3) 성년후견에 대한 감독

1) 후견감독인에 의한 감독

법정성년후견에 대해서도 후견감독인이 감독하게 된다. 미성년후견에서와 마찬가지로 성년후견감독인도 임의기관이나 선임 후견감독인만이 인정된다. 즉 가정법원은 필요하다고 인정하면 직권으로 또는 피성년후견인, 친족, 성년후견인, 검사, 지방자치단체의 장의 청구에 의하여 성년후견감독인을 선임할 수 있다(§940의4①). 성년후견감독인이 사망, 결격, 그 밖의 사유로 없게 된 경우에는 가정법원은 직권으로 또는 피성년후견인, 친족, 성년후견인, 검사, 지방자치단체의 장의 청구에 의하여 성년후견감독인을 선임한다(§940의4②).

미성년후견인의 미성년자에 대한 신분에 관한 사항에 대한 동의권(§945)을 제외하고, 성년후견감독인의 자격, 사임, 변경, 직무 등은 미성년후견감독인에서의 그것과 같다(§940의7).

2) 가정법원의 감독

가정법원에 의한 성년후견인에 대한 후견감독사항 역시 미성년후견감독에서와 같다. 즉 가정법원은 직권으로 또는 피성년후견인, 성년후견감독인, 제777조에 따른 친족, 그 밖의 이해관계인, 검사, 지방자치단체의 장의 청구에 의하여 피성년후견인의 재산상황을 조사하고, 성년후견인에게 재산관리 등 후견임무 수행에 관하여 필요한 처분을 명할 수 있다(§954).

가정법원은 적당한 자로 하여금 성년후견사무 또는 피성년후견인의 재산상황을 조사하게 하거나, 임시로 재산관리를 하게 할 수 있고, 재산상황의 조사 또는 재산관리를 하는 자에 대하여 피성년후견인의 재산 중에서 상당한 보수를 지급할 수 있다(가소 §45①,②). 재산상황에 대한 조사는 가사조사관에게도 맡길 수 있다(가소 §45③). 이는 한정후견과 특정후견의 경우도 마찬가지이다.

(4) 성년후견의 종료

성년후견은 피성년후견인의 사망, 성년후견개시원인의 소멸에 따른 성년후견종료의 심판에 의하여 종료된다(§11). 또한 성년후견인의 사망, 실종선고, 행방불명(§937vii), 사임(§939), 변경(§940), 회생절차의 개시 또는 파산(§937iii) 등도 후견종료 사유이다. 성년후견종료에 따른 법률관계 또한 미성년후견에서의 그것과 같다. 다만 후견종료에 관한 공시는 후견등기부에 의한다.

3. 한정후견

(1) 한정후견개시의 심판

질병, 장애, 노령 그 밖의 사유로 인한 정신적 제약으로 사무를 처리할 능력이 부족한 사람에 대하여 본인, 배우자, 4촌 이내의 친족, 미성년후견인, 미성년후견감독인, 성년후견인, 성년후견감독인, 특정후견인, 특정후견감독인, 검사 또는 지방자치단체의 장의 청구에 의하여 한정후견개시의 심판을 한다(§12①). 한정후견의 대상으로 된 사람을 피한정후견인이라 하며, 성년자·미성년자인가를 묻지 않는다. 종래 한정치산자의 행위능력이 미성년자의 그것과 동일하였을 때에는, 미성년자에 대한 한정치산선고의 필요성 여부에 대해 논란이 있었으나, 현행법에서의 피한정후견인은 원칙적으로 행위능력을 가진다는 점에서 미성년자와 다르다. 또한 '성년후견'이라는 용어상의 제약도 없다. 한정후견개시의 심판을 할 때에도 가정법원은 본인의 의사를 고려하여야 한다(§12②). 정신상태에 대한 감정, 의견진술 절차는 성년후견에서의 그것과 같다.

성년후견 또는 특정후견개시의 심판을 받은 사람의 사무처리능력이 한정후견개시의 요건을 충족하는 경우에는 가정법원은 청구권자의 청구에 의하여 한정후견개시의 심판을 하고, 종전의 성년후견 또는 특정후견의 종료 심판을 한다(§14의3①). 반대로 한정후견 또는 특정후견개시심판을 받은 사람의 사무처리능력이 한정후견개시의 요건에 해당될 경우에는 가정법원은 청구권자의 청구에 의하여 한정후견개시의 심판을 하고, 종전의 성년후견 또는 특정후견의 종료 심판을 한다(§14의3②).

한정후견선고를 받은 피한정후견인은 원칙적으로 종국적·확정적인 법률행위를 할 수 있다. 다만 가정법원은 피한정후견인이 한정후견인의 동의를 얻어야 하는 행위의 범위를 정할 수 있다(§13①). 이를 동의유보라고도 한다. 피한정후견인의 능력 그 밖의 사정을 고려하여 보호를 필요로 하는 범위 내에서 동의가 필요한 법률행위의 범위를 탄력적으로 정할 수 있게 한 것이다. 한정후견인의 동의가 필요한 법률행위를 피한정후견인이 한정후견인의 동의 없이 하였을 때에는 이를 취소할 수 있다(§13④ 본문). 그러나 일용품의 구입 등 일상생활을 영위하는 데 필요한 행위로 그 대가가 과도하지 아니한 것은 취소할 수 없다(§13④ 단서). 가정법원은 사정의 변화에 따라 동의유보범위를 변경할 수 있다(§13②). 한정후견인의 동의를 필요로 하는 행위에 대하여 한정후견인이 피한정후견인의 이익이 침해될 염려가 있음에도, 그 동의를 하지 않는 때에는 가정법원은 피한정후견인의 청구에 따라 한정후견인의 동의를 갈음하는 허가를 할 수 있다(§13③).

한정후견개시의 원인이 소멸된 경우에는 가정법원은 본인, 배우자, 4촌 이내의 친족, 한정후견인, 한정후견감독인, 검사 또는 지방자치단체의 장의 청구에 의하여 한정후견종료의 심판을 한다(§14).

(2) 성년후견과 한정후견의 관계

민법은 성년후견과 한정후견을 구별하여 개시 요건, 청구권자, 절차와 효과를 개별적으로 정하고 있다. 성년후견은 '질병, 장애, 노령, 그 밖의 사유로 인한 정신적 제약으로 사무를 처리할 능력이 지속적으로 결여된 사람'에 대하여 개시되고(§9①), '질병, 장애, 노령, 그 밖의 사유로 인한 정신적 제약으로 사무를 처리할 능력이 부족한 사람'에 대하여 한정후견이 개시된다(§12①). 성년후견의 요건과 한정후견의 요건 중에서 '질병, 장애, 노령, 그 밖의 사유로 인한 정신적 제약' 부분은 같고, '사무처리 능력의 지속적 결여'와 '사무처리 능력의 부족'은 정도의 차이에 지나지 않아 둘 사이의 구별이 명확한 것은 아니다.

성년후견의 청구권자인 '본인, 배우자, 4촌 이내의 친족, 미성년후견인, 미성년후견감독인, 한정후견인, 한정후견감독인, 특정후견인, 특정후견감독인, 검사 또는 지방자치단체의 장'(§9①)과 한정후견의 청구권자인 '본인, 배우자, 4촌 이내의 친족, 미성년후견인, 미성년후견감독인, 성년후견인, 성년후견감독인, 특정후견인, 특정후견감독인, 검사 또는 지방자치단체의 장'(§12①)도 대부분 동일하나, 한정후견인이나 한정후견감독인은 성년후견의 개시를 청구할 수 있고 성년후견인이나 성년후견감독인은 한정후견의 개시를 청구할 수 있도록 하고 있을 뿐이다.

성년후견이 개시된 경우 피성년후견인의 법률행위는 원칙적으로 취소할 수 있는 반면(§10①), 한정후견이 개시된 경우 피한정후견인은 유효하게 법률행위를 할 수 있는 것이 원칙이고 예외적으로 가정법원이 피한정후견인의 행위능력을 제한할 수 있다(§13①).

성년후견이나 한정후견에 관한 심판 절차는 가사소송법 제2조 제1항 제2호

(가)목에서 정한 가사비송사건으로서, 가정법원이 당사자의 주장에 구애받지 않고 후견적 입장에서 합목적적으로 결정할 수 있다. 이때 성년후견이든 한정후견이든 본인의 의사를 고려하여 개시 여부를 결정한다는 점은 마찬가지이다(§9②, §12②).

위와 같은 규정 내용이나 입법 목적 등을 종합하면, 성년후견이나 한정후견 개시의 청구가 있는 경우 가정법원은 청구 취지와 원인, 본인의 의사, 성년후견제도와 한정후견제도의 목적 등을 고려하여 어느 쪽의 보호를 주는 것이 적절한지를 결정하고, 그에 따라 필요하다고 판단하는 절차를 결정해야 한다. 그리하여 판례는 한정후견의 개시를 청구한 사건에서 의사의 감정결과 등에 비추어 성년후견 개시의 요건을 충족하고 본인도 성년후견의 개시를 희망한다면 법원이 성년후견을 개시할 수 있고, 성년후견 개시를 청구하고 있더라도 필요하다면 한정후견을 개시할 수 있다고 한다(대법원 2021.6.10.자 2020스596 결정).

- 피성년후견인이나 피한정후견인이 될 사람의 정신상태를 판단할 만한 다른 충분한 자료가 있는 경우 가정법원은 의사의 감정이 없더라도 성년후견이나 한정후견을 개시할 수 있는가?(대법원 2021.6.10.자 2020스596 결정)

---

(3) 한정후견인

가정법원의 한정후견개시의 심판이 있는 경우에는 그 심판을 받은 사람의 한정후견인을 두어야 하고(§959의2), 한정후견인은 가정법원이 직권으로 선임한다(§959의3①).

한정후견인의 선임, 수와 자격, 후견인이 없게 된 경우의 선임과 추가선임 및 선임시의 고려사항, 결격, 사임, 변경에 대하여는 성년후견인의 경우를 준용한다(§939의③, §930②, ③, §936②~④, §937, §939, §940). 한정후견인의 임무와 권한도 마찬가지이다(§959의6, §681, §920 단서, §947, §947의2, §949의2, §949의3, §950~§955, §955의2).

후견인은 피후견인의 법정대리인이 되어(§938), 피후견인의 재산을 관리하고 그 재산에 관한 법률행위에 대하여 피후견인을 대리하므로(§949), 한정후견인도 미성년후견인이나 성년후견인과 마찬가지로 포괄적 대리권을 갖는다. 즉 한정후견인도 피한정후견인의 재산을 관리하고 그 재산에 관한 법률행위에 대하여 피한정후견인을 대리하게 된다(§959의6, §949).

법문상으로는 이와 같으나, 성년후견의 경우에는 성년후견인에게 포괄적 대리권을 부여하고 가정법원이 이를 감축할 수 있게 하나(§938②), 한정후견의 경우에는 가정법원이 한정후견인에게 대리권을 부여하는 심판을 할 수 있도록 하고 있다(§959의4①). 사무의 범위를 정하고 그 범위 내에서 포괄적 대리권을 부여하는 방식이다. 기간과 범위가 특정된 대리권을 부여하는 특정후견의 경우와 다른 점이다. 따라서 한정후견인이 가정법원의 심판에 따라 법정대리권을 부여받은 범위 내에서만 피한정후견인의 법정대리인이 되고, 이해상반행위의 경우에는 대리권이 제한되는 것이다(§959의3, §949의3). 수여된 대리권에는 피한정후견인의 재산관리권도 포함되는 것으로 보아야 할 것이다. 대리권 수여의 심판은 한정후견개시의 심판과는 별개의 심판이나, 청구권자는 한정후견개시심판의 청구권자와 한정후견감독인으로 보아야 할 것이다. 아울러 가정법원은 한정후견인에게 피한정후견인의 신상에 관한 권한도 범위를 정하여 부여할 수 있고, 그 권한 범위가 적절하지 않게 된 경우에는 일정한 자의 청구에 의하여 그 범위를 변경할 수 있다(§959의4②, §938③, ④).

또한 한정후견인은 가정법원의 동의유보의 심판이 있는 범위 내에서 동의권을 가지며(§13①), 동의를 얻지 아니한 한정후견인의 법률행위에 대한 취소권(§13④ 본문)을 가진다.

(4) 한정후견감독인

한정후견감독인도 필요한 때에 선임되는 임의기관이다(§959의5①). 성년후견감독인에 대한 설명이 그대로 타당하다(§959의5② 제1문, §681, §691, §692, §930②, ③, §936③, ④, §937, §939, §940, §940의3②, §940의5, §940의6, §947, §947의2③~⑤, §949의2, §955, §955의2). 다만, 가정법원의 동의유보심판이 있는 경우와 대리권수여의 심판이 있는 경우의 한정후견인과 피한정후견인 사이의 이해상반행위에 대하여는 한정후견감독인이 동의권 또는 대리권을 갖는다(§959의5② 제2문).

(5) 한정후견의 종료

한정후견도 피한정후견인의 사망, 한정후견개시원인의 소멸에 따른 한정후견종료의 심판에 의하여 종료된다(§14). 또한 한정후견종료시의 관리계산 등은 성년후견의 경우에서와 같다(§959의7, §691, §692, §957, §958).

4. 특정후견

(1) 특정후견의 심판

성년후견과 한정후견은 지속적 · 포괄적 보호제도이다. 그런데 보호조치가 필요한 사람 중에는 일상적인 생활을 해 나가면서 특정한 문제의 해결을 위해 개별적 · 일회적 보호로도 충분한 경우도 있다. 이를 위해 새로 도입한 제도가 특정후견이다. 질병, 장애, 노령 그 밖의 사유로 인한 정신적 제약으로 일시적 또는 특정한 사무에 관한 후원이 필요한 사람에 대하여 가정법원이 본인, 배우자, 4촌 이내의 친족, 미성년후견인, 미성년후견감독인, 검사 또는 지방자치단체의 장의 청구에 의하여 특정후견의 심판을 한다(§14의2①). 성년후견이나 한정후견개시의 원인이 있는 경우에도, 성년후견이나 한정후견에 의하지 않고 특정후견을 통하여 후원을 받을 수 있다. 미성년자의 경우도 마찬가지이다.

특정후견은 본인의 의사에 반하여 할 수 없으나(§14의2②), 그의 동의가 필수적이지는 않다. 특정후견은 특정적 보호제도이므로 그 개시와 종료를 따로 정할 필요는 없다. 다만 피특정후견인에 대하여 성년후견이나 한정후견의 개시심판을 할 때에는 특정후견의 종료심판을 하게 된다(§14의3①,②). 가정법원이 특정후견의 심판을 할 때에는 의사나 그 밖의 적당한 자의 의견을 들어야 한다. 이 때 의견은 진단서 그 밖에 이에 준하는 서면이나 말로써 진술하게 할 수 있다(가소 §45의3②).

특정후견의 개시와 종료는 특정후견으로 처리되어야 할 사무의 성질에 따라 정해지게 된다. 따라서 가정법원이 특정후견의 심판을 할 때는 특정후견의 기간 또는 사무의 범위를 정하여야 한다(§14의2③).

특정후견은 피특정후견인에 대한 후원만을 내용으로 하고, 피특정후견인의 행위능력에 대하여는 어떠한 제한도 가하지 않는다. 특정 법률행위를 위하여 특정후견인이 선임되고 그에게 대리권 수여의 심판이 있는 경우에도, 그 법률행위와 관련된 피특정후견인의 행위능력이 제한되는 것은 아니다.

(2) 특정후견인의 권한

가정법원은 피특정후견인의 후원을 위하여 필요한 처분을 명할 수 있다(§959

의8). 피특정후견인의 사무를 처리하기 위하여 관계인에게 특정행위를 명하거나 부작위를 명하는 등의 처분을 할 수 있는 것이다. 특정후견에 따른 처분은 피특정후견인의 재산관리에 관한 사항일 수도 있고 신상에 대한 보호에 관한 것일 수도 있다. 또한 이러한 처분의 하나로 피특정후견인을 후원하거나 대리하기 위한 특정후견인을 선임할 수 있다(§959의9①). 가정법원이 특정후견인을 선임할 때에는 그 수와 자격, 후견인이 없게 된 경우의 선임과 추가선임 및 선임시의 고려사항, 결격, 사임, 변경에 관한 사항에 대하여는 그 밖의 후견인의 경우를 준용한다(§959의9②, §930②,③, §936②~④, §937, §939, §940).

후원할 사무처리의 성질에 따라 특정후견인에게 대리권이 필요한 경우도 있게 되므로, 이러한 경우 가정법원은 기간 또는 범위를 특정하여 특정후견인에게 대리권을 수여하는 심판을 할 수 있다(§959의11①). 그 범위 내에서 특정후견인은 피특정후견인의 법정대리인으로 되는 것이다(§938①). 또한 가정법원은 특정후견인에게 대리권 수여의 심판을 하면서 특정후견인의 대리권 행사에 가정법원이나 특정후견감독인의 동의를 받도록 명할 수 있다(§959의11②). 가정법원이 특정후견인에게 대리권 수여의 심판을 할 때에는 본인의 진술을 들어야 한다(가소 §45의4①xi).

선임된 특정후견인도 선량한 관리자의 주의로써 특정후견사무를 처리하여야 하며(§959의12, §681), 피특정후견인의 행위를 목적으로 하는 채무를 부담하는 법률행위를 대리하는 때에는 본인의 동의를 얻어야 한다(§959의12, §920 단서). 피특정후견인의 재산관리나 신상에 대한 보호를 할 때에는 여러 사정을 고려하여 그의 복리를 배려하고 의사를 존중하여야 한다(§959의12, §947). 특정후견인이 여러 명인 경우의 권한 행사, 가정법원의 특정후견사무에 대한 처분, 보수와 사무비용은 다른 후견의 경우에서와 마찬가지이다(§959의12, §949의2, §953~955, §955의2).

- 특정후견인은 피특정후견인을 갈음하여 신상에 대한 결정을 할 수 있는가?
- 가정법원은 피특정후견인이 특정후견인의 동의를 받아야 하는 행위의 범위를 정할 수 있는가?
- 피특정후견인과 특정후견인 사이의 이해상반행위는?

---

(3) 특정후견감독인

특정후견인이 선임된 경우에 가정법원은 필요하다고 인정하면 직권으로 또는 피특정후견인, 친족, 특정후견인, 검사, 지방자치단체의 장의 청구에 의하여 특정후견감독인을 선임할 수 있다(§959의11①). 그 자격과 수, 추가선임과 선임시 고려사항, 결격, 사임, 변경, 권한, 여러 명이 있는 경우의 권한행사, 보수 · 사무비용에 대하여는 성년후견감독인에 준한다(§959의10, §930②,③, §936③,④, §937, §939, §940, §940의5, §940의6, §949의2, §955, §955의2). 다만, 특정후견감독인도 특정후견인을 갈음하여 피특정후견인의 신상이나 재산에 대하여 급박한 사정이 있는 경우 그의 보호를 위하여 필요한 행위 또는 처분을 할 수 있을 것이나(§940의6②), 특정후견감독인에 대하여는 §947의2③~⑤를 준용하지 않는다.

(4) 특정후견의 종료

특정후견종료의 심판을 필요로 하지 않는다. 가정법원의 특정후견의 심판으로 이에 필요한 처분을 명하거나 특정후견인을 선임하고 그에 의한 사무처리의 종결, 기간의 경과로 종료한다. 피특정후견인의 사망, 피특정후견인에 대한 성년후견이나 한정후견개시의 심판에 의해서도 특정후견은 종료한다. 특정후견이 종료되기 전에 피특정후견인에 대하여 후견이나 한정후견의 개시심판을 할 때에는 특정후견종료의 심판이 필요하다(§14의3). 특정후견의 종료에 따른 법률관계에 대하여는 그 밖의 후견종료의 경우와 동일하게 규율된다(§959의13, §691, §692, §957, §958).

5. 임의후견

(1) 의 의

법정후견제도를 통하여 보호를 필요로 하는 사람의 수요를 전부 충족하기는 불가능하다. 또한 사적 자치의 이념에 비추어 후견을 받고자 하는 사람이 스스로 후견계약을 체결하고 후견내용을 정한다면 법정후견은 개입할 필요가 없다. 다만 후견계약은 피후견인의 재산과 신상에 큰 영향을 미치고 본인이 후견사무를 통제할 수 없는 상황에 처해질 가능성이 높다. 계약자유의 원칙에 일임할 수 없고 일정한 규율을 필요로 한다. 후견계약에 의한 후견을 임의후견이라 한다.

후견계약이라 함은 질병, 노령, 그 밖의 사유로 인한 정신적 제약으로 사무를 처리할 능력이 부족한 상황에 있거나 부족하게 될 상황에 대비하여 자신의 재산관리 및 신상보호에 관한 사무의 전부 또는 일부를 타인에게 위탁하고, 그 위탁사무에 관한 대리권 수여를 내용으로 하는 계약을 말한다(§959의14①). 정신적 제약으로 사무를 처리할 능력이 부족한 상황에 있거나 부족하게 될 상황에 대비하여 후견계약이 체결되므로 실제로 효력을 발생하게 되는 것은 본인의 판단능력이 저하되어 있을 때이다. 누군가가 본인을 갈음하여 대리인을 감독할 필요가 있다. 이에 가정법원이 관여하여 대리인의 사무를 감독하기 위한 임의후견감독인을 선임하도록 하고 있다.

임의후견제도는 공적 감독을 수반하나 기본적으로는 임의대리제도이다. 본인의 의사가 존중되어야 한다. 따라서 가정법원, 임의후견인, 임의후견감독인 등은 후견계약의 이행과 운영에서 본인의 의사를 최대한 존중하여야 한다(§959의14④).

(2) 임의후견계약의 성립

후견계약은 기본적으로 임의후견을 받을 본인(위임인)과 임의후견인이 될 상대방(수임인)(법인도 상대방으로 될 수 있고, 여러 명일 수도 있다) 사이에 체결되는 위임계약에 해당한다. 그 사무처리의 내용이 후견이라는 점에서 일반위임계약과 다른 특징을 지닌다. 이를 고려하여 계약의 내용과 형식에서 특별한 요건을 부과하고 있다. 재산관리 및 신상보호에 관한 사무(후견사무)를 내용으로 하며, 공정증서에 의해 체결되어야 하는 요식계약이며(§959의14②), 가정법원이 임의후견감독인을 선임한 때부터 효력이 발생하는 즉 임의후견감독인의 선임을 정지조건으로 하는(§959의14③) 계약이다. 임의후견감독인의 선임은 후견계약에 대하여 법률이 부과한 법정조건에 해당한다. 후견계약을 요식계약으로 한 것은 본인과 임의후견인이 될 사람에게 계약체결에 신중을 기할 것과 본인의 의사를 명확하게 할 필요에서이다.

후견계약을 체결하기 위해서는 당사자 특히 본인은 질병, 노령, 그 밖의 사유로 인한 정신적 제약으로 사무를 처리할 능력이 부족한 상태에 있더라도 의사능력을 가지고 있어야 한다. 미성년자도 법정대리인의 동의를 얻으면 스스로 후견계약을 체결할 수 있다(§5① 본문). 피한정후견인도 의사능력이 있는 한 후견계약을 체결할 수 있고, 이에 따라 한정후견은 임의후견으로 전환된다. 다만 후견계약의 체결이 한정후견의 동의유보에 해당할 때에는 한정후견인의 동의를 얻어야 하며, 동의를 얻지 아니한 경우에는 취소할 수 있다(§13④). 피성년후견인의 법률행위는 취소할 수 있으므로(§10①), 피성년후견인이 의사능력을 회복한 상태일지라도 성년후견인의 대리에 의하여 후견계약을 체결할 수밖에 없다.

- 친권자는 정신적 제약이 있는 미성년 자녀가 성년이 될 경우를 대비하여 후견계약을 체결할 수 있는가?
- 후견계약의 상대방이 여러 명인 경우의 대리관계는? 순위를 정하여 대리권을 수여할 수 있는가?

후견계약의 내용은 당사자들이 정하나 질병, 노령, 그 밖의 사유로 인한 정신적 제약으로 사무를 처리할 능력이 부족한 상황에 있는 본인의 재산관리 및 신상보호(생활, 요양·간호 등)에 관한 사무(임의후견사무)의 전부 또는 일부를 위탁하고, 임의후견인에게 그 위탁사무에 관한 대리권 수여가 포함된다. 후견계약으로 본인의 재산관리 및 신상보호에 관하여 임의후견인의 권한의 범위를 정한 경우에는 그 범위가 후견등기부에 기록된다(후등 §26iii). 신상보호에 관한 법률행위로는 의료계약, 입원계약, 복지시설 이용계약 등이 있고, 재산관리에 관한 법률행위로는 금융기관 등과의 거래, 부동산·동산 등 재산의 보존과 관리(필요한 경우의 거래)에 관한 계약 등을 들 수 있다. 요양·간호 등의 사실행위나 장례와 같은 사후사무는 후견계약의 대상으로 되지 않으나, 이들 사항도 민법상의 준위임 또는 위임의 대상으로 되므로, 후견계약의 공정증서를 작성하면서 이들 사무를 조항에 포함시켜 기재하는 것은 무방할 것이다.

(3) 임의후견계약의 효력발생

1) 효력발생시기

계약의 효력발생시기는 당사자의 약정에 따르는 것이 원칙이다. 그런데 후견계약에서 효력발생시기를 정하더라도, 본인이 계약에서 정한 정신적 상태에 이르러 효력이 발생하는가를 판단하기는 어렵다. 왜냐하면 후견계약은 대리인을 감독할 본인이 질병, 노령, 그 밖의 사유로 인한 정신적 제약으로 사무를 처리할 능력이 부족한 상황에서 작동되기 때문이다. 본인을 갈음하여 대리인을 감독할 주체가 필요하다. 후견계약에서 효력발생시기를 정하였을 때에도 그것만으로 효력이 발생하는 것으로 할 수 없고, 그 시기를 유권적으로 확정할 필요가 있다. 이에 후견계약의 효력발생시기를 가정법원에 의한 임의후견감독인의 선임시로 정한 것이다. 즉 가정법원이 약정된 효력발생시기가 도달하였음을 확인하고 임의후견감독인을 선임한 때에 비로소 후견계약은 효력을 발생한다(§959의14③). 따라서 임의후견감독인이 선임되기 전의 후견계약의 상대방은 임의후견의 수임인에 해당되며, 임의후견감독인의 선임이 있는 때로부터 임의후견인으로 된다.

이처럼 임의후견은 공정증서에 의한 후견계약의 체결 → 후견계약의 등기 → 본인의 사무처리능력 부족상태의 발생 → 본인 등 청구권자에 의한 임의후견감독인 선임의 청구 → 가정법원의 임의후견감독인 선임에 의하여 개시된다. 임의후견감독인 선임청구권자의 선임청구가 있더라도, 임의후견인으로 될 사람이 후견인결격사유를 가지고 있거나 그 밖에 현저한 비행을 하거나 후견계약에서 정한 임무에 적합하지 아니한 사유가 있는 자인 경우에는 가정법원은 임의후견감독인을 선임하지 않는다(§959의17①). 즉 가정법원은 후견감독인의 선임을 통하여 후견계약의 효력발생시기를 통제할 수 있고 후견계약의 효력발생을 저지할 수 있다. 가정법원이 임의후견감독인을 선임하지 않으면 임의후견은 개시되지 않으므로, 본인에게 의사능력이 있는 경우에는 새로운 후견계약을 체결하여 후원을 받든가 아니면 법정후견의 지원에 의존할 수밖에 없다.

2) 후견계약의 변경과 해지

민법은 위임하는 사무와 그에 대한 대리권의 범위의 변경에 대하여는 규정하고 있지 않다. 임의후견인의 권한 범위를 정한 경우에는 그 범위가 후견등기부에 기록되고 그 변경이 생긴 때에는 변경등기를 하여야 하므로(후등 §28), 당사자는 후견계약이 효력을 발생하기 전에는 언제든지 후견계약을 합의해지하고 대리권의 범위를 축소 또는 확대할 수 있다. 합의해지할 경우에도 공증인의 인증을 받은 서면으로 하여야 할 것이다. 그러나 보수의 유무나 그 액수의 변경 등은 등기사항이 아니므로 이를 변경할 경우에는 공증인의 인증을 받은 서면으로 할 필요는 없다고 본다.

후견계약도 위임계약이므로 각 당사자가 언제든지 해지할 수 있는 것이 원칙이다(§689①). 그러나 후견계약은 본인의 재산관리와 신상보호를 목적으로 하므로 해지에 신중을 기할 필요가 있다. 이를 고려하여 해지에 일정한 제한을 가하고 있는 것이다. 즉 본인 또는 임의후견인은 임의후견감독인의 선임 전에는 공증인의 인증을 받은 서면으로 언제든지 후견계약의 의사표시를 철회(해지)할 수 있다

(§959의18①). 당사자의 진의를 확인하고 경솔·안이한 해지를 배제하기 위한 취지이다. 반면에 임의후견감독인이 선임되는 것은 본인의 사무처리능력이 부족한 상황이 발생하여 본인에 대한 지원과 보호가 필요한 때이다. 이러한 상황에서의 계약의 해지는 본인의 복리에 반할 우려가 있다. 이에 임의후견감독인의 선임 이후에는 본인 또는 임의후견인은 정당한 사유가 있는 때에만 가정법원의 허가를 받아 후견계약을 종료(해지)할 수 있게 한 것이다(§959의18②). 가정법원의 허가로 후견계약이 당연히 종료되는 것은 아니다. 가정법원의 허가를 받고 상대방에 대하여 종료(해지)의 의사표시를 해야 한다. 후견계약의 종료도 후견등기사항이고(후등 §26vii), 후견계약의 종료에 의하여 임의후견인의 대리권은 소멸한다. 따라서 이를 등기하지 않으면 선의의 제3자에게 대항할 수 없다(§959의19).

임의후견감독인의 선임 이후의 합의해지에도 정당한 사유와 가정법원의 허가가 필요하다. 다만 합의사실의 존재는 가정법원이 정당한 사유의 유무를 판단할 때 고려될 것이다.

- 후견계약의 체결에 중대한 착오나 사기·강박이 있는 경우, 이를 이유로 후견계약을 취소할 수 있는가?

---

(4) 임의후견감독인

1) 선 임

임의후견감독인은 사무를 처리할 능력이 부족한 본인을 갈음하여 임의후견인을 감독하고 그 권한남용행위를 방지하기 위하여 두어야 하는 기관이다. 가정법원이 경우에 따라 임의후견감독인을 선임하지 아니할 수 있지만(§959의17①), 후견계약은 임의후견감독인의 선임에 의하여 효력을 발생하므로(§959의14③) 필수기관이라 할 수 있다.

가정법원은 후견계약이 등기되어 있고 본인이 사무를 처리할 능력이 부족한 상황에 있다고 인정할 때에는 본인, 배우자, 4촌 이내의 친족, 임의후견인, 검사 또는 지방자치단체의 장의 청구에 의하여 임의후견감독인을 선임한다(§959의15①). 이 경우에 본인이 아닌 자의 청구에 의하여 가정법원이 임의후견감독인을 선임할 때에는 미리 본인의 동의를 받아야 한다. 다만, 본인이 의사를 표시할 수 없는 때에는 그러하지 않다(§959의15②). 가정법원이 임의후견감독인을 선임할 때에는 사건 본인의 정신상태에 관하여 의사나 그 밖의 적당한 자의 의견을 들어야 한다. 이때 의견은 진단서 그 밖에 이에 준하는 서면이나 말로써 진술하게 할 수 있다(가소 §45의7). 아울러 임의후견감독인이 될 자와 임의후견인의 진술을 들어야 한다(가소 §45의8① i). 가정법원이 임의후견감독인 선임심판을 할 경우에는 사건본인을 직접 심문하여야 한다. 다만, 심문이 당사자의 건강을 해할 우려가 있거나 사건본인이 자신의 의사를 밝힐 수 없는 사정이 있는 때에는 그러하지 않다(가소 §45의8②).

가정법원은 임의후견감독인이 없게 된 경우에는 직권으로 또는 본인, 친족, 임의후견인, 검사 또는 지방자치단체의 장의 청구에 의하여 임의후견감독인을 선임한다(§959의15③). 임의후견감독인이 선임된 경우에도 필요하다고 인정하면 임의후견감독인을 추가로 선임할 수 있다(§959의15④).

임의후견감독인의 수와 자격, 선임시 고려사항, 결격, 사임과 변경에 관한 사항은 성년후견감독인의 경우에서와 같다(§959의16③, §940의6②,③, §940의7, §953). 제779에 따른 본인의 가족도 임의후견감독인이 될 수 없으므로(§959의15⑤, §940의5), 임의후견감독인이 된 후 혼인이나 입양 등에 의하여 후발적으로 이에 해당하게 되면 당연히 그 지위를 잃게 된다.

임의후견감독인 선임청구권자의 선임청구가 있는 경우에도, 임의후견인이 제937조가 정하는 후견인결격자에 해당하거나 또는 그 밖에 현저한 비행을 하거나 후견계약에서 정한 임무에 적합하지 아니한 사유가 있는 자인 경우에는 가정법원은 임의후견감독인을 선임하지 않는다(§959의17①). 본인이 피성년후견인 또는 피한정후견인이고 성년후견 또는 한정후견 조치의 계속이 본인의 이익을 위하여 특별히 필요하다고 인정될 경우에도 가정법원은 임의후견감독인을 선임하지 않는다(§959의20②). 본인이 미성년인 때에도 마찬가지로 보아야 할 것이다. 친권자나 미성년후견인과 임의후견인 사이의 권한 저촉이 발생할 수 있기 때문이다.

2) 직 무

임의후견감독인은 임의후견인의 사무를 감독하며 그 사무에 관하여 가정법원에 정기적으로 보고하여야 한다(§959의16①). 감독을 위하여 언제든지 임의후견인에게 그의 임무 수행에 관한 보고와 재산목록의 제출을 요구할 수 있고, 본인의 재산상황을 조사할 수 있다(§959의16③, §953). 또한 본인의 신상이나 재산에 대하여 급박한 사정이 있는 경우 그의 보호를 위하여 필요한 행위 또는 처분을 할 수 있고, 본인과 임의후견인 사이에 이해가 상반되는 행위에 관하여 본인을 대리한다(§959의16③, §940의6②, ③). 임의후견인에게 현저한 비행이 있거나 그 밖에 그 임무에 적합하지 아니한 사유가 있게 된 경우에는 임의후견인의 해임을 청구할 수 있다(§959의17②).

선관주의의무(§959의16③, §940의7, §681), 종료시의 긴급처리와 종료의 대항요건(§959의16③, §940의7, §691, §692), 임의후견감독인이 여러 명이 있는 경우의 권한행사, 보수와 사무비용에 관하여는 성년후견감독인의 경우에서와 같다(§959의16③, §940의7, §949의2, §955, §955의2). 임의후견인이 질병 등의 이유로 후견사무를 수행하기 어렵고 본인 보호를 위하여 일정한 행위 또는 처분을 해야 할 긴급한 필요가 있는 경우, 임의후견감독인은 임의후견인을 갈음하여 대리권을 행사하거나 신상에 대한 보호를 위한 동의권을 행사할 수 있다. 이때 신체를 침해하는 의료행위의 직접적인 결과로 사망하거나 상당한 장애를 입을 위험이 있는 때 또는 본인의 주거와 관련된 법률행위를 대리하는 경우에는 가정법원의 허가를 받아야 한다(§959의16③, §940의7, §947의2③~⑤).

한편 임의후견감독인의 직무에 대하여는 가정법원이 감독을 한다. 즉 가정법원은 필요하다고 인정하면 임의후견감독인에게 감독사무에 관한 보고를 요구할 수 있고, 임의후견인의 사무 또는 본인의 재산상황에 대한 조사를 명하거나 그 밖에 임의후견감독인의 직무에 관하여 필요한 처분을 명할 수 있다(§959의16②). 가정법원은 가사조사관에게 임의후견감독인의 사무를 조사하게 할 수 있다(가소§45의9).

(5) 임의후견인

자연인뿐만 아니라 법인도 임의후견인이 될 수 있고 1인으로 제한되지 않는다. 임의후견인에게 법정후견인 결격사유가 있거나 현저한 비행 등 후견임무수행에 적합하지 아니한 사유가 있는 경우에는 임의후견감독인 선임신청은 각하되어(§959의17①) 임의후견개시 자체가 저지된다.

임의후견인은 본인의 대리인으로서 후견계약에서 정한 수임사무 즉 본인의 재산관리와 신상보호에 관한 법률행위의 대리권을 가진다. 본인의 행위에 대한 동의권이나 취소권은 없다. 그러나 임의후견감독인에 대하여 제947조의2 제3항부터 제5항까지가 준용되므로(§959의16③, §940의7), 본인에 대한 의료 침습행위에 대한 동의권은 인정된다고 보아야 할 것이다. 마찬가지로 중대한 의료행위에 대하여 동의할 경우나 주거용 부동산 처분에 관한 대리권을 행사할 경우에는 가정법원의 허가가 필요하다고 본다.

후견계약도 위임계약이므로 임의후견인은 선량한 관리자의 주의로써 수임사무를 처리하여야 하고(§681), 후견계약을 이행할 때에는 본인의 의사를 최대한 존중하여야 한다(§959의14④).

임의후견감독인을 선임한 이후 임의후견인이 현저한 비행을 하거나 그 밖에 그 임무에 적합하지 아니한 사유가 있을 때에는 가정법원은 임의후견감독인, 본인, 친족, 검사 또는 지방자치단체의 장의 청구에 의하여 임의후견인을 해임할 수 있다(§959의17②). 임의후견인이 본인의 재산을 횡령하거나 본인을 학대하는 경우가 이에 해당한다. 해임에 의하여 임의후견은 종료된다.

해임사유는 후견계약해지의 정당한 사유에 해당한다. 따라서 가정법원의 허가를 얻어 후견계약을 해지할 수도 있다. 그러나 현저한 비행 등의 부적합한 사유가 있는 때에는 본인 보호의 관점에서, 정당한 사유로 인한 해지의 특별규정으로 본인 외에 임의후견감독인, 친족, 검사 또는 지방자치단체의 장에게 해임청구권을 부여한 것이다.

(6) 임의후견의 종료

임의후견은 후견계약의 해지, 임의후견인의 해임, 법정후견의 개시에 의하여 종료된다. 또한 후견계약도 기본적으로 위임계약이므로 위임의 종료 원인 즉 당사자 일방의 사망이나 파산, 임의후견인에 대한 성년후견개시의 심판에 의하여 종료된다(§690).

후견계약의 종료는 후견등기사항이므로, 임의후견감독인이 선임되기 전일지라도 후견계약의 등기가 행해진 경우에는 이를 등기할 필요가 있다. 임의후견감독인의 선임에 의하여 임의후견인에 대한 대리권 수여의 효력이 발생하므로, 임의후견감독인이 선임된 후의 임의후견 종료로 임의후견인의 대리권은 소멸한다. 임의후견인의 대리권 소멸 후에도 후견등기부에 대리인으로서의 외관을 유지할 가능성이 크다. 이를 신뢰하여 거래한 제3자는 무권대리로 인한 불이익을 입을 수도 있다. 물론 제3자가 선의·무과실인 경우에는 제129조에 따른 보호를 받을 수 있으나, 본인은 대리행위에 따른 구속을 받게 된다. 이를 고려하여 임의후견인의 대리권 소멸은 등기하지 않으면 선의의 제3자에게 대항할 수 없게 한 것이다(§959의19).

(7) 법정후견과의 관계

임의후견과 법정후견은 경합하지 아니함을 전제로 한다. 임의후견이 있는 경우 법정후견은 개시하지 않는 것이 원칙이다(임의후견 우선의 원칙, 법정후견의 보충성). 후견계약이 등기되어 있는 경우에는 가정법원은 본인에 대하여 성년후견, 한정후견 또는 특정후견 개시의 심판청구가 있을지라도, 임의후견감독인의 선임 전후와 관계없이 성년후견, 한정후견 또는 특정후견 개시의 심판을 할 수 없는 것이 원칙이다. 임의후견제도를 선택한 본인의 의사를 존중한다는 취지이다.

이처럼 임의후견의 우선성은 사적 자치의 이념에 기초하고, 임의후견이 법정후견보다 본인의 이익보호에 유익할 것이라는 점을 염두에 두고 있다. 따라서 임의후견보다 법정후견이 본인 보호에 압도적으로 유리한 경우까지 우선성을 관철할 수는 없다. 그러한 경우에는 법정후견의 보충성을 포기하고 법정후견을 개시토록 하거나 이미 개시한 법정후견을 유지토록 해야 할 것이다. 즉 후견계약이 등기되어 있는 때에는 가정법원은 본인의 이익을 위하여 특별히 필요한 경우에 한하여 성년후견, 한정후견 또는 특정후견의 심판을 할 수 있다. 본인이 임의후견인으로 될 자에게 수권한 대리권의 범위가 본인 보호에 불충분함에도 본인의 사무처리능력 저하로 수권범위를 확대할 수 없는 경우가 이에 속할 것이다.

제959조의20은 후견계약이 등기된 경우에는 사적자치의 원칙에 따라 본인의 의사를 존중하여 후견계약을 우선하도록 하고, 예외적으로 본인의 이익을 위하여 특별히 필요할 때에 한하여 법정후견에 의할 수 있도록 한 것으로서, 같은 조 제1항에서 후견계약의 등기 시점에 특별한 제한을 두지 않고 있고, 같은 조 제2항 본문이 본인에 대해 이미 한정후견이 개시된 경우에는 임의후견감독인을 선임하면서 종전 한정후견의 종료 심판을 하도록 한 점 등에 비추어 보면, 위 제1항은 본인에 대해 한정후견개시심판 청구가 제기된 후 심판이 확정되기 전에 후견계약이 등기된 경우에도 적용이 있다고 보아야 하므로, 그와 같은 경우 가정법원은 본인의 이익을 위하여 특별히 필요하다고 인정할 때에만 한정후견개시심판을 할 수 있다(대법원 2017.6.1.자 2017스515 결정).

제959조의20 제1항 전문은 후견계약이 등기된 경우에는 본인의 이익을 위하

여 특별히 필요한 때에만 법정후견 심판을 할 수 있다고 정하고 있을 뿐이고 임의후견감독인이 선임되어 있을 것을 요구하고 있지 않다. 또한 법정후견 청구권자로 '임의후견인 또는 임의후견감독인'을 정한 것은 임의후견에서 법정후견으로 원활하게 이행할 수 있도록 제9조 제1항, 제12조 제1항, 제14조의2 제1항에서 정한 법정후견 청구권자 외에 임의후견인 또는 임의후견감독인을 추가한 것이다. 제959조의20 제1항 후문은 "이 경우 후견계약은 성년후견 또는 한정후견 개시의 심판을 받은 때 종료된다."고 정하고 있고, '이 경우'는 같은 항 전문에 따라 법정후견 심판을 한 경우를 가리킨다. 이러한 규정의 문언, 체제와 목적 등에 비추어 보면, 후견계약이 등기된 경우 본인의 이익을 위한 특별한 필요성이 인정되어 제9조 제1항 등에서 정한 법정후견 청구권자, 임의후견인이나 임의후견감독인의 청구에 따라 법정후견 심판을 한 경우 후견계약은 임의후견감독인의 선임과 관계없이 본인이 성년후견 또는 한정후견 개시의 심판을 받은 때 종료한다고 보아야 한다(§959의20①).

제959조의20 제1항에서 후견계약의 등기에 불구하고 법정후견 심판을 할 수 있는 요건으로 정한 '본인의 이익을 위하여 특별히 필요할 때'란 후견계약의 내용, 후견계약에서 정한 임의후견인이 임무에 적합하지 않은 사유가 있는지, 본인의 정신적 제약 정도, 그 밖에 후견계약과 본인을 둘러싼 여러 사정을 종합하여, 후견계약에 따른 후견이 본인의 보호에 충분하지 않아 법정후견에 의한 보호가 필요하다고 인정되는 경우를 말한다(대법원 2021.7.15.자 2020으547 결정).

한편, 본인에 대한 법정후견이 개시되어 본인이 피성년후견인, 피한정후견인 또는 피특정후견인인 경우에 가정법원이 임의후견감독인을 선임하는 때에는 종전의 성년후견, 한정후견 또는 특정후견의 종료 심판을 하여야 하나(§959의20② 본문), 성년후견 또는 한정후견 조치의 계속이 본인의 이익을 위하여 특별히 필요하다고 인정할 때에는 가정법원은 임의후견감독인을 선임하지 않는다(§959의20② 단서). 가정법원이 임의후견감독인을 선임하지 않게 되면 후견계약은 효력을 발생하지 못하고 종료된다.

- 본인이 일반위임계약을 체결하고, 자기가 의사능력을 상실하게 된 후의 신상보호와 재산관리에 대한 대리권을 수임인에게 부여할 수 있는가? 본인의 의사능력 상실에도 불구하고 대리권은 지속한다는 특약은 유효한가?

---

6. 성년후견의 공시

미성년후견과는 달리 성년후견, 한정후견, 특정후견, 임의후견은 후견등기부에 공시된다. 성년후견제도가 도입되기 전의 행위무능력자 제도 하에서는 심신상태에 따라 가정법원에서 금치산이나 한정치산의 선고가 있게 되면 그 선고받은 자에 대한 후견이 개시되고, 후견인이 후견개시의 신고를 하여야 했고, 이에 의하여 금치산 또는 한정치산의 선고를 받았다는 사실은 무능력선고를 받은 본인의 가족관계등록부의 일반등록사항란에 기록되고, 이는 본인의 기본증명서를 통하여 증명되었다. 아울러 가정법원이 후견인의 선임이나 변경의 심판이 확정되거나 효력을 발생할 때에는, 지체 없이 가족관계등록 사무를 처리하는 사람에게 가족관계등록부에 기록할 것을 촉탁하고, 이 촉탁에 의하여 해당 사항이 본인의 가족관계등록부에 기록되었다. 새로운 성년후견제도에서도 후견이 개시되었는지, 후견인은 누구인지, 그 권한의 범위는 어디까지인지 등을 공시하여야 할 필요성과 프라이버시 보호의 필요성은 마찬가지이다. 다만 그 방법으로 가족관계등록부제도를 활용할 것인가에 대해서는 여러 방안이 있었다.

① 공시할 내용이 많고 복잡하여 가족관계등록부에 등록하기에 적합하지 않으며 다른 가족관계증명서와의 균형을 무너뜨린다는 점, ② 후견은 법률행위능력을 공시하는 것이므로 행정관서의 가족등록부에 기재하는 것보다 사법부의 엄격한 관리 하에 있는 성년후견등기부에 기재하는 것이 더 안정적이라는 점, ③ 성년후견제도는 종래의 한정치산, 금치산과 달리 법원의 심판 개시 외에도 후견계약사항과 대리권의 범위 등 복잡하고 까다로운 관련 내용을 명확하게 공시해야 하므로 준사법적 심사능력을 갖춘 법원의 등기관이 기록하게 해야 할 것이라는 점 등을 고려하여 후견등기제도를 채택한 것이다.

후견등기부라 함은 전산정보처리조직에 의하여 입력·처리된 성년후견, 한정후견, 특정후견 및 후견계약에 관한 등기 정보자료를 대법원규칙으로 정하는 바에 따라 편성한 것을 말하고(후등 §2 i), 후견등기부는 피성년후견인 등 또는 후견계약의 본인 개인별로 구분하여 작성한다(후등 §11①).

후견등기는 법률에 다른 규정이 있는 경우를 제외하고는 촉탁 또는 신청이 없으면 하지 못한다(후등 §20①). 가정법원은 성년후견 등의 개시심판이 확정되거나 효력이 발생할 경우에는 지체 없이 후견등기사무를 처리하는 사람에게 후견등기부에 등기할 것을 촉탁하여야 한다(가소 §9). 후견계약의 공정증서를 작성한 공증인에게도 후견계약의 등기 촉탁을 의무화하여야 할 것이다.

등기신청권자는 법정후견의 경우는 성년후견인 · 한정후견인 · 특정후견인이, 임의후견의 경우는 임의후견인이다(후등 §20②). 신청에 의한 후견등기는 주로 등기된 내용에 변경이 발생하였을 경우나 후견종료의 경우이다.

후견등기사무는 관할 가정법원에 근무하는 후견등기관이 처리한다(후등 §8①). 후견등기사항증명서의 교부 등은 가족관계등록부의 경우와 유사하다(후등 §15 참조).

제6장
부 양

예습과제

Q1 공적 부조와 사적 부양과의 관계는?(공적 부조의 보충성의 원칙)

Q2 사적 부양의 유형론은?

Ⅰ. 부양제도

어느 사회에서나 노유(老幼), 폐질(廢疾), 불구(不具)와 같은 자연적 원인이나 실업 등의 사회적 원인으로 말미암아 자기의 자산이나 근로에 의하여 생활을 유지할 수 없는 사람이 발생한다. 이들의 생활을 어떻게 지탱해 주는가는 시대와 사회에 따라 여러 방법이 강구되어 왔다. 사회의 생산력이 미약하였던 때에는 기로나 추방과 같은 방법을 취하기도 하였으며, 혈족단체가 확립된 때에는 혈족단체로 하여금 생활을 보장하게 하기도 하였다. 그 후 가족단체가 확립되기에 이르러서는 가장으로 하여금 가족원의 생활을 책임지도록 하였다. 이때의 가장의 책임은 법적 의무가 아니라 습속적 책임이었다. 따라서 가장에 의한 부양을 받을 수 없는 경우에 이를 보완하기 위한 방법으로서 부양제도가 등장한 것이다.

자본주의의 발달은 생활에 대하여도 자기책임을 요청하지만, 다른 한편으로는 사적 부양제도를 한층 더 강조한다. 모든 국민은 인간다운 생활을 할 권리를 가지므로(헌법 §34①), 생활이 곤란한 자에 대한 경제적 원조는 국가의 의무이기도 하다. 그런데 이와 같은 공적 부조 제도는 사적 부양을 보충 · 보완하는 역할에 그치고 있다(보충성). 국민기초생활보장법은 수급권자를 부양의무자가 없거나, 부양의무자가 있어도 부양능력이 없거나 부양을 받을 수 없는 자로서 소득인정액이 최저생계비 이하인 자로 규정하고(같은 법 §5①), 부양의무자의 부양과 다른 법령에 의한 보호가 동법에 의한 급여에 우선하는 것을 원칙으로 하고 있다(같은 법 §3② 본문). 다만, 부양의무자의 범위를 수급권자를 부양할 책임이 있는 자로서 수급권자의 1촌의 직계혈족 및 그 배우자로 한정하여(같은 법 §2 v), 그 범위를 벗어나는 민법상의 부양의무자에 의한 보호보다는 공적 부조가 우선하게 된다.

II. 부양의 유형

전통적인 견해는 부양의 유형을 두 가지로 구분한다. 즉 부양을 생활유지의 부양과 생활부조의 부양으로 구분하고 있다.

1. 생활유지적 부양의무(제1차적, 필연적 생활보존의무)

상대방을 부양하는 것이 당해 신분관계의 본질적 · 불가결의 요소를 이루는 것을 말한다. 즉 상대방의 생활을 유지하여 주는 것이 곧 자기생활의 유지를 뜻하는 경우이다. 부부간 및 부모와 미성숙자녀 간(부모와 성년자녀 간을 포함시키는 견해도 있다)의 부양의무가 여기에 속한다. 이 경우에는 "자기가 사는 권리는 타인을 부양할 의무에 우선한다"는 원칙은 적용되지 않는다. 따라서 부양의 정도도 자기의 생활 정도와 동등하여야 한다. 한 술의 밥이라도 나누어 먹어야 하는 부양의무라 할 수 있다.

2. 생활부조적 부양의무(제2차적, 예외적 · 우연적 생활부조의무)

친족간의 일방이 생계불능으로 된 경우 타방이 그 생활을 부조하는 것을 말한다. 즉 상대방을 부양하는 것이 본질적 · 불가결의 요소가 아니라 우연적 · 예외적인 경우이다. 형제자매 간이나 그 밖의 친족 간의 상호부양이 여기에 속한다. 이는 사회보장의 대체물이며 여유가 있으면 도와주라는 관계이다. 따라서 부양의 정도는 자기 지위에 상응하는 생활을 희생함이 없이 급부하는 생활필요비에 국한된다. 나의 배를 채우고 난 뒤에 남는 것을 주는 부양의무라고 할 수 있다. 이를 친족부양 또는 협의의 부양이라 한다.

현행법은 이 두 개념을 구별하지 않고 있다. 다만, 부부간의 부양의무는 제826조 제1항에서 규정하고 있으며, 부모와 미성년자녀 사이의 부양의무는 친권자의 보호 · 교양의 권리의무(§913)에 포함되어 있는 것으로 이해되고 있다. 한편 부모와 자녀 사이의 부양의무는 친족간의 부양과 함께 규정되어 있어(§974 i), 이와 같은 입장은 재고되어야 한다는 주장도 유력하다.

판례는 전통적인 입장에 따라 두 개념을 구분하고 있다. 즉 제826조 제1항에서 규정하는 미성년 자녀의 양육 · 교육 등을 포함한 부부간 상호부양의무는 혼인관계의 본질적 의무로서 부양을 받을 자의 생활을 부양의무자의 생활과 같은 정도로 보장하여 부부공동생활의 유지를 가능하게 하는 것을 내용으로 하는 제1차 부양의무이고, 반면 부모가 성년의 자녀에 대하여 직계혈족으로서 제974조 제1호, 제975조에 따라 부담하는 부양의무는 부양의무자가 자기의 사회적 지위에 상응하는 생활을 하면서 생활에 여유가 있음을 전제로 하여 부양을 받을 자가 자력 또는 근로에 의하여 생활을 유지할 수 없는 경우에 한하여 그의 생활을 지원하는 것을 내용으로 하는 제2차 부양의무라고 본다(대법원 2017.8.25.자 2017스5 결정). 이러한 판례의 입장에 따르면 성년의 자녀는 요부양상태, 즉 객관적으로 보아 생활비 수요가 자기의 자력 또는 근로에 의하여 충당할 수 없는 곤궁한 상태인 경우에 한하여, 부모를 상대로 그 부모가 부양할 수 있을 한도 내에서 생활부조로서 생활필요비에 해당하는 부양료를 청구할 수 있을 뿐이다.

한편, 판례는 부부 사이의 부양의무 중 과거의 부양료에 관하여는 특별한 사정이 없는 한 부양을 받을 사람이 부양의무자에게 부양의무의 이행을 청구하였음에도 불구하고 부양의무자가 부양의무를 이행하지 아니함으로써 이행지체에 빠진 후의 것에 관하여만 부양료의 지급을 청구할 수 있을 뿐이라고 하므로(대법원 2008.6.12.자 2005스50 결정; 대법원 2012.12.27. 선고 2011다96932 판결 등 참조), 부모와 성년의 자녀 · 그 배우자 사이의 경우에도 이와 마찬가지로 과거의 부양료에 관하여는 부양의무 이행청구에도 불구하고 그 부양의무자가 부양의무를 이행하지 아니함으로써 이행지체에 빠진 후의 것이거나, 그렇지 않은 경우에는 부양의무의 성질이나 형평의 관념상 이를 허용해야 할 특별한 사정이 있는 경우에 한하여 이행청구 이전의 과거 부양료를 청구할 수 있다고 한다(대법원 2013.8.30.자 2013스96 결정).

- 자녀들 중 1인(청구인)이 母에 대한 부양으로 모의 병원비 등을 지출한 다음 동순위 부양의무자로서 다른 자녀인 형제들(상대방)을 상대로 과거 지출한 부양료에 대한 구상청구를 한 사안에서, 母나 청구인이 이 사건 심판청구 이전까지 상대방에게 부양의무의 이행을 청구하였다고 볼 만한 자료가 없고, 부양의무의 성질이나 형평의 관념상 과거의 부양료의 청구 내지 구상을 인정해야 할 특별한 사정도 없다는 이유로, 청구인이 구상을 청구한 병원비 중 일부 금액에 대하여 부양료 구상청구를 기각한 원심이 정당하다고 한 사례(대법원 2022.8.25.자 2018스542 결정).

부모간의 미성년자에 대한 부양청구 즉 양육비청구는 부모가 혼인 중에는 부부의 부양・협조(§826①) 또는 생활비용의 부담(§833)에 관한 처분으로도 할 수 있다. 이혼한 경우에는 자녀에 대한 양육에 관한 처분(§837④)으로 청구할 수 있다. 생활비용의 부담에는 성년에 달하였으나 자활할 수 없는 자녀(미성숙자녀)에 대한 부양도 포함되므로(통설), 부모의 부양을 필요로 하는 자녀는 나이와 관계없이 생활유지적 부양을 청구할 수 있다고 해석된다. 그러나 판례는 성년에 달한 자녀의 부양에 관한 사항은 자녀의 양육에 관한 사항에 해당하지 않고 직계혈족 간의 부양, 즉 친족 간의 부양에 관한 사건으로 보고 있다(대법원 1994.6.2.자 93스11 결정).

- 혼인한 자녀의 배우자가 배우자로서의 부양의무를 게을리 하여 자녀의 부모가 혼인한 자녀를 부양한 경우, 부모가 자녀의 배우자를 상대로 자신이 지출한 부양료의 상환을 청구할 수 있는가?(대법원 2012.12.27. 선고 2011다96932 판결)
- 미국 뉴욕주 소재 사립대학교에 재학 중인 성년의 자녀가 아버지를 상대로 유학비용 상당의 부양료 지급을 청구할 수 있는가?(대법원 2017.8.25.자 2017스5 결정)

Ⅲ. 부양청구권

친족관계 또는 가족관계에 있는 사람 중 자기의 자력 또는 근로에 의하여 생활을 유지할 수 없는 사람에게 인정되는 권리이다. 따라서 이는 친족권의 일종이고 일반재산권과는 다르다. 따라서 부양을 받을 권리, 즉 추상적 부양청구권은 일신전속권으로서 상속의 대상으로 되지 않으며, 처분할 수 있는 권리도 아니다(§979). 따라서 양도할 수 없고 채권자대위권의 객체로 되지 않으며 포기할 수도 없다. 법률상 부양료에 해당되므로 압류할 수도 없고(민집 §246 i), 상계의 대상으로 되지 않으며(§497). 파산재단에도 속하지 않는다(채무자회생 및 파산에 관한 법률 §383). 제3자에 의한 침해는 불법행위책임을 발생하게 한다.

- 수십년 동안 별거하며 부양의무를 다하지 아니한 부(父)를 상대로 부양의무 불이행에 따른 정신적 손해의 배상을 청구할 수 있는가?(대법원 1983.9.13. 선고 81므78 판결)

Ⅳ. 부양당사자의 범위와 순위

1. 범　위

친족인 직계혈족 및 그 배우자간, 기타 생계를 같이하는 친족간이다(§974).

(1) 직계혈족 및 그 배우자간

예) ① 부모자녀간 → 부계직계혈족

② 시부모와 자부(子婦)간, 시조부모와 손부(孫婦)간, 처의 부모와 여서(女壻)간, 계친자녀간 → 직계혈족의 배우자간(인척간)[처의 조부모와 손서(孫壻)간]

③ 외조부모와 외손간 → 모계직계혈족간

④ 시외조부모와 외손부간 → 모계혈족의 배우자간

(2) 생계를 같이하는 친족간

형제자매를 비롯하여 제777조의 친족 중 생계를 같이하는 경우이다.

제775조 제2항에 의하면 부부의 일방이 사망한 경우에 혼인으로 인하여 발생한 그 직계혈족과 생존한 상대방 사이의 인척관계는 일단 그대로 유지되다가 상대방이 재혼한 때에 비로소 종료하게 되어 있으므로 부부의 일방이 사망하여도 그 부모 등 직계혈족과 생존한 상대방 사이의 친족관계는 그대로 유지되나, 그들 사이의 관계는 제974조 제1호의 '직계혈족 및 그 배우자 간'에 해당한다고 볼 수 없다. 배우자관계는 혼인의 성립에 의하여 발생하여 당사자 일방의 사망, 혼인의

무효 · 취소, 이혼으로 인하여 소멸하는 것이므로, 그 부모의 직계혈족인 부부 일방이 사망함으로써 그와 생존한 상대방 사이의 배우자관계가 소멸하였기 때문이다. 따라서 부부 일방의 부모 등 그 직계혈족과 상대방 사이에서는, 직계혈족이 생존해 있다면 제974조 제1호에 의하여 생계를 같이하는지와 관계없이 부양의무가 인정되지만, 직계혈족이 사망하면 생존한 상대방이 재혼하지 않았더라도 제974조 제3호에 의하여 생계를 같이하는 경우에 한하여 부양의무가 인정된다(대법원 2013.8.30.자 2013스96 결정).

2. 순 위

(1) 부양의무자가 수인인 경우

당사자간의 협정에 의하고 협정이 없는 때에는 당사자의 청구에 의하여 가정법원이 정한다(§976① 전문). 가정법원은 수인의 부양의무자를 선정할 수도 있다(동 ②).

(2) 부양권리자가 수인인 경우

부양의무자의 자력이 전원을 부양할 수 없는 때에는 위와 동일한 방법으로 결정한다(§976① 후문).

Ⅴ. 부양의 정도와 방법

부양의 정도와 방법도 당사자 간의 협정에 의하여 정해지며, 당사자 간에 협정이 없는 때에는 당사자의 청구에 의하여 가정법원이 정한다. 가정법원이 결정할 때에는 부양을 받을 자의 생활정도와 부양의무자의 자력 그 밖의 제반 사정을 고려하여야 한다(§977). 당사자의 신분관계, 부양을 필요로 하게 된 원인이나 책임, 당사자의 과거 및 현재의 생활관계, 상속관계와 상속재산의 취득 등이 고려요소로 된다. 부양의 내용은 생활유지의 경우와 본질적으로 다르고 의식주에 필요한 의료비, 최소한의 문화비, 오락비, 교제비, 보통의 교육비(부양을 받을 자의 나이, 재능, 신분, 지위 등에 따른 교육을 받는 데 필요한 비용) 등이다.

부양의 방법은 두 가지로 나눌 수 있다.

첫째, 동거부양[인수(引受)부양]이다. 권리자를 직접 생활·양육하는 방법으로서 의무자 중 일인이 동거하고 다른 의무자가 금전급부를 하게 할 수도 있다. 동거할 자의 의향이나 부양의무가 발생하기까지의 경위, 주거·생활문제 등을 고려하여 결정하여야 할 것이다.

둘째, 금전급부부양이다. 급부는 정기지급, 일시지급, 현물급부 등의 방법을 취할 수 있다. 다만, 금전급부는 부양의 성질상 항상 선불이어야 한다. 노부모를 노인보호시설에 입소시키고 그 비용을 자녀가 부담하는 시설부양도 이에 속한다.

VI. 사정변경

당사자의 협정이나 가정법원의 심판에 의해 부양에 관한 사항이 정해진 후 그에 관한 사정변경이 있는 때에는, 당사자의 청구에 의해 가정법원은 순위, 정도, 방법 등을 취소 또는 변경할 수 있다(제978조).

부양당사자의 순위, 부양의 정도와 방법, 부양관계의 변경이나 취소 등 부양에 관한 처분사건은 마류 가사비송사건으로 조정이 선행된다. 부양에 관한 심판청구가 있는 경우에, 그 심판이 당사자 이외의 부양권리자 또는 부양의무자의 부양의 순위, 정도 및 방법에 직접 관련되는 것인 때에는, 가정법원은 그 부양권리자 또는 부양의무자를 절차에 참가하게 하여야 한다(가소규 제106조). 또한 가정법원이 부양의 정도 또는 방법을 정하거나 이를 변경하는 심판을 하는 경우에는, 필요하다고 인정되는 지시를 할 수 있다(동 제107조).

■ 심화학습

- 부모의 미성숙자녀에 대한 부양의무와 성년자녀의 노부모에 대한 부양의무의 차이는?
- 과거의 부양료 청구와 장래의 부양료 청구의 차이는?(대법원 전원합의체 1994.5.13.자 92스21결정)

제 3 편

상 속

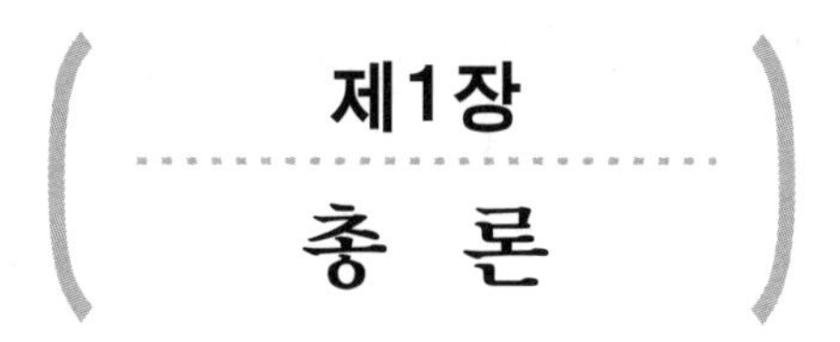

제1장 총 론

예습과제

Q1 상속제도가 필요한 이유는 무엇인가?

Q2 상속권의 근거는?

Q3 유언상속주의와 법정상속주의의 근본적인 차이는?

Ⅰ. 상속법의 의의

1. 상속법의 의의와 본질

(1) 의 의

한국법제사상 상속이라는 법률용어가 실정법에 등장하게 된 것은, 갑오개혁 이후의 이른바 신식법령이 제정되면서부터이다. 현행법상 상속이라 함은, 자연인의 사망에 의하여 그 사람(피상속인)에게 속하였던 모든 재산상의 지위(법률관계) 내지 권리의무가 일정한 친족관계에 있는 사람(상속인)에게 포괄적으로 승계되는 것을 말한다. 따라서 실질적 의미에서의 상속법은, 피상속인의 사망에 의하여 발생하는 그의 재산상의 권리의무의 승계를 규율하는 사법규정 전체를 가리킨다. 즉 상속재산의 법정취득 및 유언에 의한 재산의 종의(終意)처분을 포함하여 상속재산의 취득과 그 보장, 상속재산의 분할, 처분 및 상속분의 양도, 상속채무에 대한 책임, 유언의 범위와 그 방식 · 작성, 집행에 관한 문제를 규율대상으로 하는 사법 전체를 말한다. 물론 현행법이 허용하고 있는 유언사항에는 직접 상속과 관계되지 아니하는 것들도 있다. 그러나 이들 사항도 직접 · 간접으로 유언자의 재산의 귀속과 관련을 맺고 있으며, 연혁적으로도 유언법의 역사는 유증제도의 발달과 함께하였다고 할 만하다. 상속법의 규제대상으로 유언제도에 관한 사항이 포함되어야 함은 당연하다.

이에 비하여 형식적 의미에서의 상속법은 민법 제5편 상속을 말한다. 민법 제5편 상속은 제1장 상속(법정상속법), 제2장 유언(유언법), 제3장 유류분(유류분법)으로 구성되어 있다. 이처럼 현행법은 상속법을 물권법, 채권법, 친족법과 아울러 하나의 독립된 편으로 하여 민법전에 위치시키고 있다. 이러한 민법전의 체계를 Pandekten방식이라 하며, 이 편별은 사람의 인생 circle에 대응시켜 고안된 것이라고 한다. 민법전 편별의 또 하나의 방식인 Institutionen방식에서는 상속법을 부부재산제와 채권관계, 담보법과 함께 재산취득법에 포함시키고 있다.

일반적으로 상속법은 친족법과 함께 가족법에 속한다고 설명하고 있다. 상속이 일정한 친족관계에 있는 사람 사이에서 이루어지므로 친족관계의 한 효과라고 볼 수도 있다. 그러나 상속의 실질적 내용은 재산의 취득이므로, 상속법은 본질에서는 재산승계법이다. 이러한 점을 강조하면 상속법은 재산법으로 분류된다. 그러나 상속법은 자연인이 사망하였을 때, 그의 재산의 승계를 보장함으로써 그와 친족관계에 있는 상속인의 생활을 보장하는 동시에 거래사회에서의 권리안정을 도모하고 사적 소유권질서의 유지에 이바지한다. 이러한 의미에서 상속법은 가족재산법으로서의 가족법이자, 친족법을 기초로 한 물권법 · 채권법이며, 가족관계와 재산관계의 법리가 교차되고 있는 법이라 할 수 있다.

(2) 상속법의 체계

상속법에 대한 대륙법계와 영미법계의 시각의 차이는 매우 크다.

첫째, 영미법계 상속법은 대륙법계 상속법에서와 같은 포괄승계의 관념을 인정하지 아니한다. 때문에, 상속재산은 일단 인격대표자(personal representative)(유언에 의하여 지정된 유언집행자〈이를 executor라 한다〉, 유언집행자가 없는 경우에 법원이 임명하는 유언집행자〈이를 administrator라 한다〉)에게 포괄적으로 승계되어 청산되고, 그 후 잔여재산이 수유자 또는 법정상속인에게 인도되는 체계를 취하고 있다. 따라서 상속인은 상속채무를 직접 부담하지 아니하며, 분할 전에 상속재산을 처분할 수도 없다. 북한 상속법상의 상속집행자가 이와 유사하다.

둘째, 영미법계 상속법은 절대적 유언자유의 원칙을 유지하고 있다. 대륙법계 상속법에서와 같이 유언의 자유를 제한하는 유류분제도를 인정하지 아니한다. 다만, 피상속인 사후의 가족의 생활보장을 위해 가족보호조치(Family Provision)(Inheritance〈Family Provision〉Act 1938)가 취해진다.

한편, 생산수단의 사적 소유를 부정하는 사회주의사회에서는 상속법의 비중이 크지 아니하다. 사회주의상속법은 개인소유권이 인정되는 소비품에 국한시켜 그 승계를 규제한다. 경제개혁과 개방정책을 추구해 온 중국법은, 일정 범위의 생산수단의 사적 소유를 인정하고 상속에 의한 승계를 허용하는 등의 예외적인 조치를 취하고 있다. 그러나 일반적인 사회주의상속법은 소비품 중심의 개인소유권의 승계만을 규율해 왔다. 그 결과 사회주의사회에서는 상속의 사적 부양기능을 강조하며, 상속을 개인소유권 취득의 한 원인으로 보고 민법의 규율대상에 포함시킨다. 사회주의법이 기본적으로는 Pandekten방식을 취하면서도 민법과 가족법을 별개의 독립된 부문법으로 취급하는 논리적 결과이다. 이에 반하여 북한법은 상속관계를 가정재산관계의 한 분야로 파악하여 이를 가족법에 포함시키고 있고, 최근 상속법을 따로 제정하였다. 사회주의법 일반예에 비추어 볼 때 이례에 속한다.

2. 상속법의 기능과 목적

(1) 기본적 기능

재산승계법으로서의 본질을 지니며, 사적 소유제도의 일익을 담당하고 있는 상속법의 제1의 기본적 기능은, 사적 소유관계의 계속에서 찾아야 할 것이다. 물론 소유권도 불멸의 권리는 아니다. 사적 소유권을 승인한다고 하여 소유자의 사망을 초월하여 소유권이 일정한 인격자에게 승계되어야 한다는 논리 필연적 보장은 전혀 없다. 따라서 상속법에 의한 소유권의 승계가 보장되지 않는다면, 사적 소유권은 소유자의 사망에 의하여 소멸될 수밖에 없다. 사회의 소유관계, 또 그 위에 터잡아 성립된 사회의 생산관계를 변경시키지 않고, 그대로 존속시키기 위해서는 그것을 보장하는 상속법은 필요하다. 또 상속법은 그를 위해서 존재한다.

상속법의 제2의 기본적 기능은, 사회에 근면 · 절약 · 저축의 기풍을 진작시키고 가족결합을 한층 강화하는 데 있다. 이는 상속에 의한 사적 소유권의 계속이 인간의 심리와 감정에 미치는 영향에서 비롯한다. 자기가 취득한 재산이 자기 가족에게 승계될 가능성이 보장되고, 그에 의해 자신의 사후에도 가족의 생활보장이 유지될 수 있다면, 자신의 삶에 필요한 정도의 재산을 얻으려고 할 뿐만 아니라, 축적을 위해서도 노력하게 될 것이다. 이는 인간의 상정(常情)이라 할 수 있다. 곧 상속에 의하여 자기 가족에 대한 재산의 승계가 보장됨은, 가족에 대한 배려가 자신의 죽음을 넘어서도 실현될 수 있음을 뜻하게 되며, 피상속인에게는 재산의 형성, 유지 및 증가를 촉진케 하는 요인으로 작용하는 것이다. 자연, 피상속인은 생활이 어렵더라도 저축에 힘을 쓰며, 그것을 가족을 위해 남겨두려 하고, 그에 의해 피상속인과 상속인간의 가족결합은 강화될 것이다. 상속법의 목적은 이를 실현하는 데 있다.

(2) 상속법의 소극적인 면

상속제도가 사적 소유관계의 계속이라는 커다란 사명을 지니고 있다 하더라도, 상속인의 입장에서 본다면, 상속에 의한 재산 취득은 어쨌든 불로소득임에 틀림없다. 자신의 능력과 노력이 부족하여 취득 · 축적한 재산이 적을 경우에는, 불만의 소지는 크지 않다. 그러나 상속에 의한 부(富)의 편재가 영속화되고 그 정도가 더욱 심해진다면, 사회적 불평등은 증대되고, 빈부 사이의 사회적 마찰도 피할 수 없게 된다. 상속에 의한 이와 같은 부의 편재와 사회적 불평등의 증대 가능성이야말로 상속제도가 안고 있는 가장 커다란 문제이다. 사유재산제도를 인정하고 있는 이상 피할 수 없는 문제이기도 하다. 상속법이 무산자에게는 빈곤과 생활의 절망을 뜻하고, 유산자에게는 부의 독점을 의미하는 것이 되어서는 안 된다. 그리하여 각국은 상속인의 범위를 축소하고 고율의 누진적 상속세제를 통하여 상속재산의 일부를 국고로 귀속시키는 등 그 폐단을 줄이고자 노력하고 있다.

상속제도의 또 하나의 폐단은, 재산 취득을 둘러싼 유족간의 대립이 심해지고, 그에 따라 가족관계가 붕괴되기 쉽다는 데 있다. 상속법이 한편으로는 가족결합을 강화하는 데 이바지하기도 하나, 실제로는 그 반대의 결과를 낳기도 한다.

산업화 · 도시화되어 가는 사회적 여건의 변화와 아울러 한두 자녀에 불과한 출산율의 저하는, 가족의 단순화 · 축소화를 낳고, 과거에 비해 피상속인과 상속인 사이의 가족결합도 현저히 약화되는 결과를 초래하고 있다. 또 평균수명이 연장됨에 따라 한국사회도 점차 고령사회로 이행되고 있다. 부모가 사망하여 상속이 개시될 때쯤이면, 상속인으로 될 자녀들도 장성하여 이미 자신의 가족을 형성하고 있기 마련이고, 자신의 가정을 형성한 성년자녀가 과거와 같이 노부모를 모시고 봉양하는 미풍을 찾아보기가 어려운 상황이 전개되고 있는 것이다. 따라서 과거와 같이 자녀에 의한 봉양을 받을 가능성이 사라진 부모의 입장에서는, 노후대책을 마련하기 위해서도 끝까지 재산을 자기 수중에 두려고 하고, 반대로 자녀는 생전분재를 피하려는 부모에 대하여 불만을 갖게 되어 재산을 둘러싼 가족간의 분쟁이 심해지기도 한다.

또 부모는 평소에 자주 찾아와서 부모 · 자식간의 정을 나누고 있는 자녀에게 보다 많은 재산을 남겨주려고도 한다. 상속에서도 대가적 고려가 개입되기 쉬운 여건이 조성되고 있다. 이미 상속에서의 대가적 고려는 부양기여분제도나 특별연고자에 대한 재산분여제도를 통하여 법제화되어 있기도 하다. 한편, 주로 부동산으로 형성되던 상속재산의 구성이 변해가고 있기는 하지만, 과거에 비해 상속재산의 규모가 급격히 팽창된 상황하에서는, 각 상속인은 많은 상속분을 원하며, 이유 여하를 불문하고 자기보다 많은 상속분을 얻은 상속인을 원망하기도 한다. 때로 상속재산을 은닉하거나 유언을 위조 또는 변조하는 일도 발생한다. 피상속인을 통하여 담보되던 가족관계는 분열되고, 상속은 가족간의 분쟁을 낳는 원인이 되기도 하는 것이다. 상속법은 피상속인에게 유언의 자유를 보장하고, 상속인에게는 분할의 자유를 보장하여 이와 같은 문제에 대한 해결책을 도모하고자 하나, 궁극적으로는 각자의 이기주의를 극복하는 것에 의하여 해결할 수밖에 없다. 다만, 가족간의 상속을 둘러싼 분쟁의 궁극적인 해결은 가정법원에 맡겨지므로, 가정의 평화와 친족상조의 건전한 공동생활의 유지를 목적으로 하는(가소 §1) 가정법원의 후견적 재량이 적극 동원되어야 할 것이다.

II. 상속권의 근거

1. 상속제도의 존재이유에 대한 견해

(1) 상속제도 부인론

① 자연법학파 : 초기의 자연법학파는, 권리는 그 주체에 따라 존재하고, 주체의 소멸과 더불어 당연히 소멸되는 것이므로, 상속제도를 인정해야 할 이론적

근거는 없다고 주장한 바 있다. 그러나 이 학파도 사실상 현존의 상속제도를 전면 부인한 것은 아니며, 상속권이 비합리적이라는 점을 지적하는 데 그쳤을 뿐이다.

② 사회주의법학파 : 사회주의자들은 사유재산제도를 부정하는 입장에서 상속제도를 부인하고자 하였다. 초기의 사회주의자인 생시몽(S. Simon)은, 상속은 출발점에서부터 불평등을 만들므로 정의와 사회이익에 반하며, 개인의 경제활동에 따른 소유의 불평등은 시인된다 하더라도, 상속으로부터 생기는 불평등은 용납될 수 없다고 주장한 바 있다. 즉 사유재산을 인정하면서 상속제도를 부인한 것이다. 그러나 사회주의사회에서도 소비품을 중심으로 한 개인소유권을 인정하므로 이에 기초한 상속제도를 두고 있다.

러시아혁명 초기에는 상속제도를 완전히 폐지하기도 하였으나, 그 후 다시 부활시켜 오늘에 이르고 있다. 러시아의 상속제도의 변천을 개관하면 다음과 같다:

1918년 4월에는 〈공산당선언〉이 공산주의실현을 위한 방법으로 요구하였던 사적 소유권과 상속권의 폐지를 구체화하여, 사자의 재산을 모두 국고로 귀속시켰다(상속폐지법). 그 후 1922년 5월 1만 루블에 한하여 배우자 및 자녀의 상속권을 부활시키는 기본재산령을 제정하였다. 1926년 2월에는 상속의 물적 제한을 철폐하고, 고도의 누진상속세제를 창설하였다. 이 누진상속세제는 1943년에 폐지되고, 10%를 초과하지 않는 범위 내에서의 상속수수료를 징수하는 것으로 대체되었다. 1945년 3월에는 법정상속인의 범위를 확대하고, 동년 6월에는 법정상속인이 없는 경우에 한하여 유언의 자유를 인정하였다. 그리고 이러한 경향은 1964년 6월의 민법전에서 더욱 강화되어 상세한 상속법 규정이 마련되었다. 최근 러시아연방공화국은 개혁 · 개방에 따라 조성된 새로운 여건에 부응하기 위하여 1994년부터 신민법전을 차례로 제정하고 있다. 상속법은 2001년 11월 26일 민법전 제3부로 제정되어 2003년 3월 1일부터 시행되고 있다.

(2) 상속제도 시인론

재화의 이용을 소유자의 생전으로만 제약하고 사후에는 모두 국가로 귀속시킨다면, 근로의욕이 위축되고 사회의 경제활동이 마비되며, 사자(死者) 생전의 거래관계가 무시되어 경제상의 불안을 초래하게 된다. 따라서 개인의 상정인 친족애를 만족시키고 사회질서와 경제안전을 확보하기 위해서도 상속은 시인되어야 한다. 그런데 왜 특정 신분관계가 있는 사람만이 상속인으로 되고 사자의 재산을 당연히 취득하는가, 그 근거는 무엇인가에 대하여는 여러 학설이 주장되어 왔다.

2. 현대 상속권의 근거

상속권의 근거에 대한 여러 견해 중 주요한 것으로는 다음을 들 수 있다.

① 혈연대가설 : 피상속인과 상속인은 혈연관계에 있기 때문이라는 입장으로 가장 고전적인 견해이다.

② 의사추정설 : 모든 권리와 권리변동은 인간의 의사를 기초로 하므로, 피상속인의 의사를 추측하여 그에 합치되는 주체를 상속인으로 한 것이라는 견해이다. 유언자유설이라고도 한다.

③ 가족보호설 : 상속이 가족공동체에서 유래되는 이상 가족을 보호하기 위해 피상속인과 협동생활관계에 있던 사람이 상속인으로 되어야 한다는 견해이다.

④ 인격가치승계설 : 피상속인의 인격적 가치를 승계 · 계속시키는 사람이 상속인이기 때문이라고 한다.

⑤ 종적 공동체설 : 사람의 생활은 과거, 현재, 미래에 걸쳐 계속되므로 이러한 종적 공동생활관계자에게 사자의 재산이 주어지는 것이라고 한다.

⑥ 생활보장설 : 가족원의 생활보장에 있다고 한다.

이상의 여러 견해 중, 현대 상속권의 근거를 설명함에 있어 가장 설득력 있는 이론으로 받아들여지고 있는 것은, 공동생활의 종료에 수반하는 잠재적 공유관계의 현재화와 생존가족원의 생활보장을 위한 것이라는 견해이다.

오랫동안 혈족상속이 지배해 왔기 때문에 상속권의 근거로 혈연대가설이 지지되어 왔다. 또 현행 상속법이 다른 입법례와 비교할 때, 비교적 넓은 범위의 혈족상속인을 규정하고 있어 혈연대가설을 제외하고는 그 근거를 설명하기가 어려운 점이 있는 것도 사실이다. 그러나 근대 상속법은 혈족상속인 이외에 배우자 상속인을 인정한다. 이러한 점을 감안한다면, 상속재산은 피상속인 1인만의 노력에 의하여 축적된 것이라고 볼 수 없고, 다른 가족구성원 특히 배우자의 협력이 수반되어 있는 잠재적 공유상태의 것이므로, 명의인이 사망하였을 때는 이를 청산하여야 하며, 또 그 재산에 의하여 부부 · 친자로 구성되는 유한가족의 생활이 보장되어 왔으므로 피상속인의 사후에도 동일한 생활보장이 유지되어야 하기 때문이라는 주장은 설득력이 있다.

3. 상속권의 제한

상속제도의 기초가 사회생활의 필요에서 생기므로, 사회생활의 필요에 기하여 상속권에 대한 제한이 가해짐은 당연하다. 특히 상속이 불로소득의 원천으로 되고, 부의 편재를 영속화할 가능성이 있는 이상, 이를 배제하기 위해서도 그 제한은 필요하다. 상속권의 제한은 상속인과 상속재산의 범위에 대한 제한이라는 두 측면에서 가해질 수 있다.

(1) 상속인의 제한

게르만상속법은 친족무한주의를 취하여 혈족상속인의 범위를 제한하지 않고, 피상속인과의 혈연관계가 인정되는 사람이 등장할 때까지 무한히 확대한다. 이러한 상속법제하에서는 이른바 "웃는 상속인"이 출현하게 되고, 상속의 의의를 찾기도 어렵다. 때문에 근대 상속법은 상속인의 범위를 좁게 한정한다. 현행 상속법이 혈족상속인의 범위를 8촌 이내의 방계혈족에서 4촌 이내의 방계혈족으로 축소한 것도 이러한 경향에 따른 것이다.

(2) 상속재산 범위의 제한

사회주의법은 생산수단의 사유를 금지하는 것으로 직접적인 제한을 가하고 더 나아가 상속법의 폐지를 주장하기도 한다. 그러나 현재 상속재산의 범위에 대한 제한은 고율의 상속세제를 통한 간접적 제한으로서 가해질 뿐이다(상속세 및 증여세법 §26 참조).

Ⅲ. 상속의 형태

1. 제사상속, 신분상속과 재산상속

승계의 대상이 무엇인가에 따른 구분이다. 조상에 대한 제사를 주재하는 사람의 지위를 승계하는 것을 제사상속이라 하며, 호주(가장)와 같은 일정한 신분을 승계하는 것을 신분상속이라 한다. 이에 반하여 사자의 재산만을 승계하는 것을 재산상속이라 한다. 어느 사회나 이 세 가지 형태의 상속제도가 존재해 왔으나, 상속법에서 차지하는 비중은 시대에 따라 달랐다. 시대를 거슬러 올라갈수록 제사상속 내지 신분상속이 차지하는 비중이 높았다. 근대상속법에서는 재산상속만을 규율하나, 한국의 경우는 1933년에 와서야 제사상속이 폐지되었으며, 1990년 개정 전 민법은 호주상속을 규정한 바 있다. 1990년 민법 개정에 의하여 호주상속은 호주승계로 대체되어 친족편의 규율대상으로 변경되었으나 실질적 의미에서의 큰 변화는 없었다. 그러나 2005년 민법 개정에 의하여 비로소 호주제도가 폐지됨에 따라 호주승계제도 또한 폐지되었고, 2008년부터 상속은 재산상속만을 가리키게 되었다.

2. 단독상속과 공동상속

상속인의 수가 한 사람으로 한정되는가 아니면 일정 범위에 속하는 사람 모두가 상속인으로 되는가에 따른 구분이다. 제사상속 내지 신분상속은 그 성질상 단독상속에 의할 수밖에 없으나, 재산상속의 경우는 단독상속과 공동상속 두 가지 형태가 있어 왔다. 재산의 공동상속은 상속재산의 세분화, 힘의 분화를 가져오기 때문에, 이를 방지하기 위해 단독상속제를 유지해 온 사회도 있었다. 단독상속에는 장자상속과 말자(末子)상속 등의 형태가 있는데, 대체로 안정된 농경사회에서는 장자상속이 행해졌고, 불안정된 수렵사회에서는 말자상속이 행해지기도 하였다.

3. 법정상속과 유언상속

상속인의 범위와 순위를 법정하는가 아니면 피상속인의 자유의사에 일임하느냐에 따른 구분이다. 우리 민법은 독일민법에서와 같은 유언에 의한 상속인지정제도를 인정하고 있지 아니하므로, 이러한 구별이 큰 의미를 지니지 않는 것처럼 보이기도 한다. 그러나 유언상속의 본질이, 유언의 자유 즉 유언을 통하여 자신의 재산을 자신의 의사에 따라 처분 · 승계할 수 있게 하는 데 있음을 감안한다면, 우리 민법도 유언에 의한 재산처분의 자유라는 형태로 유언상속을 보장하고 있다고 할 수 있다.

근대법이 표방한 자유와 평등의 이념은 그 기본원리의 하나로 소유권자유의 절대를 낳았고, 이 소유권의 자유는 상속법에서도 그대로 구현되어 유언의 자유를 확립하게 되었다. 즉 피상속인은 생전에 향유하던 재산처분의 자유와 마찬가지로 사후에도 자기가 소유하던 재산의 운명을 자유롭게 결정할 수 있게 된 것이다. 따라서 근대 상속법은 유언상속을 상속법의 제1차적인 형식으로 파악하고, 법정상속은 그러한 유언이 없을 경우 행해지는 무유언상속으로 파악하였다. 이러한 유언상속주의는 재산을 혈족집단 내에 유지시켜 가족의 안정을 기하려는 법정상속주의와 충돌한다. 이러한 대립은 근대 상속법에서 유류분제도와 같은 유언의 자유를 제한하는 제도를 존속시키게 된 원인이기도 하다. 실로 상속법의 역사는 법정상속주의와 유언상속주의 대립·모순 속에 발전되어 왔다고 할 만하다.

4. 생전상속과 사후상속

생전상속이라 함은 피상속인이 생존하고 있는 동안 일정한 원인에 의한 상속의 개시가 인정되는 것을 말하며, 사후상속이라 함은 상속의 개시가 피상속인의 사망시로만 국한되는 것을 말한다. 과거 호주상속 내지 호주승계의 경우는 전자가 인정되었다.

5. 강제상속과 임의상속

상속의 포기가 허용되느냐의 여부에 따른 구분이다. 1990년 개정 전 민법상의 호주상속은 강제상속이었으나, 현행법상의 재산상속은 임의상속에 속한다.

Ⅳ. 한국의 상속제도

1. 서 설

상속제도는 대체로 제사상속 → 신분상속(가장의 지위승계) → 재산상속의 순으로 발전해 왔다고 할 수 있다. 한국상속제도의 발전도 이러한 과정을 거쳤으나,

약간 특이한 모습을 보여주었다. 즉 고려 말부터 시작된 종법제의 계수는, 시대적으로는 가계계승이 상속법의 중심을 이루어야 했던 사정을 역전시켜, 다시 제사상속이 상속법의 전면에 등장하고 가계계승은 그에 흡수되는 결과를 가져왔던 것이다. 또 제사상속의 경우는 종법제의 원리를 충실히 받아들였는 데 반하여, 재산상속의 경우는 한국 고유의 상속관행을 그대로 법제화하기도 하였다.

이하에서는 재산상속을 중심으로 한국상속제도의 변천과정을 살펴본다.

2. 고려시대 이전

고려시대 이전의 한국상속제도가 어떠하였는지 이를 명확하게 밝혀줄 만한 실증적인 자료는 없다. 다만 일찍부터 정착농경생활을 해 왔다는 사실에 기초하여 추론할 수밖에 없다.

대체로 정착농경생활을 시작하게 되면, 씨족공동체가 그 사회의 중심 구성단위로 된다. 한국의 경우도 마찬가지이다. 이때의 씨족공동체는 평등적 · 공동적 구성원리에 의해 뒷받침된 공동체로서, 그 내부에 지배 · 피지배의 관념이나 사유재산의 관념은 크게 드러나지 않기 마련이다. 따라서 경작지와 같은 토지에 대한 소유는 씨족공동체의 원시적 총유상태를 벗어날 수 없었다. 개인의 장신구나 농기구와 같은 동산에 대하여는 토지보다 일찍 사유재산관념이 형성되나, 그때 당시의 사회를 지배하고 있었던 영혼불멸의 원시신앙은, 사자가 생존 중에 사용하던 이들 동산을 함께 매장하는 습속을 낳았다. 이러한 상태에서는 재산상속이 법적인 문제로 대두될 가능성은 거의 없었고, 있다 해도 그것은 씨족공동체의 구성원리(친족법)에 의해 지배되는 경작권의 재분배이지 상속법적인 처리를 필요로 하는 문제는 아니었다. 상속법에 의하여 규율되어야 할 사항이라면, 씨족 수호신이나 조상에 대한 제사를 주재하는 사람으로서의 씨족장의 지위의 승계 정도에 불과하였다.

위와 같은 상태는 부족국가가 형성된 뒤에도 계속되며, 왕권을 강화하면서 성립된 고대국가가 확립된 초기에도 씨족공동체의 유제(遺制)는 그대로 지속된다. 그러나 씨족공동체가 보다 작은 집단인 종족단체나 가족단체로 해체되면서, 상속제도에도 많은 변화를 가져오게 된다. 특히 가부장제 가족제도가 확립되어, 토지소유에서의 씨족적 유대가 크게 약화되고, 노비와 토지를 중심으로 하는 가산이 형성되기에 이르러서는, 그에 대한 승계가 중요한 법적 문제로 등장하게 된다. 따라서 이때부터 당시의 가족공동체의 구조나 가산의 법적 성격이 반영된 재산상속법이 형성되나, 친족법적 색채가 강하였다.

이때까지의 제사 및 신분의 상속에 대하여는, 부계혈연상속제에 기초한 장자상속이 원칙이며, 씨족 · 가족단체의 구성원리가 그대로 반영되었다고 이해하는 것이 통설이다. 또 일설은 이에 근거하여 재산상속도 장자상속이라고 보기도 하나, 재산소유의 공동성을 감안할 때 설득력은 없다고 본다. 오히려 재산소유의 공동적 성격은 재산의 공동상속을 뒷받침하며, 이는 통유적(通有的) 사실이라고 한다. 요컨대 재산상속제도는 원시적 총유관계에서 자녀에 의한 공동상속으로 진전되었다고 보아야 한다.

지금까지 전해지고 있는 한국 최고(最古)의 성문상속법은 고려시대의 입법이다. 다만, 상속과 관련된 고려시대의 단행법령, 판례법, 관습법의 내용을 둘러싸고 견해가 대립되고 있다.

제사상속과 관련된 고려시대의 입법은 뚜렷하지 않다. 종족단체가 완전히 해체되고 가족단체가 법생활의 기본단위로 되었기 때문에, 가계의 계승과 관련된 입법이 다수이다. 대표적인 가계계승법으로는 〈靖宗十二年(1046年) 春二月判, 凡人民依律文立嗣嫡, 嫡子有故立嫡孫, 無嫡孫立同母弟, 無母弟立庶孫, 無男孫者亦許女孫〉을 들 수 있다. 가계계승의 적장주의를 규정한 입법이다. 당률(唐律)의 영향을 받은 것으로도 생각된다. 그러나 적장주의는 부계가족제도 하에서의 일반원칙이며, 여자손 즉 외손에 의한 가계계승을 허용하고 있는 것으로 보아 당률을 그대로 계수한 것만은 아니고 한국 고유의 습속이 반영된 것으로 보아야 할 것이다. 가계계승과 관련하여 한국 고유의 습속이 반영되었음은 입후(사양자)제도를 통해서도 확인된다. 즉 무후한 사람에게 형제의 사람이 없을 때에만 3세 전의 기아를 수양하여 자식으로 삼고 그 성을 따르게 하여 계후자로 할 수 있다는 법이 이미 있으므로, 자손이나 형제의 사람을 두고도 이성수양하는 사람을 일체 금지하라 〈文宗 22年(1068)의 凡人無後者, 無兄弟之子, 即收他人三歲前棄兒, 養以爲子, 即從其姓, 繼後付籍, 已有成法, 其有子孫及兄弟之子, 而收養異姓者一禁(『高麗史』 卷84 刑法一 戶婚條)〉는 입법이 그것이다. 이에 의하면 당시에는 자손이나 형제의 사람이 있는데도 불구하고 이성수양을 행한 사람이 많았던 것 같다. 이를 통해 알 수 있는 바와 같이, 유교의 가족법이념을 실천하고자 했던 당률에서는, 이성양자 자체를 허용하지 아니할 뿐만 아니라, 그에 의한 가계계승은 전혀 고려하고 있지 않았던 데 비하여, 고려의 입후법에서는 이성수양에 의한 가계계승이 허용되며, 실제는 법을 위반해 가면서까지 이성수양을 하였던 것이다.

재산상속의 경우는, 노비상속은 자녀에 의한 공동균분상속이었다는 견해가 통설이나, 토지상속과 관련해서는 장자단독상속설과 자녀공동균분상속설이 대립하고 있다. 학설의 대립을 초래한 입법은 睿宗十七年(1122年)判, 凡父祖田, 無文契者, 適長爲先決給(『高麗史』 卷85 志 卷39 刑法二〈訴訟〉)이다. 한편 13C 초에는 이미 가산분할과 관련된 유언이 일반화되었음을 보여주는 사례(『高麗史』 卷102 列傳 卷15 〈孫卞〉 및 『高麗史節要』 卷17 高宗 38年(1251年) 夏五月條의 판례 참고)도 있으나, 유언법의 구체적 내용을 알려주는 자료는 찾기 어렵다.

3. 조선시대

조선시대의 상속법제는 경국대전을 비롯한 각종 실정법원을 통하여 확인할 수 있다. 물론 경국대전에 규정된 상속법제는, 조선조에 들어와 갑자기 형성된 것은 아니고, 고려말에 활발하였던 개별 상속관계입법 또는 그 이전에 이미 확립되었을 상속관행이나 규칙을 토대로 한 것이며, 조선 초기의 활발하였던 법전편찬 사업의 성과이다.

경국대전은 제사상속과 재산상속을 각각 분리하여, 가계계승을 흡수한 제사상속을 예전(禮典) 봉사(奉祀)와 입후조(立後條)에 규정하며, 재산상속을 형전(刑典) 사천조(私賤條)에 규정하고 있다. 재산상속이 형전에 규정된 것은, 상속재산을 대표하는 것이 노비이고, 노비에 관한 사항은 형조(刑曹)가 관장하였기 때문이다.

(1) 제사상속(가계계승)

제사상속은 종법의 기본원리를 그대로 계수하여, 향제자(享祭者)나 주제자(主祭者)의 신분에 따라 제선한수(祭先限數)를 제한하고(經國大典 禮典 奉祀條: 文武官六品以上祭三代, 七品以下祭二, 庶人則只考妣), 제사상속인의 결정은 적장주의를 본칙(本則)으로 하고 형망제급(兄亡弟及)을 보칙으로 하면서 첩자봉사를 용인하는 원리에 의거하였다. 다만 형망제급의 적용은 한국 고유의 제도라 할 수 있는 총부법(冢婦法)에 의하여 제한을 받았으며, 첩자봉사도 가통(家統)의 비하를 이유로 기피되고, 첩자가 있는 경우에도 입후에 의한 의제적 상속인이 창정되는 등의 타협이 있었다(經國大典 禮典 奉祀條 註: 嫡長子只有妾子, 願以弟之子爲後者聽, 欲自與妾子別爲一支則亦聽). 총부제도의 존속에서도 알 수 있는 바와 같이, 종법을 계수하면서도 이를 무비판적으로 수용하기만 한 것이 아니라, 현실과 타협하고, 종래의 관습을 입법에 반영하고자 하였음을 알 수 있다.

(2) 재산상속

제사상속의 경우와는 달리, 재산상속법에서는 한국 고유의 상속원리가 성문화되었다. 유언상속과 법정상속 두 가지 형태의 상속이 인정되고, 법정상속은 무유언상속에 해당하나(經國大典 刑典 私賤條: 未分奴婢勿論子女存沒分給) 양자 모두 조업(祖業)관념을 벗어날 수 없었다. 즉, 조업은 조(祖)와 혈연을 같이하는 자손에게 전승되어야 한다는 관념이 조선시대 내지 한국 고유의 재산상속법을 지배하였다. 또 이러한 원리로부터 혈연주의, 균분주의, 분할주의 및 형식적 필연상속주의(유언자유의 제한)라는 파생원리가 도출된다.

1) 유언상속

유언은 제1순위의 상속인에 대한 것만이 허용되었다(經國大典 刑典 私賤條: 用祖父母以下遺書). 따라서 유언에 의한 처분으로 전 재산이 법정상속인 이외의 사람에게 귀속되는 경우는 없으며, 유언의 자유를 제한하는 유류분제도도 필요하지 않았다. 경국대전의 규정형식이 법정상속을 무유언상속으로 규정하고 있더라도, 유언의 자유는 조업관념 즉 법정상속제의 범위 내에서만 인정되었기 때문이다. 이 제한을 벗어나는 유언, 예컨대 상속인의 순위를 바꾼다거나 상속분의 심한 불균등을 초래하는 유언 등은 난명(亂命)으로 무효로 다루어졌다.

유언은 서면에 의한 요식행위이고, 그 문서는 관(官)의 인증절차를 밟지 않아도 유효한 백문문기(白文文記)에 속한다. 즉 부조(父祖)는 반드시 자필증서(手書)에 의하여야 하고, 조모 및 모는 족친 중의 현관(顯官)이 증필(證筆)하여야 하며, 뭇사람이 모두 아는 것으로 수서하지 못한 것 또는 질병자의 유언은 부인의 예에 따라야 한다(經國大典 刑典 私賤條: 用祖父母以下遺書 註: 祖及父則須手書, 祖母及母則須族親中顯官證筆, 衆所共知未手書者, 疾病者依婦人例). 생전처분인 허여(許與)·증여의 경우도 근친자 사이에서는 백문문기로도 유효한데, 이 경우의 증필자는 족친이나 현관 중 2, 3인이면 족하다. 유언의 진정 여부가 문제될 여지가 있는 경우에는 백문문기에서의 증필요건을 강화한 것이다.

2) 법정상속

(가) 상 속 인

경국대전은 상속인의 순위를 자녀, 본족(本族)의 순으로 규정하고 있다. 그리고 상속인 결정의 원리로는 혈연주의를 원칙으로 하고, 봉사(奉祀)나 생전의 은의(恩義)를 이유로 하는 예외적 상속권을 인정하여, 피상속인과 상속인 사이의 관계가 어떠한가에 따라 순위를 달리 규정하였다. 이를 요약하면, 피상속인과 자연혈족관계가 있는 자녀가 제1순위자이며, 혈연관계가 없는 수 · 시양자녀도 상속에 참여할 수 있고, 적모에 대한 승중첩자, 전모 · 계모에 대한 의자녀의 상속권이 인정되었다. 또한 피상속인에게 친자녀가 없는 경우에는 첩자녀 · 의자녀 · 양자녀가 피상속인의 본족과 공동상속하나, 법정상속분에는 물적 제한이 따랐다.

제2순위자는 피상속인의 본족(使孫), 즉 4촌 이내의 부계의 방계혈족으로 근친자가 선순위이고(續大典 刑典 私賤條: 無子女 嫡母奴婢의 註: 原典, 無同生則三寸, 無三寸則四寸親之法, 盖同生皆沒然後三寸, 三寸皆沒然後四寸之謂), 촌수가 같은 사람이 수인인 때에는 공동상속인이 된다. 이처럼 혈족상속인의 범위는 4촌을 한계로 하는데, 이는 상속재산을 조업으로 보고 조(祖)와 직접적인 혈연관계가 있는 사람만이 상속권자로 된다는 관념의 소산이다. 본족 내에서의 상속순위와 관련해서도 경국대전, 대전속록 및 경국대전주해는, 상속재산은 본래 부조(父祖)로부터 전계받은 것이므로 자녀가 없는 사람의 상속재산은 도로 그 부모에게 귀속하게 되어 그 동생(피상속인의 형제자매)과 이들을 대습하는 자녀(피상속인의 질과 질녀) 및 손(피상속인의 종손자녀)이 제1차적인 본족이 되며, 이들이 없을 때에는 상속재산은 다시 조부모에게 귀속되므로 그 직계비속인 피상속인의 백숙부와 고모 및 이들의 자녀(피상속인의 종형제자매)가 제2차적인 본족이 된다고 풀이하고 있다. 이른바 게르만법상의 친계주의(Parentelsystem)와 같은 원리이다. 피상속인에게 본족도 없는 경우의 상속재산은 국가에 귀속된다(經國大典 刑典 私賤條: 無子女嫡母奴婢,… 無本族則屬公).

전근대 상속법에서는 일반적으로 배우자 상속권을 인정하지 아니하였다. 그러나 한국의 상속법제에 있어서는 제1순위의 상속인, 즉 피상속인에게 자녀가 없는 경우에 한하여 종신용익권(생애권, life interest)을 부여하였다. 이러한 법리는 고려말의 입법에서도 확인할 수 있는데, 잔존배우자 특히 유처(遺妻)의 사후부양을 고려한 것이다. 다만, 유처는 재가하지 않아야 한다. 따라서 제2순위 상속인인 본족이 상속재산을 취득하게 되는 것은, 잔존배우자가 사망한 뒤라야 가능하다. 잔존배우자에게 종국적인 소유권의 귀속을 인정하지 아니한 것은, 조업이 타족에게 귀속되는 것을 방지하기 위한 조치이다. 때문에 잔존배우자가 이와 같은 고려를 무시하고, 망배우자의 유산을 임의로 처분할 수는 없는 일이며, 그러한 처분행위는 본족의 상속권을 침해하는 것으로 된다. 따라서 잔존배우자가 망배우자로부터 상속받은 재산을 처분할 수 있더라도, 그것은 망배우자가 자기의 본족에게 분재를 해주는 것과 같은 의미에서만 허용될 뿐이었다(經國大典 刑典 私賤條: 無子女夫妻奴婢, 雖無傳係, 生存者區處, 本族外, 不得與他).

위에서 본 바와 같이 조선조의 상속법에서도 대습상속이 허용되었다. 경국대전은 제1순위의 상속인의 경우에만 대습상속을 인정하고 있었는데(經國大典 刑典 私賤條: 勿論子女存沒分給. 同註: 身沒無子孫者, 不在此限), 그 후에는 피상속인보다 먼저 사망한 상속인에게 직계비속이 있는 경우에도 대습상속을 허용하는 것으로 확대된다. 부(夫)가 처를 대습하는 것은 인정되지 아니하나, 부(夫)가 시부모보다 먼저 사망하고 자녀도 없으며 재혼하지 않았을 경우에는, 처의 대습상속권이 인정되었다(大典續錄 刑典 私賤條: 註雖云身沒無子女者不在此限, 守信寡婦則給. 續大典 刑典 私賤條 註: 子女身沒無子孫者, 勿給分給, 而其妻守信則給). 왜냐하면 부(夫)가 시부모보다 먼저 사망하였으나 자녀가 있을 경우에는, 이들 자녀가 부(夫)를 대습하게 되고 그에 의해 유처도 부양을 받을 수 있게 되지만, 자녀도 없는 경우에는 제2순위의 상속인인 시부모의 본족이 상속하게 되어 유처의 생계유지가 곤란해지기 때문이다. 대습원인은 사망에 한한다.

(나) 균분공동상속주의

동순위의 상속인이 수인인 경우에는 공동상속인으로 되며, 원칙적으로 법정상속분은 균분이다. 남녀에 따른 차이는 없다. 다만 승중자에게 2할의 가급을 인정하고(長子權), 적첩(嫡妾)의 신분에 따른 차별이 있었다.

(다) 분할주의

부모는 생전에 가산을 분재하여 실질적인 상속을 행하거나 아니면 상속문서를 미리 작성하여 상속재산의 분할을 지정할 수 있었다. 또 공동상속인들도 부모의 3년상을 마친 뒤에는 언제든지 분할을 협의하거나(和會) 분할을 청구할 수 있었다. 아울러 상속권침해로 인한 제소기간은, 일반적인 소의 제소기간인 5년의 제한을 받지 않았다(經國大典 戶典 田宅條: 凡訟田宅, 過五年則勿聽. 同註: 父母田宅合執者, 不限年). 공동상속인의 분할청구권을 보장하기 위한 조치였다.

조선시대의 성문상속법제의 주요 내용은 위와 같다. 그러나 재산상속에서의 초기의 공동균분상속원칙은 후기로 넘어올수록 그대로 유지될 수 없게 된다. 공동상속의 필연적 결과인 상속재산의 세분화 · 영세화가 초래되었기 때문이다. 아울러 종법제의 정착에 따라 상속에서도 여자는 경시되게 된다. 그리하여 조선후기의 상속관행은 점차 남자중심 · 장자우대의 모습으로 자리잡게 된다.

4. 조선민사령시대

조선민사령 제11조에 의하여 상속에 관한 사항은 관습법에 의하게 된다. 그 후 조선민사령 제11조의 제2차 개정(1923.7.1.)에 의하여 상속의 승인(이 당시의 일본민법 §1023부터 §1037), 상속재산의 분리(위 §1047부터 §1051)에 관하여는 일본민법을 의용하게 된다.

상속의 형태로는 1933년까지는 제사상속, 호주상속 및 재산상속의 세 가지가 인정되었다. 그리고 제사상속이나 가계계승의 원리에 관하여는 종래의 성문법제의 내용을 그대로 채택하게 된다. 이는 성질상 성문법제의 내용과 실제의 관행이 괴리될 여지가 없었기 때문이다. 한편 제사상속은 1933년 3월 3일 조선고등법원 판결에 의하여 법제에서 제외되고 도덕과 관습에 맡겨지게 된다. 따라서 이때부터 상속법은 호주상속과 재산상속만을 규제대상으로 삼게 되었다. 재산상속에 관한 기본원리가 종래의 그것과 비교할 때 어떻게 달라졌는가를 중심으로 살펴보면 다음과 같다.

재산상속에 관한 관습법으로 정립된 것은, 성문상속법제의 내용과 크게 달라진 남자중심 특히 장자중심의 조선 후기의 상속관행이다. 이때 일본상속법 즉 가독(家督)상속의 법리가 침투되어 상속의 기본원리가 변경된다.

종래의 재산상속원리는 조업주의라는 단일의 원칙에 입각하고 있었으나, 관습재산상속법은 재산상속을 호주상속과 연결지어 규율해야 할 경우와 그렇지 아니한 경우로 나누어 이원적 구조로 규정하였다. 피상속인의 신분이 남호주인 경우에는, 제1차적인 상속인으로서의 자격이 인정되는 사람으로서 가계를 계승할 자격이 있는 남자손만을 규정하여 여자손을 상속에서 배제하고, 호주상속을 겸하게 되는 장자를 특히 우대하게 된다. 상속분에 현저한 차이가 있지만, 차자 이하의 자(子)도 상속에서 배제되지 않으므로, 장자단독상속의 가독상속과는 달리 공동상속이라고 설명하기도 하였다. 그러나 호주상속을 겸하는 장자가 일단 유산 전부를 독점상속하고, 차자 이하의 다른 상속인이 분가할 때에 분재하며, 분가에는 호주의 동의가 필요요건이었음을 감안한다면, 사실상의 장자단독상속이라 할 수 있다. 반면에 피상속인이 남호주가 아닌 가족일 경우에는, 남녀를 불문하고 공동균분상속하는 것으로 보고, 이를 유산상속이라고 불렀다. 일본 민법상의 가독상속과 유산상속의 원리가 그대로 반영된 것이다. 요컨대 상속재산을 조업이라 관념하지 않고 가산으로 간주하며, 상속자격을 인정하는 요건으로서 자연적인 혈연보다는 피상속인과의 가적(家籍)의 동일성 유무를 중시하는 등의 변화가 초래되었다. 그 결과 호주상속이 상속법의 전면에 등장하게 되고 재산상속은 그에 예속되었으며, 상속에서의 남녀 · 적서의 차별이 더욱 확대되었다.

아울러 유언에 관하여는 일정한 관습이 존재하지 않았다는 입장으로 일관하였다. 유언의 방식에 관한 관습도 없고, 유언의 자유를 제한하는 유류분제도의 관습도 없다고 단정하였던 것이다. 조업주의하에서는 유언의 자유를 제한하는 유류분제도가 필요하지 않았던 점을 이해하지 못한 것이나, 어쨌든 전근대상속법의 특성을 그대로 담고 있었던 관습상속법이 절대무제약의 유언의 자유를 인정해야 한다는 근대법의 정신을 관철한 아이러니가 발생한 것이라 할 수 있다.

5. 현행법시대

(1) 1958년 제정민법

1958년 제정민법은 점진적 개혁론이라는 입법방침에 따라 상속법을 성문화한다. 당연한 결과로 구민법시대의 관습상속법, 일본민법의 상속법 및 근대상속법원리가 복합된 국적불명의 상속법이 채택된다. 체계상으로도 호주상속과 재산상속 양자를 규제하는 복합구조를 갖게 되었고, 내용의 측면에서도 이중의 복합원리를 담게 되었다. 즉 호주상속에서는 전근대법의 상속원칙을 그대로 답습하여 생전상속의 허용, 강제상속주의, 남계우선주의 및 적서차별주의를 규정할 수밖에 없었는 데 반하여, 재산상속에서는 근대적 상속원칙이라 할 수 있는 절대무제한의 유언의 자유를 전면에 내세우면서도 장자우대, 여자에 대한 차별을 인정하였던 것이다. 재산상속제도의 특색으로는 다음을 지적할 수 있다.

첫째, 절대무제한의 유언자유의 인정이다. 관습상속법에서도 유류분의 관습이 존재하지 않았다는 점을 들어 무제약의 유언의 자유를 인정한 바 있었으나, 이는 한국 고유의 상속법제를 알지 못하였던 데서 비롯된 결과이다. 1958년 제정민법이 이를 그대로 답습한 측면도 없지 않다. 그러나 심의과정에서 "유류분제도를 인정함으로써 소유자처분의 자유를 억제함은 시대의 추세에 역행하는 것"이라는 주장이 있었던 것으로 보아 그대로 답습하고자 했던 것만은 아니었다. 근대법이 확립한 소유권의 자유를 상속법분야에서 가장 철저하게 유지하고자 했던 것이 1958년 상속법이라 할 수 있다.

둘째, 호주상속과 재산상속을 일단 분리시킴으로써 관습상속법에서 볼 수 있었던 호주상속인의 재산상속에서의 절대 우월은 지양되었다. 그러나 호주상속인에게 여전히 5할의 가급권, 제사용재산의 단독상속권이 부여되었다.

셋째, 배우자를 혈족과 동렬의 상속인으로 규정하고, 피상속인이 남호주일 경우에는 상속에서 배제되었던 여자의 상속권을 인정하여 실질적인 공동상속제를 채택하였다. 배우자를 직계비속이나 직계존속과 동순위의 상속인으로 규정한 것은 1958년 제정민법에서부터이다. 아울러 혼인 외의 자녀에 대한 상속상의 차별을 철폐한 것은 특기할 만한 사항이다. 그러나 남자와 여자의 법정상속분의 차등화, 특히 가적을 달리하는 여자의 법정상속분에 대한 차별과 같은 전근대적 요소도 잔존하게 되었다.

(2) 1977년 개정민법

1977년 가족법의 일부개정에 의하여 상속법도 일부개정된다. 법정상속분의 조정과 유류분제도의 신설이 있었다.

1958년 제정민법이 동일 가적 내의 여자의 상속분을 남자의 2분의 1로 규정하던 것을 균분으로 하고, 유처가 직계비속과 공동상속할 경우에는 남자의 2분의 1, 직계존속과 공동상속할 경우에는 균분이었던 것을 대폭 상향 조정하여 직계비속 및 직계존속의 상속분에 5할을 가산하도록 하였다. 처가 사망하였을 때의 부(夫)의 상속상의 지위는 개정되지 아니하였다. 즉 직계비속이 있을 때는 이들과 공동상속하고 상속분은 균분이며, 직계비속이 없을 때에는 단독상속하는 종래의 법이 그대로 유지되었다. 법정상속분만을 본다면 여성 우위의 결과가 발생한 것이다.

절대무제한의 유언자유의 원칙을 수정하여 유류분제도를 신설하였다. 또 유류분제도의 신설에 따라 특별수익자의 상속분을 규정하는 제1008조의 단서를 삭제하였다. 신설된 유류분제도의 유형이 어떠한 유형에 속하는가에 대하여는 논란의 여지가 있으나, 유언상속주의에서 법정상속주의로의 전환이 이루어지게 되었다고 할 만하다.

(3) 1990년 개정민법

1990년의 민법 개정, 즉 가족법의 대개정에 의하여 상속법도 적지 않은 변화를 맞게 되었다. 우선 호주상속이 호주승계로 대체되어 친족편의 규제대상으로 됨에 따라, 상속편은 재산상속만을 규제하게 되었다. 그리하여 법문에 재산상속이라고 표현되어 있었던 것을 상속이라는 용어로 바꾸고, 재산상속의 경우에도 준용되던 호주상속에 관한 규정을 대체하는 조문을 신설하였다.

이러한 형식적인 변화 이외에 실질적인 면에서의 변화도 적지 않다. 즉 상속에서의 평등화를 추구하였다. 호주의 지위를 승계하는가의 여부에 따라 인정되던 장자권을 폐지하고, 피상속인과 가적을 달리하는 여자의 상속분 차별을 철폐하여 남녀, 기혼 · 미혼의 차별없이 상속분을 균분으로 한 것이 그것이다. 아울러 배우자의 상속분도 처의 경우와 부(夫)의 경우가 달랐던 점을 시정하고, 피대습자의 처에게만 인정되던 대습상속권을 부(夫)에게도 확대하여 남녀평등의 원칙을 관철시켰다. 이와 같은 형식적 평등만을 실현한 것이 아니라, 기여분제도를 신설하여 실질적 평등을 도모하고, 특별연고자에 대한 재산분여제도를 신설하였다.

(4) 2002년 개정민법

헌법재판소의 위헌 내지 헌법불합치 결정에 따른 개정이다. 헌법재판소는 상속회복청구권의 제척기간에 관한 제999조 제2항 후단(헌법재판소 2001.7.19. 선고 99헌바9 등 결정), 법정단순승인사유에 관한 제1026조 제2호(헌법재판소 1998.8.27. 선고 96헌가22 등 결정)에 대하여 각각 위헌 내지 헌법불합치 결정을 내린 바 있다. 이에 따라 2002년의 민법 개정에 의하여 상속회복청구권의 제척기간이 수정되고 특별한정승인제도가 도입되었다.

(5) 2005년 개정민법

2002년 1월 14일 민법 개정에 의해 신설된 제1019조 제3항, 이른바 특별한정승인제도(단순승인을 하거나 단순승인으로 간주된 후 한정승인을 할 수 있는 제도)는, 민법 부칙 제3항에서 그 소급적용의 범위를 "1998년 5월 27일부터 이 법 시행(2002.1.14.) 전까지 상속개시가 있음을 안 자"로 제한하고 있었다. 그러나 헌법재판소 2004.1.29. 2002헌가22 등 결정은 이에 대하여, "1998년 5월 27일 전에 상속개시가 있음을 알았으나 그 이후에 상속채무가 상속재산을 초과하는 사실을 안 자"를 포함하는 소급적용에 관한 경과규정을 두지 아니하는 한 헌법에 위반된다고 판시하였고, 그에 따라 위 범위에 속하는 사람에게도 특별한정승인의 기회를 부여하도록 민법 부칙이 개정되었고, 특별한정승인에 따른 보완규정이 신설되었다.

(6) 2022년 개정민법

2022년 12월 13자의 민법개정(법률 제19069호, 2022년 12월 13일 시행)은 상속개시 당시 미성년자인 상속인의 법정대리인이 상속을 단순승인을 하였더라도 이와 관계없이 미성년자인 상속인이 성년이 된 후 한정승인을 할 수 있는 특별절차를 마련함으로써(§1019④) 미성년자 상속인의 자기결정권 및 재산권을 보호하기 위한 것이다.

6. 현행상속법의 기본문제

현행상속법의 기본문제에는 여러 가지가 있겠으나, 우선 상속법을 통하여 추구하고자 하는 기본가치를 무엇으로 볼 것인가라는 문제를 들 수 있다. 근대상속법은 본질적으로 피상속인의 의사를 존중할 것인가 아니면 상속인의 보호와 상속인간의 형평성 유지에 더 많은 가치를 부여할 것인가라는 문제를 안고 있다. 피상속인의 의사의 존중이라는 과제는 유언의 자유를 통하여 보장된다. 유언에 의한 재산처분의 자유는 사적 자치 내지 소유권의 자유와 계약자유의 원칙에 비추어 유지되어야 한다. 아울러 과거와는 달리 상속에 의하여 유족의 생활이 보장되어야 할 실제상의 필요성도 점차 약화되고 있는 상황을 고려할 때, 또 상속인의 수가 소수인 경우에는 균분원칙의 중요성은 그리 크지 않다는 점을 고려한다면, 현대상속법에서는 피상속인의 의사의 존중이 보다 강조되어야 할 것으로 생각한다. 이러한 점에서 현행상속법이 법정상속을 무유언상속으로 규정한 것은 타당하다.

유언상속주의는, 혈족집단 내에 재산을 고정시키고 그에 의해 가족의 안정을 기하려는 법정상속주의와 대립한다. 또 아직까지 한국의 실제는 유언의 활용도가 낮기 때문에, 대부분의 경우 법정상속을 통해 상속관계가 규율되고 있다. 따라서 법정상속은 여전히 가족생활에 있어 매우 중요하고, 유언에서도 하나의 규준 내지 모델이 되고 있다. 논리적으로는 피상속인의 의사의 존중에 더 많은 가치를 부여해야 하면서도, 상속관계를 둘러싼 문제를 해결함에는 법정상속을 지도하는 상속인의 보호와 상속인 간의 형평성 유지라는 점이 강조되어야 할 필요가 있는 것이다.

두 번째로는 배우자상속권과 혈족상속권의 관계를 어떻게 설정할 것인가에 관한 문제라고 본다. 근대상속법상의 법정상속인에는 계통을 달리하는 혈족상속인과 배우자상속인 두 종류가 있다. 양자의 상속권의 근거도 다르다. 배우자 상속권은, 재산분할청구권과 마찬가지로 혼인재산의 청산과 부양에 근거하고 있다고 할 수 있다. 양자의 상속권의 근거가 다른 만큼 상속상의 지위도 별개의 것으로 취급되어야 할 이유는 충분하다. 혈족상속권과 배우자상속권의 관계는 법정책에 따라 달라질 문제이나, 배우자상속권에 더 많은 비중을 두고, 확대의 길로 나아가고 있는 추세이다. 이에 대하여는 혈족주의에 근거한 반발이 작지 않은 것도 사실이다. 그러나 현행상속법과 같이, 배우자의 상속상의 지위를 혈족상속인의 지위와 직접 연결지어 규정하는 한, 배우자의 법정상속분을 아무리 상향 조정한다 하더라도, 혈족상속인의 수가 늘어나는 만큼 실제의 취득분은 적어지는 결과를 피할 수 없게 된다. 기여분제도나 유언의 활용을 통하여 어느 정도 극복될 수 있는 문제이고, 상속인으로 될 자녀의 수가 1인 내지 2인에 불과한 현실에서는 큰 문제가 되지 않는다고도 할 수 있으나, 기본입장의 전환이 필요하다고 생각한다.

〈상속법상의 기초개념〉

다음 용어들은 사용되고 있는 법문이나 경우에 따라 그 구체적인 의미가 달라진다. 상속법의 올바른 이해를 위해서는 이들 용어의 정확한 의미 파악이 필요하다.

① 상속 : 자연인이 지닌 재산상의 지위(법률관계)가 그 사람의 사망을 사유로 특정

인에게 포괄적으로 이전되는 것을 말한다.

② 피상속인 · 상속인 : 상속인은 상속을 하는 사람으로서, 피상속인의 재산법상의 지위를 승계하는 사람이다. 상속개시 전에는 장래피상속인, 추정상속인이다.

③ 상속권 : 상속의 효과를 받을 수 있는 상속인의 지위를 말한다. 그러나 상속개시의 전후에 따라 상속인의 구체적 지위는 다르고, 그에 따라 상속권의 의미도 달라진다.

㉮ 기대권적 상속권 : 상속개시 후 상속인으로서 피상속인의 재산을 승계할 수 있는 지위 내지 자격을 가지고 있는 추정상속인(§1001, §1003)이 갖는 상속권을 말한다. 그러나 기대권이라고 하여도 그 권리성은 약하며, 재산법적으로는 거의 내용이 없다. 따라서 이는 처분이나 담보의 목적으로 될 수 없다.

㉯ 형성권적 상속권 : 상속개시 후 상속의 승인이나 포기 전에 상속인이 갖는 상속권, 즉 상속을 승인함으로써 상속재산을 취득할 수 있는 권리를 말한다. 상속인은 상속개시시부터 피상속인의 재산을 승계하나, 상속인이 상속상의 지위를 취득해야 할 의무는 없다. 상속개시 후 상속의 효과를 거부할 수 있는 것이다. 이처럼 상속은 개시되었지만, 상속의 효과발생이 미확정상태에 있는 동안에 상속인이 가지는 지위를 형성권적 상속권이라 한다.

㉰ 기득권적 상속권 : 승인에 의하여 상속재산에 속하는 일체의 권리의무를 승계한 상속인이 갖게 되는 상속권을 말한다. ㉯의 불확정적 · 기대적 지위는 승인에 의하여 번복될 수 없는 확정적 지위로 바뀌게 되는 것이다.

④ 상속재산: 상속의 객체로 되는 피상속인의 적극 · 소극재산 전체를 일체로 파악하여 상속재산이라 한다. 상속분산정을 위한 의제적 개념일 때는 상정상속재산, 간주(의제)상속재산이라 하여 이와 구분한다.

■ 심화학습

• 고령사회의 도래에 따른 상속법의 과제는?

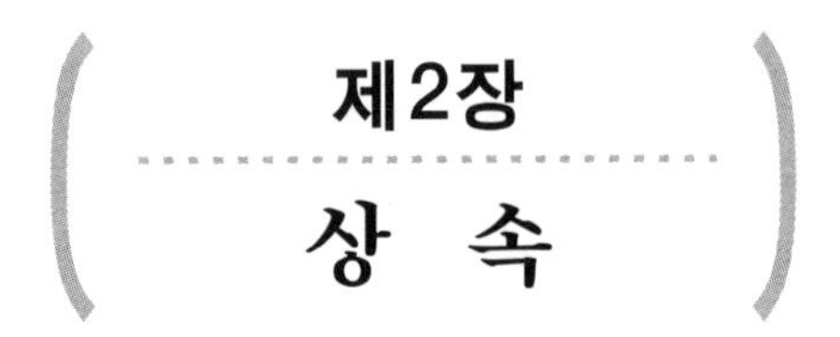

제2장 상 속

예습과제

Q1 상속은 언제 개시되는가?

Q2 상속권 침해에 대한 법적 보호방안으로는 무엇이 있는가?

Ⅰ. 총 칙

1. 상속의 개시

(1) 개시의 원인

현행법은 “사망으로 인하여” 상속이 개시되는 것으로 규정한다(§997). 여기에서의 사망은 자연인의 자연적 사망과 의제적 사망인 실종선고(§28)를 포함하고 등록법상의 인정사망(등록법 §87)의 경우에도 상속은 개시된다. 상속은 사망이라는 법률요건만 갖추어지면 당연히 발생하는 법률효과이므로, 상속인이 피상속인의 사망을 알아야 할 필요도 없고, 상속신고나 상속등기가 있어야 개시되는 것도 아니다.

(2) 개시의 시기

상속개시의 시기는 위의 원인이 발생한 때이다. 뇌사의 인정 여부가 문제되기도 하나, 전통적 견해는 맥박과 호흡의 영구적 정지와 동공(瞳孔)의 확산으로 자연적 사망을 판단하며, 보통 의사의 진단으로 확정한다. 장기이식과 관련해서는 뇌사도 사망으로 인정되고 뇌사자의 사망시각은 뇌사판정위원회가 뇌사판정을 한 시각으로 한다(장기 등 이식에 관한 법률 §21②). 사망신고서에도 사망년월일시를 기재하여야 한다(등록법 §84② ii). 인정사망의 경우는 사고를 조사한 관공서가 인정한 시기가 사망시로 된다. 사망통보에 의한 사망기록의 효력은 추정력을 지닐 뿐이므로 반증에 의해 번복될 수 있다. 실종선고의 경우는 실종기간만료시가 사망시로 되므로(§28), 그 기간의 종료일에 상속이 개시된다. 다만 상속세의 부과와 관련해서는 실종선고일이 상속개시일로 된다(상속세 및 증여세법 §1①). 실종선고는 사망을 의제하므로 이와 반대되는 사실이 증명되더라도 당연히 번복되지 아니하고 실종선고취소의 절차가 행해져야 한다(§29 참조). 실종선고의 취소사유가 있다는 사정만으로 실종선고로 인하여 개시된 상속의 효력은 부정되지 아니한다(대법원 1994.9.27. 선고 94다21542 판결).

인정사망의 요건은 위난실종선고의 요건에 해당하므로 인정사망으로 처리된 사람에 대한 실종선고도 가능하고(등록예규 제200호 §5), 그에 따라 상속개시시가 달라질 수 있다. 그러나 사실과 다른 사망신고에 의하여 사망처리된 경우 사망기록의 추정력을 번복할 수 있는 자료가 없는 한 실종선고를 할 수 없다(대법원 1997.11.27.자 97스4 결정).

- 6 · 25 전쟁 당시 폭격을 당하여 사망하였을 것이라는 말만 들었을 뿐 행방불명이 된 사람에 대하여 실종선고절차를 밟지 않고 사망신고를 한 경우, 그에 대하여 실종선고를 할 수 있는가?(대법원 1995.7.5.자 94스26 결정)
- 위의 경우 허위의 인우보증서를 받아 사망한 것으로 신고하였을 때에는 실종선고를 할 수 있는가?(대법원 1984.9.13.자 84스11 결정)

인정사망이나 실종선고에 의하지 아니하더라도, 위난 발생시 사망한 것으로 확정함이 우리의 경험칙과 논리칙에 비추어 당연한 경우에는 법원이 사망사실을 인정할 수도 있다(대법원 1989.1.31. 선고 87다카2954 판결).

부모와 자녀와 같이 상속관계가 발생될 수 있는 복수의 사람이 수난, 화재 등 동일한 위난으로 사망하였을 때는, 사망시기의 선후를 확정하기가 곤란하다. 상속개시의 시기가 언제인가에 따라 상속관계가 크게 달라짐을 고려할 때, 사망시기의 입증을 관계 당사자에게만 맡긴다면, 먼저 상속재산을 취득하기 위한 조치를 취한 사람에게 유리하게 된다. 이 때문에 민법은 2인 이상이 동일한 위난으로 사망한 경우에는 동시에 사망한 것으로 추정하고 있다(§30). 이 추정은 법률상 추정으로서 이를 번복하기 위하여는 동일한 위난으로 사망하였다는 전제사실에 대하여 법원의 확신을 흔들리게 하는 반증을 제출하거나 또는 각자 다른 시각에 사망하였다는 점에 대하여 법원에 확신을 줄 수 있는 본증이 제출되는 등의 충분하고도 명백한 증명이 없는 한 위 추정은 깨어지지 아니한다(대법원 1998.8.21. 선고 98다8974 판결).

그리고 동시사망한 사람 서로 사이에는 상속이 개시되지 않는 것으로 보는 것이 일반원칙이다. 때문에 실제로는, 부자(父子)가 동시사망한 경우에는 자녀가 먼저 사망한 것과 동일한 결과로 된다. 따라서 제1001조와 제1003조 제2항이 대습의 요건으로 "상속개시 전에 사망"할 것을 규정하고 있으나, 동시사망의 경우에도 대습상속은 인정된다(대법원 2001.3.9. 선고 99다13157 판결). 예컨대, A와 B가 동일위난으로 사망하였을 때에는, 피상속인 A의 상속재산은, 제1순위의 상속인인 직계비속 B는 없는 것으로 되어 제2순위자인 직계존속 D와 그 배우자인 C가 공동상속하게 된다.

```
조(祖)   D
         |
부(父)   A — C (처)
         |
         B — E (처)
         |
         F (자녀)
```

그러나 이때 B에게 처 E나 자녀 F가 있다면, B를 대습하는 E, F와 처 C가 A의 상속재산을 공동상속하게 되고, 그 부(父) D는 상속에서 제외된다. 민법은 동일위난의 경우만을 규정하나, 별개의 사고로 사망하였지만, 사고발생시기가 서로 근접하여 그 선후를 판단하기 어려울 경우에도 유추적용을 긍정해야 할 것이다.

상속의 효력은 상속이 개시된 때부터 발생되므로 상속개시의 시기확정은 상속을 둘러싼 각종 문제를 해결할 때에 그 표준이 된다. 예컨대 ① 상속인의 자격, 능력의 결정, ② 상속에 관한 소권, 청구권의 시효진행, ③ 상속의 효력발생, ④ 상속재산의 산정, 상속분 · 유류분의 산정, ⑤ 상속재산의 분할과 상속포기의 효력발생시기, ⑥ 유언의 효력발생시기 등을 결정하는 표준이 된다.

(3) 개시의 장소와 비용

1) 장 소

상속개시의 장소라 함은, 상속재산분할에 관한 협의와 같은 상속에 관한 구체적인 절차가 행해지는 곳일 뿐만 아니라, 상속이 개시된 경우에 피상속인으로부터 상속인에게 권리가 이전되는 관념적인 장소적 중심지를 뜻한다. 또한 상속개시지는 상속과 유언에 관한 라류 가사비송사건의 재판관할의 기준으로 된다(가소 §44). 상속개시에 관한 입법주의로는 사망지주의, 본적지주의, 주소지주의가 있는데, 현행법은 피상속인의 주소지를 상속개시의 장소로 규정한다(§998). 민법상 주소라 함은 생활의 근거가 되는 것을 말하며, 동시에 두 곳 이상 있을 수 있다(§18). 따라서 주소가 복수인 경우에는 그 중 어느 하나를 상속개시의 장소로 확정해야 하는데, 통설은 최후의 주소지로 해석한다. 피상속인의 주소를 알 수 없는 경우 또는 국내에 주소를 두고 있지 아니할 경우에는 거소를 주소로 보고(§19, §20), 주소나 거소가 국내에 없거나 알 수 없는 때에는 대법원이 있는 곳의 가정법원, 즉 서울가정법원이 관할법원이 된다(가소 §13②, §35②).

- 상속세 및 증여세법시행령 제1조 제2항은 거주자가 2 이상의 주소지를 두고 있는 경우에는 「주민등록법」의 규정에 의하여 등록된 곳을 주소지로 한다고 규정하고 있다. 그렇다면 주민등록지를 주소로 결정해야 하는가?(대법원 1990.8.14. 선고 89누8064 판결)

상속개시의 장소를 규정하는 것은 주로 상속에 관한 재판관할을 결정하기 위한 필요성에서 비롯된다. 상속에 관한 소 또는 유증 그밖에 사망으로 인하여 효력이 생길 행위에 관한 소는 상속개시 당시의 피상속인의 보통재판적 소재지의 법원이 관할하며(민소 §22), 사람의 보통재판적은 주소에 의하여 정한다(위 §3). 상속재산에 관한 파산사건은 상속개시지를 관할하는 법원의 전속관할이다(채무자 회생 및 파산법 §3⑧). 가정법원의 전속관할로 되어 있는 라류 상속에 관한 사건(가소 §2① 라류 제26호부터 제44호) 및 유언에 관한 사건은 상속개시지의 가정법원의 관할이다(가소 §44vi, vii).

2) 상속비용

상속에 관한 비용은 상속재산 중에서 지급한다(§998의2). 상속에 관한 비용이라 함은 주로 상속재산에 대한 이해관계인을 보호하기 위해 지출되는 비용으로 상속재산의 관리 및 청산을 위한 비용과 소송, 재산목록작성, 유언집행 등의 비용을 말한다. 조세공과, 장례비용 등이 포함된다(통설).

- 피상속인의 장례비용, 묘지구입비, 상속재산관리를 위한 소송비용은 상속인들이 각 상속분에 따라 부담하여야 하는가?(대법원 1997.4.25. 선고 97다3996 판결)
- 상속인들이 피상속인 명의의 보험계약을 해약하고 그 환급금을 수령하여 이를 전부 피상속인의 장례비용에 충당하였다. 상속인들이 한정승인신고를 하면서 해약환급금을 상속재산의 목록에 기재하지 아니한 것이 법정단순승인 사유인 제1026조 제3호의 "고의로 재산목록에 기입하지 아니한 때"에 해당하는가?(대법원 2003.11.14. 선고 2003다30968 판결)

상속에 관한 비용은 상속개시 후에 발생하는 점에서 상속채무와 다르고, 상속과 관련하여 발생하는 점에서 상속인 고유의 채무와도 다르다. 따라서 이 규정은 상속의 한정승인이나 포기, 재산의 분리 등이 행해져 상속재산과 상속인 고유재산의 분리가 발생할 때에 의미가 있다. 상속비용은 성질상 상속채무보다는 우선변제되어야 하나, 우선변제권이 있는 다른 채권보다 앞서지는 못한다.

한국의 관행상 상속비용, 특히 장례비용이 상속재산 중에서만 지급되는 것은 아니다. 고래의 미풍이라 할 수 있는 친지 및 친족간의 상조정신에 바탕을 둔 부의금에서도 충당된다.

- 육군 대위로 근무하던 甲이 공무수행 중 사망하자 소속 부대로부터 부조금조로 甲의 처 乙에게 금원을 지급하였다. 이에 乙과 공동상속인인 甲의 부모는 위 부조금 중 자신들의 상속분에 해당하는 금원의 지급을 청구할 수 있는가? 군인연금법 제32조의2 제2항은 "군인이 사망한 때에는 그 배우자에게 사망조위금을 지급하되, 배우자가 없는 경우에는 장제를 행하는 자에게 지급한다"고 규정하고 있다(대법원 1992.8.18. 선고 92다2998 판결).

---

(4) 상속에 관한 신고

상속인 또는 수유자는 상속개시일이 속하는 달의 말일부터 6개월 이내에 납세지 관할세무서장에게 상속세과세표준신고를 하여야 한다(상속세 및 증여세법 §67①). 그러나 이는 상속세의 부과를 위한 조치일 뿐 상속의 효과발생과는 무관하다.

2. 상속회복청구권

(1) 의 의

상속은 피상속인의 사망이라는 우연한 사실에 의하여 개시되고, 상속인은 그 사실을 알든 모르든 또는 상속재산이 상속인에 의하여 현실적으로 지배되고 있는가를 불문하고, 법률상 당연히 승계한다. 이와 같이 상속에 의한 승계는 관념적이다. 따라서 현실에서는 법률상 자격이 없는 사람, 예컨대 상속결격자, 후순위상속인 등이 고의 또는 착오로 스스로 상속인이 되어 상속재산을 사실상 점유하고 관리하는 경우도 있게 된다. 이때 정당한 상속인(진정상속인)이 있다면, 참칭(표현)상속인에 대하여 자신의 권리회복을 구하는 방법이 법률상 보장되어야 한다. 이를 위한 것이 상속회복청구권이다

상속회복청구권은 로마법의 상속회복의 소(hereditatis petitio)에서 유래하며, 독일 보통법에 계수되어, 근대법에서는 독일민법(§2018 이하)이나 스위스민법(§589 이하)이 이를 상세히 규정하고 있다. 프랑스민법은 명문의 규정을 두고 있지 아니하나, 판례가 인정한다. 이 청구권은 다음을 고려한 것으로 이해되고 있다.

첫째, 진정상속인의 입장에서는 복잡한 내용의 상속재산 모두에 대하여 그 권리의 진정 여부를 개별적으로 조사 · 주장하는 것은 사실상 어렵고, 빠뜨릴 우려도 있다. 이 때 이를 일괄하여 회복하는 수단이 부여된다면 그 실익이 크다.

둘째, 설사 진정상속인이 상속에 의해 취득하는 구체적인 개별 권리에 근거하여 그 회복을 청구하는 것이 가능하더라도, 진정상속인은 그 권리가 피상속인에 속하는가(권원)를 소급하여 증명해야 한다. 그런데 피상속인 스스로가 권원의 존재를 입증하는 것도 사실상 어려운 점을 감안한다면, 이는 진정상속인에게 지나치게 가혹하다. 따라서 이를 경감시키기 위한 것이다.

셋째, 그러나 진정상속인이 언제까지나 그 반환을 청구할 수 있게 되면, 참칭상속인에게 가혹하고, 참칭상속인과 거래한 제3자의 이익을 해하게 된다. 때문에 단기의 제척기간을 정하여 상속관계의 빠른 안정을 기할 필요가 있다는 점을 고

려한 것이다.

통설은, 한국 민법상의 상속회복청구권제도의 취지도 동일하다고 설명한다. 헌법재판소의 입장 또한 마찬가지이다(헌법재판소 2004.4.29. 선고 2003헌바5 결정). 그러나 이에 관한 단 하나의 법조문만을 두고 그 법적 성질, 요건, 효과 등에 관한 문제를 해석에 맡기고 있기 때문에, 이를 둘러싼 학설 · 판례의 대립이 심하다. 아울러 다음과 같은 근본적인 문제도 안고 있다.

제도의 취지를 놓고 볼 때, 이 제도는 분명히 진정상속인의 상속권을 보호하기 위한 것이다(헌법재판소 2009.9.24. 선고 2007헌바118 결정). 그러나 실제는 정반대의 결과를 초래하고 있다. 한국 민법은, 부동산물권변동과 관련하여 상속의 경우에는 권리취득을 위한 어떠한 형식도 필요하지 않다고 규정하여(§187), 형식주의의 예외를 인정한다. 즉 상속인은 등기 없이도 상속부동산의 소유권을 상속개시 시부터 취득한다. 그런데도 공용징수, 판결, 경매 그 밖의 법률의 규정에 의하여 부동산소유권을 취득한 사람과는 달리, 상속에 의하여 부동산소유권을 취득한 진정상속인만은 그 권리행사에 제한을 받고 있는 것이다. 다른 경우의 부동산소유권 취득자는 타인에 의하여 소유권의 침해를 받더라도 기간의 제한없이 구제를 받을 수 있는 데 비하여, 상속에 의한 부동산소유권 취득자는 그렇지 못한 것이다.

한편 상속관계의 조속한 확정을 위하여 단기의 제척기간을 두어야 할 필요성을 수긍한다 하더라도, 비교법적으로 볼 때 우리 민법과 같이 3년, 10년이라는 단기의 제척기간을 정하고 있는 입법례도 드물다. 진정상속인의 입장에서는 가장 불리한 입법에 속한다고 할 수 있다. 제도의 취지와는 달리 한국 민법상의 상속회복청구권은 진정상속인을 보호하기 위한 것이 아니라, 오히려 참칭상속인을 보호하기 위한 것이라고 해야 할 것이다. 그 무용성이 지적되기도 한다. 뿐만 아니라 취득시효제도와의 관계에서도 모순을 빚고 있다. 민법은 부동산의 점유취득시효기간에 대하여는 20년, 등기부취득시효기간에 대하여는 10년으로 규정하고 있다(§245). 그러나 그것이 상속부동산일 경우에는 3년이나 10년만 점유하고 있으면 소유권을 취득하게 되는 결과로 된다. 때문에 일부 학설은 상속부동산인 경우에는 취득시효의 요건을 따로 구성하여 모순을 피해야 한다고 주장하기도 한다.

(2) 성 질

1) 학 설

상속회복청구권은 상속권에 대한 침해를 배제하고 상속재산의 회복을 구하는 청구권이다. 통설은 상속회복청구권을 상속권의 존부확정이 청구의 전제이나, 상속권확인이 그 본질(상속자격확정설)이 아니라 급부청구가 그 본질(상속재산반환청구권설)이라고 이해한다. 그렇지만 상속회복청구의 원인인 "상속권의 침해"를 어떻게 이해할 것인가를 둘러싸고 견해가 대립한다.

(가) 독립권리설 · 포괄청구권설

이 입장은 상속권을 상속에 의한 권리승계의 자격으로 이해하고, 상속권의 침해는 이러한 상속자격에 대한 침해라고 설명한다. 때문에 상속회복청구권은 참칭상속인의 상속자격을 부인하고, 진정상속인인 지위를 회복할 것을 목적으로 하는 청구권이며, 개별적인 물권적 청구권과는 본질적으로 다르다고 주장한다. 즉 상속자격이 쟁점이고, 상속회복청구권은 상속권을 기초로 한 상속재산의 포괄적 청구권으로 독립된 청구권이라는 것이다. 따라서 소송에서도 상속자격에 대한 단순한 증명과 회복할 재산이 상속재산에 포함되어 있었다는 증명이 필요할 뿐이며, 진정상속인은 상속회복청구를 할 수 있을 뿐만 아니라 본권에 기하여 상속재산의 인도나 등기의 말소 등 개별적인 청구권도 행사할 수 있다고 본다. 이 입장은 상속권침해의 특수성을 배경으로 하고 있다.

이에 대하여는 현행 소송법과 맞지 않는다는 지적이 있다. 현행 민사소송제도는 상속재산의 포괄적인 회복을 가능하게 하는 구체적 소송절차를 예정하고 있지 아니하며, 판결(집행권원)의 집행에서도 그 대상이 특정되지 아니하면 집행할 수 없기 때문이다.

(나) 집합권리설 · 개별청구권설

이 입장은 상속권을 상속재산을 구성하는 개별 재산의 집합으로 이해하고, 상속권의 침해는 바로 이러한 재산에 대한 침해라고 설명한다. 따라서 상속회복청구권은 이러한 침해에 의해 발생하는 다수 청구권의 양적 집합에 불과하나, 상속재산은 상속에 의하여 포괄승계되는 독자성이 있기 때문에, 편의상 하나의 청구권으로 취급되고 있을 뿐이라고 한다. 아울러 상속을 이유로 상속재산의 반환을 청구하는 한, 그것이 상속재산 전체에 대하여 포괄적으로 행해지든, 특정재산에 대하여 개별적으로 행해지든, 또 참칭상속인에 대하여 행해지는 경우이건, 제3

취득자에 대하여 행해지는 경우이건 모두 상속회복청구권의 행사로 본다. 뿐만 아니라 청구의 명칭이 무엇이든지 간에 즉 인도청구, 등기청구 또는 등기말소의 청구이건 모두 상속회복청구권의 행사로 이해한다. 진정상속인이 상속에 의해 취득한 권리에 근거하여, 이를 침해한 참칭상속인에 대하여 그 회복을 구하는 것 모두를 상속회복청구권의 행사로 보기 때문이다. 이 입장은 상속회복청구권과 물권적 청구권과의 경합을 인정하지 아니한다.

2) 판 례

상속회복청구권의 법적 성질에 관한 현재의 판례의 입장은 집합권리설 · 개별청구권설에 입각하고 있다. 그러나 이러한 입장의 정리가 이루어지기까지는 착종이 있기도 하였다. 예외이기는 하지만, 다음과 같은 독립권리설 · 포괄청구권설에 입각한 판례도 있었다: 민법상 상속회복청구권의 소에 관한 제도가 있다 하더라도 이와 별도로 상속재산에 관한 물권에 기한 소송을 제기할 수 있으며 이 소는 상속회복청구권에 관한 민법 규정에 영향을 받지 아니한다(대법원 1977.11.22. 선고 77다1744 판결).

그러나 이와 배치되는 판례가 등장하고(대법원 1978.12.13. 선고 78다1811 판결), 이 입장이 선례로 확립된다.

이처럼 대법원의 입장이 집합권리설 · 개별청구권설로 바뀌었지만, 이는 선례를 변경하기 위한 전원합의체 판결을 거친 것은 아니었다. 아울러 일부 하급심에서는 위의 독립권리설 · 포괄청구권설에 따라 판단하였던 판결을 선례로 삼는 경우가 있게 되자, 대법원은 이에 관한 입장을 분명히 하면서 1978.12.13.자의 판결을 선례로 삼는다(대법원 1981.1.27. 선고 79다854 전원합의체 판결). 또 이 판결에 의하여 독립권리설 · 포괄청구권설에 따랐던 선례 대법원 1959.10.29. 선고 4292민상136의 판결이 폐기된다. 이후 대법원은 집합권리설 · 개별청구권설을 유지한다.

그러나 대법원 내에서도 집합권리설 · 개별청구권설이 가지고 있는 단점을 지적하는 견해도 적지 않아, 다시 한 번 전원합의체 판결이 있게 된다(대법원 1991.12.24. 선고 90다5740 전원합의체 판결). 이 판결에는 다수의견과 소수의견의 대립이 있었는데, 다수의견은 종래와 마찬가지로 집합권리설 · 개별청구권설을 취하였다. 현재의 판례 입장이다.

- 상속회복청구권의 법적 성질에 관한 대법원 1991.12.24. 선고 90다5740 전원합의체 판결의 반대의견의 요지는 무엇인가?(헌법재판소 2001.7.19. 99헌바9 등 결정의 위헌 이유와 비교할 것)

---

(3) 상속재산분할청구권과의 관계

예컨대, 공동상속인의 1인인 A가 상속재산을 자기의 단독명의로 상속등기한 데 대하여 다른 공동상속인 B가 상속재산의 분할 또는 공동명의로의 경정등기를 청구한 경우, A는 상속회복청구권의 제척기간경과를 주장하여 이를 거부할 수 있는가에 관한 문제이다.

1) 학 설

(가) 적 극 설

공동상속인은 개개의 상속재산에 대하여 상속분 즉 공유지분을 가지나, 위의 경우 그 지분을 초과한 부분에 대하여는 다른 공동상속인의 상속분=상속권을 침해한 것이므로 그 범위에 있어서는 참칭상속인이다. 따라서 상속회복청구의 문제로 보아야 한다.

(나) 소 극 설

양자는 전혀 그 평면을 달리한다. 즉, 상속회복청구권은 진정상속인과 참칭상속인간에 특별한 인적 관계도 없고, 상속재산을 누가 취득하는가에 관한 문제이므로, 권리관계를 명확하게 하기 위하여 진정상속인이 제척기간경과에 따른 불이익을 받게 되도 무방하다. 또 제척기간에 의한 참칭상속인을 보호하는 의의도 있다. 그러나 상속재산분할의 경우는 특별한 인적 결합관계가 있고 점유에서 배제된 공동상속인의 권리관계를 급하게 확정할 필요도 적으며, 권리불행사의 불이익을 부담시키는 것도 적당하지 않다. B의 희생에 기초하여 A를 보호할 이유도 없다.

2) 판 례

판례는 상속회복청구권의 성질을 집합권리설 · 개별적 청구권설에 입각하여 판단하고자 하였던 위의 선례 대법원 1978.12.13. 선고 78다1811 판결 이래 적극설을 따르고 있다. 이 사례는 제1014조의 상속재산분할 후의 피인지자 등의 상속분가액지급청구에 관한 사건인데, 판례는 이 청구권의 행사를 상속회복청구권의 행사로 보아 공동상속인 간의 상속권침해도 상속회복의 대상이 된다고 판단하였다.

특히 "공동상속하였음을 원인으로 하여 그 상속분에 따른 지분권을 취득하였음을 전제로 그 지분권에 기하여 상속재산을 처분한 대금의 반환청구를 하고 있음이 명백하므로 이는 상속회복청구의 소라 아니할 수 없고, 또 상속회복청구의 소로 인정되는 이상 그것이 개개의 재산에 대한 구체적인 권리를 행사하는 경우와 일반적인 상속인의 지위회복이나 상속재산 전체에 대한 상속인간의 분할을 의미하는 일반 상속회복청구의 경우를 나누어 제척기간의 기산점을 달리 볼 수는 없는 것"(대법원 1982.9.28. 선고 80므20 판결)이라는 판례에서 알 수 있는 바와 같이, 상속분을 침해당한 공동상속인의 상속재산분할청구를 일반 상속회복청구라고 이해하고 있다. 헌법재판소 2006.2.23. 선고 2003헌바38, 61 결정도 같은 취지이다. 이와 같이 해석한다면, 제1013조 제2항이 정하는 상속재산분할청구권의 의의는 반감된다. 오히려 대법원 1991.12.24. 선고 90다5740 전원합의체 판결에서 주장된 참칭상속권자에 관한 반대의견이 설득력이 있다고 본다.

공동상속인 중 1인이 협의분할에 의한 상속을 원인으로 하여 상속부동산에 관한 소유권이전등기를 마친 경우에, 협의분할이 다른 공동상속인의 동의 없이 이루어진 것이어서 무효라는 이유로 다른 공동상속인이 위 등기의 말소를 청구하는 소는 상속회복청구의 소에 해당한다(대법원 2011.3.10. 선고 2007다17482 판결).

(4) 상속회복청구권의 행사

1) 당 사 자

(가) 청구권자

상속권자(포괄수유자를 포함한다〈대법원 2001.10.12. 선고 2000다22942 판결〉) 또는 그 법정대리인이다(§999①). 법정대리인은 자신의 고유의 권리를 가지고 청구권자로 되는 것이 아니라, 진정상속인의 권리를 대리행사하는 것에 지나지 아니한다. 상속회복청구권은 일신전속권이기 때문이다. 따라서 그 밖의 친족이나 이해관계인은, 자신은 물론 진정상속인을 위해서도 대위행사할 수 없다. 그러나 공동상속인 전원이 공동으로 소를 제기할 필요는 없다.

진정상속인으로부터 상속분을 양수한 사람(§1011)은 청구권자로 되나, 상속재산의 특정승계인은 청구권자가 될 수 없다(통설). 상속회복청구권을 개별적인 물권적 청구권의 집합으로 이해하는 경우에는, 특정승계인도 청구권자로 인정되어야 하나, 상속회복청구권은 진정상속인의 일신에 전속되는 것으로 보아야 하기 때문에, 특정승계인은 청구권자로 될 수 없는 것이다.

상속권을 침해당한 진정상속인이 그 회복을 청구하지 아니한 채 사망한 경우 그 상속인에게 회복청구권이 승계되는가에 대하여는, 긍정설과 부정설이 대립한다. 긍정설은 상속회복청구권의 재산권성을 중시하고, 부정설은 일신전속성을 강조한다. 또 부정설은 진정상속인의 상속인 자신의 상속회복청구가 가능하기 때문에 승계를 인정할 필요가 없다고 본다. 양설의 실제상의 차이는 제척기간을 따지는 데서 발생한다. 다만 부정설을 취하더라도, 3년의 제척기간을 상속인의 상속인이 상속의 침해를 안 날로부터 기산하는 것이 아니라 상속인이 침해를 안 날로부터 기산하게 되면 긍정설과 차이는 없게 된다. 판례는 호주상속회복청구권과 관련하여 승계를 부정하는 판시를 한 바 있다(대법원 1990.7.27. 선고 89므1191 판결).

상속개시 후 인지된 사람의 상속분가액지급청구권도 상속회복청구권에 속하므로(다수설 · 판례), 피상속인 사후의 피인지자나 재판의 확정에 의해 공동상속인으로 된 사람도 청구권자로 된다.

(나) 상 대 방

참칭상속인이다. 참칭상속인이라 함은 정당한 상속권이 없음에도 불구하고 자기도 상속인임을 주장하고 상속인이라 믿게 할 만한 외관을 지니며 진정상속인의 상속권 일부 또는 전부를 침해하고 있는 사람을 말한다. 진정상속인의 상속권(또는 상속분)을 침해하기만 하면 참칭상속인으로 되고 별다른 요건을 필요로 하는 것은 아니다(대법원 1991.2.22. 선고 90다카19470 판결). 즉 참칭상속인의 선의 · 악의, 과실의 유무를 묻지 아니하며, 현재 상속재산을 점유하고 있기 때문에 객관적으로 상속권을 침해하는 사실상태가 발생하면 족하다. 상속권침해의 의사나 소유의 의사로 상속재산을 점유할 것이 필요하지 않다. 참칭상속인의 상속인도 상대방으로 된다. 참칭상속인이 제한능력자인 경우에는, 그 법정대리인이 회복청구의 상대방으로서 대리하게 된다.

소유권이전등기에 의하여 재산상속인임을 신뢰케 하는 외관을 갖추었는지의 여부는 권리관계를 외부에 공시하는 등기부의 기재에 의하여 판단하여야 하므로, 등기부상 등기원인이 매매나 증여로 기재된 이상 재산상속인임을 신뢰케 하는 외관을 갖추었다고 볼 수 없다(대법원 2008.6.26. 선고 2007다7898 판결).

그러나 자기의 상속권을 주장하지 않는 상속재산점유자, 예컨대 무효인 매매에 의하여 피상속인으로부터 상속재산을 취득한 공동상속인과 같이 특정한 권원을 주장하는 상속재산 점유자, 상속인으로 오인될 외관을 갖추지 않거나 상속재산을 점유하고 있지도 않은 채 상속인이라는 주장만을 한 사람(대법원 1992.5.22. 선고 92다7955 판결), 사망자의 상속인이 아닌 사람이 상속인인 것처럼 허위기재된 위조의 제적등본, 호적등본 등을 기초로 하여 상속인인 것처럼 꾸며 상속등기를 한 사람(대법원 1993.11.23. 선고 93다34848 판결), 다른 상속인의 상속권을 부정하고 자기만이 상속권이 있다고 참칭하여 등기를 경료한 것이 아니라, 자신의 의사와는 상관없이 제3자가 관계서류를 위조하여 등기를 경료한 공동상속인(대법원 1994.3.11. 선고 93다24490 판결), 피상속인이 동명이인(同名異人)인 경우(대법원 1994.4.15. 선고 94다798 판결), 진정상속인과 참칭상속인이 주장하는 피상속인이 서로 다른 사람인 경우(대법원 1998.4.10. 선고 97다54345 판결) 등은 상속회복청구의 상대방으로 되지 아니한다.

- 공동상속인인 원・피고가 제3자에게 협의분할용 인감증명서와 인감도장을 교부하였는데 그 제3자가 임의로 협의분할에 의한 단독상속을 원인으로 하여 피고 단독명의로 소유권이전등기를 경료하였을 때, 그 이전등기 중 원고의 상속지분에 상응하는 부분은 원인무효라고 주장하면서 그 부분의 말소를 청구하는 소송은 상속회복청구의 소에 해당하는가?(대법원 1994.10.21. 선고 94다18249 판결)
- 상속재산인 부동산에 관하여 공동상속인 중 1인 명의로 소유권이전등기가 경료된 경우 그 등기가 상속을 원인으로 경료되었으나 등기명의인의 의사와 무관하게 경료된 경우에도 참칭상속인에 해당되는가?(대법원 1997.1.21. 선고 96다4688 판결). 참칭상속인이 공동상속인일 경우에는 그가 상속권이 없는 데 대하여 선의이며 또한 그와 같이 믿을 만한 합리적인 이유가 있는 경우에만 상속회복청구의 상대방으로 되는가(日大判・昭和53年12月20日 民集32卷9号 1674頁 참조)
- 피상속인 사망 후 공동상속인 중 1인이 다른 공동상속인에게 자신의 상속지분을 중간생략등기 방식으로 명의신탁하였다가 그 명의신탁이 부동산 실권리자명의 등기에 관한 법률이 정한 유예기간의 도과로 무효가 되었음을 이유로 상속지분의 반환을 구하는 경우 명의수탁자는 참칭상속인에 해당되는가?(대법원 2009.2.12. 선고 2007다76726 판결)
- 참칭상속인의 범위에 고의적으로 단독상속인인 것과 같은 외관을 조작한 공동상속인을 포함시킨 것은 진정상속인의 재산권을 침해하는 것은 아닌가?(헌법재판소 2006.2.23. 선고 2003헌바38, 61 결정; 헌법재판소 2009.9.24. 선고 2007헌바118 결정)
- 부동산에 관한 상속등기의 명의인에 상속을 포기한 공동상속인이 포함된 경우, 상속

을 포기한 공동상속인은 참칭상속인에 해당하는가?(대법원 2012.5.24. 선고 2010다 33392 판결)

공동상속인의 1인이 다른 공동상속인을 배제하고 상속재산을 점유·관리하는 경우, 예컨대

① 진정 공동상속인 간에 그 중 1인이 다른 공동상속인의 상속권을 부정하지 않으면서 상속재산을 독점하여 자기 단독명의로 등기함으로써 다른 공동상속인의 상속지분을 침해하거나 또는 다른 공동상속인의 상속권을 부정하고 단독상속인이라 참칭하며 상속재산을 점유·관리하는 경우

② 진정 공동상속인 중 1인 또는 수인이 상속재산 중 자기 본래의 상속지분을 초과하는 부분에 대해서 다른 공동상속인의 상속권을 부정하며 그 부분도 자신의 상속지분이라면서 점유·관리하는 경우

③ 호적상 공동상속인으로 기재되어 있기 때문에, 선의로 또는 그를 기화로 상속권이 없음을 알면서도 상속권이 있다고 주장하면서 점유·관리하는 경우 이들 모두가 상속회복을 필요로 하는 침해인가에 대하여, 앞에서 본 바와 같이 판례는 공동상속인 간의 상속권침해도 상속회복의 소라고 보아 다른 상속인의 상속권을 침해한 공동상속인도 상대방으로 된다고 본다. 이에 대하여는 ①과 ②의 경우는 상속분의 다툼이지 상속자격 자체를 다투는 것은 아니므로, 상속등기의 말소청구, 공유지분확인, 분할의 무효를 전제로 하는 재분할청구로 해결해야 할 것이라는 주장이 유력하다. 앞의 1991.12.24. 전원합의체 판결 중 소수의견은 이를 지지하고 있다.

참칭상속인으로부터 상속재산을 전득한 제3취득자도 상속회복청구의 소의 상대방적격이 있는가에 대하여는 학설이 대립한다. 다수설은 제한없이 상대방으로 된다고 해석한다. 단기제척기간이 참칭상속인에게만 적용되고 제3취득자에게는 적용되지 아니하면, 이 제도의 존재의의가 없어지고, 제척기간이 경과된 후에도 제3취득자에 대해서는 물권적 청구권을 행사할 수 있게 되는 모순이 발생하기 때문이라는 이유를 들고 있다. 이에 비하여 소수설은, 기본적으로는 다수설이 타당하나, 참칭상속인의 범위를 좁히는 것이 바람직한 것과 마찬가지로, 이 경우도 부진정상속인인데도 불구하고 등록부상 상속인으로서 이를 믿게 할 외관을 지니고 상속재산을 침해하고 있는 사람만이 참칭상속인이며, 이로부터 전득한 사람만

이 상대방으로 된다고 주장한다.

구법시대의 초기 판례는 부정설의 입장이었으며, 이러한 입장은 현행 민법하에서도 그대로 유지된 바 있다. 즉 제3취득자는 상대방으로 되지 않으며 상속재산에 관한 물권에 기하여 제3취득자에 대한 원인무효등기의 말소를 구하는 경우에는 상속회복청구의 소의 제척기간의 적용이 없다고 보았다(대법원 1977.11.22. 선고 77다1744 판결). 상속회복청구권을 독립권리설 · 포괄적 청구권설에 따라 이해한 결과이다. 이 입장은, 대법원이 상속회복청구권의 성질을 집합권리설 · 개별적 청구권설에 입각하여 판단하여야 한다는 점을 분명히 하면서 폐기된다. 제3취득자도 상대방으로 되고 청구권의 경합을 인정하지 않는 판례의 입장은 확고한 편이다. 상속회복청구권의 단기의 제척기간이 참칭상속인에게만 인정되고 참칭상속인으로부터 양수한 제3자에게는 인정되지 않는다면 거래관계의 조기안정을 의도하는 단기의 제척기간제도가 무의미하게 될 뿐만 아니라, 참칭상속인에 대한 관계에 있어서는 제척기간의 경과로 참칭상속인이 상속재산상의 정당한 권원을 취득하였다고 보면서 같은 상속재산을 참칭상속인으로부터 전득한 제3자는 진정상속인의 물권적 청구를 감수하여야 한다는 이론적 모순이 생기기 때문임을 이유로 한다(대법원 1981.1.27. 선고 79다854 전원합의체 판결).

2) 행　사

상속회복청구권의 행사를 하기 위해 반드시 상속회복이라는 명칭을 사용할 필요는 없다. 재판외에서도 행사할 수 있다는 견해가 다수설이지만, 상속회복의 소는 제척기간을 정하고 있고 이 기간은 제소기간으로 보아야 하므로(대법원 1993.2.26. 선고 92다3083 판결), 재판상으로만 행사할 수 있다고 볼 것이다. 이 소송은 일반민사소송으로서 일반법원에 제기한다(민소 §20). 소송에서 원고는 자기의 상속권과 목적물이 상속개시 당시 피상속인의 점유에 속하였다는 사실을 증명하면 된다. 피상속인의 본권을 증명할 필요는 없다. 상속재산 전부를 그 대상으로 하거나 또는 그 재산 중의 일부만을 특정하여 청구하더라도 무방하다(대법원 1980.4.22. 선고 79다2141 판결). 다만 판결의 기판력은 상속회복의 대상으로 특정된 것에 대해서만 미치므로, 집행을 위해서는 목적물이 특정되어야 한다. 피고가 특정권원을 입증하면, 원고의 회복청구를 거절할 수 있다. 따라서 이 경우에는 원고가 피고의 본권을 부정해야 한다.

3) 효 과

상속회복이 인정될 경우 참칭상속인의 상속인의 지위가 부정되고 진정상속인은 상속개시시부터 상속인의 지위에 있는 것으로 확정된다. 동시에 참칭상속인이 점유하는 상속재산을 상속개시시의 상태로 회복시킬 것을 청구할 수 있다. 상대방은 청구의 내용에 따라 자기가 점유하는 상속재산의 인도·명도·등기의 말소 등을 하여야 한다. 상속회복의 소의 판결의 기판력은 청구된 목적 이외에는 미치지 않는다. 피고가 공동상속인인 경우에는 분할청구에 응해야 하고, 원고인 진정상속인이 수인이면 상속분에 따라 반환해야 한다.

참칭상속인으로부터 상속재산을 양수한 제3자도, 상속회복청구의 상대방으로 되는 이상 목적물을 반환하여야 한다. 따라서 선의의 제3자보호 내지 거래의 안전을 보호하기 위한 조치가 필요하나, 민법은 이를 달리 고려하지 않고 있다. 따라서 선의의 제3자는 목적물이 동산 내지 유가증권일 경우에는 선의취득제도에 의하여 보호를 받을 수 있지만, 부동산일 경우에는 등기에 공신력이 인정되지 아니하므로 보호를 받을 수 없다. 일설은 상속재산분할의 소급효를 제한하는 제1015조 단서의 유추적용을 주장한다.

반환범위에 관하여는 명문의 규정이 없으므로 점유자와 회복자의 관계에 관한 제201조부터 제203조, 사무관리, 부당이득 및 불법행위에 관한 일반규정을 유추적용하는 수밖에 없다. 판례는 피인지자의 상속분가액지급청구권에 관한 사건에서 그 가액의 범위에 관하여는 부당이득반환의 범위에 관한 민법규정을 유추적용할 수 없다고 보고 있다(대법원 1993.8.24. 선고 93다12 판결). 구체적인 반환범위에 대하여는 학설이 대립한다. 일설은 참칭상속인의 선의·악의를 불문하고 취득한 재산 전부와 과실, 사용이득도 반환하여야 하는 것으로 해석한다. 이 제도의 취지는 진정상속인의 보호에 있기 때문이라는 점을 이유로 제시한다. 다른 일설은 선의인 경우는 실종선고취소에 준하여 현존이익만을 반환하게 해야 할 것이라고 한다.

(5) 소 멸

1) 포기에 의한 소멸

상속의 포기가 허용되므로 상속회복청구권도 그 포기에 의해 소멸한다. 상속개시 전의 포기는 부정된다(통설).

2) 제척기간에 의한 소멸

상속회복청구권은 상속인 또는 그 법정대리인이 상속권의 침해를 안 날로부터 3년, 상속권이 침해된 날로부터 10년을 경과하면 소멸한다(§999②). 상속에 관한 법률관계의 확정을 조속히 매듭짓기 위하여 단기소멸기간을 정한 것이다. 이 소멸기간은 제척기간이다(통설, 판례〈대법원 1992.10.9. 선고 92다11046 판결〉). 또 상속재산 일부에 대해서만 제소하여 제척기간을 준수하였더라도, 청구의 목적물로 하지 않은 다른 상속재산에 관하여는 기간준수의 효력은 발생하지 아니한다.

상속회복청구권은 종전에는 그 침해를 안 날부터 3년, 상속개시일부터 10년을 경과하면 소멸되도록 규정되어 있었다. 대법원 1991.12.24. 선고 90다5740 전원합의체 판결에서는 후자의 기간(상속개시일부터 10년)의 기산점에 관하여 참칭상속이 개시된 날, 곧 상속권의 침해가 있었을 때부터 기산하는 것이 상당하다는 견해도 제시된 바 있다. 제척기간도 권리를 행사할 수 있음을 전제로 하고, 권리를 행사할 수 있을 때부터 기산되어야 하는 것이며, 권리가 침해되지도 아니한 때부터 그 권리의 회복청구권의 행사기간이 경과한다는 것은 모순이라는 이유에서이다.

결국 '상속개시일부터 10년'이라는 기간에 대해 헌법재판소는 "상속개시일부터 10년이라는 단기의 행사기간을 규정함으로 인하여, 위 기간이 경과된 후에는 진정한 상속인은 상속인으로서의 지위와 함께 상속에 의하여 승계한 개개의 권리의무도 총괄적으로 상실하여 참칭상속인을 상대로 재판상 그 권리를 주장할 수 없고, 오히려 그 반사적 효과로서 참칭상속인의 지위는 확정되어 참칭상속인이 상속개시의 시점으로부터 소급하여 상속인으로서의 지위를 취득하게 되므로, 이는 진정상속인의 권리를 심히 제한하여 오히려 참칭상속인을 보호하는 규정으로 기능하고 있는 것이라 할 것이어서, 기본권 제한의 한계를 넘어 헌법상 보장된 상속인의 재산권, 행복추구권, 재판청구권 등을 침해하고 평등원칙에 위배된다"고 하였다(헌법재판소 2001.7.19. 선고 99헌바9 등 결정). 이에 2002.1.14. 민법 개정으로써 '상속권의 침해행위가 있는 날'부터 10년을 경과하면 소멸되는 것으로 개정되었고, '침해를 안 날부터 3년'이라는 기간은 그대로 유지되었다.

'상속권의 침해행위가 있은 날'이라 함은 참칭상속인이 상속재산의 전부 또는 일부를 점유하거나 상속재산인 부동산에 관하여 소유권이전등기를 마치는 등의 방법에 의하여 진정한 상속인의 상속권을 침해하는 행위를 한 날을 의미한다. 제척기간의 준수 여부는 상속회복청구의 상대방별로 각각 판단하게 된다.

침해를 안 때라 함은, 진정상속인이 자기가 진정상속인임을 알고 또 자기가 상속에서 제외된 사실을 안 때(대법원 1981.2.10. 선고 79다2052 판결), 즉 상속권의 침해를 사실상 안 때이고, 증명책임은 주장하는 사람이 부담한다(대법원 1962.6.21. 선고 62다196 판결). 단순히 상속권 침해의 추정이나 의문만으로는 충분하지 않으며, 언제 상속권의 침해를 알았다고 볼 것인지는 개별적 사건에서 여러 객관적 사정을 참작하고 상속회복청구가 사실상 가능하게 된 상황을 고려하여 합리적으로 인정하여야 한다(대법원 2007.10.25. 선고 2007다36223 판결).

진정상속인이 참칭상속인의 최초 침해행위가 있은 날로부터 10년의 제척기간이 경과하기 전에 참칭상속인에 대한 상속회복청구 소송에서 승소의 확정판결을 받은 경우에도 위 제척기간이 경과한 후에는 제3자를 상대로 상속회복청구 소송을 제기하여 상속재산에 관한 등기의 말소 등을 청구할 수 없다(대법원 2006.9.8. 선고 2006다26694 판결). 또한 제척기간의 준수 여부는 상속회복청구의 상대방별로 각각 판단하여야 할 것이어서, 진정한 상속인이 참칭상속인으로부터 상속재산에 관한 권리를 취득한 제3자를 상대로 제척기간 내에 상속회복청구의 소를 제기한 이상 그 제3자에 대하여는 제999조에서 정하는 상속회복청구권의 기간이 준수되었으므로, 참칭상속인에 대하여 그 기간 내에 상속회복청구권을 행사한 일이 없다고 하더라도 그것이 진정한 상속인의 제3자에 대한 권리행사에 장애가 될 수는 없다(대법원 2009.10.15. 선고 2009다42321 판결).

피상속인의 사후에 인지된 사람의 상속분가액지급청구의 경우는 인지판결확정일부터 상속권의 침해를 안 것으로 된다(대법원 1982.9.28. 선고 80므20 판결 등). 공동상속인들 사이의 상속재산분할심판 사건에서 공동상속인 일부의 소송대리권이 흠결된 채 화해조서 또는 조정조서가 작성되고, 그에 기하여 공동상속인 중 1인 명의로 소유권이전등기가 경료된 경우에는, 화해조서나 조정조서의 취소에 관한 준재심의 재판이 확정된 때부터 기산된다(대법원 2007.10.25. 선고 2007다36223 판결).

상속회복청구권이 제척기간의 경과로 소멸하게 되면 상속인은 상속인으로서의 지위, 즉 상속에 따라 승계한 개개의 권리의무도 또한 총괄적으로 상실하게 된다. 그 반사적 효과로서 참칭상속인이 지위는 확정되어 참칭상속인이 상속개시시로부터 소급하여 상속인으로서의 지위를 취득한 것으로 된다(대법원 1994.3.25. 선고 93다57155 판결).

- 제999조 제2항은 진정상속인의 재산권이나 평등권 등을 침해하는 것은 아닌가?(헌법재판소 2009.9.24. 선고 2008헌바2 결정; 헌법재판소 2008.7.31. 선고 2006헌바110 결정; 헌법재판소 2004.4.29. 선고 2003헌바5 결정; 헌법재판소 2002.11.28. 선고 2002헌마134 결정)
- 피상속인인 남한주민으로부터 상속을 받지 못한 북한주민의 경우, 상속권이 침해된 날부터 10년이 경과하면 제999조 제2항에 따라 상속회복청구권이 소멸하는가?(대법원 2016.10.19. 선고 2014다46648 전원합의체 판결).

■ 심화학습

- 동시사망과 상속관계는?
- 상속회복청구권의 유용성은 무엇인가?

II. 상 속 인

예습과제

Q1 상속인을 분류하면 어떻게 구분되는가?

Q2 태아의 상속법상의 지위는?

Q3 혈족상속과 배우자상속과의 관계는?

1. 상속능력 및 상속인의 종류와 순위

(1) 상속능력

상속능력이라 함은 상속인으로 될 수 있는 법률상의 자격을 말한다. 상속인은 상속에 의하여 피상속인의 재산상의 권리의무를 포괄적으로 승계하므로, 권리의무의 귀속주체로 될 수 있는 능력, 즉 권리능력이 인정되는 사람은 모두 상속능력을 갖는다고 할 수 있다. 그러나 민법상으로는 피상속인과 일정한 친족관계가 있는 자연인만이 상속인으로 규정되고 있다. 따라서 법인도 권리능력은 있지만, 상속능력은 인정될 수 없다. 물론 법인도 권리능력자이므로, 피상속인의 유증을 통하여 상속재산을 취득할 수 있고, 법인이 포괄수유자인 경우에는 상속인과 동일한 권리의무를 가지나, 상속인으로 되는 것은 아니다.

대륙법계의 상속법은, 일반적으로 상속의 효과와 관련하여 포괄승계의 원칙 내지 인격승계의 원칙을 취한다. 즉 상속을 권리의무의 포괄승계 및 그 주체의 변경으로 이해한다. 따라서 자연인이라 하더라도, 상속의 효과가 발생하는 상속개시시에 권리능력을 갖고 있어야 상속능력이 인정된다. 이를 동시존재의 원칙이라 한다. 때문에 동시사망한 사람 서로 사이에는 상속권이 인정되지 않는다고 본다. 또 자연인은 생존하는 동안 권리능력을 가지므로, 상속이 개시되기 전에 사망한 자나, 그 이후에 출생한 사람은 상속인으로 될 수 없는 것이다. 아울러 상속결격사유에 해당되는 자도 상속인으로 될 수 없다. 그러나 여기에는 예외가 인정된다. 피상속인보다 먼저 사망하거나 결격된 상속인에게 배우자나 직계비속이 있을 때에는 대습상속이 인정되며(§1001, §1003②) 태아도 이미 출생한 것으로 보고(§1000③) 상속능력을 인정한다.

상속개시시에 포태는 되어 있으나, 아직 출생하지 아니한 태아는 원칙적으로 민법상의 권리능력자는 아니다. 따라서 상속능력은 인정될 수 없고, 상속인으로 될 수도 없다. 그렇지만 피상속인의 사망시기가 태아의 출생시까지 조금 늦어졌더라면, 상속인으로 될 수 있음에도 불구하고, 얼마 안되는 시간상의 차이로 인하여 태아가 상속에서 배제되어야 한다는 것은 불합리하다. 이를 고려하여 민법은 예외로서 태아의 상속능력을 의제하고 있다. 다만, "이미 출생한 것으로 본다"는 의미를 어떻게 이해할 것인가에 대하여는 학설이 대립한다.

다수설은 위의 규정을 출생사실의 의제로 이해한다. 즉, 태아는 태아로서 상속능력을 가지며, 상속의 개시와 동시에 상속인으로 되나, 사산되었을 때에는 이를 해제조건으로 하여 상속개시시까지 소급하여 상속능력을 상실하게 되는 것으로 보는 견해이다. 이를 해제조건설(제한인격설)이라 한다. 반면에 소수설은 위의 규정을 출생시기의 의제로 이해한다. 즉, 태아는 태아인 동안에는 상속능력이 없고, 살아서 출생하였을 때 이를 정지조건으로 하여 상속개시시까지 소급하여 상속능력을 갖는다고 보는 견해이다. 이를 정지조건설(인격소급설)이라 한다. 판례는 정지조건설을 취한다(대법원 1976.9.14. 선고 76다1365. 등기예규 제284호). 소수설과 판례는 태아가 사산되었을 경우의 관계 상대방 또는 거래의 안전을 우려하고, 현행법상 태아인 동안에 태아의 권리를 행사하기 위한 법정대리인이 인정되고 있지 아니하다는 점을 근거로 제시한다. 그러나 현실에서 관계 상대방 또는 거래의 안전을 보호하여야 할 필요성은 정지조건설을 취할 때에 더욱 크며, 태아의 법정대리에 관한 문제는 미성년자의 법정대리에 관한 규정을 유추적용할 수 있다고 본다. 오늘날에는 사산율보다는 살아서 출생할 확률이 훨씬 높다는 점과 태아의 보호라는 입법취지를 고려할 때, 해제조건설이 타당하다.

상속인의 국적은 상속능력의 인정 여부와 관계가 없다. 다만, 선박이나 항공기와 같이 외국인의 권리취득이 제한되는 경우가 있으나, 외국인의 일반적 상속능력의 제한은 아니다.

(2) 상속인의 종류와 순위

1) 종류와 범위

일반적으로 상속인이라 함은, 피상속인의 법률상 지위의 승계자를 가리키나, 상속개시의 전후에 따라 구체적인 의미는 다르다. 즉, 상속의 개시와는 관계없이 상속인의 종류와 범위를 말할 때의 상속인은 상속인으로 될 수 있는 사람을 말한다. 상속이 개시되면 이러한 사람이 모두 피상속인을 상속하는 것은 아니다. 이들이 다수인 경우에는 구체적인 서열을 정하여야 하며, 그 결과 최선순위에 있는 자만이 상속하게 된다. 이처럼 상속순위를 확정하는 것에 의하여 정해진 상속인은 상속인일 사람을 뜻하며, 강학상 또는 실무상 이를 추정상속인이라 한다. 추정상속인이라 하더라도 제1004조가 규정하는 결격사유를 가지고 있는 사람은 상속에서 배제된다. 그와 같은 사유가 없는 상속인은 상속하는 사람을 뜻한다.

혈족상속의 원칙이 오랫동안 상속법제를 지배해 왔기 때문에, 상속인으로는 혈족상속인만이 인정되어 왔다. 그러나, 근대상속법은 이와 다른 계통의 배우자상속인을 인정하고 있다(§1003①).

혈족상속인의 결정원리로는, 다음과 같은 세 가지가 있다.

첫째는, 로마법에 기원을 두는 유별주의(Klassensystem)이다. 피상속인과의 혈연의 원근에 따라 혈족을 몇 개의 Group으로 나누고, 선순위 Group은 후순위 Group을 상속에서 배제하는 원리이다.

둘째는, 게르만법에 기원을 두는 친계주의(Parentelsystem)이다. 피상속인의 자손이 제1친계로서 제1순위의 상속인으로 되며, 이들이 없는 때에는 피상속인의 부모와 그 자손이 제2친계로서 제2순위의 상속인으로 된다. 피상속인의 조부모와 그 자손은 제3친계로서 제3순위의 상속인이 된다. 이와 같은 방식에 의하여 피상속인과 혈연이 연결되는 사람을 상속인으로 정하는 원리로서 "재산은 혈연과 같이 흐른다"(Das Gut rinnt wie das Blut)는 법언(法諺)을 따른다. 가족의 자연적 구성원리와 합치되고, 피상속인의 추측된 의사와도 일치된다고 일컬어지고 있다.

셋째는, 삼계통주의(Dreiliniensystem)이다. 친계주의에서 대습상속이 널리 인정되고 여기에 유별주의원리가 가미되어, 혈족상속인을 직계비속, 직계존속, 방계혈족의 세 Group으로 나누고 선순위 Group이 후순위 Group을 배제하는 원리이다. 스페인과 일본민법이 채택한다.

경국대전 및 구법에서는 친계주의가 지배했으나, 현행법은 변형된 삼계통주의를 취한다. 다만, 형제자매가 상속인일 경우에도 대습상속이 인정되기 때문에 친계주의와 유사한 결과로 된다. 친계주의와 삼계통주의의 차이는 조부모와 형제자매의 상속순위에서 나타난다. 친계주의에서는 형제자매가 선순위로 되나, 삼계통주의에서는 조부모가 선순위로 된다.

무한친계주의를 취하는 게르만상속법과 같이 피상속인과 혈연이 연결되기만 하면 상속인으로 규정하는 법제도 있으나, 대체로 근대상속법은 혈족상속인의 범위를 근친자로 국한한다. 한국의 전통상속법제에서는, 친계주의를 따르면서도 혈족상속인을 본족(本族) 또는 사손(使孫), 즉 4촌 이내의 방계혈족으로 한정하였다. 이에 비해 1958년법은 혈족상속인의 범위를 8촌 이내의 방계혈족으로 확대한 바 있다. 혈족상속인의 범위가 지나치게 확대되었다는 지적에 따라 1990년 개정의 현행법은 다시 혈족상속인의 범위를 4촌 이내의 방계혈족으로 규정하였다. 구체적인 상속순위에서는 약간의 차이가 있으나, 전통상속법제로의 복귀라고 할 만하다.

서구의 전근대상속법상 배우자상속권은 부부재산제와 밀접한 관련을 맺고 발전되어 왔으며, 완전한 소유권의 귀속을 인정하는 것이 아니라 생애(生涯)의 관리·용익권만을 인정하는 것이었다. 그러나 한국의 전통상속법제에서는 조업주의의 원리가 생존배우자의 부양의 필요에 의하여 제한되는 가운데 배우자상속권이 인정되었다. 즉 배우자상속권은 제1순위의 상속인인 피상속인의 자녀가 없는 경우, 제2순위의 상속인인 피상속인의 본족이 상속하기에 앞서 생존하는 동안의 관리 · 용익권이 인정되는 것이었다.

근대상속법에서 배우자상속권의 근거로는 다음의 두 가지 점이 지적되고 있다. 하나는 혼인 중 부부가 협력하여 이룩한 재산의 청산이고, 다른 하나는 생존배우자의 부양 내지 생활보장의 필요이다. 전자는, 피상속인의 단독명의로 되어 있는 재산일지라도 그 취득과 유지에는 생존배우자의 협력이 있는 경우가 대부분이므로, 생존배우자에게는 그 재산의 잠재적 지분이 인정되며 그 청산을 위하여 생존배우자에게 상속권이 인정되어야 한다는 것이다. 후자는, 피상속인이 생존해 있을 때는 생존배우자는 그의 부양을 받아 왔으나 피상속인이 사망하게 되면 이러한 부양이 계속될 수 없으므로, 그에 갈음하여 생존배우자에게 상속권이 인정되어야 한다는 취지이다. 이혼의 경우 재산분할청구권이 인정되어야 하는 근거와 공통된다.

한국법은 상속인의 지정 · 폐제, 상속계약 등의 제도를 인정하지 아니한다. 피상속인도 유언을 통하여 민법이 규정하는 상속순위를 변경할 수 없는 것이다. 순위법정주의이다.

2) 순 위

(가) 제1순위자

제1순위의 상속인은 피상속인의 직계비속과 배우자이다(§1000① i , §1003①).

피상속인의 직계비속은 자연 · 법정, 혼인 중 · 혼인 외, 남 · 녀, 기혼 · 미혼 여부를 불문한다. 태아도 상속순위에 관하여는 이미 출생한 것으로 본다(§1000③). 피상속인의 직계비속이 수인인 때에는 최근친이 선순위자로 되고, 동일한 촌수의 상속인이 수인인 때에는 공동상속인이 된다(§1000②). 따라서 직계비속으로서 자녀와 손자녀가 있을 때에는 자녀가 손자녀보다 선순위의 상속인으로 되는 것이다. 이 경우 자녀가 전부 상속개시 전에 상속결격이나 사망에 의하여 상속권을 잃든가 또는 상속개시 후에 상속권을 포기하여야 손자녀가 직계비속으로서 상속인으로 된다.

양친자 사이에도 자연혈족과 다름없이 상속권이 인정되므로 일반입양의 경우 양자녀는 양부모와 친생부모에 대하여 각각 양면으로 제1순위의 상속인으로 되나(대법원 1983.9.27. 선고 83다카745 판결), 친양자입양의 경우에는 친생부모와의 친자관계가 단절되므로 친양자녀는 친생부모의 상속인으로 되지 아니한다. 종래 법정친자관계였던 계모자 및 적모서자관계는 현행법상 단순한 1촌의 인척관계에 불과하므로 상속권이 인정되지 아니한다.

- 1990년 개정 전 민법 시행 당시 계모의 모(母)가 사망한 경우 계모가 그 전에 이미 사망하였다면 전처의 출생자가 사망한 계모의 순위에 갈음하여 대습상속을 하는가?(대법원 2009.10.15. 선고 2009다42321 판결)

직계비속인 자녀 중에서 1인이 상속개시 전에 사망하거나 상속결격자로 되고 그에게 자녀가 있을 때에는 그 자녀가 대습상속을 한다. 그런데 자녀 전원이 상속개시 전에 사망하거나 상속결격자로 되고 그들에게 자녀가 있는 경우, 이들이 피상속인의 직계비속인 손자녀라는 제1순위의 상속인으로 되는가 아니면 대습상속을 하게 되는가에 대하여는 학설이 나뉜다.

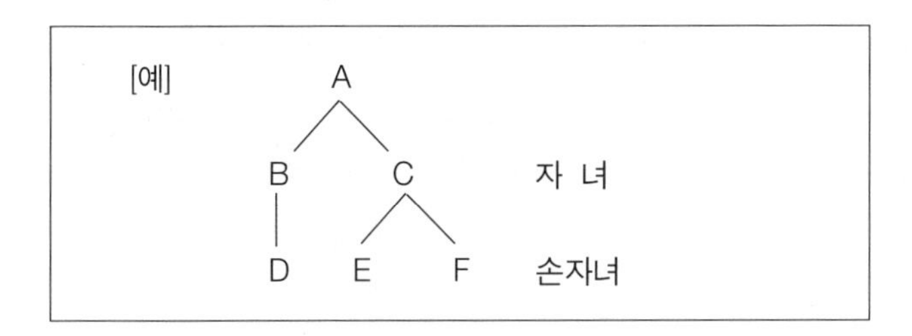

피상속인 B가 A보다 먼저 사망한 때에는, D는 B를 대습하여 C와 공동상속하나, E · F는 상속권이 인정되지 아니한다. 그러나 C도 A보다 먼저 사망하였을 때, E · F가 C를 대습하는가, 아니면 손자녀라는 직계비속으로서 D · E · F가 본래의 순위로 공동상속하는가에 관한 문제이다.

일설은 본위상속설을 취한다. 대습상속설을 취할 경우에는 D · E · F의 상속분이 달라지는 점을 고려한 견해로 보인다. 즉 대습상속설에 의하면, D의 상속분은 1/2(피대습자 B의 상속분)이 되며, E · F의 상속분은 각각 1/4(피대습자 C의 상속분 1/2×1/2)로 되나, 본위상속설에 의하면 D · E · F의 상속분은 각각 1/3로 되기 때문이다. 위 경우 손자녀 간의 형평을 고려한다면 본위상속설이 타당하다. 그러나 피대습자의 배우자에게도 대습상속권을 인정하고 있는 현행법상으로는 대습상속설을 취할 수밖에 없다. 위의 예에서 B나 C에게 배우자가 있을 때에는, 본위상속설에 의하면 이들은 상속인의 부모가 되어 상속권이 인정될 여지가 없다. 대습상속설을 취할 경우라야 피상속인보다 먼저 사망한 상속인의 배우자로서 그 직계비속인 D · E · F와 함께 대습상속하게 된다. 결국 제1000조 제1항 제1호의 직계비속은, 실제로는 자녀만을 뜻하게 된다. 다만, 상속포기의 경우는 본위상속하게 된다. 상속포기는 대습원인이 아니기 때문이다.

(나) 제2순위자

제2순위의 상속인은 피상속인의 직계존속과 배우자(§1000① ii , §1003①)이다. 피상속인의 직계존속은 부계 · 모계, 실친 · 양친을 불문한다. 따라서 양자녀의 상속인에는 양부모뿐 아니라 친부모도 포함된다(대법원 1995.1.20.자 94마535 결정). 직계존속이 수인인 때에는 최근친이 선순위자로 되고, 동일한 촌수의 상속인이 수인인 때에는 공동상속인이 된다(§1000②).

(다) 제3순위자

피상속인의 배우자, 직계비속 및 직계존속도 없는 경우에는 피상속인의 형제자매가 제3순위의 상속인으로 된다(§1000①iii). 남녀, 기혼 · 미혼, 동복(同腹) · 이복(異腹)을 불문한다. 종래의 판례는 제1000조 제1항 제3호에 규정된 형제자매는 피상속인의 부계의 방계혈족인 형제자매만을 의미하는 것으로 해석한 바 있다(대법원 1975.1.24. 선고 74다1503 판결). 즉 전혈(全血)의 형제자매인 동부동모(同父同母)의 형제자매와 반혈(半血)의 형제자매 중 부계형제자매인 동부이모(同父異母)의 형제자매 사이에는 상속권이 인정되나, 같은 반혈의 형제자매 중 모계형제자매인 이부동모(異父同母)의 형제자매 사이에는 상속권이 없다고 보았다. 학설 · 판례(대법원 1997.11.28. 선고 96다5421 판결)는 현행법상으로는 모계형제자매에게도 상속권이 인정되어야 하는 것으로 본다.

형제자매가 수인인 때에는 공동상속인이 된다(§1000②). 태아도 이미 출생한 것으로 본다(§1000③). 상속인이 형제자매인 경우에도 대습상속이 인정되기 때문에(§1001), 자녀와 손자녀의 상속순위에서와 마찬가지로 질(姪)과 3촌숙(寸叔)과의 상속순위가 문제된다. 이 경우에도 대습상속설에 따라 상속순위를 정하여야 할 것이다(이설 없음). 즉 질은 3촌숙보다 선순위자로 된다.

(라) 제4순위자

피상속인의 형제자매와 그 대습상속인도 없는 경우에는 피상속인의 4촌 이내의 방계혈족이 제4순위의 상속인으로 된다(§1000①iv). 남녀, 기혼 · 미혼, 부계 · 모계를 묻지 않으며, 4촌 이내의 방계혈족 사이에서는 근친자가 원친자보다 선순위의 상속인으로 되고, 동일한 촌수의 혈족이 수인인 때에는 공동상속인이 된다(§1000②). 이 경우에도 태아는 이미 출생한 것으로 본다(§1000③).

위에서 살펴본 내용을 종합한다면, 구체적인 혈족상속인의 순위는 ① 자녀와 그 대습상속인(상속포기의 경우 제외), ② 직계존속, ③ 형제자매와 종손까지의 대습상속인(상속포기의 경우 제외), ④ 백숙부, 고모, 외숙부, 이모, ⑤ 종형제자매, 내종 · 이종형제자매, 종조부, 대고모, 외종조부, 외대고모로 된다.

(마) 배우자의 상속순위

1990년 개정 전 민법은 배우자의 상속순위에 관하여 피상속인이 처(妻)인 경우와 부(夫)인 경우를 구분하여 달리 규정한 바 있다. 즉 피상속인이 처인 경우에는 부는 그 직계비속과 동순위로 공동상속인이 되고, 직계비속이 없는 때에는 단독상속인으로 되나, 피상속인이 부인 경우에는 처는 그 직계비속과 동순위로 공동상속인이 되고 직계비속이 없는 때에는 부의 직계존속과 동순위로 공동상속인이 되며, 부의 직계존속도 없는 경우라야 단독상속인으로 되었다. 현행법은 이와 같은 구분을 하지 아니하고 배우자는 그 직계비속과 동순위로 공동상속인이 되고, 직계비속이 없는 때에는 피상속인의 직계존속과 동순위로 공동상속인이 되며, 피상속인의 직계존속도 없는 때에는 단독상속인이 된다(§1003①).

배우자상속인은 법률상의 배우자만을 말한다. 사실상의 배우자에게는 상속권이 인정되지 아니한다. 배우자상속권의 근거를 고려한다면, 사실상의 배우자에게도 상속권을 인정하여야 할 필요가 있다. 그러나 민법상의 일부일처주의의 원칙, 사실혼관계의 증명 곤란 및 상속관계의 획일성의 요청을 감안할 때, 사실상의 배우자의 상속권은 인정될 수 없다. 다만, 주택임대차보호법이나 사회보장관계법령과 보험약관 등에서 주택임차권, 유족보상금수령권, 연금수령권, 보험금수령권 등에 관하여는 법률상의 배우자와 동일한 상속상의 지위를 인정하고 있다. 그렇지만, 이 경우에도 법률상의 배우자가 있는 경우에는 법률상배우자 사이에 이혼의사가 합치되어 법률혼은 형식적으로만 존재하고 사실상 혼인관계가 해소되어 법률상 이혼이 있었던 것과 마찬가지로 볼 수 있는 등의 특별한 사정이 없는 한, 보호를 받을 수 없다(대법원 1993.7.27. 선고 93누1497 판결; 대법원 2009.12.24. 선고 2009다64161 판결).

법률상의 배우자인 이상, 별거 중에 부부 일방이 사망한 경우일지라도 생존배우자의 상속권은 인정된다. 즉 망부(亡夫)의 생존시에 사실상 이혼하고 사실상 재혼한 등록부상의 처라 하더라도 등록부상 처로 되어 있는 이상 망부의 사실상의 처를 제치고 상속권이 인정된다(대법원 1969.7.8. 선고 69다427 판결 참조). 일설은 이러한 경우의 등록부상의 처의 상속권 주장은 신의칙에 반한 권리남용에 해당하는 것으로 본다. 또한 사실상 이혼한 처의 유족급여청구권도 인정되며(광주고등법원 1969.12.26. 선고 69나192 판결), 남편의 학대로 가출하여 공장 직공으로 혼자 살고 있는 처가 교통사고로 사망한 부(夫)의 손해배상청구권에 대한 상속권도 인정된다(대구고등법원 1986.8.28. 선고 86나200 판결). 그러나 피상속인의 처가 가출하여 재혼(중혼; 원적지 호적이 제적되지 아니하여 혼인신고를 함)하고 처로 기재된 호적까지 호적정정에 의해 말소된 경우 피상속인 사망 후에 상속인임을 주장하는 청구는 신의칙상 허용될 수 없다(대법원 1993.9.28. 선고 93다26007 판결).

혼인무효는 당연무효에 해당한다. 따라서 무효혼의 생존배우자에게는 상속권이 인정되지 아니한다. 또한 당연무효이므로 무효판결이 없더라도 이해관계인은 다른 소송에서 혼인무효를 주장할 수도 있다. 예컨대 망부(亡夫)의 선처(先妻)의 자녀는 부(父)의 후처(계모)에 대하여 상속회복의 소로서, 부(父)와 후처와의 혼인무효를 주장할 수 있다. 부부 중의 일방이 혼인무효의 소를 제기하고 그 소송계속 중에 원고가 사망하면 소송절차는 중단되나, 다른 제소권자 즉 당사자, 법정대리인 또는 4촌 이내의 친족은 소송절차를 승계할 수 있으므로(가소 §16①, §23), 원고의 혈족상속인이 소송을 승계하고 재판에 의해 혼인무효가 확정되면 생존배우자의 상속권은 인정되지 아니한다. 원고의 사망 후 소송절차가 수계 또는 승계되지 아니한 경우에도 당사자, 법정대리인 또는 4촌 이내의 친족은 언제든지 혼인무효의 소를 제기할 수 있다(가소 §23).

혼인취소의 소송 계속 중에 원고가 사망한 경우에도 다른 제소권자는 소송절차를 승계할 수 있다(가소 §16①). 따라서 사기 또는 강박, 악질 등의 취소사유와 같이 취소청구권자가 당사자로 한정되어 있는 경우에는, 원고의 사망으로 소송은 종료되고 피고인 생존배우자의 상속권은 인정된다. 그러나 중혼이나 근친혼의 경우에는 다른 법정취소권자(§818 전단, §817 후단)가 소송절차를 수계하며, 취소가 인용될 때에는 원고의 사망시에 취소된 것으로 보아 피고인 생존배우자의 상속권은 부정되어야 할 것이다.

그런데 취소혼은 취소할 때까지는 유효하며 취소의 효과는 소급하지 아니하므로(§824), 중혼자가 사망한 후에 취소된 경우 생존배우자의 상속권이 인정되는

가에 대하여는 견해가 나누인다. 예컨대 A남 B녀의 협의이혼무효판결로 A남과 C녀의 후혼이 중혼으로 된 경우에도, A남이 취소권을 행사하지 아니하고 사망하면, 취소되지 않는 한 후혼은 유효하며 중혼배우자 C녀도 배우자로서의 상속권이 인정된다(서울고등법원 1987.10.13. 선고 86구1565 판결). 그런데 B녀가 A남의 사망 후에 후혼에 대하여 취소권을 행사하였을 때 C녀의 상속권은 부정되는가가 문제된다. 일설은 이 경우 혼인의 취소의 효력은 A남의 사망시까지 소급하는 것으로 보아 C녀는 상속권을 잃는다고 본다. 다른 일설은 혼인의 취소에는 소급효가 없으므로 C녀의 상속인 자격에는 영향이 없다고 본다. 판례는 이를 따른다. 즉, 상속 등에 관해 소급효를 인정하는 별도의 규정이 없으므로, 혼인 취소 전에 이루어진 상속관계가 소급하여 무효로 되거나 또는 그 상속재산이 법률상 원인 없이 취득한 것으로 되지 아니한다고 본다(대법원 1996.12.23. 선고 95다48308 판결).

이혼소송의 계속 중에 원고가 사망한 경우에는, 이혼청구권은 일신전속권이므로 상속되지 아니하며 소송수계도 인정되지 아니한다. 따라서 생존배우자는 상속권을 인정받게 된다. 다만, 이혼소송의 심리 종결 후에 일방이 사망하고 그 후 이혼판결이 확정된 경우에는 판결확정과 기판력의 표준시는 심리종결시이므로, 타방은 상속인으로 되지 아니한다(서울고등법원 1967.11.24. 선고 67나1259 판결).

(바) 국고귀속

4촌 이내의 방계혈족이나 그밖에 상속권을 주장하는 자도 없으면 상속인부존재로 된다. 이때 특별연고자는 상속재산의 분여를 청구할 수 있는데, 분여 후의 잔여재산은 국가로 귀속되며, 이러한 청구를 하는 사람도 없는 상속재산 역시 국가로 귀속된다(§1058).

(사) 상속자격의 중복

상속인과 피상속인 사이에 이중의 친족관계가 존재하는 경우에 상속관계는 어떻게 처리되어야 하는가에 관한 문제이다. 일반입양의 경우 입양 전의 친족관계가 그대로 유지되기 때문에 발생한다. 일설은 양손입양 즉 조부모가 손자녀를 양자녀로 한 경우 친생부가 조부보다 먼저 사망하였을 때에는, 조부모의 양자녀로서의 상속권과 친생부의 대습상속권의 중복을 긍정한다. 그러나 친손자녀를 양자녀로 입양할 수 있는가는 의문의 여지가 있다. 형이 동생을 입양한 경우는, 동생은 양자녀로서 제1순위의 상속인으로 되어 동생으로서의 순위보다 선순위로 상속하게 되므로 상속권의 경합은 발생하지 아니한다. 다만, 이 경우에도 동생이 양자녀로서의 자격에 기한 상속을 포기하더라도, 동생으로서의 자격에 기하여 상속을 할 수 있는가는 문제된다. 상속자격의 중복을 인정하여 상속권의 선택을 긍정할 수도 있으나, 선순위자격의 포기는 당연히 후순위자격의 포기로 보아야 할 것이다. 상속결격의 경우도 마찬가지로 보아야 한다.

2. 대습상속[승조상속(承祖相續)]

(1) 의 의

대습상속이라 함은, 추정상속인으로 될 직계비속 또는 형제자매(피대습자)가 상속개시 전에 사망하거나 결격자로 되어 상속권을 상실하게 된 경우, 그 직계비속 또는 그 배우자(대습자)가 사망하거나 결격자로 된 사람의 순위에 갈음하여 상속인으로 되는 것을 말한다(§1001, §1003②). 대습상속은 피대습자가 상속하였더라면, 후에 상속에 의하여 재산을 승계할 수 있게 될 대습자의 기대를 보호하는 것이 공평의 이념에 맞으며, 일반적인 법감정과도 합치된다는 데 근거를 두고 있다. 혈족상속에서의 근친자 우선주의의 예외에 해당한다.

대습상속제도는 과거부터 거의 모든 법제가 이를 인정하고 있으며, 앞에서 살펴본 바와 같이 한국고유의 상속법제에서도 인정되어 왔다. 즉 조선조의 상속법제에 의하면 피상속인보다 먼저 사망한 상속인에게 직계비속이 있을 때에는 대습이 허용되었으며, 부(夫)가 부모보다 먼저 사망하고 자녀가 없는 때에는 개가(改嫁)를 해제조건으로 하여 처의 대습이 인정되었다. 1958년 제정민법은 호주상속에서도 대습상속을 인정하여 가계계승에서의 적장주의를 관철하고자 하였다. 재산상속에서는 피대습자가 제1순위 및 제3순위의 상속인인 경우 그 직계비속의 대습상속을 인정하고, 그 배우자의 대습상속은 대습자가 처인 경우에만 인정하였으나, 1990년 개정된 현행법은 피대습자의 배우자의 대습상속을 부(夫)에게까지 확대하고 있다.

(2) 성 질

대습상속은 대습자가 피대습자의 상속상의 지위에 갈음하여 상속인으로 되는 것이나, 피대습자의 권리를 승계하는 것이 아니고 자기의 고유의 권리로 직접 피상속인의 재산상의 지위를 승계하는 것으로 이해한다(통설). 상속개시 전의 상속권은 단지 기대적 지위에 불과하며, 이러한 지위는 승계될 수 없는 것이기 때문에, 자기 고유의 권리에 기한 것으로 보아야 한다는 것이다.

대습상속권을 자기 고유의 권리로 이해하는 것은 한국의 전통법리에 근거한 것은 아니다. 현행법은 상속결격도 대습원인으로 규정하고 있으나, 앞에서 본 바와 같이 전통법제는 대습원인을 사망으로 국한하고 있었다. 독일민법과 2001년 · 2006년 개정된 프랑스민법은 사망 외에 상속결격과 상속포기도 대습원인으로 인정하고 있다.

(3) 요 건

① 피대습자는 피상속인의 직계비속 또는 형제자매이다(§1001). 추정상속인이 피상속인의 직계존속이거나 형제자매 이외의 4촌 이내의 방계혈족인 경우에는, 이들이 피상속인보다 먼저 사망하거나 결격자로 되어도 대습상속은 인정되지 아니한다. 피대습자의 배우자는 대습상속인으로 될 수 있으나, 피대습자의 배우자가 대습상속의 상속개시 전에 사망하거나 결격자로 된 경우, 그 배우자에게 다시 피대습자로서의 지위는 인정되지 아니한다(대법원 1999.7.9. 선고 98다64318, 64325 판결).

② 피대습자가 상속개시 전에 사망 또는 결격으로 그 상속권을 상실하여야 한다. 법문은 상속개시 전에 사망한 경우이어야 한다고 규정하고 있지만, 피상속인과 상속인이 동시사망으로 추정될 때에도 대습상속이 발생한다. 반면에 상속개시 후에 상속결격의 사유가 발생한 경우에도 대습이 인정되어야 한다. 한편 상속의 포기에 의해서도 포기자의 상속권은 상실되나, 상속개시 전의 포기는 허용되지 아니하므로, 상속포기의 경우에는 대습이 인정되지 아니한다. 포기자의 직계비속이나 배우자는 대습상속할 수 없으며, 피대습자 전원이 포기할 때에는 그 직계비속은 자기 고유의 상속순위에 따라 상속하게 되며, 그 배우자에게는 상속권이 인정될 수 없다. 입법론으로서는 상속의 포기도 대습의 원인으로 포함시켜야 할 것이라는 주장도 있다.

③ 대습상속인은 실권한 피대습자의 직계비속 또는 배우자이어야 한다. 피대습자의 직계비속은 상속개시시에 생존하고 있지 아니하더라도 포태는 되어 있어야 한다. 즉 태아에게도 대습권은 인정된다(통설). 피대습자가 상속권을 상실한 때에 대습상속인이 존재하여야 하는가에 대하여는 부정설이 통설이다. 대습상속

권은 대습상속인의 고유의 권리이기 때문이다. 따라서 피대습자가 상속결격으로 상속권을 상실한 후에 그의 상속인으로 된 사람 즉 실권 후 출생한 자녀나 배우자 또는 양자녀가 된 사람도 대습상속인으로 된다.

대습상속인이 상속개시 전에 사망하거나 결격자로 되고 직계비속이 있는 때에는 그 직계비속이 대습하게 된다. 이 경우에도 피대습자와 대습상속인에게 배우자가 있을 때에는, 이들도 그 직계비속과 함께 공동으로 대습상속하는 것으로 해석하여야 할 것이다. 이론적으로는 재대습, 재재대습도 인정되나, 혈족상속인의 범위가 4촌까지인 점을 고려하여 피상속인의 현손(玄孫)·종손(從孫)까지를 그 범위로 한정하여야 할 것이다.

한국법은 특유하게 피대습자의 배우자에게도 대습권을 인정하고 있다. 제1순위와 제3순위의 상속인, 즉 피상속인의 직계비속과 형제자매의 배우자는 타방 배우자가 상속개시전에 사망하거나 결격된 경우에는, 그 직계비속과 공동으로 대습상속하고 직계비속이 없는 때에는 단독대습상속인으로 된다(§1003②). 그런데 피상속인과 상속인의 배우자와의 관계는 인척관계이다. 대습상속권은 대습상속인의 고유의 권리이므로, 인척을 기초로 새로운 계통의 상속인이 인정된 것이다.

현실적인 문제로서 피대습자의 배우자의 대습상속권이 인정되어야 할 경우는 다음과 같은 경우이다.

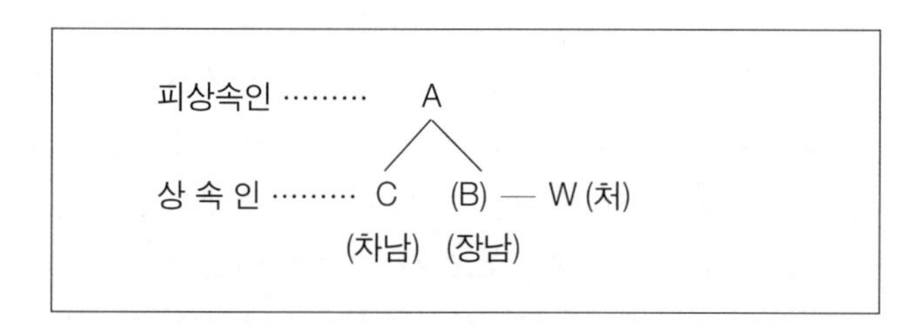

B는 W와 혼인하고도 A와 함께 살면서 봉양을 계속해오다가, 특유재산도 없이 A보다 먼저 사망하고, W는 재혼하지 않고 A를 계속 봉양한 경우이다. A가 사망하였을 때 B와 W 사이에 자녀 S가 있다면, S는 B를 대습하여 C와 공동상속하게 되고 그 모 W는 S가 상속받은 재산을 토대로 생계를 유지할 수 있을 것이다. 그러나 S도 없는 경우에는 C가 단독상속하게 되고 W의 처지는 참담하게 된다. 부모에 대한 봉양을 장남의 의무로 여겼던 한국의 관행을 고려한다면, 위와 같은 경우에 자녀도 없이 사망한 장남의 처에게 대습권을 인정하여야 할 필요성은 긍정

된다. 잔존가족의 생활보장이라는 현대상속권의 근거와도 합치된다고 할 수 있다. 그런데 1958년 민법은 제1순위의 상속인의 처[즉, 자부(子婦)가 대습에 의하여 시부모의 재산을 상속할 수 있다. 그러나 여서(女婿)가 대습에 의하여 처부모의 재산을 상속할 수는 없고, 외손자녀가 모를 대습하여 외조부모의 재산을 상속할 수는 있다]뿐만 아니라 제3순위의 상속인의 처에게까지 대습상속권을 인정하여[즉 형수(兄嫂)나 제수(弟嫂)가 시숙(媤叔)의 재산을 대습에 의하여 상속할 수 있다], 위와 같은 필요성을 감안한 것인지는 의문이다. 가족제도적 관념의 소산으로 볼 수밖에 없다.

한편 1990년 개정된 현행법은, 처에게만 대습상속권을 인정하는 것은 부부평등에 반한다는 이유를 들어 부(夫)에게까지 대습상속권을 인정하고 있다. 상속권의 근거와 관련지어 볼 때, 현행법의 태도는 의문이 아닐 수 없다. 어떻든 배우자 대습권은 피상속인과 1촌의 인척관계가 있음을 전제로 하여 인정되는 것이므로, 재혼한 배우자에게도 대습권이 인정되어야 하는가가 문제된다. 1990.1.9. 등기예규 제694호에 의하면, 제1003조 제2항의 사망한 자의 처라 함은 부의 사망 후에도 인척관계가 유지되는 처를 말한다. 이 예규는 개정 전의 규정을 토대로 한 것이나, 이에 따르면 재혼한 배우자에게는 대습상속권이 인정되지 아니한다. 배우자 일방이 사망한 후 생존배우자가 재혼하게 되면 인척관계는 소멸되기 때문이다(§775②). 그러나 여기서의 재혼은 법률상의 혼인을 가리키므로 타인과 사실혼관계를 맺고 있는 배우자에게도 대습상속이 인정된다. 현행법과 같이 피상속인보다 먼저 사망하거나 결격된 제1순위 내지 제3순위의 상속인의 배우자라는 요건만 갖추면 대습상속권을 인정하는 것은, 현실에도 반할 뿐만 아니라 근거도 없다고 본다. 상속재산을 둘러싼 유족간의 분쟁을 조장할 소지만 크게 할 뿐이다. 배우자대습권을 인정하더라도, 그 요건을 엄격하게 할 필요가 있다고 본다. 입법론으로서는, 상속개시 전에 사망 또는 결격된 사람의 배우자 중 피상속인을 특별히 부양한 사람으로 대습의 요건을 제한하는 것이 타당하다고 생각한다.

- 피상속인과 그 가족 전원이 1997.8.6. 미합중국의 자치령 괌(Guam)의 니미츠 언덕(Nimitz Hill)에서 함께 탑승 중이던 항공기의 추락 사고로 모두 사망하였다. 피상속인의 유족으로는 피상속인의 사위와 형제자매가 있을 뿐 다른 직계비속이나 직계존속은 없는 경우의 상속관계는?(대법원 2001.3.9. 선고 99다13157 판결)

(4) 효 과

대습상속의 효과는 대습자가 피대습자의 순위에서 피대습자의 상속분을 상속하는 것이다(§1010①). 대습상속인이 수인인 경우에는, 피대습자의 상속분의 한도 내에서 제1009조의 규정에 따라 상속분이 정해진다. 대습상속인이 배우자인 경우에도 마찬가지이다(위 ②). 따라서 배우자인 대습상속인은 다른 대습상속인의 상속분에 5할을 가산받게 된다.

- 피대습자가 자신의 생전에 피상속인으로부터 증여를 받았다면 대습상속인의 특별수익에 해당하는가?(대법원 2022.3.17. 선고 2020다267620 판결)
- 피대습자가 상속결격 후에 증여를 받았다면 대습상속인의 특별수익에 해당하는가?(대법원 2015.7.17.자 2014스206, 207 결정)
- 대습상속인이 피대습자가 사망하기 전에 피상속인으로부터 증여를 받았다면 특별수익에 해당하는가?(대법원 2014.5.29. 선고 2012다31802 판결)

3. 상속결격

(1) 의 의

상속결격이라 함은, 법정된 결격사유가 있는 상속인의 상속권을 법률상 당연히 박탈하는 것을 말한다. 즉 피상속인과 일정한 친족관계가 있기 때문에 상속할 수 있는 지위에 있는 사람이지만, 그 사람에게 상속시키는 것이 일반인의 법감정으로 보아 타당하지 않는 중대한 반도덕적 행위가 있을 때에 그 사람의 상속권을 박탈하는 것이다. 게르만법의 "피로 얼룩진 손으로는 상속재산을 취득할 수 없다"(Die blutige Hand nimmt kein Erbe)는 법언은 이를 잘 말하여 준다. 제도상으로는 로마법상의 ereptrium, 즉 수유자에게 비행이 있을 때, 그 사람의 수유자격을 박탈하고 유증의 목적물을 국고로 몰수하던 제도를 계수한 것이다. 입법주의로는 상속결격사유의 발생으로 당연히 결격의 효과가 발생하는 것으로 보는 당연주의(프랑스민법, 스페인민법, 오스트리아민법, 스위스민법)와 결격자에 대한 상속재산취소소송의 판결에 의하여 결격의 효과가 발생하는 것으로 규정하는 취소주의(독일민법)가 있다.

상속결격의 본질에 대하여는, 피상속인과 상속인 간의 상속적 협동관계의 침해 내지 파괴에 대한 제재로 보는 것이 통설이다. 즉 상속으로 인한 재산의 승계는 승계자의 생활상의 경제적 기초를 부여함을 목적으로 하며, 그것은 당연히 피상속인과 상속인 사이에 상속적 협동관계라 할 수 있는 윤리적 · 경제적 결합관계가 있음을 전제로 하므로, 이 협동체적 결합관계를 깨뜨리는 비행이 있는 사람에게는 상속권을 인정해서는 안 된다는 것이다. 이에 대하여는, 피상속인 등에 대한 생명침해라는 현행법상의 결격사유는 이를 고려한 것이나, 이와 더불어 피상속인의 유언에 대한 방해행위도 결격사유로 규정되어 있으며, 이는 오히려 재산취득 질서를 문란시키고 위법하게 이득을 취하려는 데 대한 제재에서 비롯하는 것으로 보아야 한다는 비판이 유력하다.

상속결격은 법정된 결격사유가 있기만 하면, 상속권의 박탈이라는 중대한 효과가 당연히 발생하므로 결격 여부에 관하여는 제한적으로 해석하여야 할 것이다. 확장해석이나 유추해석을 해서는 안 된다고 본다.

(2) 결격사유

1) 피상속인에 대한 부도덕행위

① 고의로 직계존속, 피상속인, 그 배우자, 상속의 선순위자 또는 동순위자를 살해하거나 살해하려고 한 것(§1004 i)

고의의 살인의 경우이다. 정범 · 종범, 기수 · 미수 · 예비 · 음모를 묻지 아니한다. 피상속인의 자살을 교사 · 방조한 경우도 포함되며, 피상속인의 촉탁을 받거나 승낙을 얻어 살해한 경우도 포함된다. 태아를 낙태한 것은 살인은 아니지만, 선순위 또는 동순위의 상속인으로 될 수 있는 태아를 낙태한 경우도 결격사유로 된다(대법원 1992.5.22. 선고 92다2127 판결). 그러나 결격사유로 되는 행위는 상속인의 행위에 한하므로 제3자가 상속인의 이익을 위하여 결격사유로 되는 행위를 하여도 당해 상속인은 결격자로 되지 아니한다. 또 선순위자를 살해하더라도 자기가 상속순위자로 될 수 없는 사람은 결격자로 되지 아니한다.

② 고의로 직계존속, 피상속인 또는 그 배우자에게 상해를 가하여 사망에 이르게 한 것(위 ii).

고의의 상해치사의 경우이다. 따라서 과실치사의 경우는 결격사유로 되지 아니한다. 또 기수의 경우만을 규정하므로 미수에 그친 경우는 포함되지 아니한다. 상속의 선순위자 또는 동순위자를 상해하여 사망에 이르게 한 것도 결격사유로 되지 아니한다.

위의 두 가지 결격사유에 해당되는 행위는 고의에 기한 것이어야 한다. 여기서 말하는 고의에는 살인이나 상해치사에 관한 고의만 있으면 족한 것인지, 아니면 상속법상 유리한 결과를 얻으려는 의사, 즉 이득의사도 있어야 하는 것인지에 대하여, 통설·판례는 고의 이외에 '상속에 유리하다는 인식'까지 필요한 것은 아니라고 해석한다. 왜냐하면 피상속인 또는 상속의 선순위나 동순위에 있는 사람 이외에 직계존속도 피해자에 포함되어 있고, 위 직계존속은 가해자보다도 후순위일 경우가 있기 때문이다(대법원 1992.5.22. 선고 92다2127 판결).

민법은 위의 결격사유에 해당하는 행위자가 형벌을 받아야 할 것을 요건으로 규정하고 있지 아니하다. 따라서 상속개시 후에 형의 선고가 내려지더라도 결격자로 된다(통설). 또한 형의 집행과도 무관하므로, 형의 선고유예를 받고 2년을 경과하여 면소되더라도(형법 §60) 결격자로 된다. 마찬가지로 집행유예의 선고를 받은 후 그 선고의 실효나 취소됨이 없이 유예기간을 경과한 때에는, 형의 선고는 효력을 잃게 되지만(위 §65), 유예기간이 경과한 뒤에 상속이 개시되더라도 결격자로 된다.

일설은 민법이 처형을 요건으로 규정하고 있지 않으나 결격의 효과가 인정되기 위해서는 처형이 전제되어 있는 것으로 보아야 하므로, 무죄판결(형소 §325)·면소판결(위 §326)·공소기각판결(위 §327) 및 공소기각결정(위 §328)을 받거나 형법상 위법성조각사유인 정당행위(형법 §20), 정당방위(위 §21①), 긴급피난(위 §22①)에 해당될 때 또는 공소시효의 만료, 사면, 사망 등으로 공소권이 소멸된 경우에는 상속결격으로 되지 아니한다고 본다. 다른 일설은 처형은 요건이 아니므로 공소권이 소멸되더라도 결격자로 된다고 해석한다. 결격 여부에 관하여는 제한해석하여야 하므로 전자의 입장이 타당하다고 본다. 입법론으로서는 무죄추정의 법리(헌 §27④, 형소 §275의2)에 맞추어 형의 선고를 요건으로 추가하여야 할 것이다.

2) 피상속인의 유언에 대한 부정행위

① 사기 또는 강박으로 피상속인의 상속에 관한 유언 또는 그 철회를 방해한 것(§1004iii)

② 사기 또는 강박으로 피상속인의 상속에 관한 유언을 하게 한 것(§1004iv)

이상은 피상속인의 유언의 자유를 보장하기 위한 결격사유이다. 상속인이 피상속인에게 보장되어 있는 유언의 자유를 방해하고, 그를 통하여 상속상의 유리한 결과를 얻으려고 한 데 대한 제재이다.

상속에 관한 유언에는 상속 그 자체에 관한 것(예, 상속재산분할방법의 지정 또는 그 위탁)뿐만 아니라 상속재산의 범위에 영향을 미치는 것(예, 유증 또는 재단법인의 설립)은 물론이고 상속인의 범위에 영향을 미치는 것(예, 인지)까지 포함된다. 미성년후견인이나 미성년후견감독인의 지정과 관련된 유언 이외에는 모두 상속에 관한 유언이라 할 수 있다.

유언은 유효한 것이어야 한다(통설). 무효인 유언을 방해하더라도 그것은 미수에 그친 것으로 보아야 하기 때문이다.

사기 또는 강박에는 이중의 고의가 필요하다고 해석하는 것이 통설이다. 즉 사기 또는 강박에 의하여 피상속인의 유언행위를 방해하려는 고의와 그로 인하여 상속법상의 유리한 결과를 얻으려는 의사가 있어야 한다.

③ 피상속인의 상속에 관한 유언서를 위조, 변조, 파기 또는 은닉한 것(§1004ⅴ)

위조라 함은 상속인이 피상속인의 명의의 유언서를 임의로 작성하는 것을 말하며, 변조라 함은 상속인이 피상속인이 작성한 유언서의 내용을 가제정정(加除訂正) 그 밖의 방법으로 개변(改變)하는 것을 말한다. 또 파기라 함은 유언서를 훼멸(毁滅)하여 판독이 불가능한 상태로 만들어 유언의 효력을 소멸시키는 일체의 행위를 말하며, 은닉이라 함은 유언서의 소재를 불명하게 하여 그 발견을 방해하는 일체의 행위를 의미하므로, 단지 공동상속인들 사이에 그 내용이 널리 알려진 유언서에 관하여 피상속인이 사망한 지 6개월이 경과한 시점에서 비로소 그 존재를 주장한 것은 은닉에 해당하지 아니한다(대법원 1998.6.12. 선고 97다38510 판결). 유언서는 유효하게 성립된 것이어야 한다. 사기 · 강박에 의한 경우로 한정되지 아니한다.

(3) 결격의 효과

결격사유가 발생하면 당해 상속인은 상속권을 당연히 상실하며, 재판상의 선고가 있어야 하는 것은 아니다. 결격의 효과발생시기에 대하여는 규정하지 아니하나, 상속개시 전에 결격사유가 발생하였을 때에는, 그 때부터 추정상속인으로서의 지위 곧 상속권을 취득한다는 희망적 지위를 잃게 되며, 그 결과 선순위의 추정상속인이 없게 될 경우에는 그 다음 순위자가 추정상속인으로 된다. 상속개시 후에 결격사유가 발생하였을 때에는, 상속개시시까지 소급하여 결격의 효과가 발생한다. 따라서 그 사람은 제999조 소정의 참칭상속인으로 된다. 그 사람에 의한 상속재산처분은 당연무효로 되며 상속재산을 양수한 제3자는 선의취득에 의한 보호를 받지 못하는 이상 상속재산을 반환하여야 한다. 아울러 결격자가 참여한 상속재산의 분할도 그것이 협의분할이든 심판분할이든 무효로 된다.

위에서 본 바와 같이 결격의 시간적 효과는 절대적이나 대인적 효과는 상대적이다. 결격자는 특정의 피상속인과의 관계에서만 상속인으로 될 수 없을 뿐이며, 그 이외의 사람의 상속에는 영향을 주지 아니한다. 또 그 직계비속과 배우자는 대습상속인으로 된다(§1001, §1003②). 다만, 자녀가 부(父)를 살해한 경우에는 부의 상속에서뿐만 아니라 모의 상속에 대하여도 결격자로 된다. 모의 상속에서 부(父)는 배우자로서 자녀와 동순위의 상속인이기 때문이다. 조부모의 상속에서도 부(父)는 자녀의 선순위자이므로 부를 살해한 자녀는 조부모의 대습상속인으로 될 수 없다.

결격자는 동시에 수유결격자로도 된다(§1064).

피상속인의 용서에 의해 결격의 효과가 소멸되는가에 대하여는 학설이 대립한다. 다수설은 상속결격제도의 공익성을 고려하고 이에 관한 민법의 규정도 없으므로 부정하여야 한다고 해석한다. 소수설은 용서에 의하여 상속적 협동관계는 회복되므로 긍정하여야 한다고 본다. 부정한다고 하더라도, 피상속인이 결격자를 용서하고 그에 대하여 생전증여를 하는 것은 무방하므로 실익은 없게 된다.

■ 심화학습

- 3촌인 방계혈족의 상속순위는?
- 사실혼 배우자에게도 상속권은 인정되는가?
- 피상속인 사후에 인공적 방법으로 출생한 자녀에게도 상속권은 인정되는가?

Ⅲ. 상속의 효과

예습과제

Q1 상속의 효과에 대한 대륙법계와 영미법계의 차이는 무엇인가?

Q2 무권대리인의 지위의 상속에 대하여 논하시오.

Q3 공동상속재산의 법적 성질에 관한 학설과 판례의 입장은?

1. 권리의무의 승계

(1) 승계의 원칙

상속인은 상속개시된 때로부터 피상속인의 재산에 관한 포괄적 권리의무를 승계한다(§1005 본문). 이를 포괄승계의 원칙이라 한다. 상속재산은 포괄적으로 승계되기 때문에 상속의 승인이나 포기도 그 전체에 대하여 해야 하고, 개별적인 재산을 대상으로 하여 할 수는 없다. 포괄승계에 의하여 상속재산의 포괄적 단일성은 인정되더라도, 그것이 물권법상 하나의 물건으로 취급되거나 재단으로서의 법인성이 인정되는 것은 아니다. 승계되는 개개의 권리의무의 집합에 지나지 아니한다.

흔히 상속재산이라 할 때에는 적극재산만을 가리키는 것으로 생각하나, 여기에는 소극재산도 포함된다. 적극재산보다 소극재산이 많을 경우에도 상속인은 이를 승계한다. 상속재산을 구성하는 모든 재산은 그 종류를 불문하고 전부 상속되는 것이다. 다만 제사용재산만은 별도의 상속재산을 구성한다(§1008의3). 이처럼 민법은 상속이 개시되면 상속인이 바로 피상속인의 재산에 관한 포괄적인 권리와 의무를 승계하는 것으로 규정하는바(§1005 본문), 이는 상속으로 인한 법률관계를 신속하게 확정함으로써 법적 안정성을 도모하기 위함이고, 다른 한편 상속의 포기 · 한정승인제도 등을 통하여 상속인으로 하여금 그의 의사에 따라 상속의 효과를 귀속시키거나 거절할 수 있는 자유를 주고 있으므로 위 조항이 헌법상 보장된 재산권을 침해하여 헌법에 위반된다고 볼 수 없고, 나아가 위 조항은 누구든지 상속을 하게 되면 동일하게 적용되는 것이므로 어떤 상속인은 적극재산을 상속하는 한편 어떤 상속인은 소극재산을 상속한다는 점을 들어 위 조항이 상속인의 평등권을 침해한다고 볼 수도 없다(대법원 2005.7.22. 선고 2003다43681 판결).

포괄승계에 의하여 피상속인의 재산상의 권리의무는 모두 상속재산으로 되어 상속개시시부터 당연히 상속인에게 이전된다. 상속인이 상속개시의 사실을 알든 모르든 또 상속등기나 그 밖의 일정한 행위가 행해져야 하는 것과는 상관없이, 법률상의 상속의 효과는 발생한다. 이처럼 민법은 상속의 일반적 효과와 관련하여 포괄승계의 원칙 → 일반승계의 원칙 → 당연승계의 원칙을 취하고 있다.

승계되는 재산상의 권리의무는 그 종류를 불문하며, 물권 · 채권과 같은 구체적인 권리의무뿐만 아니라, 아직 권리의무로서 구체화되지 아니한 재산상의 법률관계도 포함된다. 점유와 같은 사실상의 관계도 승계하게 된다. 결국 상속은 피상속인의 재산적 지위의 승계라고 할 수 있다.

- 소극재산이 적극재산을 초과하는 경우에도 포괄승계 · 당연승계의 원칙을 규정한 제1005조는 상속인의 재산권, 사적 자치권, 행복추구권, 평등권을 침해하는가?(헌법재판소 2004.10.8. 선고 2003헌가13 결정)

---

(2) 상속재산의 범위

일반승계의 원칙에 따라 피상속인의 재산상 권리의무 내지 법률상의 지위는 모두 상속재산에 포함되어 승계의 대상으로 된다. 그러나 개별적인 권리의무 내지 법률상의 지위 중에는 그 승계 여부가 문제되는 것도 있다. 이를 민법과 특별법상의 것으로 나누어 구체적으로 검토하기로 한다.

1) 일신전속권

상속이 피상속인의 재산적 지위의 승계라 하더라도, 피상속인의 일신전속권은 승계하지 아니한다(§1005 단서). 일신전속권은 그 성질상 주체의 사망과 더불어 절대적으로 소멸하기 때문이다. 일반적으로 일신전속권은 타인에 의한 대위행사는 허용되지 아니하고 권리주체자에 의해서만 행사되어야 하는 행사상의 일신전속권과 권리주체자에게만 귀속되고 타인에게는 귀속될 수 없는 귀속상의 일신전속권으로 구분된다. 상속의 대상에서 제외되는 것은 귀속상의 일신전속권이다.

의무인 경우도 마찬가지이다. 신분관계에 기한 권리의무는 대체로 행사상의 일신전속일 뿐만 아니라 귀속상의 일신전속의 것으로 상속되지 아니한다. 재산상의 권리의무도 그 주체의 개성이 중시될 때에는 일신전속성이 인정되나, 상속될 수 있는가의 여부는 개별적으로 검토하여야 한다. 행사상의 일신전속권(§404① 단서)이나 양도금지의 채권은 양도는 허용되지 아니하나 상속은 가능하다.

2) 민법상의 권리의무

(가) 총칙상의 권리의무

가) 형 성 권

형성권의 상속성은 긍정된다고 해석한다(통설). 제140조는 형성권의 하나인 취소권의 상속성을 전제로 한 규정이다. 일설은 형성권이 독자적으로 상속되는 것이라기보다는 형성권이 발생된 법률관계 및 법률상의 지위의 상속에 의하여 승계되는 것으로 이해하기도 한다. 형성권은 독립된 권리라기보다는 하나의 법률관계 내지 법률상의 지위에 부수되는 것에 지나지 않기 때문이다.

형성권이 발생된 법률관계가 공동상속된 경우, 공동상속인 각자가 단독으로 형성권을 행사할 수 있는가는 문제이다. 상속재산의 분할이 행해져 당해 법률관계가 특정상속인에게 귀속된 경우에는 그 상속인만이 형성권을 행사할 수 있게 된다. 그러나 분할 전의 경우에는 공동상속인 1인만에 의한 행사는 허용되지 않는다고 보아야 할 것이다. 해제권 · 해지권과 같이 불가분성(§547 ①)이 인정되고 있는 경우는 물론이고, 그 밖의 형성권의 행사는 상속재산의 관리행위로 보아야 하기 때문이다. 따라서 공동상속인 각자가 단독으로 할 수 있는 보존행위와는 달리 지분의 과반수로 결정해야 할 것이다(§265).

나) 사 원 권

사원권이라 함은, 단체의 구성원의 지위를 말한다. 그 내용이 단체 자체의 이익을 위한 것이면 이를 공익권(예: 결의권, 소수사원권, 업무집행권, 감독권 등)이라 하며, 구성원 개인의 이익을 위한 것인 경우에는 이를 자익권(예: 이익배당청구권, 이자배당청구권, 잔여재산분배청구권, 법인시설이용권 등)이라 한다. 사원권은 단체의 구성원이라는 자격에 기하여 부여되므로, 사망에 의하여 구성원의 자격이 상실되면 사원권도 당연히 소멸되는 것이 원칙이다(§56). 그러나 이는 강행규정은 아니다(대법원 1992.4.14. 선고 91다26850 판결; 대법원 1997.9.26. 선고 95다6205 판결). 단체가 영리법인인가 비영리법인인가에 따라 상속성의 유무는 다르다.

민법상의 비영리사단법인의 사원권은 법률이나 정관에서 상속을 인정하는 경우 이외에는 상속의 대상으로 될 수 없다(통설). 예컨대 학회, 노동조합, 사교단체 등 비영리사단에서의 단체원의 지위는 일신전속의 것으로 상속되지 않는다. 법률이나 정관으로 상속성을 인정하는 경우에도 공익권적 성질의 것은 인정될 여지가 없다. 권리능력 없는 사단의 경우도 마찬가지이다. 다만 종중의 대표자의 지위는 상속된다. 종중과 대표자 간에는 명의신탁관계가 있고 대표자의 수탁자로서의 지위는 상속되기 때문이다(대법원 1967.11.21. 선고 67다1844 판결; 대법원 1969.2.18. 선고 68다2094 판결; 대법원 1981.6.23. 선고 80다2809 판결; 대법원 1996.5.3. 선고 94다35985 판결). 민법상의 조합도 조합계약에 특별한 규정을 두고 있지 아니하는 한, 조합원의 사망은 탈퇴사유이며(§717 i), 조합원의 지위는 상속되지 않는다.

상법상의 회사인 경우에도 회사의 종류에 따라 사원권의 상속 여부는 다르다. 합명회사의 사원권은 정관으로 상속을 규정하지 아니하는 한 상속되지 아니하며(상법 §218iii, §219), 합자회사의 무한책임사원의 사원권도 합명회사의 사원권과 마찬가지이나(위 §269) 유한책임사원의 사원권은 상속된다(위 §283①). 다만 이 경우 상속인이 수인인 때에는 사원의 권리를 행사할 사람 1인을 정하여야 한다(위 §283② 제1문). 주식회사의 주주권이나 유한회사의 사원권은 상속된다(위 §335①, §545② 참조).

레저산업의 발달에 의하여 최근에는 골프회원권, 콘도회원권, 스포츠클럽회원권 등 다양한 종류의 회원권이 등장하고 있으며 그 성격도 각양각색이다. 예탁회원제, 사단회원제, 주주회원제 등 여러 형태의 것이 있다. 대체로 회원계약에 회원권의 양도나 상속의 가능성 여부를 규정하고 있다. 골프회원권을 중심으로 하여 살펴본다.

예탁회원제라 함은 골프장의 경영을 맡고 있는 회사에 입회보증금을 예탁하고 그 회사와 골프클럽입회계약을 체결하는 것에 의하여 회원으로 되는 것을 말한다. 대부분의 회원제가 이와 같은 형태를 취한다. 골프장회사와 골프클럽은 별개의 조직으로서 골프클럽은 그 회사의 실질적인 업무집행기관이라 할 수 있다. 회원권은 회원이 골프장회사에 대하여 지니는 골프장시설의 우선이용권, 예탁금반환청구권 및 회비납부의무를 내용으로 하는 계약상의 지위를 의미한다(대법원 1992.5.22. 선고 92다7238 판결; 대법원 2000.3.10. 선고 99다70884 판결; 서울민사지방법원 1987.7.

29. 선고 86가합2350 판결). 이러한 골프회원권에 대하여는 그 회칙에 회원이 사망할 때에는 그 자격을 상실한다는 취지의 규정을 두고 있는 경우가 많다.

문제는 회원계약상 양도나 상속이 금지되어 있는 경우 회원의 사망으로 회원계약은 종료되고 상속은 인정되지 아니한다고 보아야 하는가이다. 골프클럽이 회원 상호간의 인적 신뢰관계에 기초하여 구성된다면, 상속성을 부정하여야 할 것이다. 그러나 실제 대부분의 경우 회원 상호간의 인적 신뢰를 기초로 골프클럽이 조직, 운영되고 있다고 볼 수는 없다. 또 골프클럽회원의 지위는 골프장시설의 우선적 이용권을 기본적 권리로 하는 계약상의 지위에 속하므로 일신전속적인 것은 아니다. 그렇다면 상속에 의한 승계는 긍정되어야 한다. 설사 회원계약에서 회원의 사망을 자격상실사유로 정하고 있다 해도, 그것은 단순히 사망한 회원은 회원자격을 상실한다고 하는 당연한 사실을 주의적으로 규정한 것으로 해석하여야 할 것이다. 설령 회원권의 상속이 부정된다고 하더라도 상속인에게 예탁금반환청구권 및 이미 발생한 회비납부채무는 승계된다. 한편 그와 같은 제한이 없는 경우에는, 상속의 대상이 된다고 본다. 회원권은 통상의 재산권의 일종이기 때문이다.

사단회원제라 함은 골프장의 경영과 회원조직이 분리되지 아니하고 회원이 사단을 조직하고 사단이 골프장의 경영을 맡는 것을 말한다. 회원은 사단의 구성원, 곧 사원으로 된다. 이 사단은 공익을 목적으로 하는 사단인 경우도 있고, 회원 상호간의 친목을 도모하는 것을 목적으로 하는 권리능력 없는 사단인 경우도 있다. 어떤 사단일지라도 회원 상호간의 신뢰관계를 그 기본으로 하고 있으므로, 회원권은 일신전속적이다. 따라서 정관으로 상속에 의한 승계를 인정하는 취지의 특별한 규정이 없는 한 상속되지 않는다고 보아야 할 것이다.

주주회원제라 함은 골프장의 경영을 맡는 회사와 골프클럽이 별개의 조직으로 존재하고 그 회사의 주주로 되는 것이 골프클럽입회의 조건으로 되어 있는 것을 말한다(대법원 1990.11.27. 선고 90다카10862 판결). 주식의 상속이 인정되는 것과 마찬가지로 상속성이 긍정된다. 회원권의 상속을 인정하지 않는 취지의 회칙이 있더라도 상속의 대상으로 된다고 보아야 한다.

다) 무권대리

상행위의 위임에 의한 대리권은 본인의 사망으로 인하여 소멸하지 아니하고 상속되나(상법 §50), 민사상의 대리관계는 본인 또는 대리인의 사망에 의하여 종료되고 대리권도 소멸한다(§127). 다만, 이때에도 본인 또는 대리인이 사망할 당시에 존재한 대리관계에 기한 권리의무 내지 그 법적 지위는 상속인에게 승계된다. 문제는 무권대리행위가 행해진 후 무권대리인과 본인 사이에 상속이 발생한 경우의 무권대리의 효력에 관하여서이다. 무권대리인이 본인을 상속한 경우, 본인이 무권대리인을 상속한 경우, 제3자가 무권대리인과 본인 쌍방을 상속한 경우가 발생할 수 있다. 각각의 경우를 살펴본다.

첫째, 무권대리인이 본인을 상속한 경우이다. 상속인이 피상속인 본인의 지위에서 무권대리행위를 추인하거나 추인을 거절할 수 있는가이다. 학설은 당연유효설을 취한다. 다만 그 근거로서는 무권대리인이 본인을 상속하고 본인의 자격에서 스스로 한 법률행위의 추인을 거절한다는 것은 신의성실의 원칙에 반한다는 신의칙설과 무권대리인과 본인이 동일한 지위 또는 상태에 놓이게 되어 대리권의 흠결이 보완된 것이라는 자격중복설이 주장된다. 신의칙설을 주장하는 견해도, 무권대리인이 단독상속인일 경우에는 당연유효이나, 공동상속의 경우에는 당연유효로 볼 수 없다고 해석한다. 무권대리인 이외의 공동상속인의 추인 내지 추인거절권을 보호하여야 하기 때문이다. 따라서 공동상속인 전원이 무권대리행위를 추인하지 않는 한, 무권대리인의 상속분에 해당하는 부분에 대해서만 유효로 될 뿐이며, 전원의 동의로 추인하든가 전원의 협의로 상속재산을 분할하여 무권대리행위의 목적물을 무권대리인의 취득물로 하지 않는 한 상대방은 유효하게 권리를 취득할 수 없고, 다른 공동상속인의 상속지분범위(유효로 될 수 없는 범위) 내에서 무권대리인에게 채무불이행으로 인한 손해배상을 청구할 수 있을 뿐이라고 해석한다. 이에 대하여는 무권대리인의 상속분에 해당하는 범위 내에서도 유효로 볼 수 없다는 비판이 있다.

무권대리인이 단독상속인인 경우 판례는 금반언의 원칙 · 신의칙상 무권대리를 이유로 무효를 주장할 수 없다고 본다(대법원 1994.9.27. 선고 94다20617 판결).

둘째, 본인이 무권대리인을 상속한 경우이다. 통설은 본인이 무권대리인을 단독상속한 경우에는 본인은 추인을 거절할 수 있으므로 당연히 유효한 것으로 되지 아니하나, 무권대리인이 생전에 상대방에 대하여 제135조의 책임을 지고 있었을 경우에는 이 책임은 상속된다고 본다. 본인의 입장에서 추인거절권을 행사할 경우 무권대리인에게 발생하는 제135조의 책임도 승계하는가는 문제이다. 왜냐하면 추인거절권은 본인을 보호하기 위한 권리인데, 무권대리인의 책임을 승계한다고 함은 그 취지가 상실되는 결과에 이르기 때문이다. 이와는 달리 본인이 상속하는 것은 상속개시 당시 무권대리인이 부담하는 손해배상책임에 한정된다는 견해도 있다.

본인과 함께 공동상속인이 무권대리인을 상속한 경우에는 본인은 추인을 거절할 수 있으나, 다른 공동상속인은 무권대리행위의 책임을 승계하게 된다. 그러나 이 경우에도 본인은 책임을 면하고, 다른 공동상속인만 책임을 지게 되는 것은 공동상속인의 공동책임에 반하므로 책임을 지는 것으로 해석한다.

셋째, 제3자가 무권대리인과 본인 쌍방을 상속한 경우, 즉 제3자가 먼저 무권대리인을 상속하고 그 후 다시 본인을 상속한 경우이다. 이 경우는 무권대리인이 본인을 상속한 경우와 마찬가지로 취급하여도 무방할 것이다. 이와는 달리 제3자가 본인을 상속하고 이어 무권대리인을 상속한 경우에는 본인이 무권대리인을 상속한 경우와 마찬가지로 취급하여도 무방할 것이다.

라) 기한부 및 조건부권리

권리자의 사망을 해제조건이나 종기(終期)로 한 권리가 아닌 이상, 그 권리가 상속가능한 경우에는 상속된다(§149, §154).

(나) 물권법상의 권리의무

가) 상속과 등기

피상속인이 부동산을 양도하고 등기의무를 이행하지 아니한 상태에서 사망한 때에는, 피상속인의 등기의무가 상속인에게 승계된다(대법원 1979.2.27. 선고 78다2281 판결). 이때 상속인은 상속등기를 하지 아니하고, 피상속인명의에서 직접 양수인 명의로 이전등기를 할 수 있는가가 문제된다. 이른바 중간생략등기의 문제이다.

상속인의 중간생략등기의무가 발생한다고 볼 수는 없다. 즉 양수인은 상속인에 대하여 피상속인으로부터 등기권리자인 자신의 명의로 직접 이전등기하여 줄 것을 청구할 수 없다. 다만 판례는 피상속인 명의에서 양수인 명의로 행해진 중간생략등기의 유효성은 긍정한다. 과정이야 어떠하든 현재의 권리관계를 공시하고 있기 때문에 실체관계에 부합하는 등기로서 유효하다고 보는 것이다. 상속인이 상속등기를 한 경우에도 양수인은 상속등기의 말소를 구하는 것이 아니라, 등기의무를 승계하였음을 이유로 하여 상속인으로부터의 이전등기를 청구하여야 하는 것이다. 피상속인이 미등기의 부동산을 처분하고 사망한 경우에는 상속인은 자기명의의 보존등기를 하고 양수인에게 이전등기를 하여야 한다. 공동상속의 경우에는, 등기의무도 공동상속인 전원에게 승계되므로 양수인은 전원을 상대로 청구하여야 한다. 다만, 상속재산의 분할에 의하여 등기의무를 일부의 상속인만이 부담하는 것으로 할 수는 있다고 본다(대법원 1991.8.27. 선고 90다8237 판결).

상속에 의한 부동산소유권의 이전은 법률의 규정에 의한 물권변동이기 때문에 상속인명의의 상속등기를 하지 아니하더라도 제3자에게 소유권을 주장할 수 있다. 또 공동상속인 가운데 일부가 공동상속인으로 기재되어 있지 않더라도, 상속을 포기하였거나 그 밖에 상속인으로서 권리를 상실하였다고 할 수 있는 특별한 사정이 없는 한 그의 공동상속인으로서의 권리가 부정되는 것은 아니다(대법원 1978.1.17. 선고 77다1977 판결). 따라서 공동상속인 중의 1인이 분할 전에 임의로 상속부동산을 자기단독명의로 등기하고, 이를 제3자에게 처분하였을 때도, 다른 공동상속인은 상속등기를 하지 않은 상태에서 제3자에 대하여 지분권을 행사할 수 있다. 다만 판례는 그 지분권의 행사를 상속회복청구권의 행사로 보기 때문에 제999조 제2항의 제척기간의 적용을 받게 된다. 한편 상속부동산을 처분을 하기 위해서는 상속등기를 하여야 한다(§187 단서).

- 피상속인이 소유부동산을 A에게 양도하고 그 이전등기를 해 주지 않은 상태에서 사망하고, 그 후 상속인이 당해 부동산을 B에게 양도하고 이전등기를 해 준 경우는 동일인이 이중양도를 한 경우와 마찬가지이므로, B가 유효한 소유권을 취득하게 된다.
- 대법원 1991.8.27. 선고 90다8237 판결은, 협의분할의 소급효에 의하여 협의분할로 소유권을 취득한 상속인을 제외한 나머지 상속인들은 그 부동산을 상속한 것이 아니고 현재 등기부상 등기명의자가 아니어서 등기의무자로 될 수도 없으므로 그에 대한 지분소유권이전등기의무도 없다고 판시하였다. 그러나 상속이 개시될 때까지 매수인에게 이전등기가 마쳐지지 않은 부동산은 여전히 상속재산분할의 대상이 되는 것이고, 한편 피상속인이 부담하던 그 부동산에 대한 소유권이전등기의무는 불가분채무이므로 역시 그 부동산 소유권과는 별도로 상속인들에게 포괄적으로 상속되어 상속재산분할의 대상이 된다고 보아야 한다. 공동상속인들 사이에 그 중 1인이 소유권이전등기의무를 단독으로 전부 이행하기로 하는 분할협의를 하였더라도 매수인이 이를 승낙하거나 채무인수의 요건을 갖추었을 때만 매수인에게 대항할 수 있다고 할 것이다. 부동산 소유권을 상속인 중 1인에게 귀속시키는 분할협의에 따라 특정 상속인 단독 명의로 이전등기가 마쳐졌다는 사정만으로 곧바로 그 부동산이 상속재산에서 제외될 뿐만 아니라 그 부동산에 대한 이전등기의무까지도 상속채무에서 제외되는 것으로 성질이 변경되었다고 해석하는 것은 무리이다. 현재 등기명의인인지 여부

는 소유권이전등기의무의 성립 내지 그 의무의 포괄승계와는 논리적 상관성이 없고, 분할에 의하여 목적물을 특정 상속인이 취득하였더라도 다른 상속인들은 소유권이전등기의무를 면하는 것이 아니라 다만 그 이행이 가능하냐, 불능이냐의 문제만 남을 뿐이라고 볼 것이다.

• 대법원 1993.7.13. 선고 92다17501 판결은 甲이 乙과 공유인 부동산(甲은 1,435/2,250지분, 乙은 815/2,250지분을 각 소유)을 丙에게 매도한 후 丙에게 소유권이전등기를 마쳐 주기 전에 사망하였는데, 상속인 중 1인인 丁이 상속재산협의분할에 의하여 甲이 소유하고 있던 1,435/2,250지분을 단독으로 취득하였고, 그밖에 乙이 소유하던 815/2,250지분에 관하여는 丁이 공유물분할에 의하여 이를 취득함으로써 결국 丁이 위 부동산 전체의 단독 소유자가 된 경우, 丁은 甲의 소유 지분에 관하여는 甲의 丙에 대한 소유권이전등기의무를 승계하였다 할 것이나, 乙이 소유하고 있던 지분에 관하여는 공유물분할에는 소급효가 없으므로 그 지분 전체에 대한 甲의 소유권이전등기의무를 그대로 승계하였다고 할 수 없으니, 결국 丁은 상속재산의 협의분할에 의하여 취득한 지분(1,435/2,250지분)에다가 위 공유물분할에 의하여 취득한 지분(815/2,250지분) 중 공동상속인의 한 사람으로서의 법정상속분에 해당하는 부분을 합한 지분의 범위에서만 소유권이전등기의무를 부담하고 이를 넘는 부분에 관하여는 그 의무가 없다고 판시하였다.

나) 점 유 권

점유권도 상속의 대상이다(§193). 다만 점유권의 상속에 있어서는 법정상속분에 관한 규정이 적용되지 아니한다(대법원 1962.10.11. 선고 62다460 판결). 점유는 사실관계에 지나지 아니하기 때문이다.

점유권의 상속은 승계취득이므로 상속인은 자기의 점유만을 주장하거나 자기의 점유와 전점유자의 점유를 아울러 주장할 수 있고(§199①), 이때에는 전점유의 하자도 승계한다(위 ②). 그러나 판례는 "상속인은 새로운 권원에 의하여 자기 고유의 점유를 시작하지 않는 한 피상속인의 점유의 성질과 하자를 떠나 자기만의 점유를 주장할 수 없다"고 하여 이를 부정한다(대법원 1972.6.27. 선고 72다535, 536 판결 등). 즉 상속인이 취득시효의 완성을 주장하면서 자기의 점유만을 주장하거나 피상속인의 점유를 아울러 주장할 수 있는 선택권은 인정되지 아니한다. 따라서 피상속인의 점유의 하자도 그대로 승계한 것으로 되어, 선대의 점유가 타주점유이면 상속인의 점유도 특단의 사정이 없는 한 자주점유로 될 수 없고, 자주점유가 되기 위하여는 점유자가 점유를 시킨 사람에게 소유의 의사를 표시하거나 신권원에 의하여 다시 소유의 의사로써 점유를 시작해야 한다(대법원 1987.2.10.

선고 86다카550 판결 등). 따라서 상속인이 따로 소유의 의사로 점유를 개시했다고 인정할 수 있는 별개의 사유가 존재하지 않는 한 상속인으로서는 시효취득할 수 없다. 이처럼 판례는 상속인의 선택권을 부정할 뿐만 아니라 상속이 신권원으로 될 수 없다고 해석한다.

소유의 의사로 부동산을 점유하던 사람이 사망하고 그 점유를 상속인 중 일부만이 승계하여 점유를 계속한 경우, 다른 특별한 사정이 없는 한 그 점유를 승계한 상속인들은 그 부동산 전체를 소유의 의사로 점유한 것으로 보아야 할 것이고, 그 점유가 계속되어 제245조 1항의 기간이 만료되면 그들은 등기함으로써 그 부동산의 소유권을 취득한다(대법원 1989.4.11. 선고 88다카17389 판결). 아울러 부동산에 관하여 피상속인 명의로 소유권이전등기가 10년 이상 경료되어 있는 이상 상속인은 부동산등기부취득시효의 요건인 "부동산의 소유자로 등기한 사람"에 해당되며 이 경우 피상속인과 상속인의 점유기간을 합산하여 10년을 넘을 때에 등기부취득시효기간이 완성된다(대법원 1989.12.26. 선고 89다카6140 판결). 또 상속인이 미성년자인 경우 점유권을 그 법정대리인을 통하여 승계할 수 있으며 점유의 계속은 추정된다(대법원 1989.4.11. 선고 88다카8217 판결; 대법원 1990.12. 26. 선고 90다5733 판결).

다) 소 유 권

소유권이 상속의 대상으로 됨은 두말할 여지가 없다. 그런데 상속재산 중에는 사회적 · 경제적 일체성이 유지되어야 할 필요가 있는 것도 있다. 소규모의 경영자산이 공동상속에 의하여 세분화 · 영세화되는 것은 바람직하지 않다. 공동상속의 원칙을 견지하면서도 그 경영의 일체성을 유지할 수 있는 방안이 모색되어야 할 필요가 있다. 이러한 필요성은 농지상속의 경우에도 인정된다. 이를 고려하여 각국은 상속에 의한 농지의 세분화 · 영세화를 방지하기 위한 대책을 수립하고 있다.

구농지개혁법은 경자유전의 원칙을 선언하고 농지의 소유상한을 설정하기도 하였다(같은 법 §1, §12). 한편 상속에 의하여 농지의 소유상한을 초과하더라도 예외를 인정한 바 있다(위 §12). 그리고 같은 법 제15조는 "분배받은 농지는 분배받은 농가의 대표자명의로 등록하고 가산으로 상속한다"고 규정하여 분배농지의 상속에 관한 특칙을 규정하기도 하였다. 이 규정의 취지는 비경작자가 상속에 의하여 농지소유권을 취득하는 것을 제한하고 공동상속에 의한 농지의 세분화 · 영세화를 피하려는 데 있었다. 그러나 이 규정에서 말하는 가산이 무엇을 뜻하는지가 분명하지 아니하여 해석상의 문제가 제기되었다. 판례 중에는 분배농지의 상속에 관하여는 민법의 상속규정을 배제하고, 농지를 상속할 사람 중에 비농가에 속하고 장차 농경할 의사가 없는 사람은 그 농지 자체를 상속하여 소유할 수 없다고 하여 농지의 상속능력을 제한한 것도 있다. 즉 분배농지의 수분배자가 사망하여 그 농지가 상속되는 경우에는, 농가 아닌 사람에게 농지분배를 허용하지 않는 농지개혁법의 입법취지에 비추어, 호주상속인의 지위에 있는 사람이라 하더라도 농가 또는 그 농지의 경작에 의하여 생계를 유지하지 않는 경우에는 농지수분배권을 상속할 수 없고, 피상속인의 집에 있는 가주(家主) 또는 동거가족으로서 농경으로 생계를 유지하는 재산상속인이 이를 상속한다는 것이다(대법원 1968.6.18. 선고 68다573 판결; 대법원 1974.2.12. 선고 73다509 판결; 대법원 1991.8.13. 선고 91다17368 판결; 대법원 1997.12.26. 선고 97다22003 판결). 반면에 동 규정이 민법의 상속규정을 배제하는 것은 아니며(대법원 1980.11.11. 선고 80다1584 판결), 상속인의 의사능력, 경작능력의 여부는 농지상속능력에 아무런 관계도 없다고 해석한 판례도 있다(대법원 1973.10.23. 선고 71다1355 판결).

농지개혁법의 입법취지를 고려한다면, 전자의 입장이 타당하다. 그러나 경작자가 아닌 상속인은 농지상속에서 완전히 배제된다고 해석하는 것도 문제이다. 그리하여 농지에 관하여는 상속에 의한 농지의 세분화·영세화를 방지하는 동시에, 상속에 의해서는 농지소유권을 취득할 수 없는 비경작자인 상속인에게 상속분에 상당하는 적절한 보상을 해 줄 수 있는 특별법이 제정되어야 한다는 입법론이 주장되기도 하였다. 농지개혁법 등 일련의 농지관계입법을 통합한 농지법의 제정 과정에서도 그와 같은 의견이 제시된 바 있으나, 같은 법 제22조는 “국가와 지방자치단체는 농업인이나 농업법인의 농지소유가 세분화되는 것을 방지하기 위하여 그 농지가 1농업인 또는 1농업법인에게 일괄하여 상속·증여 또는 양도되도록 필요한 지원을 할 수 있다”는 선언적 규정을 두는 데 그치고 있다.

공유지분은 상속인에게 승계되고 상속인 없이 사망한 때에는 다른 공유자에게 각각의 지분 비율로 귀속한다(§267). 반면에 부동산의 합유자 중 일부가 사망한 경우 합유자 사이에 특별한 약정이 없는 한 사망한 합유자의 상속인은 합유자로서의 지위를 승계하는 것이 아니므로, 해당 부동산은 잔존 합유자가 2인 이상일 경우에는 잔존 합유자의 합유로 귀속되고 잔존 합유자가 1인인 경우에는 잔존 합유자의 단독소유로 귀속된다(대법원 1994.2.25. 선고 93다39225 판결; 대법원 1996. 12.10. 선고 96다23238 판결).

라) 용익물권

용익물권도 물권인 이상 상속성이 인정된다. 지상권과 전세권은 당연히 상속의 대상을 되며(§282, §306), 지역권은 요역지에 부종하므로 요역지의 상속에 의하여 승계된다(§292). 한편 제302조가 규정하는 특수지역권의 법적 성질에 관하여는 학설이 대립하나, 일종의 인역권 내지 입회권으로서의 성질을 가지고 있으므로 상속성은 부정된다(통설).

마) 담보물권

담보물권이 상속되는 것은 당연하다. 다만, 담보물권은 피담보채권에 부종·수반되므로 피담보채권과 분리되어 상속될 수는 없다. 가등기담보권이나 양도담보와 같은 비전형담보권도 상속된다.

(다) 채권법상의 권리의무

채권·채무의 상속 일반에 관하여는 후술한다. 여기에서는 상속의 대상으로 되는가가 문제되는 것만을 검토한다.

가) 다수당사자간의 채권채무

① 연대채무 피상속인이 부담하고 있던 연대채무도 상속의 대상으로 된다. 공동상속을 한 경우에도, 공동상속인과 다른 연대채무자와의 연대관계는 유지된다. 그러나 각 상속인의 채무, 부담부분 등 공동상속인 간의 귀속관계에 있어서도 연대관계가 긍정되는가는 문제이다. 즉 채권자는 공동상속인 중의 1인에 대하여 전채무의 이행을 청구할 수 있는가의 여부이다. 판례와 같이 상속재산의 법적 성질을 공유로 이해한다면, 피상속인의 연대채무는 법률상 당연히 분할되어 각 공동상속인의 법정상속분에 따라 승계되므로, 이를 부담부분으로 하여 본래의 연대채무자와 함께 연대채무자가 된다고 해석하여야 한다.

② 보증채무 보증채무는 주채무자와 보증인 사이의 신뢰관계에 기초하여 성립한다. 이러한 신뢰관계를 중시한다면, 보증채무는 원칙적으로 일신전속적 의무로서 상속의 대상으로 될 수 없다고 해석할 수도 있다. 그러나 통설은 보증채무의 상속성 유무는 개별적으로 검토하여야 한다는 입장이다. 즉 상속인의 보호와 채권자의 보호와의 이익형량의 관점에서 법정책적으로 결정해야 한다고 본다.

㉠ 통상의 보증 : 금전소비대차나 임대차에서의 통상의 보증의 경우에는 상속성이 긍정된다(통설). 통상의 보증인 경우에는 책임의 범위가 확정되어 있기 때문이다.

㉡ 연대보증 : 연대보증은 주채무자와 연대하여 채무를 이행하여야 하므로 통상의 보증보다 책임이 무거우나, 통상의 연대보증은 그 범위와 내용은 확정되어 있기 때문에 상속된다고 해석한다. 그러나 계속적 거래에서 장래 부담하게 될 채무에 대하여 부담하게 되는 책임의 한도액 및 기간을 정하지 않은 연대보증채무는 상속이 부정된다. 다만 이 경우에도 기왕에 발생된 보증채무는 상속되나(대법원 2001.6.12. 선고 2000다47187 판결), 연대보증인의 사망 후에 생긴 주채무에 대하여는 그 상속인이 보증채무를 승계하여 부담하지는 않는다(대법원 2003.12.26. 선고 2003다30784 판결).

㉢ 신원보증 : 신원보증계약은 신원보증인의 사망으로 종료된다(신원보증법 §7). 신원보증은 피보증인(신원본인)인 피용자가 일정한 사유에 의하여 야기한 사용자에 대한 손해배상책임에 대하여 신원보증인이 보증책임을 지게 하는 계약이다. 피용자(신원본인)와 신원보증인 사이의 특수한 신뢰관계 · 정의관계를 바탕으로 하고 있으므로, 신원보증인의 의무는 일신전속적인 것이다(통설). 또 신원보증인의 책임범위도 광범위하기 때문에, 그 책임의 한계를 법정하고(같은 법 §6) 신원보증인의 지위의 상속성을 부정한 것이다. 그러나 신원보증인이 사망하기 전에 이미 발생한 보증채무까지 상속성이 부정되는 것은 아니다(대법원 1972.2.29. 선고 71다2747 판결).

㉣ 신용보증 : 신원보증과 마찬가지로 계속적 보증의 일종이다. 즉 장래의 채무 중 거래과정에서 채무의 증감이 예정되어 있는 경우의 보증을 말한다. 학설은 보증책임의 한도액이나 존속기간에 제한이 없거나 일정하지 않은 포괄적 신용보증인 경우에는, 신원보증과 마찬가지로 상속성을 부정해야 한다고 본다. 다만, 보증책임의 최고한도액이 정해져 있는 경우에는 상속성이 인정된다고 해석한다.

나) 타인의 권리매매

타인의 권리를 매각한 후 권리자가 매도인을 상속한 경우이다. 본인이 무권대리인을 상속한 경우와 유사하다.

- 甲이 乙 소유의 부동산을 丙에게 처분한 후 사망하고 乙이 甲의 지위를 상속한 경우, 乙은 丙에게 위 처분계약에 따른 이행의무를 부담하는가?(대법원 1994.8.26. 선고 93다20191 판결; 대법원 2001.9.25. 선고 99다19698 판결)

다) 임 차 권

임차인의 법적 지위를 더욱 강화하고 있는 것이 현대 민법의 추세이다. 임차권은 기업경영에 불가결의 생산요소이기도 하고, 무주택자가 거주권을 확보하는 수단이기도 하기 때문이다. 임차권도 재산상의 권리인 이상 당연히 상속의 대상으로 되어 상속법의 적용을 받게 된다. 다만, 주택임차권의 경우에는 특칙이 인정된다. 주택임차권은 단순한 재산권이 아니라, 임차인의 거주권으로서의 일면이 있음을 감안한 것이다.

주택임대차보호법은 다음과 같은 특칙을 규정하고 있다. 첫째, 임차인이 상속권자 없이 사망한 경우에 그 주택에서 가족공동생활을 하던 사실상의 혼인관계에 있는 사람은 임차인의 권리와 의무를 승계한다(같은 법 §9①). 둘째, 임차인이 사망한 경우에 사망 당시 상속권자가 그 주택에서 가족공동생활을 하고 있지 않은 때에는 그 주택에서 가족공동생활을 하던 사실상의 혼인관계에 있는 사람과 2촌 이내의 친족은 공동으로 임차인의 권리와 의무를 승계한다(위 ②). 위의 경우 사실상의 배우자나 비동거의 상속인이 임차인의 사망 후 1개월 이내에 임대인에 대하여 반대의사, 즉 승계권포기의 의사를 표시한 때에는 그러하지 아니하며(위 ③), 승계한 경우에는 임대차관계에서 생긴 임차인의 채권·채무도 승계하게 된다(위 ④). 주택임대차보호법은 상속권자가 없는 경우와 상속권자가 있더라도 피상속인과 동거하지 아니할 경우의 사실상의 배우자의 임차권승계만을 규정하고 있으나, 주택임차권의 상속상의 문제를 경우를 나누어 살펴보면 다음과 같다.

첫째, 상속인이 있는 경우이다. 이는 다시 가) 동거상속인만이 있는 경우, 나) 동거상속인 이외에 비동거상속인이 있는 경우, 다) 비동거상속인만이 있는 경우, 라) 동거상속인과 동거비상속인이 있는 경우, 마) 비동거상속인과 동거비상속인이 있는 경우로 나누어 볼 수 있다. 상속인이 있기 때문에 상속법의 적용이 전제되나, 문제는 동거하고 있는 상속인 또는 비상속인의 거주권을 어떻게 하면 보호할 수 있는가이다. 동거비상속인에는 사실상의 배우자나 양자와 같이 전혀 상속권이 없는 사람과 형제자매와 같이 후순위의 상속권자가 포함된다. 주택임대차보호법은 동거하는 비상속인으로서 사실상의 배우자만을 규정하나, 그 이외의 사람에게도 같은 법의 규정을 유추적용하여야 할 것이다.

가)의 경우는 상속재산의 관리와 관련하여 지분의 과반수로 일부 상속인을 사용 · 수익에서 배제하는 결정을 할 수 있는가가 문제될 수 있으나, 정당한 사유가 없는 한 원칙적으로 그와 같은 결정은 권리남용으로 판단하여야 할 것이다. 나)의 경우도 비동거상속인이 동거상속인을 사용 · 수익에서 배제하는 결정은 할 수 없다고 보아야 하며, 상속재산의 분할심판에 있어서도 가정법원은 동거상속인에게 임차권이 귀속되도록 하여야 할 것이다. 어떻든 가)와 나)의 경우는 상속법의 적용에 의해서 발생가능한 문제는 해결될 수 있다.

다)의 경우에도 상속인이 임차권을 상속하게 된다. 임대인의 입장에서는 전혀 신용을 알 수 없었던 상속인의 거주를 용인할 수밖에 없다. 사용대차(§614)와는 달리 임차인의 사망은 해지사유가 아니기 때문이다. 주택임대차의 경우는 대체로 계약체결시 임대인은 임차인의 신용 · 신뢰를 고려하는데, 그러한 관계가 없는 사람의 당연거주를 인정하여야 하는 것은 의문이다. 따라서 상속에 의하여 임대차계약에 기한 임차인의 채권 · 채무의 승계는 인정된다 하더라도, 비동거상속인이 거주를 원할 때에는 다시 임대차계약을 체결하도록 하여야 할 것이다.

라)의 경우는 동거상속인만이 임차권을 승계하게 되고, 피상속인의 동거자이지만 상속인이 아닌 사람은 상속할 수 없는 것으로 된다. 상속인이 퇴거를 요구할 때에는 그에 따를 수밖에 없다.

마)의 경우는 주택임대차보호법 제9조 제2항의 적용대상이다. 즉 피상속인과 동거하던 사실상의 배우자는 2촌 이내의 비동거상속인과 임차권을 공동승계한다. 사실상의 배우자와 공동승계인으로 규정되어 있는 2촌 이내의 상속권자인 친족에는 피상속인의 배우자, 자녀와 손자녀, 부모와 조부모 및 형제자매가 포함된다. 이들이 모두 공동승계권자가 된다고 해석할 수도 있으나, 2촌 이내의 친족은 승계권자의 범위를 가리키는 것으로 보아야 할 것이다. 주택임차권의 승계원인이 상속인 이상, 비동거의 상속인은 상속법상의 상속순위에 따라 승계하는 것으로 해석하여야 하기 때문이다. 따라서 법률상의 배우자가 있을 때에는, 그 혼인관계가 사실상 이혼상태에 있었던 것으로 볼 수 있는 특별한 사정이 없는 한 사실상의 배우자는 승계할 수 없다. 또 일부의 상속인만 피상속인과 동거하고 다른 상속인은 동거하지 아니할 경우에도, 사실상의 배우자의 승계권은 인정될 여지가 없다. 왜냐하면 이 규정은 상속권자 전원이 피상속인과 동거하지 아니할 경우에만 적용되기 때문이다.

주택임차권도 재산권인 이상 이들 공동승계인 사이에도 법정상속분에 관한 민법의 규정이 적용되어야 한다. 그런데 사실상의 배우자의 상속분을 얼마로 보아야 할 것인지도 문제이지만, 공동상속하여 주택임차권이 이들 승계권자의 준공유로 된다면, 그 사용 · 수익은 지분비율에 따라 행해지고(§263), 관리에 관한 사항은 지분의 과반수로 결정된다(§265). 사실상의 배우자 이외의 상속인들의 지분이 과반수를 넘는 경우에는, 사실상의 배우자를 이용에서 제외하는 결정도 할 수 있다. 일부 학설은 그와 같은 결정이 제반사정으로 보아 부당한 때에는 권리남용이 된다고 해석한다. 또 이와 같은 경우에는 상속인은 동거비상속인에게 임차권을 양도하여야 하고, 임대인은 동의없는 임차권의 양도임을 주장할 수 없다고 본다. 사실상의 배우자는 고유의 거주권을 가진다고 보는 견해도 있으나, 상속법의 적용을 전면 배제하는 것인지는 불분명하다.

둘째, 상속인이 없는 경우이다. 주택임대차보호법 제9조 제1항의 적용대상이다. 그런데 제1057조의2는 특별연고자의 재산분여청구권을 인정하고 있다. 상속인부존재의 경우 피상속인의 특별연고자는 연고의 정도에 따라 상속재산의 전부나 일부를 청구할 수 있다. 특별연고자로서는 피상속인과 생계를 같이 하고 있던 사람이 예시되어 있다. 피상속인의 사실상의 배우자나 사실상의 양자녀, 계자녀가 이에 해당한다. 특별연고자의 재산분여청구권이 인정됨에 따라 주택임대차보호법 제9조 제1항의 실효성은 상실되었다고 할 만하다. 뿐만 아니라 특별연고자로서는 피상속인과 생계를 같이 하던 사람 이외에 피상속인을 요양간호한 사람도 예시되어 있기 때문에, 특별연고자의 재산분여청구가 경합될 수 있는 경우도 발생한다. 이러한 경우에는 특별법우선의 원칙에 따라 사실상의 배우자의 승계권이 우선하는 것으로 보아야 한다. 신법우선의 원칙을 적용한다고 해도, 가정법원이 동거자의 주거권을 우선 고려하여 재산분여의 심판을 하여야 할 것이다.

이상을 종합해 본다면, 상속인이 있기 때문에 상속법의 적용이 전제될 때, 임차인인 피상속인을 중심으로 가정공동체를 형성하고 있었던 사람, 그 사람이 상속인이든 비상속인이든간에 그의 거주권을 확실히 보호해 줄 수 있는 방안이 모색되어야 함을 알 수 있다. 현행법의 해석론으로서는, 피상속인과 가정공동체를 구성하고 있던 사람에 대하여 동거 또는 비동거의 상속인이 거주배제를 주장하는 것은 권리남용에 해당된다고 하여 이를 배척하거나, 상속인에 의한 임차권의 포기나 해지는 무효로 볼 수도 있을 것이다. 그러나 이러한 해석론만 가지고는 동거자의 지위가 확실히 보장될 수 있을지는 의문이다. 그렇다고 하여 주택임차권은 민법상의 재산권이 아니라 합법적으로 거주하고 있던 사람의 생존권으로서의 주거권이며 거주자 전원의 고유의 권리이므로 여기에 상속법의 적용은 배제된다는 해석은, 입법론으로서는 모르나, 해석론으로서는 무리라고 생각한다. 입법적인 해결이 요망되는 문제이나, 주택임대차계약의 실질적인 면을 고려할 필요가 있다고 본다. 즉 주거를 확보하기 위하여 체결하는 주택임대차계약은 단순히 임차인으로서의 지위를 갖게 되는 계약상의 명의인 개인의 이익을 위한 것이라기보다는, 오히려 임차인을 중심으로 한 가정공동체의 이익, 즉 주거를 확보하기 위한 것이다. 주택임대차계약이 임차인 개인명의로 체결된다고 하더라도, 그것은 형식적으로 가정공동체를 대표한 것에 불과하고, 실질적으로는 계약명의인과 그 가정공동체가 임차인으로서의 계약주체라고 보는 것이 실제에 합당하다. 주택임차권은 임차인의 개인재산이 아니라 그 가정공동체의 재산, 곧 가정재산이라 할 수 있다. 따라서 계약명의인인 임차인의 사망은 그 대표자의 교대에 불과하고 임대차계약의 존속에는 영향을 미치지 않는다고 보아야 할 것이다. 주택임대차보호법 제9조도 주택임차권은 임차인과 가정공동생활을 하고 있던 사람의 공동재산인 것을 전제로 한 것이라고 이해할 수 있다. 다만, 그 공동재산성을 충분히 반영하고 있지 못할 뿐이다.

라) 고　용

고용계약상의 권리의무는 일신전속적이다(§657). 따라서 상속성은 부정되어야 한다. 통설은 노무자의 지위는 상속될 수 없으나, 사용자의 지위는 노무의 내용이 사용자의 일신에 전속하는 것이거나, 사용자의 노무실현을 지시하는 권능에 중요한 차이를 생기게 하는 경우를 제외하고는 상속된다고 해석한다.

마) 손해배상청구권

피상속인이 채무불이행이나 불법행위에 기한 손해배상청구권을 취득한 경우에는 그 내용이 재산적 손해에 관한 것이든 비재산적 손해에 관한 것이든 상속의 대상으로 된다(통설). 그 청구권은 이미 금전채권으로 구체화되었기 때문이다. 따라서 신체, 자유, 정조, 명예 등 비재산적 법익의 침해로 인한 재산적 손해의 배상청구권은 당연히 상속재산에 포함된다. 또 그로 인한 정신적 손해의 배상청구권도 "피해자가 이를 포기하거나 면제하였다고 볼 수 있는 특별한 사정이 없는 한, 생전에 청구의 의사표시를 할 필요 없이 원칙적으로 상속의 대상"이 된다(대법원 1966.10.18. 선고 66다1335 판결 등). 그러나 일설은 위자료청구권은 일신전속적 성격을 가지는 것이기 때문에, 생전에 정신적 손해에 대한 배상청구의 의사를 표시하였을 때에만 상속성을 긍정해야 할 것(요의사표시설)이라고 해석한다.

그러나 생명침해의 경우에는 법리상의 문제가 있다. 즉 상속개시시에 피상속인에게 속하고 있던 재산상의 권리의무이어야 상속의 대상으로 되는 것인데, 생명침해의 경우에 발생하는 피해자의 일실이익(피해자가 장래 얻을 수 있는 수입)이나 피해자 자신의 위자료청구권이 상속되는가의 여부이다. 법리상으로는 피해자의 생명침해로 인한 사망에 의하여 손해배상을 청구할 수 있는 권리주체성이 소멸되므로, 생명침해에 의한 손해배상청구권은 그것이 재산상의 것이든 정신상의 것이든 성립될 수 없기 때문이다.

다수설은 상속긍정설을 취한다. 피해자가 중상을 입었다가 사망한 경우와의 불균형을 이유로 한다. 즉 피해자가 중상을 입고 사망 전에 손해배상청구권을 취득하였을 때는 상속인이 그것을 상속할 수 있는 반면에, 피해자가 즉사한 경우에는 피해자의 손해배상청구권을 상속할 수 없게 되는 것은 불합리하며, 아무리 즉사라 하더라도 사망의 결과를 야기한 상해와 사망 사이에는 이론상 또는 관념상 시간적 간격이 있고 그 사이에 피해자가 손해배상청구권을 취득한다고 본다. 이른바 시간적 간격설의 입장이다.

소수설은 비상속설을 주장한다. 피상속인이 취득하지도 못한 권리가 상속에 의하여 상속인에게 승계된다는 것은 있을 수 없는 일이기 때문이다. 특히 위자료청구권은 일신전속권으로 보아야 하기 때문에 상속의 대상이 될 수 없다고 한다. 중상을 입고 사망한 경우와의 불균형은 제752조의 유족 고유의 위자료청구권으로 해결해야 할 것이라고 주장한다. 상속성을 부정하더라도, 위자료 액수는 법원의 재량에 의하여 결정되므로 긍정하는 경우와 같은 결과를 얻을 수 있기 때문이다.

판례는 생명침해로 인한 재산상의 손해배상청구권은 물론이고(대법원 1966.2.28. 선고 65다2523 판결), 위자료청구권도 특별한 사정이 없는 한 생전에 청구의 의사를 표시할 필요 없이 상속인은 이를 승계한다고 해석한다(대법원 1966.10.18. 선고 66다1335 판결). 즉 "피해자가 즉사한 경우라 하여도 피해자가 치명상을 받은 때와 사망한 사이에도 이론상 시간적 간격이 인정될 수 있는 것"(대법원 1969.

4.15. 선고 69다268 판결)이며 "순간적이라 할지라도 피해자로서의 정신적 고통을 느끼는 순간이 있었다 할 것"(대법원 1973.9.25. 선고 73다1100 판결)이라고 보아 시간적 간격설 · 당연상속설을 취한다. 따라서 상속인은 유족 고유의 위자료청구권과 상속받은 위자료청구권을 함께 청구할 수 있다(대법원 1969.4.15. 선고 69다268 판결).

(라) 가족법상의 권리의무

위에서 본 바와 같이 승계의 대상이 되는 것은 피상속인의 재산적 지위이므로, 피상속인의 신분에 속하는 권리의무는 제외된다. 순수한 신분적 권리의무가 상속의 대상으로 될 수 없음은 이론의 여지가 없다. 그런데 신분적 권리의무이면서 동시에 재산적 성격을 가지고 있는 신분적 재산권에 대하여는 그 상속성의 유무가 문제된다. 부양청구권이나 재산분할청구권 및 상속법상의 권리 등의 경우이다.

가) 신분관계의 해소와 손해배상청구권

약혼해제 등 신분관계의 해소에 기한 손해배상청구권에 관하여는 제806조가 적용된다(§825, §843, §897, §908). 즉 당사자 일방은 과실있는 상대방에게 재산상의 손해배상뿐만 아니라 정신상의 고통에 대한 손해배상을 청구할 수 있다(§806①②). 재산상의 손해배상청구권은 상속이 긍정되나, 위자료청구권은 원칙적으로 양도나 상속이 허용되지 않는다(③ 본문). 그러나 당사자간에 이미 그 배상에 관한 계약이 성립되거나 소를 제기한 경우에는 양도나 상속의 대상으로 된다(위 단서).

나) 재산분할청구권

재산분할청구권의 상속성과 관련해서는 양적 범위의 문제와 시적 범위의 문제로 나뉘어 논의가 전개되어 왔다. 양적 범위의 문제는 재산분할청구권이 청산적 요소만 상속되는지 아니면 부양적 요소까지 상속되는지의 논의이다. 재산분할청구권의 성질에 관하여 청산 및 부양설을 취하는 견해에서는 청산적 요소만 상속되고 부양적 요소는 상속되지 않는다고 본다. 한편 시적 범위의 문제는 재산분할청구권의 승계가능시점에 관한 논의인데, 재산분할청구권은 이혼을 전제로 하므로 상속성에 관한 논의 역시 일단 이혼이 성립하여 재산분할청구권이 발생한 이후에만 문제된다. 이와 관련해서는, ① 일단 이혼이 성립했다면 상속이 가능하다는 이혼성립시설, ② 이혼이 성립하고 분할협의나 분할청구 등 권리행사를 한 후에만 상속이 가능하다는 권리행사시설, ③ 재산분할에 관한 협의나 가정법원의 심판에 의해 구체적인 분할액이 확정된 후에야 상속이 가능하다는 확정시설(부정설) 등이 있다. 대법원은, 사실혼 관계의 아내가 남편을 상대로 사실혼 관계의 해소를 주장하며 재산분할청구를 한 후 남편이 사망한 사건에서 남편의 상속인들인 자녀들의 소송수계를 허용했다(대법원 2009.2.9.자 2008스105 결정). 이는 재산분할의무의 상속성을 인정한 것으로 볼 수 있다. 소송수계를 허용한다는 것은 상속성을 인정하는 것이기 때문이다. 이 판례의 취지대로라면 재산분할심판 소송 계속 중에는 당연히 상속성이 인정되지만, 이혼성립 후 권리행사 전에 재산분할권리자가 사망한 경우 상속이 가능하다고 보는지는 불분명하다.

다) 위자료청구권

위자료청구권의 상속성에 관하여 판례는 다음과 같이 보고 있다;

이혼위자료청구권은 원칙적으로 일신전속적 권리로서 양도나 상속 등 승계가 되지 아니하나 이는 행사상 일신전속권이고 귀속상 일신전속권은 아니라 할 것인바, 그 청구권자가 위자료의 지급을 구하는 소송을 제기함으로써 청구권을 행사할 의사가 외부적 · 객관적으로 명백하게 된 이상 양도나 상속 등 승계가 가능하다(대법원 1993.5.27. 선고 92므143 판결). 그러나 승계의 대상이 되지 않는 것은 귀속상의 일신전속권인데, 이혼위자료청구권이 귀속상의 일신전속권이 아니라 행사상의 일신전속권이라고 하면서 원칙적으로 승계가 되지 않는다는 것은 의문이다.

유책배우자도 이혼소송의 종료에 의하여 피상속인의 배우자로서의 신분을 그대로 유지하게 되므로, 다른 상속인 즉 자녀나 직계존속이 있을 때에는 이들과 함께 위자료청구권을 공동상속하는 것으로 보아야 한다. 손해배상의무자가 자신의 손해배상채무에 대한 채권을 취득하게 되는 아이러니가 발생한다.

라) 부양청구권

부양청구권은 내용적으로는 재산관계이나 성질상 신분에 기한 관계이므로 승계되지 아니한다(통설). 다만 부양의무의 내용이 구체적으로 확정되고 이행기를 지난 연체부양료채권은 승계된다. 그것은 이미 금전채권으로 바뀌었기 때문이다.

마) 상속법상의 권리

상속법상의 권리는 대체로 재산권성이 강하다. 따라서 공동상속인의 상속분양수권(§1011), 상속의 승인 또는 포기권(§1031), 유류분반환청구권(§1115①) 등의 상속성은 긍정된다(통설). 상속회복청구권에 관하여는 앞에서 살펴본 바와 같다.

재산분여청구권의 상속성 유무에 대하여는 후술한다.

바) 부의금과 상조금

사람이 사망한 경우에 부조금 또는 조위금 등의 명목으로 보내는 부의금은 상호부조의 정신에서 유족의 정신적 고통을 위로하고 장례에 따르는 유족의 경제적 부담을 덜어줌과 아울러 유족의 생활안정에 기여함을 목적으로 증여되는 것으로서, 장례비용에 충당하고 남는 것에 관하여는 특별한 다른 사정이 없는 한 사망한 사람의 공동상속인들이 각자의 상속분에 응하여 권리를 취득하는 것으로 본다(대법원 1992.8.18. 선고 92다2998 판결). 즉 부의금은 상속재산이 아니라 유족의 고유재산으로 보고 있다. 그리고 직장 상조회에서 상조회 회원 본인의 사망에 대하여 지급하는 상조금은 유족의 정신적 고통을 위로하고 유족의 생활안정에 기여함을 목적으로 유족에게 지급되는 사망위로금의 성격을 갖는다. 그래서 상조회 회칙 등에서 특별히 달리 정하지 않는 한, 상조회 회원 본인의 사망에 따른 상조금의 수급권자는 사망한 회원의 법정상속인이고, 그 경우 상조금 수급권은 상속재산이 아니라 상속인의 고유재산에 해당한다. 따라서 본인이 유언 등으로 수급권자를 지정하거나 변경할 수 없다(대법원 2022.9.16. 2017다254655 판결).

3) 특별법상의 권리의무

(가) 지식재산권

일반적으로는 발명 · 고안 · 저작 등과 같이 인간의 창조적 활동 또는 경험 등에 의하여 창출되거나 발견된 지식 · 정보 · 기술, 사상이나 감정의 표현, 영업이나 물건의 표시, 생물의 품종이나 유전자원(遺傳資源), 그밖에 무형적인 것으로서 재산적 가치가 실현될 수 있는 것에 대하여 법령이나 조약에 따라 인정되거나 보호되는 권리를 총칭하여 지식재산권이라 한다(지식재산기본법 §3 i , iii). 지식재산권의 성질은 물권, 특히 소유권과 유사하며 원칙적으로 양도 · 상속의 대상으로 된다. 한편 지식재산권에 대하여는 존속기간이나 이용에 관한 제한을 가하기도 한다. 지식재산권은 단순한 사권이 아니라 인류공통의 정신적 창조물로서 공공적 성격을 지니며, 그것을 사권으로 보호하는 것도 인간의 지능적 창작활동을 활발하게 하기 위한 것이기 때문이다.

저작인격권(공표권, 성명표시권, 동일성유지권; 저작권법 §11~§13)은 저작자의 일신전속권(저작권법 §14)이며, 양도나 상속의 대상으로 되는 것은 저작재산권(같은 법 §16~§22 참조)이다. 출판권과 저작인접권도 마찬가지이다. 이들 권리는 저작자가 사망한 경우에, 상속인이 없어 민법 그 밖의 법률의 규정에 의하여 국가에 귀속될 때에는 소멸되나(같은 법 §49 i), 상속된 경우에도 저작권은 저작자 사후 70년간 보호를 받게 된다(같은 법 §39① 본문).

특허권, 상표권, 실용신안권, 디자인권에 대하여도 해당 특별법에 상속성을 전제로 하고 있는 규정을 두고 있다(특허법 §124, 상표법 §64, 실용신안법 §28, 디자인보호법 §59).

(나) 유가증권

사채, 공채, 어음 · 수표 등 유가증권상의 권리도 당연히 상속된다. 상속으로 인하여 상속인이 권리를 취득하였다는 사실을 증권상에 기입하지 아니하여도 당연히 상속인에게 포괄승계된다. 그러나 단순한 금전채권으로 볼 수 없으므로 가분채권이 아니라 준공유로 된다. 특히 기명사채인 경우에는 상속인이 회사 그 밖의 제3자에게 대항하기 위해서는 사채원부 및 채권의 명의개서를 해야 한다(상법 §479①).

(다) 생명보험금청구권

보험계약자인 피상속인의 사망으로 인하여 지급되는 생명보험금(사망보험금)을 보험계약자의 상속인이 취득하게 될 때, 그러한 보험금을 상속재산으로 볼 것인지 아니면 상속인의 고유재산으로 볼 것인지 여부는 어느 경우로 보든 간에 상속세 부과대상이 되므로 세법상으로는 차이가 없다(상속세 및 증여세법 §8). 그러나 민사법상으로는 커다란 차이가 발생한다. 상속재산으로 볼 경우, 상속인이 상속포기를 하면 그 보험금 역시 취득할 수 없게 되고 한정승인을 하면 상속채권자의 책임재산이 된다. 그리고 만약 상속인이 그 보험금을 취득하게 되면 상속포기나 한정승인을 할 수 없게 된다. 왜냐하면 그러한 보험금의 취득은 상속재산의 처분행위에 해당하여 단순승인으로 의제되기 때문이다(§1026). 그러나 고유재산이라고 하게 되면 설사 상속인이 보험금을 취득하더라도 상속포기나 한정승인을 할 수 있다. 이러한 보험금의 취득행위는 상속재산에 대한 처분행위에도 해당하지 않고(§1026 i), 상속재산의 부정소비에도 해당하지 않기 때문이다(§1026iii). 이 문제에 관한 판례의 태도를 정리해 보면 다음과 같다.

① 피상속인이 스스로를 피보험자로, 특정 상속인을 보험수익자로 지정한 경우: 특정 상속인이 보험금을 수령하는 것은 상속에 의한 것이 아니라 보험계약의 효과이므로 특정 상속인의 고유재산으로 본다(대법원 2001.12.24. 선고 2001다65755 판결). ② 피상속인이 스스로를 피보험자로, 보험수익자를 단순히 '상속인'이라고만 표시한 경우: 상속인들의 고유재산에 해당한다(대법원 2001.12.28. 선고 2000다31502 판결). ③ 보험계약자가 피보험자의 상속인을 보험수익자로 지정한 경우: 피보험자의 상속인이 보험금을 수령하는 것은 상속에 의한 것이 아니라 보험계약의 효과이므로 상속인의 고유재산에 해당한다(대법원 2004.7.9. 선고 2003다29463 판결). ④ 보험계약자가 보험수익자를 지정하지 않은 상태에서 피보험자가 사망한 경우: 피보험자의 상속인이 보험수익자가 된다(상법 §733④). 이때 피보험자의 상속인의 보험금청구권은 상속인의 고유재산에 해당한다(대법원 2004.7.9. 선고 2003다29463 판결). ⑤ 보험계약자가 자기 이외의 제3자를 피보험자로 하고 자기 자신을 보험수익자로 하여 맺은 생명보험계약에 있어서 보험존속 중에 보험수익자가 사망한 경우: 보험수익자의 상속인이 보험수익자가 된다(상법 §733③ 후단). 보험수익자와 피보험자가 동시에 사망한 것으로 추정되는 경우에도 마찬가지이다. 이때 보험수익자의 상속인이 가지는 보험금지급청구권은 상속인의 고유재산으로 본다(대법원 2007.11.30. 선고 2005두5529 판결). ⑥ 피상속인이 자기를 피보험자이자 보험수익자로 지정한 경우 : 이것은 피상속인 자신을 위한 계약이므로 보험금청구권은 일단 피상속인에게 귀속된 후 상속재산으로서 상속인에게 귀속된다는 것이 판례의 입장이다. 즉 이때의 보험금청구권은 상속재산이라는 것이다(대법원 2002.2.8. 선고 2000다64502 판결; 대법원 2000.10.6. 선고 2000다38848 판결). 그러나 보험금청구권은 피상속인이 사망해야 발생하는 권리인데 이미 사망한 자가 그 권리를 취득한 후 상속인에게 상속된다는 이론구성은 논리적으로 납득하기 어렵다. 이 경우도 상법 제733조 제3항을 유추적용하여 상속인의 고유한 권리로서 보험금청구권을 취득하는 것이라고 보는 것이 옳을 것이다.

(라) 사망퇴직금 · 유족급부

사망퇴직금이라 함은, 공무원 또는 근로자가 재직 중 사망하여 법률 또는 퇴직금제도에 의하여 지불되는 것을 말한다. 통상 그 수급권자의 범위와 순위는 법률이나 기업내규 등에 규정되어 있다. 그런데 그 범위와 순위는 민법상의 상속인의 범위와 순위와는 다르다. 민법상의 상속인의 범위는 4촌 이내의 방계혈족까지이나, 수급권자의 범위는 형제자매 등 근친자로 한정되어 있고, 그 순위도 배우자→자녀→부모→손자녀 및 조부모로 규정되어 있다. 이처럼 법률의 규정이나 내규 등에 수급권자가 정해져 있을 때에는, 수급권자인 유족은 상속인이 아니라 자기고유의 권리로 사망퇴직금을 수령하는 것으로 보아야 할 것이다. 그와 같은 규정이 없을 때에는 상속인의 고유의 권리로서 사망퇴직금을 수령하는 것인가 아니면 상속재산으로서 취득하는 것인가가 문제된다. 유족의 생활보장이라는 견지에서는 전자로 해석하는 것이 타당하다고 본다.

유족급부라 함은 사회보장관계의 특별법에 의하여 사망한 사람과 일정한 관계가 있는 친족에게 지급되는 모든 급부를 말하며 손실보상, 유족연금, 유족보상, 조위금, 장사비 등이 포함된다. 유족급부에 대하여도 유족 고유의 권리로 해석하여야 할 것이다. 특히 피상속인이 연금보험료를 출연한 후에 유족이 급부를 수취하는 유족연금에 대하여는, 각종 연금법이 그 수급권자의 범위와 순위를 법정하고 있으며(예, 국민연금법 §73), 수급권자의 사망에 의하여 수급권은 소멸한다고 규정한다(위 §75① i). 상속법이 적용될 여지가 없다. 유족급부는 수급권자의 고유의 권리이며(대법원 2006.2.23. 선고 2005두11845 판결) 상속재산성은 부정된다. 다만, 수급권자의 특별수익인가의 여부는 문제된다.

- 근로자가 업무상 재해로 사망함에 따라 발생한 망인의 일실수입 상당 손해배상채권이 유족급여의 수급권자를 포함한 공동상속인들에게 상속될 경우, 근로복지공단이 산업재해보상보험법에 따라 수급권자에게 지급하는 유족급여는 당해 수급권자가 상속한 일실수입 상당 손해배상채권만큼 공제하는가? 아니면 망인의 일실수입 상당 손해배상채권에서 유족급여를 먼저 공제한 후 그 나머지 손해배상채권을 공동상속하는 것으로 보아야 하는가? 수급권자에 대한 유족급여의 지급으로써 그 수급권자가 아닌 다른 공동상속인들이 상속한 피상속인의 손해배상채권은 소멸되는가?(대법원 2009.5.21. 선고 2008다13104 전원합의체 판결)

(마) 소송상의 지위

당사자가 사망한 때에는 소송절차는 중단된다. 이 경우에는 상속인, 상속재산관리인, 그 밖에 법률에 따라 소송을 속행할 사람은 소송절차를 수계하여야 하나, 상속인은 상속을 포기할 수 있는 때까지 소송절차를 수계하지 못한다(민소

§233). 그리고 소송의 목적물이 피상속인의 일신전속에 속하는 경우(예, 재판상이혼청구권)에는 당사자의 사망에 의하여 소송은 종료된다.

(바) 벌금납부의무

벌금납부의무의 상속성 여부에 관하여는 학설이 대립한다. 다수설은 상속성을 긍정하나, 소수설은 부정한다. 조세납부의무와 같은 공법상의 의무도 상속된다. 다만 상속인은 상속으로 얻은 재산을 한도로 하여 납세의무를 승계한다(대법원 1983.6.14. 선고 82누175 판결, 국세기본법 제24조 참조).

(3) 제사용재산

현행법상 유일한 특별상속재산이다. 상속세과세가액에도 산입되지 아니한다(상속세 및 증여세법 §12iii). 1990년 개정 전 민법은 "분묘에 속한 1정보 이내의 금양임야와 600평 이내의 묘토인 농지, 족보와 제구의 소유권은 호주상속인이 이를 승계한다"고 규정하여(구 §996), 제사용재산의 승계권을 호주상속인의 특권으로 인정한 바 있다. 따라서 금양임야에 대하여 상속인들의 공동명의로 상속을 원인으로 한 소유권이전등기는 적법한 원인이 없는 무효의 등기이다(대법원 1993.5.25. 선고 92다50676 판결). 호주상속인은 가계계승자이자 제사상속인임을 전제로 한 규정이었다. 1990년 개정민법은 호주 및 그 승계제도를 그대로 유지하면서, 제사용재산의 승계만은 상속의 일반적 효력에 관한 문제로 규율하면서, 그 승계자도 호주상속인에서 "제사를 주재하는 자"로 변경하였다. 현행 규정도 법문상으로는 이와 동일하나, 호주제도 내지 호주승계제도의 폐지에 따라 그 승계의 법리는 달라질 수밖에 없게 되었다.

금양임야라 함은 선조의 분묘를 수호하기 위하여 벌목을 금지하고 나무를 기르는 임야(대법원 2004.1.16. 선고 2001다79037 판결)로서 묘산(墓山) 또는 종산(宗山)을 말한다. 피상속인의 사망 당시에 당해 임야에 그 선대의 분묘가 없었고 피상속인의 사망 후 피상속인의 분묘를 설치한 경우는 금양임야로 되지 아니한다(대법원 2008.10.27.자 2006스140 결정). 묘토(墓土)라 함은 그 소득으로 제사비용과 분묘의 수호를 위한 비용에 충당하기 위한 농지(대법원 1997.5.30. 선고 97누4838 판결)로서 위토(位土) 또는 묘위토(墓位土)라 불리운다. 민법은 묘산과 묘토의 면적을 1정보(3,000평)와 600평으로만 규정하여, 그것이 승계인을 기준으로 한 총괄적 제한면적인지 또는 분묘 매 1위당의 제한면적인지가 불분명하다. 구농지개혁법 제6조 제1항 제7호의 규정취지로 보아 후자의 경우로 해석하여야 할 것이다. 판례는 승계인을 기준으로 600평 이내의 농지를 의미하는 것이 아니라 봉사의 대상이 되는 분묘 매 1기당 600평 이내를 기준으로 정하여야 한다고 해석한다(대법원 1994.4.26. 선고 92누19330 판결; 대법원 1996.3.22. 선고 93누19269 판결). 외형상의 분묘의 수를 기준으로 하고 봉사(奉祀)의 신위(神位)를 기준으로 하지 않고 있다. 일설은 기존의 묘산과 묘토에 대하여는 묘 매 1위당 제한면적으로 해석해야 하나, 새로 설정할 경우에는 묘의 위수(位數)의 과다를 불문하고 설정자는 1정보 이내의 묘산과 600평 이내의 위토만을 설정할 수 있는 것으로, 즉 총괄적 제한면적으로 해석해야 한다고 한다. 전근대적인 종법 내지 종중제도의 점차적 폐지 및 산림정책적 차원의 이유를 들고 있다.

민법은 묘산과 묘토의 승계만을 규정하고 분묘 자체나 분묘에 부속된 상석(床石)·비석 및 유체·유골의 승계에 관하여는 언급을 하고 있지 아니하다. 제사용재산의 승계에 준하는 것으로 보아야 할 것이다.

족보라 함은 일가의 계통을 기재하여 동족의 여부, 동족간의 소목(항렬)의 차례, 촌수 등 동족간의 신분관계를 표시한 것으로 계보(系譜), 보첩(譜牒), 세보(世譜), 세계(世系), 세지(世誌), 가승(家乘), 가보(家譜), 성보(姓譜) 등의 명칭으로도 불리운다. 특히 가첩(家牒)이라 하면 자기 일가의 직계에 한하여 발췌·초록한 세계표를 가리키며, 가승은 계도(系圖) 이외에 조상의 전설, 사적에 관한 기록을 수집한 것을 말한다. 또 가보라는 것은 이른바 종보(宗譜)를 말하며 여기서 분파된 일단의 세계에 한하는 경우를 지보(支譜) 또는 파보(派譜)라고도 한다. 제구는 제사에 소용되는 일체의 도구 즉 제상(祭床), 교의(交椅), 제기(祭器) 등을 말하며 사당(가묘)도 포함된다. 판례는 분묘에 부속된 비석도 분묘와 일체를 이루는 제구로 해석한다(대법원 1993.8.27. 선고 93도648 판결).

제사용재산의 소유권은 일반재산의 소유권과는 달리 신탁적 목적에 의한 제한을 받고 있는 것으로 해석된다. 즉 대외관계에서는 소유권자로서의 지위에 있지만 대내관계에서는 수임인으로서의 관리책임을 지는 데 불과하고 사용, 수익, 처분을 하더라도 그것은 제사나 분묘의 수호를 위한 것이어야 한다.

1990년 민법하에서의 제사용재산의 승계에 관하여는 학설이 대립한 바 있다. 상속법의 형식상의 체계로 볼 때에는 다음과 같다.

1990년 개정 전 민법상으로는 상속인이 아니더라도 호주상속인이면 제사용재산을 승계할 수 있었다. 예컨대, 호주인 피상속인에게 가족인 모와 출가하여 가족이 아닌 직계비속인 여자가 있는 경우에는, 출가녀는 제1순위의 재산상속인으로 되어 재산상속을 하게 되나, 호주상속권은 없기 때문에 제사용재산을 승계할 수 없고, 반면에 가족인 모는 제2순위의 재산상속인으로서 재산상속은 할 수 없지만 호주상속인으로서 제사용재산을 승계할 수 있었다. 그러나 1990년 민법상으로는 제사용재산의 승계자는 일단 상속인으로서의 지위를 갖고 있어야 하므로, 위의 경우 가족인 모는 호주승계를 하더라도 제사용재산을 승계할 수 없고 출가녀에게만 승계권이 부여된다. 또 그 출가녀가 제사를 주재하여야 제사용재산을 승계하게 된다.

다수설은 상속법의 체계가 위와 같이 변경되었으며, 조상봉사의무가 호주의 의무에서 분리되었다는 점을 이유로 하여 호주승계인이 당연히 승계하는 것이 아니라 실제로 제사를 주재하는 사람이 승계한다고 해석하였다. 다만, 실제로는 그간의 관행으로 보아 호주승계를 하는 상속인이 승계하게 될 것이라고 한다. 소수설은 호주제도와 호주승계제도가 변용되었기는 하나, 그 본질은 가계계승 = 제사승계에 있으므로 조문의 위치나 법문이 제사주재자로 되어 있더라도, 그 제사주재자라 함은 원칙적으로 호주승계인을 뜻한다고 보았다. 그 근거로는 다음과 같은 이유를 들었다:

① 호주는 호적의 대표자이자 가계계승자(제사승계자)로서의 지위를 가지며 호주승계는 이러한 지위의 승계이다.

② 제사용재산은 일반상속재산과는 다른 특별재산이다. 그것은 제사용재산으로서 존속하는 한 오로지 조상의 제사를 행하며 가통의 상징으로 존재하는 재산으로서 특별한 정신 · 문화적 감정가치가 있는 것이며, 가문 · 가통의 자랑일 수도 있고 종족단결의 매개물일 수도 있는 종물이다. 따라서 일반재산과는 다른 특별한 승계의 대상이며 특별한 지위로서 호주승계인이 승계함을 원칙으로 해야 한다.

③ 제1008조의3은 제사를 어떤 형식으로 누가 거행하느냐에 관하여 규정하는 것이 아니라, 민법이 규정하는 특별재산이 있는 경우에 그것을 특정의 1인에게 승계시킴으로써 그 권리관계를 명확히 하고자 하는 데 그 취지가 있는 것이다. 그 1인, 즉 특정인은 호주승계신고에 의하여 호적상 등재되어 공시되는 것이 바람직하다.

④ 제사용재산 중 부동산은 그 소유자가 호적부와 일치하는 사람으로서 등기부에 등기되어 명확히 공시될 필요가 있다. 분묘나 분묘가 있는 금양임야는 사용폐지로 인하여 거래의 대상이 되며 분묘의 철거, 묘비제거, 토지인도 등의 법률문제가 생긴다. 이때 그 당사자적격을 명확히 하기 위해서도 제사주재자는 호주승계인(제사상속인 · 종손)을 원칙으로 한다고 보는 것이 법적 안정성을 기하는 길이 된다.

⑤ 제사용재산의 승계자는 상속인이며 또 제사를 주재하는 사람이어야 한다는 다수설의 견해에 의하더라도, 제사의 주재자를 누구로 보아야 하는가의 문제가 제기된다. 다수설은, 관행상 호주승계인이 제사주재자로 될 것이라고 하여 소수설과 실제로는 차이가 없는 것처럼 해석하나, 앞에서 본 바와 같이 상속인은 아니지만 호주승계인으로 되는 경우도 발생한다. 아울러 호주승계인이 아닌 상속인이 제사를 주재하겠다는 주장을 할 때, 상속인인 호주승계인일지라도 그를 배제할 수 없으며, 제사용재산도 공동상속의 대상으로 될 수밖에 없다. 이렇게 되면 제사용재산의 특별승계를 규정하고 있는 제1008조의3은 무용한 규정에 불과한 것으로 된다. 제사용재산이 공동상속되어 분할의 대상으로 될 수 있다고 해석하는 것은, 본래의 입법취지를 전혀 고려하지 아니한 견해에 지나지 아니하며, 습속이나 관습에도 맞지 아니한다. 또한 상속인인 여자가 제사용재산을 승계한 후 혼인하여 그를 지참하고 타가로 입적하거나, 출가녀가 본가의 제사용재산을 승계한다는 것은 일반적인 법감정에도 맞지 아니한다. 이와 같은 문제는, 호주승계가 비록 친족편의 규제대상으로 바뀌었다고 하더라도, 제사용재산의 승계를 호주승계와 결부시킬 경우에는 발생하지 아니한다. 호주인 여자의 혼인에 의한 타가입적은 호주승계개시의 원인이며, 피승계인의 가족이 아닌 여자는 호주승계인으로 될 수 없기 때문이다.

⑥ 제사용재산을 호주승계와 결부시키게 되면, 결과적으로 호주승계인의 상속상의 우월적 지위를 인정하는 것이 된다. 또 전근대적인 가족제도의 존속을 옹호하게 되나, 제사용재산이라는 특별상속재산이 존재하며, 이를 별도로 규율하고자 하는 한 불가피하다. 판례도 위 규정이 헌법상 재산권보장의 원칙, 평등의 원칙, 인간으로서의 존엄과 가치 및 행복추구권의 본질적인 내용을 침해하는 위헌적인 규정이라고 보지 아니한다(대법원 2008.3.13. 선고 2005다5614 판결). 헌법재판소도 헌법에 위배되지 아니한다는 입장이다(헌법재판소 2008.2.28. 선고 2005헌

바7 결정).

판례는 제사용재산에 대한 상속세 부과와 관련해서는 제사주재자와 상속인이 다를 경우에는, 제사용재산도 상속인의 일반상속재산으로 돌아가 상속세가 부과되는 과세재산으로 된다고 해석한다(대법원 1994.10.14. 선고 94누4059 판결). 일가의 제사를 계속하기 위하여 제사용재산을 증여받는 경우에도 그 가액은 증여세과세가액에서 제외되나, 제사주재권이 없는 사람으로부터 제사용재산인 금양임야를 증여받는 경우에는 제외할 수 없다(대법원 2000.9.5. 선고 99두1014 판결).

제사용재산의 승계권자에 관하여는 판례의 입장에 큰 변화가 있었다. 종래 판례는 종손이 있는 경우라면 그에게 제사주재자로서의 지위를 유지할 수 없는 특별한 사정이 있는 경우를 제외하고는 종손이 제사주재자가 된다는 입장을 취하였다(대법원 2004.1.16. 선고 2001다79037 판결). 이러한 법리는 호주제도 내지 호주승계제도가 폐지된 이후 유체 · 유골의 승계권자가 누구인가에 관한 2008년 전원합의체 판결에서 보다 구체화되는데, 대법원은 "제사주재자는 우선적으로 망인의 공동상속인들 사이의 협의에 의해 정하되, 협의가 이루어지지 않는 경우에는 제사주재자의 지위를 유지할 수 없는 특별한 사정이 있지 않은 한 망인의 장남(장남이 이미 사망한 경우에는 장남의 아들, 즉 장손자)이 제사주재자가 되고, 공동상속인들 중 아들이 없는 경우에는 망인의 장녀가 제사주재자가 된다."고 판시하였다(대법원 2008.11.20. 선고 2007다27670 전원합의체 판결). 그러나 2008년 전원합의체 판결은, "공동상속인들 사이에 협의가 이루어지지 않는 경우에는 제사주재자의 지위를 인정할 수 없는 특별한 사정이 있지 않는 한 피상속인의 직계비속 중 남녀, 적서를 불문하고 최근친의 연장자가 제사주재자가 된다."고 판시한 2023년 전원합의체 판결에 의해 다시 변경되었다(대법원 2023.5.11. 선고 2018다248626 전원합의체 판결). 이러한 판례 변경에도 불구하고 변경된 판례가 타당한지는 여전히 의문이다. 오히려 2023년 전원합의체 판결의 별개의견(대법관 4인)이 판시한 바와 같이, 공동상속인들 사이에 협의가 이루어지지 않는 경우에는 법원으로 하여금 누가 유체 등의 귀속자로 가장 적합한지를 판단하도록 하는 것이 타당하고, 그렇다면 피상속인의 직계비속 중 최근친의 연장자만 제사주재자가 되는 것이 아니라 피상속인의 배우자도 얼마든지 제사주재자가 될 수 있다고 할 것이다.

• 甲男은 乙女와 혼인하여 장녀 A 등의 자녀를 두었으나 乙과 별거하고 丙女와 동거하면서 그 사이에 B남을 두었다. 甲男이 사망하자 丙女는 甲男의 유체를 화장한 후 그 유해를 추모공원 내 봉안당에 봉안하였다. 이 소식을 접한 A는, 丙女와 B에게 甲男의 유해를 인도할 것을 요구할 수 있는가?(대법원 2023.5.11. 선고 2018다248626 전원합의체 판결)

제1008조의3의 규정에 의한 제사용재산의 승계는 본질적으로 상속에 속한다. 따라서 당사자 사이에 제사용재산의 귀속에 관하여 다툼이 있는 등 구체적인 권리 또는 법률관계와 관련성이 있는 경우에는, 다툼을 해결하기 위한 전제로서 제사주재자 지위의 확인을 구하는 것은 법률상의 이익이 있다. 그러나 그러한 권리 또는 법률관계와 무관하게 공동선조에 대한 제사를 지내는 종중 내에서 단순한 제사주재자의 자격에 관한 시비 또는 제사절차를 진행할 때에 종중의 종원 중 누가 제사를 주재할 것인지 등과 관련하여 제사주재자 지위의 확인을 구하는 것은 그 확인을 구할 법률상 이익이 없다. 제사주재자와 제3자 사이에 제사용재산의 소유권 등에 관한 다툼이 있는 경우, 이는 일반적인 재산 관련 다툼에 지나지 않으므로, 제사주재자로서는 제3자를 상대로 제1008조의3에서 규정하는 제사주재자 지위 확인을 구할 것이 아니라 제3자를 상대로 직접 이행청구나 권리관계 확인청구를 하여야 한다(대법원 2012.9.13. 선고 2010다88699 판결).

2. 공동상속

(1) 의 의

상속재산은 상속이 개시됨과 동시에 상속인에게 포괄적으로 승계되고(§1005), 상속인이 수인인 경우 또는 포괄수유자가 있는 경우에는 상속재산은 이들의 공유로 된다(§1006). 또 공동상속인들은 각자의 지분인 상속분에 따라 피상속인의 권리의무를 승계한다(§1007). 이처럼 근대상속법은 상속인이 수인인 경우에는, 공동상속의 원칙을 취한다. 또 이들 규정에 의하여 공동상속의 경우, 상속이 개시된 후 분할이 될 때까지의 상속재산의 법률관계가 규율된다. 즉 공동상속재산의 관리나 채권 · 채무의 공동귀속 등이 규율되는 것이다.

(2) 공유의 성질

상속이 개시된 후 분할될 때까지의 상속재산을 둘러싼 법률관계를 규율하는 데 있어서의 핵심규정은 제1006조이다. 그런데 동조는 공동상속재산의 법적 성질을 〈공유〉로 규정하고 있지만, 상속법상으로는 그 구체적인 내용이 물권법상의 통상의 공유를 전제로 한 것과 아울러 합유를 전제로 한 것이 병존하고 있다. 때문에 제1006조가 말하는 〈공유〉를 물권법상의 공유로 볼 것인가 아니면 합유로 볼 것인가에 관한 해석상의 대립이 심하다.

공유설에 의하면, 상속재산을 구성하는 개개의 재산은 상속개시와 동시에 공동상속인의 공유로 되며, 각 상속인은 개개의 재산에 대한 지분을 취득하는 것으로 되어, 분할 전이라도 자기의 지분을 처분할 수 있고, 상속재산의 분할은 이러한 지분의 교환을 뜻하게 된다. 분할의 소급효는 인정되지 아니한다. 반면에 합유설에 의하면, 공동상속인은 상속개시와 동시에 상속재산에 대한 지분을 취득하나, 그것은 관념적인 것에 불과하고, 상속재산은 분할에 이르기까지 하나의 독립성을 띤 특별재산으로 되며, 지분처분의 자유는 인정될 수 없고, 분할은 상속인간의 지분의 교환이 아니라, 상속인이 직접 피상속인으로부터 상속재산을 취득하는 것으로 이해하게 된다. 분할의 소급효가 인정된다.

공동상속재산의 법적 성질을 공유로 볼 것인가 또는 합유로 볼 것인가는 입법례에 따라 다르다. 프랑스민법은 공유로 규정하는 대표적인 입법례이고, 독일민법은 합유로 규정하는 대표적인 입법례에 속한다. 그러나 이들 민법도 공유나 합유로 일관하고 있지는 못하다.

1) 공 유 설

상속재산의 포괄재산성을 부인하는 공유설이 다수설의 입장이다. 그 근거는 다음과 같다:

첫째, 상속을 개인주의적으로 이해하여야 하며, 가산의 승계로 보아서는 안 된다. 둘째, 상속인이 1인인 경우에는 상속재산의 처분이 가능하고, 복수인 경우에는 처분할 수 없다고 볼 근거가 없다. 셋째, 지분을 처분할 수 없다고 하면 제3자에게 불의의 손해를 주어 거래의 안전을 해치게 된다. 넷째, 제1015조 단서는 지분의 처분이 가능하다는 것을 전제로 한다. 즉 이 단서는 분할 전의 공동소유가 공유인 것을 뒷받침한다.

2) 합 유 설

소수설의 입장이다. 합유설의 근거는 다음과 같다:

첫째, 공유설에서와 같이 개개의 재산에 대한 지분의 처분이 가능하다는 것은, 일괄분할의 원칙에 반하며, 민법은 분할에 의해 각 상속인이 직접 피상속인으로부터 상속재산을 취득하는 것으로 규정한다. 둘째, 공동상속인 중 1인이 어떤 상속재산을 처분하고, 분할의 결과 그 재산이 처분자 이외의 상속인에게 귀속되면, 분할의 소급효로 말미암아 당해 처분은 무효로 된다. 셋째, 분할의 소급효가 인정되는 이상 상속재산은 상속재산의 분할과 청산이라는 공동목적을 위하여 결합된 재산으로 보아야 하고, 하나의 포괄적인 것으로 보아야 한정승인이나 재산분리가 인정될 수 있다. 넷째, 상속재산은 분할할 때까지의 일시적 공동소유이므로, 재산상태를 복잡하지 않게 하기 위하여는 지분처분의 금지로 보아야 한다. 다섯째, 제1015조 단서는 제3자를 보호하기 위한 예외에 지나지 아니한다. 여섯째, 상속분의 양수를 규정하는 제1011조나 상속채무자의 자력에 대한 담보책임을 규정하는 제1017조는 공유설의 입장에서는 설명할 수가 없다.

3) 판 례

판례는 제1006조의 법문에 따라 상속재산의 법적 성질을 통상의 공유인 것으로 전제하여 상속재산을 둘러싼 법률관계를 처리하고 있다. 즉 상속재산을 구성하는 개개의 재산에 대하여 각 공동상속인의 지분을 인정하여 그 처분을 가능한 것으로 보는 입장에서 상속재산에 관한 문제를 해결하며, 가분인 채권 · 채무는 상속분에 따라 당연히 분할되고, 상속재산의 관리나 등기에 관하여는 공유에 관한 제263조 이하의 규정을 적용하고 있다.

공유설 · 합유설 모두 현행법의 규정만을 가지고는 공유 및 합유 어느 한 쪽으로 단정할 수 없다고 지적하는 바와 같이, 어느 학설이 타당한가라는 논쟁은 끝없이 반복될 수밖에 없다. 공동상속재산의 법적 성질을 무엇으로 이해하여야 하는가는, 지분의 처분을 허용하여 공동상속관계의 빠른 해소를 촉진하고 그러한 처분으로 인한 거래의 안전을 보호하는 것이 타당한가 아니면 상속재산의 독립성을 부여하고 그 분할에 이르기까지의 공동상속인 간 및 이들과 상속채권자나 상속채무자 사이의 이해를 합목적적으로 조절하는 것이 타당한가에 달려 있다고 본다. 아래에서는 상속재산의 법적 성질을 공유로 볼 것인가 또는 합유로 볼 것인가를 판단함에 있어 주요 문제인 채권 · 채무의 공동상속과 상속재산의 관리에 관한 문제를 살펴보는 가운데 공유설과 합유설의 장단점을 비교하기로 한다.

(3) 채권 · 채무의 공동상속

불가분채권 · 채무는 성질상 공유설을 취하든 합유설을 취하든 차이가 없다. 즉 공동상속의 경우에도 불가분채권 · 채무의 법리(§409~§411 참조)가 적용된다. 그러나 가분채권 · 채무, 특히 금전채권 · 채무인 경우에는 두 학설의 법리상의 차이가 크다.

1) 채권의 공동상속

공동상속된 채권이 가분채권의 경우, 공동상속인 각자는 상속분에 따라 귀속된 채권액을 한도로 채무자에게 청구할 수 있는가 또는 각자가 채권 전액을 청구할 수 있는가, 아니면 전원이 공동으로 채권 전액을 청구하여야 하는가, 채무자가 공동상속인 중의 1인에게 채무 전액을 변제하면 유효한 변제로 되는가 등의 문제가 발생한다. 합유설에 의하면, 상속채권이 가분채권일지라도, 그것은 상속재산에 포함되어 공동상속인 전원에게 합수적으로 귀속되며, 상속개시와 동시에 당연히 분할되지 않는 것으로 본다. 한편 공유설에 의하면 상속개시와 동시에 상속분에 따라 공동상속인 간에 당연히 분할된다고 해석한다. 공유설을 지지하는 견해 중 일설은 당연분할로 해석하면 채무자에게 불리한(분할채권설) 경우가 발생하므로 분할할 때까지는 불가분채권으로 해석하여야 할 것이라고 주장한다(불가분채권설). 채권 · 채무의 공동상속에 대해서는 그 특수성으로 인해 달리 보아야 한다고 하나, 논리의 일관성은 떨어진다.

판례는, 원칙적으로 가분채권은 상속개시와 동시에 당연히 법정상속분에 따라 공동상속인들에게 분할되어 귀속되므로 상속재산분할의 대상이 될 수 없다고 본다. 다만 가분채권을 일률적으로 상속재산분할의 대상에서 제외하면 부당한 결과가 발생하는 경우에는 예외적으로 가분채권도 분할대상이 된다고 본다. 예를 들어 공동상속인들 중에 초과특별수익자가 있는 경우 초과특별수익자는 초과분을 반환하지 아니하면서도 가분채권은 법정상속분대로 상속받게 되는 부당한 결과가 나타난다. 그 외에도 특별수익이 존재하거나 기여분이 인정되어 구체적인 상속분이 법정상속분과 달라질 수 있는 상황에서 상속재산으로 가분채권만이 있는 경우에는 모든 상속재산이 법정상속분에 따라 승계되므로 수증재산과 기여분을 참작한 구체적 상속분에 따라 상속을 받도록 함으로써 공동상속인들 사이의 공평을 도모하려는 제1008조, 제1008조의2의 취지에 어긋나게 된다. 따라서 이와 같은 특별한 사정이 있는 때는 상속재산분할을 통하여 공동상속인들 사이에 형평을 기할 필요가 있으므로 가분채권도 예외적으로 상속재산분할의 대상이 될 수 있다고 한다(대법원 2016.5.4.자 2014스122 결정).

2) 채무의 공동상속

채무의 공동상속에서도 채권의 경우와 동일한 문제가 발생한다. 마찬가지로 합유설은 가분채무인 경우에도 상속재산을 분할할 때까지는 공동상속인에게 합유적으로 귀속되어 불가분채무로 된다고 해석한다(불가분채무설). 공유설의 입장에서는 분할채무설과 연대채무설을 주장한다. 연대채무설은 가분채무가 당연히 분할된다고 해석하면, 상속채권자가 위험을 많이 부담하게 되기 때문이라는 이유를 제시한다. 분할채무설에 의하면, 상속채권자는 각 공동상속인을 상대로 상속분에 따른 부담액의 이행을 청구하여야 하고, 그 중 무자력자가 있을 때에는 채권의 만족을 얻을 수 없다는 것이다. 이 입장은 연대채무의 경우에도 각 공동상속인은 본래의 채무와 동일한 연대채무를 부담한다고 해석한다.

판례는, 가분채무가 공동상속된 경우 이는 상속 개시와 동시에 당연히 법정상속분에 따라 공동상속인에게 분할되어 귀속되는 것이므로 상속재산 분할의 대상이 될 여지가 없다고 한다(대법원 1997.6.24. 선고 97다8809 판결). 다만, 판례는 공동상속인들의 건물철거의무는 그 성질상 불가분채무이지만, 공동상속의 경우 공동상속인 각자는 자기 지분의 한도 내에서만 불가분채무 전체에 대한 의무를 부담할 뿐, 다른 공동상속인의 고유 지분에 해당하는 의무까지 부담하는 것은 아니라고 한다(대법원 1969.7.22. 선고 69다609 판결; 대법원 1980.6.24. 선고 80다756 판결).

- 상가건물 임대차보호법이 적용되는 임대차계약에 관하여, 임대차계약 기간 종료 후 임대인이 사망하자 임차인인 원고가 임대인의 공동상속인들에 대하여 임차보증금의 반환을 구한 사안에서, 공동상속인들의 임차보증금 반환채무는 성질상 불가분채무에 해당하므로 공동상속인들은 공동하여 원고에게 임차보증금을 반환할 의무가 있

다고 보아, 원심이 임차보증금 반환채무가 법정상속분에 따라 당연분할되는 가분채무에 해당한다는 전제에서 판단한 부분을 파기환송한 사례(대법원 2021.1.28. 선고 2015다59801 판결)

(4) 제1007조의 상속분의 의미

제1007조는 "공동상속인은 각자의 상속분에 응하여 피상속인의 권리 · 의무를 승계한다."라고 정하는바, 위 조항에서 정한 '상속분'은 법정상속분을 의미하므로, 일단 상속이 개시되면 공동상속인은 각자의 법정상속분의 비율에 따라 모든 상속재산을 승계한다. 또한 제1006조는 "상속인이 수인인 때에는 상속재산은 그 공유로 한다."라고 정하므로, 공동상속인들은 상속이 개시되어 상속재산의 분할이 있을 때까지 제1007조에 기하여 각자의 법정상속분에 따라서 이를 잠정적으로 공유하다가 특별수익 등을 고려한 구체적 상속분에 따라 상속재산을 분할함으로써 위와 같은 잠정적 공유상태를 해소하고 최종적으로 개개의 상속재산을 누구에게 귀속시킬 것인지를 확정하게 된다. 그러므로 공동상속인들 사이에서 상속재산의 분할이 마쳐지지 않았음에도 특정 공동상속인에 대하여 특별수익 등을 고려하면 그의 구체적 상속분이 없다는 등의 이유를 들어 그 공동상속인에게는 개개의 상속재산에 관하여 법정상속분에 따른 권리승계가 아예 이루어지지 않았다거나, 부동산인 상속재산에 관하여 법정상속분에 따라 마쳐진 상속을 원인으로 한 소유권이전등기가 원인무효라고 주장하는 것은 허용될 수 없다(대법원 2023.4.27. 선고 2020다292626 판결).

- ① 상속재산인 부동산에 관하여 공동상속인인 원고들과 피고 앞으로 법정상속분에 따라 상속을 원인으로 한 소유권이전등기가 마쳐졌고, ② 상속채무 중 망인의 예금채권에 대한 추심을 통해 상속채무가 변제되었다. 원고들은, ① 피고가 초과특별수익자이므로 피고는 상속분이 없다고 주장하면서 피고 앞으로 마쳐진 상속을 원인으로 한 지분이전등기에 관하여 진정명의회복을 원인으로 한 이전등기청구(상속회복청구)를 하였다. 또한 원고들은, ② 피고의 상속채무는 법정상속분에 따라 상속되지만 예금채권에 대해서는 초과특별수익자인 피고의 상속분이 없고 원고들에게만 상속되는데, 위 예금채권에서 피고의 상속채무가 변제된 것이므로 피고는 부당이득을 반환할 의무가 있다고 주장하면서, 부당이득반환청구를 하였다. 원고의 ① 청구와 ② 청구는 각각 인용될 수 있는가?(대법원 2023.4.27. 선고 2020다292626 판결)

(5) 상속재산의 관리

1) 일반원칙

상속이 개시되어 분할될 때까지 상속재산은 부단히 증감·변동한다. 분할이 이루어지기까지 상속재산을 누가 어떻게 관리할 것인가는 공동상속인 간의 이해에 직접 영향을 미치는 문제이다. 관리의 부실로 인하여 발생하는 상속재산의 멸실·훼손에 따른 불이익은 모든 공동상속인에게 귀속되기 때문이다.

민법은 상속재산의 관리에 관하여 상속의 승인과 포기 전(§1022), 한정승인 후(§1040), 상속포기 후(§1044), 재산분리 후(§1047, §1048), 상속인부존재(§1053~§1056)의 경우에 대하여는 규정을 두고 있으나, 상속재산의 분할이 이루어질 때까지의 상속재산관리의 일반적·총괄적 규정을 두고 있지 아니하다. 강학상 전자를 〈보존을 위한 관리〉라고 하며, 후자를 〈청산을 위한 관리〉로 구분한다.

민법이 청산을 위한 관리에 관한 일반규정을 두고 있지 아니하기 때문에, 상속재산의 법적 성질을 공유로 보는가 또는 합유로 보는가에 따라 상속재산의 관리에 관한 문제가 달리 처리된다. 그러나 민법상으로는 상속재산의 법적 성질을 전형적인 공유 또는 합유로 해석할 수 없을 뿐만 아니라, 상속재산의 관리에서도 어느 한 법리만을 적용할 수도 없다. 공유로 볼 경우에도 공유자인 공동상속인 간에 존재하는 인적 결합관계·이익의 공동관계를 고려하여야 하며, 합유로 볼 경우에도 공동상속인 간에 강한 합수적 구속이 수반되어 있다고는 볼 수 없기 때문이다. 합유설의 입장에서도 공유물관리에 관한 제263조 이하의 규정의 유추적용을 긍정하고 있다. 상속재산의 관리의 실질적인 문제는, 공동상속인 간 내지 상속인과 제3자와의 관계를 어떻게 조정하여야 관리의 합목적인 결과를 얻을 수 있는가에 있으므로, 이 문제를 처리하는 데 있어 공유인가 합유인가가 결정적인 요인으로 작용하지는 아니한다.

공동상속재산의 관리자가 누구인가에 관하여는 명문의 규정이 없다. 성질상 공동상속인에 의한 공동관리로 보아야 한다. 따라서 공동상속인 전원은 합의를 통하여 공동상속인 중의 1인 또는 수인을 관리인으로 정하거나 또는 제3자에게 위임할 수도 있다(§264, §272). 관리인 선임에는 전원의 동의가 필요하다고 본다. 관리인은 공동상속인 전원의 대리인으로서의 지위를 갖기 때문이다. 상속재산관리인이 선임된 경우 관리인의 지위는 위임계약에 의하여 정하여지나, 분명하지 아니할 때에는 제118조의 규정을 적용하여야 할 것이다. 그러나 관리인 선임에 관한 합의가 이루어지지 아니할 때에는, 관리인에 의한 관리는 불가능하게 된다. 민법은 보존을 위한 관리와 관련해서는 가정법원이 관리인을 선임할 수 있다고 규정하나(§1023②, §1040①, §1044②, §1047①, §1053①), 단순히 공동상속이라는 이유만을 가지고 가정법원에 대하여 관리인의 선임을 청구할 수는 없기 때문이다. 입법적인 보완이 필요한 문제이다.

한편 공동상속인 전원은 합의를 통하여 관리방법을 정할 수 있으며, 관리방법에 관한 합의가 이루어지지 아니할 때에는 제263조 이하의 규정을 적용하게 된다. 관련문제를 검토한다.

2) 보존행위

각 공동상속인은 보존행위를 단독으로 할 수 있다(§265 단서, §272 단서). 보존행위라 함은 상속재산의 멸실 · 훼손을 방지하고 그 현상을 유지하기 위한 사실상 · 법률상의 모든 행위를 말한다. 무효인 등기의 말소청구(대법원 1988.2.23. 선고 87다카961 판결; 대법원 1996.2.9. 선고 94다61649 판결), 보존등기의 신청, 상속재산인 동산의 불법점유자에 대한 인도청구 등이 이에 해당한다. 그러나 공유물의 소수지분권자가 다른 소수지분권자를 상대로 보존행위로서 공유물의 인도를 구할 수는 없다(대법원 2020.5.21. 선고 2018다287522 전원합의체 판결).

3) 관리행위

일반적으로 관리행위라 함은 보존, 이용 또는 개량행위를 말하나, 보존행위는 공동상속인 각자가 단독으로 할 수 있으므로 제외된다. 이처럼 변경과 보존행위의 중간에 위치하는 관리행위는, 각자의 지분인 상속분에 따른 과반수로 결정할 수 있다(§265 본문).

각 공동상속인은 상속재산 전부에 대하여 상속분의 비율로 사용 · 수익할 수 있고(§263), 개개의 상속재산에 대하여도 상속분에 따라 사용수익할 수 있으나, 공동상속인 중의 1인이 공동상속재산에 속하는 부동산을 다른 공동상속인과의 협의 없이 단독으로 배타적으로 사용할 수 없다. 배타적인 사용을 위해서는 과반수의 결의가 필요하다(대법원 1966.4.19. 선고 65다2033 판결; 대법원 1978.7.11. 선고 78다695 판결; 대법원 1982.12.28. 선고 81다454 판결). 이처럼 상속재산의 이용은 관리행위에 속한다. 따라서 과반수의 결의로써 공동상속인 중의 1인의 상속재산에 속하는 부동산의 이용을 배제할 수도 있다. 과반수의 결의 없이 공동상속인 중의 1인이 상속재산인 건물에 거주함으로써 상속재산인 그 건물 부지를 사용·수익하고 있는 경우, 다른 공동상속인의 공유지분에 상응하는 부당이득을 하고 있는 것으로 된다(대법원 2006.11.24. 선고 2006다49307, 49314 판결). 그리고 이것은 다른 공동상속인의 지분권 행사를 방해하는 행위로서 제214조에 따른 방해배제청구권을 행사할 수도 있다(대법원 2020.5.21. 선고 2018다287522 전원합의체 판결). 그러나 주택임차권의 상속에서 살펴 본 바와 같이, 다수의 지분권자가 상속이 개시되자 소수의 지분권자의 이용관계를 배제하거나 변경할 수 있다는 것은 타당하지 않다. 오히려 그와 같은 결정이나 청구는 상속재산의 분할청구로 보고, 분할이 끝날 때까지는 기존의 이용방법을 변경할 수 없다고 해석하여야 할 것이다.

상속재산의 관리비용에 관하여 제998조를 적용할 것인가 또는 제266조 제1항을 적용할 것인가라는 문제가 있으나, 어느 규정을 적용하더라도 계산상의 차이는 없다. 또 공유설·합유설에 따라 달라지지 아니한다.

관리에 관한 주의의무는 상속인의 고유재산에 대한 것과 동일한 주의의무(§1022, §1040③)로 해석하는 견해가 있으나, 달리 보아야 할 필요가 있다고 본다. 보존을 위한 관리에서는 주의의무의 정도가 구체적 경과실이라도 무방하지만, 청산을 위한 관리에서는 추상적 경과실 즉 선량한 관리자로서의 주의의무를 부담한다고 하여야 할 것이다. 상속재산의 관리가 부실하여 다른 공동상속인에게 불이익을 주게 되어서는 안 되기 때문이다.

4) 처분·변경행위

상속재산의 처분·변경은 상속인 전원의 동의를 얻어야 한다(§264, §272 본문). 또 상속재산 전체에 대하여 갖고 있는 상속분은 이를 처분할 수 있으나, 다른 공동상속인은 그 가액과 양도비용을 상환하고 그 상속분을 양수할 수 있다(§1011①). 한편 공유설을 취하는 다수설과 판례는 개개의 상속재산에 대하여서도 각 공동상속인은 지분을 가지며, 이는 자유로운 처분의 대상이 된다고 본다. 따라서 공동상속인 중의 1인이 상속부동산에 대한 분할협의서를 위조하여 자기명의로 등기한 후 이를 제3자에게 처분한 경우에도, 다른 공동상속인은 제3자에 대하여 자신들의 상속분에 해당하는 지분권을 주장할 수 있으나, 처분자의 상속분에 해당하는 지분에 대해서는 다툴 수 없게 된다(대법원 1967.9.5. 선고 67다1347 판결).

5) 상속재산에 관한 소송

상속재산의 관리와 관련하여 공동상속인 간 또는 상속인과 제3자와의 사이에 소송이 제기되는 경우도 발생한다. 이때 그 소송을 공동상속인 전원이 원고나 피고로 되어야 하는 필수적 공동소송으로 보아야 할 것인가가 문제된다. 공유설의 입장에서는 필수적 공동소송임을 부정하게 되고, 합유설의 입장에서는 긍정하게 된다. 그러나 일률적으로 판단하여야 할 문제는 아니라고 본다. 공유설의 입장을 취하는 판례도 소송의 목적이 공동상속인들 전원에게 합일확정되어야 할 필요가 있는가에 따라 판단하고 있다.

첫째, 특정재산에 대한 공동소유관계 그 자체가 소송대상일 때에는 필수적 공동소송으로 된다(대법원 2007.8.24. 선고 2006다40980 판결). 이주자택지에 관한 공급계약을 체결할 수 있는 청약권을 공동상속한 경우 그 청약권을 준공유하고 있는 공동상속인들 전원이 공동으로만 이를 행사할 수 있으므로, 그에 기하여 청약의 의사표시를 하고 그에 대한 승낙의 의사표시를 구하는 소송도 고유필수적 공동소송이다(대법원 2003.12.26. 선고 2003다11738 판결). 한편, 청약저축 가입자는 주택공급을 신청할 권리를 가지게 되고, 가입자가 사망하여 공동상속인들이 그 권리를 공동으로 상속하는 경우에는 공동상속인들이 상속지분비율에 따라 피상속인의 권리를 준공유하게 된다. 민법은 "당사자의 일방 또는 쌍방이 수인인 경우에는 계약의 해지나 해제는 그 전원으로부터 또는 전원에 대하여 하여야 한다."라고 규정하고 있다(§547①). 따라서 주택공급을 신청할 권리와 분리될 수 없는 청약저축의 가입자가 사망하였고 그에게 여러 명의 상속인이 있는 경우에 그 상속인들이 청약저축 예금계약을 해지하려면, 금융기관과 사이에 다른 내용의 특약이 있다는 등의 특별한 사정이 없는 한 상속인들 전원이 해지의 의사표시를 하여야 한다(대법원 2022.7.14. 선고 2021다294674 판결).

그러나 그 재산의 각자의 지분권만이 소송대상일 경우(대법원 1965.5.18. 선고 65다279 판결), 피상속인이 이행하여야 할 부동산소유권이전등기의무의 이행을 공동상속인에 대하여 청구하는 경우(대법원 1964.12.29. 선고 64다1054 판결), 연대보증인인 피상속인에 대한 대위변제금의 구상을 그의 공동상속인을 상대로 청구하는 경우(대법원 1993.2.12. 선고 92다29801 판결)에는 필수적 공동소송이 아니며, 각 상속인이 당사자로 될 수 있고 판결의 기판력도 그 사람에게만 미친다.

둘째, 상속재산 전체에 대한 권리로서의 상속분권을 둘러싼 소송의 경우는 필요적 공동소송이 아니다. 공유설과 합유설의 대립을 떠나, 제1011조는 상속분의 양도나 양수를 규정하고 있기 때문이다. 상속인 각자가 제3자인 상속분권양수인을 상대방으로 하여 상속분권의 양도 내지 반환의 문제를 둘러싼 소송을 제기할 수 있으며, 그 판결의 기판력은 다른 상속인에게 미치지 아니한다.

셋째, 소송은 아니지만, 상속재산의 분할이나 기여분의 결정은 청구인인 상속인 1인 또는 수인이 나머지 상속인 전원을 상대방으로 하여 청구하여야 한다(가소규 §110).

■ 심화학습

- 제사용재산의 특별승계를 인정할 필요가 있는가?
- 채무의 공동상속에 대하여 논하시오.
- 공유론 · 합유론 대립의 유용성은 무엇인가?

3. 상 속 분

예습과제

Q1 상속분의 종류와 그 구체적 의미는?

Q2 실질적 공평을 위하여 상속분을 조정하는 제도에는 어떠한 것들이 있는가?

(1) 의 의

1) 서 설

상속분이라는 용어의 의미는 경우에 따라 다르다. 첫째는, 공동상속의 경우 각 공동상속인이 상속재산에 대하여 갖는 권리의무의 비율 또는 지분을 뜻하며, 상속재산 전체의 1/2, 1/3 등으로 표시된다. 즉 상속재산 총액에 대한 분수적 비율(상속분율)로서, 제1007조 및 제1009조의 상속분은 이를 의미한다. 이를 추상적 상속분이라고 한다. 둘째는, 상속재산 총액에 대하여 위의 분수비율을 곱하여 계산한 결과, 각 공동상속인이 실제로 취득할 재산액인 상속분액을 의미하기도 한다. 이를 구체적 상속분이라 하며, 제1008조 및 제1008조의2가 규정하는 상속분은 이를 말한다. 셋째는 상속재산을 분할하기 전에 각 공동상속인이 갖는 상속재산 전체에 대한 지위 내지 포괄적 지분(상속분권)을 뜻한다. 제1011조가 규정하는 상속분은 이를 의미한다.

각 공동상속인의 상속분율(추상적 상속분)은, 피상속인의 유언에 의하여 정해질 수 있다고 해석되며(이를 강학상 지정 또는 유언상속분이라 한다), 그러한 유언이 없을 때에는 민법의 규정에 의하여 정해진다(이를 법정상속분이라 한다). 그런데 각 공동상속인은 이와 같이 산정된 분수비율에 따라 상속재산을 취득하게 되는 것은 아니다. 특별수익분이나 기여분과 같은 조정요소가 있을 때에는, 그에 따라 다시 계산된 상속재산액에 기초하여 상속하게 된다.

2) **지정(유언)상속분**

관용적으로 지정상속분이라고도 하나, 민법은 상속분지정을 유언사항으로 규정하고 있지 아니하다. 제1078조는 "포괄적 유증을 받은 사람은 상속인과 동일한 권리의무가 있다"고 규정하나, 이는 상속인이 아닌 제3자에 대한 포괄유증의 경우에 해당한다. 그런데 피상속인은 제3자뿐만 아니라 상속인에 대하여도 포괄유증을 할 수 있다고 해석되며, 그 경우에 이를 유언에 의한 상속분의 지정으로 이해하고 있다. 그러나 민법상 상속분지정제도가 인정되지 않고 있는 이상, 유언상속분이라는 용어가 보다 적절하다고 생각한다.

상속분변경에 관한 유언도 반드시 법정된 방식을 따라야 한다. 생전행위에 의해서는 할 수 없고, 제3자에게 상속분변경을 위탁할 수도 없다. 유언상속분은 포괄유증이므로, 보통은 각 상속인에 대한 분수적 비율로 표시되지만(예컨대 상속인 甲에게는 상속재산의 1/2, 상속인 乙에게는 1/3을 준다), 구체적인 상속재산을 지정하여 행할 수도 있다(예컨대 甲에게는 토지, 乙에게는 예금을 준다). 후자의 경우는 그것이 상속분지정적 포괄유증일 수도 있고 분할방법의 지정일 수도 있다. 어떤 취지인가는 유언의 의사해석에 따라 판단하여야 할 것이다. 어떻든 상속분지정적 포괄유증이 있으면, 그것은 법정상속분에 우선한다. 아울러 상속분지정적 포괄유증의 경우에도, 다른 상속인의 유류분을 침해할 수 없다. 유류분을 침해당한 상속인은 침해된 유류분액만큼의 반환을 청구할 수 있다.

3) 법정상속분

현행법은 남녀, 기혼·미혼, 혼중·혼외를 불문하고, 동순위의 상속인이 수인인 때에는 그 상속분은 균분으로 한다고 규정한다(§1009①). 다만, 배우자의 상속분은 다른 상속인의 상속분의 5할을 가산한다(위 ②). 또 대습상속인의 상속분은 피대습자의 상속분에 의하고, 대습상속인이 수인인 경우에는, 그 범위 내에서 위 방법에 의하여 결정한다(§1010).

그러나 상속채무에 관해서는 언제나 법정상속분에 의한다. 채권자의 동의없이 채무를 임의로 처분할 수 있는 자유가 채무자인 피상속인에게는 없기 때문이다. 따라서 피상속인이 법정상속분과 다른 유언·유증을 하거나 또는 상속인이 법정상속분과 달리 분할협의를 하더라도, 그것은 상속재산 중의 적극재산에 대해서는 유효하지만, 상속채무에 대해서는 변경된 상속분을 가지고 채권자에게 대항할 수 없다. 이를 법정상속분의 대외적 기능이라 한다.

현행법 이전에도 법정상속분은 균분이 원칙이었으나, 상속인의 신분에 따라 법정상속분이 달랐다. 상속관계는 상속개시시의 법을 적용하게 되므로, 구법상의 법정상속분을 개관한다.

상속개시일	상 속 분
1959.12.31. 이전	① 피상속인이 호주인 경우 : 아들만 상속인으로 되며, 상속인이 2인인 때에는 호주상속을 하는 장남 2/3, 차자 1/3이며, 상속인이 3인 이상인 때에는 장남 1/2, 나머지 1/2을 차남 이하의 아들이 균분상속 ② 피상속인이 호주 아닌 가족인 경우 : 동일가적 내의 남녀가 균분상속하고, 서출자녀는 반분을 상속하며 출가녀는 상속권이 없음
1960.1.1. ~ 1978.12.31.	법정상속분은 균분이나, 여자(배우자 포함)인 상속인의 상속분은 남자의 1/2이며, 동시에 호주상속을 하는 상속인에게는 5할을 가산하고, 피상속인과 동일가적 내에 없는 여자의 상속분은 남자의 1/4
1979.1.1. ~ 1990.12.31.	법정상속분은 균분이나, 동시에 호주상속을 하는 상속인에게는 5할을 가산하고, 처인 배우자에게도 5할을 가산하나, 피상속인과 동일가적 내에 없는 여자의 상속분은 1/4

* 동일가적 내에 없는 여자라는 것은 상속할 지위에 있는 여자가 혼인 등 사유로 인하여 타가에 입적함으로써 피상속인의 가적에서 이탈하여 가적을 달리한 경우를 지칭한다(대법원 1979.11.27. 선고 79다1332, 1333 전원합의체 판결). 따라서 피상속인(1990.3.16. 사망)의 생모로서 피상속인의 사망 전에 피상속인의 父와 이혼하고 친가에 복적하여 동일가적 내에 없는 甲, 피상속인의 계모로서 동일가적 내에 있는 乙이 있는 경우, 甲의 상속분은 乙의 상속분의 4분의 1로 된다(대법원 1993.9.28. 선고 93다6553 판결). 반대로 甲이 피상속인인 경우 타가에 있는 미혼의 딸의 상속분은 1로 된다.
* 호주상속인에 대한 5할 가산은, 호주상속인이 동시에 재산상속인일 경우에 한한다. 따라서 호주인 甲의 장남 乙이 사망하여 乙의 장남인 丙이 乙의 재산을 상속하는 경우, 乙은 사망 당시 호주가 아니므로 丙은 호주상속을 할 수 없어 5할을 가산받을 수 없고(대법원 1981.5.26. 선고 80다3092 판결), 甲을 대습상속하는 때에는 乙 고유의 상속분 1의 범위 내에서 다른 대습상속인보다 5할을 가산받게 된다.
* 처가 직계비속 또는 직계존속과 공동으로 재산상속을 함과 동시에 호주상속을 하는 경우, 처의 상속분은 공동재산상속인의 균분상속비율(제1009조 제1항 본문)인 “1”을 기준으로 하여 여기에 제1009조 제1항 단서와 동조 제3항에 의하여 각 5할을 가산한 합계 “2”로 한다.
  ① 동일가적 내에 없는 직계비속 여 : 처 = 0.25 : 2(1 + 0.5 + 0.5)
  ② 시부(媤父) : 처 = 1 : 2(1 + 0.5 + 0.5)
  (1988.4.9. 등기 제197호)

(2) 상속분의 산정

1) 서 설

공동상속의 경우 각 상속인에게 추상적 법정상속분이 정해지더라도, 그에 따라 상속인이 피상속인의 재산을 승계하게 되는 것만은 아니다. 왜냐하면 피상속인의 유언이나 특별수익분 또는 기여분과 같은 변경 · 조정요인이 있기 때문이다. 따라서 상속재산을 분할하기에 앞서 구체적 상속분, 곧 상속재산분할분을 산정해야 한다.

한편 상속분을 산정할 때에 무엇을 상속재산으로 보아야 하는가도 문제된다. 단순히 상속이 개시된 때에 피상속인의 수중에 남아있는 현존재산만을 대상으로 한다면, 상속법의 이념인 상속인 간의 실질적 공평이 저해될 수도 있기 때문이다. 민법은 상속인 간의 실질적 공평을 확보하기 위한 제도로서 다음과 같은 두 가지 제도를 두고 있다.

첫째는, 공동상속인 중에 피상속인으로부터 증여 또는 유증을 받은 사람(특별수익자)이 있는 경우, 그 수증재산이 자기의 상속분에 달하지 못한 때에 그 부족한 부분에 한해서만 상속분을 인정하는 방법이다(§1008). 즉 피상속인이 행한 증여나 유증의 가액을 고려하지 않고, 상속개시시의 현존재산만을 가지고 법정상속분에 따라 상속재산을 분배하게 되면, 이는 실질적으로 불공평하기 때문에, 피상속인이 남긴 재산의 가액에 생전증여한 재산의 가액을 더한 것을 상속재산으로 보고(명목상의 상속재산), 법정상속분에 따라 각 상속인의 상속분을 산출한 후, 특별수익자에 대하여는 그 산출된 상속분에서 증여 또는 유증의 가액을 공제하여 그 사람의 상속분(구체적 상속분)으로 하는 방법이다(대법원 1995.3.10. 선고 94다16571 판결). 따라서 특별수익이 상속분과 같거나 초과하는 경우에는 현존상속재산에서는 상속분을 받을 수 없게 된다. 수유재산은 아직 현존상속재산 중에 포함되어 있기 때문에, 그것을 구체적 상속분을 산정하기 위한 상속재산 중에 산입할 필요가 없으나, 생전증여는 생전분재로서 선급한 것이므로 이를 반환하게 하여 산입하는 것이다. 이를 특별수익분반환제도라 한다.

둘째는, 공동상속인 중에 상당한 기간 동거 · 간호 그 밖의 방법으로 피상속인을 특별히 부양하거나 피상속인의 재산의 유지 또는 증가에 관하여 특별히 기여한 사람이 있는 경우, 상속개시시의 피상속인의 재산가액에서 기여분을 공제한 것을 상속재산으로 보고, 법정상속분에 따라 각 공동상속인의 상속분을 산출한 후 기여상속인에 대하여는 그 산출된 상속분에 기여분을 가산한 액으로써 그 사람의 상속분(구체적 상속분)으로 하는 방법이다(§1008의2). 이를 기여분제도라 한다.

구체적 상속분을 산정할 때에는 위 두 요소를 고려해야 하는데, 민법은 그에 관한 상세한 규정을 두고 있지 아니하여, 많은 해석상의 문제를 던져주고 있다. 입법적 보완이 시급한 분야이다.

2) 특별수익자의 상속분

(가) 의 의

예컨대, 상속인으로는 자녀 A, B, C 3인이 있고, 상속개시시의 현존상속재산은 3,000만원이며, A가 생전에 피상속인으로부터 600만원의 증여를 받았다고 가정할 때, A가 증여받은 600만원은 특별수익으로서 상속재산 중에 반환되어 구체적 상속분을 산정하기 위한 명목상의 상속재산은 3,600만원으로 된다. 따라서 A,

B, C 각자에게는 1,200만원(3600×1/3)이 상속되어야 하나, A는 이미 600만원의 증여를 받았으므로 구체적 상속분은 부족분인 600만원(1,200－600)으로 된다. 결국 현존상속재산 3,000만원 중에서 A는 600만원, B · C는 각 1,200만원을 취득하게 된다.

특별수익분반환제도는 로마법과 게르만법에 기원을 둔다. 다만 로마법은, 모든 상속인을 공평하게 취급하려는 의사를 가졌을 것이라는 피상속인의 의사를 추측하여 이를 인정하였으며, 게르만법은 특별수익재산은 상속재산의 선급으로 보아야 한다는 것을 근거로 삼았다. 또 반환방법에 관하여도 로마법은 현물반환주의에서 가액반환주의로 전환하였는데 비하여 게르만법은 처음부터 가액반환주의를 취한 바 있다. 현재의 각국의 입법례는 이를 인정하지 않거나 반환의 대상을 좁게 한정하기도 하나, 반환방법으로는 가액반환주의를 취하고 있다.

현행법상의 특별수익분반환제도도 공동상속인 간의 공평(대법원 1995.3.10. 선고 94다16571 판결; 대법원 1996.2.9. 선고 95다17885 판결; 대법원 1998.12.8. 선고 97므513, 520, 97스12 판결)과 피상속인의 추정적 의사에 기인한 제도이다. 그런데 1977년 개정 전의 제1008조 단서는 "수증재산이 상속분을 초과한 경우에는 초과분의 반환을 요하지 아니한다"고 규정하였으나, 유류분제도를 채택하면서 이 단서를 삭제하였다. 삭제의 취지는, 특별수익자는 초과분을 전부 반환해야 한다는 것이 아니라, 유류분을 침해한 액에 해당하는 초과수익분은 반환해야 한다는 취지로 보아야 할 것이다(서울고등법원 1991.1.18. 선고 89르2400 판결).

(나) 반환의무자

상속을 승인(한정승인을 포함한다)한 공동상속인이며, 상속을 포기한 사람은 특별수익분이 다른 공동상속인의 유류분을 침해하지 않는 한 반환의무가 없다. 피상속인의 반환면제의 의사표시가 있는 경우에는, 반환이 면제되는가에 관하여는 명문의 규정이 없다. 일설은 피상속인의 유언에 의하여도 반환의무를 면제할 수 없다고 해석하나, 피상속인의 재산처분의 자유와 유언의 자유를 고려할 때, 유류분의 규정에 반하지 않는 한 그러한 의사표시는 유효하다고 보아야 할 것이다(통설, 일본민법 §903③).

피대습자가 특별수익한 경우에는 대습상속인이 반환하여야 하는가에 대하여는 학설이 대립한다. 부정설을 취하는 견해는 없으나, 일설은 전부 반환하여야 한다고 보며, 다른 일설은 대습상속인이 피대습자를 통하여 피대습자의 특별수익에 의하여 현실적으로 경제적 이익을 받고 있는 경우에만 반환의무를 진다고 본다. 대습상속인과 피대습자의 지위는 실질적으로 동일하며, 피대습자가 받은 특별수익은 대습상속인에게 귀속되므로 전자의 입장이 타당하다고 본다. 다만, 대습상속인이 피상속인으로부터 특별수익을 받은 경우에는, 대습상속인으로서의 자격을 취득한 이후의 특별수익만 반환하여야 하는 것으로 해석한다. 왜냐하면 그 이전의 수익은 상속으로서의 생전분재에 속하지 아니하기 때문이다.

판례도 이와 같이 해석한다. 즉 대습상속인이 대습원인의 발생 이전에 피상속인으로부터 증여를 받은 경우 이는 상속인의 지위에서 받은 것이 아니므로 상속분의 선급으로 볼 수 없다고 한다. 그렇지 않고 이를 상속분의 선급으로 보게 되면, 피대습인이 사망하기 전에 피상속인이 먼저 사망하여 상속이 이루어진 경우에는 특별수익에 해당하지 아니하던 것이 피대습인이 피상속인보다 먼저 사망하였다는 우연한 사정으로 인하여 특별수익으로 되는 불합리한 결과가 발생하기 때문이다(대법원 2014.5.29. 선고 2012다31802 판결). 상속결격사유가 발생한 이후에 결격된 자가 피상속인에게서 직접 증여를 받은 경우도 이와 마찬가지이다. 이때도 역시 그 수익은 상속인의 지위에서 받은 것이 아니어서 원칙적으로 상속분의 선급으로 볼 수 없다. 따라서 결격된 자의 수익은 특별한 사정이 없는 한 특별수익에 해당하지 않는다(대법원 2015.7.17.자 2014스206 결정).

수증 후 추정상속인으로 된 사람 예컨대 수증 후 증여자의 배우자나 양자녀가 된 경우에는, 그 증여가 추정상속인으로 되는 것과 견련관계가 있을 때에는 반환하게 하여야 할 것이다. 그러나 포괄수유자는 상속인과 동일한 권리의무가 있지만, 본래의 상속인은 아니므로 반환의무가 없다. 다만, 공동상속인으로서 포괄유증을 받은 경우나 후순위자로서 포괄유증을 받은 후 선순위자 전원의 포기 또는 결격으로 공동상속인이 된 경우는 반환해야 한다.

간접수익이 있는 경우, 즉 상속인의 자녀, 부모, 배우자에 대한 피상속인의 증여가 있고 이를 매개로 하여 상속인에게 특별수익이 주어진 경우에는 반환의무를 지지 아니한다(통설). 다만 증여 또는 유증의 경위, 증여나 유증된 물건의 가치, 성질, 수증자와 관계된 상속인이 실제 받은 이익 등을 고려하여 실질적으로 피상속인으로부터 상속인에게 직접 증여된 것과 다르지 않다고 인정되는 경우에는 상속인의 직계비속, 배우자, 직계존속 등에게 이루어진 증여나 유증도 특별수익으로 다루어질 수 있다(대법원 2007.8.28.자 2006스3, 4 결정).

(다) 반환의 대상으로 되는 재산

가) 증 여

제1008조의 법문상으로는 피상속인이 상속인에게 행한 모든 증여가 반환의 대상인 것으로 규정되어 있다. 그러나 이 제도의 취지는 공동상속인 간의 실질적 공평을 유지하기 위한 데 있으므로, 생전증여가 생전분재로 볼 수 있는 경우로 한정하여야 한다. 모든 증여를 특별수익으로 보는 것은 피상속인의 자유로운 재산처분권을 부당하게 제약한다. 뿐만 아니라 소액의 증여까지 전부 특별수익에 해당한다고 볼 경우에는 계산만 복잡해지고 실익도 없다. 결국 어떠한 생전증여가 특별수익에 해당하는지는 피상속인의 생전의 자산, 수입, 생활수준, 가정상황 등을 참작하고, 공동상속인들 사이의 형평을 고려하여 당해 생전 증여가 장차 상속인으로 될 사람에게 돌아갈 상속재산 중의 그의 몫의 일부를 미리 주는 것이라고 볼 수 있는지에 의하여 결정하여야 한다(대법원 1998.12.8. 선고 97므513, 520, 97스12 판결). 그래서 생전 증여를 받은 상속인이 배우자로서 일생 동안 피상속인의 반려가 되어 그와 함께 가정공동체를 형성하고 서로 헌신하며 가족의 경제적 기반인 재산을 획득 · 유지하고 자녀들에게 양육과 지원을 계속해 온 경우, 생전 증여에는 위와 같은 배우자의 기여나 노력에 대한 보상 내지 평가, 실질적 공동재산의 청산, 배우자 여생에 대한 부양의무 이행 등의 의미도 함께 담겨 있으므로 그러한 한도 내에서는 생전 증여를 특별수익에서 제외할 수 있다(대법원 2011.12.8. 선고 2010다66644 판결). 또한 부모에게 특별한 기여나 부양을 한 자녀가 생전 증여를 받은 경우에 그 생전 증여를 특별수익에서 제외할 수 있다는 판결도 이러한 연장선상에서 이해할 수 있다(대법원 2022.3.17. 선고 2021다230083, 2021다230090 판결). 구체적인 경우를 검토하면 다음과 같다.

① 혼인 · 입양을 위한 증여 : 혼인시에 지출된 지참금, 준비금, 예물비용 등을 말한다. 그 액수가 소액인 경우에는 특별수익으로 볼 수 없으나, 그렇지 아니한 경우에는 반환하여야 한다. 예식비용도 보통의 경우라면 포함되지 않는 것으로 보아야 할 것이다.

② 생계자본의 자본으로서의 증여 : 부양의 권리의무를 넘는 주택자금, 영업자금, 대학학자금 등이 이에 속한다. 취학시의 하숙비는 부양비용에 속하므로 포함되지 아니한다.

③ 생명보험금 : 생명보험금청구권이 특별수익에 해당하는지 여부에 관하여

는 대체로 이를 긍정하는 견해가 많으나, 일본 최고재판소는 이를 부정한다(최고재판소 2004.10.29. 판결). 특별수익성을 긍정하더라도 특별수익이 되는 것이 무엇인지가 문제된다. 피상속인이 지급한 보험료라는 견해(보험료설)와 보험금이라는 견해(보험금설)도 있으나, 피상속인이 사망당시 보험계약을 해지했더라면 받을 해약환급금이 특별수익이라고 본다(해약환급금설). 이와 달리 판례는, 피상속인을 피보험자로 하는 생명보험에서 유류분 산정의 기초재산에 포함되는 증여 가액은 "이미 납입된 보험료 총액 중 피상속인이 납입한 보험료가 차지하는 비율을 산정하여 이를 보험금액에 곱하여 산출한 금액"이라고 판단하여 보험금설을 취하고 있다(대법원 2022.8.11. 선고 2020다247428 판결).

④ 사망퇴직금 : 통설은 사망퇴직금 등 유족급부를 공동상속인 중의 1인이 수령한 경우에도 특별수익으로 된다고 본다. 사망퇴직금 등 유족급부는 임금의 후불적 성격을 지니며, 반환을 부정하게 되면 공동상속인 간의 실질적 공평이 유지될 수 없기 때문이다.

⑤ 과실 : 상속인 간의 형평을 깨뜨릴 만한 특별한 사정이 없는 한, 상속개시 이전에 발생한 과실은 특별수익에 포함되지 않는다. 증여목적물의 소유권은 증여받은 상속인에게 있으므로 그에게 과실을 수취할 권리가 있으며, 생전에 피상속인이 그 목적물을 증여할 때는 그 목적물의 이용으로부터 발생하는 과실을 상속인에게 귀속시키려는 의사가 있다고 추정할 수 있고, 이미 소비하고 특별수익자에게 존재하지 않을 수도 있는 과실까지 특별수익에 포함시키게 된다면 이는 수증자에게 예기치 못한 부담으로 되기 때문이다(서울가정법원 2005.5.19. 선고 2004느합152 판결).

나) 유　증

유증은 그 목적 여하를 불문하고 모두 특별수익으로서 반환의 대상이 된다. 그러나 수유재산은 상속재산에 포함되어 있으므로, 증여의 경우에서와 같이 구체적 상속분을 산정하기 위한 명목상의 상속재산에 이를 가산할 필요는 없다.

(라) 평가기준시와 방법

가) 평가시기

특별수익으로서의 반환은 현물이 아니라 계산상의 가액을 반환하는 것이므로, 평가의 기준시기가 문제된다. 생전증여의 경우에는, 증여가 있은 때로부터 상속이 개시되거나 상속재산을 분할할 때까지는 상당한 기간이 경과하며, 그 사이에 수증재산의 가액은 증감변동하기 마련이다. 그 가액의 평가시기를 어디로 보느냐에 따라 실제의 액수는 큰 차이가 나게 되며, 공동상속인 간의 실질적 공평이라는 이 제도의 목적달성도 좌우된다고 할 수 있다. 유증의 경우에도 상속개시시부터 상속재산분할까지 상당한 기간이 소요되므로 마찬가지의 문제가 발생한다.

입법례로는 이행시주의, 상속개시시주의, 분할시주의가 있다. 민법은 이에 관한 명문의 규정을 두고 있지 아니하다. 학설은 상속개시시설과 상속재산분할시설로 대립한다. 특별수익분반환제도가 공동상속인 간의 공평을 도모하기 위한 제도이고, 상속재산분할을 위한 구체적 상속분을 산정하기 위한 것임을 감안하면, 상속재산분할시설로 보아야 할 필요가 있다. 그런데 민법은 같은 취지의 기여분제도와 관련하여서는 상속개시시로 규정하고 있다. 기여분산정과 균형을 맞추기 위해서는 상속개시시를 기준시기로 하는 것이 타당하다고 본다. 판례의 입장도 이와 같다(대법원 1997.3.21.자 96스62 결정).

나) 평가방법

증여물이 수증자의 행위로 멸실 · 변형이 있을 때에는, 원상태로 존재한다고 의제하여 평가하고, 천재 그 밖에 불가항력으로 멸실된 경우에는 받지 않은 것으로 하여 가산하지 않으며, 자연히 노후된 것은 수증 당시대로 평가하여 가산해야 한다. 금전증여는 화폐가치의 변동을 고려하여 환가 평가해야 한다(통설). 즉 수증 당시의 금액에 소비자 물가지수를 참작하여 산정하여야 한다(서울고등법원 1991.1.18. 선고 89르2400 판결).

(마) 상속개시시의 현존상속재산과 초과분

민법은 특별수익분이 상속분에 달하지 못한 때에는, 그 부족한 부분의 한도에서만 특별수익자의 상속분이 인정된다고 규정하고 있을 뿐, 그 구체적인 산정방식에 관하여 규정하고 있지 아니하다. 계산방식은 다음과 같다(대법원 1995.3.10. 선고 94다16571 판결).

첫째, 상속개시시의 피상속인의 현존상속재산가액에 특별수익분인 생전증여액(유증재산은 현존상속재산에 포함되어 있기 때문에, 그 가액을 가산하지 아니한다)을 가산하여 구체적 상속분을 산정하기 위한 명목상의 상속재산(의제상속재산)가액을 계산한다.

둘째, 위 명목상의 상속재산가액에 각 공동상속인의 상속분율(유언 또는 법정상속분율)을 곱하여 각 상속인이 본래 취득하여야 할 상속분액을 계산한다.

셋째, 위 상속분액에서 특별수익분액(생전증여액 또는 유증액)을 공제한 것이 특별수익자의 상속분으로 된다.

계산방식은 위와 같으나, 다음과 같은 해석상의 문제가 있다.

첫째 단계인 피상속인의 현존상속재산가액을 산정할 경우 적극재산에서 소극재산을 공제한 가액으로 보아야 하는가 아니면 소극재산을 공제하지 아니한 적극재산만의 가액으로 보아야 하는가이다. 통설 · 판례(대법원 1995.3.10. 선고 94다16571 판결)는 적극재산만의 가액으로 본다. 상속채무는 채권자와의 관계에서는 법정상속분에 따라 분담하게 되기 때문이다. 즉 피상속인이 부담하고 있던 상속채무를 공제한 차액에 해당되는 순재산액을 기초재산으로 하게 되면, 자기의 법정상속분을 초과하여 특별이익을 얻은 초과특별수익자는 상속채무를 전혀 부담하지 않게 되므로, 상속인들은 상속의 대상이 되는 적극재산에 증여재산을 합한 가액을 상속분에 따라 상속하고, 소극재산도 그 비율대로 상속한다고 보아야 하는 것이다. 유류분을 산정할 때에는 상속채무를 공제하여야 하는 것(§1113)과 대비된다.

셋째 단계에서 특별수익자의 본래의 상속분액보다 특별수익분액이 더 많을 경우, 즉 마이너스로 될 때(이를 특별수익자의 초과분이라고 한다) 이를 어떻게 처리하여야 하는가이다. 제1008조는 계산한 결과 특별수익액이 본래의 상속분액에 달하지 못한 때에는, 특별수익자는 그 부족분만을 상속개시시의 현존상속재산에서 취득할 수 있고, 특별수익액이 본래의 상속분액과 같거나 많을 경우에는 현존상속재산에서는 취득할 것이 없다고 규정한다. 수증재산이 상속분을 초과한 경우에는 초과분의 반환을 요하지 아니한다는 단서가 삭제되었기 때문에, 본래의 상속분을 넘는 특별수익(초과수익분)은 반환되어야 하는가 아니면 다른 공동상속인이 초과수익분을 분담하는가가 문제된다.

일설은 반환을 요하지 아니한다는 단서가 삭제되었기 때문에 초과분을 반환하여야 한다고 해석한다. 다른 일설은 초과분이 다른 상속인의 유류분을 침해할 경우에는 그 침해액만큼은 반환하여야 한다고 본다. 따라서 다른 상속인의 유류분을 침해하지 아니하는 초과분은 다른 공동상속인이 분담하는 것으로 된다. 판례는 후설을 취하고 있다(대법원 2022.6.30.자 2017스98, 2017스99, 2017스100, 2017스101 결정).

이처럼 초과분은 그것이 다른 공동상속인의 유류분을 침해하지 아니할 경우에는 다른 공동상속인이 분담하게 된다. 그런데 분담하는 경우 배우자상속인을 포함하는가 또는 혈족상속인만 분담하는가가 문제될 수 있다. 초과특별수익자가 혈족상속인인 경우, 배우자상속인은 혈족상속인과는 다른 계열의 상속인이고 배우자상속인을 우대하여야 한다는 입장에서는, 초과특별수익자 이외의 혈족상속인만이 분담한다고 해석할 수도 있다. 그러나 민법이 배우자상속분과 혈족상속인의 상속분을 연계시켜 규정하고 있는 이상, 배우자상속인을 제외시킬 수는 없다고 본다.

초과분을 다른 공동상속인이 분담한다고 할 때, 분담비율을 어떻게 계산하여야 할 것인가도 문제이다. 이를 구체적으로 설명하고 있는 견해는 없으나, 계산예를 보면, 초과특별수익자 이외의 공동상속인이 초과특별수익자를 제외한 상속분에 따라 상속개시시의 현존상속재산을 나누도록 하는 것으로, 초과특별수익자가 상속을 포기한 경우와 마찬가지로 계산하고 있다(서울지방법원 1999.3.31. 선고 97가합20231 판결). 그러나 초과특별수익자가 없는 경우의 계산방법과 달리 볼 필요는 없으므로, 상속개시시의 현존상속재산에 관하여 초과특별수익자 이외의 공동상속인의 구체적 상속분의 비율에 따라 각자의 구체적 취득분을 산정하여야 할 것이다(양자의 차이에 대하여는 아래의 계산예를 참고할 것).

* 상속인으로는 자녀 A, B, C 3인이 있고, 상속개시시의 현존상속재산이 3,000만원인 경우로 가정하여 구체적인 계산예를 들어 본다

① A에게 600만원의 생전증여가 있는 경우(앞에서 설명)

즉, A = 600만원, B · C = 1,200만원

② A에게 600만원의 생전증여, B에게 300만원의 유증이 있는 경우

A = 600만원, B = 900만원(+ 300만원), C = 1,200만원

③ A에게 600만원의 유증이 행해진 경우

각자의 본래상속분: 3,000만원 × 1/3 = 1,000만원

따라서 A = 400만원(+ 600만원), B · C = 1,000만원

④ A에게 1,500만원의 유증이 행해진 경우

각자의 본래상속분: 3,000만원 × 1/3 = 1,000만원

제1008조에 따른 상속분액은 A = 1000 − 1500 = −500만원,

B · C = 1000만원

A의 초과수익분 500만원의 분담방법

㉠ 초과수익자가 없는 경우로 의제하는 방법에 의하면

A = 0, B · C = (3,000만원 − 1,500만원) × 1/2 = 750만원

㉡ 초과수익분을 구체적 상속분에 따라 분담하는 방법에 의하면

A = 0, B · C = 1,000만원/(1,000만원 + 1,000만원) × (3,000만원 − 1,500만원) = 750만원

(이 경우는 양자의 계산결과가 동일하나, 과정은 다름에 유의할 것)

따라서 어느 경우에 의하든 A = 0 (+1,500만원), B · C = 750만원

⑤ ④에서 A가 1,500만원의 유증을 받고 상속을 포기한 경우

B · C의 구체적 취득분: (3,000만원 − 1,500만원) × 1/2 = 750만원

⑥ ④에서 B에게 300만원의 생전증여가 있는 경우

제1008조에 따른 상속분액은 A = (3,000만원 + 300만원) × 1/3 − 1,500만원 = −400만원,

B = (3,000만원 + 300만원) × 1/3 − 300만원 = 800만원,

C = 1,100만원

A의 초과수익분 400만원의 분담방법

㉠ 초과수익자가 없는 경우로 의제하는 방법에 의하면

A = 0,

B = (3,000만원 + 300만원 − 1,500만원) × 1/2 − 300만원 = 600만원

C = 900만원

㉡ 초과수익분을 구체적 상속분에 따라 분담하는 방법에 의하면

A = 0

B = 800만원/(800만원 + 1,100만원) × (3,000만원 − 1,500만원) = 8/19 × 1,500만원 ≒ 632만원

C = 1,100만원/(800만원 + 1,100만원) × (3,000만원 − 1,500만원) = 11/19 × 1,500만원 ≒ 868만원

따라서 ㉠에 의한 경우 B = 600만원, C = 900만원

㉡에 의한 경우 B = 632만원, C = 868만원으로 차이가 생긴다.

⑦ A에게 2,400만원의 유증이 있는 경우

각자의 본래상속분: 3,000 × 1/3 = 1,000

제1008조에 의한 구체적 상속분액: A = 1000만원 − 2,400만원 = −1,400만원

B · C = 1,000만원

A의 초과수익분 = 1,400만원의 분담과 반환청구액

㉠ 초과수익자가 없는 경우로 의제하는 방법에 의하면

A = 0

B · C의 구체적 상속분액 = (3,000만원 − 2,400만원) × 1/2 = 300만원

B · C의 유류분액 = 1,000만원 × 1/2 = 500만원

B · C의 유류분부족액 = 500만원 − 300만원 = 200만원

따라서 A에 대한 B · C의 반환청구액 = 200만원 × 2 = 400만원

A의 구체적 취득분 = 2,000만원(2,400만원 − 400만원),

B · C의 구체적 취득분 = 500만원(300만원 + 200만원)

㉡ 초과수익분을 구체적 상속분에 따라 분담하는 방법에 의하면

A = 0

B · C = 1,000만원/(1,000만원 + 1,000만원) × (3,000만원 − 2,400만원)
= 1/2 × 600만원 = 300만원

B · C의 유류분액: 1,000만원 × 1/2 = 500만원

B · C의 유류분부족액: 500만원 − 300만원 = 200만원

따라서 A에 대한 B · C의 반환청구액: 200만원 × 2 = 400만원

A의 구체적 취득분 = 2,000만원(2,400만원 − 400만원),

B · C의 구체적 취득분 = 500만원(300만원 + 200만원)

⑧ A에게 1,800만원, B에게 300만원의 생전증여가 있는 경우

제1008조에 의한 상속분액: A = (3,000만원 + 1,800만원 + 300만원) × 1/3 − 1,800만원 = −100만원

B = (3,000만원 + 1,800만원 + 300만원) × 1/3 − 300만원 = 1,400만원

C = (3,000만원 + 1,800만원 + 300만원) × 1/3 = 1,700만원

A의 초과수익분 100만원의 분담방법

㉠ 초과수익자가 없는 경우로 의제하는 방법에 의하면

A = 0

B = (3,000만원 + 300만원) × 1/2 − 300만원 = 1,350만원

C = 1,650만원

㉡ 초과수익분을 구체적 상속분에 따라 분담하는 방법에 의하면

A = 0

B = 1,400만원/(1,400만원 + 1,700만원) × 3,000만원 = 14/31 × 3,000만원 ≒ 1,355만원

C = 1,700만원/(1,400만원 + 1,700만원) × 3,000만원= 17/31 × 3,000만원 ≒ 1,645만원

따라서 ㉠에 의한 경우 B = 1,350만원, C = 1,650만원

㉡에 의한 경우 B = 1,355만원, C = 1,645만원으로 차이가 생긴다.

(이 경우에는 A의 반환의무는 없다, 왜냐하면 B · C에 대한 유류분침해가 없으므로 즉 B · C도 유류분액 1,700만원 × 1/2 = 850만원을 초과하여 취득하게 되므로)

⑨ 현존상속재산이 300만원이고 생전에 A에게 4,500만원, B에게 3,000만원의 생전증여가 행해진 경우

제1008조에 의한 상속분액: A = (300만원 + 4,500만원 + 3,000만원) × 1/3 − 4,500만원 = −1,900만원

B = (300만원 + 4,500만원 + 3,000만원) × 1/3 − 3,000만원 = −400만원

C = (300만원 + 4,500만원 + 3,000만원) × 1/3 = 2,600만원

A의 초과분 1,900만원과 B의 400만원의 분담방법과 반환청구액은

㉠ 초과수익자가 없는 경우로 의제하는 방법에 의하면

A = 0, B = 0, C = 300만원

C의 유류분액 = 2,600만원 × 1/2 = 1,300만원

C의 유류분부족액 = 1,300만원 − 300만원 = 1,000만원

A · B가 반환할 액은 A · B가 얻은 유류분을 초과한 수익가액의 비례 3,200만원 : 1,700만원 = 32 : 17로 반환하여야 한다(§1115②, 대법원 1995.6.30. 선고 93다11715 판결 등). 따라서 A와 B는 C에게 각각 A = 1,000만원 × 32/49 ≒ 653만원, B = 1,000만원 × 17/49 ≒ 347만원을 반환하여야 하는 것으로 된다.

㉡ 이 경우는 초과수익분을 구체적 상속분에 따라 분담하는 방법에 의하더라도 동일한 결과가 발생한다. 구체적 상속분을 갖는 사람이 C 1인

이기 때문이다

(3) 기 여 분

1) 입법취지와 근거

공동상속인 중에 상당한 기간 동거 · 간호 그 밖의 방법으로 피상속인을 특별히 부양하거나 피상속인의 재산의 형성 · 유지에 특별히 기여, 공헌한 사람이 있는 경우 그 사람에 대하여 법정상속분에다 기여에 상당하는 액을 더한 재산을 취득할 수 있게 하여 공동상속인 간의 형평을 도모하기 위한 제도이다(§1008의2). 제1008의2로 기여분제도가 명문화되기까지 그 필요성의 이론적 근거로서는, ① 공유설 내지 물권적 구성설(기여에 의하여 증가 · 유지된 상속재산에 대하여 기여 상당의 공유지분 내지 잠재적 지분이 있으므로, 이 공유지분을 공제한 잔여부분을 분할의 대상으로 삼아야 한다), ② 부당이득설(기여자의 무상노동을 통하여 상속재산의 가치가 증대되고, 피상속인에게 이득이 생긴 경우, 부당이득의 규정에 기하여 기여상당분의 반환청구가 인정되고 상속인 간에 상속재산을 분할하면서 청산하는 것이다), ③ 보수설(피상속인과 기여자 사이에 실질적인 고용계약이 있는 것으로 보아 그 보수의 지불지연분을 금전으로 평가하고 분할에서 청산하는 것이다), ④ 상속분조정설(기여분을 금전으로 평가하여 이를 상속재산의 평가액에서 공제한 것을 상속재산으로 보고 이를 기초로 하여 상속분을 산정하는 것이다) 등이 주장된 바 있다.

2) 기여분의 성격

기여분제도의 이론적 근거를 무엇으로 보느냐에 따라, 기여분의 법적 성격도 달리 파악하게 된다. 하나는 기여분의 재산권성을 강조하는 견해로서, 기여분을 기여상속인의 공유지분 내지 잠재적 지분으로 보는 입장이다(재산권설). 즉 기여상속인에게 당연히 귀속되어야 할 재산상의 이익을 평가하여 이를 여분으로 취득하게 하는 것이 기여분제도라고 설명한다. 다른 하나는 기여분을 공동상속인 간의 실질적 공평을 도모하기 위한 조정적 요소로 보는 견해이다(조정설). 기여를 고려하지 아니하고 다른 상속인에게 상속분을 그대로 귀속시키는 것은 공평에 반하기 때문에, 공동상속인 간의 상속분을 조정하여 기여상속인의 상속분을 증가시킴으로써 공동상속인 간의 실질적 공평을 도모하기 위한 것이 기여분제도라고 보는 입장이다.

위의 견해의 차이는 다음과 같은 점에서 기여분의 취급을 달리하게 된다.

첫째, 공동상속인 전원에게 같은 정도의 기여가 있는 경우, 조정설에 의하면 전원에게 기여가 없는 것으로 산정되며, 재산권설에 의하면 각자의 기여분을 공제한 나머지에 대하여 구체적 상속분을 산정하고, 이에 각자의 기여분을 가산하여 산출하는 것으로 된다. 따라서 기여분을 주장하지 아니하는 상속인의 기여분은 고려하지 않게 된다.

둘째, 기여분에 상한이 있는가에 관하여도, 조정설에 의하면 제1008의2의 제2항 〈기타의 사정〉 중에 다른 상속인의 유류분을 포함시켜 다른 상속인의 유류분을 침해하지 않도록 기여분을 조정하게 된다. 다른 공동상속인의 유류분이 기여분의 상한으로 작용하게 되는 것이다. 이에 반하여 재산권설에 의하면, 공동상속인 간의 실질적 공평이 유지되는 한, 특별히 상한을 고려할 필요가 없게 된다.

제1008조의2는 기여상속인일지라도 다른 공동상속인에 대하여 자신의 기여를 주장하여야, 비로소 상속인 간의 협의나 조정 또는 심판에 의하여 기여분이 인정될 수 있다고 규정한다. 기여분도 기여상속인의 재산권임을 전제로 하고 있는 것이다. 그러나 법문의 형식이 그러하더라도, 제도의 취지가 공동상속인 간의 실질적 공평을 도모하기 위한 것인 이상 기여분의 상속분조정적 요소를 간과해서는 안 된다. 판례도, 공동상속인들 사이의 실질적 공평을 도모하기 위하여 상속분을 조정할 필요성이 인정되는지 여부를 가려서 기여분 인정 여부와 그 정도를 판단하여야 한다고 하여 조정설을 취하고 있다(대법원 2019.11.21.자 2014스44, 45 전원합의체 결정).

3) 기여분권리자의 범위

(가) 공동상속인

기여분을 받을 수 있는 사람은 우선 공동상속인이어야 한다(§1008의2①). 또 공동상속인일지라도, 현실로 상속재산분할에 참가하는 공동상속인에 한한다. 따라서 제1순위의 상속인이 있는 경우 후순위자가 특별한 기여를 한 때에도 이들은 기여분을 청구할 수 없으며, 상속결격자나 포기자도 상속자격을 상실하기 때문에 기여분을 청구할 수 없다. 또한 사실상의 배우자나 사실상의 양자녀는 상속인이 아니므로, 이들에게 기여분이 인정될 여지는 없다. 무상으로 노무를 제공한 경우이면 그 대가상당액을 부당이득반환청구하든가 아니면 공유지분을 주장하는 수

밖에 없다. 반면에 공동상속인인 이상, 특별수익으로 인하여 구체적 상속분이 없는 경우에도 기여분은 받을 수 있다.

기여분권리자의 수는 1인으로 한정되지 아니한다.

(나) 대습상속의 경우

가) 대습상속인의 기여

대습상속인이 자신의 기여를 주장할 수 있음은 당연하다. 문제는 대습원인이 발생하기 이전의 기여도 주장할 수 있는가이다. 기여자의 자격을 중시할 경우에는, 대습상속원인이 발생한 후의 기여만을 고려하여야 한다고 본다. 왜냐하면 그 이전의 기여는, 대습상속인이 상속인으로서의 자격이 없는 상태에서 행한 것에 지나지 않기 때문이다. 반면에 기여분제도의 취지를 중시하는 입장에서는 이를 묻지 않게 된다. 상속재산분할시에 상속인으로서의 자격을 갖추고 있으면 되기 때문이다.

대습상속원인이 발생하고, 상속자격을 취득한 후의 기여에 대해서만 인정하여야 할 것으로 생각한다. 왜냐하면 대습상속도 피상속인을 고유의 권리로 직접 상속하는 것이며, 기여분이 실질적 공평의 관념에서 출발하더라도 〈공동상속인〉의 범위는 제한되기 때문이다. 따라서 양자녀도 입양 이후의 기여에 한하는 것으로 보아야 하며, 배우자도 혼인 이후의 기여에 한하는 것으로 보아야 할 것이다. 반면에 기여의 시기를 고려할 필요가 없다는 견해도 있다.

나) 피대습자의 기여

대습상속인이 피대습자의 기여를 주장할 수 있는가에 대하여는 견해가 나뉠 수 있다. 첫째는 적극설이다(통설). 대습상속인은 고유의 권리를 가지고 직접 피상속인을 상속하는 것이지만, 피대습자의 지위를 승계하여 그가 취득할 수 있는 상속분을 취득하게 되므로, 그 상속분 속에는 기여분도 포함되어 있는 것으로 보아야 하기 때문이다. 둘째는 소극설이다. 왜냐하면, 상속이 개시되기까지는 기여분청구권은 성립되지 아니하고, 피대습자의 사실상의 기여행위만이 존재할 뿐이며, 대습상속인은 이러한 사실상의 지위를 대습하는 것에 지나지 않기 때문이다.

적극설이 타당하다. 대습상속인이 취득하는 상속분은 피대습자가 취득할 수 있는 상속분이고, 피대습자의 상속분 중에는 기여분이 일체화되어 있는 것이며, 기여분의 성질은 재산권으로 볼 수 있기 때문이다.

(다) 피상속인의 선처(先妻)

피상속인과 선처 사이의 자녀는 자신의 모의 기여를 청구할 수 있는가? 부정할 수밖에 없다. 기여분제도는 공동상속인에게만 인정되며, 상속인으로 될 사람이 배우자인 경우에는 대습상속이 인정되지 아니하기 때문이다.

(라) 상속인의 배우자

예컨대, 장남의 처가 장남과 함께 피상속인인 시부모(媤父母)의 상속재산의 유지·형성에 특별히 기여한 경우, 상속인이 아닌 장남의 처는 재산법상의 권리를 행사하는 것은 모르나, 기여분을 주장할 수는 없다. 또 장남도 처의 기여를 자신의 기여로 주장할 수 있는가도 의문이다. 그러나 그 기여를 다른 상속인이 취득하게 되는 것도 불공평하다. 이행보조자론의 입장에서는, 장남은 처의 기여를 주장할 수 있다고 보기도 하나, 이론상으로는 무리라고 본다. 현행법은 부부별산제인데 기여분에 관해서만 부부일체론을 주장할 수는 없기 때문이다. 따라서 실제의 기여분산정에 있어서 이를 고려하는 것은 별문제로 하고, 이론상으로는 부정할 수밖에 없다. 이를 긍정하기 위해서는 혼인에 의해 부부는 파트너로서의 〈공동체〉가 된다는 논리가 정립되어야 할 것이다.

(마) 포괄수유자

포괄수유자는 상속인과 동일한 권리의무가 있다(§1078). 그러나 포괄수유자는 유언에 의해 상속인과 같은 지위를 부여받을 뿐, 본래의 상속인은 아니며, 대체로 포괄유증에는 기여의 대가가 포함되어 있으므로 부정하여야 할 것이다.

4) 기여행위의 요건

2005년 개정 전 제1008조의2의 제1항은 ① 특별기여나 ② 특별부양이 있고, ③ 그 결과 피상속인의 재산의 유지나 증가가 있을 것을 기여행위의 요건으로 규정하고 있었다. 현행법은 이를 수정하여 기여행위의 요건을 부양기여와 재산적 기여로 구분하고 있다. 구체적으로 살펴보면 다음과 같다.

(가) 특별부양

부양기여분이다. 민법은 부모에 대한 자녀의 부양의무를 이른바 제2차적 부양으로만 규정하고 있다(§974). 따라서 자녀는 부모가 자기의 자력이나 근로에 의하여 생활을 유지할 수 없는 경우에만 부양의무를 부담하며(§975), 자녀가 수인인 경우에는 부양의 순위나 정도 및 방법을 협정에 의하여 정하고, 협정이 없는 때에는 가정법원이 정하게 된다(§976①, §977). 이러한 요건하에 이루어진 부양은 특별부양에 해당되지 아니하고, 부양의무의 이행에 지나지 아니한다. 공동상속인 중의 1인만이 부양의무를 이행한 경우에는, 다른 공동상속인에 대하여 구상권을 행사할 수 있을 것이다. 기여분과는 관련이 없는 경우이다. 또 상속재산이 공동상속인 사이에 분할문제를 일으키고 실질적 공평을 논할 정도라면, 피상속인에 대한 상속인의 부양의무는 발생하지도 않을 것이다.

그런데 이와 같은 법률상의 부양의무와는 관계없이, 피상속인을 특별히 부양(관행상의 봉양이라는 용어가 적절하다고 본다)하여 상속재산을 유지할 수 있게 한 상속인에게도 기여분이 인정된다. 예컨대 피상속인에게 토지나 가옥과 같은 자산이 있어 피상속인이 요부양상태는 아니지만, 수입이 없기 때문에 이를 매각하지 않으면 생활을 유지할 수 없는 경우에, 상속인 중의 1인이 생활비를 제공하여 재산이 유지되고 상속재산이 존재하게 되었을 때에도 이를 특별한 기여로 보고자 하는 것이다. 법문상으로는 특별한 부양으로 상속재산의 유지나 증가가 있어야 할 것을 요건으로 하고 있지 아니하나, 부양기여분이 문제될 경우는 상속재산의 존재를 전제로 하므로 특별부양과 상속재산의 유지(감소의 방지) 사이에는 인과관계가 있어야 할 것이다. 피상속인에게 정신적 위로를 제공한 것에 불과한 경우까지 부양기여분을 인정할 필요는 없다고 본다.

이러한 부양기여분제도에 대하여는 경로효친의 미풍양속과 부모에 대한 효를 금전적으로 보상하게 되어 부당하다고 비판하는 견해도 있다. 그러나 부모봉양을 장남이 전담하는 관행과 의식으로 말미암아, 장남 이외의 자손은 부모에 대한 봉양의식을 망각할 여지도 많으므로, 부모를 봉양한 자손에게는 그에 상당하는 기여분이 인정되어야 함을 고려한 것이다. 특별부양의 유형으로는 동거부양, 간호부양, 금전적 급부부양 등 다양한 형태가 있을 수 있으며, 일시적인 부양이 아니라 기여분을 인정할 만큼 상당하여야 한다. 부양기여분에 대하여 상속인 간의 협의가 이루어지지 아니하여 가정법원이 심판으로 정할 때에는 부양기간·방법 및 정도는 물론이고, 피상속인의 생전의 자산, 수입, 생활수준, 피상속인과 상속인 간의 관계 등을 참작하고 공동상속인 사이의 형평을 위하여 상속분을 조정하여야 할 필요가 있는가를 고려하여야 할 것이다(서울가정법원 2006.5.12.자 2005느합77 심판).

판례는, 피상속인 甲과 전처인 乙 사이에 태어난 자녀들인 상속인 丙 등이 甲

의 후처인 丁녀 및 甲과 丁 사이에 태어난 자녀들인 상속인 戊 등을 상대로 상속재산분할을 청구하자, 丁녀가 甲이 사망할 때까지 장기간 甲과 동거하면서 그를 간호하였다며 병 등을 상대로 기여분결정을 청구한 사안에서, 甲이 병환에 있을 때 丁녀가 甲을 간호한 사실은 인정할 수 있으나, 기여분을 인정할 정도로 통상의 부양을 넘어서는 수준의 간호를 할 수 있는 건강 상태가 아니었고, 통상 부부로서 부양의무를 이행한 정도에 불과하여 丁녀가 처로서 통상 기대되는 정도를 넘어 법정상속분을 수정함으로써 공동상속인들 사이의 실질적 공평을 도모하여야 할 정도로 甲을 특별히 부양하였다거나 甲의 재산 유지·증가에 특별히 기여하였다고 인정하기에 부족하다는 이유로 丁녀의 기여분결정 청구를 배척하였다(대법원 2019.11.21.자 2014스44, 45 전원합의체 결정).

반면에 성년(成年)인 자녀가 부양의무의 존부나 그 순위에 구애됨이 없이 스스로 장기간 그 부모와 동거하면서 생계유지의 수준을 넘는 부양자 자신과 같은 생활수준을 유지하는 부양을 한 경우에는 부양의 시기·방법 및 정도의 면에서 각기 특별한 부양에 해당되므로 그 부모의 상속재산에 대한 기여분이 인정된다(대법원 1998.12.8. 선고 97므513, 520, 97스12 판결).

(나) 특별기여행위

가) 의 의

당해 신분관계에 기한 통상의 기대를 넘는 정도의 공헌이어야 한다. 즉 부부, 친자, 친족간의 통상의 의무를 넘는 기여이어야 한다. 따라서 피상속인이 교통사고를 당하여 치료를 받으면서 처로부터 간병을 받은 경우 이는 부부간의 부양의무의 이행일 뿐 부동산의 취득과 유지에 있어 처로서 통상 기대되는 정도를 넘어 특별히 기여한 경우에 해당되지 아니한다(대법원 1996.7.10.자 95스30, 31 결정). 즉 처가 부와 함께 사업을 공동경영하였을 경우는 특별기여에 해당될 수 있으나, 자녀를 양육하는 등 일상적인 가사노동에 종사한 경우는 특별기여가 될 수 없다. 이러한 점에서는 부부간의 통상의 협조의무가 반영되는 이혼시의 재산분할청구권에 비하여 불합리하다.

특별한 기여라 함은, 상속재산을 공동상속인의 본래의 상속분에 따라 분할하게 되면 명백히 기여상속인에게 불공평한 것으로 인식되는 경우를 말한다. 때문에 특별한 기여인가의 여부는 다른 상속인과의 상대적인 비교를 통하여 파악될 수밖에 없다. 공동상속인 모두에게 같은 정도의 기여가 있을 때에는 어느 한 공동상속인의 기여만 인정될 수는 없다(상대설).

기여는 원칙적으로 무상이어야 한다. 피상속인과 기여상속인 사이에 계약관계가 있고 상당한 대가가 지불되었거나, 또는 계약관계는 없지만 피상속인의 증여 등에 의하여 실질적으로 기여에 대한 대가가 지불된 것으로 인정될 때에는 특별한 기여로 볼 수 없다. 다만, 그 대가가 기여행위의 대가로서는 불충분한 것으로 인정될 때에는 그 부족분이 특별한 기여로 고려될 수 있다고 본다.

기여상속인이 피상속인의 재산의 유지나 증가에 특별히 기여한 것으로 판단될 수 있는 기여행위의 유형은, 실제로는 매우 다양할 수밖에 없다. 대표적인 유형을 들어 보면 다음과 같다.

첫째, 가업종사형이다. 피상속인이 경영하는 농업 그 밖의 자영업을 위하여 상속인 중의 1인이 장기간에 걸쳐 무상으로 노무를 제공하여 피상속인의 재산증식에 기여한 경우이다(서울가정법원 1995.9.7.자 94느2926 심판 참조). 피상속인의 재산증식은 없었더라도 그 유지에 공헌한 경우도 특별기여로 될 수 있다. 예컨대 피상속인의 농사일을 도움으로써 농지가 황무지로 변해 그 가치가 감소되는 것을 방지한 경우이다.

둘째, 출자형이다. 피상속인의 사업에 재산상의 급부를 한 경우이다(서울가정법원 1994.10.20.자 93느7142 심판). 재산상의 급부에는 직접 재산권을 급부한 것뿐만 아니라, 무이자의 금전소비대차와 같이 재산상의 이익을 급부한 경우까지 포함된다.

셋째, 재산급부형이다. 피상속인의 사업과는 관계없이 상속인이 취득한 재산·소득을 제공하여 상속재산의 증가에 기여한 경우이다. 피상속인에 대한 채무를 면제하여 상속재산의 유지나 증가에 기여하거나, 피상속인의 주택구입에 무상으로 자금을 제공한 상속인을 예로 들 수 있다(서울가정법원 2003.6.26.자 2001느합86 심판).

나) 피상속인의 재산의 증가나 유지

특별기여에 해당하는 행위가 있더라도, 그에 의하여 피상속인의 재산이 증가되거나 유지되어야 한다. 상속인의 기여가 상속재산에 반영되어야 하는 것이다.

다) 기여의 시기

민법은 기여의 시기에 대하여는 규정하지 않고 있다. 가업종사형과 같은 계속적 기여의 경우에는 그 증명이 용이하다. 반면에 출자형이나 재산급부형과 같은 일시적 기여가 오래 전에 있었을 때에는 시간적 제약은 없지만 증명이 곤란하다. 다만, 〈피상속인의 재산의 유지 또는 증가〉, 〈상속재산으로 보고〉 등의 법문으로 보아 상속개시 전의 기여이어야 한다. 따라서 상속개시 후 분할까지 공동상속인 중 1인이 상속재산의 관리 · 유지에 기여하였더라도 이는 관리비용문제로 따로 청산하여야 한다.

5) 기여분의 결정절차

(가) 공동상속인 간의 협의

기여분은 먼저 공동상속인 간의 협의에 의하여 정해진다(§1008의2①). 협의의 시기는 상속개시 후 분할 전까지이다(통설). 기여분의 결정은, 상속재산분할의 전제인 구체적 상속분을 산정하기 위한 것이기 때문이다. 또 분할 후에도 기여분의 협의를 할 수 있는 것으로 볼 경우에는, 거래의 안전을 해하게 된다. 따라서 분할 후에는 기여분에 상당하는 재산권을 가지고, 별도로 부당이득반환청구권 또는 공유지분에 기한 공유물분할청구권을 행사하는 것은 모르나, 기여분에 기한 급부의 청구는 허용될 수 없다.

(나) 가정법원의 심판

공동상속인 사이에 기여분에 관한 협의가 되지 않거나, 협의할 수 없는 때에는 기여자의 청구에 의하여 가정법원이 정하게 된다(§1008의2②, 가소 §2① 마류 ix). 기여분심판의 청구인은 기여자에 한한다. 기여분산정에 관한 발의는 다른 공동상속인도 할 수 있지만, 심판의 청구는 기여상속인이 하여야 하는 것이다. 또 기여자 이외의 모든 상속인이 그 상대방으로 된다(가소규 §110). 청구서에는 기여의 시기, 방법, 정도, 기타의 사정을 기재하여야 한다(위 §111 i).

기여분의 청구는 상속재산분할심판의 청구와는 별개의 심판청구이나, 상속재산분할심판청구가 있는 경우(§1013②)나 상속재산분할 후 피인지자 등의 가액지급청구가 있는 경우(§1014)에 할 수 있다(§1008의2④).

기여분의 결정이 상속재산분할의 전제인 구체적 상속분을 산정하기 위한 절차인 이상(대법원 1999.8.24.자 99스28 결정), 상속재산분할심판의 계속 중에도 기여분결정의 심판청구를 별도로 할 수 있으며, 상속재산분할의 심판청구와 기여분결정의 심판청구를 동시에 할 수 있음은 당연하다. 그러나 상속재산분할 심판사건이 재항고심에 계속 중인 때에 비로소 이루어진 기여분 결정청구는 부적법하다

(대법원 2008.5.7.자 2008즈기1 결정).

기여분결정의 심판청구는 먼저 조정을 신청하여야 한다(가소 §50①). 제1008조의2 제4항의 규정은 기여분심판의 청구에 관한 규정이므로, 상속재산분할과 별도로 기여분만의 조정을 신청할 수도 있다. 또한 상속재산분할의 조정과 기여분을 정하는 조정은 병합하여 신청할 수 있다(위 §57①). 기여분조정사건은 상대방의 보통재판적소재지의 가정법원이나 당사자가 합의로 정한 가정법원이 관할한다(위 §51①).

조정사건이 병합된 경우에도, 양자가 합일적으로 처리되는 것이 바람직하다(가소규 §112 참조). 따라서 상속재산분할조정사건과 기여분조정사건이 병합된 경우, 원칙적으로 어느 일방에 대해서만 조정을 성립시켜 종결짓고, 타방 사건만 조정불성립으로 하여 심판절차로 이행시킬 수 없다고 본다. 그러나 기여분을 정하는 조정사건에 대하여는 합의가 성립되고, 상속재산분할조정사건에 대하여는 합의가 이루어지지 않을 경우에는, 전자는 조정성립으로 처리하고, 후자는 조정불성립으로 심판절차로 이행하게 하여야 할 것이다.

조정이 성립되지 아니하면 심판에 의하여 기여분이 정해진다. 복수의 기여분결정청구사건은 모두 병합하고 또 상속재산분할청구사건과 병합하여 심리하여 1개의 심판으로 재판하며(위 §112), 상속재산분할청구가 있는 때에는 1개월 이상의 기간을 정하여 기여분결정청구를 하도록 고지할 수 있다(가소규 §113 ①). 이 기간을 도과한 청구는 각하할 수 있다(위 ②).

기여분의 결정은 마류 가사비송사건이므로, 특별한 사정이 없는 한 사건관계인을 심문하여야 한다(가소 §48). 또 민사소송법 중 공동소송에 관한 규정에 따라 심리, 재판하여야 한다(위 §47). 그러나 기여분의 결정이 대심적 심리가 필요하다고 하더라도, 일반민사소송에서와 같이 일도양단적인 결론을 내릴 수 있는 사안은 아니다. 후술하는 기여분산정의 기준에 맞추어, 가정의 평화와 사회정의를 위하여 가장 합리적인 방법으로 청구의 목적이 된 법률관계를 조정할 수 있는 내용의 심판을 하여야 한다(가소규 §93①). 그렇지만 청구의 취지를 초과하여 의무의 이행을 명할 수 없기 때문에(위 ②), 청구한 액수 이상의 기여분을 인정할 수는 없다. 또 기여분사건과 상속재산분할사건을 병합하여 1개의 심판으로 재판하더라도, 양자는 별개의 사건이므로 판결주문에는 인정된 기여분과 상속재산분할의 결과를 구별하여 기재하여야 할 것이다.

기여분결정의 심판에 대하여 당사자 또는 이해관계인은 즉시항고 할 수 있다(위 §116①). 또 수개의 기여분결정청구사건 또는 기여분결정청구사건과 상속재산분할청구사건이 병합된 경우에는, 즉시항고권자 1인의 즉시항고는 당사자 전원에 대하여 그 효력이 있고, 심판의 일부에 대한 즉시항고는 심판 전부에 대하여 그 효력이 있다(위 ②).

6) 기여분의 산정기준

기여분을 공동상속인 간의 협의로 정할 경우에도, 피상속인의 재산의 유지 또는 증가에 대하여 기여자가 실제 기여한 것으로 계산된 액수 그대로가 기여분으로 정해지는 것은 아니다. 기여의 시기, 방법 및 정도와 상속재산의 액 그 밖의 사정 등 제반요소가 감안되는 가운데, 상속인 간의 상대적인 관계에서 타협된 기여분이 정해지게 된다. 가정법원이 기여분을 정할 경우에도 마찬가지이다. 가정법원 역시 기여의 시기, 방법 및 정도와 상속재산의 액 그 밖의 사정을 참작하되, 재량권을 행사하여 공동상속인 사이의 실질적 공평을 실현할 수 있는 결정을 하여야 한다.

기여분의 결정도 기여가액의 산정이다. 민법은 상속개시 당시의 상속재산가액에서 기여분을 공제한다고 규정할 뿐, 기여의 산정평가시기에 대하여는 명시하지 아니한다. 기여분이 구체적으로 정해지는 것은, 협의 · 조정 · 심판에 의하므로 기여분결정시를 평가의 기준시기로 볼 필요도 있다. 또 기여분은 상속인 간의 실질적 공평을 도모하기 위한 것이므로, 상속재산분할시를 기준시기로 보는 것이 타당할 수도 있다. 그러나 기여분을 공제하여 명목상의 상속재산을 구하게 되는 상속재산의 가액이 상속개시시의 것으로 규정되어 있는 이상, 상속개시시를 산정평가의 기준시기로 보아야 할 것이다.

공동상속인 간의 협의나 가정법원의 심판에 의하여 기여분이 정해지더라도, 그 액수는 상속이 개시된 때의 재산가액에서 유증의 가액을 공제하는 액을 넘지 못한다(§1008의2③). 기여분은 유증에 우선할 수 없다는 유증우선주의이다. 기여자가 2인 이상인 경우에도, 그 기여분의 합계액이 상속이 개시된 때의 재산가액에서 유증의 가액을 공제한 액을 넘을 수 없다.

기여분을 기여자의 재산권으로 볼 때에는, 그 상한이 인정될 수 없고, 유증된 재산에 대해서까지도 자신의 재산권을 행사할 수 있어야 한다. 그러나 기여분은

1차적으로 공동상속인 간의 협의에 의하여 정해지므로, 기여분을 실제 이상으로 과대평가할 수도 있다. 또 상속인의 입장에서는 상속재산이 제3자에게 이전되는 것을 기피하기 마련이고, 그것을 방지하기 위하여 기여분의 과대평가를 공모할 수도 있다. 유증우선주의를 취하게 된 이유이다.

7) 기여분과 구체적 상속분의 산정

위와 같은 방법에 의하여 기여분이 정해지면, 상속개시시의 상속재산가액에서 기여분액을 공제한 것을 구체적 상속분을 산정하기 위한 명목상의 상속재산으로 보고, 제1009조 및 제1010조에 의하여 산정한 상속분에 기여분을 가산한 액으로써 기여상속인의 상속분으로 한다(§1008의2①). 특별수익분이 있는 경우의 구체적 상속분의 산정에서와 마찬가지로, 상속개시시의 상속재산가액은 적극재산의 가액만을 가리킨다. 상속채무는 분할대상이 아니며, 채권자와의 관계에서는 법정상속분에 따라 분담하게 되므로 기여분산정과는 무관한 것으로 다루어진다.

상속개시시의 상속재산가액이 9,000만원이고, 상속인으로는 자녀 A, B, C 3인이 있으며, 자녀 A에게 1,800만원의 기여분이 인정되었다고 가정하여 각 상속인의 구체적 상속분을 산정하면, 다음과 같다.

* 구체적 상속분을 산정하기 위한 명목상의 상속재산액
  7,200만원(9,000만원 − 1,800만원)
* 제1009조에 따른 각 상속인의 상속분액
  7,200만원 × 1/3 = 2,400만원
* 따라서 각 상속인의 구체적 상속분액
  A = 4,200만원(2,400만원 + 1,800만원), B · C = 2,400만원

이와 같이 기여상속인만 있을 때에는 계산방법은 간단하다. 그런데 민법은 기여상속인과 특별수익자가 병존하고 있을 경우의 구체적 상속분의 산정에 대하여는 규정하지 않고 있다. 예컨대 피상속인이 상속인으로부터 노무의 제공, 재산상의 급부, 요양 · 간호를 받고 생전증여 또는 유증을 행한 경우, 구체적 상속분의 산정을 어떻게 하여야 하는가에 관한 문제이다. 두 가지 경우로 나뉜다.

첫째, 기여상속인과 특별수익자가 동일인일 경우이다. 제1008조와 제1008조

의2는 공동상속인 간의 실질적 형평을 도모한다는 점에서는 그 취지가 같다. 따라서 이와 같은 경우 특별수익이 실질적으로 기여를 인정한 것으로 인정될 때에는, 그 한에 있어서 기여분의 청구는 인정될 수 없다고 본다.

둘째, 기여상속인과 특별수익자가 동일인이 아닐 경우이다. 즉 제1008조에 의한 상속분수정과 제1008조의2에 의한 상속분수정이 2중으로 행해져야 할 경우이다. 민법은 어느 규정에 의한 상속분수정을 먼저 하여야 하는가에 대하여 규정하고 있지 아니하므로, 이론상으로는 양조의 동시적용에 의한 방법, 제1008조를 우선적용하는 방법, 제1008조의2를 우선적용하는 방법, 양조를 각각 적용하여 그 차이를 조정하는 방법 등이 모색될 수 있다. 학설로서는 동시적용설(통설)과 제1008조의2 우선적용설이 대립한다. 구체적인 예를 들어 각기의 경우를 살펴보면 다음과 같다.

상속개시시의 상속재산가액이 9,000만원이고, 상속인으로는 자녀 A, B, C 3인이 있으며 자녀 A에게는 1,800만원의 기여분이 인정되고, 자녀 C에게는 1,800만원의 생전증여가 있는 경우로 가정한다.

(가) 동시적용설

* 구체적 상속분을 산정하기 위한 상속재산총액

9,000만원 + 1,800만원 − 1,800만원 = 9,000만원

* 각 상속인의 본래의 상속분액

9,000만원 × 1/3 = 3,000만원

* 따라서 각 상속인의 구체적 상속분액

A = 4,800만원(3,000만원 + 1,800만원), B = 3,000만원,

C = 1,200만원(3,000만원 − 1,800만원)

(나) 제1008조 우선적용설

가) 제1008조에 의한 구체적 상속분

* 구체적 상속분을 산정하기 위한 상속재산총액

9.000만원 + 1,800만원 = 10.800만원

* 이에 기한 각 상속인의 본래의 상속분액

10,800만원 × 1/3 = 3,600만원

* 따라서 제1008조에 의한 구체적 상속분액

A · B = 3,600만원, C = 1,800만원(3,600만원 － 1,800만원)

나) 제1008조의2에 의한 구체적 상속분

* 구체적 상속분을 산정하기 위한 상속재산총액

9,000만원 － 1,800만원 = 7,200만원

* 따라서 각 상속인의 구체적 상속분액

A = 7,200만원 × 3,600만원/9,000만원(제1008조가 적용되어 산출된 각 상속인의 상속분율임) + 1,800만원 = 4,680만원,

B = 7,200만원 × 3,600만원/9,000만원 = 2,880만원,

C = 7,200만원 × 1,800만원/9,000만원 = 1,440만원

※ 계산결과 (가)에 비하여 특별수익자에게 유리하다.

(다) 제1008조의2 우선적용설

가) 제1008조의2에 의한 구체적 상속분

* 구체적 상속분을 산정하기 위한 상속재산총액

9,000만원 － 1,800만원 = 7,200만원

* 이에 기한 각 상속인의 본래의 상속분액

7,200만원 × 1/3 = 2,400만원

* 따라서 제1008조의2에 의한 구체적 상속분액

A = 2,400만원 + 1,800만원 = 4,200만원, B · C = 2,400만원

나) 제1008조에 의한 구체적 상속분

* 구체적 상속분을 산정하기 위한 상속재산총액

9,000만원 + 1,800만원 = 10,800만원

* 따라서 각 상속인의 구체적 상속분액

A = 10,800만원 × 4,200만원 / 9,000만원(제1008조의2가 적용되어 산출된 각 상속인의 상속분율임) = 5,040만원,

B = 10,800만원 × 2,400만원 / 9,000만원 = 2,880만원,

C = 10,800만원 × 2,400만원/9,000만원 － 1,800만원 = 1,080만원

※ 계산결과 (가)에 비하여 기여상속인에게 유리하다.

(라) 개별적용설

가) 제1008조에 의한 각 상속인의 구체적 상속분액

A · B = 3,600만원, C = 1,800만원

나) 제1008조의2에 의한 각 상속인의 구체적 상속분액

A = 4,200만원, B · C = 2,400만원

다) 양자의 조정, 즉 가)의 경우에는 A의 구체적 상속분액 = 3,600만원이고, 나)의 경우에는 A의 구체적 상속분액 = 4,200만원이므로, 그 차액 600만원(4,200만원 − 3,600만원)은 가)에 의한 상속분율에 따라 B · C가 분담하여야 한다. 따라서 B의 분담액 = 600만원 × 3,600만원/(3,600만원 + 1,800만원)[가)에 의한 C의 구체적 상속분율] = 400만원,

C의 분담액 = 600만원 × 1,800만원/(3,600만원 + 1,800만원)[가)에 의한 C의 구체적 상속분율] = 200만원

따라서 조정에 의한 각 상속인의 구체적 상속분액: A = 4,200만원,

B = 3,600만원 − 400만원 = 3,200만원,

C = 1,800만원 − 200만원 = 1,600만원

※ 계산결과 (가)에 비하여 특별수익자에게 유리하다.

이상의 계산결과를 놓고 보면, 계산방법에 따라 기여상속인과 특별수익자 중 어느 일방이 유리하게 된다. 학설로는 제1008조의2 우선적용설과 동시적용설이 주장되고 있다. 제1008조와 제1008조의2는 그 취지가 동일하므로, 동시적용설이 타당하다고 본다. 또 이 방법에 의한 산정이 가장 간편하다. 다만 이 방법에 의할 경우에는, 제1008조에 의해서만 계산할 때 취득할 수 있는 초과수익분이 기여분에 의해 삭감되는 단점이 있다.

8) 기여분의 승계

기여분은 기여상속인의 재산권으로서의 성격도 있지만, 상속재산분할의 전제인 구체적 상속분을 산정하기 위한 상속분조정적 요소이기도 하다. 상속분에 부착되어 있는 것이다. 따라서 성질상 상속개시 전에 상속분과 별도로 기여분만을 양도하거나 기여분을 포기할 수는 없다. 그런데 민법은 상속이 개시된 후 상속분의 양도는 가능한 것으로 규정하면서(§1011), 기여분이 양도 또는 상속의 대상

으로 되는가에 대하여는 규정하지 않고 있다.

통설은 기여분이 협의나 심판에 의해 정해진 경우에는 양도 · 상속이 가능하다 본다. 그러나 기여분이 협의나 심판에 의하여 구체적으로 결정되기 전에도 이를 양도 · 상속할 수 있는가에 대하여는 학설이 대립한다. 일설은 상속분의 양도나 상속이 인정되는 이상 그에 부착되어 상속권의 내용을 이루는 기여분도 상속분과 함께 이루어지는 한 양도나 상속이 가능하다고 본다. 다른 일설은 기여분이 결정되기 전이라도 상속은 가능하나, 양도는 불가능하다고 본다. 협의나 심판에 의하여 결정되기 이전의 기여분은 그 내용이 불확실하며, 결정 전에 기여분권리를 타인에게 양도하여 그 타인이 공동상속인의 기여분을 주장하는 것은 부당하기 때문이다.

협의나 심판에 의하여 결정되기 전의 기여분의 내용은 불확정 상태이고, 기여분은 일신전속적이라는 입장에서는 부정설을 취하게 된다. 반면에 기여분의 재산권성을 강조하는 입장에서는 긍정설을 취하게 된다. 기여분이 기여상속인의 재산권에 속한다고 하더라도, 그것은 상속분조정적 기능을 지니며, 상속분과 분리될 수 없으므로, 상속분과 분리하여 기여분만의 양도나 상속을 긍정하기는 어렵다고 본다. 전자의 입장이 타당하다. 따라서 상속개시 후 기여분청구권자가 상속분을 양도한 경우에는, 의사해석의 문제이나, 그에 포함된 기여분도 양도된 것으로 보아야 할 것이다. 또 기여분을 청구하기 전에 기여상속인이 사망한 경우에도, 그 상속인이 기여상속인의 상속분을 상속하므로 그에 포함되어 있는 기여분도 상속한 것으로 보아야 한다.

기여분의 포기 여부에 대하여 민법은 규정하지 않고 있으나, 상속의 포기가 허용되며, 기여분청구가 상속인인 지위에 부수된 것이므로, 기여분청구권의 포기는 가능하다. 기여분포기의 방식과 기간에도 제한은 없다. 따라서 상속재산의 분할이 종료할 때까지 다른 공동상속인 전원에 대한 포기의 의사표시가 있으면 족하다(통설). 아울러 상속재산분할이 종료될 때까지 기여분청구권을 행사하지 아니한 경우도 포기한 것으로 보아야 할 것이다.

9) 기여분과 유언

(가) 기여분을 정하는 유언

기여분을 지정하는 유언이 유언으로서의 구속력을 갖는가이다. 이에 대하여는 부정설이 통설이다. 기여분은 공동상속인 간의 실질적 공평이라는 이념에 적합할 수 있도록 공동상속인 간의 협의 또는 심판에 맡겨진 사항이고, 민법은 기여분을 유언사항으로 규정하지 않으며, 유언사항은 엄격하게 해석되어야 하기 때문이다. 그러나 유언에 기여분을 정하는 내용이 포함되어 있다고 해서 무효인 유언은 아니다. 기여분에 관한 유언 그 자체로서의 구속력이 없다는 의미이다. 다만, 피상속인은 유증의 방법을 통하여 기여분지정의 목적을 달성할 수 있으므로, 기여분을 정하고 있는 유언이 기여상속인에 대한 유증으로 해석될 여지는 있다. 그렇더라도 그 자체가 기여분에 관한 유언으로 되는 것은 아니다. 수유자가 유언에 기초하여 기여분을 주장할 경우에도, 유증 속에 들어 있는 기여분 유증적 의사를 참작하여 기여분을 결정하면 족하다.

(나) 기여분과 유증

민법상 기여분과 피상속인의 의사가 직접 관계되는 조문은 없다. 제1008조의2 제3항으로 기여분은 상속개시시의 재산가액에서 유증의 가액을 공제한 액을 넘지 못한다고 하여 유증, 즉 피상속인의 의사에 의한 재산처분의 자유가 기여분에 우선하고, 피상속인의 재산처분의 자유의사는 기여분에 의해 제약을 받지 않음을 규정한다. 상속법의 체계상 피상속인의 의사우선의 원칙은 의심의 여지가 없다. 따라서 피상속인은 유류분을 침해하지 않는 이상 기여분지정의 의미를 포함하는 유증 · 상속분의 지정적 유증을 행할 수 있다고 본다.

(다) 기여분과 유류분

특별수익분은 유류분의 산정에 포함되어야 하지만(§1118), 기여분과 유류분 양자는 조문상으로는 아무런 관계도 없다. 그러나 전술한 바와 같이, 제1008조의2 제3항에 의하여 유증과 기여분과의 관계는 유증이 기여분에 우선한다. 한편 유류분제도에 의하여 유류분과 유증과의 관계는 유류분이 유증에 우선한다. 따라서 논리적으로는 유류분이 기여분에 우선한다고 보아야 한다. 그러나 기여분에 의한 유류분의 침해를 제한하는 규정은 없다. 다른 공동상속인의 유류분을 침해하는 기여분이 정해지더라도 그것은 유효하다. 극단적인 예이지만, 상속개시시의 재산가액 전부가 기여분으로 인정되면, 유류분에 해당하는 상속분은 물론이고, 다른 공동상속인의 구체적 상속분은 없는 것으로 될 수도 있다. 즉 기여분이 유류분에 우선하는 것으로 된다.

기여분과 유류분이 아무런 관계도 없다고 보는 이유는 다음과 같다. 첫째, 유류분은 피상속인의 재산처분에 대한 제한이고, 기여분은 공동상속인 간의 형평의 이념을 실현하기 위한 제도이므로 양자는 그 취지를 달리한다. 둘째, 유류분을 침해하는 유증도 당연 무효는 아니고, 유류분반환청구에 의해 비로소 그 한도 내에서 부정될 뿐이므로, 유류분에 의한 기여분의 상한을 획일적으로 제한할 수 없다. 셋째, 유류분은 채무를 공제한 순상속재산을 기초로 하여 산정되므로, 유류분을 기여분의 상한원리로 삼게 되면 분할이 지체되기 때문이다. 그러나 실제에 있어서는, 기여분에 의하여 유류분을 침해당하게 되는 다른 공동상속인이 그와 같은 기여분을 인정하지는 않을 것이며, 협의가 되지 아니하여 가정법원이 심판으로 결정할 때에도 다른 공동상속인의 유류분을 고려하게 될 것이다.

유류분반환청구소송에서 기여의 사실을 항변으로 주장할 수 있는가에 대하여 판례는 부정설을 취한다(대법원 1994.10.14. 선고 94다8334 판결). 즉 피상속인이 기여분을 고려하여 기여자에게 다액의 유증을 하더라도, 그것은 특별한 의미를 갖지 아니하며, 기여자가 아닌 사람이 유증을 받은 경우와 마찬가지로, 다른 공동상속인의 유류분을 침해할 경우에는, 반환의무를 부담하여야 한다는 것이다. 판례는 그 이유를 명시하고 있지는 아니하나, 기여분산정의 기초로 되는 재산과 유류분산정의 기초로 되는 재산이 다르며, 전자는 가정법원의 심판사항이고 후자는 일반민사법원의 소송사항인 점을 고려한 것으로 생각된다. 기여분은 가정법원의 심판에 의하여 비로소 그 유무나 액수 등이 결정되는데, 확정되지도 아니한 기여분을 이유로 유류분반환청구소송에서 항변하는 것을 인정하기에는 법기술적으로도 곤란하기 때문이다. 그렇다면 유류분반환청구에 앞서 이미 공동상속인 간의 협의나 가정법원의 심판에 의하여 기여분이 결정된 경우에는 항변할 수 있을까? 긍정하여야 할 것으로 생각되나, 대법원은 이 경우에도 부정한다. 즉 공동상속인의 협의 또는 가정법원의 심판으로 기여분이 결정되었다고 하더라도 유류분을 산정함에 있어 기여분을 공제할 수 없고, 기여분으로 유류분에 부족이 생겼다고 하여 기여분에 대하여 반환을 청구할 수도 없다고 한다(대법원 2015.10.29. 선고 2013다60753 판결).

4. 상속분의 양수

(1) 의 의

공동상속재산의 법적 성질이 공유인가 또는 합유인가와는 관계없이, 민법은 상속이 개시된 후 분할이 이루어지기까지, 공동상속인은 상속재산 전체에 대하여 가지는 상속분(상속분권)을 자유롭게 양도할 수 있음을 전제로 하여, 공동상속인이 그 상속분을 공동상속인이 아닌 제3자에게 양도한 경우 다른 공동상속인은 이를 양수할 수 있다고 규정한다(§1011①). 가산보호의 사상에서 유래된 제도이나, 한편으로 제3자가 상속재산분할에 참가하게 되어 다른 공동상속인의 이해에 중대한 영향을 미칠 염려가 있으므로 이를 방지하기 위한 목적도 있다(춘천지방법원 2005.12.16. 선고 2004나3912 판결).

(2) 양수의 요건

첫째, 상속분의 양도가 있어야 한다. 여기서의 상속분이라 함은, 상속재산분할 전의 적극재산뿐만 아니라 소극재산까지 포함하는 포괄적인 상속재산 전체에 대한 각 상속인의 분수적 비율, 공동상속인이 가지는 포괄적 상속분을 말한다. 상속재산을 구성하는 특정재산 중의 공유지분을 말하는 것은 아니다. 따라서 특정 상속재산 중의 공유지분처분의 자유를 인정하는 공유설에 의하더라도, 다른 공동상속인에게 그것을 양수할 권리는 인정되지 아니한다(대법원 2006.3.24. 선고 2006다2179 판결).

상속분의 일부양도에 관하여는 부정설이 통설이다. 이론적으로는, 제1011조의 상속분은 포괄적인 상속재산 전체에 대한 각 상속인의 분수적 비율을 말하므로, 그것을 세분하여 제3자에게 양도할 수도 있을 것이다. 그러나 통설의 입장은, 제1011조의 상속분권은 공동상속인이 갖는 통일적 지위 내지 상속재산 중의 개개의 물건상의 지분권이 일괄된 것이므로, 일부양도는 허용될 수 없다고 본다. 상속재산분할이 복잡하게 됨을 방지하기 위해서도 상속분의 일부양도는 부정되어야 한다.

양도되는 상속분에는 그에 부착된 모든 권리, 즉 상속분지정적 포괄유증이나 특별수익분 또는 기여분이 있거나, 유류분반환청구권을 행사한 경우 등의 모든 권리가 포함된 것으로 보아야 한다. 다만 상속인의 인격적 요소는 포함되지 아니한다. 인격적 요소는 일신전속적이기 때문이다.

상속분의 양도에 의하여 양도인의 상속분은 양수인에게 이전되고, 양수인은 양도인이 갖는 상속분, 즉 포괄적인 상속재산 전체에 대한 지분 내지 법률적 지위를 취득하게 된다. 따라서 양도인이 부담하는 상속채무도 양수인에게 이전된다. 그러나 양도상속인이 상속분의 양도에 의하여 상속채무를 완전히 면하고, 양수인만이 책임을 진다고 보는 것은, 상속채권자의 이익을 해하게 된다. 따라서 양도상속인도 양수인과 함께 책임을 진다고 보아야 할 것이다. 상속분의 양도에 의하여 양수인은 상속채무를 중첩적 또는 병존적으로 인수한 것으로 해석할 수 있기 때문이다.

공동상속인 중의 일부가 상속을 포기하면, 그 상속분은 다른 공동상속인에게 상속분의 비율에 따라 귀속된다(§1043). 그런데 상속분의 양도가 이루어진 후, 양도상속인 이외의 다른 공동상속인이 상속을 포기한 경우, 그 사람의 상속분이 상속분의 비율에 따라 양도상속인에게 귀속되는가 아니면 양수인에게 귀속되는가도 문제이다. 상속분의 양도에 의하여 양도상속인이 상속관계에서 완전히 배제되는 것은 아니므로, 양도상속인에게 귀속된다고 보아야 할 것이다. 양수인이 상속재산의 분할에 참여할 수 있다 하더라도, 본래의 상속인은 아니기 때문이다.

양도는 유상 · 무상을 묻지 아니한다. 또 방식에 대하여도 아무 제한이 없다. 일정한 방식을 따라야 하는 것도 아니며, 서면이나 구두에 의한 양도도 무방하다.

둘째, 제3자에 대한 상속분의 양도가 있어야 한다. 제3자라 함은 공동상속인과 포괄적 수유자 이외의 사람을 말한다. 공동상속인의 상속인에 대한 양도도 포함되며, 다른 제3자에 양도한 경우에는 그 제3취득자에 대하여도 양수권을 행사할 수 있다. 양수인이 상속분양도를 주장하기 위하여 대항요건이 필요한가는 문제이다.

공동상속인의 양수권을 보호하기 위해서는, 채권양도에 관한 제450조를 유추적용하여, 상속분의 양수인이 다른 공동상속인에 대하여 양도의 통지를 하지 아니하면, 이를 가지고 대항할 수 없다고 보아야 한다. 그러나 양수권은 상속인이 상속분의 양도를 안 날로부터 3개월 또는 그 사유가 있은 날로부터 1년이 경과하면 소멸한다(§1011②). 상속재산을 둘러싼 법률관계의 조속한 안정과 거래의 안전을 위하여 단기의 제척기간을 두고 있는 것이다. 거래의 안전을 해하면서까지 공동상속인의 이익을 보호하고자 하는 취지는 아니라고 본다. 또 상속분의 양도는 상속재산에 속하는 개별재산에 관한 권리의 이전은 아니므로, 개별적 권리변동의 경우에 필요한 요건 등에 관한 규정은 적용되지 않는다고 보아야 할 것이다.

셋째, 제3자에 대한 상속분의 양도는 상속재산분할 전에 이루어져야 한다. 분할 후에는 상속분이라는 관념 자체가 존재하지 아니하기 때문이다.

(3) 양수의 방법

상속분의 양수방법으로는 상속분을 양도한 상속인 이외의 공동상속인(포괄수유자를 포함한다)의 상속분의 양수인 또는 전득자에 대한 일방적인 의사표시로써 족하다. 제3자의 승낙이나 동의는 필요하지 아니하다. 양수권은 형성권에 속하기 때문이다. 또 공동상속인 모두가 공동으로 양수권을 행사할 필요도 없고, 각자가 단독으로 행사할 수 있다.

양수할 때에는 양도된 상속분의 가액, 즉 상속분을 양수할 당시의 시가와 양도받은 사람이 지출한 비용을 상대방에게 상환하여야 한다. 상대방이 수령을 거절하더라도 양수의 효과는 발생한다.

(4) 양수의 효과

양수권의 행사에 의하여 양수인은 상속분을 상실하며, 상속채권자에 대하여 부담하던 채무도 면하게 된다. 양도상속인 이외의 공동상속인 전원이 공동으로 양수권을 행사한 경우에는, 상환한 상속분가액과 비용의 분담비율에 따라 그 상속분은 공동상속인 전원에게 귀속된다. 공동상속인 중의 1인이 단독으로 양수권을 행사한 경우, 일설은 반환된 상속분이 그 사람에게 독점적으로 귀속되는 것은 아니며, 상속분을 양도한 상속인을 포함한 모든 공동상속인에게 귀속되고, 상환된 가액과 비용도 공동상속인이 그 상속분비율에 따라 부담하나, 양수비용을 양도상속인의 부담으로 하여 그 사람의 상속분에서 공제하고, 그 이외의 것은 상속재산의 관리비용으로 보아 상속재산 중에서 부담하는 것으로 해석하고 있다. 그러나 법률관계를 간명하게 하기 위해서는, 오히려 양수권을 단독으로 행사한 사람에게 반환된 상속분이 독점적으로 귀속되며, 양수권의 행사에 필요한 비용과 상환비용도 그 사람만이 부담한다고 보는 것이 타당하다.

한편, 양수권이 행사되더라도 양도인과 제3자 사이의 양도행위가 무효로 되는 것은 아니다.

■ 심화학습

- 특별수익자와 기여상속인이 다른 경우의 구체적 상속분 산정방법은?
- 노부모에 대한 부양과 부양기여분과의 관계에 대하여 논하시오.
- 기여분과 유류분은 어떠한 관계에 있는가?

5. 상속재산의 분할

예습과제

Q1 상속재산을 분할하기 위한 전제로서 해결되어야 할 사항은?

Q2 상속재산분할의 방법으로는 어떠한 것들이 있는가?

Q3 선언주의와 이전주의의 차이는 무엇인가?

(1) 의 의

상속인은 상속이 개시된 때로부터 피상속인의 재산에 관한 포괄적 권리의무를 승계한다(§1005). 그러나 단독상속의 경우와는 달리, 공동상속의 경우에는 피상속인에 의한 개인소유형태가 일거에 상속개시시부터 직접 각 공동상속인의 개인소유형태로 해체 · 이전될 수는 없다. 그러한 절차가 수행되기까지 상속재산은 일시적 · 잠정적 · 과도적으로 공동상속인 간의 공동소유상태에 놓여지게 되는 것이다(잠정성). 그러므로 상속재산을 구성하는 개개의 재산 내지 권리는 각 공동상속인의 상속분에 따라 공평하고 타당하게 분배되어, 각 공동상속인의 개인소유 내지는 통상의 공유로 이전되어야 하며, 또 그를 종합적 · 포괄적으로 처리하기 위한 절차가 필요한 것이다. 이를 위한 법적 절차가 바로 상속재산의 분할이다. 즉 상속재산의 분할이라 함은, 상속재산의 공동상속인의 공동소유관계를 종료시키는 청산행위를 말한다.

- 상속재산에 속하는 개별 재산에 관하여 공유물분할청구의 소를 제기할 수 있을까?

(대법원 2015.8.13. 선고 2015다18367 판결)

공동상속재산의 법적 성질을 합유로 파악하고자 하는 합유설에 의하면, 상속재산의 분할은 합유라는 특수관계가 해체되어 각자의 개인소유가 창설되는 것이라고 이해하게 된다. 반면에 공유설에 의하면, 공동상속인 상호간의 지분의 이전(교환)을 뜻하는 것으로 파악하게 된다. 합유설과 공유설의 실제상의 차이는, 분할의 효과와 관련하여 나타나게 되는데, 이에 관하여는 후술한다.

공동상속인은 유언에 의한 분할금지의 경우(§1012)를 제외하고, 언제든지 상속재산의 분할을 청구할 수 있다(§1013①). 이 의미는 상속재산의 공동소유관계를 해소하고 단독소유관계로 전환하자는 것을 뜻한다. 분할을 하기 위해서는 ① 상속재산에 대하여 공동소유관계가 존재하여야 하고, ② 공동상속인이 확정되어야 하며, ③ 분할의 금지가 없어야 한다.

분할청구권자는 상속을 승인한 공동상속인, 포괄적 수유자이다. 상속의 승인이나 포기가 행해지지 아니한 동안은 분할에 참여할 상속인이 확정되지 않기 때문에 분할할 수 없다. 상속지분을 양도한 상속인도 상속재산분할을 청구할 수 없다(서울가정법원 2002.5.21.자 2001느합71 심판).

피상속인은 유언으로 상속재산의 전부 또는 일부에 대하여 5년을 넘지 아니하는 기간 동안 분할을 금지할 수 있다(§1012 후단). 유언의 방식에 의하지 아니한 분할금지의 효력은 인정되지 아니한다(대법원 2001.6.29. 선고 2001다28299 판결). 공동상속인 전원의 합의로 분할금지에 관한 협의를 할 수 있으나, 이 경우에도 그 기간은 5년을 넘을 수 없다(§268①).

(2) 분할의 전제문제

상속재산을 분할하기 위해서는 먼저 분할에 참여할 상속인과 분할대상으로 되는 상속재산의 범위를 확정하고 그에 대한 평가를 하여야 한다.

1) 상속인(분할당사자)의 확정

분할당사자에는 상속인 외에 포괄수유자(§1078), 상속분양수인(§1011), 유언집행자(§1101)도 포함되나, 협의에 의한 상속재산의 분할은 공동상속인 전원의 동의가 있어야 유효하고 공동상속인 중 1인의 동의가 없거나 그 의사표시에 대리권의 흠결이 있다면 분할은 무효로 된다(대법원 1987.3.10. 선고 85므80 판결; 대법원

1995.4.7. 선고 93다54736 판결; 대법원 2001.6.29. 선고 2001다28299 판결 등). 또한 상속재산분할심판은 상속인 중의 1인 또는 수인이 나머지 상속인 전원을 상대로 청구하여야 하므로(가소규 §110), 분할에 앞서 상속인이 확정되어야 한다. 문제로 되는 경우는 다음과 같다.

(가) 태 아

해제조건설에 의하면 미성년자의 법정대리인의 규정을 유추하여 분할할 수 있다고 보나, 정지조건설에 의하면 출생시까지 분할협의(또는 분할심판절차)를 중지시키거나, 일단 분할을 한 뒤 출생하면 제1014조에 준하여 처리하면 된다고 해석한다. 태아의 출생시까지 분할심판절차를 중지하는 것이 원칙이나 급박한 사정이 있는 때에는 특별대리인을 선임하여 태아를 절차에 참가하게 하여야 한다는 견해도 있다.

(나) 행방불명 · 생사불명자가 있는 경우

상속인인 직계비속이 이북에 있어 생사불명일지라도 상속인에서 제외되지 아니한다(대법원 1982.12.28. 선고 81다452, 453 판결; 1982.12.28. 등기예규 제465호). 이처럼 상속개시시에 상속인이 행방불명 · 생사불명인 경우에는 부재자재산관리인을 선임해서 분할한다(§22). 다만 재북 상속인의 생존 여부를 알 수 없고 그들에게 상속인이 존재하는지의 여부 등을 확인할 자료가 없는 상태에서 재북 상속인을 고려하여 상속재산을 분할하여야 한다면, 도저히 상속인을 확정할 수 없고 상속재산분할이 불가능하게 되므로, 일단 재북 상속인을 제외한 채 상속재산분할을 하고 재북 상속인들 또는 그들의 상속인은 후에 상속회복청구권 등의 방법으로 그 권리를 회복하는 수밖에 없다(상속회복청구권의 경우 제척기간이 있어, 권리구제가 불가능할 여지도 있는바, 필요하다면 특별법의 제정 등을 통하여 해결하는 수밖에 없을 것이다)고 한다(서울가정법원 2004.5.20.자 98느합1969, 2000느합25 심판).

참고로 재북 상속인의 상속회복청구와 관련하여서는 「남북 주민 사이의 가족관계와 상속 등에 관한 특례법」(이하 '남북가족특례법'이라 한다) 제11조 제1항에 특칙을 두고 있다. 즉 남북이산으로 인하여 피상속인인 남한주민으로부터 상속을 받지 못한 북한주민(북한주민이었던 사람을 포함한다) 또는 그 법정대리인은 제999조 제1항에 따라 상속회복청구를 할 수 있다고 규정하면서 제999조 제2항의 제척기간에 관하여는 아무런 규정도 두고 있지 않다. 그런데 대법원은, 남북가족특례법 제11조 제1항은 피상속인인 남한주민으로부터 상속을 받지 못한 북한주민의 상속회복청구에 관한 법률관계에 관하여도 제999조 제2항의 제척기간이 적용됨을 전제로 한 규정이며, 따라서 남한주민과 마찬가지로 북한주민의 경우에도 다른 특별한 사정이 없는 한 상속권이 침해된 날부터 10년이 경과하면 제999조 제2항에 따라 상속회복청구권이 소멸한다고 판단하였다(대법원 2016.10.19. 선고 2014다46648 전원합의체 판결). 이러한 판례에 따른다면 북한주민이 상속권을 회복할 가능성은 현실적으로 없게 된다. 남북가족특례법의 규정을 무의미하게 만드는 해석이라 생각된다.

(다) 상속인의 신분이 소멸 또는 발생할지도 모르는 사람이 있는 경우

상속인으로서의 신분관계가 소멸할지도 모르는 친생부인, 친자관계부존재확인, 인지무효, 혼인무효, 입양무효의 소가 계속 중인 때에는 재판의 확정을 기다려서 분할해야 할 것이다. 상속인으로서의 신분관계가 발생할지도 모르는 인지, 이혼무효, 파양무효의 소가 계속 중인 때에는, 이 사람을 제외하고 분할한 후 상속인으로 확정되면 제1014조를 적용하면 된다.

2) 상속재산의 확정과 평가

분할대상으로 되는 재산의 범위는 일단 상속개시 시점에서의 것으로 확정되나, 상속개시로부터 상속재산분할에 이르기까지는 상당한 시일이 소요되고 그 사이에 상속재산에 변화가 발생하기 마련이다. 이를 상속재산분할에서 어떻게 처리하여야 상속인간의 실질적 공평이 확보될 수 있는가의 문제가 있다.

(가) 확 정

분할대상으로 되는 상속재산은, 일신전속권을 제외한 피상속인에게 속한 재산이다. 그 중에는 피상속인의 재산인지의 여부가 문제되는 것도 있을 수 있다. 이에 관한 다툼은 민사소송에서 확정되어야 할 사안이다. 그러나 상속재산에 속하는지의 여부가 다투어지는 한 상속재산분할은 이루어질 수 없다. 상속재산분할심판도 마찬가지이다. 따라서 가정법원이 상속재산분할심판의 전제로서 이를 관할할 수 있는가?

상속재산분할심판에서 상속재산인지 여부에 관한 판단은 그 기판력이 인정되지 아니하여, 후에 민사소송에서 당해 재산이 상속재산인 점이 부정되게 되면 위 심판도 그 범위에서 효력을 잃게 된다. 그러나 상속재산분할심판 청구인이 심판에서 상속재산인지 여부에 관한 판단을 받기 원하며, 상속재산인지 여부가 상대적으로 명확하여 후에 민사소송에서 그 결론이 달라질 가능성이 크지 않을 경우에는 심판에서 선결문제로 상속재산인지 여부를 직접 판단할 수 있다(서울가정법원 2004.3.25.자 2003느합74 심판).

가) 채권 · 채무

불가분채권 · 채무는 분할대상으로 되나, 가분채권 · 채무에 대하여는 견해가 나뉜다. 판례는 공유설에 입각하여 피상속인의 예금채권 등의 가분채권이나 금전채무와 같이 급부의 내용이 가분인 채무가 공동상속된 경우, 이는 상속개시와 동시에 당연히 법정상속분에 따라 공동상속인에게 분할되어 귀속되는 것이므로, 원칙적으로 상속재산 분할의 대상이 될 여지가 없다는 입장이다. 따라서 상속재산 분할의 대상이 될 수 없는 상속채무에 관하여 공동상속인들 사이에 분할의 협의가 있는 경우 이러한 협의는 제1013조에서 말하는 상속재산의 협의분할에 해당하지는 아니하나, 위 분할의 협의에 따라 공동상속인 중의 1인이 법정상속분을 초과하여 채무를 부담하기로 하는 약정은 면책적 채무인수의 실질을 가지므로, 채권자에 대한 관계에서 다른 공동상속인이 법정상속분에 따른 채무의 일부 또는 전부를 면하기 위하여는 제454조의 규정에 따른 채권자의 승낙을 필요로 하고, 여기에 상속재산분할의 소급효를 규정하고 있는 제1015조가 적용될 여지는 없다(대법원 1997.6.24. 선고 97다8809 판결).

그러나 상속인 중 초과특별수익자가 있는 경우 가분채권을 상속재산분할 대상에서 제외하면 초과특별수익자는 초과수익을 반환하지 않으면서도 가분채권에 대하여는 법정상속분의 비율로 분할받게 되고, 또 상속재산으로 가분채권만 있는 경우 특별수익자는 자기의 상속분 이상으로 분할받게 되고 기여자는 기여분을 평가받지 못하게 되어 공동상속인 간에 불공평한 결과가 생기게 된다. 따라서 특별수익이나 기여분으로 인하여 법정상속분의 재조정이 이루어져야 하는 경우에는 공동상속인들 사이의 형평을 기하기 위하여 가분채권을 분할대상인 상속재산에 포함시켜야 한다(대법원 2016.5.4.자 2014스122 결정).

나) 대상재산

상속개시시부터 상속재산분할까지의 사이에 상속재산의 일부의 매각대금, 멸실 · 훼손에 따른 손해배상금이나 보험금, 수용에 따른 수용보상금 등을 말한다. 이러한 대상(代償)재산도 상속재산과 동일시하여 분할의 대상으로 된다고 하여야 상속인 간의 공평에 합치된다. 판례도, 상속인이 그 대가로 처분대금, 보험금, 보상금 등 대상재산을 취득하게 된 경우에는 대상재산은 종래의 상속재산이 동일성을 유지하면서 형태가 변경된 것에 불과할 뿐만 아니라 상속재산분할의 본질이 상속재산이 가지는 경제적 가치를 포괄적·종합적으로 파악하여 공동상속인에게 공평하고 합리적으로 배분하는 데에 있는 점에 비추어 대상재산이 상속재산분할의 대상으로 될 수 있다고 본다(대법원 2016.5.4.자 2014스122 결정). 그러나 대금액이나 배상액 등을 둘러싸고 상속인 간에 다툼이 있는 경우에는 분할이 지연될 수밖에 없다. 분할대상으로 함에 대하여 상속인 간의 합의가 있는 등 특별한 사정이 없으면, 가분채권과 마찬가지로 상속분에 따라 분할 귀속되는 것으로 볼 여지도 있다.

다) 수 익

상속재산으로부터 발생한 과실 등을 말한다. 공동상속인 전원의 합의가 있거나 상속인 간의 공평을 도모할 필요가 있는 경우에는 분할의 대상으로 삼아야 할 것이다. 분할대상으로 되는 상속재산은 상속개시 당시 피상속인이 가지는 재산이므로 상속개시 후 발생한 상속주식의 배당금, 상속부동산의 차임, 예금의 이자 등 상속재산의 과실은 상속인들이 상속분에 따라 취득하는 공유재산으로서 그 성격상 상속재산 자체가 아니다. 따라서 공동상속인들 전원이 상속재산의 과실을 포함하여 분쟁을 일거에 해결하는 데 이의가 없고 또한 현실적으로 분쟁의 효율적인 해결이 기대될 수 있는 등의 특별한 사정이 없는 한 원칙적으로 상속재산분할의 대상이 되지 아니한다. 공동상속인들은 공유물분할 또는 부당이득반환 등 민사상 청구로써 자신의 상속분에 상응하는 부분을 지급받아야 한다(서울중앙지방법원 2005.6.14. 선고 2004가합98799 판결). 상속회복청구권의 행사에 해당하나 상속재산의 재분할의 실질을 지니는 제1014조에 따른 상속분가액지급청구의 경우에도, 인지 이전에 공동상속인들에 의해 이미 분할되거나 처분된 상속재산으로부터 발생하는 과실은 그 가액산정 대상에 포함되지 아니한다(대법원 2007.7.26. 선고 2006므2757, 2764 판결). 그러나 상속재산의 과실을 분배함에 있어서는 특별한 사정이 없는 한, 수증재산과 기여분 등을 참작하여 상속개시 당시를 기준으로 산정되는 '구체적 상속분'의 비율에 따라 공동상속인들이 이를 취득한다(대법원 2018.8.30. 선고 2015다27132, 27149 판결).

라) 장례비용

장례비용은 상속재산에서 지급되어야 하나(§998의2), 공동상속인 간의 합의가 있는 때에는 분할의 대상으로 삼을 수 있다.

(나) 평 가

상속이 개시된 때로부터 분할될 때까지 상속재산의 가액은 수시로 변동되기 마련이다. 상속재산을 분할하기 위한 기준으로서의 구체적 상속분을 산정할 때에는 상속개시시를 기준으로 하여 상속재산을 평가하나, 구체적 상속분 비율에 따라 상속재산을 실제로 분배하는 단계에서 다시 상속재산을 평가할 필요가 있다. 분할을 위한 평가시기는 분할시로 보는 것이 통설 · 판례이다(대법원 1997.3.21.자 96스62 결정).

(3) 분할의 방법

분할의 방법에는 유언에 의한 지정분할, 당사자에 의한 협의분할, 가정법원에 의한 조정 · 심판분할이 있다. 각각의 경우 취해지는 분할의 모습은 ① 현물분할, ② 상속재산 중 특정 재산을 1명 또는 여러 명의 상속인의 소유로 하고 차액을 현금으로 정산하는 이른바 '차액정산에 의한 현물분할'(가사소송규칙 제115조 제2항), ③ 경매에 의한 가액분할(제1013조 제2항, 제269조 제2항) 등이 가능하다. 가정법원은 상속재산의 종류 및 성격, 상속인들의 의사, 상속인들 간의 관계, 상속재산의 이용관계, 상속인의 직업 · 나이 · 심신상태, 상속재산분할로 인한 분쟁 재발의 우려 등 여러 사정을 고려하여 후견적 재량에 의하여 분할 방법을 선택할 수 있다(대법원 2022.6.30.자 2017스98, 2017스99, 2017스100, 2017스101 결정).

1) 지정분할

피상속인은 유언으로 상속재산의 분할방법을 정하거나 이를 정할 것을 제3자에게 위탁할 수 있다(§1012). 분할방법의 지정이나 지정의 위탁은 반드시 유언으로 하여야 한다. 생전행위에 의한 분할방법의 지정은 그 효력이 없고 따라서 상속인들은 피상속인의 의사에 구속되지는 아니한다(대법원 2001.6.29. 선고 2001다28299 판결).

지정내용은 유언자나 지정수임자의 자유이나 각 상속인의 구체적 상속분을 변경할 수는 없다. 지정은 공동상속인 전원 또는 상속재산 전부에 대해서 행할 필요는 없다. 지정이 있더라도 분할시 공동상속인 간의 협의로 지정과 다른 분할을 하는 것은 무방하다.

2) **협의분할**

공동상속인은 유언에 의한 분할지정 · 분할금지가 없거나 있더라도 무효인 때에는 언제든지 협의에 의해 분할할 수 있다(§1013①). 분할청구권은 일종의 형성권에 속한다. 따라서 분할청구가 있으면 다른 공동상속인은 분할협의에 응할 의무를 부담하고, 분할협의는 공동상속인 간의 계약이므로 공동상속인 전원의 동의가 있어야 유효하나 동의는 순차적으로 이루어져도 무방하다(대법원 2001.11.27. 선고 2000두9731 판결; 대법원 2004.10.28. 선고 2003다65438, 65445 판결; 대법원 2010.2.25. 선고 2008다96963, 96770 판결). 상속을 포기한 사람은 분할협의에 참가할 자격이 없으나, 상속을 포기한 사람이 참여하였다 하더라도 그 분할협의의 내용이 이미 포기한 상속지분을 다른 상속인에게 귀속시킨다는 것에 불과하여 나머지 상속인들 사이의 상속재산분할에 관한 실질적인 협의에 영향을 미치지 않은 경우라면 그 상속재산분할협의는 효력이 있다(대법원 2007.9.6. 선고 2007다30447 판결). 또한 분할협의는 제921조가 규정하는 이해상반행위에 해당하므로, 공동상속인인 친권자와 미성년인 수인의 자녀 사이에 분할협의를 하게 되는 경우에는 친권자는 미성년자들의 특별대리인을 선임하여 분할협의를 하여야 한다. 이에 위반한 상속재산분할의 협의는 적법한 추인이 없는 한 무효이다(대법원 1987.3.10. 선고 85므80 판결; 대법원 2001.6.29. 선고 2001다28299 판결).

분할은 공동상속인 전원의 참여가 있는 한 승인 · 포기를 위한 숙려기간 내에도 할 수 있다. 따라서 상속인 미확정시의 협의는 무효이나 상속재산범위의 미확정시는 확정된 재산에 대해서만 협의하더라도 무방하다. 분할협의의 의사표시에 하자가 있는 경우에는 민법총칙의 규정이 적용된다.

분할협의는 계약에 해당하므로 공동상속인들은 이미 이루어진 상속재산 분할협의의 전부 또는 일부를 전원의 합의에 의하여 해제한 다음 다시 새로운 분할협의를 할 수 있다. 상속재산 분할협의가 합의해제되면 그 협의에 따른 이행으로 변동이 생겼던 물권은 당연히 그 분할협의가 없었던 원상태로 복귀하나, 그 해제 전의 분할협의로부터 생긴 법률효과를 기초로 하여 완전한 권리를 취득한 제3자의 권리를 해하지 못한다(대법원 2004.7.8. 선고 2002다73203 판결).

협의분할의 결과 각자의 취득분이 구체적 상속분과 일치하지 않더라도 유효하다. 특정상속인에게 상속재산을 집중시키고자 하는 분할도 가능하다. 사실상 상속포기와 동일한 결과를 가져온다.

상속재산 전부를 공동상속인 중 1인에게 상속시키기 위하여 나머지 상속인들이 법정기간 경과 후에 상속포기신고를 한 경우, 상속포기로서의 효력이 생기지 아니하더라도 공동상속인들 사이에는 위 1인이 고유의 법정상속분을 초과하여 상속재산 전부를 취득하고 나머지 상속인들은 이를 전혀 취득하지 않기로 하는 내용의 상속재산에 관한 협의분할이 이루어진 것으로 보게 된다(대법원 1989. 9.12. 선고 88누9305 판결; 대법원 1991.12.24. 선고 90누5986 판결; 대법원 1996.3.26. 선고 95다45545, 45552, 45569 판결).

협의분할의 결과 실제의 취득분이 구체적 상속분보다 큰 경우 그 차액에 대해서 증여세를 부과할 수 있는가? 학설은 나뉘나 판례는 부정한다. 분할의 소급효에 따라 협의분할에 의하여 공동상속인 중 1인이 고유의 상속분을 초과하는 재산을 취득하더라도 이는 상속개시 당시에 소급하여 피상속인으로부터 승계받은 것으로 보아야 하고 다른 공동상속인으로부터 증여받은 것으로 볼 수 없기 때문이다(대법원 1985.10.8. 선고 85누70 판결; 대법원 2001.11.27. 선고 2000두9731 판결 등).

상속재산의 분할협의는 그 성질상 재산권을 목적으로 하는 법률행위이므로 사해행위취소권 행사의 대상이 될 수 있다(대법원 2007.7.26. 선고 2007다29119 판결). 다만, 채무초과 상태에 있는 채무자가 상속재산의 분할협의를 하면서 상속재산에 관한 권리를 포기함으로써 결과적으로 일반 채권자에 대한 공동담보가 감소되었다 하더라도, 그 재산분할결과가 채무자의 구체적 상속분에 상당하는 정도에 미달하는 과소한 것이라고 인정되지 않는 한 사해행위로서 취소되지 아니한다. 구체적 상속분에 상당하는 정도에 미달하는 과소한 경우에도 사해행위로서 취소되는 범위는 그 미달하는 부분에 한정되며, 이때 지정상속분이나 기여분, 특별수익 등의 존부 등 구체적 상속분이 법정상속분과 다르다는 사정은 채무자가 주장・증명하여야 한다(대법원 2001.2.9. 선고 2000다51797 판결). 한편 이미 채무초과 상태에 있는 채무자가 유일한 상속재산인 부동산에 관하여는 자신의 상속분을 포기하고 대신 소비하기 쉬운 현금을 지급받기로 합의한 경우, 이러한 행위는 실질적으로 채무자가 자기의 유일한 재산인 부동산을 매각하여 소비하기 쉬운 금전으로 바꾸는 것과 다르지 아니하므로 특별한 사정이 없는 한 채권자에 대하여 사해행위가 된다(대법원 2008.3.13. 선고 2007다73765 판결).

3) 조정분할 · 심판분할

분할방법 및 분할 여부에 대한 의견이 일치하지 아니하여 분합협의가 이루지지지 아니하거나 정신병, 행방불명으로 인하여 협의할 수 없는 때에는 가정법원에 분할을 청구할 수 있다(§1013②, §269, 가소 §2① 마류 x). 공동상속인들 간에 상속재산 분할협의가 이루어지지 아니하거나 그 협의 자체를 할 수 없는 상태에서 상속재산에 관하여 상속을 원인으로 상속인들의 공유로 소유권이전등기가 마쳐졌더라도, 그 상속재산의 분할은 가사소송법이 정한 바에 따라 상속재산의 분할심판절차로써 가정법원의 심판에 의하여 이를 정해야 하고, 일반의 공유물분할소송으로 통상의 법원이 통상의 소송절차에 의하여 판결로 정할 수는 없다(대법원 2015.8.13. 선고 2015다18367 판결). 심판에 앞서 조정이 선행되어야 한다(가소 §50).

상속재산의 분할에 관한 심판은 상속인 중의 1인 또는 수인이 나머지 상속인 전원을 상대방으로 하여 청구하여야 한다(가소규 §110). 상속재산분할의 심판청구서에는 일반적인 필요적 기재사항(가소 §36③) 외에 이해관계인의 성명과 주소, 공동상속인 중 상속재산으로부터 증여 또는 유증을 받은 사람이 있는 때에는 그 내용, 상속재산의 목록을 기재하여야 한다(가소규 §114).

상속재산분할의 청구가 있는 때에는, 가정법원은 당사자가 기여분의 결정을 청구할 수 있는 1개월 이상의 기간을 정하여 고지할 수 있다. 그 지정기간을 경과하여 청구된 기여분 결정 청구는 이를 각하할 수 있다(가소규 §113). 분할이 청구된 상속재산에 관하여 기여분 결정 청구가 있는 때에는 이를 병합하여 심리, 재판하여야 한다(가소규 §112②).

가정법원은 제1심 심리종결시까지 분할이 청구된 모든 상속재산에 대하여 동시에 분할의 심판을 하여야 한다(가소규 §115①). 민법은 심판분할의 기준에 대하여 규정하고 있지 아니하나, 분할의 결과는 상속인 간의 실질적 공평의 도모, 상속인의 의사의 존중 및 분할의 안정성 확보라는 상속재산분할의 이념을 달성할 수 있어야 한다. 따라서 공동상속인의 의사나 희망, 상속재산의 종류 · 성질 · 가액 · 이용관계, 상속인의 나이 · 직업 · 심신상태 · 생활상태 · 재산의 관리능력, 피상속인의 생전의 의사, 공동상속인 사이의 분할에 관한 협의의 경과 등 일체의 사정을 참작하여 분할하여야 할 것이다.

심판에 의한 분할방법에는 현물분할, 경매에 의한 가액분할(§1013②, §269

②), 차액정산에 의한 현물분할(분할의 대상이 된 상속재산 중 특정의 재산을 1인 또는 수인의 상속인의 소유로 하고, 그의 상속분 및 기여분과 그 특정의 재산의 가액의 차액을 현금으로 정산하는 것을 말하며, 대상분할이라고도 한다. 가소규 §115 ②)이 있다. 어떠한 방법을 취할 것인가는 가정법원의 재량에 속한다. 경우에 따라서는 위 세 가지 방법을 혼용할 수도 있다.

상속재산분할심판에서는 금전의 지급, 물건의 인도, 등기 그 밖의 의무의 이행을 동시에 명할 수 있다(가소규 §115③, §97).

(4) 분할의 소급효와 공동상속인의 담보책임

1) 분할의 효과

분할의 효과를 어떻게 규정할 것인가에 대하여는 이전주의와 선언주의가 있다. 이전주의에 의하면, 상속재산은 상속개시에 의해 공유상태로 들어가고 분할에 의해 공유지분이 이전된다고 이해한다. 공유설의 입장이다. 이에 비하여 선언주의에 의하면 상속인이 분할을 통하여 상속재산을 취득하는 것은 다른 공동상속인을 거쳐(지분의 교환) 취득하는 것이 아니라 직접 피상속인으로부터 취득하는 것으로 본다. 합유설의 입장이다. 전자에 따르면 분할의 효과는 장래를 향하여 발생하나, 후자에 의하면 분할의 소급효가 인정된다.

민법은 "상속재산의 분할은 상속개시된 때에 소급하여 그 효력이 있다. 그러나 제3자의 권리를 해하지 못한다"고 규정하여(§1015) 본문은 선언주의를, 단서는 이전주의를 뒷받침한다. 선언주의에 의하면 상속재산을 분할하기 전에 이루어진 처분은 무효로 되므로, 단서는 무권리자로부터 상속재산을 양수한 사람을 보호하기 위한 규정으로서 권리의 외관을 신뢰한(선의 · 무과실) 제3자만이 보호의 대상이 된다. 그런데 종래 학설상으로는 제1015조 단서의 규정 자체가 제3자의 선의를 요구하고 있지 않으므로 상속재산분할의 소급효가 제한되는 제3자는 선의, 악의를 묻지 않는다는 것이 통설이었다. 이에 따르면 상속재산을 분할하기 전에도 얼마든지 상속재산을 처분할 수 있게 된다. 그러나 대법원은 선의의 제3자만을 보호하는 것으로 해석하였는바(대법원 2020.8.13. 선고 2019다249312 판결), 제3자 보호규정의 취지에 부합하는 타당한 판시라고 생각된다. 그리고 여기서의 제3자는, 상속재산분할의 대상이 된 상속재산에 관하여 상속재산 분할 전에 새로운 이해관계를 가졌을 뿐 아니라 등기, 인도 등으로 권리를 취득한 사람을 말한다(대법원 2020.8.13. 선고 2019다249312 판결).

분할의 소급효는 현물분할의 경우에만 적용된다.

- 피상속인의 장남인 甲은 丙에게 상속부동산을 처분하였는데, 丙 명의로의 이전등기가 있기 전에 甲과 다른 공동상속인들은 그 부동산을 상속인 乙 1인 소유로 하는 내용의 상속재산 분할협의를 하고 그에 따라 乙 명의로 그 부동산에 대한 이전등기가 경료되었다. 이 경우 상속인 乙이 협의분할 이전에 甲이 그 부동산을 丙에게 매도하였다는 사정을 잘 알면서 상속재산 분할협의를 하였을 뿐만 아니라 甲의 배임행위에 적극 가담하였다면 위 상속재산 분할협의의 효력은?(대법원 1996.4.26. 선고 95다54426, 54433 판결)

---

2) 분할 후 피인지자 등의 상속분 상당가액 지급청구

상속개시 후의 인지나 재판의 확정에 의해 공동상속인으로 된 사람도 상속재산분할 전이면 분할에 참가할 수 있게 된다. 그러나 그 전에 이미 다른 공동상속인이 상속재산을 분할하거나 그 밖의 처분을 한 때에는 재분할을 청구하는 대신 자신의 상속분에 상당한 가액의 지급만을 청구할 수 있게 하였다. 피인지자 등에게 재분할의 청구를 인정하면 이미 완성된 상속재산의 청산관계를 착종(錯綜)시키고, 무용의 절차를 반복하게 되기 때문이다. 또한 인지의 소급효로 인해 제3자가 취득한 권리를 해할 수 없으므로, 피인지자의 이익과 기존의 권리관계를 합리적으로 조정하기 위해서이기도 하다(대법원 2007.7.26. 선고 2006다83796 판결). 따라서 인지 이전에 공동상속인들에 의해 이미 분할되거나 처분된 상속재산은 제860조 단서가 규정한 인지의 소급효 제한에 따라 이를 분할받은 공동상속인이나 공동상속인들의 처분행위에 의해 이를 양수한 사람이 그 소유권을 확정적으로 취득하며, 그로부터 발생한 과실도 취득하게 된다.

재판의 확정 등에 의하여 피인지자 등이 공동상속인으로 된 이후에 다른 공동상속인이 상속재산을 처분한 경우와 같이 권리관계를 조정할 필요가 없는 경우에는 제999조의 상속회복청구의 문제로 된다. 제1014조는 상속재산분할이 종료(피상속인에 유언에 의한 구체적 분할방법의 지정이 있는 때, 상속재산분할협의가 성립한 때, 가정법원에 의한 분할에 관한 조정 또는 심판이 확정된 때)되거나 그 밖의 처분이 있은 경우에만 적용된다. 피상속인의 유언에 의한 분할의 금지에 대하여는 이를 분할의 한 방법으로 볼 수도 있으나(변질설), 분할의 연기에 지나지 않는다고 보는 것이 타당하고(비변질설, 분할연기설), 이는 상속재산분할이나 그 밖의 처분에도 해당되지 아니한다. 무엇이 그 밖의 처분에 해당되는가는 구체적 사례에 따라 판단해야 한다. 다만, 일반적으로 공동상속인이 공동으로 행한 상속재산의 양도, 공동상속인의 일부가 행한 자기 상속분의 양도 또는 공동상속인의 일부가 행한 개개의 상속재산에 대한 자기 지분의 양도에 대하여는 그 밖의 처분에 해당한다고 해석한다.

제1014조에 의한 가액지급청구권은 상속회복청구권의 일종으로 보는 것이 판례이나(대법원 1981.2.10. 선고 79다2052 판결), 가사소송규칙은 이를 가정법원의 전속관할로 정하고 다류 가사소송사건의 절차에 의하여 심리 · 재판하도록 하고 있다(가소규 §2). 상속회복청구사건이 일반 민사사건으로 일반법원의 관할인 것과 대비된다. 가액지급청구권이 상속회복청구권에 속하므로 이에 대하여도 제999조 제2항의 제척기간이 적용된다. 여기서 그 침해를 안 날은 그 재판이 확정된 날을 말한다(대법원 1982.9.28. 선고 80므20 판결; 대법원 2007.7.26. 선고 2006므2757, 2764 판결).

가액산정의 시기에 대하여 판례는 사실심 변론종결시를 기준으로 하고 있다. 또한 그 가액의 범위에 관하여는 부당이득반환의 범위에 관한 민법규정을 유추적용할 수 없고, 다른 공동상속인들의 선의 · 악의에 따라 그 지급할 가액의 범위가 달라지는 것도 아니며, 상속재산의 분할 그 밖의 처분에 수반되는 조세부담을 피인지자에게 지급할 가액에서 공제할 수 없고, 다른 상속인들이 피인지자에게 그 금액의 상환을 구할 수도 없다(대법원 1993.8.24. 선고 93다12 판결).

피인지자 등의 가액지급청구에 대하여 다른 공동상속인은 기여분을 주장할 수 있다(§1008의2④).

- 제1014조에 제999조 제2항 중 '상속권의 침해행위가 있은 날부터 10년'부분을 적용하는 것이 상속개시 후에 인지 또는 재판의 확정에 의하여 공동상속인으로 확정된 자의 재산권이나 재판청구권을 침해하거나 평등원칙에 위배되는 것은 아닌가?(헌법재판소 2010.7.29. 선고 2005헌바89 결정)
- 甲녀는 乙남과 혼인하여 피고 1을 출산한 후 乙남과 이혼하는 한편, 丙남과 사실혼 관계를 유지하면서 원고를 출산하였다. 甲녀는 X 부동산을 소유하다가 사망하였다. 피고 1은 X 부동산에 관하여 상속을 원인으로 한 소유권이전등기를 마친 후, 피고 2에게 X 부동산을 매도하고 소유권이전등기를 마쳐주었다. 이후 원고는 甲녀와 원고

사이에 친생자관계가 존재한다는 확인을 구하는 소를 제기하였고, 그 인용판결이 확정되었다. 그리하여 원고는 피고들을 상대로 X 부동산에 관한 피고들 명의의 지분소유권이전등기의 말소를 구하는 소를 제기하였다. 이에 대하여 원심 법원은, 원고는 제1014조의 '상속개시 후의 재판의 확정에 의하여 공동상속인이 된 자'에 해당하므로, 피고 1을 상대로 매매대금 상당의 가액지급청구권만을 행사할 수 있을 뿐, 피고 2에게 소유권이 확정적으로 귀속된 이 사건 부동산에 대한 처분의 효력을 부인하지는 못한다고 판단하였다. 원심 법원의 판단은 타당한가?(대법원 2018.6.19. 선고 2018다1049 판결).

3) 담보책임

선언주의에 따르면 공동상속인 간의 분할에 대한 담보책임은 없다. 그러나 민법은 지분의 교환과정이 있다고 보아 담보책임을 규정한다(§1016~§1018). 공동상속인 간의 상속재산에 대한 분배의 공평을 담보하기 위해서이다.

■ 심화학습

- 상속재산분할에서 상속재산의 일체성을 유지할 필요가 있는 경우와 그 유지 방안은?
- 가분채권 · 채무를 협의분할한 경우의 법률관계에 대하여 논하시오.
- 사실상의 상속포기와 상속포기의 차이점은?

IV. 상속의 승인과 포기

예습과제

Q1 상속의 효과에 대해 상속인에게 선택권을 부여한 이유는 무엇인가?

Q2 숙려기간이란?

Q3 승인과 포기의 효과에 대하여 개관하시오.

1. 서 설

(1) 승인 · 포기제도의 의의

상속에 의한 권리의무의 승계는 당연히 발생하나, 그 내용 여하에 따라서 상속인에게 미치는 이해관계는 매우 중대하다. 따라서 상속인의 의사에 따라 일단 발생한 상속의 효과를 확정적으로 받아들일 것인가 또는 거부할 것인가를 선택할 수 있어야 한다. 이를 제한하는 유언 및 그 밖의 법률행위는 무효로 된다.

- 상속인의 채권자가 채권자대위권을 행사하여 상속등기를 할 수 있는가?(대법원 1964.4.3 자 63마54 결정)

상속의 승인이라 함은 상속의 효과를 거부하지 않을 것을 상속인 스스로 선언하는 것을 말한다. 승인에는 단순승인과 한정승인 두 가지가 있다. 단순승인이라 함은 피상속인에 속하였던 재산상의 권리의무의 귀속을 전면적으로 승인하는 것을 말한다. 단순승인한 상속인은 상속재산을 포괄적으로 승계하므로 상속채무가 다액이어서 상속재산을 청산하면 마이너스인 때에는, 상속재산(적극재산)뿐만 아니라 자기의 고유재산으로도 변제할 책임을 지게 된다. 이에 비하여 한정승인이라 함은 피상속인의 채무를 상속재산(적극재산)의 범위 내에서 청산하고 마이너스가 있더라도 상속인은 이를 승계하나 변제할 책임을 지지 않는 것을 말한다. 상속의 포기는 상속 그 자체를 상속인이 거부하는 것을 말한다.

(2) 승인 · 포기의 성질

상속개시 후 일정한 기간의 경과에 의하여 상속인은 단순승인한 것으로 의제되므로(§1026 ii), 단순승인은 부작위에 대해 주어지는 법정효과에 속하기도 하나, 상속의 승인과 포기는 상속인의 상대방 없는 단독행위이다. 재산행위인가 신분행위인가에 대하여는 논란이 있으나, 재산행위로 보는 것이 일반적이다. 따라서 재산법상의 행위능력이 필요하다.

상속의 승인과 포기는 상속재산에 대하여 포괄적으로 하여야 한다. 상속재산 일부만을 선택하여 승인하거나 포기하는 것은 허용되지 아니한다. 또 그 시기는 상속개시 후이어야 한다. 따라서 상속개시 전의 사전포기계약은 무효이다(대법원

1988.8.25.자 88스10, 11, 12, 13 결정; 대법원 1994.10.14. 선고 94다8334 판결; 대법원 1998.7.24. 선고 98다9021 판결).

(3) 승인 · 포기의 기간

상속의 승인과 포기는 상속인이 상속개시가 있음을 안 날로부터 3개월 내에 하여야 한다(§1019① 본문). 이를 숙려(고려)기간이라 한다. 즉 상속재산을 조사해 본 뒤 승인 또는 포기를 결정하기 위해 상속인에게 부여된 기간을 말한다. 이 기간은 제척기간이지만 불변기간은 아니어서, 그 기간을 지난 후에는 당사자가 책임질 수 없는 사유로 그 기간을 준수하지 못하였더라도 추후에 보완될 수 없다(대법원 2003.8.11.자 2003스32 결정). 그러나 상속재산의 상태가 명백하지 않거나 그 밖의 이유로 재산조사에 상당한 시일이 필요하여 3개월 내 결정할 수 없는 경우에는 이해관계인 또는 검사의 청구에 의하여 가정법원은 그 연장을 허가할 수 있다(§1019② 단서). 이해관계인에는 수유자도 포함되며 연장기간은 사유에 따라 가정법원이 적당하게 결정한다. 관할은 상속개시지의 가정법원에 속한다.

기간의 기산점은 "상속인이 상속개시 있음을 안 날"이다. 판례는 여기서 '상속개시 있음을 안 날'이라 함은 상속개시의 원인이 되는 사실의 발생을 알고 이로써 자기가 상속인이 되었음을 안 날을 말한다고 하면서, 피상속인의 사망으로 인하여 상속이 개시되고 상속의 순위나 자격을 인식함에 별다른 어려움이 없는 통상적인 상속의 경우에는 상속인이 상속개시의 원인사실을 앎으로써 그가 상속인이 된 사실까지도 알았다고 보는 것이 합리적이나, 종국적으로 상속인이 누구인지를 가리는 과정에 사실상 또는 법률상의 어려운 문제가 있어 상속개시의 원인사실을 아는 것만으로는 바로 자신의 상속인이 된 사실까지 알기 어려운 특별한 사정이 존재하는 경우도 있으므로, 이러한 때에는 법원으로서는 '상속개시 있음을 안 날'을 확정함에 있어 상속개시의 원인사실뿐 아니라 더 나아가 그로써 자신의 상속인이 된 사실을 안 날이 언제인지까지도 심리, 규명하여야 마땅하다고 한다. 그리하여 선순위 상속인으로서 피상속인의 처와 자녀들이 모두 적법하게 상속을 포기한 경우에는 피상속인의 손(孫) 등 그 다음의 상속순위에 있는 사람이 상속인이 되는 것이나(대법원 1995.9.26. 선고 94다11835 판결), 이러한 법리는 상속의 순위에 관한 제1000조 제1항 제1호(1순위 상속인으로 규정된 '피상속인의 직계비속'에는 피상속인의 자녀뿐 아니라 피상속인의 손자녀까지 포함됨)와 상속포기의 효과에 관한 제1042조 내지 제1044조의 규정들을 모두 종합적으로 해석함으로써 비로소 도출되는 것이지 이에 관한 명시적 규정이 존재하는 것은 아니어서, 일반인의 입장에서 피상속인의 처와 자녀가 상속을 포기한 경우 피상속인의 손자녀가 이로써 자신들이 상속인이 되었다는 사실까지 안다는 것은 오히려 이례에 속한다고 할 것이고, 따라서 이와 같은 과정에 의해 피상속인의 손자녀가 상속인이 된 경우에는 상속인이 상속개시의 원인사실을 아는 것만으로 자신이 상속인이 된 사실을 알기 어려운 특별한 사정이 있다고 한다(대법원 2005.7.22. 선고 2003다43681 판결).

숙려기간 내에 아무런 의사표시가 없으면 단순승인으로 된다(§1026ⅱ). 이처럼 상속인이 귀책사유 없이 상속채무가 적극재산을 초과하는 사실을 알지 못하여 상속개시 있음을 안 날로부터 3개월 내에 한정승인 또는 포기를 하지 못한 경우에도 단순승인을 한 것으로 보는 제1026조 제2호는 헌법재판소에 의하여 기본권제한의 입법한계를 일탈한 것으로서 재산권을 보장한 헌법 제23조 제1항, 사적자치권을 보장한 헌법 제10조에 위반된다고 헌법불합치 결정을 받았다(헌법재판소 1998.8.27. 선고 96헌가22, 97헌가2 · 3 · 9, 96헌바81, 98헌바24 · 25 결정). 이 결정에 따라 특별한정승인제도가 도입되었다(§1019③). 즉, 제1019조 제1항에도 불구하고 상속인이 상속채무가 상속재산을 초과하는 사실을 중대한 과실 없이 제1항의 기간 내에 알지 못하고 단순승인(§1026ⅰ 및 §1026ⅱ에 따라 단순승인한 것으로 보는 경우를 포함)을 한 경우에는 그 사실을 안 날부터 3개월 내에 한정승인을 할 수 있다. 특별한정승인요건에 대한 증명책임은 채무자인 피상속인의 상속인에게 있다(대법원 2003.9.26. 선고 2003다30517 판결).

- 제1019조 제3항이 한정승인만을 규정하고 상속포기를 규정하지 아니한 것은 위헌인가?(헌법재판소 2003.12.18. 선고 2002헌바91, 94 결정)

상속인이 수인인 경우에는 숙려기간은 개별적으로 진행한다. 상속인이 제한능력자인 경우에는 그 법정대리인이 상속개시 있음을 안 때부터 기산한다(§1020). 따라서 상속인이 미성년인 경우 제1019조 제3항에서 정한 '상속채무 초과사실을 중대한 과실 없이 제1019조 제1항의 기간 내에 알지 못하였는지'와 '상속채무 초과사실을 안 날이 언제인지'를 판단할 때에는 법정대리인의 인식을 기준으로 삼아야 한다(대법원 2020.11.19. 선고 2019다232918 전원합의체 판결). 태아인 경우에는

출생 후 법정대리인이 태아를 위하여 상속이 개시되었음을 안 때부터 기간을 계산한다.

민법은 상속인이 상속개시 있음을 안 날부터 3개월 내에 단순승인 · 한정승인 또는 포기를 할 수 있도록 하고 3개월의 법정기간을 적극적인 선택 없이 경과하면 단순승인으로 의제하되, 상속인이 상속채무가 상속재산을 초과하는 사실을 중대한 과실 없이 위 기간 내에 알지 못하고 단순승인을 한 경우를 구제하기 위하여 그 사실을 안 날부터 3개월 내에 특별한정승인을 할 수 있도록 규정하고 있다. 그러나 미성년자 상속인의 경우 스스로 법률행위를 할 수 없기 때문에 법정대리인이 상속을 단순승인하거나 특별한정승인을 하지 않으면 상속채무가 상속재산을 초과하더라도 미성년자 상속인 본인의 의사와 관계없이 피상속인의 상속채무를 전부 승계하여 상속채무에서 벗어날 수 없고 성년이 된 후에도 정상적인 경제생활을 영위하기 어렵게 되는 문제가 있었다. 이와 관련하여 대법원 2020.11.19. 선고 2019다232918 전원합의체 판결에서도 상속채무가 상속재산을 초과함에도 미성년자 상속인의 법정대리인이 한정승인이나 포기를 하지 않는 경우의 미성년자 상속인을 특별히 보호하기 위하여 별도의 입법조치가 바람직하다는 다수의견이 있었다. 이에 상속개시 당시 미성년자인 상속인의 법정대리인이 상속을 단순승인을 하였더라도 이와 관계없이 미성년자인 상속인이 성년이 된 후 한정승인을 할 수 있는 특별절차를 마련함으로써 미성년자 상속인의 자기결정권 및 재산권을 보호하기 위하여, 제1019조 제1항에도 불구하고 미성년자인 상속인이 상속채무가 상속재산을 초과하는 상속을 성년이 되기 전에 단순승인한 경우에는 성년이 된 후 그 상속의 상속채무 초과사실을 안 날부터 3개월 내에 한정승인을 할 수 있도록 하였다(§1019④). 미성년자인 상속인이 제3항에 따른 한정승인을 하지 아니하였거나 할 수 없었던 경우에도 또한 같다(§1019④).

상속인이 숙려기간 내에 아무런 의사표시 없이 사망한 경우(再轉相續)에는 그 상속인의 상속인이 자기의 상속개시 있음을 안 날부터 기산한다(§1021). 즉 A가 사망하고 B가 그 상속인으로 되었으나 승인 또는 포기를 하지 아니한 상태에서 숙려기간 내에 B가 사망하고 B의 상속인으로 된 C는 A의 상속과 B의 상속 각각에 관하여 승인 또는 포기를 할 수 있다.

(4) 승인 · 포기 전의 상속재산

숙려기간 중 상속인의 상속재산에 대한 지위는 불확정 상태이다. 이를 고려하여 민법은 ① 상속인 또는 그 법정대리인에 대한 상속재산의 조사권(§1019②) 및 ② 상속재산관리의 의무(§1022), ③ 가정법원의 관리처분(§1023)에 관하여 규정하고 있다. 이 처분은 상속개시 후 그 고려기간이 경과되기 전에 한하여 청구할 수 있고, 그 심판에서 정한 처분의 효력은 심판청구를 할 수 있는 시적 한계시까지만 존속한다(대법원 1999.6.10.자 99스1 결정). 명문의 규정은 없으나, 상속재산에 대한 처분행위를 하면 단순승인으로 의제되므로, 상속인은 숙려기간 중에는 변제거절권을 가진다고 해석된다.

(5) 승인 · 포기의 취소

일단 상속을 승인 또는 포기한 사람은 숙려기간 내라도 취소(철회)하지 못한다(§1024①). 다만 민법총칙편의 규정에 의한 취소에 영향을 미치지 아니한다(§1024② 본문). 예컨대 미성년자나 한정치산자가 법정대리인의 동의 없이 승인 · 포기한 경우, 피성년후견인이 승인 · 포기한 경우, 착오나 사기 · 강박에 의한 승인 · 포기의 경우이다.

- 상속의 승인 · 포기를 취소한 경우, 취소의 소급효를 가지고 선의의 제3자에게 대항할 수 있는가?

취소권자는 당초의 승인 · 포기의 신고를 접수시킨 가정법원(상속개시지의 가정법원)에 취소의 신고를 하여야 한다. 신고서에는 신고인 또는 대리인의 인감증명서를 첨부하여야 한다(가소규 §76). 취소권은 추인할 수 있는 날로부터 3개월, 승인 · 포기한 날로부터 1년 내에 행사하여야 한다(§1024② 단서). 취소 후에는 지체 없이 새로운 승인 · 포기를 하여야 한다.

- 상속의 승인 · 포기가 무효로 인정될 수 있는가? 그 경우 무효확인의 소는 가능한가?

---

2. 단순승인

(1) 의 의

상속인이 제한없이 피상속인의 권리의무를 승계하는 것을 말한다. 단순승인의 효과에 의하여 상속재산과 상속인의 고유재산이 법적으로 혼합되므로, 상속에 의해 승계한 채무에 대해서 상속재산만으로써 변제할 수 없을 때에도 상속인의 고유재산으로써 전 책임을 지게 된다.

단순승인의 효과는 상속인의 단순승인의 의사표시 없이도 상속개시시에 당연히 발생하나, 숙려기간 내에 적극적으로 단순승인의 의사표시를 하는 것도 무방하다. 이는 일방적 의사표시이며, 신고할 필요도 없다. 실제는 거의 행해지지 아니한다.

(2) 법정단순승인

민법은 단순승인의 의사표시가 있었음을 전제로 하여 단순승인으로 의제하는 규정을 두고 있다. 즉 상속인의 단순승인에 관한 의사의 유무를 불문하고 상속인이 ① 상속재산에 대한 처분행위를 한 때, ② 숙려기간 내에 한정승인 또는 포기를 하지 아니한 때, ③ 한정승인 또는 포기 후에 상속재산을 은닉 또는 부정소비하거나 고의로 재산목록에 기입하지 않는 때에는 단순승인을 한 것으로 본다(§1026). 이를 의제단순승인, 법정단순승인이라 한다. 다만 상속인이 상속을 포기함으로써 차순위 상속인이 상속을 승인한 때에는 위 ③의 사유가 있더라도 법정단순승인의 효과는 발생하지 아니한다(§1027). ①·②의 사유는 의사의 추정이 근거이고. ③의 사유는 채권자에 대한 배신적 행위를 한 데 대한 제재라 할 수 있다.

제1호의 상속재산의 처분행위는 상속인이 한정승인 또는 포기를 하기 이전에 상속재산을 처분한 때에만 적용되는 것이고, 상속인이 한정승인 또는 포기를 한 후에 상속재산을 처분한 때에는 그것이 제3호에 정한 상속재산의 부정소비에 해당되는 경우에만 단순승인의 효과가 발생한다. 이때 상속재산의 부정소비라 함은 정당한 사유 없이 상속재산을 써서 없앰으로써 그 재산적 가치를 상실시키는 행위를 의미한다(대법원 2004.3.12. 선고 2003다63586 판결). 상속인들이 상속포기 신고 전에 피상속인 소유였던 주권에 대하여 주권반환청구의 소를 제기하는 것은 제1호의 상속재산의 처분행위에 해당하지 아니한다(대법원 1996.10.15. 선고 96다

23283 판결). 상속인이 피상속인의 채권을 추심하여 변제받는 것은 상속재산의 처분행위에 해당하므로, 그 이후에 한 상속포기는 효력이 없다(대법원 2010.4.29. 선고 2009다84936 판결).

상속인이 가정법원에 상속포기의 신고를 한 후 이를 수리하는 가정법원의 심판이 고지되기 이전에 상속재산을 처분하였다면 이는 상속포기의 효력 발생 전에 처분행위를 한 것이므로 제1호의 단순승인으로 의제된다는 것이 판례의 입장(대법원 2016.12.29. 선고 2013다73520 판결)이나, 그 타당성은 의문스럽다.

제3호의 고의로 재산목록에 기입하지 아니한 때라 함은 한정승인을 하면서 상속재산을 은닉하여 상속채권자를 사해할 의사로써 상속재산을 재산목록에 기입하지 않는 것을 의미한다(대법원 2003.11.14. 선고 2003다30968 판결). 여기서 '상속재산의 은닉'이라 함은 상속재산의 존재를 쉽게 알 수 없게 만드는 것을 뜻한다(대법원 2010.4.29. 선고 2009다84936 판결). 위 규정에 해당하기 위해서는 상속인이 어떠한 상속재산이 있음을 알면서 이를 재산목록에 기입하지 아니하였다는 사정만으로는 부족하고, 상속재산을 은닉하여 상속채권자를 사해할 의사, 즉 그 재산의 존재를 쉽게 알 수 없게 만들려는 의사가 있을 것을 필요로 한다. 위 사정은 이를 주장하는 측에서 증명하여야 한다(대법원 2022.7.28. 선고 2019다29853 판결).

(3) 효 과

제한 없이 권리의무를 승계한다.

3. 한정승인

(1) 의 의

상속으로 인하여 취득할 재산의 한도 내에서 피상속인의 채무와 유증을 변제할 것을 조건으로 상속을 승인하는 것을 말한다(§1028). 상속재산이 채무초과인 경우 상속인을 보호하기 위한 제도이다. 한정승인을 하게 되면 상속재산은 상속인의 고유재산과 분리되어 청산절차가 진행된다. 한정승인은 상속재산이 채무초과인지가 명백하지 아니하거나 피상속인이 기업을 경영하였던 경우에 이용 가능성이 크나, 절차가 복잡하고 시간과 비용이 많이 들어 이용도는 높지 않다. 채무초과인 경우에도 절차가 간단한 상속포기제도가 선호된다.

(2) 방 법

상속인이 수인인 때 각 상속인은 자기의 상속분에 따라 취득할 재산의 한도에서 피상속인의 채무와 유증을 변제할 조건으로 상속을 승인할 수 있다(§1029). 상속인마다 각각 다른 상속형태를 취할 수 있기 때문에 법률관계가 복잡해질 우려가 있다. 비교법적으로는 상속인이 수인인 경우 공동상속인 전원이 공동으로서만 한정승인을 할 수 있게 하는 입법례도 있다.

상속인이 한정승인을 함에는 상속개시 있음을 안 날로부터 3개월 내에, 이 기간 내에 상속인이 상속채무가 상속재산을 초과하는 사실을 중대한 과실 없이 알지 못한 때에는 그 사실을 안 날로부터 3개월 내에 상속재산의 목록을 첨부하여 가정법원에 신고를 하여야 한다(§1030①). 상속채무가 상속재산을 초과하는 사실을 중대한 과실 없이 알지 못한 경우라 함은, 상속인이 조금만 주의를 기울였다면 상속채무가 상속재산을 초과한다는 사실을 알 수 있었음에도 이를 게을리함으로써 그러한 사실을 알지 못한 것을 의미하며, 이에 대한 증명책임은 상속인에게 있다(대법원 2010.6.10. 선고 2010다7904 판결). 특별한정승인의 경우 상속재산 중 이미 처분한 재산이 있는 때에는 그 목록과 가액을 함께 제출하여야 한다(위 ②). 한정승인의 결과가 다른 공동상속인, 상속채권자 또는 수유자에게 극히 중대한 영향을 미치기 때문에 일정한 방식에 따르도록 하고 가정법원이 그 의사표시의 존재를 명확히 하여 법률관계를 획일적으로 처리하기 위해서이다.

가정법원의 한정승인신고수리의 심판은 일응 한정승인의 요건을 구비한 것으로 인정한다는 것일 뿐 그 효력을 확정하는 것은 아니다. 상속의 한정승인의 효력이 있는지 여부의 최종적인 판단은 실체법에 따라 민사소송에서 결정될 문제이다(대법원 2002.11.8. 선고 2002다21882 판결). 한정승인신고의 수리 여부를 심판하는 가정법원으로서는 그 신고가 형식적 요건을 구비한 이상 상속채무가 상속재산을 초과하였다거나 상속인이 중대한 과실 없이 이를 알지 못하였다는 등의 실체적 요건에 대하여는 이를 구비하지 아니하였음이 명백한 경우 외에는 이를 문제삼아 한정승인신고의 수리를 거부할 수 없다(대법원 2006.2.13.자 2004스74 결정). 신고수리심판은 적법한 신고가 있었고 이를 수리하였다는 사실을 증명하는 공증행위의 일종이다. 관할은 상속개시지의 가정법원에 속한다.

(3) 효 과

상속인은 상속재산의 한도 내에서 피상속인의 채무와 유증을 변제할 책임이 있다(§1028). 상속인이 자기의 고유재산으로 변제할 책임이 없다는 의미이지, 한정승인에 의하여 상속채무가 소멸한다는 것은 아니다. 즉 상속의 한정승인은 채무의 존재를 한정하는 것이 아니라 단순히 그 책임의 범위를 한정하는 것에 불과하다. 따라서 상속인이 한정승인을 한 경우에도 피상속인이 부담하던 상속부동산에 대한 소유권이전등기의무는 소멸되지 아니한다(대전지방법원 1991.12.4. 선고 91나4674). 아울러 상속의 한정승인이 인정되는 경우에도 상속채무가 존재하는 것으로 인정되는 이상, 법원으로서는 상속재산이 없거나 그 상속재산이 상속채무의 변제에 부족하다고 하더라도 상속채무 전부에 대한 이행판결을 선고하여야 한다. 다만, 그 채무가 상속인의 고유재산에 대해서는 강제집행을 할 수 없는 성질을 가지고 있으므로, 집행력을 제한하기 위하여 이행판결의 주문에 상속재산의 한도에서만 집행할 수 있다는 취지를 명시하여야 한다(대법원 2003.11.14. 선고 2003다30968 판결). 담보권 실행을 위한 경매절차가 진행된 경우 한정승인절차에서 상속채권자로 신고한 자도 집행권원을 얻어 그 경매절차에서 배당요구를 함으로써 일반채권자로서 배당받을 수 있다(대법원 2010.6.24. 선고 2010다14599 판결).

채권자가 피상속인의 금전채무를 상속한 상속인을 상대로 그 상속채무의 이행을 구하여 제기한 소송에서 채무자가 한정승인 사실을 주장하지 않으면 책임의 범위는 현실적인 심판대상으로 등장하지 아니하여 그에 관하여 기판력이 미치지 않는다. 그러므로 채무자가 한정승인을 하고도 채권자가 제기한 소송의 사실심 변론종결시까지 그 사실을 주장하지 아니하여 책임의 범위에 관한 유보가 없는 판결이 선고되어 확정되었다고 하더라도, 채무자는 그 후 위 한정승인 사실을 내세워 청구에 관한 이의의 소를 제기할 수 있다(대법원 2006.10.13. 선고 2006다23138 판결). 이와 같은 기판력에 의한 실권효 제한의 법리는, 채무의 상속에 따른 책임의 제한 여부만이 문제되는 한정승인과 달리 상속에 의한 채무의 존재 자체가 문제되어 그에 관한 확정판결의 주문에 당연히 기판력이 미치게 되는 상속포기의 경우에는 적용되지 아니한다(대법원 2009.5.28. 선고 2008다79876 판결).

- 한정승인이 이루어진 경우 상속채권자가 상속재산에 관하여 한정승인자로부터 담보권을 취득한 고유채권자에 대하여 우선적 지위를 주장할 수 있는가?(대법원 2010.3.

18. 선고 2007다77781 전원합의체 판결)
• 한정승인이 이루어진 경우 상속채권자가 상속재산으로부터 채권의 만족을 받지 못하였을 때 한정승인자의 고유채권자가 상속재산을 책임재산으로 삼아 강제집행을 할 수 있는가? 이는 한정승인자의 고유채무가 조세채무인 경우에도 마찬가지인가? (대법원 2016.5.24. 선고 2015다250574 판결)

---

1) 상속재산과 상속인 고유재산과의 분리

한정승인에 의하여 상속채무가 소멸하는 것은 아니므로 피상속인에 대한 상속인의 권리의무는 혼동에 의해 소멸하지 아니한다(§1031). 따라서 상속채권자가 피상속인에 대하여는 채권을 보유하면서 상속인에 대하여는 채무를 부담하는 경우, 상속이 개시되면 위 채권 및 채무가 모두 상속인에게 귀속되어 상계적상이 생기지만, 상속인이 한정승인을 하면 상속이 개시된 때부터 피상속인의 상속재산과 상속인의 고유재산이 분리되는 결과가 발생하므로(§1031), 상속채권자의 피상속인에 대한 채권과 상속인에 대한 채무 사이의 상계는 제3자의 상계에 해당하여 허용될 수 없다. 즉, 상속채권자가 상속이 개시된 후 한정승인 이전에 피상속인에 대한 채권을 자동채권으로 하여 상속인에 대한 채무에 대하여 상계하였더라도, 그 이후 상속인이 한정승인을 하는 경우에는 상계가 소급하여 효력을 상실하고(§1031), 상계의 자동채권인 상속채권자의 피상속인에 대한 채권과 수동채권인 상속인에 대한 채무는 모두 부활한다(대법원 2022.10.27. 선고 2022다254154, 254161 판결).

2) 상속재산의 관리

한정승인자는 그 고유재산에 대한 것과 동일한 주의로 관리를 계속하여야 한다(§1040③, §1022). 한정승인을 하더라도 상속재산에 대한 권리의무는 소멸하지 않고 숙려기간 경과 후에도 계속 상속재산을 관리하고 상속채무를 청산할 의무를 지므로, 한정승인을 한 상속인이 수인인 경우에는 가정법원은 각 상속인 및 그 밖의 이해관계인의 청구에 의해 공동상속인 중에서 관리인을 선임할 수 있다(§1040①).

가정법원이 선임한 관리인은 공동상속인을 대표하여 상속재산의 관리와 채무의 변제에 관한 모든 행위를 할 권리의무가 있다(위 ②). 선임된 재산관리인은 다른 공동상속인의 법정대리인과 같은 지위를 갖게 된다.

3) 상속재산의 청산

청산절차는 다음과 같다.

① 한정승인을 한 사람은 한정승인을 한 날로부터 5일 내에 일반채권자와 유증을 받은 사람에 대하여 한정승인의 사실과 일정기간 내에 채권 또는 수증을 신고할 것을 공고하여야 한다(§1032①). 공고와 최고에는 비영리법인의 해산에 관한 규정이 준용된다(§1032②).

② 한정승인을 한 사람은 신고기간이 만료되기 전에는 상속채권의 변제를 거절할 수 있다(§1033).

③ 한정승인을 한 사람은 신고한 채권자 및 한정승인자가 알고 있는 채권자에 대하여 채권액의 비례로 변제하여야 한다(§1034 본문). 다만 우선권(질권 · 저당권 등) 있는 채권자에 대하여는 우선변제하여야 한다(위 단서).

④ 변제기 전의 채무 또는 조건부 채무도 변제해야 한다(§1035).

⑤ 수유자에 대한 변제는 채권자에 대한 변제가 완료된 뒤에 하여야 한다(§1036). 그렇지 않으면 채권자를 사해할 목적이 개입하기 쉽기 때문이다.

⑥ 신고기간 내에 신고를 하지 아니한 상속채권자와 유증을 받은 사람으로서 한정승인을 한 사람이 알지 못한 사람에 대한 변제는 상속재산이 남아 있는 경우에 한한다(§1039).

⑦ 변제를 위하여 상속재산의 전부 또는 일부를 매각할 필요가 있는 때에는 민사집행법에 따라 경매하여야 한다(§1037).

⑧ 한정승인자는 부당변제 등으로 인한 책임을 지게 된다(§1038).

4. 상속의 포기

(1) 의 의

상속의 포기는 자기를 위하여 개시된 상속의 효력을 확정적으로 소멸시키는 의사표시를 말한다. 상대방 없는 단독행위로 상속포기권은 일신전속권에 속한다. 포기에는 조건이나 기한을 붙일 수 없고, 일부포기도 인정되지 아니한다. 또한 상속포기는 채권자취소권의 대상으로 되지 아니한다. 상속포기는 소극적으로 총재산의 증가를 방해한 것에 불과하고, 상속포기나 승인은 그 성질상 일신전속적 권리로서 타인의 의사에 의하여 강요될 수 없는데, 상속포기가 채권자취소권의 대상이 된다면 이는 상속인에게 상속승인을 강요하는 것으로 되기 때문이다(광주고등법원 1979.6.22. 선고 78나79 판결; 서울중앙지방법원 2008.10.10. 선고 2007가단433075 판결). 상속의 포기는 비록 포기자의 재산에 영향을 미치는 바가 없지 아니하나, 상속인으로서의 지위 자체를 소멸하게 하는 행위로서 순전한 재산법적 행위와 같이 볼 것이 아니다. 오히려 상속의 포기는 1차적으로 피상속인 또는 후순위상속인을 포함하여 다른 상속인 등과의 인격적 관계를 전체적으로 판단하여 행하여지는 '인적 결단'으로서의 성질을 가진다. 그러한 행위에 대하여 비록 상속인인 채무자가 무자력상태에 있다고 하여 그로 하여금 상속포기를 하지 못하게 하는 결과가 될 수 있는 채권자의 사해행위취소를 쉽게 인정할 것이 아니다. 그리고 상속은 피상속인이 사망 당시에 가지던 모든 재산적 권리 및 의무 · 부담을 포함하는 총체재산이 한꺼번에 포괄적으로 승계되는 것으로서 다수의 관련자가 이해관계를 가지는데, 위와 같이 상속인으로서의 자격 자체를 좌우하는 상속포기의 의사표시에 사해행위에 해당하는 법률행위에 대하여 채권자 자신과 수익자 또는 전득자 사이에서만 상대적으로 그 효력이 없는 것으로 하는 채권자취소권의 적용이 있다고 하면, 상속을 둘러싼 법률관계는 그 법적 처리의 출발점이 되는 상속인 확정의 단계에서부터 복잡하게 얽히게 되는 것을 면할 수 없다. 또한 상속인의 채권자의 입장에서는 상속의 포기가 그의 기대를 저버리는 측면이 있다고 하더라도 채무자인 상속인의 재산을 현재의 상태보다 악화시키지 아니한다. 이러한 점들을 종합적으로 고려하여 보면, 상속의 포기는 제406조 제1항에서 정하는 "재산권에 관한 법률행위"에 해당하지 아니하여 사해행위취소의 대상이 되지 못한다(대법원 2011.6.9. 선고 2011다29307 판결).

(2) 방 식

상속인이 상속을 포기할 때에는, 이해관계인, 검사 등의 기간연장의 청구가 없는 한 상속개시 있음을 안 날로부터 3개월 내에 가정법원에 신고하여야 한다(§1041). 민법이 정한 방식에 따르지 않은 상속포기는 효력이 없다(대법원 1988.8.25.자 88스10, 11, 12, 13 결정). 상속개시 전에 이루어진 상속포기약정도 그 효력이 없다(대법원 1994.10.14. 선고 94다8334 판결). 상속재산의 협의분할은 제1026조 제1호에 규정된 상속재산에 대한 처분행위에 해당되어 단순승인을 한 것으로 의제되기 때문에, 그 뒤 가정법원에 상속포기신고를 하여 수리되었다 하여도 포기의 효력이 생기지 않는다(대법원 1983.6.28. 선고 82도2421 판결). 상속포기 신고를 하기에 앞서 상속채권을 양도한 경우도 마찬가지이다(서울고등법원 1998.4.24. 선고 97나60953 판결).

상속의 포기는 상속인이 법원에 대하여 하는 단독의 의사표시로서 포괄적·무조건적으로 하여야 한다. 재산목록을 첨부하거나 특정할 필요는 없다. 상속포기서에 상속재산의 목록을 첨부하였으나 그에 포함되어 있지 않은 재산에 대하여도 상속포기의 효력은 미친다(대법원 1995.11.14. 선고 95다27554 판결).

(3) 효 과

1) 소 급 효

상속의 포기는 상속개시시에 소급하여 효력이 발생한다(§1042). 상속의 포기는 상속이 개시된 때에 소급하여 그 효력이 있고(민법 §1042), 포기자는 처음부터 상속인이 아니었던 것이 된다. 따라서 상속포기의 신고가 아직 행하여지지 아니하거나 법원에 의하여 아직 수리되지 아니하고 있는 동안에 포기자를 제외한 나머지 공동상속인들 사이에 이루어진 상속재산분할협의는 후에 상속포기의 신고가 적법하게 수리되어 상속포기의 효력이 발생하게 됨으로써 공동상속인의 자격을 가지는 사람들 전원이 행한 것이 되어 소급적으로 유효하게 된다. 이는 설사 포기자가 상속재산분할협의에 참여하여 그 당사자가 되었다고 하더라도 그 협의가 그의 상속포기를 전제로 하여서 포기자에게 상속재산에 대한 권리를 인정하지 아니하는 내용인 경우에도 마찬가지이다(대법원 2011.6.9. 선고 2011다29307 판결).

상속포기의 효력은 피상속인의 사망으로 개시된 상속에만 미치고, 그 후 피상속인을 피대습자로 하여 개시된 대습상속에까지 미치지는 않는다. 대습상속은 상속과는 별개의 원인으로 발생하는 것인데다가 대습상속이 개시되기 전에는 이를 포기하는 것이 허용되지 않기 때문이다. 이는 종전에 상속인의 상속포기로 피대습자의 직계존속이 피대습자를 상속한 경우에도 마찬가지이다(대법원 2017.1.12. 선고 2014다39824 판결).

- 미혼의 딸을 태우고 가다 교통사고를 일으켜 딸이 사망하였는데 가해자인 母가 상속을 포기한 경우, 자동차손해배상법 제10조 제1항이 규정하는 피해자의 보험자에 대한 직접청구권은 혼동에 의하여 소멸하는가?(대법원 2005.1.14. 선고 2003다38573, 38580 판결)

• A는 2000.11.24. 채무(2천만원)만을 남긴 채 사망하였고, 그 유족으로는 배우자인 피고 1, 자녀들인 피고 2, 3, 4가 있었다. 피고들은 모두 적법하게 상속포기를 하였고, 그리하여 제2순위 상속인인 A의 어머니 B가 A의 상속재산(채무 2천만원)을 단독상속하였다. 그 후 B가 채무(2천만원)만을 남긴 채 다시 사망하였다면, 피고들은 A(피대습자)의 대습상속인으로서 B의 상속재산(채무 2천만원)을 승계하는가?(대법원 2017.1.12. 선고 2014다39824 판결)

2) 첨 증

수인의 상속인이 있는 경우 어느 상속인이 포기하면 그 상속분은 다른 상속인의 상속분의 비율로 이들에 귀속한다(§1043). 이를 첨증이라 한다.

〈수인의 상속인〉 또는 〈다른 상속인〉에 배우자도 포함되는가?

(가) 배우자와 수인의 자녀가 공동상속인인 경우, 배우자가 상속을 포기하면 배우자가 없는 경우와 같다.

(나) 배우자와 수인의 자녀가 공동상속인인 경우, 자녀가 전부 상속을 포기하면 어떠한가? 이 경우 종래 판례는 배우자와 피상속인의 손자녀가 공동으로 상속인이 된다고 하였으나(대법원 2015.5.14. 선고 2013다48852 판결), 상속을 포기한 자의 상속분은 다른 상속인에게 귀속된다는 제1043조의 규정과 상속을 포기한 자녀의 의사 등을 고려하여 배우자가 단독상속인이 되는 것으로 판례가 변경되었다(대법원 2023.3.23.자 2020그42 전원합의체 결정).

(다) 배우자와 수인의 자녀가 공동상속인인 경우 자녀 중 일부가 상속을 포기하면 어떠한가? 예컨대 피상속인 A에게 상속인으로 배우자 B, 자녀 C, D가 있고 상속재산이 7,000만원일 때 A의 상속재산 7,000만원은 D가 포기하지 않았으면 B : C : D = 1.5 : 1 : 1로 분배되어 B = 3,000만원, C · D = 2,000만원씩 상속하게 된다. 자녀 D가 포기한 경우 포기자 D의 몫 2,000만원은 B, C의 본래취득분에 따라 분배된다. 따라서 B = 3,000만원 + 2,000 × 3 / 5만원 = 4,200만원, C = 2,000만원 + 2,000 × 2 / 5만원 = 2,800만원으로 분배된다.

한편, 포기자에게 대습상속인이 있더라도 대습상속은 행해질 수 없다. 대습원인은 〈사망 또는 결격〉으로 한정되어 있기 때문이다. 따라서 포기자가 공동상속인의 1인이며 그 직계비속 또는 배우자가 있더라도 이들은 상속할 수 없고, 포기자가 단독상속인인 경우에는 그 직계비속이나 직계존속은 본위상속하며 배우자는 상속에서 배제된다.

3) 특정인을 위한 포기

상속포기는 상속채무가 상속재산을 초과할 때에 행해지는 것이 보통이나, 현실에서는 공동상속인 중 1인에게 상속재산을 집중시키기 위한 방편으로 이용되기도 한다. 다만 상속분양도로써도 동일한 목적을 달성할 수 있고, 협의분할을 통하여 사실상의 상속포기가 이루어질 수도 있다(대법원 1991.12.24. 90누5986 판결).

4) 포기한 사람의 재산관리의무

상속을 포기한 사람은 그 포기로 인하여 상속인이 된 사람이 상속재산을 관리할 수 있을 때까지 그 재산의 관리를 계속하여야 한다(§1044①). 포기 즉시 관리를 중단하면 다른 상속인이나 그 밖의 이해관계인에게 불이익을 줄 수 있기 때문이다. 상속재산의 관리에 관한 제1022조와 상속재산보존에 필요한 처분에 관한 제1023조가 이에 준용된다(§1044②).

■ 심화학습

- 단순승인은 승인의 의사표시에 따른 효과인가 아니면 법정효과인가?
- 한정승인을 한 공동상속인 1인 또는 수인에게 한정승인 후 법정단순승인 사유가 있는 것으로 판명된 경우의 법률관계를 논하시오.
- 한정승인과 파산과의 관계에 대하여 논하시오.
- 본인의 지위를 승계한 무권대리인이 상속을 포기한 경우의 법률관계와 무권대리인을 승계한 본인이 상속을 포기한 경우의 법률관계에 대하여 논하시오.

V. 재산의 분리

예습과제

Q1 재산분리제도와 한정승인 및 상속포기제도와의 차이는?

1. 재산의 분리

(1) 의 의

상속의 개시와 함께 상속재산은 상속인에게 귀속된다. 따라서 상속채권자는 상속인의 고유재산으로부터 변제를 받을 수 있고, 상속인의 채권자는 상속재산으로부터 변제를 받을 수 있게 된다. 전자의 경우 상속인의 고유재산이 채무초과이면 상속채권자는 상속으로 말미암아 충분한 변제를 받지 못하게 될 수도 있다. 반면에 후자의 경우 상속채무가 상속재산을 초과함에도 상속인이 한정승인 또는 상속포기를 하지 아니하면 상속인의 채권자는 자기 채권의 만족을 얻지 못하게 될지도 모른다. 이러한 경우를 대비하여 마련된 제도가 재산분리제도이다. 즉, 재산분리라 함은 상속개시 후 상속채권자나 유증받은 사람 또는 상속인의 채권자의 청구에 의하여 상속재산과 상속인의 고유재산을 분리하는 가정법원의 처분을 말한다. 그러나 이 제도는 실제로는 거의 이용되지 않고 있다.

(2) 청 구

청구권자는 상속채권자, 유증받은 사람, 상속인의 채권자이다. 유증받은 사람은 특정유증을 받은 사람을 말한다. 포괄수유자는 상속인과 동일한 권리의무가 있기 때문에 제외된다. 청구의 상대방은 상속인, 상속재산관리인, 유언집행자이다.

청구기간은 상속개시일로부터 3개월 내이다(§1045①). 한정승인의 숙려기간은 상속개시 있음을 안 날로부터 3개월 내이므로 재산분리 후에도 한정승인이 있을 수 있다. 다만 3개월 후라도 상속인이 승인이나 포기하지 않는 동안은 재산분리를 청구할 수 있다(§1045②).

재산분리는 상속개시지의 가정법원의 관할에 속한다.

(3) 절 차

재산분리의 신청이 있으면 가정법원은 상속재산이나 상속인의 고유재산의 상태, 그 밖의 사정을 고려하여 분리의 필요성이 있는지를 심사하여 재산분리를 명하는 심판을 하여야 한다. 분리명령에 따라 청구권자는 5일 내에 일반상속채권자와 수유자에 대하여 재산분리의 명령이 있은 사실과 일정한 기간 내에 그 채권 또는 수증을 신고할 것을 공고해야 된다. 그 기간은 2개월 이상이어야 한다(§1046①). 공고절차에 관하여는 비영리법인의 해산에 관한 규정이 준용된다(위 ②).

(4) 효 과

상속재산분리의 심판이 확정되면 상속재산과 상속인의 고유재산은 분리된다. 따라서 피상속인에 대한 상속인의 재산상 권리의무는 소멸하지 아니한다(§1050).

가정법원은 재산분리를 명한 때에는 관계자를 보호하기 위하여 상속재산의 관리에 필요한 처분을 명할 수 있다(§1047①). 상속재산관리에 관한 처분으로 재산관리인을 선임한 경우에 부재자의 재산관리에 관한 규정이 준용된다(위 ②).

단순승인을 한 상속인도 분리명령이 있을 때에는 자기의 고유재산과 동일한 주의로 관리해야 할 의무를 진다(§1048①). 이 경우 수임인의 권리의무에 관한 규정이 준용된다(위 ②).

재산분리는 상속재산인 부동산에 관하여는 이를 등기하지 아니하면 제3자에게 대항하지 못한다(§1049). 재산분리의 명령 후에는 상속인은 상속재산을 처분할 수 없으므로, 부동산에 관해서는 제3자를 보호할 필요가 있기 때문에 둔 규정이나, 부동산등기법에는 이에 관한 구체적 규정이 없고 청구인의 신청에 의해 등기가 이루어진다.

상속인은 분리청구기간의 만료 전 또 공고기간 만료 전에는 변제를 거절할 수 있다(§1051①). 변제를 거절할 수 있는 기간이 만료된 후에는 상속인은 기간 내에 신고하거나 상속인이 알고 있는 상속채권자, 유증받은 사람에 대하여 각 채권액 또는 수유액의 비율로 변제하여야 한다. 그러나 질권, 저당권 등의 우선권 있는 채권의 권리를 해하지 못한다(위 ②). 배당변제의 절차에 대하여는 한정승인을 한 경우의 변제에 관한 규정을 준용한다(위 ③).

배당변제를 받은 상속채권자 등은 상속재산으로부터 전액의 변제를 받을 수 없는 경우에 한하여 상속인의 고유재산으로부터 변제를 받을 수 있다(§1052①). 한정승인의 경우와 다른 점이다. 다만 이 경우 상속인의 채권자는 그 상속인의 고유재산으로부터 우선변제를 받을 권리를 가진다(위 ②).

VI. 상속인의 부존재

예습과제

Q1 상속인의 존부가 분명하지 아니한 경우는?

Q2 상속인부존재의 경우 상속재산의 귀속주체는?

Q3 재산분여제도는 특별연고자의 권리인가?

1. 의 의

상속개시 후 상속인의 존부가 불분명한 경우에는 ① 상속인을 수색하기 위한 수단이 마련되어야 하고, ② 상속재산을 관리하고 청산해야 한다. 이는 피상속인의 특별연고자나 상속재산의 최후의 귀속권자인 국고 또는 상속채권자나 특정유증을 받은 사람 등의 이익을 위해서이다.

상속인부존재는 상속이 개시된 후 상속인 또는 포괄수유자임을 주장하는 사람이 한 사람도 나타나지 않고 있으나 어딘가에 상속인이 있을지 없을지 모르는 상태를 가리킨다. 따라서 상속인의 존재 사실은 명백하나 행방불명 · 생사불명은 이에 해당하지 않는다. 이때에는 부재자의 재산관리규정에 따라 처리하게 된다.

신원불명의 사람이 사망한 경우, 등록부상 법정상속인에 해당하는 사람이 없는 경우, 최종순위의 상속인 전원이 상속을 포기하거나 상속결격자로 된 경우가 그 전형에 속한다. 법정상속인에 해당하는 사람 없이 포괄수유자만 있는 경우, 그 포괄수유분을 넘는 상속재산이 있으면 그 초과분에 대하여는 상속인부존재로 처리하여야 한다. 등록부상의 유일한 상속인이 참칭상속인인 때에도 마찬가지이다. 등록부상으로는 상속인부존재이나 상속인신분확정에 관한 소가 제기되고 있는 경우(인지의 소, 이혼 · 파양무효의 소의 계속 중)에 대하여는 견해가 나뉜다. 일설은 판결의 확정을 기다려야 하며 그 사이의 상속재산관리는 제1023조를 유추적용해야 한다고 보며, 다른 일설은 판결확정 전에 청산절차가 종료되지 않도록 가정법원이 상속재산의 보존에 필요한 처분을 하여야 한다고 본다.

2. 상속재산의 관리와 청산

(1) 상속재산관리인의 선임

상속인의 존부가 분명하지 아니한 때에는 가정법원은 제777조에 따른 피상속인의 친족, 이해관계인, 검사의 청구에 의해 상속재산관리인을 선임하고 지체없이 이를 공고하여야 한다(§1053①). 가정법원에 의해 선임된 상속재산관리인은 앞으로 나타날지도 모르는 상속인(대법원 1976.12.28. 선고 76다797 판결) 또는 포괄수유자의 법정대리인이다. 부재자를 위한 재산관리에 관한 규정이 준용된다(§1053②). 관리인은 상속채권자나 유증을 받은 사람의 청구가 있는 때에는 언제든지 상속재산의 목록을 제시하고 그 상황을 보고하여야 한다(§1054). 상속인의 존재가 명확해지고 그 상속인이 승인을 한 때에 관리인의 임무는 종료한다(§1055①). 이 경우 관리인은 지체없이 그 상속인에 대하여 관리의 계산을 하여야 한다(위 ②).

(2) 청 산

가정법원이 상속재산관리인의 선임을 공고한 후 3개월 내에 상속인의 존부를 알 수 없을 때에는 관리인은 지체없이 일반채권자와 수유자에 대하여 2월 이상의 기간을 정하여 그 기간 내에 채권 또는 수증을 신고할 것을 공고하여야 한다. 그 기간은 2개월 이상이어야 한다(§1056①). 이 경우에도 비영리법인의 해산에 관한 규정이 준용된다(위 ②).

청산을 위한 공고를 한 후 상속채권자와 유증받은 사람에 대하여 변제를 하게 된다. 변제의 순서와 방법에 관하여는 한정승인을 한 경우에 관한 규정이 준용된다(§1056②).

상속재산관리인선임의 제1회 공고, 청산을 위한 제2회 공고를 하고 청산을 마친 후에도 상속재산이 남아 있고 그 후에도 상속인의 존부를 알 수 없는 때에는, 가정법원은 관리인의 청구에 의하여 1년 이상의 기간을 정하여 상속인이 있으면 그 기간 내에 그 권리를 주장할 것을 공고하여야 한다(§1057). 이 공고는 채권신고기간 내의 미신고 상속채권자, 수유자의 이익을 고려한 채권행사의 마지막 기회이기도 하다. 따라서 배당변제 후 잔여재산이 없거나 소극재산만 남을 경우에는 공고할 필요가 없다.

3. 특별연고자에 대한 분여

(1) 제도의 취지와 문제점

상속인부존재의 경우 청산을 하고 남은 재산이 있을 때에는 국고로 귀속시키는 것이 일반적이다. 그러나 피상속인과 동거를 하고 있던 사실상의 배우자 등 상속권이 없기 때문에 상속에서 제외된 사람을 무시하고 국고로 귀속시키는 것은 적당하지 않다. 이를 고려하여 1990년 민법 개정을 통하여 특별연고자에 대한 재산분여제도가 도입된 것이다. 혈족상속인의 범위를 8촌에서 4촌으로 축소함에 따라 상속인부존재의 사례가 많아질 가능성에 대비한 것이기도 하다.

이 제도는 ① 유언법 · 유증 또는 사인증여법을 보충한다. 유언의 방식의 엄격성, 의식의 불침투로 유언의 이용이 활발하지 못한 결함을 메꾸어 주고 사자(死者)의 유지를 실현하기 위한 제도이다. ② 법정상속을 보충하기 위한 제도이다. 법정상속에서는 사실상의 배우자 등이 상속권이 없다는 이유로 상속에서 제외될 수밖에 없는데, 상속권의 근거를 감안할 때 이는 부당하므로 법정상속의 이러한 결함을 보충하는 역할을 수행한다. ③ 청산 후 남은 재산은 대체로 소액이므로 이를 국고로 귀속시켜 관리하게 함은 비효율적이다. 상속재산의 활용이라는 측면에서도 특별연고자에 대한 재산분여는 필요하다(사회적 고려).

문제점으로는 ① 새로운 상속인을 만든다. 이론적으로는 채무승계를 수반하지 않는 분여는 상속과 다르나, 실질적으로는 상속과 동일하기 때문이다. ② 부당하게 확대 · 남용될 위험성이 있다. 왜냐하면 〈특별연고자〉, 〈상당성〉이라는 일반조항의 해석을 가정법원의 전권에 맡겨 놓고 있어 상속재산을 탐낸 표면적 특별연고자가 등장할 여지가 많기 때문이다. ③ 제사(선정)상속의 부활을 가져올 수 있게 한다. 생전의 특별연고가 있으면 사후에 그 연장으로서 장제(葬祭)의 주재로 이행되는 것이 보통이고, 그를 통하여 재산분여를 주장하게 될 가능성이 높은 것이 현실이다.

(2) 특별연고자의 범위

피상속인과 생계를 같이하고 있던 사람, 피상속인의 요양·간호를 한 사람, 그 밖에 피상속인과 특별한 연고가 있던 사람이다. 이는 예시로서 피상속인과의 현실적 관계, 친족관계의 유무 등을 종합적으로 고려하여 가정법원이 판단하게 된다. 즉 추상적인 친족관계의 원근과 관계없이 구체적·실질적 연고의 강약이 그 판단기준으로 된다.

피상속인과 생계를 같이하고 있던 사람으로는 사실상의 배우자, 사실상의 양자, 사실상의 양친, 계자녀, 미인지의 혼인 외의 자녀 등이 이에 해당한다. 피상속인의 요양·간호를 한 사람은 피상속인과 생계를 같이 하지 않는 친족·지인 등으로 피상속인의 요양·간호에 진력한 간호사, 간병인, 가사도우미 등을 말한다. 이들이 보수를 받은 경우에는, 육친에 가까운 애정을 갖고 헌신적으로 서비스한 경우이어야 한다. 그 밖에 자연인뿐만 아니라 법인이나 시설, 학교 등의 공공단체도 재산분여를 청구할 수 있다고 보아야 한다.

과거의 일시적 연고를 가진 사람도 법문상으로는 긍정해야 할 것이나, 사후의 연고는 부정하는 것이 타당하다. 재산분여의 경우에도 피상속인과 신청인의 동시존재가 요청되며 법문상으로도 "연고가 있던 자"로 규정되어 있기 때문이다.

(3) 분여의 상당성

법문상으로는 규정되어 있지 아니하나, 특별연고가 인정되더라도 분여가 상당하여야 함은 당연하다. 따라서 재산분여를 인정하는 것이 상당한가와 어느 정도를 분여할 것인지의 여부에 대하여, 가정법원은 연고관계의 내용, 정도, 특별연고자의 성별, 나이, 직업, 교육정도, 잔존재산의 종류, 액수, 상황 그 밖의 일체의 사정을 조사하여 상당성을 판단하여야 한다.

(4) 절 차

재산분여를 청구하려는 사람은 가정법원이 상속인수색공고에서 정한 상속권주장의 최고기간이 만료된 후 2개월 이내에 상속개시지의 가정법원에 청구를 하여야 한다(§1057의2②). 청구인은 어느 정도의 특별연고가 있는지를 명백하게 주장할 필요는 없으나, 가정법원의 조사 단서가 될 정도로 구체적으로 기재해야 한다.

피상속인과 특별연고가 있던 사람으로 생각되는 사람이 분여의 신청을 하지 않고 사망한 경우 그 상속인이 그 지위를 승계하는가? 부정적으로 보아야 한다. 다만, 분여신청을 하고 사망한 경우에는 긍정해도 무방하다고 본다. 신청에 의하여 분여청구권은 구체화되고 분여 가능성에 대하여 재산권성을 지니는 기대권이 발생되며 이 기대권은 상속성을 지닌다고 볼 수 있기 때문이다.

심판절차에 관하여는 명문의 규정이 없으나 기여분의 청구나 상속재산분할 청구가 있는 경우에 준하여 통지, 병합심리, 사실조사, 의견청취, 환가 등의 절차를 진행해야 할 것이다.

분여심판의 대상으로 되는 재산은 청산 후 잔존하는 상속재산이다. 청구인의 청구취지에 구속력은 없고, 어느 정도를 분여할 것인가는 가정법원의 재량에 속하나 이혼시 재산분할에 준하여 청구취지를 넘는 분여는 할 수 없다고 본다. 분여의 형태로는 일부 · 전부, 조건부 · 부담부, 현물 · 환가 등의 방법을 취할 수 있다.

(5) 효　과

상속채무는 분여의 대상으로 되지 아니한다. 특별연고자는 분여된 재산을 승계취득하는 것이 아니라 원시취득하게 된다. 그러나 세법상으로는 상속세의 과세대상으로 된다(상속세 및 증여세법 §1①).

4. 상속재산의 국고귀속

특별연고자의 재산분여청구도 없으면 청산 후 남은 상속재산은 국가에 귀속된다(§1058①). 국가귀속은 원시취득으로서, 국가는 청산 후의 잔여재산을 취득할 뿐 채무는 부담하지 아니한다. 따라서 국가귀속 후에는 상속재산으로 변제받지 못한 채권자나 수유자가 있더라도 국가에 대하여 변제를 청구하지 못한다(제1059조). 저작권, 특허권 등의 경우는 상속인이 없으면 그 권리가 소멸하기도 한다.

■ 심화학습

- 상속인부존재의 경우 상속재산이 국고로 귀속되는 시기는 언제인가?

제3장 유 언

예습과제

Q1 유언자는 행위능력이 있어야 하는가?

Q2 유언에 의하여 상속인을 지정하거나 상속인의 자격을 박탈할 수 있는가?

Q3 유언을 철회할 수 있는가?

Ⅰ. 총 설

1. 유언제도

(1) 의 의

유언제도는 유언자가 남긴 생전의 최종의 의사에 법적 효과를 인정하고, 사후에 그 의사의 실현을 보장하기 위하여 인정되는 제도이다. 유언은 재산에 관한 것에 한정되지 않으나 대부분 상속이나 유증에 관한 것이고, 유언에 의한 인지는 신분에 관한 것이나 대부분 상속이나 부양과 관련되어 이루어진다.

(2) 존재이유

유언제도의 존재이유는 여러 가지 관점에서 설명될 수 있다. 즉, ① 사후의 재산, 신분에 관하여 바람직한 조치를 취하고자 하는 것이 인지상정이고, 자손들이 유언자의 최종의사를 존중하고 그를 실현하도록 노력하는 것은 도의적으로도 바람직하다는 관점(공동생활자의 도의), ② 신분에 관한 유언도 결국 상속, 부양과 관련되므로 유언에 의하여 소유권 등 재산권이 다음 세대로 승계되는 것을 긍정하여야 한다는 관점(사유재산의 세대적 승계), ③ 유언제도는 사회공공의 복지라는 관점에서 정당시되는 범위 내에서만 긍정되고 허용되어야 한다는 관점(사회공공의 복지)이 있다.

(3) 연 혁

유언은 일정한 정도의 법문화가 발달된 뒤에 비로소 행해지게 된다. 고대 로마에서는 12표법에 유언법이 등장하는데, 이 당시 유언은 가내상속인(家內相續人)이 없을 때 상속인을 지정하기 위한 것이었다. 게르만법은 법정상속주의를 택하고 유언을 알지 못하다가, 가산제가 확립되고 로마법이 계수됨에 따라 유언이 상속제도에서 중심된 자리를 차지하게 되었고, 이때 교회가 커다란 역할을 하였다. 당시 교회는 교회에 대한 사후 재산 기증을 장려하였는데, 그를 달성하기 위한 가장 간편한 법형식은 유언이었기 때문이다.

일반적으로 근대법은 사유재산제의 기초 위에 사적 자치의 연장으로서 유언자유의 원칙을 인정하고 있다. 즉, 이는 자기 재산에 대한 사후의 운명을 자기가 정할 수 있다는 논리에 터잡고 있다. 이와 같은 관점에서 보면 상속의 원칙은 유언상속이고, 영국상속법은 이를 철저히 관철하였는데, 1938년 상속법[the Inheritance (Family Provision) Act 1938] 개정에 의하여 생존 배우자나 일정한 범위의 자녀들이 법원에 대하여 상속재산에 관한 합리적인 처분을 하여 달라는 청구를 할 수 있게 되었다.

동양법제에서는 유명(遺命)제도가 유언제도로 발달되었다. 우리나라는 13세기에 유언이 행해졌음을 보여주는 자료(예, 孫卞의 裁判 事例)가 있으나, 조업(祖業)의 관념이 상속법을 지배하였기 때문에 자녀균분의 법정강제상속주의였다. 유언법은 경국대전에서 보다 체계화된다. 경국대전은 자손에 대한 부(父)·조(祖)의 유언만을 허용하였다. 즉 조업주의의 틀 안에서 유언에 의한 재산처분의 자유가 인정되었고, 이로 인하여 유류분제도를 필요로 하지 않았다. 상속인의 순위를 변경한다든지 법정상속분을 심히 침해하는 유언은 난명(亂命)으로서 그 효력을 인정하지 않았고, 유언이 무효이면 법정상속이 행해졌다. 즉, 관이 재주(財主)가 되어 재산을 분배하여 주었다. 일제하의 관습상속법에서는 구술에 의한 유언을 인정하고 무제한의 유언의 자유를 보장하였다. 이는 유언의 방식이나 유류분에 관한 관습이 없었다는 피상적인 관습조사결과에 따른 것이었다.

1958년 민법은 유언의 엄격한 요식성을 강조하고 무제한의 유언의 자유를 인정하였다. 이는 생전분재의 관행과 더불어 여자가 상속에서 사실상 배제되는 이유로 되었다. 이에 1977년 민법 개정을 통하여 유족의 생활보장과 생존권보장을 위한 유류분제도를 채택하고 유언의 자유를 제한하였다. 그러나 유언의 엄격한 요식성과 유언사항의 제한 및 유언을 기피하는 관행은 여전하여, 상속은 대부분 법정상속에 의하여 규율되고 있다.

2. 유언의 성질

① 유언은 유언자의 사망과 동시에 일정한 법률효과를 발생시킬 목적으로 하는 법률행위이다. 일정한 방식(유언의 요식성, §1060)을 따라야 하고, 방식에 위배된 유언은 무효이다.

유언은 상대방 없는 단독행위이기 때문에 유증을 받을 사람의 승낙은 물론 유증을 받을 사람 등에 대한 의사표시도 필요하지 않다. 다만 유증을 받을 사람은 유언자의 사망 후에 언제든지 유증을 승인 또는 포기할 수 있다(§1074).

② 법정사항에 한하여 유언할 수 있다. 법정사항에 관한 것이 아닌 유언은 유언으로서의 구속력이 없다.

③ 유언은 일신전속적 행위로서 대리가 허용되지 않는다. 유언자 본인의 독립된 의사에 의하여 이루어져야 하기 때문이다. 제한능력자라 하더라도 법정대리인의 동의가 필요 없다(§1062).

④ 유언은 유언자가 사망하기 전까지는 그에 따른 법률상의 권리취득이 불가능하며, 유언자는 언제든지 유언을 철회할 수 있다(§1108 이하).

3. 유언사항의 범위

법률에 규정된 사항에 관하여 유언이 가능하다(유언법정주의). 법정사항으로는 재단법인의 설립(§47②), 친생부인(§850), 인지(§859②), 미성년후견인지정(§931), 상속재산분할방법의 지정 또는 그 위탁(§1012 전단), 상속재산의 분할금지(§1012 후단), 유언집행자의 지정 또는 그 위탁(§1093), 유증(§1074 이하), 신탁법상 신탁의 설정(신탁법 §3①ⅱ) 등이 있다.

유언에 의하여 상속인을 지정하거나 상속분을 변경할 수 없고, 상속인의 자격을 박탈할 수 없다. 그러한 유언은 무효이다. 이는 프랑스민법에 가까운 태도라고 평가되고 있다.

이른바 유훈(遺訓), 유지(遺志) 등에 관하여는 유언자의 의사를 존중할 도의적인 의무를 부담하는 것에 그치고 이에 구속될 법률적인 의무는 없다(대법원 2008.11.20. 선고 2007다27670 전원합의체 판결).

4. 유언능력

(1) 유언능력자

자연인인 이상 의사능력이 있으면 유언을 할 수 있다. 법정대리인은 유언을 대리할 수 없고, 제한능력자의 유언을 취소할 수 없다. 유언은 일신전속적인 행위이고, 유언의 취지는 망인의 최종적 의사를 존중하는 데 있으며, 유언자 자신의 현실적 이익을 침해하지 않기 때문이다.

유언적령은 17세에 달한 때이다(§1061). 다만 17세 미만자가 행한 유언에 의한 인지는 유효한 것으로 보아야 할 것이다. 피성년후견인과 피한정후견인의 유언에 관하여는 행위능력에 관한 민법 제10조 및 제13조가 적용되지 않으므로(§1062), 피성년후견인 또는 피한정후견인은 의사능력이 있는 한 성년후견인 또는 한정후견인의 동의 없이도 유언을 할 수 있다. 다만, 피성년후견인은 의사능력이 회복된 때에 한하여 유언을 할 수 있는데, 이때에는 의사가 심신회복의 상태를 유언서에 부기하고 서명날인하여야 한다(§1063). 판례는 후견심판 사건에서 가사소송법 제62조 제1항에 따른 사전처분으로 후견심판이 확정될 때까지 임시후견인이 선임된 경우, 사건본인은 의사능력이 있는 한 임시후견인의 동의가 없이도 유언을 할 수 있다고 보아야 하고, 아직 성년후견이 개시되기 전이라면 의사가 유언서에 심신 회복 상태를 부기하고 서명날인하도록 요구한 제1063조 제2항은 적용되지 않는다고 한다(대법원 2022.12.1. 선고 2022다261237 판결).

법인은 유언능력이 없다.

유언능력은 유언이 성립할 때에 있으면 충분하고 그 후에 유언능력을 상실하더라도 유언의 효력에는 영향이 없다.

(2) 수유능력

유증의 이익을 누릴 수 있는 능력을 의미하는 수유능력은 의사능력을 필요로 하지 않는다. 권리능력이 있으면 된다. 따라서 의사무능력자, 법인, 태아(§1064, §1000③)도 수증자가 될 수 있다(수증자는 증여를 받은 사람을 뜻하므로, 이를 구별하기 위하여 수유자라고 한다). 그러나 상속인으로서 결격사유에 해당하는 사람은 수유능력이 없다(§1064, §1004). 다만 상속결격자라도 피상속인으로부터 생전증여는 받을 수 있다(대법원 2015.7.17.자 2014스206, 207 결정).

II. 유언의 방식

1. 유언의 요식성

(1) 의 의

유언을 일정한 방식에 의하여 하도록 하는 것은 유언자의 진의를 명확히 하고 그로 인한 법적 분쟁과 혼란을 예방하기 위해서이다. 유언의 내용이 문제되는 것은 유언자가 사망한 뒤이고, 유언은 법정상속을 수정 내지 변경하는 내용을 지니므로, 유언의 유무는 상속인뿐만 아니라 제3자에게도 영향을 준다. 따라서 유언에 의해 발생하는 법률관계를 명확히 하는 것은 제3자 보호를 위해서도 필요하다. 법정된 요건과 방식에 어긋난 유언은 그것이 유언자의 진정한 의사에 합치하더라도 무효이다(대법원 1999.9.3. 선고 98다17800 판결; 대법원 2006.3.9. 선고 2005다57899 판결; 대법원 2009.5.14. 선고 2009다9768 판결 등).

그러나 방식의 엄격성은 유언의 자유를 위태롭게 할 수도 있고, 유언자의 진의가 사소한 방식 위반으로 인하여 무효가 되는 불합리한 경우가 있을 수 있다. 따라서 요식성을 요하는 취지에 반하지 않는 한도 내에서 엄격성을 완화할 필요가 있다. 구수증서에 의한 유언의 경우 판례는 유언요건을 다소 완화하여 해석하고 있다(대법원 1977.11.8. 선고 76므15 판결; 대법원 2007.10.25. 선고 2007다51550, 51567 판결; 대법원 2008.2.28. 선고 2005다75019, 75026 판결; 대법원 2008.8.11. 선고 2008다1712 판결).

(2) 유언의 방식

유언은 민법이 정한 방식에 의하지 아니하면 효력이 생기지 아니한다(§1060). 민법은 유언의 방식으로 자필증서, 녹음, 공정증서, 비밀증서와 구수증서의 5종만을 인정한다(법정요식주의, §1065). 구수증서에 의한 유언은 보통방식이 아니고(대법원 1977.11.8. 선고 76므15 판결), 다른 4종의 방식에 의한 유언을 할 수 없는 경우에 허용되는 유언의 방식이다(제1070조 제1항; 대법원 1999.9.3. 선고 98다17800 판결). 다만 민법시행일 전의 관습에 의한 유언이 민법에 규정한 방식에 적합하지 않은 경우에라도 유언자가 민법시행일로부터 유언의 효력발생일까지 그 의사표시를 할 수 없는 상태에 있는 때에는 그 효력을 잃지 아니한다(1958년 민법부칙 §26).

민법은 2인 이상의 사람이 동일한 증서에 의하여 유언하는 공동유언에 관하여 규정하고 있지 않다. 일본은 최종의사의 확보라는 유언의 취지를 해할 우려가 있고, 자유롭게 철회할 수 없다는 이유로 이를 인정하지 않는다(일본민법 §975). 반면에 부부가 공동으로 하는 유언은 이를 인정할 필요가 있다는 긍정설도 주장된다(독일민법 §2265 참조).

(3) 증인의 자격

1) 증인의 결격사유

자필증서를 제외하고는 녹음, 공정증서, 비밀증서, 구수증서에 의한 유언의 경우 모두 증인의 참여가 필요하다. 민법은 제1072조에서 유언에 참여하는 증인이 되지 못하는 결격사유를 규정하고 있다. 여기에 열거된 결격자는 한정적으로 해석된다.

① 미성년자, 피성년후견인과 피한정후견인, 유언에 의하여 이익을 받을 사람 및 그 배우자와 직계혈족(§1072①)

'유언에 의하여 이익을 받을 사람'이라 함은 유언자의 상속인으로 될 사람 또는 유증을 받게 될 수증자 등을 말한다. 유언집행자는 증인결격자에 해당하지 아니한다(대법원 1999.11.26. 선고 97다57733 판결).

② 공정증서에 의한 유언의 경우 공증인법에 의한 결격자(제1072조 제2항)

미성년자, 시각장애인이거나 문자를 해득하지 못하는 사람, 서명할 수 없는 사람, 촉탁사항에 관하여 이해관계가 있는 사람, 촉탁사항에 관하여 대리인 또는 보조인이거나 대리인 또는 보조인이었던 사람, 공증인의 친족이나 피고용인 또는 동거인, 공증인의 보조자 등 참여인결격자가 이에 해당한다(공증인법 §33③ 본문). 다만 유언자가 참여인의 참여를 청구한 경우에는 그러하지 아니하다(공증인법 §33③ 단서).

2) 결격자가 참여한 유언의 효력

유언의 증인으로서의 자격을 결여한 사람이 참여한 유언은 그 유언 전체가 무효이다. 결격자가 한 사람이라도 참여한 경우에는 반드시 유언은 무효가 되는가, 또는 결격자를 제외하더라도 소정의 증인 수에 달한 경우에는 유언의 효력이 있는가에 관하여 대륙법은 전자로, 영미법은 후자로 해석한다. 판례는 구수증서에 의한 유언의 경우에 결격자가 참여하였으나, 결격자 외의 2인 이상의 증인이 참여하고 그 중 1인이 필기낭독하여 유언자와 증인이 그 정확성을 승인할 사실이 인정되는 때에는 유언의 효력이 있는 것으로 본다(대법원 1977.11.8. 선고 76므15 판결).

2. 자필증서에 의한 유언

자필증서에 의한 유언은 유언자가 그 전문(全文)과 연월일, 주소, 성명을 자서(自書)하고 날인하여야 한다(§1066). 가장 간편한 방식의 유언이지만 위조나 변조의 위험성이 상대적으로 크고 유언자의 사후 본인의 진의를 객관적으로 확인하는 것이 어렵다. 문자를 알지 못하는 사람은 이용할 수 없고, 유언서의 존재가 불명확하다.

(1) 전문의 자서

자필증서에 의한 유언은 자서하는 것이 절대적 요건이므로, 전자복사기를 이용하여 작성한 복사본은 이에 해당하지 아니한다(대법원 1998.6.12. 선고 97다38510 판결). 타자기 · 점자기, 녹음테이프 등을 이용한 경우도 자필증서에 해당되지 않는다. 다만, 본문의 일부에 대하여 이러한 사정이 있을 때에는 그 부분을 제외하고도 유언의 취지가 충분히 표현되어 있고, 대서(代書) 등이 유언의 부수적 · 첨가적 부분에 그치는 경우에는 유효로 보아야 할 것이다.

사용하는 용어는 제한이 없고, 외국어, 관용어, 약어도 무방하다. 타인의 손에 의지하여 쓴 유언이나 어느 정도 문자를 이해하고 쓸 수 있는 사람이 타인이 쓴 것을 그대로 베낀 유언은 자서로 볼 수 있다.

용지나 형식에도 제한이 없고, 유언서 전문을 한 장의 용지에 쓸 필요도 없다. 용지가 여러 장이더라도 그것이 한 개의 유언서인 것이 확인될 수 있는 때에는 계인(契印)이나 편철(編綴)이 없더라도 무방하다. 봉인(封印) 여부도 자유이다.

(2) 연월일의 자서

연월일은 유언서의 전문, 말미, 봉투 등 어디에 기재하여도 무방하나, 연월일의 기재가 없는 자필유언증서는 효력이 없다. 자필유언증서의 연월일은 이를 작성한 날로서 유언능력의 유무를 판단하거나 다른 유언증서와의 사이에 유언 성립의 선후를 결정하는 기준일이 되므로 그 작성일을 특정할 수 있게 기재하여야 한다. 따라서 연·월만 기재하고 일의 기재가 없는 자필유언증서는 그 작성일을 특정할 수 없으므로 효력이 없다(대법원 2009.5.14. 선고 2009다9768 판결). 그러나 날짜의 기재가 없거나 불완전하더라도 유언작성시가 유언장의 내용이나 또는 외부적 사정에 비추어 그 작성일을 특정할 수 있으면, 예를 들어 회갑일 또는 몇 회 생일 등으로 기재되어 있으면 유언장이 확정된 일자에 작성된 것이라 볼 수 있으므로 유효하다고 판단된다. 그러나 자필유언증서에 2005.5.17. 발급받은 자신의 인감증명서를 첨부하고 그 인감증명서의 사용용도란에 '02-12-유언서 사실확인용'이라고 자서하였다 하더라도, '2002년 12월' 중의 특정한 날이 그 작성일로 삽입되었거나 그 작성의 연월일을 '2005.5.17.'로 변경하였다고 볼 수 없다(대법원 2009.5.14. 선고 2009다9768 판결).

연월일의 자서가 2개 이상 있는 경우는 나중의 일자를 기준으로 하는 것이 타당하다.

(3) 주소의 자서

주소를 쓴 자리가 반드시 유언 전문 및 성명이 기재된 지편(紙片)이어야 하는 것은 아니다. 유언서의 일부로 볼 수 있는 이상 그 전문을 담은 봉투에 기재하더라도 무방하다(대법원 1998.5.29. 선고 97다38503 판결; 대법원 1998.6.12. 선고 97다38510 판결; 대법원 2007.10.25. 선고 2006다12848 판결).

유언자가 주소를 자서하지 않았다면 이는 법정된 요건과 방식에 어긋난 유언으로서 무효이며, 유언자의 특정에 지장이 없다고 하여 달리 볼 수 없다는 것이 판례의 태도이다. 그리고 여기서 자서가 필요한 주소는 반드시 주민등록법에 의하여 등록된 곳일 필요는 없으나, 적어도 제18조에서 정한 생활의 근거되는 곳으로서 다른 장소와 구별되는 정도의 표시를 갖추어야 한다(대법원 2014.9.26. 선고 2012다71688 판결).

(4) 성명의 자서

성명의 기재는 그 유언이 누구의 것인가를 알 수 있을 정도이면 족하다. 성 또는 명만 기재해도 유언자가 누구인지 알 수 있으면 족하다. 호(號)나 자(字) 또는 예명, 필명 등을 사용해도 상관없고, 성명 대신에 '부(父)'라고만 자필로 기재된 때에도, 그것에 의하여 유언자와 유언의 의사를 확인할 수 있는 한 유효하다. 자서를 기초로 새긴 인형(印形)을 날인하는 것은 무효이다.

(5) 날 인

유언자의 날인이 없는 유언장은 자필증서에 의한 유언으로서의 효력이 없다(대법원 2006.9.8. 선고 2006다25103, 25110 판결; 대법원 2007.10.25. 선고 2006다12848 판결). 그러나 날인은 반드시 실인(實印)이어야 할 필요는 없고, 타인을 시켜서 날인하여도 유효하다. 인장 대신 무인(拇印)에 의한 경우에도 유효하나(대법원 1998.6.12. 선고 97다38510 판결), 유언자의 것임이 인정되지 않는 무인이 찍혀 있는 경우에는 유언의 효력이 인정되지 않는다(대법원 2007.10.25. 선고 2006다12848 판결).

(6) 자필증서의 변경

자필증서에 문자의 삽입, 삭제 또는 변경을 함에는 유언자가 이를 자서하고 날인하여야 한다(§1066②). 그러나 자필증서 중 증서의 기재 자체에 의하더라도 명백한 오기를 정정한 것에 지나지 않는다면 설령 그 수정 방식이 위 법조항에 위배된다고 할지라도 유언자의 의사를 용이하게 확인할 수 있으므로 이러한 방식의 위배는 유언의 효력에 영향을 미치지 아니한다(대법원 1998.6.12. 선고 97다38510 판결). 가제정정(加除訂正)방식의 유언도 무효이나, 그 부분이 부수적 · 첨부적인 의미를 지닐 경우에는, 유언 전체를 무효로 볼 것이 아니라 가제정정이 없는 유언으로 처리해야 할 것이다.

- 제1066조 제1항이 자필증서에 의한 유언의 방식으로 전문(全文)의 자서(自書)에 더하여 '날인'이나 '주소'의 작성을 요구하고 있는 것은, 유언자의 재산권과 일반적 행동자유권을 침해하는 것은 아닌가?(헌법재판소 2008.3.27. 선고 2006헌바82 결정; 헌법재판소 2008.12.26. 선고 2007헌바128 결정)

3. 녹음에 의한 유언

녹음에 의한 유언은 유언자가 유언의 취지, 그 성명과 연월일을 구술하고 이에 참여한 증인이 유언의 정확함과 그 성명을 구술하여야 한다(§1067). 유언자의 육성을 그대로 보존할 수 있고 녹음기와 증인만 있으면 간편하게 할 수 있으나, 녹음이 소멸되거나 변조될 가능성이 있다. 피성년후견인이 의사능력이 회복되어 녹음에 의한 유언을 할 때에 의사는 심신회복의 상태를 녹음기에 구술하는 방법으로 확인해야 한다.

한편, 유언증서가 성립한 후에 멸실되거나 분실되었다는 사유만으로 유언이 실효되는 것은 아니고 이해관계인은 유언증서의 내용을 증명하여 유언의 유효를 주장할 수 있는데(대법원 1996.9.20. 선고 96다21119 판결), 이는 녹음에 의한 유언이 성립한 후에 녹음테이프나 녹음파일 등이 멸실 또는 분실된 경우에도 마찬가지이다.

- 변호사가 망인의 유언을 휴대전화로 녹음한 다음 녹음 원본파일을 망인의 상속인에게 카카오톡으로 전송한 후 삭제하였고, 유언 검인기일에는 녹음 사본파일만이 제출되어 유언검인조서가 작성된 사안에서, 제반 사정에 비추어 유언 검인기일에 제출된 녹음 사본파일이 녹음 원본파일과 동일성이 있는 파일인 사실이 인정된다는 이유로 망인의 유언은 제1067조의 요건을 갖춘 것으로서 유효하다고 판단한 사례(대법원 2023.6.1. 선고 2023다217534 판결).

4. 공정증서에 의한 유언

(1) 특 징

공정증서에 의한 유언은 유언자가 증인 2인이 참여한 공증인의 면전에서 유언의 취지를 구수(口授)하고 공증인이 이를 필기·낭독하여 유언자와 증인이 그 정확함을 승인한 후 각자 서명 또는 기명날인한 유언이다(§1068). 자기가 유언증서를 작성하지 않아도 할 수 있는 유언의 방식이며, 또한 유언의 존재를 명확히 하고 내용의 진실성을 확보할 수 있다는 점이 특징이나, 유언의 내용이 알려지고, 상당한 비용이 든다.

(2) 요 건

① 공정증서에 의한 유언에는 증인 2인의 참여가 있어야 한다. 증인 2명이 참석하지 아니하였을 때에는 공정증서에 의한 유언은 효력이 없다(대법원 2002.9.24. 선고 2002다35386 판결). 증인 2인은 유언증서작성 중 시종 참여하여야 한다. 작성 도중에 참여하거나 퇴석할 경우에는 무효이다. 증인결격자가 증인으로 참여한 경우는 무효이나, 그 이외의 증인적격자 2인 이상이 참여하면 무방하다.

② 유언자가 공증인의 면전에서 유언의 취지를 구수하여야 한다. 유언취지의 구수라고 함은 말로써 유언의 내용을 상대방에게 전달하는 것을 뜻한다. 수화(手話)는 구수로 될 수 없다. 따라서 언어장애가 있는 사람은 공정증서에 의한 유언방식을 이용하기가 어렵다. 유언취지의 구수 요건은 이를 엄격하게 제한해석하는 것이 원칙이므로 어떠한 형태이든 유언자의 구수는 존재하여야 한다. 다만, 실질적으로 구수가 이루어졌다고 보기 위하여 어느 정도의 진술이 필요한지는 획일적으로 정하기 어렵고 구체적인 사안에 따라 판단하여야 한다(대법원 2008.2.28. 선고 2005다75019, 75026 판결). 또한 유언의 전 취지를 빠짐없이 구술할 필요는 없고, 유언의 일부를 각서로 제시하고 이를 구수의 보충으로 사용해도 된다.

공증인이 유언자의 의사에 따라 유언의 취지를 작성하고 그 서면에 따라 유언자에게 질문을 하여 유언자의 진의를 확인한 다음 유언자에게 필기된 서면을 낭독하여 주었고, 유언자가 유언의 취지를 정확히 이해할 의사식별능력이 있고 유언의 내용이나 유언경위로 보아 유언 자체가 유언자의 진정한 의사에 기한 것으로 인정할 수 있는 경우에는, 유언취지의 구수요건을 갖춘 것으로 인정된다(대법원 2007.10.25. 선고 2007다51550, 51567 판결; 대법원 2008.2.28. 선고 2005다75019, 75026 판결). 그러나 공증인이 유언내용의 취지를 유언자에게 말하여 주고 유언자는 말은 하지 않고 거동으로만 이를 수긍 · 부인하는 방법은 구수에 해당되지 아니한다(대법원 1980.12.23. 선고 80므18 판결; 대법원 1993.6.8. 선고 92다8750 판결; 대법원 1996.4.23. 선고 95다34514 판결). 유언 당시 병원 중환자실에 입원 중이었으며 의사전달능력은 있었으나 수술에 의하여 기관지가 절개된 상태였기 때문에 말을 하기 위해서는 절개 부분에 삽입된 의료기구를 제거하고 절개된 부분을 막아야만 쉰 목소리로 발음을 할 수 있었을 따름인 경우, 제대로 된 유언의 구수가 있었는지는 의문이라고 본 판례가 있다(대법원 2002.10.25. 선고 2000다21802 판결).

③ 공증인이 유언자의 구술을 필기하고, 이를 유언자와 증인 앞에서 낭독하여야 한다. 필기는 공증인 자신이 반드시 할 필요는 없고, 공증인의 사무원 등 보조자에게 필기하게 하여도 되며, 반드시 유언자의 면전에서 할 필요는 없다. 공정증서는 국어로 작성되어야 한다(공증인법 §26). 공증인은 그 사무소에서 직무를 행하는 것이 원칙이지만(공증인법 §17③), 유언의 경우에는 이를 적용하지 아니한다(공증인법 §56).

④ 유언자와 증인이 필기가 정확함을 승인한 후 각자 서명 또는 기명날인하여야 한다. 유언자가 서명할 수 없을 때에는 공증인이 부기하고 대신할 수도 있다. 대법원도, 유언자의 기명날인은 유언자의 의사에 따라 기명날인한 것으로 볼 수 있는 경우 반드시 유언자 자신이 할 필요는 없다고 한다(대법원 2016.6.23. 선고 2015다231511 판결).

5. 비밀증서에 의한 유언

(1) 요 건

비밀증서에 의한 유언은 유언자가 필자의 성명을 기입한 증서를 엄봉(嚴封)날인하고, 이를 2인 이상의 증인의 면전에 제출하여 자기의 유언임을 표시한 후 그 봉서(封書)표면에 유언서의 제출연월일을 기재하고 유언자와 증인이 각자 서명 또는 기명날인하여야 한다. 유언봉서는 그 표면에 기재된 날로부터 5일 내에 공증인 또는 가정법원서기에게 제출하여 그 봉인상에 확정일자인을 받아야 한다(§1069). 자필증서유언과 공정증서유언을 절충한 방식이라 할 수 있다.

유언서 자체에 방식을 요구하는 것이 아니라 유언의 비밀을 지키면서 그 변조 등을 방지하기 위한 것이므로, 유언증서의 작성은 자서이어야 할 필요는 없고, 타자기, 점자기를 이용하거나 대필도 가능하다. 인쇄된 것도 무방하다. 언어를 사용할 수 없는 사람은 증인의 면전에서 그 증서가 자기의 유언서라는 취지를 자서

해야 한다.

(2) 비밀증서에 의한 유언의 전환

비밀증서에 의한 유언이 그 방식에 흠결이 있는 경우에 그 증서가 자필증서의 방식에 적합한 때에는 자필증서에 의한 유언으로 본다(§1071).

6. 구수증서에 의한 유언(특별방식의 유언)

(1) 특 징

구수증서에 의한 유언은 질병 그 밖의 급박한 사유로 인하여 제1066조부터 제1069조 소정의 자필증서, 녹음, 공정증서 및 비밀증서의 방식에 의하여 할 수 없는 경우에 허용된다(§1070①).

(2) 요 건

① 질병 그 밖의 급박한 사유 때문에 제1066조부터 제1069조 소정의 자필증서, 녹음, 공정증서 및 비밀증서의 방식에 의한 유언을 할 수 없어야 한다. 예컨대 전염병으로 교통이 차단된 장소에 있는 경우, 종군(從軍) 중의 군인, 조난된 선박 중에 있는 경우 등을 들 수 있다. 급박한 사유가 있는지의 여부를 판단할 때에는 유언자의 진의를 존중하기 위하여 유언자의 주관적 입장도 고려할 필요가 있으나 보통방식에 의한 유언이 객관적으로 가능한 경우까지 구수증서에 의한 유언을 허용하여야 하는 것은 아니다(대법원 1999.9.3. 선고 98다17800 판결). 판례는 고령의 노환으로 거동이 부자유하고 자필이 불가능한 상황에서의 유언(대법원 1977.11.8. 선고 76므15 판결), 甲이 입원하고 있던 병원에서 그가 대표이사로 재직하던 회사의 부사장과 비서인 乙을 참석하게 하여 乙로 하여금 계쟁 토지를 丙의 단독 소유로 한다는 등의 유언을 받아쓰게 하여 유언서가 작성된 후 甲이 사망한 경우(대법원 1992.7.14. 선고 91다39719 판결), 구수증서에 의한 유언이 행해진 것으로 보고 있다.

② 유언자가 2인 이상의 증인의 참여하에 그 중 1인에게 유언의 취지를 구수하고, 그 구수를 받은 사람이 이를 필기·낭독하여 유언자와 증인(관보상으로는 유언자의 증인으로 되어 있으나 이는 편집상의 오류이다)이 그 정확함을 승인한 후 각자

서명 또는 기명날인하여야 한다(§1070①). 피성년후견인이 구수증서에 의한 유언을 하는 경우에는 그 의사능력이 회복되어야 한다(§1063①). 이때에는 의사가 심신회복의 상태를 유언증서에 부기하고 서명날인할 필요는 없다(§1070③, §1063②). 급박한 사유가 있는 경우까지 예외 없이 의사가 참여해야 한다는 것은 유효한 유언 성립을 거의 불가능하게 만들기 때문이다. 구수와 필기 · 낭독에 관한 요건은 공정증서에 의한 유언의 경우와 같다.

③ 증인 또는 이해관계인이 급박한 사유가 종료한 날로부터 7일 내에 법원에 그 검인을 신청하여야 한다(§1070②). 유언의 검인은 급박한 사유로 구수증서라는 간이한 방식으로 유언자의 유언이 있은 후 그 유언이 유언자의 진의에서 나온 것임을 확정하는 절차로서 법원의 검인을 받음에 지장이 없게 되면 소정기간 내에 검인을 받아야 한다는 취지이다. 따라서 유언자의 질병으로 인하여 구수증서의 방식으로 유언을 한 경우에는 특별한 사정이 없는 한 유언이 있은 날에 급박한 사유가 종료한 것으로 보아야 하고, 유언이 있은 날로부터 7일 이내에 법원에 그 검인을 신청하여야 한다. 그 기간이 지난 검인신청은 부적법한 신청으로서 각하하여야 한다(대법원 1986.10.11.자 86스18 결정; 대법원 1989.12.13.자 89스11 결정; 대법원 1994.11.3.자 94스16 결정). 검인을 받지 못한 경우에는 유언의 효력이 없다(대법원 1992.7.14. 선고 91다39719 판결).

이에 비하여 제1091조에서 규정하고 있는 유언증서에 대한 법원의 검인은 유언증서의 형식 · 태양 등 유언의 방식에 관한 모든 사실을 조사 · 확인하고 그 위조 · 변조를 방지하며, 또한 보존을 확실히 하기 위한 일종의 검증절차 내지는 증거보전절차에 해당한다. 유언이 유언자의 진의에 의한 것인지의 여부나 적법한지의 여부를 심사하지 아니한다. 또한 직접 유언의 유효 여부를 판단하는 심판이 아니므로, 적법한 유언은 검인의 유무와 관계없이 유언자의 사망에 의하여 그 효력이 생긴다(대법원 1998.6.12. 선고 97다38510 판결).

유언의 검인은 라류 가사비송사건이다(가소 §2①). 검인은 상속개시지 또는 유언자의 주소지 가정법원의 전속관할이다(가소 §44). 유언을 검인할 때에는 유언방식에 관한 모든 사실을 조사하여야 하고(가소규 §85①), 유언검인의 심판에 대하여는 이해관계인이, 유언검인의 청구를 기각한 심판에 대하여는 증인 또는 이해관계인이 즉시항고를 할 수 있다(가소규 §85②). 유언의 검인에 대하여 즉시항고를 할 수 있는 이해관계인은 상속인 그 밖에 검인에 의하여 직접 그 권리가 침해되었다고 객관적으로 인정되는 사람을 의미한다. 따라서 상속인으로 될 수 없고 유언 집행자도 아니며 유증의 수증자에 불과한 자는 즉시항고를 할 수 있는 이해관계인에 해당되지 아니한다(대법원 1990.2.12.자 89스19 결정).

Ⅲ. 유언의 철회

1. 의 의

(1) 유언철회의 자유

유언자는 언제든지 유언 또는 생전행위로 유언의 전부나 일부를 철회할 수 있다(§1108). 유언은 사람의 최종적인 처분이고, 최종적인 의사의 표시이므로, 유언자의 최종적인 의사를 확보하기 위한 것이다. 유언자 자신이 하는 것인 한 특별한 이유가 필요 없다.

(2) 종 류

유언의 철회에는 유언자의 의사에 의한 임의철회와 법률이 정한 사유에 의한 법정철회가 있다.

(3) 유언의 취소와의 차이

유언의 철회는 특별한 원인이 필요하지 않고, 유언자 자신만이 단독으로 할 수 있으며(일신전속성), 유언의 전부 또는 일부를 철회할 수 있다. 또한 기간의 제한이 없으며 유언을 철회할 권리를 포기할 수 없다(§1108②). 이에 반하여 유언의 취소는 일정한 취소원인이 있어야 하고, 유언자 이외의 자도 유언을 취소할 수 있으며, 일부취소를 할 수 없다.

2. 임의철회

유언자는 언제든지 자유로이 유언의 전부 또는 일부를 철회할 수 있다(§1108①). 유언의 철회는 유언자 본인이 하여야 하고, 반드시 유언으로 할 필요가 없으며 생전행위로도 가능하다. 유언으로 철회할 경우에도 전 유언의 방식을 따를 필요는 없다. 유언자는 그 유언을 철회할 권리를 포기하지 못한다(§1108②). 따라서 유언자가 수유자와 유언을 철회하지 않는다는 내용의 계약을 체결하더라도 그 계약은 무효이다.

3. 법정철회

① 전후의 유언이 저촉되는 경우에는 그 저촉된 부분의 전 유언은 철회한 것으로 본다(§1109 전단). 전후의 유언이 저촉되는 경우란 동일인에 의한 전 후 두 개의 유언이 있고 그 내용이 모순되어 후의 유언이 전의 유언과 양립될 수 없음이 객관적으로 명백한 경우를 말한다. 유언자가 전후의 유언이 저촉되는 것을 알았을 것을 필요로 하지 않는다. 유언의 저촉 정도는 구체적인 경우에 유언의 해석에 의하여 판단할 문제이다. 전의 유언과 후의 유언이 앞의 유언에 조건을 붙인 것에 지나지 않는다고 볼 수 있는 경우는 저촉에 해당되지 않는다.

② 유언 후의 생전행위가 유언과 저촉되는 경우에는 그 저촉된 부분의 전 유언은 철회한 것으로 본다(§1109 후단). 유언 후의 생전행위가 유언과 저촉되는 경우에는, 이러한 생전행위를 철회권을 가진 유언자 자신이 할 때 비로소 철회의제 여부가 문제될 뿐이고 타인이 유언자의 명의를 이용하여 임의로 유언의 목적인 특정 재산에 관하여 처분행위를 하더라도 유언 철회로서의 효력은 발생하지 않는다(대법원 1998.6.12. 선고 97다38510 판결).

저촉이라 함은 전의 유언을 실효시키지 않고서는 유언 후의 생전행위가 유효로 될 수 없음을 가리킨다. 법률상 또는 물리적인 집행불능만을 뜻하는 것이 아니라 후의 행위가 전의 유언과 양립될 수 없는 취지로 행하여졌음이 명백하면 족하다. 이러한 저촉 여부 및 그 범위를 결정할 때에는 전후 사정을 합리적으로 살펴 유언자의 의사가 유언의 일부라도 철회하려는 의사인지 아니면 그 전부를 불가분적으로 철회하려는 의사인지 여부를 실질적으로 집행이 불가능하게 된 유언 부분과 관련시켜 신중하게 판단하여야 한다(대법원 1998.6.12. 선고 97다38510 판결). 망인이 유언증서를 작성한 후 재혼하였다거나, 유언증서에서 유증하기로 한 일부 재산을 처분한 사실이 있다고 하여 다른 재산에 관한 유언을 철회한 것으로 볼 수 없다(대법원 1998.5.29. 선고 97다38503 판결).

③ 유언자가 고의로 유언증서를 파훼한 때에는 그 파훼한 부분에 관한 유언은 이를 철회한 것으로 본다(§1110 전단). 파훼란 물건의 형상 또는 효용을 잃게 하는 모든 행위를 말한다. 선을 그어 문자를 지운 것만으로는 유언의 철회로 보기 어려울 것이다. 유언자의 고의에 의하여 파훼되어야 할 것을 요하므로, 단순히 유언증서가 멸실 또는 분실된 경우는 철회로 보기 어렵다(대법원 1996.9.20. 선고 96다21119 판결). 그러나 파훼의 이유는 묻지 않고, 유언을 철회할 의사 없이 다른 목적으로 유언증서를 파훼하더라도 유언의 철회이다. 유언자의 과실 또는 타인의 행위나 불가항력에 의하여 파훼한 경우나 유언증서의 내용을 식별할 수 없는 경우에는 이해관계인은 유언증서의 내용을 입증하여 유언의 유효를 주장할 수 있다.

④ 유언자가 고의로 유증의 목적물을 파훼한 때에는 그 파훼한 부분에 관한 유언은 이를 철회한 것으로 본다(§1110 후단). 고의는 유증을 철회하려는 의사를 가리키는 것은 아니다. 제3자가 유증의 목적물을 파훼한 때에는 유언이 철회된 것으로 보기 어렵고, 유언자가 취득하게 되는 손해배상청구권에 관하여 유증의 목적으로 한 것으로 볼 것이다(§1083 참조).

4. 유언철회의 효과

유언이 철회된 때에는 처음부터 유언이 없었던 것으로 된다. 유언의 철회가 있은 후에 그 철회를 다시 철회한 경우에 처음에 있었던 유언이 부활하는지에 관하여 민법은 규정하지 않고 있다. 일본민법은 유언의 효력이 부활되지 않고 다만 사기 또는 강박에 의하여 철회한 경우에는 그러하지 않다고 규정하나(일본민법 §1025), 독일민법은 부활주의를 취한다(독일민법 §2257, §2258). 유언자의 최종적인 진의가 무엇인지에 따라 결정할 문제이다.

Ⅳ. 유언의 효력

1. 유언의 효력발생시기

유언은 유언자가 사망한 때로부터 그 효력이 생긴다(§1073). 사람의 최종의사의 표시라는 유언의 본질상 당연하다. 유언의 내용으로 된 개개의 행위 중에 일정한 절차를 밟아야 하는 경우이라도 유언의 효력발생과는 별개의 문제이다.

(1) 유언에 의한 인지

유언에 의하여 혼인 외의 자녀를 인지한 경우에는 유언집행자는 등록법이 정한 바에 따라 그 취임일로부터 1개월 이내에 인지신고를 하여야 한다(등록법 §59). 유언은 유언자가 사망한 때로부터 그 효력이 생기므로, 이 신고는 보고적 신고이다. 한편, 인지는 그 자녀의 출생시에 소급하여 그 효력이 생긴다(§860).

(2) 조건부 또는 기한부 유언

유언의 내용이 신분에 관한 사항과 같이 그 성질상 허용되지 않는 경우를 제외하고는 조건 또는 기한을 붙일 수 있다.

1) 조건부유언

유언에 정지조건이 있는 경우에 그 효력은 제147조부터 제151조에 따른다. 그 조건이 유언자의 사망 후에 성취한 때에는 그 조건성취한 때로부터 유언의 효력이 생긴다(§1073②). 이는 정지조건의 효력에 관한 주의적 규정이다. 유언자가 조건성취의 효과를 그 성취 전에 소급하게 할 의사를 표시한 때에는 그 의사에 따라야 한다(§147③).

2) 기한부유언

기한부유언의 효력은 제152조 이하에 따른다. 시기부 유언은 기한이 도래한 때에 그 효력이 생기고, 종기부 유언은 유언자가 사망한 때로부터 그 효력을 발생하여 기한이 도래한 때부터 효력을 잃는다(§152). 상속재산분할금지에 관한 유언은 5년 내의 종기부로 할 수 있다(§1012 후단).

(3) 유언에 의한 재단법인의 설립

유언으로 재단법인을 설립할 수 있다(§44, §47②). 재단법인의 설립은 일정한 재산을 출연하고 법에 정해진 사항을 기재한 정관을 작성하여 기명날인하여야 하고(§43), 재단법인의 설립은 설립등기를 함으로써 성립한다(§33). 출연재산은 유언의 효력이 발생한 때, 즉 유언자가 사망한 때로부터 법인에 귀속한 것으로 본다(§48). 출연재산이 부동산인 경우 학설상으로는 등기불요설과 등기필요설이 대립하나, 판례는 대내관계와 대외관계를 나누어 판단한다. 즉 제48조의 규정은 출연자와 법인과의 관계를 상대적으로 결정하는 기준에 불과하여 출연재산이 부동산인 경우에도 출연자와 법인 사이에는 법인의 성립 외에 등기를 필요로 하지 아니하나, 제3자에 대한 관계에서는 출연행위는 법률행위이므로 출연재산의 법인으로의 귀속에는 법인성립 외에 등기를 필요로 한다(대법원 1979.12.11. 선고 78다481, 482 전원합의체 판결; 대법원 1993.9.14. 선고 93다8054 판결). 재단법인이 그와 같은 등기를 마치지 아니하였다면 유언자의 상속인의 한 사람으로부터 부동산의 지분을 취득하여 이전등기를 마친 선의의 제3자에 대하여 대항할 수 없다.

2. 유언의 해석

유언을 해석할 때에는 유언자의 진의가 무엇인가를 신중하게 탐색하고 유언의 내용을 명확히 해야 한다. 그러므로 유언의 해석은 법률행위 해석의 일반표준에 따라야 할 것이다. 다만 제1065조부터 제1070조가 유언의 방식을 엄격하게 규정한 것은 유언자의 진의를 명확히 하고 그로 인한 법적 분쟁과 혼란을 예방하기 위한 것이므로, 법정된 요건과 방식에 어긋난 유언은 그것이 유언자의 진정한 의사에 합치하더라도 무효이다(대법원 2007.10.25. 선고 2007다51550, 51567 판결). 방식엄수의 요청은 유언자의 진의 탐구에 우선하는 것이다. 또한 상대방 없는 단독행위이므로, 상대방의 보호, 거래의 안전 보호는 고려할 여지가 별로 없고, 유언자의 진의를 중시하여야 한다(의사주의의 중시). 그러나 사정변경이 있는 경우에는 유언자의 사망 당시의 진의를 보충하는 것이 허용되어야 할 것이다. 또한 법률의 규정에 의하여 유언의 내용을 보충하는 것도 가능하다(§44 참조).

3. 유언의 무효와 취소

유언의 무효와 취소는 유언자의 사망 후에 주로 문제된다. 유언자가 생존하고 있을 때에는 유언철회의 자유가 인정되므로 유언의 무효, 취소를 주장할 실익이 없다. 유언의 무효, 취소에 관한 사항은 일반민사사건이다.

(1) 유언의 무효

방식이 흠결된 유언, 유언무능력자, 즉 17세 미만자와 의사능력이 없는 사람의 유언, 수유결격자에 대한 유언, 선량한 풍속 기타 사회질서나 강행규정에 위반하는 것을 내용으로 한 유언, 그리고 법정사항 이외의 사항을 내용으로 한 유언은 무효이다.

(2) 유언의 취소

재산에 관한 유언 내용의 중요부분에 착오가 있거나, 사기 · 강박에 의하여 유언이 이루어진 경우에는 그 유언은 취소될 수 있다. 유언의 내용이 재산에 관한 사항인 경우에만 문제된다. 유언 철회의 자유가 인정되므로 유언자 생전의 취소를 인정할 실익은 별로 없다. 다만 유언자의 대리인도 취소권을 행사할 수 있고, 유언자가 사기 · 강박에 의한 취소권을 취득하고 그것이 상속인에게 상속된다.

V. 유 증

1. 유증의 의의와 성질

(1) 유증의 의의

유증은 유언자가 유언에 의하여 재산을 수유자에게 무상으로 증여하는 단독행위이다. 유증은 유언에 의한 재산의 처분이고, 상속재산의 귀속에 직접 영향을 미치므로, 유언의 자유란 유증의 자유를 확보하기 위한 것이다. 유증에 관한 민법규정은 가족법상의 다른 강행규정과는 달리 임의규정인 경우가 많다(§1076, §1079, §1086, §1087, §1090). 그러나 상속재산의 처분이 무제한으로 인정되는 것은 아니고, 유류분에 관한 규정은 유증의 자유를 제한하는 중요한 제도 중 하나이다.

유증은 반드시 재산을 목적으로 한 것이기는 하지만, 반드시 상속재산에 관하여만 유증을 하여야 하는 것은 아니다(§1087).

(2) 유증에 관한 규정의 준용

유증은 단독행위라는 점에서 계약인 사인증여와는 구별되지만, 행위자의 사망으로 효력이 발생하는 사인행위라는 점에서 사인증여와 비슷하므로 사인증여에 유증에 관한 규정을 준용한다(§562). 다만, 유증에 관한 규정 중 단독행위임을 전제로 하는 규정 또는 사인증여의 성질에 반하는 규정은 사인증여에 준용되지 않는다. 즉, 유언능력(§1061~§1063), 유언의 방식(§1065~§1072), 유증의 승인과 포기(§1074~§1077), 포괄적 수증자의 상속인과 동일한 권리의무에 관한 규정(§1078) 등은 사인증여에 준용되지 않는다(대법원 1996.4.12. 선고 94다37714, 37721 판결).

유증의 철회에 관한 규정(§1108 이하)이 사인증여에 준용되는지에 관하여 판례는 이를 긍정한다. 즉, 사인증여는 증여자의 사망으로 인하여 효력이 발생하는 무상행위로서 그 실제적 기능이 유증과 다르지 않으며, 증여자의 사망 후 재산 처분에 관하여 유증과 같이 증여자의 최종적인 의사를 존중할 필요가 있으므로, 증여자가 사망하지 않아 사인증여의 효력이 발생하기 전임에도 사인증여가 계약이라는 이유만으로 그 법적 성질상 철회가 인정되지 않는다고 볼 것은 아니라고 한다(대법원 2022.7.28. 선고 2017다245330 판결).

유언에 의한 재단법인설립은 유증이 아니지만 유증과 흡사하므로 유증에 관한 규정을 준용하고(§47②), 출연재산은 유언의 효력이 발생한 때, 즉 유언자가 사망한 때로부터 법인에 귀속한 것으로 본다(§48).

2. 유증의 종류

(1) 특정유증과 포괄유증

포괄유증은 적극재산은 물론 소극재산, 즉 채무까지도 포괄하는 상속재산의 전부 또는 그 분수적 부분 내지 비율에 의한 유증(예컨대, 상속재산의 3분의 1 또는 50%)을 의미한다. 특정유증은 재산을 구체적으로 특정하여 유증의 목적으로 하는 것, 예컨대 어떤 부동산, 어떤 채권을 양도하는 것이다. 특정의 의미는 상속재산의 전부 또는 일정비율을 의미하는 '포괄'의 상대개념이고, 유증의 목적인 재산의 개수 내지 종류가 지정되어 있다는 뜻이다. 따라서 특정유증의 목적은 특정물에 한하지 않고 불특정물도 그 목적으로 할 수 있다.

당해 유증이 포괄적 유증인가 특정유증인가는 유언에 사용한 문언 및 그 외 제반 사정을 종합적으로 고려하여 탐구된 유언자의 의사에 따라 결정되어야 한다. 통상은 상속재산에 대한 비율의 의미로 유증이 된 경우는 포괄적 유증, 그렇지 않은 경우는 특정유증이라고 할 수 있다(대법원 2003.5.27. 선고 2000다73445 판결). 그러나 유언공정증서 등에 유증한 재산이 개별적으로 표시되었다는 사실만으로는 특정유증이라고 단정할 수는 없고 상속재산이 모두 얼마나 되는지를 심리하여 다른 재산이 없다고 인정되는 경우에는 이를 포괄적 유증으로 볼 수도 있다(대법원 1978.12.13. 선고 78다1816 판결). 또한 유증목록에 유증자 명의의 일부 재산이 누락되어 있으나, 유증의 경위, 유증자 소유재산 중 유증목록에 포함된 재산의 가액 정도, 유증목록에서 제외된 재산의 소유권 이전과 사용용도, 유언공정증서의 표현 내용 등의 제반 사정에 비추어 포괄유증으로 보는 것도 가능하다(서울고등법원 2004.9.16. 선고 2004나9796 판결).

포괄유증과 특정유증의 주된 차이는 포괄유증을 받은 사람은 상속인과 동일한 권리의무가 있고(§1078), 소극재산까지 승계한다는 점이다. 그리고 포괄유증의 경우에는 상속회복청구권 및 그 제척기간에 관하여 규정한 제999조가 유추적용된다(대법원 2001.10.12. 선고 2000다22942 판결). 포괄유증을 받은 사람은 제187조에 의하여 법률상 당연히 유증받은 부동산의 소유권을 취득하나, 특정유증의 경우에는 유증의 목적물은 상속재산으로서 상속인에게 귀속하고, 특정유증을 받은 사람은 유증의무자에게 유증을 이행할 것을 청구할 수 있는 채권을 취득할 뿐이다(대법원 2003.5.27. 선고 2000다73445 판결).

특정유증의 채권적 효력의 근거로는 ① 민법이 물권변동에서 형식주의를 취하는 점, ② 한정승인과 재산분리의 경우 상속채권자에게 먼저 변제를 완료한 후가 아니면 유증받은 사람에게 변제하지 못하도록 한 점(§1036, §1051③), ③ 유증에 관한 규정 중 유증의무자(§1077, §1080, §1081) 또는 유증의 이행을 청구할 수 있는 때(§1079)라는 문구가 사용되고 있다는 점 등을 든다.

(2) 그 밖의 유증

조건 있는 유증, 기한 있는 유증 및 부담 있는 유증과 그러한 조건, 기한, 부담이 없는 단순유증이 있다.

3. 수유자와 유증의무자

(1) 수 유 자

수유자는 유증을 받는 사람이다. 자연인뿐만 아니라 법인도 유증을 받을 수 있고, 상속인도 유증을 받을 수 있다.

수유자는 원칙적으로 유언자의 사망 당시 생존하여야 한다(동시존재의 원칙). 따라서 유언자가 사망하기 전에 수유자가 사망한 때에는 유증의 효력이 생기지 아니하고(§1089①), 유언자와 수유자가 동시사망의 추정을 받는 때에는 유증은 무효이다. 정지조건 있는 유증은 수유자가 그 조건성취 전에 사망한 때에는 그 효력이 생기지 아니한다(§1089②). 그러나 유증이 그 효력이 생기지 아니한 때에도 유언자가 유언으로 다른 의사를 표시한 때에는 그 의사에 의한다(§1090 단서).

태아는 유증에 관해서는 이미 출생한 것으로 본다(§1064, §1000③). 그러나 유언자의 사망시에 포태되어 있지 아니하였을 때에는 수유자로 될 수 없다. 설립 중의 법인에 대한 유증은 태아에 대한 규정을 준용하여 이를 인정할 수 있을 것이다.

수유자는 상속 결격사유가 없어야 한다(§1064, §1004). 수유자에게 결격사유가 있는 경우에는 이를 용서할 수 있다고 본다.

(2) 유증의무자

유증의 효력은 유언자가 사망한 후에 발생하므로, 유언자는 유증의무자가 될 수 없다. 유증의무자는 유언집행자(§1101)이다. 지정유언집행자가 없는 경우에 상속인(§1095) 및 포괄적 수유자(§1078)가 유언집행자가 된다. 유언집행자가 없거나 사망, 결격 그 밖의 사유로 인하여 없게 된 때에는 이해관계인의 청구에 의하여 법원이 유언집행자를 선임한다(§1096). 상속인의 존부가 분명하지 아니한 때에는 상속재산관리인(§1053, §1056)이 유증의무자로 된다. 복수의 상속인이 유증의무자인 때에는 유언으로 따로 정하지 않는 한 상속분에 따라 유증의무를 공동으로 부담한다.

4. 유증의 승인과 포기

(1) 승인, 포기의 자유

유증을 받을 사람은 유언자의 사망 후에 언제든지 유증을 승인 또는 포기할 수 있다(§1074①). 유증의 승인이나 포기는 유언자가 사망한 때에 소급하여 그 효력이 있다(§1074②). 유언은 상대방 없는 단독행위이기 때문에 유증을 받을 사람의 승낙은 물론 유증을 받을 사람 등에 대한 의사표시도 요하지 않지만, 수유자의 의사에 반해서까지 권리취득을 강제하여서는 안 되기 때문이다.

포괄적 유증을 받은 사람은 상속인과 동일한 권리의무가 있으므로(§1078), 포괄적 유증의 승인 또는 포기에 관하여는 상속의 승인과 포기(§1019 이하)가 준용되고, 유증의 승인 또는 포기에 관한 제1074조 이하는 특정유증의 경우에 한하여 적용된다.

유증의 승인이나 포기는 상속의 승인이나 포기와 달리 기간, 방식에 제한이 없다. 유증의 승인이나 포기는 통상 유증의무자에 대한 의사표시로 한다. 유증의무자는 유언집행자이나, 상속인, 상속재산관리인에 대한 의사표시도 유효하다.

유증의 목적물이 가분인 경우에는 일부만의 포기도 가능하다. 그러나 채무면제의 유증은 생전행위에 의한 채무면제가 채권자 일방의 채무자에 대한 의사표시에 의하여 채권이 소멸하는 것과의 균형상 포기를 인정할 수 없다는 견해가 있다.

제한능력자가 포기할 경우에는 제한능력자의 행위능력에 관한 규정에 따라야 하고, 법정대리인이 제한능력자를 대리하여 유증을 포기할 수 있다.

유증의 승인과 포기는 채권자대위권, 채권자취소권, 추인의 객체로 된다. 파산선고 전에 채무자를 위하여 특정유증이 있는 경우 채무자가 파산선고 당시 승인 또는 포기를 하지 아니한 때에는 파산관재인이 채무자를 갈음하여 그 승인 또는 포기를 할 수 있다(채무자 회생 및 파산에 관한 법률 §388). 판례는 특정유증을 받을 자가 이를 포기하는 것은 사해행위 취소의 대상이 되지 않는다고 본다(대법원 2019.1.17. 선고 2018다260855 판결).

(2) 유증의무자의 최고권

유증의무자나 이해관계인은 상당한 기간을 정하여 그 기간 내에 승인 또는 포기를 확답할 것을 수유자 또는 그 상속인에게 최고할 수 있고(§1077①), 그 기간 내에 수유자 또는 상속인이 유증의무자에 대하여 최고에 대한 확답을 하지 않는 때에는 유증을 승인한 것으로 본다(§1077②).

유증의 승인 또는 포기에 관한 기간의 제한은 없으나, 수유자가 장기간 포기 또는 승인을 하지 않을 경우에는, 유증의무자 그밖의 이해관계인의 지위는 불안정하게 된다. 따라서 유증에 관한 권리의무관계를 조속히 확정시키기 위하여 최고권을 인정하고 있다.

이해관계인은 후순위 수유자, 상속인의 채권자 등이다. 상당한 기간은 수유자의 유증의무자에 대한 승인 또는 포기의 의사표시의 도달에 필요한 기간이어야 한다.

최고의 방식에는 제한이 없고, 최고는 수유자 또는 그 상속인에게 도달한 때로부터 그 효력이 발생하며(§111①), 최고의 상대방이 제한능력자인 경우에는 법정대리인이 최고의 사실을 알지 못했다면 최고로써 대항할 수 없다(§112).

최고에 대한 상대방의 의사표시는 유증의무자에게 하여야 한다.

의사표시의 방식에는 제한이 없고, 승인의 의사표시는 명시적 또는 묵시적이거나 직접 또는 간접적이어도 된다.

(3) 수유자의 상속인의 승인, 포기

수유자가 승인이나 포기를 하지 않고 사망한 때에는 그 상속인은 상속분의 한도에서 승인 또는 포기를 할 수 있다(§1076 본문). 그러나 유언자가 유언으로 다른 의사를 표시한 때에는 그 의사에 의한다(§1076 단서).

수유자의 상속인의 승인 또는 포기에 관한 기간의 제한은 없으나, 수유자가 유증의 승인 또는 포기에 대한 최고를 받고 유증의 승인이나 포기를 하지 않고 사망한 때에는, 상속에 관한 규정을 유추적용하여, 수유자의 상속인이 자기를 위하여 상속의 개시가 있었다는 것과 피상속인에 대한 최고가 있었다는 것을 안 때로부터 다시 상속인을 위한 최고기간을 기산하여야 할 것이다.

(4) 승인, 포기의 효력

유증의 승인이나 포기는 취소하지 못한다(§1075①). 유증의 승인이나 포기에 관한 취소를 허용하는 것은 이해관계인의 신뢰를 배반하고 불측의 손해를 일으킬 염려가 있기 때문이다. 다만 유증의 승인 또는 포기가 착오, 사기 또는 강박에 의하여 이루어졌거나 제한능력자의 행위인 경우 등 총칙편의 규정에 의한 취소인 경우에는 가능하며, 그 취소권은 추인할 수 있는 날로부터 3개월, 승인 또는 포기한 날로부터 1년 내에 행사하여야 한다(§1075②, §1024②).

수유자가 유증을 포기한 때에는 유증의 목적인 재산은 상속인에게 귀속한다. 그러나 유언자가 유언으로 별도의 의사를 표시한 때에는 그 의사에 의한다(§1090).

5. 수유자와 유증의무자의 권리의무

(1) 포괄유증

1) 상속인과 동일한 권리의무

포괄적 유증을 받은 사람은 상속인과 동일한 권리의무가 있다(§1078). 이 규정은 사인증여에는 준용되지 않는다(대법원 1996.4.12. 선고 94다37714, 37721 판결).

① 포괄적 수유자는 상속인과 마찬가지로 유언자의 일신에 전속하는 권리의무를 제외하고 유언자의 권리의무를 당연히 포괄적으로 승계한다(§1005). 유증의무자의 유증의 이행을 필요로 하지 아니하며, 물권의 취득에 등기, 인도를 요하지 않는다(대법원 2003.5.27. 선고 2000다73445 판결).

② 상속인 또는 다른 포괄적 수유자와 상속재산을 공유하고(§1006, §1007), 협의에 의하여 상속재산을 분할할 수 있다(§1013).

③ 포괄유증의 승인과 포기에는 상속의 승인 또는 포기에 관한 제1019조부터 제1044조의 규정이 적용된다. 파산재단에 관한 상속의 승인, 포기에 관한 효력은 포괄적 유증에 관하여도 준용된다(채무자 회생 및 파산에 관한 법률 §387, §385, §386).

④ 재산분리절차에서 상속인과 동일하게 취급된다.

⑤ 상속인과 동일한 결격사유가 적용된다(§1064, §1004).

⑥ 상속회복청구권 및 그 제척기간에 관한 제999조는 포괄적 유증의 경우에도 유추적용된다(대법원 2001.10.12. 선고 2000다22942 판결).

2) 상속과의 차이

① 법인도 수유자가 될 수 있다.

② 상속인은 유류분권이 있으나, 포괄적 수유자는 유류분권이 없다.

③ 포괄유증에는 대습상속규정이 적용되지 않는다. 유언자의 사망 전에 수유자가 사망하면 유증은 효력이 생기지 않는다(§1089①).

④ 포괄적 수유자는 상속분의 양수권(§1011①)이 없다.

⑤ 상속인이나 다른 포괄적 수유자가 상속 또는 유증을 포기한 때에도 포괄적 수유자가 받은 수증분은 고정되어 있으므로 증가하지 않는다(§1090).

⑥ 상속은 부관을 붙일 수 없으나, 포괄유증은 이를 붙일 수 있다.

(2) 특정유증

1) 유증의무자와 수유자간의 권리의무

(가) 유증이행청구권

특정유증을 받은 사람은 유증의무자에게 유증의 내용에 따른 이행을 청구할 수 있다. 유증목적물의 인도청구, 부동산에 대한 소유권이전등기청구, 채권양도의 채무자에 대한 통지청구 등이다.

(나) 과실취득권

수유자는 유증의 이행을 청구할 수 있는 때부터 그 목적물의 과실을 취득한다(§1079 본문). 현실로 이행을 청구하였는지 여부를 묻지 않는다. 과실은 천연과실과 법정과실 모두 포함한다. 그러나 유언자가 유언으로 다른 의사를 표시한 때에는 그 의사에 의한다(§1079 단서).

(다) 비용상환청구권

유증의무자가 유언자의 사망 후에 그 목적물의 과실을 수취하기 위하여 필요비를 지출한 때에는 그 과실의 가액한도에서 과실을 수취한 수유자에게 상환을 청구할 수 있다(§1080, §1081). 유증의무자가 유언자의 사망 후에 그 목적물에 대하여 비용을 지출한 때에는 유치권자의 비용상환청구권에 관한 규정(§325)을 준용한다.

2) 유증목적물에 대한 담보책임

증여는 무상행위이므로 증여 목적물에 어떠한 권리나 물건의 하자가 있더라도 증여자는 담보책임을 부담하지 않는 것이 원칙이다(§559①). 그러나 유증의 경우에는 유증의무자에게 담보책임을 인정하는 규정을 두고 있다. 즉 불특정물을 유증의 목적으로 한 경우에 유증의무자는 그 목적물에 대하여 매도인과 같은 담보책임이 있다. 그리고 목적물에 하자가 있는 때에는 유증의무자는 하자 없는 물건으로 인도하여야 할 의무가 있다(§1082). 불특정물 유증의 경우에는 유증의무자로 하여금 수증자에게 완전한 물건을 급부하도록 하는 것이 유언자의 의사라고 보는 것이 합리적이기 때문이라고 한다. 그러나 특정물 유증의 경우에는 이러한 담보책임을 부담시키지 않는다. 유증목적물을 현상 그대로 주려는 것이 유언자의 일반적인 의사이고, 수증자로서도 유언자가 보유하고 있던 상태 그 이상을 요구할 수 없기 때문이다.

이를 물건의 하자와 권리의 하자로 구분해 보면 다음과 같다. 첫째, 유증목적물인 특정물에 물건의 하자가 있는 경우에 대해서는 명문의 규정이 없으므로 증여에 준하여 담보책임을 지지 않는다(§559 유추적용). 둘째, 권리의 하자 중 소유권의 하자가 있는 경우, 즉 유증목적물이 유언자의 사망 당시에 상속재산에 속하지 않고 제3자에게 속하는 경우에는 유언이 그 효력을 상실하기 때문에 역시 담보책임을 부담하지 않는다(§1087①). 셋째, 권리의 하자 중 소유권 이외의 하자가 있는 경우, 즉 유증목적물 자체는 유언자 사망 당시에 상속재산에 속하기는 하지만 그것이 제3자의 권리의 목적이어서 완전한 소유권을 이전할 수 없는 경우에는 수증자는 유증의무자에 대하여 그 제3자의 권리를 소멸시킬 것을 청구하지 못한다(§1085). 이때 '제3자의 권리'가 물권만을 의미하는 것인지 아니면 채권도 포함하는 것인지에 관하여 견해의 대립이 있다. 판례는 용익물권, 담보물권과 같은 제한물권뿐만 아니라, 임차권 그 밖에 유증목적물에 붙어 있는 각종의 채권이 모두 포함된다고 보는 전제에서, 채권인 사용차주로서의 권리도 제1085조에서 규정하는 제3자의 권리에 포함된다고 한다(대법원 2018.7.26. 선고 2017다289040 판결).

- A는 1971년 10월 16일 사회복지법인인 피고 법인을 설립한 이래, 이사장으로 재직하면서 피고 법인을 운영해 왔다. 피고 법인은 1987.7.31. A 소유인 X토지 위에 피고 법인 소유의 Y건물을 신축하였고, 이후 X토지를 무상으로 사용해 왔다. A는 1994.6.13. X토지를 B종친회에 유증한 뒤 1999.11.1. 사망하였다. 그에 따라 2001.4.11. X토지에 관하여 B종친회 앞으로 유증을 원인으로 하는 소유권이전등기가 마쳐졌다. B종친회의 채권자인 원고는 B종친회가 피고 법인에게 가지는 토지 사용료 상당의 부당이득반환채권에 관하여 채권압류 및 추심명령을 받았다. 이어 원고는 피고 법인을 상대로 추심금소송을 제기하였다. 피고 법인은 A가 생전에 피고 법인에게 X토지에 관한 무상사용을 허락하였으며, 특정물 유증의 경우 제1085조에 따라 수유자가

유증 목적물에 관한 제3자의 권리를 소멸시키는 청구를 할 수 없으므로, 피압류채권, 즉 B종친회의 피고에 대한 부당이득반환채권은 존재하지 않는다고 주장하였다. 피고 법인의 주장은 타당한가?(대법원 2018.7.26. 선고 2017다289040 판결)

3) 유증의 물상대위성

유증자가 유증목적물의 멸실, 훼손 또는 점유의 침해로 인하여 제3자에게 손해배상을 청구할 권리가 있는 때에는 그 권리를 유증의 목적으로 한 것으로 본다(§1083). 다만, 유언자가 유언으로 다른 의사를 표시한 때에는 그 의사에 의한다(§1086).

4) 채권의 유증

채권을 유증의 목적으로 한 경우에 유언자가 유언으로 다른 의사를 표시하지 않은 한, 유언자가 그 변제를 받은 물건이 상속재산 중에 있는 때에는 그 물건을 유증의 목적으로 한 것으로 본다(§1084①). 그 채권이 금전을 목적으로 한 경우에는 그 변제받은 채권액에 상당한 금전이 상속재산 중에 없는 때에도 그 금액을 유증의 목적으로 한 것으로 본다(§1084②). 유언자가 유언으로 다른 의사를 표시한 때에는 그에 의한다(§1086).

6. 부담 있는 유증

(1) 의의 및 성질

부담 있는 유증이란 수유자에게 일정한 의무를 부과한 유증이다. 부담 있는 유증은 부담의 이행을 조건으로 하거나 부담이 유증의 반대급부 또는 대가관계에 서는 것은 아니므로, 수유자가 부담을 이행하지 않더라도 유증의 효력이 당연히 상실되지는 않는다.

부담 있는 유증은 포괄유증과 특정유증 모두에 인정될 수 있고, 부담은 유증의 목적물과 전혀 관계없는 사항이라도 무방하다. 부담에 의한 수익자는 유언자 본인, 상속인, 제3자, 사회공중도 될 수 있다.

(2) 부담의 내용과 그 무효

부담의 내용은 금전적 가치가 없어도 무방하다. 부담이 불능이거나 선량한 풍속 기타 사회질서에 반하는 사항을 목적으로 하는 것인 때에는 그 부담은 무효이다. 부담의 무효로 인하여 유증 자체가 무효로 되는가는 부담이 없으면 유증을 하지 않았을 것이라는 유언자의 의사가 인정되는 경우에는 부담부 유증 자체가 무효로 될 것이다.

(3) 부담의 이행

부담의 이행의무자는 수유자 또는 그 상속인이다. 부담의 청구권자는 상속인, 유언집행자, 부담의 이행청구권자로 지정된 사람 및 수익자이다. 수익자에 대하여는 제3자를 위한 계약의 수익자와 같이 직접이행청구권을 인정하는 견해와 상속인을 대위하여 청구할 수 있을 뿐이라는 견해로 나뉜다.

부담 있는 유증을 받은 사람은 유증의 목적의 가액을 초과하지 아니한 한도에서 부담한 의무를 이행할 책임이 있다(§1088①). 유증의 목적의 가액이 한정승인 또는 재산분리로 인하여 감소된 때에는 수유자는 그 감소된 한도에서 부담할 의무를 면한다(§1088②).

(4) 부담 있는 유증의 취소

부담은 유증의 조건은 아니므로 수유자가 부담을 이행하지 않더라도 유증이 무효로 되는 것은 아니다. 그러나 부담 있는 유증을 받은 사람이 그 부담의무를 이행하지 아니한 때에는 상속인 또는 유언집행자는 상당한 기간을 정하여 이행할 것을 최고하고, 그 기간 내에 이행하지 아니한 때에는 법원에 유언의 취소를 청구할 수 있다(§1111 본문). 부담부증여에는 쌍무계약에 관한 규정이 준용되어 부담의무 있는 상대방이 자신의 의무를 이행하지 아니할 때에는 그 계약을 해제할 수 있는 것과 구별된다(대법원 1996.1.26. 선고 95다43358 판결).

부담 있는 유언의 취소의 심판을 할 때에는 수유자를 절차에 참가하게 하여야 하고, 취소의 심판에 대하여는 수유자 그 밖의 이해관계인이 즉시항고를 할 수 있다(가소규 §89). 유언취소심판에 의하여 유언이 취소되더라도 제3자의 이익을 해하지 못한다(§1111 단서).

VI. 유언의 집행

1. 의 의

유언의 집행은 유언의 효력이 발생한 후 유언의 내용을 실현하는 행위를 말한다. 유언의 내용 중에는 미성년후견인의 지정(§931), 상속재산의 분할금지(§1012 후단), 유언집행자의 지정 또는 그 위탁, 포괄유증과 같이 그 실현을 위하여 특별한 행위를 필요로 하지 않는 경우도 있으나, 친생부인(§850), 인지(§859②), 특정유증, 재단법인의 설립, 신탁법상 신탁의 설정(신탁법 §2) 등과 같이 유언의 내용을 실현하기 위하여 집행을 필요로 하는 경우도 있다.

유언집행자는 유언의 집행업무를 담당하는 사람으로서, 상속인 자신이 유언의 내용을 실현하기 위한 집행을 할 수도 있으나, 친생부인, 인지 등과 같이 유언의 내용이 상속인의 이익에 반하는 경우도 있고, 상속인이 제한능력자이거나 파산선고를 받은 때에는 유언을 집행할 수 없으므로(§1098), 상속인 이외의 사람으로 하여금 유언을 집행할 수 있도록 한 것이다.

유언증서의 검인청구비용(§1091), 상속재산목록작성(§1100), 상속재산의 관리비용(§1101), 유언집행자의 보수(§1104), 권리이전을 위한 등기 · 등록비용 등 유언의 집행에 관한 비용은 상속재산 중에서 이를 지급하고(§1107), 유언에 관한 청구에 대한 심판비용은 유언자 또는 상속재산의 부담으로 한다(가소규 §90).

2. 유언집행의 준비절차(검인과 개봉)

(1) 의 의

유언집행을 공정히 하고 유언서의 위조 · 변조를 방지하기 위한 검증절차 · 증거보전절차이다. 적법한 유언은 이러한 검인이나 개봉절차를 거치지 않더라도 유언자의 사망에 의하여 곧바로 그 효력이 생기는 것이다(대법원 1998.6.12. 선고 97다38510 판결; 대법원 1998.5.29. 선고 97다38503 판결). 피상속인의 상속에 관한 유언서를 위조 · 변조 · 파기 또는 은닉한 사람은 상속인이 되지 못한다(§1004 v). 그러나 단지 공동상속인들 사이에 그 내용이 널리 알려진 유언서에 관하여 피상속인이 사망한 지 6개월이 경과한 시점에서 비로소 그 존재를 주장하였다고 하여 이를 두고 유언서의 은닉에 해당한다고 볼 수 없다(대법원 1998.6.12. 선고 97다38510 판결).

(2) 유언의 검인

유언의 증서나 녹음을 보관한 사람 또는 이를 발견한 사람은 유언자의 사망 후 지체없이 가정법원에 제출하여 검인을 청구하여야 한다(§1091①, 가소 §2① 라류). 그러나 공정증서나 구수증서에 의한 유언의 경우는 그러하지 아니한다(§1091②).

유언의 증서 또는 녹음을 검인할 때에는 유언방식에 관한 모든 사실을 조사하여야 하고(가소규 §86③), 조서를 작성하여야 한다(가소규 §87). 검인청구가 된 유언서가 민법이 정한 방식에 따르지 아니한 것이라고 하더라도 그 청구를 각하할 것이 아니라 가사소송규칙 제87조에 의하여 조서를 작성하여야 한다(대법원 1980.11.19.자 80스23 결정).

(3) 유언서의 개봉

가정법원이 봉인된 유언증서를 개봉할 때에는 유언자의 상속인, 그 대리인 그 밖의 이해관계인이 참여하여야 한다(§1092). 봉인한 유언증서를 개봉하고자 할 때에는 미리 그 기일을 정하여 상속인 또는 그 대리인을 소환하고, 그 밖의 이해관계인에게 통지하여야 하고(가소규 §86②), 유언증서의 개봉에 관하여는 조서를 작성하여야 한다(가소규 §87①). 유언증서를 개봉한 때에는 출석하지 않은 상속인 그 밖에 유언의 내용에 관계있는 사람에게 그 사실을 고지하여야 한다(가소규 §88).

(4) 상속인이 검인기일에 유언의 효력을 다투는 경우

유증을 원인으로 등기를 신청할 때에는 자필 유언증서를 제출하여야 한다(부동산등기규칙 §46① i). 이와 관련하여 「유증을 받은 자의 소유권보존(이전)등기신청절차 등에 관한 사무처리지침」(대법원 등기예규 제1482호)은 유언집행자의 등기신청시 자필 유언증서에 관한 검인조서를 첨부하도록 함과 아울러 검인조서에 검인기일에 출석한 상속인들이 자필 유언증서의 진정성에 관하여 다투는 사실이 기재되어 있는 경우에는 위 상속인들이 "유언 내용에 따른 등기신청에 이의가 없다"는 취지로 작성한 동의서와 인감증명서를 첨부하여 제출하도록 규정하고 있다.

그런데 자필 유언증서상 유언자의 자서와 날인의 진정성을 다투는 상속인들이 유언 내용에 따른 등기신청에 관하여 이의가 없다는 진술서의 작성을 거절하는 경우에는 유언집행자로서는 그 진술을 소로써 구할 것이 아니라 상속인들을 상대로 유언효력확인의 소나 수증자 지위 확인의 소 등을 제기하여 승소 확정판결을 받은 다음 유증을 원인으로 하는 소유권이전등기를 신청할 수 있다(대법원 2014.2.13. 선고 2011다74277 판결).

3. 유언집행자의 결정

(1) 유언집행자의 수

유언집행자는 1인에 한하지 않고 수인이라도 무방하고, 유언집행자가 수인인 경우에는 임무의 집행은 그 과반수의 찬성으로써 결정한다(§1102).

(2) 유언집행자의 종류

1) 지정유언집행자

유언자는 유언으로 유언집행자를 지정하거나 그 지정을 제3자에게 위탁할 수 있다(§1093). 집행될 유언과 같은 방식으로 유언할 필요는 없다. 상속인, 수유자도 지정유언집행자가 될 수 있다. 유언집행자지정의 위탁을 받은 제3자는 집행될 유언의 효과로 인하여 발생하는 법률관계의 당사자가 아닌 제3자이어야 하므로, 상속인과 수유자는 제3자가 될 수 없다.

유언집행자지정의 위탁을 받은 제3자는 그 위탁 있음을 안 후 지체 없이 유언집행자를 지정하여 상속인에게 통지하여야 하고 그 위탁을 사퇴할 때에는 그 사실을 상속인에게 통지하여야 한다(§1094①). 따라서 상속인 그 밖의 이해관계인은 상당한 기간을 정하여 그 기간 내에 유언집행자를 지정할 것을 위탁받은 사람에게 최고할 수 있고, 그 기간 내에 지정의 통지를 받지 못한 때에는 그 지정의 위탁을 사퇴한 것으로 본다(§1094②).

유언집행자로 지정된 사람은 상속의 개시 후 지체없이 이를 승낙하거나 사퇴할 것을 상속인에게 통지하여야 한다(§1097①). 유언집행자의 취임승낙 여부는 그의 자유이나 그 승낙 여부가 불분명한 경우에는 유언의 집행에 지장이 있을 수 있으므로, 상속인 그 밖의 이해관계인은 상당한 기간을 정하여 그 기간 내에 승낙의 여부를 확답하도록 유언집행자에게 최고할 수 있고, 그 기간 내에 확답을 받지 못한 때에는 유언집행자가 그 취임을 승낙한 것으로 본다(§1097③).

2) 법정유언집행자

지정된 유언집행자가 없는 경우에는 상속인이 유언집행자가 된다(§1095). 친생부인, 인지 등과 같이 유언의 내용이 상속인과 이해상반되는 경우에는 사실상 유언집행이 이루어지지 않을 가능성이 있다. 따라서 가정법원이 유언집행자를 선임하도록 하는 것이 타당하다. 유언집행자가 유언자의 사망 전에 먼저 사망한 경우와 같이 유언의 효력 발생 이전에 지정된 유언집행자가 그 자격을 상실한 경우에는 '지정된 유언집행자가 없는 때'에 해당하므로, 특별한 사정이 없는 한 제1095조가 적용되어 상속인이 유언집행자가 된다. 이러한 경우 상속인이 존재함에도 불구하고 법원이 제1096조 제1항에 따라 유언집행자를 선임할 수는 없다(대법원 2018.3.29.자 2014스73 결정).

3) 선임유언집행자

유언집행자가 없거나 사망, 결격 그 밖의 사유로 인하여 없게 된 때에는 가정법원은 이해관계인의 청구에 의하여 유언집행자를 선임한다(§1096①). 따라서 지정유언집행자가 사망, 결격 그 밖의 사유로 자격을 상실하면, 상속인이 제1095조에 따라 유언집행자가 되는 것이 아니라 유언집행자를 선임하여야 한다(대법원 2010.10.28. 선고 2009다20840 판결). 여기서 '유언집행자가 없는 때'란 유언자가 유언으로 유언집행자를 지정하지 않았는데 상속인도 없어서 법정유언집행자도 없는 경우를 말한다.

법원의 유언집행자 선임은 유언집행자가 전혀 없게 된 경우뿐만 아니라 유언집행자의 사망, 사임, 해임 등의 사유로 공동유언집행자에게 결원이 생긴 경우와 나아가 결원이 없어도 법원이 유언집행자의 추가선임이 필요하다고 판단한 경우에 할 수 있다. 이때 누구를 유언집행자로 선임할 것인가는 제1098조 소정의 유언집행자의 결격사유에 해당하지 않는 한 당해 법원의 재량에 속하며, 법원에 의하여 선임된 유언집행자가 임무를 게을리하거나 적당하지 아니한 사유가 있을 경우에는 이해관계인은 법원에 그 해임을 청구하면 된다(대법원 1995.12.4.자 95스32 결정).

법원이 유언집행자를 선임한 경우에는 그 임무에 관하여 필요한 처분을 명할 수 있다(§1096②). 유언집행자는 선임의 통지를 받은 후 지체 없이 이를 승낙하거나 사퇴할 것을 법원에 통지하여야 하고(§1097②), 상속인 그 밖의 이해관계인은 상당한 기간을 정하여 그 기간 내에 승낙 여부를 확답할 것을 최고할 수 있으며, 그 기간 내에 확답을 받지 못한 때에는 유언집행자가 그 취임을 승낙한 것으로 본다(§1097③).

(3) 유언집행자의 결격

제한능력자와 파산선고를 받은 사람은 유언집행자가 되지 못한다(§1098). 피성년후견선고를 받지 않은 의사무능력자도 유언집행자가 될 수 없다. 유언집행자가 된 후 결격사유가 발생하면 당연히 유언집행자의 지위를 잃는다.

결격자가 아닌 한 상속인, 유언집행자지정의 위탁을 받은 사람, 법인 등은 유언집행의 결격자가 아니다. 다만 유언의 내용에 따라서는 실제로 집행이 어려운 경우가 있을 수 있다.

(4) 유언집행자의 사퇴, 해임

지정 또는 선임에 의한 유언집행자는 정당한 사유 있는 때에는 법원의 허가를 얻어 그 임무를 사퇴할 수 있고(§1105), 지정 또는 선임에 의한 유언집행자가 그 임무를 해태하거나 적당하지 아니한 사유가 있는 때에는 가정법원은 상속인 그 밖의 이해관계인의 청구에 의하여 유언집행자를 해임할 수 있다(§1106). 유언집행자를 해임할 때에는 그 유언집행자를 절차에 참가하게 하여야 한다(가소규 §84②).

(5) 유언집행자의 권리의무

1) 유언집행자의 법적 지위

지정 또는 선임에 의한 유언집행자는 상속인의 대리인으로 본다(§1103①). 이는 유언집행자의 행위의 효과가 상속인에게 귀속함을 규정한 것이다(대법원 2001. 3.27. 선고 2000다26920 판결). 그러나 유언집행자가 상속인의 이름으로 행위를 하여야 하는 것은 아니다.

유언집행자는 법정대리인이지만 유언집행자의 권리의무 또는 상속인과의 관계에 대하여는 위임관계의 규정(§681~§685, §687, §691, §692)을 준용한다(§1103②). 특히 복대리인의 선임에 대하여 임의대리에 관한 규정을 준용한다.

유언의 집행을 위하여 지정 또는 선임된 유언집행자는 유증의 목적인 재산의 관리 그 밖에 유언의 집행에 필요한 행위를 할 권리의무가 있으므로, 유언의 집행에 방해가 되는 유증 목적물에 경료된 상속등기 등의 말소청구소송 또는 유언을 집행하기 위한 유증 목적물에 관한 소유권이전등기 청구소송에 있어서 유언집행자는 이른바 법정소송담당으로서 원고적격을 가진다(대법원 1999.11.26. 선고 97다57733 판결). 한편, 유언집행자는 유언의 집행에 필요한 범위 내에서는 상속인과 이해상반되는 사항에 관하여도 중립적 입장에서 직무를 수행하여야 하므로, 유언집행자가 있는 경우 그의 유언집행에 필요한 한도에서 상속인의 상속재산에 대한 처분권은 제한되며 그 제한범위 내에서 상속인은 원고적격이 없고(대법원 2001.3.27. 선고 2000다26920 판결), 유언집행자가 소송을 수행하여야 한다. 따라서 유언집행자가 해임된 이후 법원에 의하여 새로운 유언집행자가 선임되지 아니한 경우, 유언집행에 필요한 한도에서 상속인의 상속재산에 대한 처분권은 여전히 제한되며 그 제한범위 내에서 상속인의 원고적격 역시 인정될 수 없다(대법원 2010.10.28. 선고 2009다20840 판결).

유언집행자의 권리의무의 범위는 유증의 목적인 재산의 관리 기타 유언의 집행에 필요한 행위에 한정되므로, 유언집행자는 유언집행을 완료함으로써 그 임무가 종료되고 유언집행자로서의 지위를 상실한다. 따라서 유언집행이 종료된 이후에는 유언집행자가 유증재산에 대한 관리처분권을 상실하므로, 유증재산과 관련한 소송절차에서 당사자적격을 갖지 아니한다(서울고등법원 2016.9.2. 선고 2015나2068735 판결).

2) 유언집행자의 임무

유언집행자가 그 취임을 승낙한 때에는 지체 없이 그 임무를 이행하여야 한다(§1099).

(가) 재산목록의 작성

유언이 재산에 관한 것인 때에는 지정 또는 선임에 의한 유언집행자는 지체 없이 재산목록을 작성하여 상속인에게 교부하여야 한다(§1100①). 상속인의 청구가 있는 때에는 재산목록 작성에 상속인을 참여하게 하여야 한다(§1100②). 이 의무는 유언자의 의사에 의하여 면제할 수 없다. 유언이 신분에 관한 것인 때에는 이 의무가 없다.

(나) 유언집행자의 권리의무의 범위

유언집행자는 유증의 목적인 재산의 관리 그 밖에 유언의 집행에 필요한 행위를 할 권리의무가 있다(§1101). 유언의 내용에 따라 필요한 행위가 정해진다.

(다) 공동유언집행자

유언집행자가 수인인 경우에는 임무의 집행은 그 과반수의 찬성으로 임무의 집행을 결정한다. 그러나 보존행위는 각자가 할 수 있다(§1102). 유언집행자가 수인인 경우에는, 유언집행자를 지정하거나 지정위탁한 유언자나 유언집행자를 선임한 법원에 의한 임무의 분장이 있었다는 등의 특별한 사정이 없는 한, 유증 목적물에 대한 관리처분권은 유언의 본지에 따른 유언의 집행이라는 공동의 임무를 가진 수인의 유언집행자에게 합유적으로 귀속되고, 그 관리처분권 행사는 과반수의 찬성으로써 합일하여 결정하여야 하므로, 유언집행자가 수인인 경우 유언집행자에게 유증의무의 이행을 구하는 소송은 유언집행자 전원을 피고로 하는 고유필수적 공동소송에 해당한다(대법원 2011.6.24. 선고 2009다8345 판결).

유언집행자가 2인인 경우 그 중 1인이 나머지 유언집행자의 찬성 내지 의견을 청취하지 아니하고 단독으로 법원에 공동유언집행자의 추가선임을 신청할 수 있다. 이러한 단독신청행위가 공동유언집행방법에 위배되었다거나 기회균등의 헌법정신에 위배되었다고 볼 수 없다(대법원 1987.9.29.자 86스11 결정). 가부동수로서 유언을 집행할 수 없는 경우에 제1096조 제1항을 유추하여 유언집행자의 선임을 청구할 수 있는지에 관하여는 견해가 나뉜다.

(라) 보 수

유언자가 유언으로 유언집행자의 보수를 정하지 아니한 경우에는 법원은 상속재산의 상황 그 밖의 사정을 참작하여 지정 또는 선임유언집행자의 보수를 정할 수 있다(§1104①). 유언집행자는 유언집행의 사무를 완료한 후가 아니면 보수를 청구할 수 없으나, 사무처리 도중에 유언집행자에게 책임 없는 사유로 그 사무가 종료된 때에는 이미 처리한 사무비율로 보수를 청구할 수 있고, 기간으로 보수를 정한 경우에는 그 기간이 경과한 후에 보수를 청구할 수 있다(§1104②, §686②③).

(6) 유언집행자의 임무종료

유언집행자의 임무는 유언의 집행이 종료됨으로써 절대적으로 종료한다. 상대적 종료원인으로는 유언집행자의 사망, 결격사유의 발생, 사퇴(§1105), 해임(§1106) 등이 있다.

유언집행사무가 종료한 때에는 유언집행자는 상속인에게 지체없이 그 전말을 보고하여야 하고(§1103②, §683 후단), 유언집행사무가 종료한 경우 급박한 사정이 있는 때에는 유언집행자 또는 그 상속인, 법정대리인은 유언자의 상속인이나 그 법정대리인이 상속사무를 처리할 수 있을 때까지 그 사무의 처리를 계속하여야 한다. 이러한 경우에는 유언집행자의 임무의 존속과 동일한 효력이 있다(§1103②, §691).

■ 심화학습

- 부부의 공동유언이 가능한가?
- 유언 후 혼인하거나 이혼한 경우에 유언의 효력은 소멸하는가?
- 포괄적 유증을 받은 사람은 언제든지 유증을 포기할 수 있는가?
- 유언집행자는 상속인의 대리인으로 본다는 의미는 무엇인가?

제4장

유 류 분

예습과제

Q1 유류분제도가 사유재산처분의 자유를 침해하는가?

Q2 유류분반환청구를 재판외에서 할 수 있는가?

Q3 유류분반환청구에 의하여 증여 또는 유증의 효력은 소멸하는가?

Ⅰ. 유류분제도

1. 유류분제도의 의의

(1) 재산처분의 자유와 제한

사람은 누구나 자기의 소유재산을 처분할 자유가 있다. 그런데 이러한 재산처분의 자유 특히 유언의 자유를 무제한 허용하게 되면 상속재산의 전부가 타인에게 넘어가 상속인의 생활기반이 붕괴할 우려가 있고, 가령 상속인이 노령의 생존배우자이거나 미성년자인 경우, 피상속인이 사망한 날로부터 생활이 곤궁하게 되거나 부양받을 가능성을 잃게 된다. 또한 피상속인의 재산이라 하더라도 실질적으로는 상속인의 재산이 혼재해 있거나, 상속인이 재산형성에 협력한 경우도 있을 수 있다.

유류분제도는 상속인 또는 근친자에게 피상속인의 재산에 관하여 일정한 형태의 권리를 인정함으로써 피상속인의 재산처분의 자유를 제한하는 제도이다. 상속법은 소유자에 의한 재산처분자유의 원칙과 법정상속 · 혈족상속의 원칙이라는 이원구조로 되어 있고, 이 두 원칙의 대립과 타협의 산물이 유류분이다. 헌법재판소도 "유류분제도는 피상속인의 재산처분의 자유 · 유언의 자유를 보장하면서도 피상속인의 재산처분행위로부터 유족들의 생존권을 보호하고, 상속재산형성에 대한 기여, 상속재산에 대한 기대를 보장하려는 데 그 입법취지가 있다."고 한다 (헌법재판소 2010.4.29. 선고 2007헌바144 결정).

• 유류분제도의 헌법적 근거는 무엇인가?

한편 영국법은 사유재산에 대한 무제한의 처분의 자유를 인정하였으나, 1938년 상속법[The Inheritance(Family Provision) Act 1938]이 개정됨으로써, 피상속인이 사망 당시 배우자나 그로부터 부양을 받고 있던 자녀들에게 적절한 재산상의 조치를 취하지 않은 경우에는 법원에 대하여 상속재산에 관한 합리적인 처분을 하여 줄 것을 청구할 수 있게 되었다. 이는 유언이 없는 경우에도 적용되었으며 (Intestates Estates Act 1952), 그 후 법률의 개정에 의하여[The Inheritance(Provision for Family and Dependants) Act 1975, The Law Reform(Succession) Act 1995, Civil Partnership Act 2004], 배우자 또는 civil partner는 배우자 등으로서 받는 것이 합리적인 재산상의 처분을, 그 밖의 자들은 부양에 필요한 재산상의 처분을 구할 수 있게 된다. 그 처분의 내용은 상속재산으로부터 정기금 또는 일시금의 지급을 명하거나, 일정한 재산의 이전을 명하는 것 등이다.

(2) 민법상 유류분제도

민법은 1977년 유류분제도를 채택하였다. 상속권자의 생활보장과 여성의 상속법상의 지위 보장을 위한 것이었다. 법문의 규정형식(§1112)이 독일민법 제2303조와 비슷하고, 현물반환주의(§1115)가 원칙이나 이를 고집하지 않는 점에서 독일법적인 면이 있고, 상속인 지정이 인정되지 않는다는 점에서 프랑스법적인 면이 있다. 유언에 의하여 상속인 지정이나 상속분 변경을 할 수 없고, 상속인의 자격을 박탈할 수 없다는 점에서 계보적으로는 게르만형에 속한다고 이해된다.

2. 유류분권의 의의

유류분권리자는 상속인이어야 하고, 유류분권은 상속인에게 법률상 보장되어 있는 상속재산상의 일정비율을 배타적으로 확보할 수 있는 권리이다. 유류분은 프랑스법에서와 같이 피상속인이 자유로이 처분할 수 있는 재산의 비율로 되어 있지 않다. 생전의 피상속인의 재산처분이 유류분을 침해하더라도 이를 보전할 수 없고, 유류분산정의 기초로 될 재산을 기준으로 하여 계산된 유류분을 넘어서 무상처분된 경우 그 반환청구를 하여 이를 반환시킬 수 있을 뿐이다. 유류분반환청구의 대상은 피상속인이 처분한 권리 또는 목적물이다.

3. 유류분의 포기

(1) 상속개시 전의 포기

상속인이 가지는 유류분은 상속개시 전에는 상속권에 준하는 일종의 기대(희망)권 · 기대적 지위이다. 유류분권은 상속개시에 의하여 고정화 · 구체화되고, 그 이전에는 기대권이라 하더라도 적극적인 주장을 할 수 있는 것은 아니다.

유류분권은 재산권이므로 상속 개시 전에 이를 포기하는 것이 불가능한 것은 아니다. 그러나 유류분을 포함한 상속의 포기는 상속이 개시된 후에만 가능하므로(대법원 1994.10.14. 선고 94다8334 판결) 유류분의 사전포기는 부정된다. 유류분제도의 목적에 비추어 배우자상속권의 확립과 자녀균분상속의 취지를 살리고, 피상속인이 위력으로 상속인에게 포기를 강요하는 것을 방지할 필요가 있으며, 민법상 상속개시 전의 상속포기를 인정하지 않는 것과의 균형을 고려할 때, 상속개시 전의 유류분의 포기는 부정되어야 한다.

(2) 상속개시 후의 포기

상속개시 후의 유류분권은 유류분에 부족한 부분에 대한 반환청구권으로 현실화되는 개인적 재산권이고, 유류분권리자나 제3자의 권리를 해할 염려가 없으므로 이를 포기하는 것은 자유이다. 다만 상속포기에서와 같은 절차와 방식에 관한 규정은 없다.

유류분포기의 방법은 반환청구의 상대방에 대한 명시적, 묵시적 의사표시로 할 수 있다. 특정행위에 대한 유류분반환청구권의 포기는 당해 행위의 상대방 즉, 유증 또는 증여를 받은 사람에 대한 의사표시로 하고, 일괄하여 유류분권 전부 또는 일부를 포기하는 것은 상대방 전부에 대한 의사표시로 하면 족하다.

유류분의 포기는 상속의 포기가 아니므로 다른 공동상속인의 유류분에 영향을 미치지 아니한다. 특정행위에 대한 유류분반환청구권의 포기는, 그 유증 또는 증여를 받은 사람에게 반환을 청구할 수 없을 뿐, 다른 유증이나 증여에는 영향을 미치지 아니한다.

상속을 포기한 경우에는 그가 처음부터 없었던 것으로 하여 유류분액을 산정하면 된다.

II. 유류분의 범위

1. 유류분권리자

유류분권리자는 피상속인의 직계비속 · 배우자 · 직계존속 · 형제자매이다(§1112). 형제자매에게까지 유류분권을 인정한 데에 대해서는 비판적인 견해가 많다.

태아도 살아서 출생하면 유류분권이 있고, 대습상속인도 피대습자의 상속분의 범위 내에서 유류분이 있다(§1118, §1001, §1010).

유류분은 법정상속권에 기초하고 있으므로, 상속권의 상실원인인 상속인의 결격 · 포기에 의하여 상속권을 잃은 사람은 유류분권도 당연히 소멸한다.

2. 유 류 분

유류분은 상속인에게 피상속인의 상속재산의 일정 비율을 보장하는 것이나, 궁극적으로는 각 유류분권리자의 유류분액으로 산출된다. 그러므로 유류분권리자에게 인정되는 상속재산비율이 정해져야 한다.

유류분율은 상속인이 누구인지에 따라 다르다. 피상속인의 직계비속과 배우자는 법정상속분의 2분의 1이고, 직계존속과 형제자매는 법정상속분의 3분의 1이다(§1112). 유류분율에는 유류분권리자 전체에게 남겨지는 비율인 총체적 유류분율과 각 유류분권리자에게 개별적으로 귀속되는 비율인 개별적 유류분율의 방식이 있는데, 민법은 개별적 유류분율을 규정하고 있다.

3. 유류분 침해액의 산정

• 유류분 침해액 = 유류분액 − 순상속분액 − 특별수익액
유류분액 = 유류분 산정의 기초로 되는 재산 × 유류분율
= (적극재산 + 증여액 − 소극재산) × 유류분율
순상속분액 = 상속에 의하여 얻은 재산액 − 상속채무분담액

유류분 침해액은 유류분산정의 기초로 될 재산액에 각 유류분권리자의 유류분율을 곱하여 산정한 유류분액에서 유류분권리자의 순상속분액과 특별수익액을 각 공제하여 산정한다.

(1) 유류분산정의 기초가 되는 재산

유류분산정의 기초가 되는 재산은 상속개시시에 가진 재산의 가액에 증여재산의 가액을 가산하고 채무의 전액을 공제하여 산정한다(§1113①). 조건부권리 또는 존속기간이 불확정한 권리는 가정법원이 선임한 감정인의 평가에 의하여 그 가격을 정한다(§1113②).

1) 상속개시시에 가진 재산

① 상속개시시에 가진 재산은 상속재산 중 적극재산만을 의미한다. 다만 분묘에 속한 1정보 이내의 금양임야와 600평 이내의 묘토인 농지, 족보와 제구의 소유권은 제외된다(§1008의3).

② 유증의 목적인 재산과 유증에 관한 규정이 준용되는 사인증여(§562)의 목적인 재산은 상속개시시에 가진 재산에 포함된다(대법원 2001.11.30. 선고 2001다6947 판결). 상속개시 당시 아직 증여계약이 이행되지 아니하여 소유권이 피상속인에게 남아 있는 상태로 상속이 개시된 재산은 피상속인의 상속개시시에 가진 재산에 포함된다(대법원 2012.12.13. 선고 2010다78722 판결). 수증자가 공동상속인이든 제3자이든 가리지 아니한다(대법원 1996.8.20. 선고 96다13682 판결).

2) 증여재산

① 상속개시 전 1년 사이에 이루어진 증여는 모두 포함된다(§1114 전문). 생전

증여 모두를 포함하게 되면 수증자의 이익을 해할 우려가 있고 거래의 안전을 해치므로 증여시기에 제한을 가한 것이다. 증여재산은 상속개시 전에 이미 증여계약이 이행되어 소유권이 수유자에게 이전된 재산을 가리키나(대법원 1996.8.20. 선고 96다13682 판결), 상속개시 전 1년 내의 증여인지는 증여계약의 체결시를 기준으로 한다. 판례도 이와 같은 취지로 판시하고 있다(대법원 2012.5.24. 선고 2010다50809 판결; 광주고등법원 2017.9.15. 선고 2016나12265 판결). 이것은 피상속인의 생전처분의 자유를 존중하고 피상속인의 죽음에 임박하여 상속재산을 편취할 위험이 없기 때문이다.

증여란 널리 모든 무상처분을 의미하고, 법인설립을 위한 출연행위, 무상의 채무면제 등도 이에 포함한다. 따라서 피상속인이 자신을 피보험자로 하되 제3자를 보험수익자로 지정한 생명보험계약을 체결하거나 중간에 제3자로 보험수익자를 변경한 후 사망하여 그 제3자가 생명보험금을 수령한 경우, 피상속인은 보험수익자인 제3자에게 유류분 산정의 기초재산에 포함되는 증여를 하였다고 본다. 이때 증여 가액은 이미 납입된 보험료 총액 중 피상속인이 납입한 보험료가 차지하는 비율을 산정하여 이를 보험금액에 곱하여 산출한 금액으로 하고, 증여계약 체결시점은 보험수익자의 지정 또는 변경시점으로 본다(대법원 2022.8.11. 선고 2020다247428 판결).

② 상속개시 1년 전의 증여라도 당사자 쌍방이 유류분권리자에게 손해를 가할 것을 알고 한 때에는 이를 포함한다(제1114조 후문). '손해를 가할 것을 알고'라 함은 고의를 필요로 하지 않고, 객관적으로 그 증여가 유류분을 침해한다는 사실을 인식하고, 장래에 피상속인의 재산이 증가할 가능성이 없다는 것을 예상하는 것으로 충분하다. 이러한 당사자 쌍방의 가해의 인식은 증여 당시를 기준으로 판단하여야 한다(대법원 2012.5.24. 선고 2010다50809 판결). 그 증명책임은 유류분권리자에게 있다(대법원 2022.8.11. 선고 2020다247428 판결).

③ 공동상속인 중에 피상속인으로부터 재산의 생전 증여에 의하여 특별수익을 한 자가 있는 경우에는 제1114조는 그 적용이 배제되고(§1118, §1008), 따라서 그 증여는 상속개시 1년 이전의 것인지 여부, 당사자 쌍방이 손해를 가할 것을 알고서 하였는지 여부에 관계없이 유류분 산정을 위한 기초재산에 산입된다(대법원 1996.2.9. 선고 95다17885 판결). 다만, 제1008조는 공동상속인임을 전제로 하므로, 공동상속인이 상속을 포기하여 공동상속인의 지위를 소급적으로 상실한 경우에

는 제1008조가 준용되지 않고 제1114조가 적용된다(대법원 2022.3.17. 선고 2020다267620 판결; 대법원 2022.7.14. 선고 2022다219465 판결).

한편, 판례는 공동상속인의 특별한 기여에 대한 대가로 증여 또는 유증을 하였다면 유류분반환의 대상이 되는 특별수익에 해당하지 않는다고 한다(대법원 2011.12.8. 선고 2010다66644 판결; 대법원 2022.3.17. 선고 2021다230083 · 230090 판결).

- 제1118조 중 제1008조를 유류분에 준용하는 부분이 유류분반환청구의 상대방인 공동상속인의 재산권 및 평등권을 침해한다고 볼 수 있는가?(헌법재판소 2010.4.29. 선고 2007헌바144 결정)
- 유류분제도가 시행되기 전에 이루어진 특별수익에 해당하는 증여에 대하여도 유류분반환규정이 적용되는가?(대법원 2012.12.13. 선고 2010다78722 판결)
- 유류분제도가 시행되기 전에 증여받은 재산이 특별수익에 해당되는가?(대법원 2018.7.12. 선고 2017다278422 판결)

---

④ 증여와 동일한 실질을 가지는 제3자를 위한 무상의 사인처분도 산입되어야 한다. 예컨대, 매매계약에서 매도인이 매수인과 특약으로 대금채무를 매도인 사망시에 제3자에게 지급하도록 약정한 경우이다. 판례는 공동상속인이 다른 공동상속인에게 무상으로 자신의 상속분을 양도하는 것은 제1008조의 증여에 해당하고(대법원 2021.7.15. 선고 2016다210498 판결), 이러한 법리는 상속재산 분할협의의 실질적 내용이 어느 공동상속인이 다른 공동상속인에게 자신의 상속분을 무상으로 양도하는 것과 같은 때에도 마찬가지로 적용된다고 한다(대법원 2021.8.19. 선고 2017다230338 판결).

⑤ 유상행위라도 대가가 상당하지 않은 경우에 당사자 쌍방이 유류분권리자를 손해를 가할 것을 알고 한 때에는 제1114조 후단을 유추하여 이를 증여로 보고 실질적 증여액을 산입하여야 할 것이다.

⑥ 증여받은 재산의 시가는 상속개시 당시를 기준으로 하여 산정하여야 한다. 다만, 증여 이후 수증자나 수증자에게서 증여재산을 양수한 사람이 자기 비용으로 증여재산의 성상(性狀) 등을 변경하여 상속개시 당시 가액이 증가되어 있는 경우, 변경된 성상 등을 기준으로 상속개시 당시의 가액을 산정하면 유류분권리자에게 부당한 이익을 주게 되므로, 이러한 경우에는 그와 같은 변경을 고려하지 않고 증여 당시의 성상 등을 기준으로 상속개시 당시의 가액을 산정하여야 한다

(대법원 2015.11.12. 선고 2010다104768 판결). 한편, 수증자가 증여받은 재산을 상속개시 전에 처분하였거나 증여재산이 수용되었다면 그 증여재산의 가액은 증여재산의 현실 가치인 처분 당시의 가액을 기준으로 상속개시까지 사이의 물가변동률을 반영하는 방법으로 산정하여야 한다(대법원 2023.5.18. 선고 2019다222867 판결).

증여받은 재산이 금전일 경우에는 그 증여받은 금액을 상속개시 당시의 화폐가치로 환산하여 이를 증여재산의 가액으로 보아야 하고, 그러한 화폐가치의 환산은 증여 당시부터 상속개시 당시까지 사이의 물가변동률을 반영하는 방법으로 산정하는 것이 합리적이다(대법원 2009.7.23. 선고 2006다28126 판결).

3) 공제되어야 할 채무

상속채무는 사법상의 채무는 물론, 상속인의 부담이 되는 세금이나 벌금 등 공법상의 채무를 포함한다. 그러나 관리비용이나 상속세와 같은 상속재산에 관한 비용, 상속재산목록작성비용 등 유언집행에 관한 비용은 상속재산 중에서 지급하므로(§998의2), 이를 공제할 필요는 없다.

(2) 순상속분액의 계산

① 유류분액에서 공제할 순상속분액은 법정상속분이 아니라 특별수익을 고려한 '구체적 상속분'에서 유류분권리자가 부담하는 상속채무를 공제하여 산정한다(대법원 2021.8.19. 선고 2017다235791 판결).

② 유류분액에서 순상속분액을 공제하는 것은 유류분권리자가 상속개시에 따라 받은 이익을 공제하지 않으면 유류분권리자가 이중의 이익을 얻기 때문이다. 유류분권리자의 구체적인 상속분보다 유류분권리자가 부담하는 상속채무가 더 많다면, 즉 순상속분액이 음수인 경우에는 그 초과분을 유류분액에 가산하여 유류분 부족액을 산정하여야 한다(대법원 2022.1.27. 선고 2017다265884 판결). 이러한 경우에는 그 초과분을 유류분액에 가산해야 단순승인 상황에서 상속채무를 부담해야 하는 유류분권리자의 유류분액만큼 확보해 줄 수 있기 때문이다. 그러나 유류분권리자의 구체적인 상속분보다 유류분권리자가 부담하는 상속채무가 더 많은 경우라도 유류분권리자가 한정승인을 했다면, 그 초과분을 유류분액에 가산해서는 안 되고 순상속분액을 0으로 보아 유류분 부족액을 산정해야 한다. 유류분권리자인 상속인이 한정승인을 하였으면 상속채무에 대한 한정승인자의

책임은 상속재산으로 한정되는데, 상속채무 초과분이 있다고 해서 그 초과분을 유류분액에 가산하게 되면 법정상속을 통해 어떠한 손해도 입지 않은 유류분권리자가 유류분액을 넘는 재산을 반환받게 되는 결과가 되기 때문이다(대법원 2022. 8.11. 선고 2020다247428 판결).

③ 공동상속인 중 1인이 자신의 법정상속분 상당의 상속채무 분담액을 초과하여 유류분권리자의 상속채무 분담액까지 변제한 경우에도 그러한 사정을 유류분권리자의 유류분부족액 산정시 고려할 것은 아니다(대법원 2013.3.14. 선고 2010다42624, 42631 판결).

④ 유언자가 임차권 또는 근저당권이 설정된 목적물을 특정유증하면서 유증을 받은 자가 그 임대차보증금반환채무 또는 피담보채무를 인수할 것을 부담으로 정한 경우에도 상속인이 상속개시시에 유증 목적물과 그에 관한 임대차보증금반환채무 또는 피담보채무를 상속하므로, 이를 전제로 유류분 산정의 기초가 되는 재산액을 확정하여 유류분액을 산정하여야 한다. 이 경우 상속인은 유증을 이행할 의무를 부담함과 동시에 유증을 받은 자에게 유증 목적물에 관한 임대차보증금반환채무 등을 인수할 것을 요구할 수 있는 이익 또한 얻었다고 할 수 있으므로, 결국 그 특정유증으로 인해 유류분권리자가 얻은 순상속분액은 없다고 보아 유류분 부족액을 산정하여야 한다. 이때 특정유증을 받은 자가 유증 목적물에 관한 임대차보증금반환채무 또는 피담보채무를 임차인 또는 근저당권자에게 변제하였다고 하더라도 상속인에 대한 관계에서는 자신의 채무 또는 장차 인수하여야 할 채무를 변제한 것이므로, 상속인에 대하여 구상권을 행사할 수는 없다. 이러한 법리는 유증 목적물에 관한 임대차계약에 대항력이 있는지 여부와 무관하게 적용된다(대법원 2022.1.27. 선고 2017다265884 판결).

- 피상속인 A에게는 유류분권리자인 상속인 자녀 B 1인이 있다. A가 사망 1개월 전에 제3자 C에게 2,000만원을 증여하였고, A 사망 당시 적극재산은 없고 채무 1,000만원만 남은 경우, B의 유류분액은 {(0 + 2,000) − 1,000} × 1/2 = 500만원, B의 순상속분액은 − 1000만원이 된다. 이 경우 B의 유류분 침해액은 얼마인가? B가 한정승인을 한 경우에는 어떠한가?
- 甲은 적극재산 5,000만원과 채무 3,000만원을 남기고 2005.6.30. 사망하였고, 상속인으로는 자녀 乙과 丙이 있다. 그런데 甲은 2003.5.30. 유류분 침해사실을 모르는 乙과 丁에게 각각 7,000만원씩을 증여하기로 하였고, 2004.7.30. 그 채무를 이행하였

다. 또한 甲은 남은 재산 2,000만원을 사회복지단체 戊에게 기증하도록 자필증서에 의한 유언을 했다. 이 경우 丙의 유류분 침해액은 얼마이며, 누구를 상대로 얼마만큼 그 침해액의 반환을 구할 수 있는가?

Ⅲ. 유류분의 보전

1. 유류분반환청구권

(1) 의 의

유류분권리자는 증여 또는 유증으로 인하여 그 유류분에 부족이 생긴 때 즉 유류분권리자인 상속인이 상속에 의하여 현실로 취득한 재산액이 유류분액에 미달될 때 그 부족한 한도에서 유증 또는 증여된 재산의 반환을 청구할 수 있다(§1115①). 이를 유류분반환청구권이라 한다. 유류분반환청구권이 인정된다고 하더라도 유류분침해행위가 당연무효가 되는 것은 아니다. 유류분반환청구권의 행사 여부는 유류분권리자의 자유이고, 유류분에 부족한 한도 내에서 유증 또는 증여 재산의 반환을 청구할 수 있는 데 지나지 않는다.

(2) 성 질

1) 형성권설

(가) 물권적 형성권설

유류분반환청구의 의사표시에 의하여 유류분침해행위인 유증 또는 증여계약의 효력은 소멸하고, 목적물에 대한 권리는 당연히 유류분권리자에게 복귀한다. 유류분권리자는 물권적 청구권에 기하여 목적물의 반환을 청구할 수 있고, 그 유증 또는 증여가 아직 이행되지 않았을 때에는 반환청구권자는 이행거절권을 행사할 수 있다.

유류분반환청구권은 유증 또는 증여가 이행된 경우에만 행사되는 것이 아니라 아직 이행되지 않은 경우에도 행사할 수 있는데, 청구권설에 따라 이행되지 않은 유증 또는 증여에 대하여 반환을 청구하는 '청구권'이 있다고 하는 것은 어색하고, 민법의 유류분제도가 오로지 법정상속인의 권리보호를 위하여 인정된 점을 든다.

(나) 채권적 형성권설

유류분반환청구권의 행사로 증여 등의 효력이 소멸하지만, 목적물에 대한 권리가 당연히 유류분권리자에게 복귀하는 것은 아니고, 권리자와 의무자 사이에 반환청구의 채권채무관계가 발생할 뿐이다. 유류분권리자는 증여 등이 이행된 경우에는 부당이득반환청구권을, 아직 이행되지 않은 경우에는 이행거절권을 행사할 수 있다.

2) 청구권설

유류분반환청구로 인하여 이미 이루어진 증여나 유증이 당연히 실효되는 것은 아니고, 유류분권리자는 유증 또는 증여받은 사람에 대하여 유류분에 부족한 만큼의 재산의 인도나 반환을 청구할 수 있는 채권적 권리를 가질 뿐이다. 이행된 부분에 대하여는 반환청구권을 행사하고, 아직 이행하지 않은 부분에 대하여는 이행거절권을 행사할 수 있다. 이렇게 보는 이유는 민법이 물권변동에 관하여 대항요건주의가 아니라 성립요건주의를 취하고 있기 때문이라고 한다.

3) 판 례

대법원은 "유류분권리자가 반환의무자를 상대로 유류분반환청구권을 행사하는 경우 그의 유류분을 침해하는 증여 또는 유증은 소급적으로 효력을 상실하므로, 반환의무자는 유류분권리자의 유류분을 침해하는 범위 내에서 그와 같이 실효된 증여 또는 유증의 목적물을 사용 · 수익할 권리를 상실하게 되고, 유류분권리자의 그 목적물에 대한 사용 · 수익권은 상속개시의 시점에 소급하여 반환의무자에 의하여 침해당한 것이 된다"고 판시함으로써 물권적 형성권설을 취하고 있음을 분명히 하였다(대법원 2013.3.14. 선고 2010다42624 판결).

2. 유류분반환청구권의 행사

(1) 당 사 자

1) 청구권자

유류분반환청구권은 유류분권리자와 그 승계인이 행사한다. 승계인에는 유류분권의 상속인이나 포괄수유자 등 포괄승계인뿐만 아니라, 상속분양수인 및 유류분반환청구권의 양수인 등 특정승계인도 포함된다.

유류분반환청구권은 그 행사 여부가 유류분권리자의 인격적 이익을 위하여 그의 자유로운 의사결정에 전적으로 맡겨진 권리로서 행사상의 일신전속성을 가진다고 보아야 하므로, 유류분권리자에게 그 권리행사의 확정적 의사가 있다고 인정되는 경우가 아니라면 채권자대위권의 목적이 될 수 없다(대법원 2010.5.27. 선고 2009다93992 판결). 그러나 그렇다고 하여 양도나 상속 등의 승계까지 부정해야 할 아무런 이유가 없으므로 귀속상의 일신전속성까지 가지는 것은 아니다. 따라서 유류분권리자의 상속인은 포괄승계인으로서 설사 유류분권리자가 유류분반환청구권을 행사하지 않고 사망하였더라도 유류분권리자의 유류분반환청구권을 행사할 수 있다(대법원 2013.4.25. 선고 2012다80200 판결).

2) 상 대 방

반환청구의 상대방은 유류분을 침해한 유증받은 자와 증여를 받은 자 및 그 포괄승계인이다. 유언집행자가 소송상 피고적격을 가지는 경우도 있다. 특정승계인이 악의인 경우에는 상대방으로 된다. 즉 유류분반환청구권의 행사에 의하여 반환하여야 할 유증 또는 증여의 목적이 된 재산이 타인에게 양도된 경우 그 양수인이 양도 당시 유류분권리자를 해함을 안 때에는 양수인에 대하여도 그 재산의 반환을 청구할 수 있다(대법원 2002.4.26. 선고 2000다8878 판결).

(2) 행사방법

유류분반환청구권의 행사는 재판상 또는 재판 외에서 상대방에 대한 의사표시의 방법으로 할 수 있다. 이 경우 그 의사표시는 침해를 받은 유증 또는 증여행위를 지정하여 이에 대한 반환청구의 의사를 표시하면 그것으로 족하며, 그로 인하여 생긴 목적물의 이전등기청구권이나 인도청구권 등을 행사하는 것과는 달리 그 목적물을 구체적으로 특정해야 할 필요는 없다(대법원 1995.6.30. 선고 93다11715 판결). 구체적으로 유류분반환청구의 의사가 표시되었는지는 법률행위해석에 관한 일반원칙에 따라 의사표시의 내용과 아울러 의사표시가 이루어진 동기 및 경위, 당사자가 의사표시에 의하여 달성하려고 하는 목적과 진정한 의사 및 그에 대한 상대방의 주장·태도 등을 종합적으로 고찰하여 사회정의와 형평의 이념에 맞도록 논리와 경험의 법칙, 그리고 사회일반의 상식에 따라 합리적으로 판단하여야 한다. 상속재산의 전부를 유증받은 상속인을 상대로 한 상속재산분할신청은 유류분반환청구의 의사표시로 볼 수 있으나, 유류분권리자가 사인증여는 무효라고 주장하면서 수증자가 소비한 금원의 반환을 청구할 경우, 이러한 주장이나 청구 자체에 사인증여가 유효임을 전제로 한 유류분반환청구가 포함되어 있다고 보기는 어렵다(대법원 2001.9.14. 선고 2000다66430, 66447 판결). 마찬가지로 상속인이 유증 또는 증여행위가 무효임을 주장하여 상속 내지는 법정상속분에 기초한 반환을 주장하는 경우에는 그와 양립할 수 없는 유류분반환청구권을 행사한 것으로 볼 수 없다. 그렇지만, 상속인이 유증 또는 증여행위의 효력을 명확히 다투지 아니하고 수유자 또는 수증자에 대하여 재산분배나 반환을 청구하는 경우에는, 유류분반환의 방법에 의할 수밖에 없으므로 비록 유류분 반환을 명시적으로 주장하지 않더라도 그 청구 속에는 유류분반환청구권을 행사하는 의사표시가 포함되어 있다고 해석함이 타당한 경우가 많다(대법원 2012.5.24. 선고 2010다50809).

3. 반환청구의 한도 및 순서

(1) 반환청구의 한도

유류분에 부족이 생긴 때에는 부족한 한도에서 그 재산의 반환을 청구할 수 있다(제1115조 제1항). 따라서 증여의 일부만이 유류분을 침해한 경우에는 그 정도에서만 반환청구할 수 있으며, 목적물이 불가분인 때에는 공유관계를 성립시킬 수도 있다.

(2) 반환청구의 순서 및 비율

유류분의 반환청구를 받게 되는 증여 · 유증이 복수인 경우에 그 순서를 정할 필요가 있다.

증여와 유증이 있는 경우에는 유증을 반환받은 후가 아니면 증여에 대하여 반환을 청구할 수 없다(§1116). 이는 강행규정이다. 따라서 유류분반환청구의 목적인 증여나 유증이 병존하고 있는 경우에는 유류분권리자는 먼저 유증을 받은 사람을 상대로 유류분침해액의 반환을 구하여야 하고, 그 이후에도 여전히 유류분침해액이 남아 있는 경우에 한하여 증여를 받은 사람에 대하여 그 부족분을 청구할 수 있다. 증여 및 유증을 받은 사람이 복수이면 각자가 얻은 증여가액 내지 유증가액의 비례로 반환하여야 한다(§1115②). 사인증여의 경우에는 유증의 규정이 준용되고 그 실제적 기능도 유증과 달리 볼 필요가 없으므로 유증과 같이 보아야 한다(대법원 2001.11.30. 선고 2001다6947 판결).

유류분권리자에게 한 유증과 증여가 반환될 경우에는 그 유류분권리자의 유류분을 넘는 부분만 반환하게 하여야 한다. 왜냐하면 피상속인이 제3자에게 많은 증여를 한 후 1년 이내에 처에게 유류분액을 넘는 전 재산을 유증하고 그 결과 자녀의 유류분이 침해되었다면, 위 규정에 따라 처에 대한 유증 전부가 반환청구의 대상으로 되고 처의 유류분액은 확보될 수 없기 때문이다. 따라서 증여 또는 유증을 받은 다른 공동상속인이 수인일 때에는 각자 증여 또는 유증을 받은 재산 등의 가액이 자기 고유의 유류분액을 초과하는 상속인에 대하여 그 유류분액을 초과한 가액의 비율에 따라서 반환을 청구할 수 있다. 공동상속인과 공동상속인 아닌 제3자가 있는 경우에는 그 제3자에게는 유류분이 없으므로 공동상속인에 대하여는 자기 고유의 유류분액을 초과한 가액을 기준으로 하여, 제3자에 대하여는 그 증여 또는 유증받은 재산의 가액을 기준으로 하여 그 각 가액의 비율에 따라 반환청구를 할 수 있다(대법원 2006.11.10. 선고 2006다46346 판결).

증여 또는 유증을 받은 재산 등의 가액이 자기 고유의 유류분액을 초과하는 수인의 공동상속인이 유류분권리자에게 반환하여야 할 재산과 범위를 정할 때에, 수인의 공동상속인이 유증받은 재산의 총 가액이 유류분권리자의 유류분 부족액을 초과하는 경우, 판례는 유류분 부족액의 범위 내에서 각자의 수유재산을 반환하면 되는 것이지 이를 놓아두고 수증재산을 반환할 것은 아니라고 한다. 이 경우 수인의 공동상속인이 유류분권리자의 유류분 부족액을 각자의 수유재산으로 반환할 때 분담하여야 할 액은 각자 증여 또는 유증을 받은 재산 등의 가액이 자기 고유의 유류분액을 초과하는 가액의 비율에 따라 안분하여 정하되, 그중 어느 공동상속인의 수유재산의 가액이 그의 분담액에 미치지 못하여 분담액 부족분이 발생하더라도 이를 그의 수증재산으로 반환할 것이 아니라, 자신의 수유재산의 가액이 자신의 분담액을 초과하는 다른 공동상속인들이 위 분담액 부족분을 위 비율에 따라 다시 안분하여 그들의 수유재산으로 반환하여야 한다는 것이다(대법원 2013.3.14. 선고 2010다42624, 42631 판결).

가령 피상속인 甲이 12억 원의 상속재산을 남기고 사망하였는데, 상속인으로 자녀 乙, 丙, 丁, 戊 4인이 있다고 상정한다. 甲이 생전에 乙, 丙, 丁에게 각각 5천만원, 4억원, 7억 5천만원을 특별수익으로 증여하였고, 乙, 丙, 丁에게 각각 7억 5천만원, 4억원, 5천만원을 유증하고 사망한 경우, 戊의 유류분 부족액은 3억 원이다(=24억원×1/4×1/2). 乙, 丙, 丁의 수유액은 도합 12억원이므로 戊의 유류분 부족액 3억원은 유증재산으로만 반환되어야 하고 증여재산은 반환대상이 되지 않는다. 乙, 丙, 丁이 각자의 유류분액을 초과하여 취득한 특별수익은 공히 5억원이므로(= 8억원-3억원), 乙, 丙, 丁은 戊의 유류분 부족액 3억원을 1:1:1의 비율로 각자 1억원씩 반환하여야 한다. 그런데 丁의 수유액은 5천만원에 불과하므로 丁은 수유액 5천만원만 반환하면 되고, 丁이 반환하지 못하는 나머지 5천만원은 乙과 丙이 다시 1:1의 비율로 각각 2천 5백만원씩 추가적으로 분담해야 한다. 결국 판례에 의하면 乙, 丙, 丁은 공히 8억원을 특별수익으로 취득하였음에도 乙과 丙은 戊에게 각각 1억 2천 5백만원을 반환해야 하는 반면, 수유재산이 적은 丁은 戊에게 5천만원만 반환하면 족하게 된다.

나아가 어느 공동상속인 1인이 특별수익으로서 여러 부동산을 증여받아 그 증여재산으로 유류분권리자에게 유류분 부족액을 반환하는 경우 반환해야 할 증여재산의 범위는 특별한 사정이 없는 한 제1115조 제2항을 유추적용하여 증여재산의 가액에 비례하여 안분한다(대법원 2013.3.14. 선고 2010다42624, 42631 판결). 따라서 유류분반환 의무자는 증여받은 모든 부동산에 대하여 각각 일정 지분을 반환해야 하는데, 그 지분은 모두 증여재산의 상속개시 당시 총가액에 대한 유류분 부족액의 비율이 된다. 반면 유류분 부족액 확정 후 증여재산별로 반환 지분을 산정할 때 기준이 되는 증여재산의 총가액에 관해서는 상속개시 당시의 성상 등을 기준으로 상속개시 당시의 가액을 산정함이 타당하다. 이 단계에서는 현재 존재하는 증여재산에 관한 반환 지분의 범위를 정하는 것이므로 이와 같이 산정하지 않을 경우 유류분권리자에게 증여재산 중 성상 등이 변경된 부분까지도 반환되는 셈이 되어 유류분권리자에게 부당한 이익을 주게 되기 때문이다(대법원 2022.2.10. 선고 2020다250783 판결).

가령 유류분권리자로 甲, 乙이 있고, 피상속인이 甲에게만 10억원의 부동산을 증여하고, 甲이 자신의 비용으로 성상을 변경하여 그 가액이 20억원이 되었으며, 상속재산과 상속채무는 없고, 乙이 甲을 상대로 유류분반환을 청구하는 상황을 가정한다(모든 가액은 상속개시시로 산정된 것이다). ① 乙의 유류분 부족액은

'10억원 × 1/4 = 2억 5,000만원'이라고 산정해야 한다. ② 반면 甲이 반환해야 할 부동산 지분은 '2억 5,000만원 / 20억원 = 2.5/20 지분'이라고 산정해야 한다.

4. 반환청구권행사의 효력

유류분반환청구권을 행사한 경우에 유증·증여의 효력에 대하여는 형성권설과 청구권설에 따라 견해가 나뉜다. 반환은 현물반환이 원칙이며(§1115), 반환된 재산은 일단 상속재산을 구성하며 분할의 대상으로 된다.

민법은 유류분의 반환방법에 관하여 별도의 규정을 두지 않고 있으나, 증여 또는 유증대상 재산 그 자체를 반환하는 것이 통상적인 반환방법이므로, 유류분 권리자가 원물반환의 방법에 의하여 유류분 반환을 청구하고 그와 같은 원물반환이 가능하다면 달리 특별한 사정이 없는 이상 법원은 유류분 권리자가 청구하는 방법에 따라 원물반환을 명하여야 한다(대법원 2006.5.26. 선고 2005다71949 판결).

증여나 유증 후 그 목적물에 관하여 제3자가 저당권이나 지상권 등의 권리를 취득한 경우에는 원물반환이 불가능하거나 현저히 곤란하므로, 반환의무자가 목적물을 저당권 등의 제한이 없는 상태로 회복하여 이전해 줄 수 있다는 등의 예외적인 사정이 없는 한 유류분권리자는 반환의무자를 상대로 원물반환 대신 그 가액의 반환을 구할 수 있다. 그러나 그렇다고 해서 유류분권리자가 스스로 위험이나 불이익을 감수하면서 원물반환을 구하는 것까지 허용되지 않는다고 볼 것은 아니므로, 그 경우에도 법원은 유류분권리자가 청구하는 방법에 따라 원물반환을 명하여야 한다(대법원 2014.2.13. 선고 2013다65963 판결).

원물반환이 불가능한 경우에는 그 가액 상당액을 반환할 수밖에 없고 가액반환을 명하는 경우에 그 가액은 사실심 변론종결시를 기준으로 산정하여야 한다(대법원 2005.6.23. 선고 2004다51887 판결). 반환청구를 받은 사람이 유증 또는 증여의 목적물을 타인에게 이미 양도한 때에는 유류분권리자는 유증 또는 증여를 받은 사람에 대하여 그 가액을 청구할 수 있을 뿐이나(§1014 유추), 양수인이 악의인 경우에는 양수인을 상대로 반환을 청구할 수 있다(대법원 2015.11.12. 선고 2010다104768 판결).

유류분반환청구권의 행사로 인하여 생기는 원물반환의무 또는 가액반환의무는 이행기한의 정함이 없는 채무이므로, 반환의무자는 그 의무에 대한 이행청구를 받은 때에 비로소 지체책임을 진다. 유류분반환청구의 상대방은 악의의 점유자라는 점이 증명된 경우에는 악의의 점유자로 인정된 시점부터, 그렇지 않다고 하더라도 본권에 관한 소에서 패소로 확정된 경우에는 소가 제기된 때로부터 원물 외에 과실도 반환하여야 한다(대법원 2013.3.14. 선고 2010다42624 판결).

5. 공동상속인 간의 유류분반환청구와 상속재산의 분할

유류분반환청구권은 실제로는 다른 공동상속인을 상대로 행사되는 경우가 대다수이다. 이 경우에도 유류분산정의 기초가 되는 재산에 산입되는 증여재산의 범위를 한정하고 있는 제1114조가 적용될 것인지가 문제된다. 대법원은 제1118조에 의하여 유류분에 준용되는 제1008조가 "공동상속인 중에 피상속인으로부터 재산의 증여 또는 유증을 받은 자가 있는 경우에 그 수증재산이 자기의 상속분에 달하지 못한 때에는 그 부족한 부분의 한도에서 상속분이 있다"고 규정하고 있는 것에 대하여, 이는 공동상속인 중에 피상속인으로부터 재산의 증여 또는 유증을 받은 특별수익자가 있는 경우에 공동상속인들 사이의 공평을 기하기 위하여 그 수증재산을 상속분의 선급으로 다루어 구체적인 상속분을 산정함에 있어 이를 참작하도록 하려는 데 그 취지가 있는 것으로 보고, 공동상속인 중에 피상속인으로부터 재산의 증여에 의하여 특별수익을 한 자가 있는 경우에는 제1114조의 규정은 그 적용이 배제되고, 따라서 그 증여는 상속개시 전의 1년간에 행한 것인지 여부에 관계없이 유류분산정을 위한 기초재산에 산입된다고 해석하고 있다(대법원 1995.6.30. 선고 93다11715 판결; 대법원 1996.2.9. 선고 95다17885 판결).

수증재산에 기여분이 포함되어 있는 경우, 이를 공제할 것인가에 관한 규정은 없다. 기여분은 상속재산분할의 전제 문제로서의 성격을 가지는 것으로서, 상속인들의 상속분을 일정 부분 보장하기 위하여 피상속인의 재산처분의 자유를 제한하는 유류분과는 서로 관계가 없다. 따라서 공동상속인 중에 상당한 기간 동거·간호 그 밖의 방법으로 피상속인을 특별히 부양하거나 피상속인의 재산의 유지 또는 증가에 특별히 기여한 사람이 있을지라도, 공동상속인의 협의 또는 가정법원의 심판으로 기여분이 결정되지 않은 이상 유류분반환청구소송에서 기여분을 주장할 수 없음은 물론이거니와, 설령 공동상속인의 협의 또는 가정법원의 심판으로 기여분이 결정되었다고 하더라도 유류분을 산정함에 있어 기여분을 공제할 수 없고, 기여분으로 유류분에 부족이 생겼다고 하여 기여분에 대하여 반환을 청구할 수도 없다(대법원 2015.10.29. 선고 2013다60753 판결).

Ⅳ. 반환청구권의 소멸

1. 소멸시효

반환의 청구권은 유류분권리자가 상속의 개시와 반환하여야 할 증여 또는 유증을 한 사실을 안 때로부터 1년 내에 행사하지 아니하면 시효에 의하여 소멸한다(§1117 전문). 이는 단기소멸시효기간이다. 유류분반환청구권의 단기소멸시효기간의 기산점인 '유류분권리자가 상속의 개시와 반환하여야 할 증여 또는 유증을 한 사실을 안 때'는 유류분권리자가 상속이 개시되었다는 사실과 증여 또는 유증이 있었다는 사실 및 그것이 반환하여야 할 것임을 안 때를 뜻한다(대법원 2001.9.14. 선고 2000다66430, 66447 판결; 대법원 2006.11.10. 선고 2006다46346 판결).

유류분권리자가 증여 등이 무효라 믿고 소송상 항쟁하는 경우에 증여 등의 사실을 안 것만으로 곧바로 반환해야 할 증여가 있었다는 것까지 알고 있다고 단정할 수는 없을 것이나, 민법이 유류분반환청구권에 관하여 특별히 단기소멸시효를 규정한 취지에 비추어 보면 유류분권리자가 소송상 무효를 주장하기만 하면 그것이 근거 없는 구실에 지나지 아니한 경우에도 시효는 진행하지 않는다 함은 부당하므로, 피상속인의 거의 전 재산이 증여되었고 유류분권리자가 위 사실을 인식한 경우에는 무효의 주장에 관하여 일응 사실상 또는 법률상 근거가 있고 그 권리자가 위 무효를 믿었기 때문에 유류분반환청구권을 행사하지 않았다는 점을 당연히 수긍할 수 있는 특별한 사정이 인정되지 않는 한 위 증여가 반환될 수 있는 것임을 알고 있었다고 할 것이다(대법원 2001.9.14. 선고 2000다66430, 66447 판결). 다만, 해외에 거주하다가 망인의 사망사실을 뒤늦게 알게 된 유류분권리자로서는 유증사실 등을 제대로 알 수 없는 상태에서 단순히 다른 상속인으로부터 일방적으로 교부된 위 망인의 자필유언증서의 사본을 보았다는 사정만으로는 자기의 유류분을 침해하는 유증이 있었음을 알았다고 할 수 없고, 유언의 검인을 받으면서 자필유언증서의 원본을 확인한 시점에서야 비로소 그러한 유증이 있었음을 알았다고 봄이 상당하다(대법원 2006.11.10. 선고 2006다46346 판결).

유류분반환청구권은 침해를 받은 유증 또는 증여행위를 지정하여 이에 대한 반환청구의 의사를 표시하면 그것으로 족하고, 이로써 제1117조에 정한 소멸시효의 진행은 중단된다(대법원 2002.4.26. 선고 2000다8878 판결). 따라서 유류분반환청구로 인하여 생긴 목적물의 이전등기청구권이나 인도청구권 등을 위 기간 내에 행사할 필요는 없다.

- 배우자, 자녀 등이 없이 2016년 9월 사망한 C는 2004년 8월 조카인 B에게 부동산과 예금 등 전재산을 모두 상속하기로 한다는 내용의 자필증서를 작성했다. C의 형제자매의 자녀(조카)로서 대습상속을 통해 C의 상속인이 된 A는 2020년 6월 법원에 "C가 작성한 자필증서는 무효"라며 유언무효확인 소송을 제기했으나 기각당했고, 그대로 판결이 확정되었다. A가 C의 자필증서 작성일로부터 약 15년 이상 경과한 후에야 비로소 그 존재를 알게 됐고, C의 자필증서는 작성된 후 B가 보관하면서 비닐코팅을 했는바 비닐코팅 자체로 경험칙에 비춰볼 때 상당히 이례적인 상황(잉크, 필기구, 필압 검사 등이 용이하지 않아 위조 여부를 가리기 어려움)이 있어 A가 C의 자필증서가 무효라고 믿은 데에 합리적인 근거가 있었다면, A의 유류분반환청구권의 단기소멸시효 기산점은 언제인가?(서울고등법원 2023.5.18. 선고 2023나2002112 판결)
- 망인이 조카인 피고에게 망인 소유의 이 사건 부동산을 증여하고 피고 앞으로 매매를 원인으로 한 소유권이전등기를 마쳐 주고 사망하자, 망인의 배우자로서 유일한 상속인인 원고가 피고를 상대로 위 소유권이전등기가 무효인 명의신탁에 의한 것이라 주장하면서 그 말소를 구하는 선행 소송을 제기하였지만, 망인이 피고에게 이 사건 부동산을 증여한 것으로 볼 여지가 충분하다는 내용의 원고 청구기각의 패소판결이 선고·확정되자, 피고를 상대로 유류분반환청구의 소를 제기하였다. 대법원은, 불법행위채권 단기소멸시효 기산점에 관하여, 손해배상책임을 인정하는 내용의 관련사건 제1심판결 선고 무렵이 아니라 그 판결이 확정된 때 비로소 피해자가 불법행위의 요건사실을 현실적·구체적으로 인식하였다고 볼 여지가 있다고 판단한 대법원 2019.12.13. 선고 2019다259371 판결을 참조판결로 인용하면서, 유류분권리자가 피상속인으로부터 그 소유 부동산의 등기를 이전받은 제3자를 상대로 등기의 무효사유를 주장하며 소유권이전등기의 말소를 구하는 소를 제기하고 관련 증거를 제출하였으나, 오히려 증여된 것으로 인정되어 무효 주장이 배척된 판결이 선고되어 확정된 경우라면, 특별한 사정이 없는 한 (제1심판결 선고 무렵이 아니라) 그러한 판결이 최종적으로 확정된 때에 비로소 증여가 있었다는 사실 및 그것이 반환하여야 할 것임을 알았다고 보아야 한다고 판시하였다(대법원 2023.6.15. 선고 2023다203894 판결)

---

2. 상속이 개시된 때로부터 10년

상속이 개시된 때로부터 10년이 경과하면 반환청구권은 소멸한다(제1117조 후문). 반환청구권을 형성권으로 보는 설은 이를 제척기간이라고 하고, 반환청구권을 청구권으로 보는 설은 이를 일반채권의 소멸시효기간으로 본다. 판례는 이를 소멸시효기간이라고 한다(대법원 1993.4.13. 선고 92다3595 판결). 따라서 상속재산의 증여에 따른 소유권이전등기가 이루어지지 아니한 경우에도, 달리 그 소멸시효 완성의 항변이 신의성실의 원칙에 반한다고 하는 등의 특별한 사정이 존재하지 아니하는 이상 유류분반환청구권은 상속이 개시한 때부터 10년이 지나면 시효로 소멸한다(대법원 2008.7.10. 선고 2007다9719 판결).

■ 심화학습

- 복수의 증여가 있는 경우에 유류분반환청구의 방법은?
- 유류분침해로 인하여 직접 이익을 얻은 사람이 아닌 현재의 권리자를 상대로 유류분반환청구를 할 수 있는가?
- 유류분반환청구를 받은 수유자는 반환하여야 할 재산 외에 증여받은 날 이후의 과실도 반환하여야 하는가?

판례 색인

[대법원 판례]

[하급심 판례]

[헌법재판소 판례]

신영호

[학 력]

- 고려대학교 법과대학 졸업
- 고려대학교 대학원 법학석사
- 고려대학교 대학원 법학박사(공동상속의 법적 구조에 관한 연구)

[경 력]

- 동아대학교 법과대학 전임강사, 조교수
- 단국대학교 법학대학 조교수, 부교수, 교수
- 고려대학교 법과대학/법학전문대학원 교수
- 고려대학교 법과대학 학장 겸 법학전문대학원 원장
- 한국가족법학회 · 한일법학회 · 통일과 북한법학회 회장
- 법학전문대학원협의회 이사장
- (현) 고려대학교 법학전문대학원 명예교수
- (현) 북한인권정보센터(NKDB) 이사장

[수 상]

- 옥조근정훈장

[저서 및 역서]

- 법과 사회변동(공역: 나남, 1986)
- 공동상속론(나남, 1987)
- 북한법입문(공저: 세창출판사, 1998)
- 조선전기상속법제—조선왕조실록의 기사를 중심으로(세창출판사, 2002)
- 가족관계등록법(세창출판사, 2009)
- 러시아민법전(세창출판사, 2010)
- 사법제도의 사회적 기능(공역: 세창출판사, 2011)
- 인류혼인사(공역: 세창출판사, 2013)
- 북한 민법 주석(공저: 법무부, 2015)
- 권리를 위한 투쟁(공역: 세창출판사, 2015)
- 북한 가족법 주석(공저: 법무부, 2015)
- 법학제요(공역: 세창출판사, 2017)

김상훈

[학 력]

- 고려대학교 법과대학 졸업
- 고려대학교 대학원 법학석사
- 고려대학교 대학원 법학박사(제사용재산의 승계에 관한 연구)
- University of Southern California Law School(LL.M.)

[경 력]

- 제43회 사법시험 합격
- 사법연수원 제33기 수료
- (현) 법무법인 트리니티 대표변호사
- (현) 한국상속신탁학회 회장
- 법무법인(유한) 바른 구성원 변호사
- 고려대 · 서울대 · 성균관대 법학전문대학원 겸임교수
- 법무부 민법(상속편) 개정위원회 위원
- 법무부 가사소송법 개정위원회 위원
- 법무부 가족관계등록법 개정위원회 위원
- 대한변호사협회 성년후견연구위원회 위원

[수 상]

- CHAMBERS HNW 가이드 Private Wealth Law 분야 Band 1 선정

[저 서]

- 미국상속법(세창출판사, 2012)
- 2016년 가족법 주요판례 10선(공저: 세창출판사, 2017)
- 2017년 가족법 주요판례 10선(공저: 세창출판사, 2018)
- 2018년 가족법 주요판례 10선(공저: 세창출판사, 2019)
- 상속법 판례연구(세창출판사, 2020)

정구태

[학 력]

- 고려대학교 법과대학 졸업
- 고려대학교 대학원 법학석사
- 고려대학교 대학원 법학박사(유류분제도의 법적 구조에 관한 연구)

[경 력]

- (현) 조선대학교 법사회대학 공공인재법무학과 교수
- (현) 한국가족법학회 〈가족법연구(등재지)〉 출판이사 · 편집위원
- (현) 한국재산법학회 〈재산법연구(등재지)〉 편집이사 · 편집위원
- (현) 안암법학회 〈안암법학(등재지)〉 출판이사 · 편집위원
- (현) 한국민사법학회 〈민사법학(우수등재지)〉 편집위원
- (현) 한국사법학회 〈비교사법(등재지)〉 편집위원
- (현) 한국국제사법학회 〈국제사법연구(등재지)〉 편집위원
- (현) 통일과 북한법학회 〈북한법연구(등재지)〉 편집위원
- (현) 이화여대 젠더법학연구소 〈이화젠더법학(등재지)〉 편집위원

[수 상]

- 한국가족법학회 제3회(2010) 가족법 논문상(수상논문: 유류분제도의 법적 구조에 관한 연구, 고려대학교 대학원 박사학위논문, 2010.2)

[저 서]

- 2016년 가족법 주요판례 10선(공저: 세창출판사, 2017)
- 2017년 가족법 주요판례 10선(공저: 세창출판사, 2018)
- 2018년 가족법 주요판례 10선(공저: 세창출판사, 2019)

제4판 가족법강의

–

초 판 발행 2010년 9월 1일

제4판 발행 2023년 8월 30일

–

저 자 신영호 · 김상훈 · 정구태

발행인 이방원

–

펴낸곳 세창출판사

신고번호 제1990-000013호

주소 03736 서울시 서대문구 경기대로 58 경기빌딩 602호

전화 02-723-8660 팩스 02-720-4579

이메일 edit@sechangpub.co.kr 홈페이지 www.sechangpub.co.kr

블로그 blog.naver.com/scpc1992 페이스북 fb.me/Sechangofficial 인스타그램 @sechang_official

–

ISBN 979-11-6684-235-1 93360